중학국어 비문학 독해 한권으로 끝내기

하루 1시간 총 24일이면 완전정복

1. 계획적인 공부와 학습체크 아래의 계획표를 참고하여 자신에게 맞는 학습 분량을 정해 보세요. 매일 공부하는 것도 좋지만, 일주일에 3번 정도도 괜찮아요. 중요한 것은 계획적이고 꾸준한 공부 습관이니까요. 조금씩이라도 꾸준하고 성실하게 공부해야만 제대로 된 비문학 실력을 갖출 수 있어요. *^^*

2. ☐ 학습체크 정해진 학습 분량을 공부하고 나서는 ☐에 꼭 ✓체크하세요. 그리고 부족하다고 생각되는 부분은 핵심 개념과 단원별 종합문제를 중심으로 다시 정리하고요. 계획표에 맞춰 꼼꼼하게 이 책을 공부하고 나면, 어떤 글도 거뜬히 읽어 낼 수 있는 독해력을 기르게 될 거예요!

Day 01 ☐	Day 02 ☐	Day 03 ☐	Day 04 ☐	Day 05 ☐	Day 06 ☐
PART 1 I. 문단 읽기 01. 핵심 내용 파악하기 – ①, ②	PART 1 I. 문단 읽기 01. 핵심 내용 파악하기 – ③, ④	PART 1 I. 문단 읽기 01. 핵심 내용 파악하기 – ⑤	PART 1 I. 문단 읽기 02. 문단의 기능과 문단 간의 관계 파악하기 – ①, ②, ③	PART 1 I. 문단 읽기 02. 문단의 기능과 문단 간의 관계 파악하기 – ④	PART 1 II. 글의 구성과 전개 방식 01. 설명하는 글 읽기 – ①
Day 07 ☐	**Day 08 ☐**	**Day 09 ☐**	**Day 10 ☐**	**Day 11 ☐**	**Day 12 ☐**
PART 1 II. 글의 구성과 전개 방식 01. 설명하는 글 읽기 – ②, ③	PART 1 II. 글의 구성과 전개 방식 01. 설명하는 글 읽기 – ④	PART 1 II. 글의 구성과 전개 방식 02. 주장하는 글 읽기 – ①	PART 1 II. 글의 구성과 전개 방식 02. 주장하는 글 읽기 – ②, ③	PART 1 II. 글의 구성과 전개 방식 02. 주장하는 글 읽기 – ④	PART 1 II. 글의 구성과 전개 방식 03. 글의 구성 활용하기 – ①, ②, ③
Day 13 ☐	**Day 14 ☐**	**Day 15 ☐**	**Day 16 ☐**	**Day 17 ☐**	**Day 18 ☐**
PART 2 I. 인문 01, 02, 03	PART 2 I. 인문 04, 05	PART 2 II. 사회 01, 02, 03	PART 2 II. 사회 04, 05, 06	PART 2 II. 사회 07, 08	PART 2 III. 과학·기술 01, 02, 03
Day 19 ☐	**Day 20 ☐**	**Day 21 ☐**	**Day 22 ☐**	**Day 23 ☐**	**Day 24 ☐**
PART 2 III. 과학·기술 04, 05, 06	PART 2 III. 과학·기술 07, 08	PART 2 IV. 예술 01, 02, 03	PART 2 IV. 예술 04, 05	PART 2 V. 복합 01, 02	PART 2 V. 복합 03, 04

비문학의 독해원리부터 실전문제까지 딱 한권으로!

중학국어 비문학 독해
한권으로 끝내기

중학국어
비*문학 독해
한권으로 끝내기

중학국어 비*문학 독해 한권으로 끝내기

2판 1쇄 2024년 12월 9일

지은이 정문경
펴낸이 유인생
편집인 우정아 · 김명진
마케팅 박성하 · 심혜영
디자인 NAMIJIN DESIGN
삽화 홍희연
편집 · 조판 Choice
펴낸곳 (주) 쏠티북스
주소 (04037) 서울시 마포구 양화로 7길 20 (서교동, 남경빌딩 2층)
대표전화 070-8615-7800
팩스 02-322-7732
홈페이지 www.saltybooks.com
이메일 saltybooks@naver.com
출판등록 제313-2009-140호

ISBN 979-11-92967-16-5

중학국어 비문학 독해

한권으로 끝내기

| 정문경 지음 |

쏠티북스

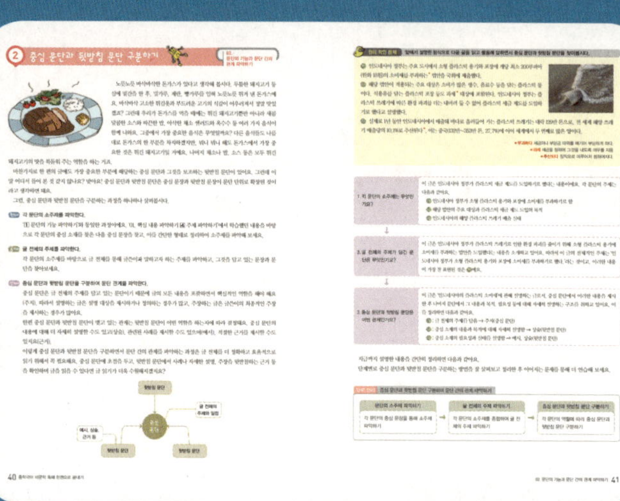

핵심 독해원리를 단계적으로!
개념 설명 + 단박 정리

한 문단으로 된 짧은 글부터 한 편의 긴 글까지 빠르고 정확하게 읽어 낼 수 있는 독해의 기본원리를 단계적으로 하나하나 정리하였습니다.
[단박 정리]에서는 핵심 독해원리를 한눈에 파악할 수 있도록 시각화하여 제시하였습니다.

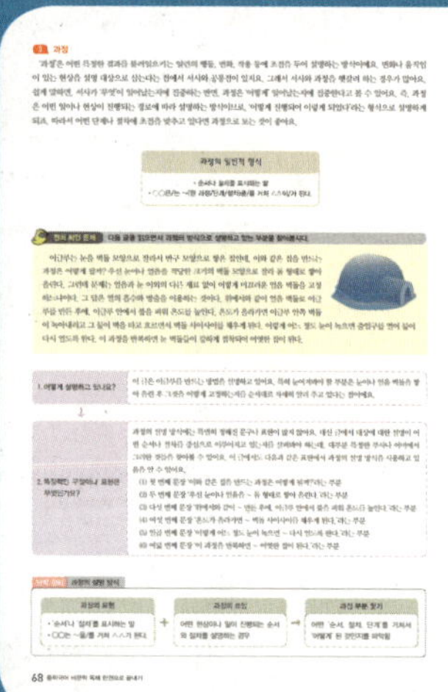

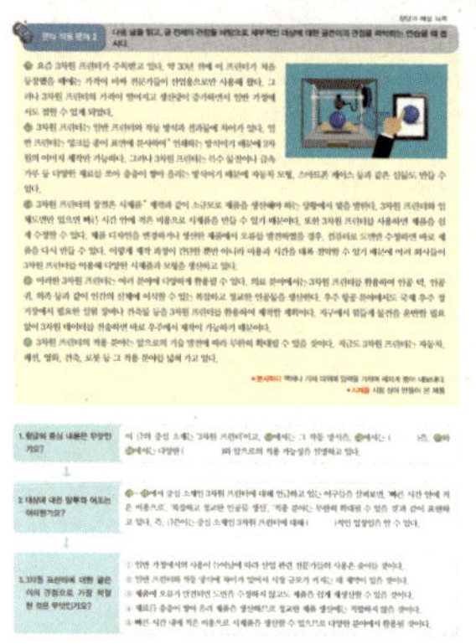

독해원리를 온전히 내 것으로!
원리 확인 + 원리 적용

[원리 확인]에서는 앞서 배운 독해원리를 실제 독해 과정에 적용하는 방법을 구체적으로 제시함으로써 원리 적용 과정을 쉽게 이해할 수 있도록 하였습니다.
[원리 적용]에서는 독해원리를 실제 지문에 직접 적용하며 문제를 풀어 봄으로써 독해기술을 훈련할 수 있도록 하였습니다.

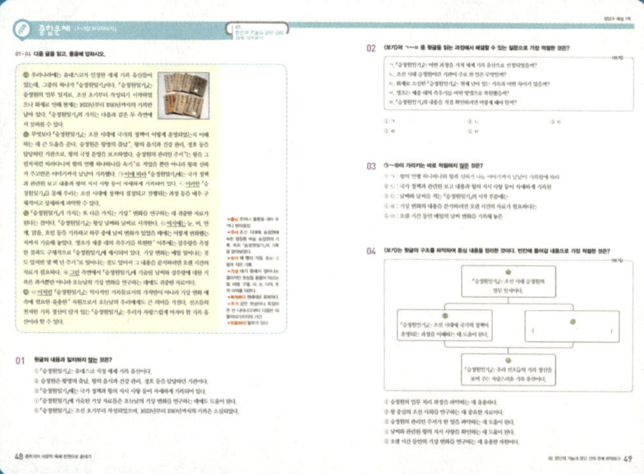

독해원리로 정답 찾는 기술까지 마스터한다!
종합문제

학습한 단원별 독해원리를 바탕으로 실전 지문을 읽고 해석하며 문제를 풀어 볼 수 있도록 하였습니다.
단원별 독해원리를 적용하는 데 최적화된 지문, 독해원리를 반복 훈련할 수 있도록 엄선한 문제를 통해 문제 해결력을 키우고 정답을 찾는 기술까지 훈련할 수 있습니다.

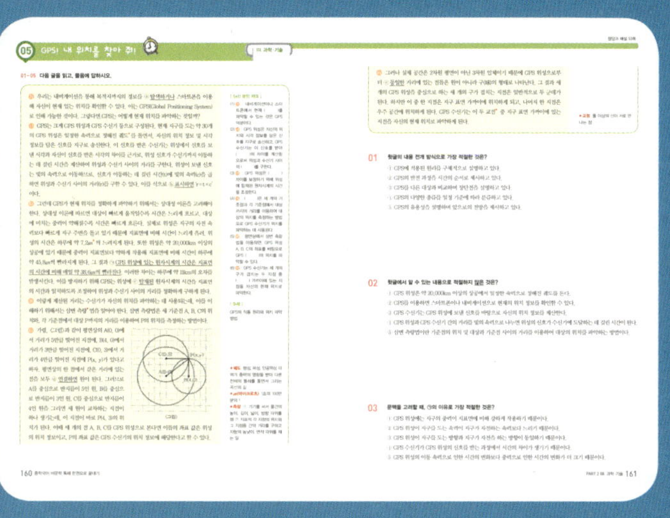

세부 내용부터 전체 구조까지 단번에 휘어잡기!
분야별 실전문제

인문, 사회, 과학·기술, 예술 등 다양한 분야의 엄선된
지문을 독해원리에 따라 읽고 문제를 풀어 보며 실전
감각을 기를 수 있도록 하였습니다.
[Self 문단 체크]를 통해서는 지문을 문단별로 끊어 읽으
며 스스로 독해 과정을 점검할 수 있도록 하였습니다.

이보다 친절할 수 없다!
정답 + 지문 분석

[한눈에 보는 문단 구조도]를 통해 문단별 중심 내용과
글 전체의 흐름을 파악할 수 있도록 하였습니다.
[지문 다시 보기]에서는 해당 지문을 다시 제공하여 글
을 읽을 때 독해원리를 어떻게 적용해야 하는지 친절
하고 자세하게 해설하였습니다.
동그라미, 밑줄, 행간의 해설을 지침 삼아 독해원리를
깨우치게 되면, 복잡한 내용의 긴 글도 자신 있게 읽어
낼 수 있게 됩니다.

독해원리로 문제 해결의 비법을 얻자!
정오답 해설

[풀이 방향]을 통해 문제 풀이의 실마리를 친절하게 안
내하였습니다.
또한 PART ❶의 내용 중 어떤 독해원리가 필요한 문
제인지를 밝혀, 언제든지 원리 학습 단계로 돌아가 부
족한 점을 보충할 수 있도록 설계하였습니다.
[이게 정답]과 [왜 답이 아니지?]에서는 어떤 순서로 생
각을 이어 가야 정답에 접근할 수 있는지 상세하게 해
설하였습니다.

PART ①
비문학 독해원리편

1 중심 소재 찾기

학교 앞 분식집에는 맛있는 음식이 참 많아요. 김밥, 라면, 떡볶이, 라볶이, 순대……. 그런데 이 중에서 어느 하나를 고르기란 쉽지 않지요. 마치 짜장면과 짬뽕, 물냉면과 비빔냉면 사이에서 영원히 끝나지 않을 고민에 빠지는 것처럼요. 여러분이 좋아하는 떡볶이와 라볶이 역시 늘 어느 쪽을 고를지 고민하게 만들어요. 사실 두 음식에 들어가는 재료는 크게 다르지 않아요. 고춧가루, 대파, 어묵 등 비슷한 재료가 많죠. 하지만 두 음식에는 결정적인 차이가 있어요. 그게 무엇일까요?

네, 맞아요. 바로 '떡'이 주로 들어가야 떡볶이가 되는 거고, '라면'이 주로 들어가야 라볶이가 되는 거예요. 당연히 떡과 라면이 두 음식에서 가장 중요한 재료지요.

우리가 읽는 글도 이와 같아요. 모든 글에는 그 글에서 다루고 있는 가장 중요한 대상이자 글의 재료가 있는데, 이를 '중심 소재'라고 해요. 그러므로 어떤 글을 읽을 때에는 글의 중심 소재가 무엇인지부터 파악해야 해요.

그럼, 중심 소재를 찾는 과정을 하나하나 살펴봅시다.

첫째 **글을 읽으면서 여러 번 반복되는 낱말이나 구절을 주의해서 본다.**

글을 읽다 보면 계속 반복되어 나오는 말들이 있어요. 아마도 중요한 내용이니까 자꾸 언급하는 것이겠지요? 글을 읽을 때 계속 반복되는 말이 있다면, 그 말은 중심 소재나 주제와 연관되어 있을 가능성이 높아요. 학교에서 선생님들도 어떤 내용을 설명할 때 중요한 부분을 자꾸 반복해서 말씀하시잖아요. 그러니까 같은 말이나 유사한 구절이 되풀이될 때는 그냥 넘어가지 마세요.

둘째 **글쓴이가 '무엇'에 대해 썼는지 생각해 본다.**

'무엇'에 해당하는 게 바로 글의 '중심 소재'예요. 중심 소재는 다른 말로 '글감' 혹은 '제재'라고도 하는데, 글쓴이가 글 속에서 가장 중요하게 다루면서 설명하거나 말하려고 하는 대상을 의미해요. 앞에서 예로 든 것처럼 요리에 비유하자면, 글의 중심 소재는 음식의 주재료라고 할 수 있어요. 찌느냐 삶느냐 볶느냐에 따라 찜닭도 되고 닭백숙도 되고 닭볶음도 될 수 있지만, 결국 모두 닭으로 하는 요리잖아요? 즉, 닭이 없으면 음식이 만들어지지 않아요. 그 닭에 해당하는 것이 바로 글에서는 중심 소재가 되는 거예요.

원리 확인 문제 위에서 설명한 방식으로 물음에 답하면서 다음 글의 중심 소재를 찾아봅시다.

공유* 자원이란 그 자원을 공유하고 있는 사람은 누구나 사용할 수 있지만, 그 양이 한정되어 있어서 누군가 먼저 쓰면 다른 사람은 사용에 제한을 받게 되는 자원을 말한다. 예를 들어 어떤 마을이 공동으로 소유하고 있는 땅에 석유가 매장되어 있다면, 마을 사람들은 누구나 그 석유를 쓸 수 있다. 그러나 어떤 사람이 석유를 마음대로 퍼 간다면 다른 사람들이 쓸 석유가 모자랄 수도 있다. 그때 이 석유를 마을 사람들의 공유 자원이라고 한다.

***공유** 두 사람 이상이 한 물건을 공동으로 소유함

<table>
<tr><td>1. 반복되는 낱말이나 구절은 무엇인가요?</td><td>이 글을 읽다 보면 '자원'이라는 말이 4번 나온다는 것을 알 수 있어요. 네 문장으로 된 짧은 글에서 문장마다 한 번씩은 나온 셈이니까 자주 나온다고 볼 수 있지요. 그리고 '사용한다'나 '쓴다'라는 말도 5번 나와요. 특히 재미있는 것은 '자원'이라는 말 앞에 '공유'가 같이 나온 경우가 2번이라는 점이에요. 그러므로 자주 반복되는 낱말이나 어구는 '자원', '사용', '공유' 정도겠네요.</td></tr>
<tr><td>2. 이 글은 '무엇'에 대해 썼나요?</td><td>이 글에서는 '공유 자원'이 이러이러한 것이라고 설명한 후, '예를 들어'라는 말을 통해 구체적인 사례를 들고 있어요. 따라서 '자원'이나 '공유'라는 말이 자꾸 반복된 것을 고려할 때, 글쓴이는 이 글에서 '공유 자원'에 대해 설명하려 한다는 것을 알 수 있어요.</td></tr>
<tr><td>3. 중심 소재는 무엇인가요?</td><td>글쓴이가 이 글에서 중점적으로 설명하거나 다루고 있는 대상이 '공유 자원'이므로, 중심 소재는 '공유 자원'이라고 할 수 있어요.</td></tr>
</table>

지금까지 설명한 내용을 간단히 정리하면 다음과 같아요. 단계별로 중심 소재를 찾아가는 방법을 잘 살펴보고 정리한 후 이어지는 문제를 통해 더 연습해 보세요.

단박 정리 글의 중심 소재 찾기

반복되는 낱말이나 구절 확인하기	'무엇'에 대한 글인지 생각하기	중심 소재
글 속에서 반복되는 낱말이나 구절에 주목하기	반복되는 낱말 중에서 이 글이 '무엇'에 대해 쓴 것인지 생각해 보기	글쓴이가 글 속에서 다루고 있는 가장 중요한 대상

정답과 해설 2쪽

 **원리 적용 문제 1** 빈칸에 들어갈 알맞은 말을 생각하면서 다음 글의 중심 소재를 찾아봅시다.

알레고리는 상징을 통해 어떠한 현상이나 상황, 사건에 대해 이야기하는 기법이다. 상징은 연상*이나 유사성 등의 상관관계*에 기대어 추상적*인 사물이나 개념 따위를 구체적*인 사물로 나타내는 일이나 그 대상물을 가리킨다. 그래서 알레고리는 겉으로 드러나는 이야기와 그 이야기를 통해 전달하고자 하는 또 다른 이야기의 이중 메시지 구조를 갖게 된다. 그런데 이야기를 직접적으로 전달하기 어려운 미술에서는 정지된 형상의 상징적 이미지를 조합하여* 알레고리를 표현한다.

    ***연상** 하나의 관념이 다른 관념을 불러일으키는 현상. '기차'로 '여행'을 떠올리는 따위의 현상이다.
    ***상관관계** 두 가지 가운데 한쪽이 변화하면 다른 한쪽도 따라서 변화하는 관계
    ***추상적** 어떤 사물이 직접 경험하거나 지각할 수 있는 일정한 형태와 성질을 갖추고 있지 않은 것
    ***구체적** 사물이 직접 경험하거나 지각할 수 있도록 일정한 형태와 성질을 갖추고 있는 것
    ***조합하다** 여럿을 한데 모아 한 덩어리로 짜다.

1. 반복되는 낱말이나 구절은 무엇인가요?	2. 이 글은 '무엇'에 대해 썼나요?	3. 중심 소재는 무엇인가요?
'알레고리' (　　　)회, '상징' (　　　)회, '이야기' (　　　)회	이 글은 □□□□□가 어떤 것인지 그 표현 방법을 중심으로 설명하고 있다.	□□□□

 **원리 적용 문제 2** 다음 글을 읽고 반복되는 말을 바탕으로 글 전체의 중심 소재를 찾아봅시다.

이윤 추구를 목적으로 하는 주식회사*와 달리 협동조합*은 '조합원'을 중심으로 운영된다. 주식회사는 주식을 가진 비율에 따라 의사* 결정권이 부여되므로* 주식을 많이 가진 대주주가 의사를 결정하는 경우가 많다. 반면 협동조합에서는 대체로 조합원 한 사람에게 한 표의 의사 결정권이 부여되므로, 조합원의 의사가 존중된다. 따라서 이러한 구조로 인해 조합원이 추구하는 공동의 가치인 일자리 창출이나 사회적 약자 보호, 그리고 지역 사회 발전과 같은 사회적 가치를 실현하는 데 유리하다.

***주식회사** 주식의 발행을 통하여 여러 사람으로부터 자본을 조달받는 회사. 7인 이상의 주주가 유한 책임 사원이 되어 설립되는 회사로, 자본과 경영이 분리되는 회사의 대표적인 형태이다.
***협동조합** 경제적으로 약소한 처지에 있는 소비자, 농·어민, 중소기업자 등이 각자의 생활이나 사업의 개선을 위하여 만든 협력 조직
***의사** 무엇을 하고자 하는 생각 ***부여되다** 사람에게 권리·명예·임무 따위가 주어지거나, 사물이나 일에 가치·의의 따위가 붙여지다.

---

1. 반복되는 낱말이나 구절은 무엇인가요?

'협동조합' (   )회,
'주식회사' (   )회,
'조합원' (   )회

→

2. 이 글은 '무엇'에 대해 썼나요?

이 글은 (   )와의 차이점을 바탕으로 (   )이 가진 특성과 장점에 대해 설명하고 있다.

3. 중심 소재는 무엇인가요?

□□□□

 **원리 적용 문제 3** 다음 글을 읽고 반복되는 말을 바탕으로 글 전체의 중심 소재를 찾아봅시다.

우리나라의 온돌은 상당히 수준 높은 난방 방식이다. 왜냐하면 난방과 취사를 겸할 수 있고, 그 재는 비료로 재활용할 수 있는 이점을 지니고 있기 때문이다. 또한, 온돌은 우리의 건강에도 이롭다. 육식을 하는 서양인들에 비해 채식을 주로 하는 한국인들은 창자의 길이가 길어 체내 혈액이 대부분 상체에 모여 있기 때문에 하체의 체온이 낮은 편이다. 그렇기 때문에 머리를 차게 하고 발을 따뜻하게 하는 것이 좋은데, 이에 적합한 난방 방식이 바로 온돌이다. 바닥에서 올라오는 온돌의 열기가 우리의 하체를 덥게 해 주고, 온돌방의 문과 창에 발라진 창호지를 통해 이 열기가 안팎으로 흐르면서 상쾌함과 개운함을 주니 우리의 몸에 여간 이로운 것이 아니다.

그러나 난방 방식이 서양식으로 바뀌면서 이러한 이로움은 점차 사라지고 있다. 밀폐된 구조에서 온열기를 사용하는 서양식 난방 방식은 더운 공기를 위로 올려 보내고 찬 공기는 밑으로 내려 보낸다. 그러니 머리 부분은 항상 열을 받게 되어 있다. 상쾌함을 느끼기는커녕 도리어 몸이 쉽게 지쳐 버리기 일쑤이다.

---

1. 반복되는 낱말이나 구절은 무엇인가요?

'(   )' (   )회,
'(   )' (   )회,
'(   )' (   )회,
'(   )' (   )회

→

2. 이 글은 '무엇'에 대해 썼나요?

이 글은 우리나라 (   )의 우수성을 건강에 이로운 점을 비롯하여 몇 가지 근거를 들어 자세히 설명하고 있다.

3. 중심 소재는 무엇인가요?

(   )

 **원리 적용 문제 4** 마지막으로 조금 길지만 익숙한 소재를 다룬 흥미로운 내용의 글을 읽고 물음에 답하면서 중심 소재를 찾아봅시다.

최근 '힙합'이라는 음악 장르가 관심을 끌고 있다. 방송 프로그램에 힙합 가수들이 출연해 다양한 끼와 랩 실력으로 주목을 받고 있고, 힙합 가수를 꿈꾸는 청소년들도 늘어나고 있다. 이렇게 힙합 음악이 대중화된 상황에서 힙합 가수들에게는 어떠한 창작 태도가 필요할까? 힙합 음악의 중요한 창작 수단으로 인식되어 온 '샘플링'을 중심으로 이를 알아보고자 한다.

1960년대 미국에서 힙합이 '거리 음악'으로 막 시작되고 성장해 가던 시기의 샘플링은 단순히 원곡의 일부나 혹은 전체를 빌려 쓰는 것이었다. 당시에는 완전히 새로운 음악 창작 방법이었으며, 저작권에 대한 인식이 확고하지* 않았던 때라 샘플링에 큰 제약*도 없었다. 샘플링에 대한 이런 인식은 1990년대 초반까지 이어지며 확대되었다.

하지만 힙합 음악이 대중적으로 관심을 끌면서 샘플링에 대한 인식도 점차 발전적으로 변화하였다. 특히 1992년 미국에서 샘플링과 관련하여 제기된 저작권 소송이 변화의 중요한 계기가 되었다. 이후 힙합 음악에서 샘플링은 원곡에 대한 충분한 이해와 원작자에 대한 존경심을 바탕으로 그의 허락을 받아 자신만의 방식으로 재해석하는 예술 기법으로 인식되고 있다.

이런 변화 속에서 우리나라에서도 1990년대에 힙합 음악이 본격적으로 발표되기 시작했고, 지금까지 많은 양적, 질적 성장을 이루어 내고 있다. 그런데 우리나라의 일부 힙합 가수들은 여전히 샘플링을 쉽고 간단한 '복사하고 붙여 넣기' 방법 정도로 이해하고 있다. 이러한 베끼기 수준의 샘플링은 표절* 문제를 피하기 어렵다. 원곡에 새로운 의미를 부여하거나 원곡의 가치를 더 높이려는 태도를 보이지 않는다면, 힙합 음악의 대중화 열풍을 가져왔던 샘플링이 오히려 힙합 발전의 발목을 잡을 수도 있다.

현재 우리나라에서 힙합 음악은 '거리 음악'의 단계를 벗어났다. 대중 매체 속 음악 프로그램의 음원 차트를 보면, 이제 힙합은 대중음악의 중요한 갈래 중 하나로 인정받고 있다. 이런 상황에서 힙합 가수들은 샘플링이 원곡에 대한 더 진지한 이해와 존경을 바탕으로 한 재창조라는 점을 더욱 분명하게 인식해야 할 것이다. 그리고 샘플링을 넘어서는 새로운 창작 방법을 찾기 위한 노력도 해야 할 것이다.

＊확고하다 태도나 상황 따위가 튼튼하고 굳다.
＊제약 조건을 붙여 내용을 제한함
＊표절 시나 글, 노래 따위를 지을 때에 남의 작품의 일부를 몰래 따다 씀

---

1. 이 글에서 10번 이상 반복되는 낱말이나 구절은 무엇인가요?

'(   )' (   )회,
'(   )' (   )회,
'(   )' (   )회,

→

2. 이 글은 '무엇'에 대해 썼나요?

이 글은 달라진 (   )의 위상을 토대로 우리나라 가수들의 (   )에 대한 인식 개선을 요구하고 있다.

3. 중심 소재는 무엇인가요?

(   )

2 접속어와 지시어 활용하기

칙칙폭폭 기차를 타고 멀리 가 본 적이 있나요? 그렇다면 기차의 모습을 한번 떠올려 보세요. 기차가 다른 버스나 자동차와 다른 점은 무엇일까요? 그건 여러 대의 차량이 하나로 연결되어 있다는 점일 거예요. 차량을 서로 이어 주는 연결 고리가 있기 때문에 '하나'의 기차가 되는 거지요. 글도 마찬가지예요. 하나의 문단이나 한 편의 글이 완성되기 위해서는 문장과 문장, 문단과 문단을 연결해 주는 무언가가 필요해요.

이렇게 글에서 문장과 문장 혹은 문단과 문단을 연결해 주는 말을 '접속어'라고 해요. 접속어는 앞뒤 문장을 매끄럽게 이어 주는 역할을 할 뿐만 아니라, 문장과 문장, 문단과 문단의 관계를 더욱 긴밀하게 만들어 주는 역할도 해요. 따라서 글을 읽을 때에는 접속어의 종류와 역할을 파악하는 것이 무척 중요해요. 문장 혹은 문단 간의 관계를 알아야만 글의 내용을 정확하게 이해할 수 있기 때문이에요. 글에 쓰이는 접속어에는 여러 가지가 있지만 대표적으로는 다음과 같은 것들이 있어요.

앞부분	대표적 접속어	뒷부분	역할 및 기능
비가 많이 내렸다.	그리고, 게다가, 또한	바람도 강하게 불었다.	앞 내용과 문장을 자연스럽게 연결(순접)
	그러나, 하지만, 그렇지만	큰 피해는 없었다.	앞 내용과 반대 내용 연결(역접)
	그런데, 한편, 아무튼, 다음으로	사람들이 어디론가 뛰어갔다.	앞 내용과 다른 내용 제시(전환)
	그래서, 그러므로, 따라서	강물이 넘치고 홍수가 났다.	앞 내용의 결과 제시(인과)
	즉, 요컨대, 결국	–	앞 내용을 정리(요약)
	예컨대, 이를테면, 가령	–	앞 내용에 대한 예시

접속어가 문장과 문장, 문단과 문단을 이어 주는 역할을 한다면, '지시어'는 앞에서 언급된 내용을 다시 가리키는 역할을 해요. 보통 '이, 그, 저'와 같은 말로 시작하는데, 앞에서 언급한 내용을 뒤에서는 짧게 지시함으로써 똑같은 말의 불필요한 반복을 피할 수 있게 해 줘요. 만약 글을 읽다가 지시어가 가리키는 것이 무엇인지 확인하지 못하고 넘어가면, 누가 누구를 가리키는 건지, 어떤 내용이 이어지는 건지 알 수 없게 되죠. 그러므로 글을 읽다가 지시어가 나오면 그게 무엇을 가리키는 것인지 꼭 확인해야 해요. 그럼 접속어와 지시어를 통해 글의 흐름을 파악하는 방법을 살펴봅시다.

첫째 **글을 읽을 때에는 접속어나 지시어에 주목한다.**

글을 읽다가 접속어나 지시어가 나오면 표시를 해 두세요. 특히 문제에서 접속어나 지시어와 관련된 내용을 묻고 있는 경우 따로 표시를 해 두는 게 좋아요.

둘째 **접속어와 지시어를 중심으로 앞뒤 문장이나 문단을 잘 살펴본다.**

글을 읽다가 접속어가 나오면 앞뒤 문장의 내용을 잘 살펴봐야 해요. '그러므로'와 같은 접속어가 나왔다면, 앞 문장이 어떤 현상의 '원인'이 될 거고, 뒤 문장이 그에 따른 '결과'가 될 거예요. 한편 지시어가 가리키는 내용은 바로 앞 구절이나 앞 문장에 있는 경우가 많으니까 이를 참고하여 지시어가 가리키는 대상을 찾아보세요.

셋째 **접속어의 역할과 지시어가 가리키는 내용을 파악한다.**

접속어를 찾았다면, 접속어가 앞뒤 문장을 어떤 방식으로 연결해 주는지 파악해야 해요. 접속어는 글의 흐름을 같은 방향으로 계속 이어지게 할 수도 있고, 반대로 흘러가게 할 수도 있으며, 글의 화제를 완전히 다른 것으로 바꿀 수도 있어요. 그러므로 글의 흐름이 어떻게 이어지는지, 앞뒤 문장의 관계가 어떠한지를 파악하는 것이 중요해요. 한편 지시어가 나왔을 때에는 지시어가 가리키는 내용을 지시어 대신 넣어서 읽어 보세요. 지시어가 가리키는 내용을 넣었을 때 문맥이 자연스러운지를 생각해 보면, 지시어가 가리키는 내용을 제대로 파악했는지 쉽게 확인할 수 있어요.

 **원리 확인 문제** 앞에서 설명한 방식으로 다음 글을 읽고 물음에 답하면서 접속어의 역할과 지시어의 내용을 파악해 봅시다.

지수 물가는 가격 변동을 측정하기 위하여 통계적 방법으로 처리된 평균적인 물가이다. 그러나 소비자는 실생활에서 느끼는 체감 물가와 통계청에서 발표하는 지수 물가가 다르다고 생각한다. 이에 대한 여러 가지 원인 중에서 대표적인 세 가지를 알아보자.

1. 이 글에 나오는 접속어는 무엇인가요?	이 글에 나오는 접속어는 첫 문장과 두 번째 문장 사이에 있는 '그러나'예요.
2. 접속어의 앞뒤 문장은 어떤 내용인가요?	접속어 '그러나'를 중심으로 앞 문장은 '지수 물가는 통계적 방법으로 처리된 평균적인 물가'라는 내용이고, 뒤 문장은 '소비자는 실생활에서 느끼는 체감 물가와 통계청에서 발표하는 지수 물가가 다르다고 생각한다.'라는 내용이에요. 가격 변동을 측정하여 사람들에게 이를 알려 주기 위해 지수 물가라는 것을 만들었지만, 사람들은 이 지수 물가가 실제 느끼는 체감 물가와 다르다고 생각한다는 것이죠.
3. 접속어는 어떤 역할을 하고 있나요?	'그러나'를 중심으로 앞뒤 문장의 내용을 살펴봤을 때, 서로 반대되는 내용이 이어지고 있어요. 즉, 접속어 '그러나'는 앞의 내용과 반대되는 내용을 연결하는 '역접'의 기능을 한다고 볼 수 있어요.

1. 이 글에 나오는 지시어는 무엇인가요?	이 글에 나오는 지시어는 세 번째 문장의 맨 처음에 있는 '이'예요.
2. 지시어가 가리키는 것은 무엇인가요?	지시어가 가리키는 대상은 대부분 그 앞에 나오니까 바로 앞 문장부터 잘 살펴봐야 해요. 지시어 '이'는 가장 가까이에서 언급된 내용을 가리키므로, 바로 앞에 나온 '소비자는 ~ 체감 물가와 ~ 지수 물가가 다르다고 생각한다.'로 볼 수 있어요.
3. 지시어가 가리키는 내용을 확인해 보세요.	지시어 '이' 대신 '소비자는 ~ 체감 물가와 ~ 지수 물가가 다르다고 생각한다'를 넣어서 마지막 문장을 읽어 보면, '(소비자가) 체감 물가와 통계청에서 발표하는 지수 물가가 다르다고 생각하는 여러 가지 원인 중에서 ~'가 되겠네요. 지시어 대신 지시 내용을 넣었을 때 문맥이 자연스럽다는 것을 확인할 수 있어요.

지금까지 설명한 내용을 간단히 정리하면 다음과 같아요. 단계별로 접속어의 역할을 파악하고 지시어가 가리키는 것을 찾아내는 방법을 잘 정리해 보세요.

단박 정리 접속어와 지시어 활용하기

주목하며 읽기	→	앞뒤 내용 확인하기		의미 파악하기
글을 읽을 때 접속어와 지시어에 주목하기		• 접속어 앞뒤 문장의 내용 파악하기 • 지시어가 가리키는 내용을 찾아 확인하기		접속어의 역할과 지시어의 내용을 파악하기

원리 적용 문제 1　빈칸에 들어갈 알맞은 말을 생각하면서 다음 글에 사용된 접속어의 역할을 파악해 봅시다.

화폐는 교환 매개*의 기능을 한다. 예를 들어 옥수수를 가진 사람은 사과를 필요로 하고, 사과를 가진 사람은 옥수수를 필요로 한다고 해 보자. 이 두 사람이 운 좋게 서로 만날 수 있다면 각자가 원하는 것을 가질 수 있다. 그러나 서로 원하는 물건을 갖고 있는 사람을 찾으려면 많은 시간과 노력을 들여야 하는 것이 일반적이다. 거래 과정에서 화폐를 매개로 대가를 지불함으로써 거래에 드는 시간과 노력이 줄어들게 되었다.

＊**매개** 둘 사이에서 양편의 관계를 맺어 줌

1. 이 글에 나오는 접속어는 무엇인가요?	이 글에 나오는 접속어는 (1) ☐☐ ☐☐와 (2) ☐☐☐이다.
2. 접속어의 앞뒤 문장은 어떤 내용인가요?	(1)의 앞 문장은 '화폐는 교환을 ☐☐하는 기능을 한다.'라는 내용이고, 뒤 문장은 옥수수나 사과를 가진 사람이 필요한 것을 구하는 과정에서 화폐가 어떤 역할을 하는지를 보여 주는 내용이다. (2)의 앞 문장은 '운이 좋으면 자신이 원하는 것을 가진 사람끼리 만나 각자 원하는 것을 가질 수 있다.'라는 내용이고, 뒤 문장은 '그런 사람을 찾으려면 시간과 노력이 많이 든다.(따라서 그런 사람은 만나기 힘들다.)'라는 내용이다.
3. 접속어는 어떤 역할을 하고 있나요?	접속어를 중심으로 앞뒤 문장의 관계를 살펴보면, (1)은 앞 문장의 내용에 대해 사례를 들어 이해를 돕고 있으므로 ☐☐의 역할을 하고 있다. (2)의 앞뒤 문장의 내용을 보면 '~ 만나면 좋은데, 실제로는 만나기가 힘들다.'라는 것이다. 즉, 글의 흐름이 반대로 이어지고 있으므로 ☐☐의 기능을 하고 있다.

원리 적용 문제 2　빈칸에 들어갈 알맞은 말을 생각하면서 다음 글에 사용된 접속어의 역할을 파악해 봅시다.

저작권이란 저작자가 자신이 창작한 작품에 대해 갖는 권리이며, 저작자는 이 저작물을 번역하거나 각색하는 등의 방법으로 만든 작품인 2차 저작물을 작성할 권리도 갖는다. 원저작물을 기초로 만들어진 2차 저작물을 기반으로 하여 또 다른 2차 저작물을 제작하는 경우라면, 원저작물의 2차 저작물 작성권을 가진 사람의 허락까지 받을 필요가 있다. 소설을 각색한 2차 저작물인 영화를 기반으로 또 다른 2차 저작물인 연극을 제작한다고 할 때, 연극이 소설을 기반으로 창작된 것임을 부인할 수는 없을 것이다. 그러므로 연극을 제작하려는 사람은 영화뿐 아니라 소설의 2차 저작물 작성권을 가진 사람에게도 허락을 받을 필요가 있다.

1. 이 글에 나오는 접속어는 무엇인가요?	이 글에 나오는 접속어는 (　　　　　)이다.
2. 접속어의 앞뒤 문장은 어떤 내용인가요?	접속어의 앞 문장은 '소설을 각색하여 만든 영화'를 바탕으로 연극을 제작한다고 할 때, 이 연극은 (1) (　　　　　)을 기반으로 창작된 것이라는 내용이고, 뒤 문장은 해당 연극을 제작하려는 사람은 소설과 영화의 2차 저작물 작성권을 가진 사람 모두에게 허락을 받아야 한다는 내용이다. 즉 이 연극은 영화와 소설 모두를 원저작물로 볼 수 있으므로 제작자는 영화와 소설의 저작권자 모두에게 허락을 받아야 한다는 (2) (　　　　　)을 내리고 있다.
3. 접속어는 어떤 역할을 하고 있나요?	접속어를 중심으로 앞뒤 문장의 관계를 살펴보면, 앞 문장의 내용을 바탕으로 결론에 이르고 있으므로, 이 글에서 접속어는 (　　　　　) 관계를 나타내는 기능을 하고 있다.

원리 적용 문제 3   다음 글은 학교 폭력 문제에 접근하는 새로운 시각을 제시하고 있습니다. 다음 글에 사용된 접속어와 지시어에 주목하면서 그 역할을 파악해 봅시다.

학급에서 발생하는 괴롭힘 상황에 대한 전통적인 접근 방법은 '가해자−피해자 모델'이다. 이 모델에서는 가해자와 피해자의 개인적인 특성 때문에 괴롭힘 상황이 발생한다고 본다.

하지만 '가해자−피해자 모델'로는 괴롭힘 상황을 근본적으로 해결하지 못한다. 왜냐하면 이 모델은 괴롭힘 상황에서 방관자*의 역할을 고려하지 못하기 때문이다. 학급에서 일어난 괴롭힘 상황에는 가해자와 피해자뿐만 아니라 방관자가 존재한다. 방관자는 침묵하거나 모르는 척하는데, 이런 행동은 가해자를 소극적으로 지지하게 되는 것이다.

방관자의 역할을 이해하고 학급 내 괴롭힘 상황을 근본적으로 해결하기 위한 새로운 모델이 '가해자−피해자−방관자 모델'이다. 이 모델에서는 방관하는 행동이 바로 괴롭힘 상황을 유지하게 만드는 근본적인 원인이라고 생각한다. 즉 괴롭힘 상황에서 방관자는 단순한 제3자가 아니라 가해자와 마찬가지의 책임이 있다고 보는 것이다.

[A]
그렇다고 방관자를 가해자와 동일하게 처벌하자는 것은 아니다. 대신 방관자가 피해자를 돕는 행동을 할 수 있도록 학급 환경 자체를 변화시켜야 함을 강조한다. 예를 들어, 괴롭힘 상황이 발생했을 때 학급의 모든 구성원은 상황을 인지하고 역할극이나 회의를 통해 문제의 심각성을 공유해야 한다. 또한 돕고 싶지만 두려움 때문에 방관만 하던 소극적인 학생들은 피해자를 적극적으로 도울 수 있도록 심리적, 물리적으로 지원을 받아야 한다. 그러면서 학생들은 방관하는 행동이 문제임을 깨닫게 되고, 앞으로는 누군가가 괴롭힘을 당할 때 방관하지 않고 나서서 피해자를 도우려는 태도를 지니게 된다. 이러한 학급 환경에서는 더 이상 괴롭힘이 발생하지 않거나 가끔 발생하더라도 오래 지속되지 않는 것이다.

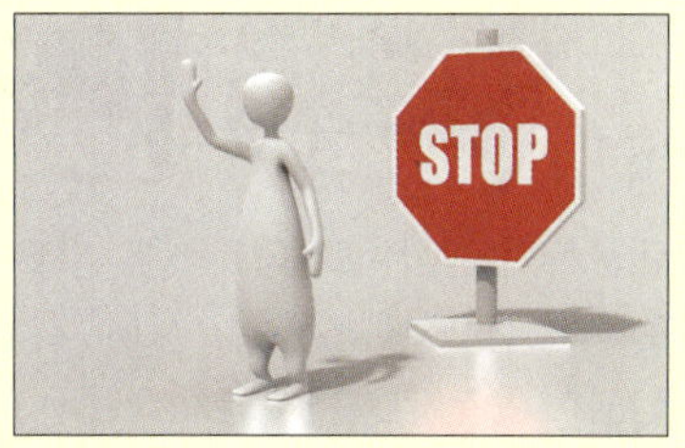

*방관자 어떤 일에 직접 나서서 관여하지 않고 곁에서 보기만 하는 사람

---

1. 이 글에 나오는 접속어는 무엇인가요?

이 글에 나오는 접속어는 (1) (　　　　), (2) (　　　　), (3) (　　　　), (4) (　　　　), (5) (　　　　)이다.

↓

2. 이 글에 나오는 접속어의 역할에 대한 설명으로 적절하지 <u>않은</u> 것은?

① 앞의 내용과 반대되는 내용을 이어 준다.
② 앞의 내용을 간결하게 정리해서 요약한다.
③ 앞에 제시된 원인에 따른 결과를 보여 준다.
④ 다음에 구체적인 사례가 나올 것을 알려 준다.
⑤ 앞의 내용과 비슷한 흐름이 이어질 것을 알려 준다.

↓

3. [A]에 나오는 지시어는 무엇인가요?

[A]에 나오는 지시어는 (1) (　　　　), (2) (　　　　), (3) (　　　　)이다.

↓

4. [A]의 지시어가 각각 가리키는 것은 무엇인가요?

(1)은 '방관자가 (　　　　　　　　　　　　　　　　　　)고 본다고'를 가리키고,
(2)는 '(　　　　　　　　　　　　　　　　　　　)'를 가리키며,
(3)은 '(　　　　　　　　　　　　　　　　)'을 가리킨다.

③ 중심 문장과 뒷받침 문장 구분하기

소설 「춘향전」, 「로미오와 줄리엣」, 「해리 포터」, 「빨간 머리 앤」의 공통점은 무엇일까요? 너무 어렵게 생각하지 말고요.

그건 바로 주인공 이름이 작품의 제목이라는 점이에요. 좀 허무한가요? 이 작품들에 '춘향, 로미오, 줄리엣, 해리 포터, 앤'만 나오는 것은 아니지만, 이들은 작품에서 가장 중요한 인물이고 사건도 이들을 중심으로 벌어지잖아요. 그래서 주인공 이름이 아예 작품의 제목이 되었지요.

소설에 주인공이 있고 이들을 받쳐 주는 조연이 있는 것처럼, 글에도 주인공 역할을 하는 문장과 조연 역할을 하는 문장이 있어요. 문단의 핵심 내용이 직접 드러나 있는 가장 중요한 문장을 '중심 문장'이라 하고, 중심 문장의 내용을 구체적이고 상세하게 설명하거나 보완해 주는 다른 문장들을 '뒷받침 문장'이라고 해요. 따라서 글의 핵심 내용을 빠르고 정확하게 파악하기 위해서는 중심 문장을 능숙하게 찾을 수 있어야 해요.

그럼, 중심 문장과 뒷받침 문장을 구분하는 과정을 하나하나 살펴봅시다.

첫째 중심 소재를 찾는다.

우선 글이나 문단이 '무엇'에 대한 내용을 다루고 있는지 알아야겠죠? 앞에서 배웠던 '중심 소재 찾기'를 통해 글쓴이가 글 속에서 다루고 있는 가장 중요한 대상이 무엇인지 파악해 보세요.

둘째 문장들의 내용을 비교한 후 가장 포괄적이고 일반적인 내용의 문장을 찾는다.

중심 문장은 뒷받침 문장들의 내용을 아우를 수 있어야 하기 때문에 포괄적이고 일반적인 내용으로 되어 있어요. 반대로 뒷받침 문장은 중심 문장의 내용을 자세히 설명하거나 보완하는 역할을 하기 때문에 보다 구체적이고 특수한 내용을 담고 있지요. 말하자면 뒷받침 문장은 내용상 중심 문장의 일부가 되고, 중심 문장은 뒷받침 문장의 상위 개념을 형성한다고 할 수 있어요. 이때 접속어나 지시어를 활용하면 문장의 관계를 파악해 나가는 데 도움이 돼요.

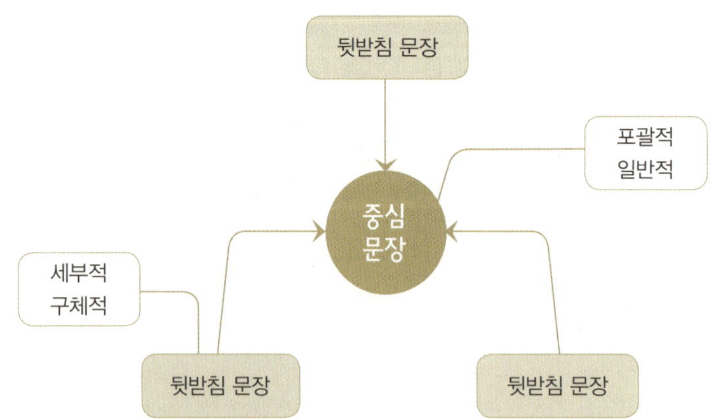

셋째 문단의 맨 앞이나 맨 뒤에 오는 문장에 주목한다.

여러 음식이 있을 때 가장 좋아하는 요리는 대부분 맨 먼저 먹거나 아껴 두었다가 제일 마지막에 먹는 경우가 많잖아요? 그것처럼 중심 문장 또한 글쓴이가 가장 전달하고 싶은 말이기 때문에 문단의 맨 앞이나 맨 뒤에 오는 경우가 많아요. 그러므로 중심 문장을 찾기 위해서는 문단의 앞부분과 뒷부분에 주의하며 글을 읽어야 해요. 물론 중심 문장이 중간에 오는 경우도 있으니까 앞뒤 내용의 흐름을 파악하는 연습이 꼭 필요해요.

① 지구 밖에서 온 운석*은 태양계와 지구의 비밀을 풀 수 있는 중요한 자료가 된다. ② 태양계가 탄생할 때 생겨난 운석에는 태양계가 탄생할 당시에 어떤 일이 있었는지를 알 수 있는 정보가 담겨 있다. ③ 그리고 태양계가 생성된 이후의 운석에는 소행성이나 화성과 같은 행성의 초기 진화에 대한 기록이 보존되어 있다. ④ 또한 소행성의 핵에서 떨어져 나온 철질운석은 지구의 내부 중심인 핵이 어떤 물질로 구성되어 있는지 연구할 수 있는 소중한 자료가 된다.

*운석 지구상에 떨어진 별똥. 대기 중에 돌입한 유성이 다 타 버리지 않고 땅에 떨어진 것으로, 철·니켈 합금과 규산염 광물이 주성분이다.

---

1. 이 글의 중심 소재는 무엇인가요?

이 글을 보면 '운석'이라는 말이 유난히 많이 나오고 있죠? 문장마다 한 번씩은 나오고 있어요. 또한 이 글에서는 운석이 무엇을 알아보는 데 쓸모 있는 자료가 되는지에 대해 설명하고 있어요. 그러므로 이 글은 '운석'에 관한 글로 볼 수 있겠네요.

2. 가장 포괄적이고 일반적인 내용의 문장은 어떤 것인가요?

각 문장 ①~④가 운석에 대해 어떤 내용을 다루고 있는지 정리해 볼까요?
　①은 '운석을 잘 활용하면 태양계와 지구에 관한 정보를 얻을 수 있다.'라는 것이고,
　②는 운석을 통해 '태양계 탄생 당시의 일'을 알 수 있다는 거예요.
　③은 운석을 통해 '행성의 초기 진화'에 관해 알 수 있다는 것이며,
　④는 운석을 통해 '지구 핵의 구성 물질'을 알 수 있다는 내용이에요.
한편 ②~④는 '그리고', '또한'이라는 접속어로 연결되어 있는데, 이를 통해 앞 문장과 뒤 문장이 유사한 내용으로 이어질 것임을 짐작할 수 있지요. 이처럼 ②~④는 모두 '운석을 통해 무언가를 알 수 있다.'라는 내용이에요. 그리고 이렇게 운석을 통해 알 수 있는 것들을 일반화하면 모두 '태양계나 지구'에 관한 정보들임을 알 수 있어요. 이러한 내용은 문장 ①에 나와 있죠?

3. 중심 문장의 위치를 확인해 보세요.

문단의 맨 앞과 맨 뒤에 주목하면서 운석에 대해 가장 포괄적이고 일반적인 내용을 담고 있는 문장을 찾아보면, 맨 처음 나온 문장 ①이 글의 중심 문장임을 쉽게 확인할 수 있어요.

지금까지 설명한 내용을 간단히 정리하면 다음과 같아요. 단계별로 중심 문장을 찾아내는 방법을 잘 살펴보고 정리해 두세요.

단박 정리   중심 문장 찾기

중심 소재 파악하기	문장의 내용 확인하기	중심 문장 확인하기
반복되는 말에 주목하여 '무엇'에 대한 글인지 파악하기	• 각 문장의 내용 파악하기 • 포괄적이고 일반적인 내용을 담고 있는 문장 찾기	문단의 맨 앞이나 맨 뒤에 주목하여 중심 문장 파악하기

 **원리 적용 문제 1**　빈칸에 들어갈 알맞은 말을 생각하면서 다음 글의 중심 문장을 찾아봅시다.

　① 본관이란 그 성씨의 시조나 조상이 살던 지역을 의미한다. ② 조선의 건국 이후 본관이 변화되기 시작하는데, 이는 행정 구획의 개편에서 비롯되기도 했지만, 또 다른 중요한 이유도 있었다. ③ 양반에도 등급이 있다고 생각했던 조선 왕조에서 가문의 품격을 따지는 중요한 조건 중 하나는 성과 본관이 무엇이며, 어떤 조상을 두었는가 하는 것이었다. ④ 그에 따라 이름난 조상을 두지 못했던 본관의 후손들이 기존의 이름 있는 큰 성씨에 끼어들기 위해 본관을 바꾸는 경우가 생겼던 것이다.

1. 이 글의 중심 소재는 무엇인가요?	이 글에서는 (1) '□□'이라는 말이 반복되고 있으며, 그것이 어떻게 왜 변화했는지를 설명하고 있으므로 (2) □□이 글의 중심 소재임을 알 수 있다.
2. 가장 포괄적이고 일반적인 내용의 문장은 어떤 것인가요?	각 문장 ①~④의 내용을 정리하면 다음과 같다. 　① 본관은 '그 성씨의 □□나 □□이 살던 지역'이었음. 　② 본관의 변화에는 '행정 구역의 개편 외에 또 다른 요인'이 있었음. 　③ 조선 왕조에서 '□□의 등급을 나누는 기준' 중 하나가 본관이었음. 　④ 기존의 □□ 있는 큰 성씨에 끼어들기 위해 본관을 바꾸는 경우가 생겼음. 특히 ④의 접속어 (1) '□□ □□'를 고려할 때, 이 글은 앞서 언급한 내용을 바탕으로 행정 구역의 개편 외에 본관이 변화된 (2) □□을 ④와 같이 정리하고 있음을 알 수 있다.
3. 중심 문장을 골라 보세요.	위와 같은 내용을 바탕으로 할 때, 중심 문장은 □임을 알 수 있다.

 **원리 적용 문제 2**　빈칸에 들어갈 알맞은 말을 생각하면서 다음 글의 중심 문장을 찾아봅시다.

　① 우리 학교는 점심시간 동안 학생들이 체육 활동을 할 수 있도록 학교 강당을 개방하고 있습니다. ② 하지만 3학년, 2학년, 1학년 순으로 식사 순서가 고정되어 있어서 점심을 일찍 먹은 선배들이 먼저 강당에 자리를 잡고 체육 활동을 하고 있어서 1학년 학생들은 이용할 수 없는 경우가 많습니다. ③ 저도 어제 점심을 먹고 친구들과 함께 강당에서 배드민턴을 하고 싶었지만 자리가 비좁아 그냥 교실로 돌아올 수밖에 없었습니다. ④ 저처럼 점심시간에 체육 활동을 하지 못하는 1학년 학생들은 현재 상황에 대해 불만이 많습니다. ⑤ 그래서 저는 모든 학생들이 공평하게 강당을 이용하기 위한 방안으로 각 학년의 점심 식사 순서를 매주 바꿔 주셨으면 좋겠습니다.

1. 이 글의 중심 소재는 무엇인가요?	이 글에서는 '체육 활동', '강당', '식사 순서' 등의 말이 반복되고 있으며, 이 중에서 중심 소재는 (　　　　　)이다.
2. 가장 포괄적이고 일반적인 내용의 문장은 어떤 것인가요?	각 문장 ①~⑤의 내용을 정리하면 다음과 같다. 　① 점심시간 동안 체육 활동을 위해 (　　　　)을 개방하고 있음. 　② 식사 순서가 3학년, 2학년, 1학년 순으로 (　　　　)되어 있어 1학년 학생들의 강당 이용이 어려움. 　③ 글쓴이가 강당을 이용하고 싶었지만 자리가 없었음. 　④ 현재 (　　　)학년 학생들의 불만이 많음. 　⑤ 강당을 공평하게 이용할 수 있도록 식사 순서를 (　　　　　) ①은 강당 개방의 취지를, ②~④는 이러한 취지를 살리지 못하고 있는 원인과 문제 상황, 그리고 그 결과를 언급하고 있다. ⑤는 이와 같은 문제를 해결하기 위한 방안을 제시하고 있다.
3. 중심 문장을 골라 보세요.	위와 같은 내용을 바탕으로 할 때, 중심 문장은 (　　　　)임을 알 수 있다.

 **원리 적용 문제 3** 다음은 3~4개의 문장들이 모여 하나의 문단이 되고, 이런 문단 5개가 모여 한 편의 글이 된 지문이에요. 앞서 연습했던 방법을 활용해서 각 문단의 중심 문장을 정리해 봅시다.

가 다음 상황을 생각해 보자. Ⓐ가 등교하는 길에 다리가 불편한 할머니가 횡단보도 건너는 것을 도와 달라고 하였다. Ⓐ가 지금 학교에 가지 않으면 지각을 하여 벌점을 받게 된다. Ⓐ는 할머니를 도와야 할까, 아니면 학교에 가야 할까? 이런 상황을 도덕적 딜레마라 한다. 이런 상황에서는 개인 행위의 옳고 그름을 판단하는 기준이 필요한데, 크게 두 가지 관점에서 기준을 제시할 수 있다. 하나는 의무론적 관점이고 다른 하나는 목적론적 관점이다.

나 의무론적 관점은 행위에 대한 도덕적 판단이 도덕 법칙에 따라 이루어져야 한다고 보았다. 이 관점은 도덕 법칙을 지키려는 의지를 의무로 보았으며 결과와 무관하게 행위 자체의 옳고 그름에 주목하였다. 도덕 법칙은 언제나 타당하고 보편적인 것이기에 '왜'라는 질문은 필요하지 않다. 따라서 좋지 않은 결과를 초래하더라도 도덕 법칙은 지켜야 한다. 이런 의미에서 의무론적 관점을 법칙론이라고도 한다.

다 그러나 의무론적 관점에는 한계가 있다. 두 개의 옳은 도덕 법칙이 충돌할 때 의무론적 관점에 따르면 결정을 내릴 수 없다. 예를 들어 1번 철로에는 3명의 인부가, 2번 철로에는 5명의 인부가 일을 하고 있을 때 브레이크가 고장 난 기차의 기관사는 어떤 길을 선택해야 할까? 의무론적 관점은 이 상황에서 어떤 철로를 선택해야 할지 결정을 내릴 수 없다.

라 한편, 목적론적 관점은 행복이나 쾌락을 인간이 추구해야 할 목적으로 보았다. 이 관점은 오로지 최선의 결과를 가져오는 행위가 옳은 행위이며, 경험을 통하여 도덕을 얻을 수 있다고 생각하였다. 도덕은 '보다 많은 사람들에게 보다 많은 행복을 가져오는 행위'이다. 따라서 어떤 행위를 결정할 때는 미래에 있을 결과를 고려해야 한다. 이런 의미에서 목적론적 관점을 결과론이라고도 한다.

마 그러나 목적론적 관점도 한계가 있다. 똑같은 결과라도 사람마다 판단이 달라질 수 있기 때문이다. 위의 예에서 1번 철로를 선택하는 것이 목적론적 관점에서는 옳은 선택이지만 1번 철로에 있던 인부의 가족에게 물어볼 경우 대답은 달라질 것이다. 이런 문제 때문에 목적론적 관점은 도덕 법칙에 대해 많은 예외를 허용할 우려가 있다.

---

1. 가~마의 중심 소재는 각각 무엇인가요?

(1) **가** : 개인 행위의 옳고 그름을 판단하는 (　　　　　)

(2) **나** : (　　　　　) 관점

(3) **다** : (　　　　　) 관점의 (　　　　　)

(4) **라** : (　　　　　) 관점

(5) **마** : (　　　　　) 관점의 (　　　　　)

2. 가~마에서 중심 소재에 대해 언급하고 있는 내용은 무엇인가요?

(1) **가** : (　　　　　　　) 상황에서 개인 행위의 (　　　　　)을 판단하는 기준에는 두 가지가 있다.

(2) **나** : (　　　　) 관점은 도덕적 판단이 도덕 (　　　　)에 따라 이루어져야 한다고 보기 때문에 법칙론이라고도 한다.

(3) **다** : 의무론적 관점은 두 개의 옳은 도덕 법칙이 (　　　　)할 때 결정을 내릴 수 없다는 문제가 있다.

(4) **라** : 목적론적 관점은 (　　　　)이나 (　　　　)을 인간이 추구해야 할 목적으로 보았기 때문에 (　　　　)이라고도 한다.

(5) **마** : 목적론적 관점은 똑같은 결과라도 (　　　　　) 판단이 달라질 수 있어 도덕 법칙에 대해 많은 예외를 허용하게 된다는 문제가 있다.

3. 가~마의 중심 내용을 정리하여 한 문장으로 써 보세요.

각 문단 **가~마**의 중심 문장은 각각 다음과 같이 정리할 수 있다.

(1) **가** : 도덕적 딜레마 상황에서 개인 행위의 옳고 그름을 판단할 때 의무론적 관점과 목적론적 관점에서 그 기준을 제시할 수 있다.

(2) **나** : (　　　　　　　　　　　　　　　　　　　　　　　　　　　　　)

(3) **다** : (　　　　　　　　　　　　　　　　　　　　　　　　　　　　　)

(4) **라** : 목적론적 관점은 인간이 추구해야 할 목적을 행복이나 쾌락으로 보아 최선의 결과를 가져오는 행위가 옳은 행위라고 생각한다.

(5) **마** : 목적론적 관점은 똑같은 결과에 사람마다 판단이 달라질 수 있어 도덕 법칙에 대해 많은 예외를 허용할 우려가 있다는 한계가 있다.

4 주제 파악하기

'팥소 없는 찐빵', '노른자 없는 계란', '김빠진 콜라' 등의 공통점이 무엇일까요? 뭔가 중요하고 핵심적인 게 빠졌다는 점일 거예요. 이런 찐빵, 계란, 콜라를 누가 맛있다고 하겠어요?

한 편의 글도 이와 같아요. 서너 문장으로 된 짧은 문단에서부터 수백 쪽의 길고 복잡한 글에 이르기까지 글 속에는 글쓴이가 독자에게 전하려고 하는 핵심적인 내용이 들어 있어요. 이러한 핵심적인 내용을 글의 '주제' 혹은 글쓴이의 '중심 생각'이라고 해요. 그러므로 글을 읽을 때에는 글의 주제를 파악하는 것이 아주 중요해요.

한 편의 글은 여러 개의 문단들로 서로 긴밀하게 짜여 있는데, 각 문단의 주제, 즉 소주제는 문단의 중심 문장에 나타나기 마련이에요. 따라서 문단의 주제를 파악하기 위해서는 먼저 중심 문장을 찾아야 해요.

그럼, 주제를 파악하는 일반적인 과정을 차근차근 살펴봅시다.

첫째 중심 소재를 찾는다.

우선 무엇에 관한 글인지 알아야 '주제'를 파악할 수 있겠지요? 반복되는 말이나 구절을 확인하면서 글의 중심 소재가 무엇인지 찾아보세요.

둘째 문단의 내용을 포괄할 수 있는 중심 문장을 찾거나 중심 구절을 만든다.

중심 소재를 찾았다면, 접속어와 지시어의 쓰임을 고려하면서 문단의 중심 문장이 무엇인지 확인해야 해요. 특히 문단의 맨 앞과 맨 뒤를 잘 봐야 한다는 거 기억하고 있죠? 경우에 따라 글에서 중심 문장이 어떤 것인지 찾을 수 없는 경우도 있는데, 글이나 문단의 전체 내용을 아우를 수 있는 내용이면 중심 문장으로 충분해요. 중심 문장이 직접 드러나 있지 않은 경우에 관해서는 잠시 후에 살펴볼게요.

셋째 중심 문장을 간단한 형태로 정리하여 주제를 파악한다.

사실 우리는 '주제'라는 말을 '글의 핵심 내용을 표현한 문장'이라는 의미로 사용하기도 하고, '글쓴이의 생각이나 의도'라는 의미로 사용하기도 해요. 그래서 '주제가 무엇인가?'라는 물음에 대해서는 주제문으로 답하기도 하고, 글쓴이의 의도나 글의 요점(중심 내용)으로 답하기도 하죠. 따라서 글이나 문단의 내용을 포괄하는 역할을 하는 중심 문장을 찾아 정리하면, 어렵지 않게 글의 주제를 파악할 수 있어요. 주제는 대부분 다음과 같은 형식으로 진술돼요.

주제의 일반적 진술 형식
• 중심 소재의 (어떠한) 무엇 • 중심 소재의 무엇은 어떠하다.

그럼, 중심 문장이 직접 드러나 있는 경우와 그렇지 않은 경우, 그리고 여러 개의 문단으로 된 글 전체의 경우로 나누어서 주제를 파악하는 방법을 살펴봅시다.

1 중심 문장이 나타나 있는 경우

중심 문장이 문단 내에 나타나 있는 경우에는 앞서 설명한 방법을 따르면 돼요. 우선 중심 소재와 중심 문장을 찾은 후, 이것을 일반적인 주제 진술 형식으로 만드는 거죠.

 **원리 확인 문제** 다음 글을 읽으면서 글의 주제를 파악해 봅시다.

① 수면 부족은 인간의 건강에 심각한 영향을 끼친다. ②-ⓐ 우선 수면 부족은 비만을 유발한다. ②-ⓑ 수면 시간을 반으로 줄이는 실험을 한 결과, 식욕을 자극하는 성분은 증가한 반면 억제하는 성분은 그만큼 줄었다는 사실이 밝혀졌다. ③-ⓐ 그리고 수면 부족은 노화 현상과 유사한 반응을 일으키기도 한다. ③-ⓑ 잠을 제대로 자지 못하면 정신적·신경적 측면에서 젊은 사람도 노인과 비슷해진다. ③-ⓒ 36시간 동안 잠을 못 잔 20대 성인은 잠이 부족하지 않은 60대의 사람들과 유사한 행동을 하게 되는 것이다. ④-ⓐ 또한 수면 부족은 각종 사고를 일으키는 원인이 되기도 한다. ④-ⓑ 옛 소련의 체르노빌과 미국 스리마일섬의 원자력 발전소 사고는 수면 부족에 의한 인재였다. ④-ⓒ 한국도로공사에 따르면 2023년 기준 최근 5년간 졸음운전으로 인한 교통사고가 총 1만 765건에 달하며, 치사율은 음주운전 교통사고의 2배에 이른다고 한다.

1. 이 글의 중심 소재는 무엇인가요?	이 글을 읽어 보면 '수면 부족'이라는 말과 함께 '잠을 자지 못하면', '잠을 못 잔' 등의 표현이 반복되는 것을 발견할 수 있어요. 중심 소재는 '수면 부족'이라고 볼 수 있겠죠?
2. 이 글의 중심 문장은 무엇인가요?	접속어를 중심으로 문장들을 나눠 봅시다. 먼저 문장 ①이 제시된 후, '우선'이라는 말 뒤에 문장 ②, '그리고'라는 말 뒤에 문장 ③, '또한'이라는 말 뒤에 문장 ④가 연결되고 있음을 확인할 수 있어요. '우선'이라는 말은 문장 ①과 관련된 내용 중에서 문장 ②-ⓐ가 가장 먼저 언급됨을 나타내고 있으며, 접속어 '그리고'와 '또한'은 앞 문장의 내용과 유사한 내용으로 뒷문장을 연결해 주고 있어요. 그러므로 문단 내에서 문장 ②~④의 위상은 모두 같다고 볼 수 있어요. 그렇다면 문장 ②~④가 어떠한 내용을 뒷받침해 주는 뒷받침 문장들일 가능성이 크겠죠? 그런데 ②~④의 뒷받침 문장들은 '비만을 유발한다.', '노화 현상과 유사한 반응을 일으킨다.', '사고의 원인이 된다.'라는 내용이에요. 그리고 이런 내용을 포괄할 수 있는 것은 문장 ①에 있는 '건강에 심각한 영향을 미친다.'이므로, 문장 ①을 중심 문장으로 볼 수 있어요.
3. 이 글의 주제는 무엇인가요?	문장 ①에서 '심각하다'는 것은 '나쁘다'거나 '안 좋다'는 의미이므로 '나쁜 영향을 준다.'로 바꿀 수 있어요. 따라서 이 글의 주제는 '수면 부족의 부정적 영향' 또는 '수면 부족은 건강에 나쁜 영향을 준다.'로 진술할 수 있어요.

지금까지 설명한 내용을 간단히 정리하면 다음과 같아요. 중심 소재를 찾아 주제로 정리하는 방법을 단계별로 잘 살펴보고 정리해 두세요.

 **단박 정리** 중심 문장이 나타난 글의 주제 파악하기

중심 소재 파악하기	중심 문장 찾기	주제 진술하기
반복되는 말에 주목하여 중심 소재 찾기	접속어와 지시어를 활용하여 포괄적이고 일반적인 내용의 중심 문장 찾기	중심 문장을 '중심 소재의 (어떠한) 무엇/중심 소재의 무엇은 어떠하다.'라는 형태로 정리하여 주제 진술하기

원리 적용 문제 1   다음 글을 읽으며 앞에서 설명한 방법에 따라 빈칸에 알맞은 낱말이나 구절을 넣고, 주제를 파악해 봅시다.

① 나일로미터는 나일강의 수위를 측정하기 위하여 지어진 건축물이다. ② 이집트를 가로질러 흐르는 나일강은 6~9월 사이에 에티오피아의 고산 지대로부터 흘러오는 급류성 강우로 인하여 범람한다*. ③ 9~10월 사이에 범람이 그친 뒤에는 비옥한 충적토*가 형성된다. ④ 이 때문에 고대 파라오 시대부터 나일강의 범람 정도를 측정하여 한 해의 농사와 수확을 예측하는 것은 국가적으로 아주 중요한 일이었다. ⑤ 현재 카이로 남부의 로다섬에 남아 있는 나일로미터는 861년에 건축된 것으로 가장 기본적인 형태이다.

*범람하다 큰물이 흘러넘치다.   *충적토 흙이나 모래가 물에 흘러 내려와 낮은 지역에 쌓여 생긴 토양

1. 이 글의 중심 소재는 무엇인가요?	이 글에서 2회 이상 반복되는 말은 '나일로미터'와 '나일강', '측정', '범람' 등이다. 그중 이 글에서 중점적으로 다루고 있는 대상은 '( )'이다.
2. 이 글의 중심 문장은 무엇인가요?	이 글에 사용된 문장들의 관계를 살펴보도록 한다. 문장 ①에서 대상('나일로미터')의 개념을 제시한 후, 문장 ②, ③의 이유 때문에 문장 ④와 같이 나일강의 수위 측정이 국가적으로 중요한 일이었음을 밝히고 있다. 마지막으로 문장 ⑤에서는 현재 남아 있는 ①의 사례를 들고 있다. 즉, 문장 ②~⑤는 문장 ①과 관련하여 그 필요성과 사례를 제시하는 내용이므로, ( )이 중심 문장, 나머지 문장들이 뒷받침 문장들에 해당한다.
3. 이 글의 주제는 무엇인가요?	'나일로미터는 나일강의 수위를 측정하기 위한 건축물'이라는 것이 글의 핵심이므로, 이 글의 주제는 '나일로미터의 ( )'으로 정리할 수 있다.

2 중심 문장이 나타나 있지 않은 경우

글에 따라서는 중심 문장이 직접 드러나지 않는 경우도 더러 있어요. 대부분 특별히 중심 문장을 언급하지 않아도 핵심을 쉽게 파악할 수 있거나, 비유 또는 상징적 표현을 사용한 경우가 이에 해당하죠. 이럴 때에는 적당한 중심 문장을 머릿속에 떠올린 후 주제를 정리해야 해요. 중심 문장이 분명하게 나타나 있지 않은 경우, 주제를 파악해서 진술하는 방법은 대개 다음과 같아요.

첫째 **중심 소재를 찾는다.**

우선 무엇에 관한 글인지 알아야 '주제'를 파악할 수 있겠지요? 앞서 학습한 방법을 통해 중심 소재를 찾아야 해요.

둘째 **문단의 내용을 포괄할 수 있는 구절을 만든다.**

중심 문장이 글에 직접 나타나 있지 않기 때문에 문단의 내용을 포괄할 수 있는 구절을 만드는 것은 꼭 필요한 과정이에요. 여러 내용이 뒤죽박죽 섞여 있어서 글쓴이가 무슨 이야기를 하고 싶은 것인지 아예 파악할 수 없는 글이 아니라면, 내용을 일반화할 수 있는 단서나 비유적인 표현 등이 있기 마련이에요. 이런 것을 활용해서 중심 문장에 가까운 구절을 만들 수 있어요.

셋째 **일반적인 주제 진술 형식으로 만든다.**

내용을 포괄하는 구절을 만들었다면 이를 활용하여 앞서 설명한 방법과 동일하게 '중심 소재의 (어떠한) 무엇'이나 '중심 소재의 무엇은 어떠하다.'라는 형태로 정리하면 돼요.

① 웃음은 인간의 면역 체계와 밀접한 관계를 지닌다. ② 웃으면 면역 기능이 높아지고, 심장 박동 수가 2배로 늘어나며, 폐 속에 남아 있던 나쁜 공기가 신선한 공기로 빨리 바뀐다. ③ 또한 웃을 때는 암과 세균을 처리하는 세포들이 증가한다. ④ 미국 루이빌 대학 심리학과의 클리포드 컨 교수에 따르면 일부러 웃는 웃음도 자연스러운 웃음과 똑같은 효과를 낸다고 한다. ⑤ '행복해서 웃는 것이 아니라 웃기 때문에 행복'하다는 의미이다.

1. 이 글의 중심 소재는 무엇인가요?	이 글이 '웃음'에 관해서 서술하고 있다는 것을 쉽게 알 수 있어요.

2. 이 글의 내용을 포괄할 수 있는 구절은 무엇인가요?	문장 ①~⑤의 내용을 살펴보면, 웃음이 ② 면역 기능을 높여 주고 심장과 폐를 활발하게 움직이게 하며, ③ 암과 세균을 처리하는 세포를 증가시켜 준다고 해요. 그래서 ④~⑤ 웃으면 행복해진다는 것이지요. 이러한 내용을 포괄하는 문장이 위치상 ①의 자리에 있어야 할 것 같은데 ①은 단지 웃음이 면역 체계와 '밀접한 관계'라고만 하고 있어서 적절해 보이지 않아요. 그렇다고 해서 이 문단의 핵심 내용을 파악하는 게 어려운 것은 아니지요. 문장 ②~④의 내용으로 미루어 볼 때 '밀접한 관계'라는 것은 인간에게 도움이 되고 좋은 기능을 한다는 뜻으로 볼 수 있어요. 따라서 ①~⑤의 내용을 일반화하면 '웃음은 인간의 면역 체계에 도움을 주어 인간을 건강하게 해 준다.'라는 말로 표현할 수 있어요.

3. 이 글의 주제는 무엇인가요?	이 글의 주제는 '(인간에게 미치는) 웃음의 긍정적 효과'라고 할 수 있겠네요.

지금까지 설명한 내용을 간단히 정리하면 다음과 같아요. 글을 읽다 보면 문단 안에서 중심 문장을 찾을 수 없어 답답할 때가 종종 있었죠? 그런 경우 주제를 파악할 수 있는 방법이니까 잘 살펴보고 정리해 두세요. 그리고 이어지는 문제를 통해 한 번 더 연습해 보세요.

단박 정리   중심 문장이 나타나지 않은 글의 주제 파악하기

중심 소재 파악하기		중심 구절 만들기		주제 진술하기
반복되는 말에 주목하여 중심 소재 찾기	→	문단 내의 단서를 활용하여 내용을 포괄할 수 있는 중심 문장에 가까운 구절 만들기		중심 구절을 바탕으로 '중심 소재의 (어떠한) 무엇/중심 소재의 무엇은 어떠하다.'라는 형태로 주제 정리하기

 **원리 적용 문제 2** 다음 글을 읽으면서 글의 주제를 파악해 봅시다.

한국 고대사에서 통일 신라 이전 시기를 '삼국 시대'라고 부른다. 그러나 기원전 1세기경부터 서기 562년까지 약 600년 동안은 '고구려, 백제, 신라, 가야' 사국(四國)이 있었고, 가야가 멸망하고 삼국(三國)만 유지된 기간은 100여 년 정도이다. 따라서 통일 신라 이전 시기를 '삼국 시대'라고 부르면 한국 고대사는 가야를 제외한 삼국만의 역사로 축소된다. 가야는 국력은 약했지만 동시대의 다른 나라들과 서로 경쟁하며 발전하였다. 실제로 가야 지역에서는 우수한 제철* 기술, 선진적인 토기 문화를 보여 주는 유물이 많이 나왔고, 이를 통해 백제나 신라와 다른, 가야만의 독자적인 문화를 엿볼 수 있다. 또한 조선 중기의 한백겸이 지리 고증*을 통해 고구려, 백제, 신라, 가야의 위치를 논증하여 사국이 존재했음을 밝혔고, 이수광, 안정복, 정약용 등 조선 후기 실학자들도 사국을 인정하였다.

                      ＊제철 철광석을 녹여서 철을 뽑아내는 일
＊고증 예전에 있던 사물들의 시대, 가치, 내용 따위를 옛 문헌이나 물건에 기초하여 증거를 세워 이론적으로 밝힘

---

1. 이 글의 중심 소재는 무엇인가요?

이 글에서 반복되는 낱말이나 구절은 '삼국 (시대)', '가야', '사국'이며, 글의 내용상 (1) '(   )'라는 말이 적절한지 아닌지를 다루고 있으므로, 중심 소재는 (2) (   )로 보는 것이 적절하다.

2. 이 글의 중심 내용으로 가장 적절한 것은 무엇인가요?

① 조선 후기 실학자들의 역사 연구를 재평가해야 한다.
② '삼국 시대'를 '사국 시대'로 바꾸어 역사 인식을 확장해야 한다.
③ 가야가 신라의 지배를 받았음을 증명하는 유물을 발굴해야 한다.
④ 독자적인 문화 형성이 문명국을 판단하는 주된 기준이 되어야 한다.
⑤ 우리는 오랜 역사를 지닌 유서 깊은 민족이라는 자긍심을 가져야 한다.

3. 이 글의 주제는 무엇인가요?

(1) (   )라는 생각은 (2) (   ).

---

3 **여러 개의 문단으로 된 글 전체의 경우**

대부분의 글은 두 문단 이상으로 되어 있는 경우가 많아요. 따라서 문단의 소주제와 더불어 글의 전체 주제를 파악하는 것이 필요해요. 여러 문단으로 된 글 전체의 주제도 앞서 살펴본 한 문단의 소주제를 파악하는 것과 다르지 않아요.

 **글 전체의 중심 소재를 찾는다.**

글 전체에서 반복되는 말을 통해 중심 소재를 찾을 수 있어요. 다만 여러 문단으로 구성되어 있을 뿐 아니라 글이 길기 때문에 내용도 많아져서 중심 소재가 두 개 이상일 수도 있어요.

둘째 **각 문단에서 중심 문장을 찾거나 내용을 포괄할 수 있는 구절을 만든다.**

문단마다 중심 문장이 직접 드러나 있을 수도 있고 그렇지 않을 수도 있어요. 앞서 학습한 방법을 통해 문단의 내용을 아우를 수 있는 중심 문장을 찾거나 중심 구절을 만들어야 해요.

 **각 문단의 소주제를 정리한다.**

넷째 **각 문단의 소주제를 포괄할 수 있는 일반화된 내용으로 주제를 진술한다.**

글 전체 주제의 진술 형식 역시 문단의 소주제를 진술하는 방법과 다르지 않아요. 다만 여러 문단의 내용을 담아내야 하므로 '중심 소재의 (어떠한) 무엇과 (어떠한) 무엇', '중심 소재 (1)과 중심 소재 (2)의 (어떠한) 무엇'처럼 두 가지 이상의 내용으로 구성되면서 진술의 구조가 확장될 수도 있어요.

㉮ '헬리콥터 부모'란 자녀 주변을 맴돌며 간섭을 멈추지 않는 과잉보호형 부모를 가리키는 신조어이다. 이들은 등교 시간, 학원 강의 시간에 맞춰 자녀들을 데려다주고 데려오는 것은 기본이고, 중·고등학교에서 의무적으로 해야 하는 봉사 활동도 대신해 준다. 이것도 자녀의 대학 입학과 동시에 막을 내릴 것 같지만 그렇지 않다. 대학 생활, 졸업 후 직장 선택까지 부모의 개입은 끊이지 않는다. 심지어 자녀가 취업한 뒤에 연봉 협상, 부서 발령이 자식에게 불리하면 회사에 가서 따지는 부모도 있다.

㉯ 전문가들은 헬리콥터 부모가 늘어나는 원인이 상대적으로 부유해진 경제력, 줄어든 자녀 수, 부모의 고학력 때문이라고 설명한다. 과거에는 자녀가 여럿이고 생업에 종사하다 보면 아이를 돌볼 시간이 부족했지만 요즘에는 풍족해진 시간과 돈을 한두 명의 자식에게 쏟아붓다 보니 이런 현상이 나타난다는 것이다. 게다가 부모가 고학력일수록 자녀의 교육에 대한 관심이 높아져 간섭이 심해진다고 한다.

㉰ 그러나 헬리콥터 부모와 같은 그릇된 사랑은 자녀의 미래에 악영향을 미칠 수 있다. 부모의 '영원한 물주' 노릇이 자녀의 경제관념을 왜곡하고*, 성인이 되어서도 부모에게 손을 벌리는 것을 당연하게 생각하는 '캥거루족'의 뿌리가 되기 때문이다. 이들은 대학을 나와 결혼을 하고 집을 마련할 때까지 부모의 도움을 요구한다. 최근 실시된 '청소년 의식 조사'에서 청소년의 93%가 대학 학자금 전액을, 87%가 결혼 비용을, 74%가 주택 구입 비용이나 전세 자금을 부모가 책임져야 한다고 응답한 것으로 나타났다.

＊왜곡하다 사실과 다르게 해석하거나 그릇되게 하다.

---

1. 이 글의 중심 소재는 무엇인가요?

이 글은 ㉮~㉰ 세 문단으로 되어 있는데, 전체적으로 '헬리콥터 부모'라는 말이 반복되고 있죠. 이를 통해 '헬리콥터 부모'가 중심 소재임을 쉽게 알 수 있어요.

2. 각 문단의 중심 문장이나 구절은 무엇인가요?

㉮~㉰의 중심 문장이나 구절을 찾아봅시다.
우선 ㉮는 헬리콥터 부모가 어떤 부모인지를 설명하면서 자녀의 학교생활부터 직장 생활까지 간섭한다고 제시하고 있어요. 헬리콥터 부모가 무엇인지를 설명하는 내용이니까 첫 문장이 중심 문장으로 가장 적절해 보이네요.
㉯는 전문가의 의견, 과거 상황과의 비교를 통해 여러 가지 이유로 헬리콥터 부모가 많아졌다고 설명하고 있어요. ㉯의 첫 문장에 이런 내용이 잘 요약되어 있어요.
마지막으로 ㉰에서는 헬리콥터 부모의 행동으로 인해 정작 부모는 자녀의 영원한 물주 신세가 되고, 자녀들은 어른이 되지 못한 채 캥거루족이 된다면서, 청소년 의식 조사 결과를 통해 이러한 내용을 뒷받침하고 있어요. 모두 헬리콥터 부모로 인한 '악영향'이라는 말로 포괄할 수 있겠네요. ㉰의 첫 문장에 이런 내용이 잘 요약되어 있어요.

3. 각 문단의 소주제는 무엇인가요?

일반적으로 '~(이)란 ~(이)다.'라는 표현이 나올 경우, 대상의 개념을 설명하거나 의미를 정의하는 경우가 많아요. 따라서 ㉮의 소주제는 '헬리콥터 부모라는 신조어의 의미와 특징' 정도가 적당해요.
㉯의 경우 첫 문장을 바탕으로 할 때, '헬리콥터 부모가 늘어나는 원인'을 소주제로 정할 수 있어요.
㉰ 역시 첫 문장이 중심 문장이므로 소주제는 '헬리콥터 부모의 행동이 미치는 악영향'이 적절하겠네요.

4. 이 글의 주제는 무엇인가요?

앞에서의 과정을 통해 확인할 수 있듯이 글쓴이는 '오늘날 자녀의 일거수일투족에 간섭하는 헬리콥터 부모의 의미와 특징, 그리고 증가 원인'을 설명하면서, '그런 행동이 부모 자신에게는 물론 자녀의 미래에도 나쁜 영향을 미칠 것'이라는 점을 말하고 있어요. 따라서 이 글의 전체 주제는 '헬리콥터 부모의 잘못된 사랑과 이로 인한 악영향' 정도로 정리할 수 있겠네요.

　지금까지 설명한 내용을 간단히 정리하면 다음과 같아요. 여러 개의 문단으로 된 글을 보면 늘어난 글의 길이에 우선 부담을 느낄 수 있어요. 글쓴이가 하려는 말이 무엇인지 파악하기가 힘들 때도 있지요. 하지만 긴 글이든 짧은 글이든 핵심을 파악하는 과정과 방법은 같아요. 다음 내용을 잘 살펴보고 꾸준히 연습하면서 정리해 두세요.

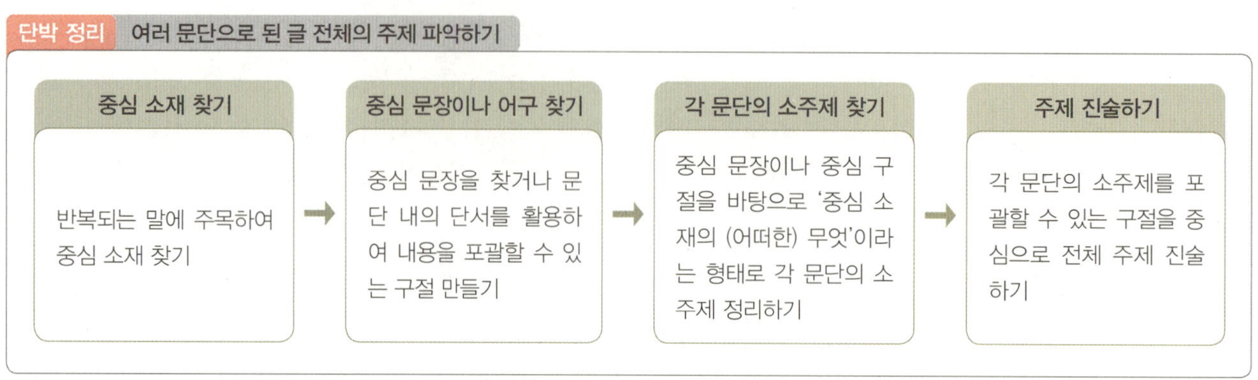

 **원리 적용 문제 3**　　다음 글을 읽으면서 글의 주제를 파악해 봅시다.

㉮ 므두셀라 증후군은 기억 왜곡을 동반한 일종의 도피 심리다. 싫어서 헤어졌지만 상대방을 좋은 사람이었다고 기억하려는 심리가 대표적이다. 사람은 특히 유년 시절, 학창 시절, 첫사랑을 회상할 때 나쁜 기억보다 좋은 기억을 떠올리는 경향이 있다.

㉯ 구약 성서에 등장하는 므두셀라(노아의 아버지)는 969살까지 살았던 인물로 장수의 상징이다. 그는 나이가 들수록 과거에 대한 좋은 기억만 떠올리고, 좋았던 과거로 돌아가고 싶어 했다. 이러한 므두셀라의 모습에 빗대어 '므두셀라 증후군'이라는 용어가 탄생했다.

㉰ 사람은 보통 현실이 힘에 겨울 때 좋았던 과거로 회귀하려는* 경향이 있다. 실제로 시간을 거슬러 돌아갈 수는 없기 때문에 좋았던 기억을 떠올리고 그리워하면서 복합적인 감정을 느끼게 되는 것이다. 이처럼 향수에 젖는 것은 일종의 퇴행* 심리다. 즉 현실을 부정하고, 감정적으로 안정적이었던 과거로 돌아가고 싶은 것이다.

㉱ 대중 매체에서는 므두셀라 증후군을 이용하여 각종 프로그램들을 유행시키고, 기업들도 홍보와 마케팅에 이러한 심리를 적극 반영하고 있다. 과거의 좋았던 시절과 아름다웠던 첫사랑을 동시에 떠올리게 만드는 드라마 '응답하라' 시리즈, 몇십 년 전에 유행했던 디자인 그대로 출시된 가전제품이나 식품 등이 대표적인 예다. 이를 레트로 마케팅이라고 한다. 과거를 회상하는 것으로 마케팅을 한다는 의미다. 7080 세대들에게는 과거를 아름답게 회상하는 계기가 되고, 젊은 세대들에게는 전혀 겪어 보지 않은 시기를 간접적으로 경험하게 함으로써 새로움을 느끼게 한다.

***회귀하다** 한 바퀴 돌아 제자리로 돌아오거나 돌아가다.
***퇴행** 공간적으로 현재의 위치에서 뒤로 물러가거나 시간적으로 현재보다 앞선 시기의 과거로 감

---

1. 이 글의 중심 소재는 무엇인가요?

이 글은 네 문단으로 되어 있는데, 전체적으로 '(　　　　　　　　　)'이라는 말이 반복되는 것을 통해 이것이 중심 소재임을 쉽게 알 수 있다.

2. 각 문단의 중심 문장이나 구절은 무엇인가요?

각 문단의 소주제를 파악해야 하는데, 소주제가 담긴 중심 문장이 뚜렷한 것도 있고, 그렇지 않은 것도 있으므로 주의해서 읽어야 한다.

(1) ㉮는 므두셀라 증후군이 무엇인지에 대해 설명하면서 대표적인 예를 제시하고 있다. 따라서 ㉮의 (　　) 번째 문장이 중심 문장으로 가장 적절하다.

(2) ㉯는 구약 성서에 나오는 인물의 이야기를 통해 그의 이름에서 이 용어가 탄생했음을 설명하고 있다. ㉯의 (　　) 번째 문장에 이런 내용이 언급되어 있다.

(3) ㉰에서는 힘들 때 과거를 그리워하고 과거로 회귀하고 싶어 하는 사람들의 심리를 설명하고 있다. 중심 문장이 뚜렷하게 언급되어 있지는 않지만, '~ 때문에 … 하게 된다.'라는 내용을 단서로 '그런 심리가 나타나게 되는 (　　　)이나 (　　　)'를 설명하고 있음을 알 수 있다.

(4) ㉱는 대중 매체나 기업에서 므두셀라 증후군을 활용한다는 것을 드라마와 가전제품, 식품 등의 예를 들어 설명하고 있다. 따라서 ㉱의 (　　) 번째 문장이 중심 문장으로 가장 적절하다.

3. 각 문단의 소주제는 무엇인가요?

(1) ㉮ : 므두셀라 증후군의 (　　　　)
(2) ㉯ : '므두셀라 증후군'이라는 용어의 (　　　　)
(3) ㉰ : 므두셀라 증후군의 (　　　　)
(4) ㉱ : 므두셀라 증후군의 (　　　　) 양상

4. 이 글의 주제는 무엇인가요?

앞에서의 과정을 통해 확인할 수 있듯이 글쓴이는 구약 성서에 등장하는 인물의 이름에서 비롯된 므두셀라 증후군이 '무엇이고', 대중 매체와 기업에서 이를 '어떻게 활용하고 있는지'를 설명하고 있다. 따라서 이 글의 주제는 '므두셀라 증후군의 (1) (　　　　)과 대중 매체와 기업에서의 (2) (　　　　) 양상'으로 정리할 수 있다.

01~04 다음 글을 읽고, 물음에 답하시오.

가 우리는 매일 놀이를 하며 살아간다. 놀이에 많은 시간과 노력을 들이는 경우도 있다. 로제 카이와라는 학자는 놀이가 인간의 사회적, 제도적 측면에서 네 가지 속성을 가지고 있다고 주장했다.

나 우선, '경쟁'의 속성이다. 어떤 놀이들은 경쟁의 속성을 포함하고 있다. 아이들은 달리기로 경쟁하여 목표 지점에 먼저 도달하는 놀이를 하거나, 혹은 시간을 정해 놓고 더 많은 점수를 얻으려는 놀이를 한다. 이 경쟁의 속성은 스포츠나 각종 선발 시험 등에서 순위를 결정하는 원리로 변화되어, 사회 제도의 기본 원칙으로 활용되고 있다.

다 다음으로, '운'의 속성이다. 어떤 놀이들은 경쟁이 아닌 운의 속성을 활용하고 있다. 아이들은 놀이를 시작할 때, 종종 제비를 뽑아 술래를 결정하곤 한다. 어른들은 경쟁이 아닌 운을 실험하는 방식으로 내기를 하기도 한다. 예를 들어 복권은 운의 속성을 활용한 대표적인 사회 제도이다. 축구  경기가 경쟁을 통해 승패를 결정하는 행위라면 조 추첨을 통한 부전승*은 실력을 고려하지 않고 운에 영향을 받는 행위여서, 경쟁과 운은 상호 보완적인 속성을 지니고 있다.

라 그 다음으로, '흉내'의 속성이다. 아이들은 어려서부터 모방하는 행위를 즐긴다. 유년기의 아이들은 주로 아버지와 어머니의 행동을 흉내 내고, 소년기의 학생들은 급우와 교사의 행동을 모방*한다. 아리스토텔레스 이후 많은 철학자들이 모방을 예술의 기본 원리로 파악했고, 배우는 이러한 모방을 전문화한 직업인이라고 할 수 있다.

마 끝으로, 균형의 파괴 혹은 '일탈*'의 속성이다. 아이들은 자신의 신체적 균형을 고의로 무너뜨리는 상황에 매혹을 느낀다. 가령 어린아이들은 어른들이 자신들의 몸을 공중에 던져 주면 환호성을 지르며 열광하고, 소년기의 학생들은 아찔한 롤러코스터를 일부러 타면서 신체적 경험이 무너지는 현기증을 체험한다. 일탈의 속성 역시 우리 사회 전반에 스며들어, 사회 제도의 압박감에서 벗어나 개인의 자유로움을 추구하는 행위로 나타나곤 한다.

바 (ⓐ   ), 경쟁, 운, 흉내, 일탈은 놀이의 속성이면서 동시에 인간이 형성한 문화의 근간*이다. 사람들은 때로는 경쟁하고 운의 논리에 자신을 맡기는 사회 제도를 만들었고, 모방을 통해 예술의 기본 원리를 확립했으며, 신체적 균형과 사회 질서에서 벗어나는 유희와 일탈의 속성을 도입하기도 했다는 것이다. 놀이의 관점으로 인간의 문화를 이해할 때 특정 원리만을 신봉하거나* 특정 원리를 배격하지* 않아야 한다. 놀이의 네 가지 속성이 상호 작용하여 사회의 각 분야를 형성했고, 각 분야의 역할이 확장된 형태로 어울리면서 각종 예술과 제도가 함께 성숙할 수 있었음을 기억할 필요가 있다.

* **부전승** 추첨이나 상대편의 기권 따위로 경기를 치르지 아니하고 이기는 일
* **모방** 다른 것을 본뜨거나 본받음
* **일탈** 정하여진 영역 또는 본디의 목적이나 길, 사상, 규범, 조직 따위로부터 빠져 벗어남
* **근간** ① 뿌리와 줄기를 아울러 이르는 말 ② 사물의 바탕이나 중심이 되는 중요한 것
* **신봉하다** 사상이나 학설, 교리 따위를 옳다고 믿고 받들다.
* **배격하다** 어떤 사상, 의견, 물건 따위를 물리치다.

01 윗글에서 중점적으로 다루고 있는 대상으로 가장 적절한 것은?

① 놀이의 가치
② 놀이의 속성
③ 놀이의 의미
④ 놀이의 정의
⑤ 놀이의 종류

02 ⓐ에 들어갈 수 있는 말과 그 이유로 가장 적절한 것은?

① '또한'을 넣어 **바**가 **마**의 원인임을 설명한다.
② '반면'을 넣어 **마**와 **바**의 대립 관계를 보여 준다.
③ '예를 들어'를 넣어 **바**가 **가**의 결론임을 암시한다.
④ '요약하면'을 넣어 **바**가 앞의 내용을 정리함을 알려 준다.
⑤ '왜냐하면'을 넣어 **바**가 **나**~**마**와 다른 내용으로 이어짐을 보여 준다.

03 윗글에서 글쓴이가 말하고자 하는 바로 가장 적절한 것은?

① 경쟁은 놀이의 가장 중요한 속성이다.
② 놀이의 네 가지 속성은 청소년 시기에 강조된다.
③ 흉내를 중심으로 다른 속성들을 결합시켜야 한다.
④ 일탈은 부정적 측면이 강해 문화의 원리에서 배격해야 한다.
⑤ 놀이의 네 가지 속성이 인간의 문화를 형성하는 데 토대가 되었다.

04 윗글을 읽고 난 후, **다**와 관련된 〈자료〉를 추가하여 읽었다. 〈자료〉의 ㉠~㉢에 들어갈 적절한 말을 **다**에서 찾아 쓰시오.

〈자료〉

　　사회 제도 중의 하나인 인재 선발에서도 놀이의 특성이 강하게 작용한다. 귀족 사회에서 특권 계층의 자제들은 실력에 대한 검증 없이 관직에 나갈 수 있었다. 이는 (　㉠　)의 속성을 반영한 것이다. 행정 제도가 발달하면서 능력을 갖춘 인재가 더욱 많이 요구되자, 시험을 통해 관리를 선발하는 제도를 도입하여 (　㉡　)의 속성이 강화되었다. 현재에는 도시 출신보다 농어촌 지역 출신을 따로 선발하는 대학 입학 제도가 기존의 제도를 보완하는 방안에 해당한다. 이처럼 (　㉠　)과 (　㉡　)은 서로 대립적이면서도 (　㉢　)이다.

(1) ㉠ : ____

(2) ㉡ : ____

(3) ㉢ : ____

② 우리는 너무나 당연하다는 듯이 해가 뜨면 잠에서 깨고 해가 지면 잠자리에 든다. 머릿속에 진짜 시계가 들어 있는 것도 아닌데 태곳적*부터 그러한 리듬에 따라 살아왔다. 이것은 우리 몸에 시간을 ㉠측정하는 시계 같은 기관이 있다는 것을 말해 준다. 사람들은 이러한 사실을 오래전부터 경험적으로 알고 있었으며, 과학자들은 그 위치를 찾기 위해 100여 년간 많은 노력을 해 왔다. 그렇다면 이 생체 시계는 과연 우리 몸의 어디에 있는 것일까?

④ 모든 신체 기관이 주기적인 운동을 하니 그 자체로 시계일 수도 있다. 하지만 대부분은 생체 시계를 따라 움직이는 것일 뿐이다. 이렇게 생체의 일주기* 운동을 ㉡관장하는 생체 시계를 '중앙 통제 시계'라고도 한다. 이에 반해, 모든 신체 기관은 이 주인 시계에 맞춰 생리적 변화를 일으킨다는 점에서 부수적*인 시계인 셈이다. 이 주인 시계를 찾는 가장 좋은 방법은 신체 기관의 각 영역을 하나씩 망가뜨려 보면서, 그래도 일주기 운동이 살아남아 있는지를 관찰하는 것이다.

④ 그래서 결국 찾은 곳이 바로 뇌에 있는 시교차상 핵이다. 빛이 눈으로 들어온 뒤 가게 되는 뇌의 좌우 신경이 교차하는 곳, 즉 시교차 위에 있어 시교차상 핵이라 불리는 곳인데, 생체 시계가 빛의 영향을 받다 보니 오랫동안 가장 그럴듯한 생체 시계 후보로 ㉢간주됐다. 시교차상 핵은 2만여 개의 신경 세포로 ㉣구성되어 있다. 살아 있는 쥐의 시교차상 핵에 전극*을 꽂아 신경 세포들의 전기 신호를 측정해 보면, 24시간을 주기로 사인파*에 아주 가까운 파형을 그린다. 그리고 바로 이곳을 망가뜨리면 체내 대부분의 기관이 보이던 24시간 주기적 양상이 사라진다. 시교차상 핵이 바로 진정한 의미의 중앙 통제 시계인 것이다.

④ (ⓐ) 흥미로운 사실은 시교차상 핵의 신경 세포를 모두 꺼내 적절한 체액*과 영양분을 공급해 키우면서 이들의 일주기 리듬을 관찰해 보면, 시교차상 핵의 2만여 개 신경 세포들에서 서로 다른 주기가 측정된다는 사실이다. 그 범위는 20시간에서 28시간 사이로 다양하다. 그런데 놀랍게도 이렇게 서로 다른 주기의 신경 세포가 체내에서 활동할 때에는 정확히 24시간에 맞춰 동기화*된 리듬을 만들어 낸다. 어떻게 그럴 수 있을까? 이것이 바로 인류가 아직 풀지 못했지만 꼭 풀어야 할 가장 중요한 난제* 가운데 하나이다.

④ 수면을 연구하는 의사들은 생체 시계의 동기화에 각별한 관심을 갖고 연구한다. 생체 시계의 손상이나 비정상적인 작동은 한 인간의 삶을 송두리째 망가뜨릴 수 있기 때문이다. 일례로, 수십만 명이 고통받는 것으로 ㉤추정되는 지연성* 수면위상 불면증 환자들은 오전 4시에서 낮 12시까지 잠을 잔다. 이 환자들은 오전에 깨어 있어야 하는 직업을 가질 수 없다. 반면 오후 7시 30분쯤 잠이 들어서 오전 4시 30분이면 저절로 깨는 선행 수면위상 가족 증후군 환자들처럼 극단적 아침형 인간들의 질병 원인을 찾아 치료하는 일 또한 생체 시계의 메커니즘과 관련이 깊다.

*태곳적 아득한 옛적
*일주기 하루를 주기로 하여 나타나는 생물 활동이나 이동의 변화 현상
*부수적 주된 것이나 기본적인 것에 붙어서 따르는 것
*전극 전기가 드나드는 곳
*사인파 파형을 삼각함수의 사인 곡선으로 표시하는 파동
*체액 동물의 몸속에 있는 혈관이나 조직의 사이를 채우고 있는 혈액, 림프, 뇌척수액 따위를 통틀어 이르는 말
*동기화 작업들 사이의 수행 시기를 맞추는 것. 사건이 동시에 일어나거나, 일정한 간격을 두고 일어나도록 시간의 간격을 조정하는 것을 이른다.
*난제 해결하기 어려운 일이나 사건
*지연성 병이나 증상이 늦게 나타나는 성질

05 윗글의 읽기 전략으로 적절하지 <u>않은</u> 것은?

① 사실과 의견을 적절히 구분하며 읽는다.

② 배경지식을 적극적으로 활용하며 읽는다.

③ 중심 소재의 개념과 핵심 정보를 파악하며 읽는다.

④ 제시된 정보의 정확성과 신뢰성을 판단하며 읽는다.

⑤ 주장을 뒷받침하는 근거의 타당성을 판단하며 읽는다.

06 '시교차상 핵'에 대한 설명으로 가장 적절한 것은?

① 뇌에 존재하는 중앙 통제 시계이다.

② 망가진 후에도 일주기 운동이 일어난다.

③ 인간이 아닌 다른 동물에게는 존재하지 않는다.

④ 주인 시계에 맞춰 움직이는 부수적인 시계이다.

⑤ 신경 세포들은 체내에서 서로 다른 주기로 움직인다.

07 ㉮~㉺의 중심 내용으로 적절하지 <u>않은</u> 것은?

① ㉮ : 우리 몸에는 시간을 측정하는 시계 같은 기관이 있다.

② ㉯ : 우리 몸에는 일주기 운동을 관장하는 생체 시계가 있다.

③ ㉰ : 시교차상 핵은 진정한 의미의 중앙 통제 시계 장치이다.

④ ㉱ : 과학에는 아직 인류가 풀지 못한 난제가 많이 남아 있다.

⑤ ㉲ : 수면 관련 질환의 치료는 생체 시계 연구와 관련이 깊다.

08 문맥을 고려할 때 ⓐ에 들어가기에 가장 적절한 것은?

① 그리고　　　　　② 그런데　　　　　③ 하지만

④ 예컨대　　　　　⑤ 그러므로

09 윗글의 제목으로 가장 적절한 것은?

① 수면 장애 극복, 100년간의 도전

② 시교차상 핵, 우리 몸의 중앙 통제 시계

③ 생체 시계의 메커니즘, 태곳적부터의 습관

④ 일주기 운동, 환경 적응을 위한 진화의 결과

⑤ 지연성 수면위상 불면증, 극단적 아침형 인간의 고통

10 글의 흐름으로 볼 때, ㉠~㉤과 바꿔 쓸 수 있는 말로 적절하지 <u>않은</u> 것은?

① ㉠ : 재는　　　　　② ㉡ : 막는　　　　　③ ㉢ : 여겨졌다

④ ㉣ : 이루어져　　　　　⑤ ㉤ : 짐작되는

가 한비자(韓非子)는 전국 시대 한(韓)나라 사람으로 중국 철학사에서 법가(法家)의 ⓐ집대성자로 알려져 있다. 전국 시대 말 진나라는 한나라를 공격했는데 ㉠이로 인해 한나라가 겪어야 했던 전쟁은 매우 비참했다. ㉡이런 상황에서 한비자는 전국 시대 국가들 사이의 세력 균형을 통한 평화가 아니라 통일에 의한 평화를 기대했다. 그는 하나의 강력한 국가가 탄생한다면 더 이상 전쟁이 일어나지 않을 것이고, 강력한 국가가 되려면 강력한 전제 군주*가 필요하다고 생각했다. 나아가 전제 군주가 국가를 운영하기 위해서는 '법(法)', '세(勢)', '술(術)'이 필요하다고 주장했다.

나 '법'이란 군주가 신하를 포함한 백성을 통제하는 공개적이고 구체적인 규칙으로, 형법적 측면이 강하며 군주로부터 권위를 ⓑ부여받은 신하가 집행한다. '법'은 '세'를 바탕으로 군주를 제외한 어느 누구에게도 예외 없이 적용되어야 한다. 이때 '세'란 군주라는 자리가 가진 절대적인 권위를 의미한다. 그리고 '술'이란 군주가 신하들을 지배하는 방법으로, 평소 신하들의 언행*에 대한 정보를 수집하여 가슴속에 넣어 두고 활용하는 것이다. '술'이 효과를 거두기 위해서는 신하들이 '술'을 눈치채지 못하게 하는 것이 중요하다. 한비자는 군주가 '법', '세', '술'의 세 가지로 나라를 다스려야 국가가 부강해진다고 보았다.

다 한비자의 ㉢이러한 통치 철학은 스승인 순자가 주장한 성악설의 영향을 받은 것이다. 순자는 인간의 본성은 동물과 다를 바가 없지만, 인간은 생각할 수 있는 '려(慮)'를 가지고 있다고 보았다. 그래서 '예(禮)'를 주입하면 선한 행동을 할 수 있다며 '예치(禮治)'를 주장했다. 한비자도 인간의 본성에 대해서는 순자와 동일하게 생각했지만, 인간의 본성은 변할 리가 없다며 '교화 가능성'을 부정했다. ㉣그 때문에 인간의 본성 안에 들어 있는 ⓒ사사로움을 찾아내어 '법'으로 엄히 다스려야 한다고 주장했다.

라 한비자의 사상은 진나라가 중국 최초의 통일 국가가 되는 데 크게 기여를 하였다. 하지만 진나라는 너무 융통성* 없이 '법'을 적용해 일찍 ⓓ몰락하게 되었다. 전국 시대처럼 각국이 전쟁을 일삼으며 각축*을 벌이던 시절에는 '법', '세', '술'로써 부국강병을 이루는 것이 필요했지만, 진나라 이후의 통일 왕조에서는 한비자의 사상 대신에 유가 사상을 새로운 통치 철학으로 채택했다. (㉤) 유가 사상이 도입된 이후에도 한비자의 법치주의의 영향은 지속되어 중국의 통일 왕조에서 강력한 중앙 집권 체제를 유지하고 발전시키는 데 ⓔ기여하였다.

*전제 군주 국가 권력을 장악하여 민의(국민의 뜻)나 법률에 제약을 받지 않고 정치를 하는 군주
*언행 말과 행동을 아울러 이르는 말
*융통성 그때그때의 사정과 형편을 보아 일을 처리하는 재주. 또는 일의 형편에 따라 적절하게 처리하는 재주
*각축 서로 이기려고 다투며 덤벼듦

11

윗글에서 중점적으로 다루고 있는 대상으로 가장 적절한 것은?

① 성악설
② 부국강병
③ 전제 군주
④ 인간의 본성
⑤ 한비자의 사상

12 ㉠~㉤에 대한 설명으로 적절하지 <u>않은</u> 것은?

① ㉠은 '진나라가 한나라를 공격한 사건'을 가리킨다.
② ㉡은 '한나라가 겪어야 했던 전쟁의 비참함'을 가리킨다.
③ ㉢은 '군주는 국가가 부강해지도록 다스려야 한다는 주장'을 말한다.
④ ㉣은 '인간의 본성은 변하지 않기 때문에 교화 가능성이 없다는 생각'을 말한다.
⑤ ㉤에는 '하지만'을 넣어 다음에는 앞부분과는 상반되는 내용이 올 것임을 알려 준다.

13 윗글을 읽고 '한비자의 통치 철학'에 대해 정리한 내용으로 적절하지 <u>않은</u> 것은?

① 통일을 바탕으로 한 평화를 기대하였다.
② 실제로는 부국강병의 토대가 되지 못하였다.
③ 전쟁으로 인한 비참한 상황에서 등장하였다.
④ '법', '세', '술'을 통해 실현해야 한다고 주장하였다.
⑤ 강력한 중앙 집권 체제의 유지와 발전에 기여하였다.

14 윗글을 통해 알 수 있는 내용으로 적절하지 <u>않은</u> 것은?

① 한비자 통치 철학의 등장 배경
② 한비자 통치 철학의 실현 방안
③ 한비자 통치 철학의 역사적 평가
④ 한비자 통치 철학에 담긴 인간관
⑤ 한비자 통치 철학의 현대적 가치

15 ⓐ~ⓔ의 사전적 의미로 적절하지 <u>않은</u> 것은?

① ⓐ : 여러 가지를 모아 하나의 체계를 이루어 완성한 사람
② ⓑ : 누군가로부터 권리, 명예, 임무 따위를 받은
③ ⓒ : 크기가 보잘것없이 작거나 양이 매우 적음
④ ⓓ : 멸망하여 모조리 없어지게
⑤ ⓔ : 도움이 되도록 이바지하였다.

① 문단의 기능 파악하기

울창한 숲에 딱따구리 한 마리가 있다고 상상해 봅시다. 딱따구리는 커다란 아름드리나무에 붙어서 숨어 있는 애벌레를 잡기 위해 열심히 나무에 구멍을 뚫고 있어요. 딱따구리의 눈에는 나무껍질의 거칠고 딱딱한 옹이, 그리고 나무 구멍 속으로 드러나는 안쪽의 부드럽고 섬세한 무늬가 너무나 자세하고 선명하게 보일 거예요. 하지만 딱따구리로서는 그 나무가 어느 숲의 나무인지, 어느 강 근처에 있는지는 도저히 볼 수 없을 거예요. 흔히 하는 말로 '나무만 볼 뿐, 숲을 보지 못하는' 것이지요.

글을 읽고 이해하는 것도 이와 같아요. 한 편의 글은 여러 개의 문단이 모여야 만들어지고, 하나의 문단은 여러 개의 문장이 모여야 만들어져요. 그러므로 각각의 문장을 읽고 정확히 이해하는 것이 글을 읽는 첫걸음이지만, 한 편의 글을 전체적으로 제대로 이해하기 위해서는 문장 하나하나보다는 글 전체의 주제와 문단의 핵심 내용을 파악하는 것이 더 중요해요. 그런 후에라야 그 문단이 글 전체에서 어떤 기능을 하는지도 이해할 수 있는 거죠.

그럼, 문단의 핵심 내용과 기능을 파악하는 과정을 하나하나 살펴봅시다.

첫째 · 문단의 소주제를 파악한다.

앞 단원인 '01. 핵심 내용 파악하기 ④ 주제 파악하기'에서 학습했던 내용을 바탕으로 각 문단의 중심 소재를 찾아보세요. 그런 다음 중심 문장을 찾고, 이를 간단한 형태로 정리하여 소주제를 파악해 보세요.

둘째 · 문단의 기능을 파악한다.

하나의 문단 안에서 어떤 문장이 다른 문장의 사례를 보여 준다거나, 원인을 설명한다거나, 원인에 따른 결과를 설명하는 것처럼, 문단도 글 전체의 일부로서 나름의 역할과 기능이 있어요. 당연히 문단의 이런 기능은 다른 문단과의 관계 혹은 글 전체를 기준으로 파악해야 해요. 문단의 기능은 글 전체의 흐름 속에서 결정되는 것이거든요. 따라서 문단의 기능이 '무엇'인지에 너무 연연하지 말고, 글 전체에서 문단이 '어떤' 기능을 하는지를 대략적으로 파악할 수 있으면 충분해요. 문단의 기능과 종류에는 여러 가지가 있지만, 대표적으로는 다음과 같은 것들이 있어요.

종류	역할	내용
중심 문단	주지	글의 주제와 직접 관계되는 문단. 글의 요지와 주제를 파악하는 데 결정적인 역할을 함
	요약	전체 내용을 요약하거나 간추려서 결론을 맺거나 글을 마무리함
	도입	글을 시작하는 문단. 글을 쓰는 동기나 목적, 화제를 제시하고 흥미를 유발함
뒷받침 문단	전제	중심 내용을 이끌어 내기 위한 조건이나 바탕 등을 제시함
	논거(근거)	주장을 뒷받침할 수 있는 타당한 이유나 근거를 제시함
	예시	구체적인 예를 들어 중심 내용을 뒷받침함
	상술	앞 문단의 내용을 보다 자세하게 풀어서 전개함
	부연	앞 문단의 내용을 다른 말로 바꾸어 덧붙임

셋째 · 연관된 내용의 문단끼리 묶는다.

글 전체의 흐름을 고려하여 관련 있는 문단끼리 묶어 보면 글의 내용을 이해하기가 한결 수월해져요. 예컨대, 어떤 현상의 문제점을 다룬 글의 경우, 대개는 이러저러한 일들이 발생하고 있다면서 문제를 제기하고, 이어 그 원인을 분석한 후, 적절한 해결책이나 대안을 제시하기 마련이에요. 그럴 때 '문제 제기−원인 분석−해결책 제시'라는 세 덩어리로 각 문단들을 묶어 보면, 글이 아무리 길고 복잡해도 쉽게 이해할 수 있지요.

㉮ 사람 피부의 맨 위층에 해당하는 피부 각질층은 피부를 감싸 보호하는 기능 외에도 중요한 기능을 한다. 그것은 각질층 그 자체보다 각질층에 붙어사는 공생* 세균에서 찾을 수 있다.

㉯ 공생 세균이란 우리 몸에 살고 있는 세균 중에서 우리에게 이로운 세균을 말한다.

㉰ 외부 병원균*이 접근하면 공생 세균은 항생제 역할을 하는 물질을 분비하여 그들을 공격한다. 이러한 공생 세균의 공격은 피부가 병원균에 감염되는 것을 막아 준다.

㉱ 따라서 우리 피부를 덮고 있는 각질층이 손상을 입으면 병원균에 대한 저항력도 떨어지게 된다.

*공생 ① 서로 도우며 함께 삶 ② 종류가 다른 생물이 같은 곳에서 살며 서로에게 이익을 주며 함께 사는 일
*병원균 병의 원인이 되는 균

1. 각 문단의 소주제는 무엇인가요?	이 글은 각 문단의 길이가 매우 짧아서 한두 문장이 하나의 문단을 이루고 있어요. 따라서 문단의 주제를 파악하기가 수월한 편이에요. 각 문단의 주제는 다음과 같아요.

㉮ 피부 각질층의 공생 세균은 매우 중요한 기능을 한다.
㉯ 공생 세균은 우리 몸에 사는 세균 중 우리에게 이로운 세균이다.
㉰ 공생 세균은 외부 병원균을 공격하여 피부가 병원균에 감염되는 것을 막아 준다.
㉱ 피부 각질층이 손상되면 병원균에 대한 저항력도 떨어진다.

2. 각 문단은 어떤 역할을 하고 있나요?

각각의 문단 자체만 봐서는 문단의 기능을 파악하기가 어려워요. 앞서 말했듯 문단의 기능은 글 전체의 흐름 속에서 결정되기 때문이에요. 그래서 글 전체의 주제를 담고 있는 문단을 먼저 찾은 다음, 나머지 문단들이 그 주제를 드러내거나 전달하는 데 있어 어떤 기능을 하는지 생각해 보아야 해요.

이 글의 전체적인 주제는 '우리 피부에 살고 있는 공생 세균은 외부의 병원균을 막아 주는 역할을 한다.'라는 것이고, 이런 내용이 가장 잘 표현된 것은 ㉰예요. 이를 중심으로 각 문단이 하는 역할을 정리하면 다음과 같아요.

㉮ '피부 각질층'과 '공생 세균'이라는 소재를 제시하고 흥미를 유발함 ➡ 도입
㉯ '공생 세균'의 역할을 이끌어 내기 위해 '공생 세균'의 개념을 설명함 ➡ 전제
㉰ 글 전체의 주제를 드러냄 ➡ 주지
㉱ 앞 문단의 내용을 다른 말로 바꾸어 덧붙임 ➡ 부연

3. 연관된 내용의 문단끼리 묶어 보세요.

이 글은 전체적으로 '도입 – 전제 – 주지 – 부연'의 방식으로 글을 전개하고 있으므로 ㉮ / ㉯, ㉰ / ㉱와 같이 나눠 볼 수 있어요.

지금까지 설명한 내용을 간단히 정리하면 다음과 같아요.
단계별로 문단의 기능을 파악하는 방법을 잘 살펴보고 정리한 후 이어지는 문제를 통해 더 연습해 보세요.

단박 정리   문단의 기능 파악하기

문단의 소주제 파악하기	문단의 기능 파악하기	연관된 내용의 문단끼리 묶기
각 문단의 중심 문장을 통해 소주제 파악하기	글 전체의 주제를 바탕으로 각 문단의 역할 파악하기	역할이 같거나 연관된 내용끼리 묶어서 이해하기

 **원리 적용 문제 1**　빈칸에 알맞은 낱말이나 구절을 넣으면서, 다음 글을 구성하는 각 문단의 기능을 파악해 봅시다.

㉮ 고대에 농사를 짓기 시작하면서 시간이 더욱 중요해졌다. 해마다 가뭄이나 홍수가 언제 일어나는지를 알면 농사의 시기를 조절할 수 있었기 때문이다.

㉯ 그래서 시간을 측정하려는 시도가 있었다. 이집트와 수메르 사람들은 해와 달과 별의 움직임을 관찰해 달력을 만들었다.

㉰ 이 중 고대 이집트 학자들은 밤에는 별의 흐름을 보고 낮에는 물시계의 도움을 받아 하루를 일정한 간격으로 나누었다.

㉱ 이렇게 하여 이집트 학자들은 낮과 밤을 각각 10시간으로 보고 새벽과 초저녁 시간을 2시간씩 계산해 오늘날처럼 하루를 24시간으로 나누었다.

㉲ 하지만 해 뜨는 시각에 낮이 시작되고 해 지는 시각에 낮이 끝났다고 보았기 때문에 밤의 1시간과 낮의 1시간은 길이가 달랐다.

---

1. 각 문단의 소주제는 무엇인가요?

이 글은 '고대의 (　　　) 측정'에 대해 설명하고 있으며, 각 문단의 내용은 다음과 같다.

(1) ㉮ : 고대에 (　　　)를 짓기 시작하면서 (　　　)이 더욱 중요해졌다.

(2) ㉯ : 이집트와 수메르 사람들은 천체의 움직임을 관찰해 (　　　)을 만들었다.

(3) ㉰ : 고대 이집트 학자들은 (　　　)를 일정한 간격으로 나누었다.

(4) ㉱ : 이집트 학자들은 하루를 (　　　)시간으로 나누었다.

(5) ㉲ : 고대 이집트 시간으로는 낮의 1시간과 밤의 1시간이 서로 길이가 (　　　).

---

2. 각 문단은 어떤 역할을 하고 있나요?

이 글의 전체적인 주제는 '고대 사회에 농사가 시작되면서 시간을 측정하기 위한 노력이 있었다.'라는 것이다. 이런 내용이 담겨 있는 문단은 ㉯이며, 이를 중심으로 나머지 문단들의 기능을 정리하면 다음과 같다.

(1) ㉮ : 시간을 측정하기 위한 시도가 일어난 배경을 제시함 ➡ 전제

(2) ㉯ : 글 전체의 주제와 함께 사례를 제시함 ➡ (　　　), 예시

(3) ㉰ : 주제와 관련하여 '일정한 간격으로 나눈 하루'를 사례로 제시함 ➡ (　　　)

(4) ㉱ : 하루를 24시간으로 나눈 방법을 소개하며 앞의 내용을 자세히 설명함 ➡ 상술

(5) ㉲ : 앞에서 소개한 고대 이집트 시간의 (　　　)을 제시함 ➡ 상술

---

3. 연관된 내용의 문단끼리 묶어 보세요.

이 글은 '고대 사회에 (　　　)을 재려는 시도가 있었다.'라는 내용을 중심으로, 그런 시도가 나타나게 된 배경을 제시한 후 관련된 사례를 들고 그것에 대해 자세히 설명하는 방식으로 구성되어 있다. 따라서 전체적으로 '전제 – (　　　), 예시 – (　　　) – 상술 – 상술'의 방식으로 글을 전개하고 있으며, 이 중 ㉰~㉲가 모두 고대 이집트의 시간에 관한 설명이므로 '㉮ / ㉯ / ㉰, ㉱, ㉲'와 같이 나눌 수 있다.

 **원리 적용 문제 2** 　다음 글을 읽고, 글 전체에서 각 문단이 하는 기능을 파악해 봅시다.

가 최근 반려동물을 키우는 가구가 늘어나면서 불법 유기되는 반려동물 역시 늘어나 사회적인 문제가 되고 있다. 유기된 동물을 보호하는 데 소요되는* 사회적 비용이 점차 증가하고 있을 뿐 아니라 유기된 동물들이 야생 동물이 되어 시민들의 안전을 위협하는 일도 생기고 있는 것이다.

나 이러한 문제를 해결하기 위해 '반려동물 인수제'를 도입해야 한다는 주장이 제기되고 있다. 반려동물 인수제란 양육이 어려워진 반려동물을 정부에 위탁하는* 제도이다.

다 반려동물을 키울 수 없게 된 사람이 양육 포기 신청을 한 후 일정한 비용을 내고 반려동물을 보호소에 맡기면, 정부가 나머지 비용을 보조해 반려동물을 관리하면서 새로운 주인과 연결해 준다. 또한 보호소에 위탁된 동물을 입양하는 사람들에게 정부가 양육 비용 등을 지원하는 정책 등이 더해질 경우, 유기된 반려동물 입양이 더욱 활성화되는 효과를 가져올 수도 있다.

라 실제로 이 제도가 시행되고 있는 미국과 영국 등에서는 이 같은 정부의 노력으로 동물 입양이 활발하게 이루어지고 있다.

마 반려동물 인수제와 같이 정부 위탁을 통해 불법 유기를 줄이고, 반려동물의 양육을 합법적으로 포기할 수 있는 절차를 마련한다면, 반려동물의 불법 유기로 인해 발생하는 사회적 문제를 예방하는 데 많은 도움이 될 것이다.

* **소요되다** 필요로 되거나 요구되다.
* **위탁하다** 남에게 사물이나 사람의 책임을 맡기다.

---

1. 각 문단의 소주제는 무엇인가요?

이 글은 '(　　　　　　　　　)'에 대해 다루고 있으며, 각 문단의 내용은 다음과 같다.

(1) **가** : (　　　　　　　　　)이/가 늘어나 사회적 문제가 되고 있다.

(2) **나** : 양육이 어려워진 반려동물을 (　　　)에 (　　　)하는 반려동물 인수제를 도입하자는 주장이 제기되고 있다.

(3) **다** : 맡겨진 반려동물을 정부가 관리하면서 새로운 주인과 연결해 줄 수 있다.

(4) **라** : 미국과 영국에서는 반려동물 인수제로 동물 입양이 활발하게 이루어지고 있다.

(5) **마** : 반려동물 인수제는 불법 유기로 인한 사회적 문제를 예방하는 데 도움이 될 것이다.

---

2. 각 문단의 역할로 적절하지 않은 것은 무엇인가요?

① **가** : '반려동물의 불법 유기 증가'라는 문제 상황을 제시함

② **나** : '반려동물 인수제' 도입 주장의 배경과 그 개념을 설명함

③ **다** : '반려동물 인수제'의 운영 방식과 추가 정책 등을 설명함

④ **라** : 다른 나라의 사례를 통해 동물 입양의 중요성을 보여 줌

⑤ **마** : 글 전체의 내용을 간추리고 주제를 재차 강조함

---

3. 연관된 내용의 문단끼리 묶어 보세요.

이 글은 '반려동물 인수제를 통해 반려동물 불법 유기로 인한 사회적 문제를 예방할 수 있다.'라는 내용을 중심으로, 반려동물 인수제가 필요한 이유, 반려동물 인수제의 운영 방식, 정부의 역할 등을 설명하고 있다. 그리고 다른 나라의 성공적인 사례를 통해 주장을 강화한 후 전체 내용을 요약하고 있다. 따라서 전체적으로 '전제 – 주지 – (　　　) – 예시 – 요약'의 방식으로 글을 전개하고 있으며, 이 중 **나**~**라**가 모두 '반려동물 인수제'에 대한 설명이므로 '**가** / **나**, **다**, **라**/ **마**'와 같이 나눌 수 있다.

② 중심 문단과 뒷받침 문단 구분하기

노릇노릇 바삭바삭한 돈가스가 있다고 생각해 봅시다. 두툼한 돼지고기 등심에 밑간을 한 후, 밀가루, 계란, 빵가루를 입혀 노릇노릇 튀겨 낸 돈가스예요. 바삭바삭 고소한 튀김옷과 부드러운 고기의 식감이 어우러져서 정말 맛있겠죠? 그런데 우리가 돈가스를 먹을 때에는 튀긴 돼지고기뿐만 아니라 새콤달콤한 소스와 따끈한 밥, 아삭한 채소 샐러드와 옥수수 등 여러 가지 음식이 함께 나와요. 그중에서 가장 중요한 음식은 무엇일까요? 다른 음식들도 나름대로 돈가스의 한 부분을 차지하겠지만, 뭐니 뭐니 해도 돈가스에서 가장 중요한 것은 튀긴 돼지고기일 거예요. 나머지 채소나 밥, 소스 등은 모두 튀긴 돼지고기의 맛을 북돋워 주는 역할을 하는 거죠.

마찬가지로 한 편의 글에도 가장 중요한 부분에 해당하는 중심 문단과 그것을 보조하는 뒷받침 문단이 있어요. 그런데 이 말 어디서 들어 본 것 같지 않나요? 맞아요! 중심 문단과 뒷받침 문단은 중심 문장과 뒷받침 문장이 문단 단위로 확장된 것이라고 생각하면 돼요.

그럼, 중심 문단과 뒷받침 문단을 구분하는 과정을 하나하나 살펴봅시다.

첫째 각 문단의 소주제를 파악한다.

'① 문단의 기능 파악하기'와 동일한 과정이에요. '01. 핵심 내용 파악하기 ④ 주제 파악하기'에서 학습했던 내용을 바탕으로 각 문단의 중심 소재를 찾은 다음 중심 문장을 찾고, 이를 간단한 형태로 정리하여 소주제를 파악해 보세요.

둘째 글 전체의 주제를 파악한다.

각 문단의 소주제를 바탕으로 글 전체를 통해 글쓴이가 말하고자 하는 주제를 파악하고, 그것을 담고 있는 문장과 문단을 찾아보세요.

셋째 중심 문단과 뒷받침 문단을 구분하여 문단 관계를 파악한다.

중심 문단은 글 전체의 주제를 담고 있는 문단이기 때문에 글의 모든 내용을 포괄하면서 핵심적인 역할을 해야 해요(주지). 따라서 설명하는 글은 설명 대상을 제시하거나 정의하는 경우가 많고, 주장하는 글은 글쓴이의 최종적인 주장을 제시하는 경우가 많아요.

한편 중심 문단과 뒷받침 문단이 맺고 있는 관계는 뒷받침 문단이 어떤 역할을 하는지에 따라 결정돼요. 중심 문단의 내용에 대해 더 자세히 설명할 수도 있고(상술), 관련된 사례를 제시할 수도 있으며(예시), 적절한 근거를 제시할 수도 있지요(근거).

이렇게 중심 문단과 뒷받침 문단을 구분하면서 문단 간의 관계를 파악하는 과정은 글 전체를 더 정확하고 효율적으로 읽기 위해서 꼭 필요해요. 중심 문단에 초점을 두고, 뒷받침 문단에서 사례나 자세한 설명, 주장을 뒷받침하는 근거 등을 확인하며 글을 읽을 수 있다면 글 읽기가 더욱 수월해지겠지요?

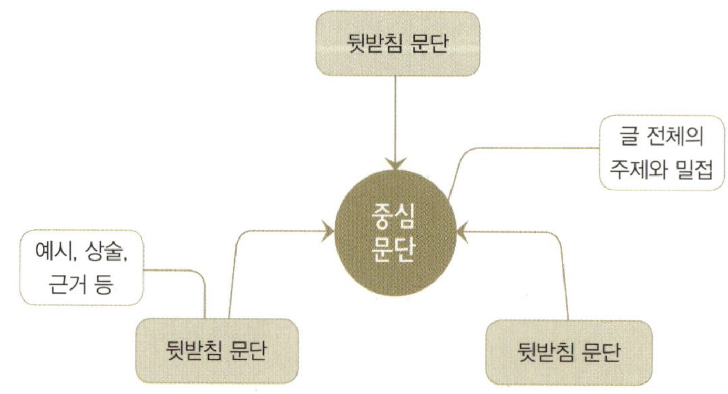

㉮ 인도네시아 정부는 주요 도시에서 소형 플라스틱 용기와 포장에 개당 최소 200루피아(한화 18원)의 소비세를 부과하는* 법안을 국회에 제출했다.

㉯ 해당 법안이 적용되는 주요 대상은 소비가 많은 생수, 음료수 등을 담는 플라스틱 통이다. 식용유를 담는 플라스틱 포장 등도 과세* 대상에 포함된다. 인도네시아 정부는 플라스틱 쓰레기에 따른 환경 파괴를 더는 내버려 둘 수 없어 플라스틱 세금 제도를 도입하기로 했다고 설명했다.

㉰ 실제로 1년 동안 인도네시아에서 배출돼 바다로 흘러들어 가는 플라스틱 쓰레기는 대략 129만 톤으로, 전 세계 해양 쓰레기 배출량의 10.1%로 추산된다*. 이는 중국(132만~353만 톤, 27.7%)에 이어 세계에서 두 번째로 많은 양이다.

*부과하다 세금이나 부담금 따위를 매기어 부담하게 하다.
*과세 세금을 정하여 그것을 내도록 의무를 지움
*추산되다 짐작으로 미루어져 셈하여지다.

1. 각 문단의 소주제는 무엇인가요?	이 글은 인도네시아 정부가 플라스틱 세금 제도를 도입하기로 했다는 내용이에요. 각 문단의 주제는 다음과 같아요. ㉮ 인도네시아 정부가 소형 플라스틱 용기와 포장에 소비세를 부과하기로 함 ㉯ 해당 법안의 주요 대상과 플라스틱 세금 제도 도입의 목적 ㉰ 인도네시아의 해양 플라스틱 쓰레기 배출 실태

2. 글 전체의 주제가 담긴 문단은 무엇인가요?	이 글은 인도네시아 정부가 플라스틱 쓰레기로 인한 환경 파괴를 줄이기 위해 소형 플라스틱 용기에 소비세를 부과하는 법안을 도입했다는 내용을 소개하고 있어요. 따라서 이 글의 전체적인 주제는 '인도네시아 정부가 소형 플라스틱 용기와 포장에 소비세를 부과하기로 했다.'라는 것이고, 이러한 내용이 가장 잘 표현된 것은 ㉮예요.

3. 중심 문단과 뒷받침 문단은 어떤 관계인가요?	이 글은 '인도네시아의 플라스틱 소비세'에 관해 설명하는 글로서, 중심 문단에서 이러한 내용을 제시한 후 나머지 문단에서 그 내용과 목적, 필요성 등에 대해 자세히 설명하는 구조를 취하고 있어요. 이를 정리하면 다음과 같아요. ㉮ : 글 전체의 주제를 담음 ➡ 주지(중심 문단) ㉯ : 중심 소재의 내용과 목적에 대해 자세히 설명함 ➡ 상술(뒷받침 문단) ㉰ : 중심 소재의 필요성과 실태를 설명함 ➡ 예시, 상술(뒷받침 문단)

지금까지 설명한 내용을 간단히 정리하면 다음과 같아요.

단계별로 중심 문단과 뒷받침 문단을 구분하는 방법을 잘 살펴보고 정리한 후 이어지는 문제를 통해 더 연습해 보세요.

단박 정리   중심 문단과 뒷받침 문단 구분하여 문단 간의 관계 파악하기

문단의 소주제 파악하기		글 전체의 주제 파악하기		중심 문단과 뒷받침 문단 구분하기
각 문단의 중심 문장을 통해 소주제 파악하기	➡	각 문단의 소주제를 종합하여 글 전체의 주제 파악하기	➡	각 문단의 역할에 따라 중심 문단과 뒷받침 문단 구분하기

원리 적용 문제 1 빈칸에 알맞은 낱말이나 구절을 넣으면서, 다음 글의 중심 문단과 뒷받침 문단을 구분하고, 그 관계를 파악해 봅시다.

㉮ 마음의 감기로 불리는 우울증. 누구나 쉽게 걸릴 수 있고, 명확한 발병 원인을 알지 못하는 감기 같은 병이다. 하지만 많은 사람들이 우울증을 그저 나약하기 때문이라고, 의지력을 가지면 이겨 낼 수 있는 것이라고 생각한다. 뿐만 아니라 기분이 우울한 걸 병원에 간다고 낫겠느냐는 생각도 팽배하다*. 이런 반응은 우울한 감정과 우울증을 같은 것으로 보기 때문이다. 그러나 우울증은 단순히 감정적인 문제가 아니라 전 세계 1억여 명 이상이 앓고 있는 엄연한* 질환이다.

㉯ 우울증의 원인으로 지적되고 있는 것 중 하나는 호르몬이다. 가장 많이 지목되는 '세로토닌'은 뇌척수액에서 발견되는 신경 대사 물질로, 뇌를 순환하며 신경 전달 기능을 한다. 세로토닌은 감정 표현과 밀접한 관련을 가진 것으로, 부족하면 감정이 불안정해져서 근심 걱정이 많아지고 충동적인 성향이 나타난다.

㉰ 멜라토닌 역시 우울증과 관련이 있다. 우리 몸의 생체 시계 역할을 하는 호르몬인 멜라토닌은 잠과 연관되어 있어 부족할 경우 불면증에 시달리게 된다. 우울증 환자들 중에는 잠을 제대로 자지 못하는 경우가 많은데 실제 많은 환자들이 멜라토닌 수치가 정상보다 낮은 것으로 밝혀졌다.

㉱ 우울증이 단지 '기분'의 문제가 아니라 명백한 질환이라는 것은 해부학적으로도 증명된다. 미국 워싱턴 대학 이베트 셸린 교수는 만성 우울증을 앓은 사람들의 뇌의 경우, 기억과 학습에 관여하는 해마 부위가 우울증이 없는 사람에 비해 10% 정도 작다고 발표한 바 있다.

㉲ 우울증은 지금까지 밝혀진 바에 의하면 호르몬 분비 체계가 제대로 기능하지 못하는 문제이고 몸과 뇌의 기능이 손상되어 나타나는 질병임이 분명하다. 즉 기분의 문제가 아니고 생리적*인 문제인 것이다.

***팽배하다** 어떤 기세나 사조 따위가 매우 거세게 일어나다.
***엄연하다** 어떠한 사실이나 현상이 부인할 수 없을 만큼 뚜렷하다.
***생리적** 신체의 조직이나 기능에 관련되는 것

---

1. 각 문단의 소주제는 무엇인가요?

이 글은 '(　　　　)'에 대해 다루고 있으며, 각 문단의 내용은 다음과 같다.

(1) ㉮ : 우울증에 대한 잘못된 인식

(2) ㉯ : 우울증의 원인 ① – '(　　　　)'이라는 호르몬의 부족

(3) ㉰ : 우울증의 원인 ② – 생체 시계 역할을 하는 호르몬인 '(　　　　)'의 부족

(4) ㉱ : 우울증의 원인 ③ – 뇌의 해마 부위가 (　　　)는 해부학적 특징

(5) ㉲ : 우울증에 대한 (　　　　) 관점

2. 글 전체의 주제가 담긴 문단은 무엇인가요?

이 글의 전체적인 주제는 '우울증은 호르몬 분비 체계와 뇌 기능 손상으로 인한 (　　　)으로 봐야 한다.'라는 것이다. 이러한 내용이 잘 나타난 문단은 ㉲이다.

3. 중심 문단과 뒷받침 문단은 어떤 관계인가요?

이 글의 전체적인 주제는 '우울증은 기분의 문제가 아니라 생리적인 질병이다.'라는 것이고, 이러한 주장을 뒷받침하기 위해 우울증 환자들의 호르몬 부족 증상과 뇌 기능 손상을 근거로 들고 있다. 이를 정리하면 다음과 같다.

(1) ㉮ : 중심 소재인 '우울증'을 제시하며, 사람들의 잘못된 인식을 지적함 ➡ 도입(뒷받침 문단)

(2) ㉯ : 주제를 뒷받침하는 근거로 '세로토닌'이라는 호르몬 부족을 제시함 ➡ (　　　)(뒷받침 문단)

(3) ㉰ : 주제를 뒷받침하는 근거로 '멜라토닌'이라는 호르몬 부족을 제시함 ➡ 근거(뒷받침 문단)

(4) ㉱ : 주제를 뒷받침하는 근거로 우울증 환자들의 해마 부위가 작다는 것을 제시함 ➡ 근거(뒷받침 문단)

(5) ㉲ : 글 전체의 주제를 제시함 ➡ (　　　)(중심 문단)

 **원리 적용 문제 2** 조금 긴 글이기는 하지만 앞서 연습한 과정을 잘 생각하면서 중심 문단과 뒷받침 문단의 관계를 파악해 봅시다.

㉮ 서부 아프리카의 시에라리온은 영국과 미국의 해방 노예들이 귀향하여 건국한 나라이지만, 오랜 내전으로 인해 '아프리카의 킬링 필드'라 불리기도 했다. 내전 기간 동안 무려 200만 명이 난민으로 내몰렸고, 35만 명 이상이 사망하였다. 특히 다이아몬드 광산 지역의 통제권을 지키기 위하여 소년병에게 환각제를 먹이고 이들을 동원하여 인근 양민들의 신체를 절단하는 등 반군들의 극악무도한 만행이 알려지면서 국제 사회에 큰 충격을 주기도 했다.

㉯ 시에라리온의 내전은 1991년 포데이 산코가 이끄는 혁명 연합 전선이 모모 정권에 반기를 들면서 시작되었다. 모모 정권의 부패와 사회에 만연한 빈부 격차를 해소하겠다는 것이 애초 반란의 명분이었으나, 시간이 지날수록 다이아몬드 채굴*권을 둘러싼 이권* 전쟁의 양상을 띠게 되었고, 이후로도 쿠데타와 내전의 악순환이 계속되었다.

㉰ 시에라리온뿐만 아니라 콩고, 수단, 소말리아, 알제리, 세네갈, 르완다, 우간다 등 아프리카 전역에서 끊이지 않는 내전은 실상 '부족, 인종 갈등'이라는 표면적 이유보다는 '풍부한 천연자원' 때문이라는 것이 국제 사회의 중론*이다.

㉱ 앙골라 내전으로 대표되는 냉전 시대의 아프리카 내전이 미국과 소련의 세계 지배 전략에 따른 대리전 성격이 강했다면, 탈냉전 이후에는 풍부한 천연자원의 통제권을 차지하기 위한 군벌*들 간의 이권 전쟁 성격이 짙어졌다. 세계 다이아몬드 생산량 15위권 내의 국가 중에서 9개국이 아프리카에 있는 국가들이며, 아프리카의 군벌들은 다이아몬드를 비롯한 천연자원을 재원으로 무기를 구매하고 용병을 고용하여 천연자원을 차지하기 위한 전쟁을 벌이는 등 악순환을 거듭하고 있다.

㉲ 전통적인 서구 열강을 비롯하여 최근에는 러시아, 중국, 일본 등도 아프리카의 천연자원을 확보하기 위한 경쟁에 뛰어들면서 '아프리카의 비극'에 관한 '강대국 책임론'도 제기되고 있다. 한편 아프리카 내전 지역에서 채굴되어 불법 거래되는 다이아몬드 원석은 '피의 다이아몬드(Blood Diamond)'라는 별칭으로 불린다. '피의 다이아몬드'라는 말이 상징하고 있는 아프리카의 비극적 역설은, 할리우드에서 동명의 영화로도 제작된 바 있다.

＊**채굴** 땅을 파고 땅속에 묻혀 있는 광물 따위를 캐냄　＊**이권** 이익을 얻을 수 있는 권리
＊**중론** 여러 사람의 의견　＊**군벌** 군부를 중심으로 한 정치 세력

1. 각 문단의 소주제는 무엇인가요?

이 글은 '다이아몬드로 인한 아프리카의 내전과 갈등'에 대해서 다루고 있고, 각 문단의 내용은 다음과 같다.
(1) ㉮ : 오랜 (　　　)으로 인한 시에라리온의 참상
(2) ㉯ : 시에라리온 내전의 발생과 경과
(3) ㉰ : 아프리카 전역에서 벌어진 내전의 (　　　　　)
(4) ㉱ : (　　　　)을 둘러싼 아프리카 군벌들 간의 끊이지 않는 전쟁
(5) ㉲ : 아프리카 내전에 대한 강대국 책임론과 '피의 다이아몬드'라는 말이 상징하는 아프리카의 비극

2. 글 전체의 주제가 담긴 문단은 무엇인가요?

이 글의 전체적인 주제는 '아프리카 전역에서 벌어지는 내전의 근본적인 원인은 다이아몬드를 비롯한 풍부한 (　　　　) 때문이다.'라는 것이다. 이런 내용이 잘 나타난 문단은 ㉰이다.

3. ㉮~㉲에 대한 설명으로 적절하지 않은 것은 무엇인가요?

① ㉮ : 시에라리온 내전의 참상을 제시하며 독자의 관심을 유도하고 있다.
② ㉯ : 시에라리온 내전의 발생과 경과를 자세히 설명하고 있다.
③ ㉰ : 여러 아프리카 내전의 근본적 원인을 제시하고 있다.
④ ㉱ : 천연자원을 둘러싼 내전의 전개 과정을 자세히 설명하고 있다.
⑤ ㉲ : 최근의 아프리카 내전은 강대국들의 대리전 성격을 띠고 있음을 강조하고 있다.

3 종속 관계와 대등 관계 파악하기 

"어떤 음식을 좋아하세요?"라는 물음에 "저는 야구를 좋아합니다."라고 답한다면 어떨까요? 분위기가 몹시 어색해지겠지요? 왜 그런지는 설명할 필요도 없겠지만, 간단히 말하면 '야구'는 '음식'에 속하지 않기 때문이에요. 마찬가지로 '승우는 야구, 축구, 수영, 농구 같은 구기 종목을 좋아한다.'라는 문장도 어색해요. 왜냐하면 '수영'은 구기 종목에 속하지 않기 때문이지요. 구기 종목은 공을 사용하는 운동 경기라는 뜻으로, 야구, 축구, 배구, 농구, 탁구 등이 여기에 해당해요. '구기 종목'과 '야구, 축구, 배구, 농구'와 같은 의미 관계를 맺는 단어들을 각각 상위어와 하위어라고 하죠. 그런데 수영은 공을 사용하는 운동 경기가 아니잖아요? 그래서 '수영 같은 구기 종목'이라고 말하는 것이 어색한 거예요.

문단도 이와 비슷한 관계를 맺고 있어요. 즉 '야구', '농구', '축구'와 같은 성격의 문단들은 내용상 '구기 종목'에 해당하는 다른 문단에 포함되기도 하고, '구기 종목'에 해당하는 문단은 '격투 종목' 같은 성격의 문단과는 포함 관계가 아니라 별개의 평등한 관계를 맺을 수도 있어요. 이처럼 문단들 사이의 관계를 파악하면 글의 내용을 훨씬 입체적으로 이해할 수 있답니다.

그럼, 종속 관계와 대등 관계를 파악하는 과정을 하나하나 살펴봅시다.

첫째 문단의 기능을 바탕으로 연관된 문단끼리 묶는다.

앞서 '1 문단의 기능 파악하기'와 '2 중심 문단과 뒷받침 문단 구분하기'에서 학습했던 내용을 바탕으로, 각 문단의 기능을 파악하고 연관된 내용의 문단끼리 묶어 보세요.

둘째 문단 간의 종속 관계와 대등 관계를 파악한다.

문단의 내용과 기능을 바탕으로 문단 간의 관계를 살펴보면, 크게 '종속 관계'와 '대등 관계'의 두 가지 유형으로 분류할 수 있어요.

먼저 종속 관계는 두 개 이상의 문단이 일종의 수직적 의미 관계를 맺고 있는 경우예요. 한 문단이 다른 문단들의 내용을 포함하고 있는 경우, 조건에 따른 결과를 보여 주는 경우, 어떤 전제를 바탕으로 주장을 펼치는 경우 등이 있는데, 주로 주지 문단과 뒷받침 문단 사이에서 나타나요.

그리고 대등 관계는 두 개 이상의 문단이 일종의 수평적 관계를 맺고 있는 경우예요. 어떤 주장을 위한 여러 가지 근거들을 하나씩 담고 있는 문단들 사이, 혹은 어떤 대상에 대해 자세히 설명하는 여러 문단들 사이에서와 같이 문단들의 기능이나 위상이 같을 때 나타나요. 주로 주지 문단들 사이 혹은 뒷받침 문단들 사이의 관계가 대등 관계에 해당한다고 볼 수 있어요.

문단의 관계	내용	특징 및 사례
종속 관계	수직적 의미 관계	• 주로 주지 문단과 뒷받침 문단 사이에서 나타남 • 포함 관계, 인과 및 조건, 전제와 주장, 주장과 근거 등
대등 관계	수평적 의미 관계	• 주로 주지 문단 사이나 뒷받침 문단 사이에서 나타남 • 여러 가지 예시들, 상술하는 내용, 주장에 대한 근거들 등

셋째 글 전체의 구조도를 그려 본다.

기본적으로 글의 전개 순서에 따라 위에서 아래로 문단들을 배열해 보세요. 종속 관계에 있는 문단은 상하로 배치하고, 대등 관계에 있는 문단은 좌우로 배치하여 문단을 연결해 보면 전체적인 글의 구조와 흐름을 보다 입체적으로 파악할 수 있어요.

⑦ 학교 급식 후 버리는 잔반을 줄이면 환경과 급식의 질 등에서 얻게 되는 이점이 많기 때문에, 우리도 구체적인 해결책을 통해 적극적으로 잔반 줄이기에 나서야 한다.

⑭ 우선 많은 학생들이 자발적으로 급식 도우미 활동에 동참하는 것이다. 급식 준비와 정리 과정을 거들어 보면, 음식을 대하는 태도도 달라질 것이다.

⑮ 둘째, 잔반을 줄이는 데 성공한 학교의 실제 사례를 참고하는 것도 좋은 방법이다. 특히 음식의 분량 조절과 관련된 사례를 찾아 우리 학교에 적용한다면 잔반 문제 해결에 큰 도움이 될 것이다.

⑯ 셋째, 현재 실시하고 있는 '잔반 없는 날'의 운영 방식을 개선할 필요가 있다. 주 1회인 '잔반 없는 날'을 더 늘리고 홍보 캠페인을 벌이면 잔반을 좀 더 줄일 수 있을 것이다.

⑰ 우리의 작은 실천이 차곡차곡 쌓일 때 잔반 없는 학교를 만들 수 있다. 여러분의 적극적인 참여가 절실하다.

1. 내용상 연관된 문단끼리 묶어 보세요.	이 글은 '잔반 줄이기'를 위한 실천 방법을 제시하고 있어요. 각 문단의 소주제를 정리하고 그 기능을 살펴보면 다음과 같아요. **⑦** : 잔반 줄이기의 필요성 → 문제 제기(도입) **⑭** : 급식 도우미 활동에 동참하기 → 해결 방법(주지) **⑮** : 다른 학교의 성공 사례 참고하기 → 해결 방법(주지) **⑯** : '잔반 없는 날' 확대와 홍보 캠페인 전개 → 해결 방법(주지) **⑰** : 잔반 줄이기 활동에 대한 실천 촉구 → 주장 강조(부연) 따라서 **⑦** / **⑭**, **⑮**, **⑯** / **⑰**와 같이 세 부분으로 묶을 수 있을 거예요.
2. 문단 간의 종속 관계와 대등 관계를 파악해 보세요.	**⑦**와 **⑰**는 **⑭**~**⑯**에 나타난 핵심적인 주장을 펼치기 위한 도입과 그 주장들을 마무리하는 역할을 하고 있으므로 **⑭**~**⑯**와 종속 관계를 맺고 있어요. 한편 **⑭**, **⑮**, **⑯**는 문제에 대한 제각기 다른 해결책이라는 점에서 성격이 동일하고 위상이 같기 때문에 서로 대등 관계로 볼 수 있어요.
3. 글의 구조도를 그려 보세요.	우선 **⑦**~**⑰**를 순서대로 위에서 아래로 배열해 봅시다. 그런 후에 앞에서 살펴본 문단 간의 관계에 따라 종속 관계는 상하로, 대등 관계는 좌우로 배치해서 구조도를 그리면 오른쪽과 같이 정리할 수 있어요. 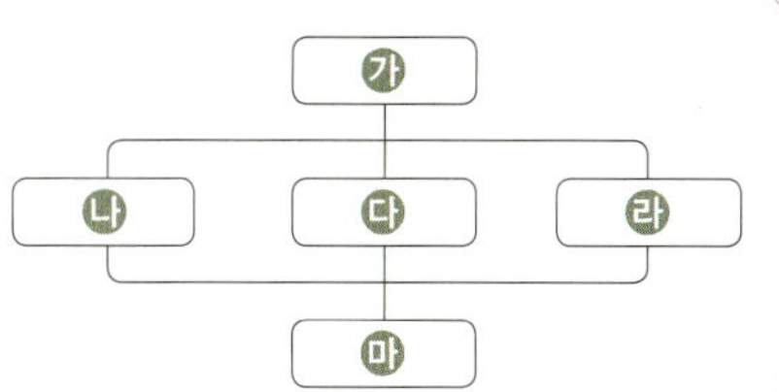

지금까지 설명한 내용을 간단히 정리하면 다음과 같아요.

문단 간의 종속 관계와 대등 관계를 파악하는 방법을 잘 살펴보고 정리한 후 이어지는 문제를 통해 더 연습해 보세요.

단박 정리   문단 간의 종속 관계와 대등 관계 파악하기

연관된 문단끼리 묶기		문단 간의 관계 파악하기		글의 구조도 그리기
기능이 같거나 연관된 문단끼리 묶어서 이해하기	→	주지 문단을 중심으로 종속 관계와 대등 관계 파악하기	→	종속 관계는 상하로, 대등 관계는 좌우로 배치하기

원리 적용 문제 1   빈칸에 알맞은 낱말이나 어구를 넣으면서, 문단 간의 관계를 파악해 봅시다.

가 ○○ 공원 관리소장님께

안녕하세요? 항상 쾌적하고 안전한 공원 조성을 위해 애써 주시는 관리소장님께 감사드립니다. ○○ 공원 시설에 대해 건의드리고자 이렇게 글을 쓰게 되었습니다.

나 ○○ 공원은 사람들이 자주 찾는 공간입니다. 저 또한 친구들과 자전거를 타기 위해 공원을 즐겨 찾고 있습니다.

다 그런데 공원에 가면 자전거 보관소가 없어서 자전거를 나무 옆이나 길가 여기저기에 세워 두다 보니 다음과 같은 문제점이 발생하였습니다. 우선 자전거가 망가지는 경우가 있습니다. 그리고 사람들이 공원을 걷다가 세워진 자전거에 부딪혀 다치기도 합니다.

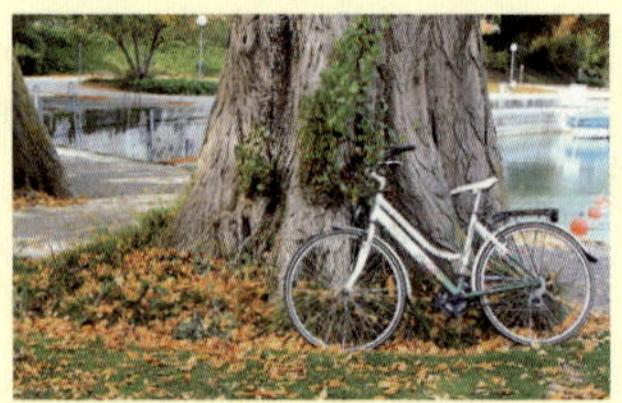

라 따라서 공원에 자전거 보관소를 설치해 주시기를 건의드립니다. 그러면 사람들이 더 좋은 환경에서 공원을 이용할 수 있을 것입니다.

마 지금까지 저의 의견을 읽어 주셔서 감사합니다.

20○○년 ○월 ○일 김○○ 올림

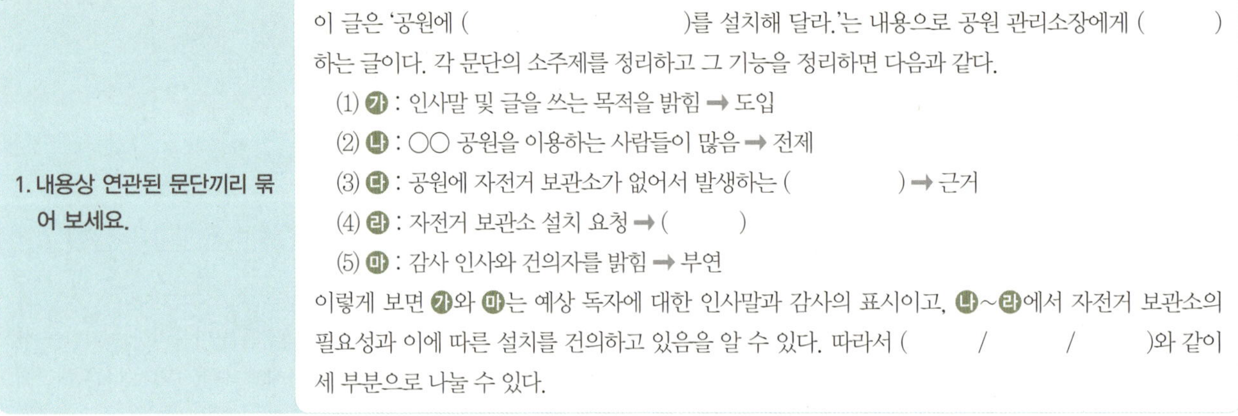

1. 내용상 연관된 문단끼리 묶어 보세요.

이 글은 '공원에 (   )를 설치해 달라.'는 내용으로 공원 관리소장에게 (   ) 하는 글이다. 각 문단의 소주제를 정리하고 그 기능을 정리하면 다음과 같다.

(1) **가** : 인사말 및 글을 쓰는 목적을 밝힘 → 도입

(2) **나** : ○○ 공원을 이용하는 사람들이 많음 → 전제

(3) **다** : 공원에 자전거 보관소가 없어서 발생하는 (   ) → 근거

(4) **라** : 자전거 보관소 설치 요청 → (   )

(5) **마** : 감사 인사와 건의자를 밝힘 → 부연

이렇게 보면 **가**와 **마**는 예상 독자에 대한 인사말과 감사의 표시이고, **나**~**라**에서 자전거 보관소의 필요성과 이에 따른 설치를 건의하고 있음을 알 수 있다. 따라서 (/   /   )와 같이 세 부분으로 나눌 수 있다.

2. 문단 간의 관계는 어떠한가요?

주지 문단인 **라**를 뒷받침하기 위해 **나**에서 주장의 전제를 제시한 후 **다**에서 근거를 들고 있으므로, **나**~**라**는 순서대로 (   ) 관계를 맺고 있다. 그리고 **가**와 **마**는 각각 **나**~**라**를 위한 도입과 마무리의 역할을 하고 있다.

3. 글의 구조도를 그려 보세요.

가~**마**를 순서대로 위에서 아래로 배열하고, 앞에서 살펴본 문단 간의 관계에 따라 종속 관계를 맺고 있는 **나**~**라**는 상하로 배치하여 구조도를 그리면 다음과 같다.

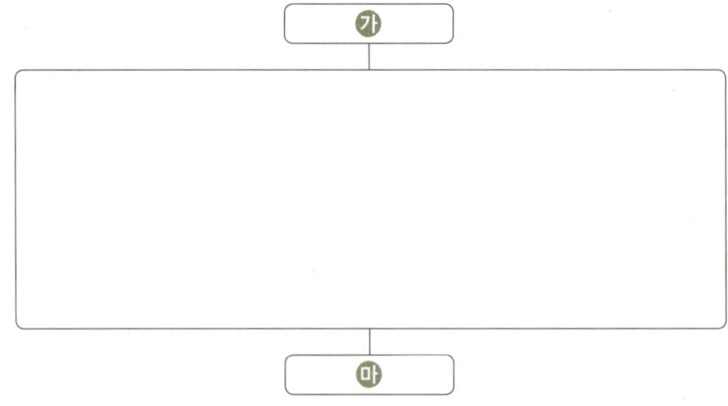

 **원리 적용 문제 2** | 조금 긴 지문을 통해 문단들 사이의 관계를 파악하고 글의 구조도를 그리는 연습을 해 봅시다.

㉮ 고대 서양 의학을 대표하는 인물 중 가장 유명한 사람은 히포크라테스다. 그에 비해 갈레노스를 아는 사람은 많지 않다. 하지만 히포크라테스가 의학의 상징이라면, 갈레노스는 약 1400년 동안이나 서양 의학을 실제로 지배한 인물로 현대 의학사에서 매우 중요한 위치를 차지한다.

㉯ 그는 2세기경 그리스에서 태어났으며, 아버지의 영향으로 의학에 입문했다. 그는 여러 지역을 돌아다니며 의학 공부를 하였고, 다양한 학파*의 스승들로부터 철학적 가르침을 받아서 유연한 사고방식을 가질 수 있었다. 유학을 마치고 로마에 정착한 그는 해부학과 의학 강연을 시작했다.

㉰ 갈레노스는 동물 해부와 실험을 통해 의학적 지식을 얻는 방법론을 세웠다. 그는 주로 원숭이, 돼지 등의 동물 해부와 실험을 통해 여러 장기의 기능을 밝혔고, 근육과 뼈를 구분했으며, 7쌍의 뇌신경을 구분했다. 심장을 해부해 심장 판막을 묘사하고, 정맥과 동맥의 차이점도 관찰했다. 특히 갈레노스는 사람의 혈액이 혈관을 통해 신체 말단까지 퍼져 나가며 신진대사를 조절하는 물질을 운반한다는 사실을 알아냈다. 그가 살던 시대를 감안한다면* 실로 놀라운 발견이 아닐 수 없었다.

㉱ 그러나 갈레노스의 의학에는 문제점 또한 분명히 있었다. 일례로 그는 살모사의 머리와 염소 똥을 섞어서 만병통치약을 만드는가 하면, 혈액에 영혼적인 요소가 있어 병든 사람의 피를 뽑아내면 병이 치료된다고 믿어서 피를 뽑아 치료하는 사혈법(瀉血法)을 사용하기도 했다. 이처럼 그의 의학 이론은 인체를 직접 해부할 수 없었던 로마 시대의 제약으로 인해 많은 오류를 범하였다.

㉲ 여러 가지 문제점이 있었음에도 불구하고 갈레노스는 그때까지 비합리적인 방법에 의존하던 의학계를 동물 해부와 실험이라는 합리적인 방법으로 연구하도록 이끌었다는 점에서 그 의의를 찾을 수 있다.

*학파 학문에서의 주장을 달리하는 갈래 　*감안하다 여러 사정을 참고하여 생각하다.

---

1. 내용상 연관된 문단끼리 묶어 보세요.

이 글은 갈레노스의 의학적 방법론과 의학사적 위치에 대해 설명하고 있다.

(1) ㉮ : 1400년간 서양 의학을 실질적으로 지배한 갈레노스 ➡ (　　　)

(2) ㉯ : 갈레노스의 출생과 성장 과정 ➡ 전제

(3) ㉰ : 동물 해부와 실험을 통해 의학적 지식을 얻는 방법론을 세운 갈레노스 ➡ (　　　)

(4) ㉱ : 갈레노스 의학의 한계와 문제점 ➡ (　　　)

(5) ㉲ : 갈레노스 의학의 역사적 의의 ➡ 주지

이렇게 보면 (　　　/　　　/　　　/　　　)와 같이 네 부분으로 묶을 수 있다.

---

2. 문단 간의 관계는 어떠한가요?

㉮는 이 글의 설명 대상이 되는 '갈레노스'라는 인물을 제시한 부분으로, 글 전체의 도입부에 해당한다. ㉯는 갈레노스가 유연한 사고방식을 가질 수 있었던 성장 과정을 설명하고 있으며, ㉰에서는 ㉯를 바탕으로 당시로서는 색다르고 획기적이었던 갈레노스의 의학적 방법론을 밝히고 있다. ㉱는 ㉰에서 설명한 그의 긍정적 업적과 대비되는 의학적 한계와 문제점을 지적하고 있으므로 ㉰와는 (　　　) 관계를 이룬다. 마지막으로 ㉲에서는 ㉰와 ㉱를 바탕으로 갈레노스의 업적이 지닌 의학사적 의의를 평가하고 있다.

---

3. 글의 구조도를 그려 보세요.

㉮~㉲를 순서대로 위에서 아래로 배열하고, 앞에서 살펴본 문단 간의 관계에 따라 종속 관계는 상하로, 대등 관계는 좌우로 배치하여 구조도를 그리면 다음과 같다.

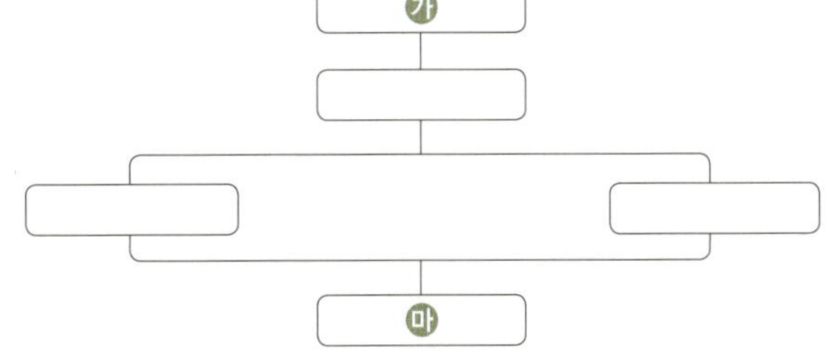

01~04 다음 글을 읽고, 물음에 답하시오.

㉮ 우리나라에는 유네스코가 인정한 세계 기록 유산들이 있는데, 그중의 하나가 「승정원일기」이다. 「승정원일기」는 승정원의 업무 일지로, 조선 초기부터 작성되기 시작하였으나 화재로 인해 현재는 1623년부터 1910년까지의 기록만 남아 있다. 「승정원일기」의 가치는 다음과 같은 두 측면에서 살펴볼 수 있다.

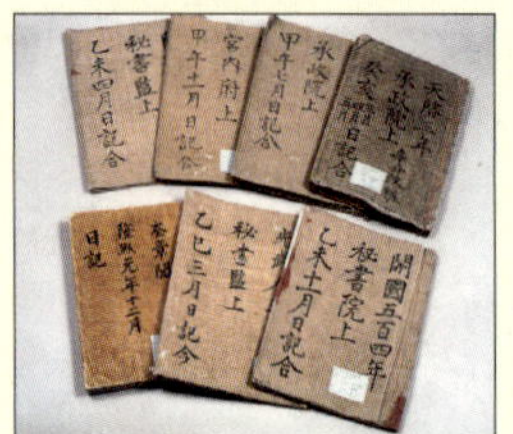

㉯ 무엇보다 「승정원일기」는 조선 시대에 국가의 정책이 어떻게 운영되었는지 이해하는 데 큰 도움을 준다. 승정원은 왕명의 출납*, 왕의 음식과 건강 관리, 경호 등을 담당하던 기관으로, 왕의 국정 운영을 보조하였다. 승정원의 관리인 주서*는 왕을 그림자처럼 따라다니며 왕의 언행 하나하나를 속기*로 적었을 뿐만 아니라 왕과 신하가 주고받은 이야기까지 낱낱이 기록했다. ㉠이에 따라 「승정원일기」에는 국가 정책과 관련된 보고 내용과 왕의 지시 사항 등이 자세하게 기록되어 있다. ㉡이러한 「승정원일기」를 통해 우리는 조선 시대에 정책이 결정되고 진행되는 과정 등을 매우 구체적이고 상세하게 파악할 수 있다.

㉰ 「승정원일기」가 가지는 또 다른 가치는 기상* 변화를 연구하는 데 귀중한 자료가 된다는 점이다. 「승정원일기」는 항상 날짜와 날씨로 시작한다. ㉢여기에는 눈, 비, 안개, 맑음, 흐림 등을 기록하고 하루 중에 날씨 변화가 있었을 때에는 어떻게 변화했는지까지 기술해 놓았다. 영조가 세종 대의 측우기를 복원한* 이후에는 강우량을 측정한 결과도 구체적으로 「승정원일기」에 제시되어 있다. 기상 변화는 매일 일어나는 것도 있지만 몇 백 년 주기*로 일어나는 것도 있어서 그 내용을 분석하려면 오랜 시간의 자료가 필요하다. ㉣그런 측면에서 「승정원일기」에 기술된 날씨와 강우량에 대한 기록은 과거뿐만 아니라 오늘날의 기상 변화를 연구하는 데에도 귀중한 자료이다.

㉱ ㉤이처럼 「승정원일기」는 역사적인 기록물로서의 가치만이 아니라 기상 변화 예측에 필요한 유용한* 자원으로서 오늘날의 우리에게도 큰 의미를 가진다. 선조들의 철저한 기록 정신이 담겨 있는 「승정원일기」는 우리가 자랑스럽게 여겨야 할 기록 유산이라 할 수 있다.

*출납 돈이나 물품을 내어 주거나 받아들임
*주서 조선 시대에, 승정원에 속한 정칠품 벼슬. 승정원의 기록, 특히 「승정원일기」의 기록을 맡아보았다.
*속기 꽤 빨리 적음. 또는 그렇게 적은 기록
*기상 대기 중에서 일어나는 물리적인 현상을 통틀어 이르는 말. 바람, 구름, 비, 눈, 더위, 추위 따위를 이른다.
*복원하다 원래대로 회복하다.
*주기 같은 현상이나 특징이 한 번 나타나고부터 다음번 되풀이되기까지의 기간
*유용하다 쓸모가 있다.

01 윗글의 내용과 일치하지 **않는** 것은?

① 「승정원일기」는 유네스코 지정 세계 기록 유산이다.

② 승정원은 왕명의 출납, 왕의 음식과 건강 관리, 경호 등을 담당하던 기관이다.

③ 「승정원일기」에는 국가 정책과 왕의 지시 사항 등이 자세하게 기록되어 있다.

④ 「승정원일기」에 기술된 기상 자료들은 오늘날의 기상 변화를 연구하는 데에도 도움이 된다.

⑤ 「승정원일기」는 조선 초기부터 작성되었으며, 1623년부터 1910년까지의 기록은 소실되었다.

02 〈보기〉의 ㄱ~ㅁ 중 윗글을 읽는 과정에서 해결할 수 있는 질문으로 가장 적절한 것은?

〈보기〉

ㄱ. 「승정원일기」는 어떤 과정을 거쳐 세계 기록 유산으로 선정되었을까?

ㄴ. 조선 시대 승정원이란 기관이 주로 한 일은 무엇일까?

ㄷ. 화재로 소실된 「승정원일기」는 현재 남아 있는 기록과 어떤 차이가 있을까?

ㄹ. 영조는 세종 대의 측우기를 어떤 방법으로 복원했을까?

ㅁ. 「승정원일기」의 내용을 직접 확인하려면 어떻게 해야 할까?

① ㄱ　　　　　② ㄴ　　　　　③ ㄷ
④ ㄹ　　　　　⑤ ㅁ

03 ㉠~㉤이 가리키는 바로 적절하지 <u>않은</u> 것은?

① ㉠ : 왕의 언행 하나하나와 왕과 신하가 나눈 이야기까지 낱낱이 기록함에 따라

② ㉡ : 국가 정책과 관련된 보고 내용과 왕의 지시 사항 등이 자세하게 기록된

③ ㉢ : 날짜와 날씨를 적는 「승정원일기」의 시작 부분에는

④ ㉣ : 기상 변화의 내용을 분석하려면 오랜 시간의 자료가 필요하다는

⑤ ㉤ : 오랜 기간 동안 매일의 날씨 변화를 기록해 놓은

04 〈보기〉는 윗글의 구조를 파악하여 중심 내용을 정리한 것이다. 빈칸에 들어갈 내용으로 가장 적절한 것은?

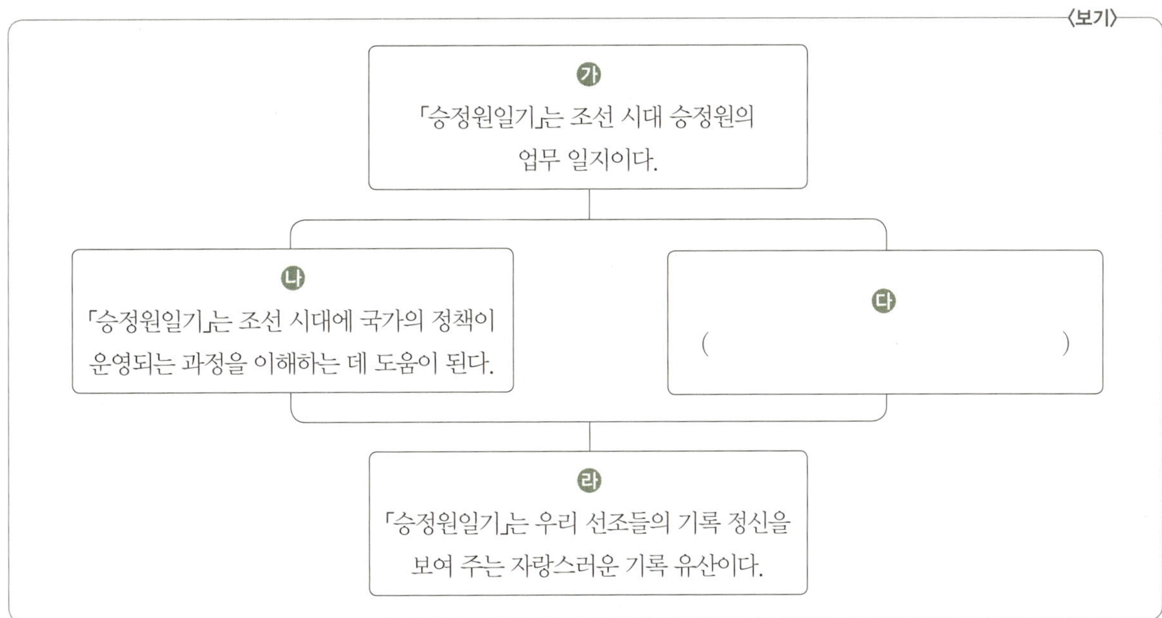

① 승정원의 업무 처리 과정을 파악하는 데 유용하다.

② 왕 중심의 조선 사회를 연구하는 데 중요한 자료이다.

③ 승정원의 관리인 주서가 한 일을 파악하는 데 도움이 된다.

④ 날씨와 관련된 왕의 지시 사항을 확인하는 데 도움이 된다.

⑤ 오랜 시간 동안의 기상 변화를 연구하는 데 유용한 자원이다.

㉮ 오늘날 상업 거래에는 일반적으로 화폐가 사용된다. 화폐란 지폐나 동전, 수표, 신용 카드 등의 형태로 된 지불 수단이다. 과거에는 주로 상품과 상품을 직접 맞바꿔 거래했으나 오늘날에는 화폐를 이용해서 재화와 서비스 등의 생산물뿐만 아니라 노동력이나 토지 등과 같은 생산 요소까지 거래한다. ㉠이처럼 경제 활동의 주요 수단이 되고 우리 삶에 없어서는 안 될 화폐의 기능을 알아보자.

㉯ 첫째, 화폐는 교환 매개의 기능을 한다. ㉡예를 들어 옥수수를 가진 사람은 사과를 필요로 하고, 사과를 가진 사람은 옥수수를 필요로 한다고 해 보자. 이 두 사람이 운 좋게 서로 만날 수 있다면 각자가 원하는 것을 가질 수 있다. ㉢그러나 서로 원하는 물건을 갖고 있는 사람을 찾으려면 많은 시간과 노력을 들여야 하는 것이 일반적이다. 거래 과정에서 화폐를 매개로 대가를 지불함으로써 거래에 드는 시간과 노력이 줄어들게 되었다.

㉰ 둘째, 화폐는 가치 척도*의 기능을 한다. 물물 교환으로 물건을 얻고자 할 때, 원하는 물건이 일치하는 사람을 찾았다고 해도 쉽게 교환이 되는 것은 아니다. ㉣왜냐하면 서로 상대방의 물건에 부여하는* 가치가 다르기 때문이다. 가령 한 사람은 생선 한 마리에 과일 한 개씩 교환하기를 원하지만, 다른 사람은 생선 한 마리에 과일 두 개씩 교환하기를 원할 수 있다. 이렇게 교환 대상에 대해 서로 다른 가치를 적용할 때, 각 상품의 가치를 화폐의 단위로 측정함으로써 거래에서 발생하는 분쟁이 줄게 되었다.

㉱ ㉤셋째, 화폐는 가치 저장의 기능을 한다. 어떤 농민이 가을에 거둔 과일을 보관한다고 가정해 보자. 만일 그 과일을 내년 봄까지 그대로 보관하려면 비용과 노력이 필요할 뿐만 아니라 경우에 따라 과일의 가치가 훼손될 수도 있다. 하지만 과일을 팔아 화폐로 바꾸면 내년 봄까지 그 가치를 손쉽게 저장할 수 있다. 이와 같이 화폐는 물건이 가진 가치를 저장할 수 있어, 물건의 가치를 쉽게 보관, 유지, 축적하게* 해 주었다.

㉲ 인류 역사에서 화폐의 등장은 획기적인 일이었다. 교환을 매개함으로써 사람들 사이에 일어나는 거래를 편리하게 해 주었고, 가치를 평가하고 저장함으로써 분쟁을 줄이고, 물건 가치의 보관과 유지, 축적을 쉽게 해 주었다. 이처럼 화폐는 경제 활동의 중요한 수단이다. 그런 의미에서 화폐 없는 인간 사회는 상상하기 어려울지 모른다.

*척도 평가하거나 측정할 때 근거할 기준
*부여하다 사람에게 권리·명예·임무 따위를 지니도록 해 주거나, 사물이나 일에 가치·의의 따위를 붙여 주다.
*축적하다 지식, 경험, 자금 따위를 모아서 쌓다.

05 ㉠~㉤에 대한 설명으로 적절하지 <u>않은</u> 것은?

① ㉠은 앞에 나온 같은 내용의 반복을 피하게 해 준다.
② ㉡은 뒤에 구체적인 사례가 나올 것을 알려 준다.
③ ㉢은 앞의 내용과 반대되는 내용을 이어 준다.
④ ㉣은 앞에 제시된 원인의 결과를 제시한다.
⑤ ㉤은 뒤에 제시되는 정보의 순서를 알려 준다.

06 **가~마**의 중심 내용으로 적절하지 <u>않은</u> 것은?

① **가** : 화폐는 다양한 형태의 지불 수단으로서 경제 활동의 주요 수단이 되고 있다.

② **나** : 화폐는 거래에서 교환을 매개하는 기능을 한다.

③ **다** : 화폐는 어떤 물건의 가치를 측정하는 기준이 된다.

④ **라** : 화폐는 과일과 같이 상하기 쉬운 물건을 오래 보관해 준다.

⑤ **마** : 화폐는 경제 활동의 중요 수단으로 인간 사회에 꼭 필요하다.

07 윗글의 구조를 그림으로 바르게 표현한 것은?

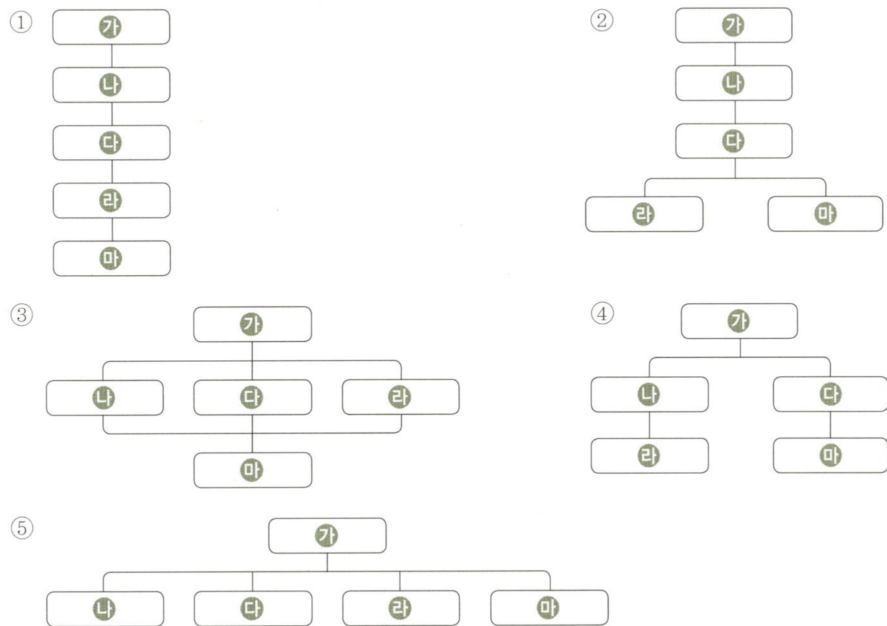

08 윗글을 통해 추론할 수 있는 내용으로 적절하지 <u>않은</u> 것은?

① 화폐의 사용으로 거래가 보다 신속해졌다.

② 화폐는 형태가 하나로 통일된 지불 수단이다.

③ 화폐의 사용으로 재산을 축적하기가 쉬워졌다.

④ 화폐로 눈에 보이지 않는 생산 요소도 거래할 수 있다.

⑤ 물물 교환을 할 때 사람마다 물건의 가치를 달리 평가하기도 하였다.

㉮ 콘서트홀에서 감미로운 노래와 웅장한 오케스트라 연주에 휩싸이는 경험은 정말 매력적이다. 하지만 모든 콘서트홀이 늘 최고의 소리를 들려주는 것은 아니다. 어떤 콘서트홀에서 공연을 관람하느냐에 따라서 공연의 만족도가 달라질 수 있다. 왜냐하면 오케스트라와 가수 외에도 콘서트홀의 다양한 요소들이 공연의 질에 영향을 미치기 때문이다.

㉯ 공연의 질을 좌우하는 중요한 요소 중 하나는 음이 지속되는 잔향 시간이다. 잔향 시간은 음 에너지가 최대인 상태에서 일백만 분의 일만큼의 에너지로 감소하는 데 걸리는 시간을 말한다. 콘서트홀의 종류마다 알맞은 잔향 시간이 다르다. 오케스트라 전용 콘서트홀은 청중들이 풍성하고 웅장한 감동을 느낄 수 있도록 잔향 시간을 1.6~2.2초로 길게 설계하고, 오페라 전용 콘서트홀은 이보다는 소리가 덜 울려야 청중들이 대사를 잘 들을 수 있기 때문에 잔향 시간을 1.3~1.8초로 짧게 만든다. 예술의 전당에서, 주로 오케스트라가 공연하는 콘서트홀은 잔향 시간이 2.1초에 달하고, 오페라를 공연하는 콘서트홀은 잔향 시간이 1.3~1.5초이다. 그러면 콘서트홀의 잔향 시간을 조절하는 방법을 살펴보자.

㉰ 잔향 시간을 조절하는 방법에는 콘서트홀의 크기를 고려하는 방법이 있다. 잔향 시간은 콘서트홀의 크기에 따라 달라지기 때문이다. 작은 콘서트홀에서는 무대에서 나가는 소리가 벽에 부딪히기까지의 시간이 짧다. 따라서 소리가 벽에 부딪히는 횟수가 많아지므로 소리 에너지가 빨리 줄어들어 잔향 시간이 짧아진다. 큰 콘서트홀은 작은 콘서트홀에 비해 무대에서 나가는 소리가 벽에 부딪히기까지의 시간이 길다. 따라서 소리가 벽에 부딪히는 횟수가 적으므로 소리 에너지가 천천히 줄어들어 잔향 시간이 길어진다.

㉱ 콘서트홀의 재료를 고려하여 잔향 시간을 조절하는 방법도 있다. 콘서트홀의 벽면과 바닥, 객석 등에 쓰이는 재료가 잔향 시간에 영향을 미치기 때문이다. 밀도가 낮고 통기성이 좋은 합성섬유와 같은 푹신한 재료는 소리를 잘 흡수하므로 흡음재*로 쓰인다. 반면 돌이나 두꺼운 합판*은 소리를 거의 흡수하지 않고 튕겨 내기 때문에 반사재*로 쓰인다. 흡음재와 반사재를 적절히 조합하면 원하는 잔향 시간을 만들 수 있다. 무대 바닥이나 벽은 반사재를 붙여 반사의 정도를 조절한다. 객석과 주변의 벽은 흡음재를 사용하여 소리를 잘 흡수할 수 있도록 한다.

㉲ 또 다른 방법으로 음향 장치를 활용하기도 한다. 공연이 열릴 때 반사판을 더하면 잔향 시간을 조절할 수 있다. 피아노 독주처럼 작은 소리를 울리게 해야 할 때 피아노 뒤편 무대에 음향 반사판을 병풍처럼 세운다. 그리고 이런 방법으로 잔향 시간을 많이 늘리기 어려울 때에는 최첨단 전기 음향 시스템을 활용하기도 한다. 곳곳에 숨겨진 마이크가 음을 받아 목적에 맞는 잔향 시간만큼 늘린 뒤 다시 스피커로 들려주는 것이다.

*흡음재 소리를 잘 흡수하는 재료. 잔구멍이 많아서 그 속으로 음파가 들어가 다시 되돌아 나오지 못하고 흡수된다.
*합판 얇게 켠 나무 널빤지를 나뭇결이 서로 엇갈리게 여러 겹 붙여 만든 널빤지
*반사재 일정한 방향으로 나아가던 파동이 와서 부딪치면 나아가던 방향을 반대로 바꾸도록 하는 재료

09 **가 ~ 마**의 중심 내용으로 적절하지 <u>않은</u> 것은?

① **가** : 콘서트홀의 다양한 요소들이 공연의 질에 영향을 미친다.

② **나** : 잔향 시간은 공연의 질을 결정하는 중요한 요소 중의 하나이다.

③ **다** : 콘서트홀의 크기에 따라 잔향 시간이 달라진다.

④ **라** : 콘서트홀의 재료를 고려하여 잔향 시간을 조절할 수 있다.

⑤ **마** : 콘서트홀에서는 소리가 커야 하기 때문에 음향 장치를 활용하기도 한다.

10 **가 ~ 마**의 구조를 나타낸 것으로 적절한 것은?

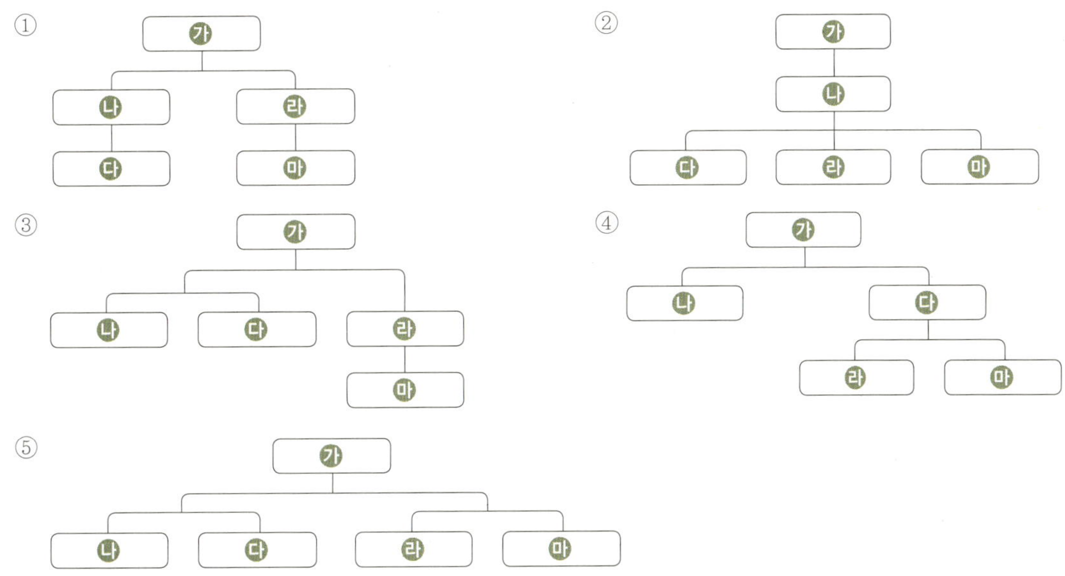

11 〈보기〉는 윗글의 마지막 문단으로 **가 ~ 마**의 내용 요약과 제언으로 구성되어 있다. 빈칸에 들어갈 알맞은 말을 넣어 한 문장으로 완성하시오.

〈보기〉

　　지금까지 좋은 음질의 음악을 감상할 수 있는 콘서트홀에 대하여 살펴보았다. 최고의 공연을 만드는 중요한 요소는 잔향 시간이다. 콘서트홀 종류마다 알맞은 잔향 시간이 다르다. 잔향 시간을 조절하는 방법에는 ________________ ________________. 콘서트홀과 잔향 시간의 관계를 잘 이해한다면 좋은 음질의 공연을 감상할 수 있을 것이다.

가 우리는 흔히 승객이 타는 공간인 카(car)를 엘리베이터의 전부라고 생각한다. 그러나 엘리베이터는 기본적으로 도르래*, 쇠줄, 카, 평형추*, 그리고 3만여 개의 부품으로 구성된 정밀한 기계이다. 엘리베이터가 운행하는 길의 가장 위에는 고정 도르래가 있으며 이 도르래에 두꺼운 쇠줄이 연결되어 있다. 쇠줄

의 한쪽 끝에는 사람이 타거나 화물을 실을 수 있는 카가 연결되어 있으며, 전동기가 쇠줄을 풀었다 감았다 하면서 카를 움직인다. 쇠줄의 다른 쪽 끝에는 카와 무게가 거의 같거나 1.5배 정도 무거운 평형추가 연결되어 있어서 전동기의 에너지 소비를 줄여 주는 역할을 한다.

나 우리가 일상적으로 이용하는 보통의 엘리베이터는 우물에서 두레박으로 물을 긷는 것과 같은 원리로 작동된다. 물을 길을 때 고정 도르래에 걸쳐진 줄(쇠줄)을 잡아당기면 도르래가 힘의 방향을 바꾸어 주고 힘의 크기만큼 두레박(카)을 끌어 올리게 되는 것이다. 하지만 최근에는 과학 기술의 발전에 따라 줄이 없는 엘리베이터나 초고속 엘리베이터 등이 등장하였고, 지구에서부터 우주까지 가는 엘리베이터도 계획 중이다.

다 줄이 없는 엘리베이터는 선형* 모터와 전자석*을 이용하는데, 일부 공장에서는 화물을 운반하기 위해 수직형 자기 부상* 방식의 엘리베이터를 사용하고 있다. 이 엘리베이터에는 쇠줄 대신 벽에 자석이 붙어 있는 레일*이 설치된다. 여기에 전기의 양극과 음극을 연속해서 바꿔 주면 자석의 극성*이 바뀌면서 엘리베이터가 위아래로 움직이는 힘이 생기는데, 이는 자기 부상 열차가 움직이는 원리와 비슷하다. 일본은 수년 내에 승강로 벽면에 레일처럼 달린 선형 모터의 힘을 받아 줄 없이도 자유자재로 움직일 수 있는 엘리베이터를 500층 초고층 빌딩에 설치할 계획이라고 한다.

라 중국 광저우 금융 센터 건물에는 세계 최고 속도의 엘리베이터가 사용되고 있다. 속도가 무려 분속 1,260m로, 시속으로 환산하면 약 76km/h이다. 우리나라에서 운영 중인 엘리베이터 중에서는 부산 IFC 센터에 적용된 엘리베이터가 분속 600m로 가장 빠르며, 세계 최고 속도인 분속 1,260m의 엘리베이터도 개발된 것으로 알려져 있다. 하지만 엘리베이터는 이동 거리가 짧고 속도보다는 승객의 안전이 최선이기 때문에 속도를 무한정 올릴 수 없다.

마 미국항공우주국(NASA)과 기업들은 적도상의 한 곳과 고도 3만 5,700km의 정지 궤도에 있는 위성을 케이블로 연결하고 그 사이를 엘리베이터가 운행할 수 있도록 한다는 계획을 세우고 있다. 정지 궤도에 있는 위성은 지구와 같은 주기로 돌기 때문에 케이블이 항상 직선을 유지할 수 있다. 강철의 5분의 1 질량으로 강철보다 100배 강한 탄소 나노 튜브가 케이블의 소재로 논의되고 있다. 차량으로는 시속 수천 킬로미터를 낼 수 있는 자기 부상 열차가 유력하다. 우주 엘리베이터는 화물 운송비가 우주 왕복선의 수십에서 수백 분의 1에 불과할 것으로 기대되고 있다. 미국 언론에서는 이 계획이 향후 20~50년 내에 실현될 수 있다고 보도하고 있다.

* **도르래** 바퀴에 홈을 파고 줄을 걸어서 돌려 물건을 움직이는 장치. 두레박, 기중기 따위에 이용되며, 고정 도르래와 움직도르래가 있다.
* **평형추** 기계의 운동 부분이 그 받침점이나 축에 대하여 평형을 이루게 하는 추
* **선형** 선처럼 가늘고 긴 모양
* **전자석** 전류가 흐르면 자기화되고, 전류를 끊으면 원래의 상태로 돌아가는 일시적 자석
* **부상** 일정한 높이 위로 떠오름
* **레일** 철도 차량이나 전차 따위를 달리게 하기 위하여 땅 위에 까는 가늘고 긴 강철재
* **극성** 자석의 남극과 북극이 가지고 있는 서로 다른 성질

12 **가**~**마**의 중심 내용으로 적절하지 <u>않은</u> 것은?

① **가** : 엘리베이터의 구조와 각 부분의 역할

② **나** : 일반적 엘리베이터의 작동 원리와 다양한 엘리베이터들의 등장

③ **다** : 일본에서 개발 계획 중인 자기 부상 열차

④ **라** : 중국과 우리나라에 있는 초고속 엘리베이터

⑤ **마** : 미국항공우주국의 우주 엘리베이터 개발 계획

13 윗글을 내용상 관련된 문단끼리 가장 적절하게 묶은 것은?

① **가** / **나**, **다**, **라** / **마**

② **가** / **나** / **다**, **라** / **마**

③ **가** / **나** / **다**, **라**, **마**

④ **가**, **나** / **다**, **라** / **마**

⑤ **가**, **나**, **다** / **라**, **마**

14 윗글의 내용과 일치하는 것은?

① 엘리베이터는 몇 개의 중요한 부품으로 이루어진 단순한 구조로 되어 있다.

② 부산에 있는 세계 최고 속도의 엘리베이터는 속도가 분속 1,260m에 이른다.

③ 현재 일부 공장에서는 자기 부상 방식의 엘리베이터로 승객을 이동시키고 있다.

④ 전통적인 엘리베이터는 움직도르래에 줄을 걸고 이것을 당기는 방식으로 작동한다.

⑤ 우주 엘리베이터를 만들기 위해서는 지구와 정지 궤도 위성을 케이블로 연결해야 한다.

15 〈예시〉를 참고하여, 윗글의 구조를 〈조건〉에 맞게 완성하시오.

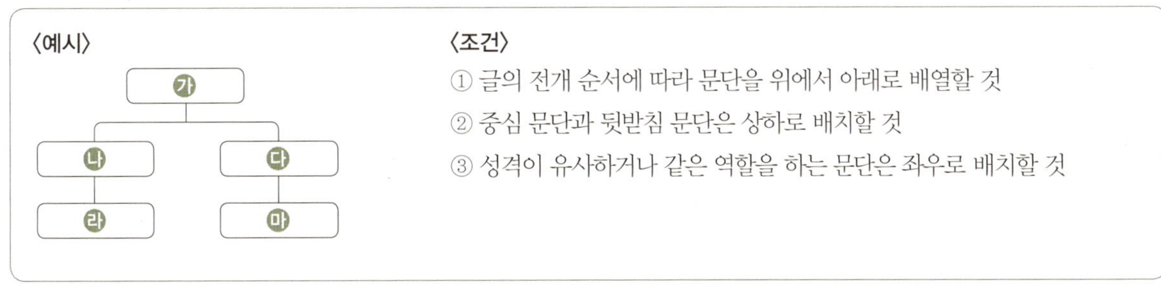

PART ①
비문학 독해원리편

1 설명 방식 ① - 정의, 예시, 분류와 분석, 인용

친구에게 무언가를 설명해야 하는 경우를 떠올려 보세요. 어떤 일이나 대상을 친구가 정확히 알게 하려면 어떻게 설명하는 게 좋을까요? 우선 그것이 정확히 '무엇인지' 알려 줘야 할 거예요. 그리고 비슷한 '사례'나 '경우'를 들어 주면 더 이해하기 쉽겠지요? 만약 그것이 여러 요소들로 이루어진 경우에는 종류별로 '나누거나' 부분들로 '쪼개어' 설명하는 것이 좋아요. 그리고 이전에 누군가가 그것에 관해 쉽게 설명한 말이 있다면 이를 '옮겨다 쓰면' 효과적으로 설명할 수 있을 거예요.

글을 쓸 때도 마찬가지로 잘 설명하기 위해 여러 방법을 사용하는데, 이처럼 글의 내용을 독자에게 더 잘 전달하기 위해 글쓴이가 선택한 전략을 글의 '설명 방식'이라고 해요. 설명 방식을 파악하면서 글을 읽으면, 글쓴이가 어떻게 글을 전개해 나가고 있는지를 쉽게 알 수 있지요. 그럼, 글에 어떠한 설명 방식들이 사용되는지를 하나하나 살펴봅시다.

1 정의

'정의'는 어떤 말이나 용어, 혹은 현상이나 사물의 뜻을 명확히 밝혀서 규정하는 설명 방식이에요. 대상의 본질적 속성을 분명히 제시함으로써 앞으로 전개할 내용의 방향이나 범위를 알려 주는 방식이죠. 정의의 방식으로 쓰인 문장은 다음과 같은 특징적인 형식과 규칙을 갖고 있어요. 아래에서 ○○에 해당하는 것이 설명하려는 대상, '~' 부분이 대상의 본질이나 개념이에요.

> **정의의 일반적 형식**
>
> • ○○(이)란/은/는 ~이다.
> • ~을/를 ○○(이)라고 한다.

원리 확인 문제 다음 글을 읽으면서 정의의 방식으로 설명하고 있는 부분을 찾아봅시다.

인권이란, 인간이라면 누구나 가지고 있는 기본적 권리로, 모든 인간에게 차별 없이 부여되는 보편적 권리이다. 모든 인간은 태어나면서부터 인권을 가지기 때문에 성별, 인종, 종교, 사회적 지위, 재산 등과 관계없이 차별받지 않을 권리가 있다. 따라서 모든 사람의 인권은 존중되어야 하며, 인권을 존중하는 것은 인간의 존엄성을 실현하는 바탕이 된다.

1. 어떻게 설명하고 있나요?

정의의 방식은 일반적으로 '○○(이)란 ~이다.'의 형식으로 나타나는데, 대개 어떤 설명을 시작하는 부분에서 그 대상의 의미나 개념을 분명히 밝히기 위해 사용되는 경우가 많아요. 따라서 첫 문단, 특히 첫 문장을 잘 살펴야 해요. 첫 번째 문장에서 '인권이란, ~ 보편적 권리이다.'라고 설명하고 있죠? '○○(이)란 ~이다.'라는 형식에 해당하는군요.

2. 특징적인 구절이나 표현은 무엇인가요?

첫 번째 문장 '인권이란, ~ 보편적 권리이다.'에 정의의 방식이 사용되었음을 확인할 수 있어요.

단박 정리 정의의 설명 방식

정의의 형식	정의의 쓰임	정의 부분 찾기
○○(이)란 ~이다.	대상의 개념이나 의미를 분명히 밝힘	첫 문단이나 글의 처음 부분을 유의하여 살핌

'예시'는 어떤 사실이나 현상에 대해 구체적인 예를 들어 설명하는 방식이에요. 대상을 구체적으로 보여 주기 때문에 설명의 방식이기도 하고, 일반적인 진술을 구체적인 사례나 증거로 뒷받침하여 타당성을 높이고자 할 때에도 흔히 사용하기 때문에 주장에 대한 근거 제시 방법이기도 해요. 예시의 방식에는 다음과 같은 특징적인 문구나 표현이 나타나는 경우가 많으니까 잘 봐 두는 것이 좋아요.

> **예시임을 나타내는 접속어와 표현 방식**
>
> • 예를 들어/들면, 예컨대, 이를테면, 가령
> • ~ (와/과) 같은 것(들)이 있다.
> • ~ (와/과) 같은 것을 예로 들 수 있다.

원리 확인 문제 다음 글을 읽으면서 예시의 방식으로 설명하고 있는 부분을 찾아봅시다.

㉮ 18세기 프랑스 철학자 디드로는 친구가 준 세련된 빨간 가운과 자신의 낡은 물건들이 어울리지 않는다고 생각했다. 그래서 가운과 어울리도록 의자, 책상, 옷장 등을 바꾸다가 마침내 모든 가구를 빨간색 계열로 바꾸었다. 결국 돈을 낭비한 그는 자신이 빨간 가운의 노예가 되었다며 우울해했다고 한다. 이처럼 하나의 물건을 구입한 후 그 물건과 어울리는 다른 제품들을 계속 구매하는 현상을 '디드로 효과'라고 부른다.

㉯ 경제 분야에서는 이런 디드로 효과를 마케팅에 적용하고 있다. 많은 기업이 디드로 효과를 이용한 '크로스 브랜딩' 전략을 시도한다. 명품 회사는 고객에게 일단 자사의 제품을 사도록 유인하고, 그 후에는 그 제품과 관련된 또 다른 자사 제품을 사도록 유인한다. 예를 들어, 명품 가방을 구입한 고객은 가방과 어울리는 그 회사의 지갑도 사야겠다는 욕구를 갖게 되고, 그 욕구는 구두에까지 이어진다. 결국 고객은 그 명품 회사의 제품을 지속적으로 구매하게 된다는 것이다.

㉰ 그 밖에 어떤 제품과 관련된 다양한 예술 상품을 만들어 파는 '아트 컬래버레이션'도 디드로 효과를 이용한 마케팅이다. 웹툰의 캐릭터를 입힌 캔 커피, 특정 아이돌 가수와 의류 회사의 합작으로 탄생한 브랜드 등을 그 예로 들 수 있다.

1. 어떻게 설명하고 있나요?	예시는 구체적인 사례를 들어서 어떤 대상을 설명하는 방법이에요. 그래서 정의의 방식과 함께 쓰이는 경우가 많지요. 즉, 어떤 개념을 제시한 후 적절한 예를 들어 보이는 방식이 많이 쓰여요. 윗글에서도 ㉮에서 '디드로 효과'라는 용어의 개념을 정의한 후, ㉯와 ㉰에서 그것을 마케팅에 적용한 경우를 예로 들고 있어요. ㉯의 '명품 가방 구입에 따른 지속적인 명품 구매', 그리고 ㉰의 '웹툰 캐릭터가 담긴 캔 커피'와 '아이돌 의류 브랜드'를 제시하는 부분에서 예시의 방식을 사용하고 있다고 할 수 있어요.
2. 특징적인 구절이나 표현은 무엇인가요?	㉯의 네 번째 문장 '예를 들어, 명품 가방을 구입한 고객은 ~ 구두에까지 이어진다.'와, ㉰의 두 번째 문장 '웹툰의 캐릭터를 입힌 ~ 브랜드 등을 그 예로 들 수 있다.'에서 예시의 방식을 사용하고 있어요.

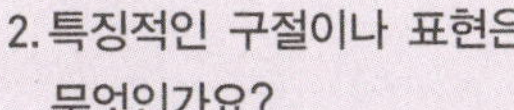

단박 정리 예시의 설명 방식

예시의 형식	예시의 쓰임	예시 부분 찾기
예를 들어, 예컨대, ~을/를 예로 들 수 있다.	구체적인 사례를 들어 대상을 설명함	'정의'가 제시된 부분 주변을 유의하여 살핌

　'분류'는 어떤 대상들을 공통된 특성을 가진 것끼리 묶어서 설명하는 방식이에요. 쉽게 말해 일정한 기준에 따라 같은 것끼리 '묶어서' 설명하는 거죠. 비슷한 말로 일정한 기준에 따라 '나누어' 설명한다고 할 수도 있어요. 보통은 둘 다 뭉뚱그려서 분류라고 하는데, 경우에 따라 후자를 간혹 '구분'이라고도 해요.

　분류는 대개 상위어−하위어와도 관련되는데, 상위어(상위 개념)를 일정한 기준에 따라 나누면 하위어(하위 개념)로 구분할 수 있고, 하위어를 일정한 기준에 따라 묶으면 상위어로 분류할 수 있어요. 예컨대 '악기에는 타악기, 관악기, 현악기 등이 있다.'라고 구분할 수도 있고, '타악기, 관악기, 현악기는 악기에 속한다.'라고 분류할 수도 있어요.

분류(구분)의 일반적 형식

・'○○'(의 종류)에는 ∼ 이/가 있다.
・'○○'(의 종류)는 (∼에 따라) ∼와/과 ∼으로 나눌 수 있다.

원리 확인 문제 다음 글을 읽으면서 분류의 방식으로 설명하고 있는 부분을 찾아봅시다.

　예금은 크게 요구불 예금과 저축성 예금으로 구분된다. 요구불 예금이란 예금주가 언제든지 찾아 쓸 수 있는 예금을 의미한다. 유동성* 면에서 현금과 다름없어 통화성 예금이라고도 한다. 은행의 입장에서는 소비자가 맡긴 돈을 언제 찾아갈지 모르므로 기업에 장기간 대출하기 어려워 연 1% 내외의 낮은 이자를 준다. 저축성 예금은 예금주가 일정 기간 돈을 찾지 않겠다고 약속하고 돈을 맡기면, 은행은 이에 대한 이자를 지급하는 예금을 의미한다. 저축성 예금은 돈을 불리기 위한 목적에 따라 크게 목돈을 만들기 위한 정기 적금과 여유 자금을 맡기는 정기 예금으로 나눌 수 있다.

＊유동성 자산이나 채권을 손실 없이 현금화할 수 있는 정도

1. 어떻게 설명하고 있나요?	어떤 대상을 분류하기 위해서는 반드시 기준이 있어야 해요. 그것이 명확히 언급되든, 문맥을 통해 짐작할 수 있든 일정한 기준에 따라 묶거나 나누어 설명하는 것이 분류예요. 이 글은 예금주가 '언제든지 돈을 찾아 쓸 수 있느냐 없느냐'에 따라 예금을 '요구불 예금'과 '저축성 예금' 두 가지로 나누어 그 특징을 설명하고 있어요. 또한 저축성 예금에 대해서는 돈을 불리기 위한 목적에 따라 한 번 더 나누어 설명하고 있어요. 즉 상위어에서 하위어로 계속 나누어 가며 그 개념과 특징을 설명하고 있음을 알 수 있어요.
2. 특징적인 구절이나 표현은 무엇인가요?	첫 번째 문장 '예금은 크게 요구불 예금과 저축성 예금으로 구분된다.'와, 여섯 번째 문장 '저축성 예금은 돈을 불리기 위한 목적에 따라 크게 목돈을 만들기 위한 정기 적금과 여유 자금을 맡기는 정기 예금으로 나눌 수 있다.'에서 분류의 방식을 사용하고 있어요.

단박 정리 분류의 설명 방식

분류의 형식		분류의 특징		분류의 효과
○○은/는 (∼에 따라) ∼와/과 ∼(으)로 나눌 수 있다.	＋	상위어(개념)와 하위어(개념)의 관계가 나타남	→	몇 가지 종류로 묶거나 나누므로 전체를 파악하는 데 도움을 줌

　한편 '분석'은 복잡한 대상을 몇 개의 단순한 요소나 부분들로 '쪼개어' 설명하는 방식이에요. 여러 부분들이 서로 연관되어 이루어진 대상을 설명하는 데 효과적이에요. 분류와 비슷해 보이지만, 분류가 종류를 설명하는 방법이라면, 분석은 전체를 이루는 구성 요소들을 설명하는 방법이라는 점에서 차이가 있어요. 예컨대 자전거를 핸들, 바퀴, 기어, 패들, 차체 등으로 쪼개어 설명하면 분석의 방식에 따른 것이고, 자전거를 용도에 따라 생활용, 산악용, 경주용 등으로 나누어 설명하면 분류에 해당하지요.

분석의 일반적 형식

· '○○'(의 구성 요소)에는 a, b, c 등이 있다.
· '○○'은/는 a, b, c 등으로 이루어져/구성되어 있다.

원리 확인 문제　다음 글을 읽으면서 분석의 방식으로 설명하고 있는 부분을 찾아봅시다.

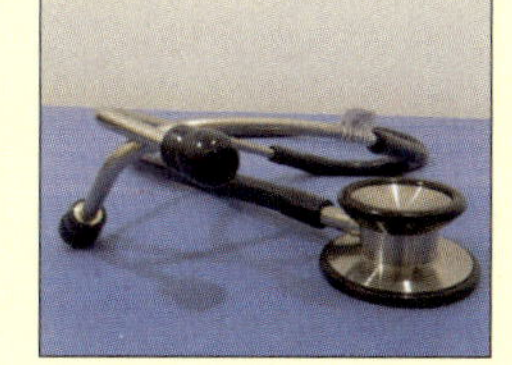

㉮ 청진기는 몸속에서 나는 소리로 몸의 이상을 진단하는 의학 도구이다. 의사들은 청진기로 심장 박동음, 호흡 소리, 장의 소리 및 혈관음 등 인체에서 나는 여러 소리의 특성을 파악해 질병을 진단한다.

㉯ 일반적인 청진기는 다이아프램, 벨, 연결관, 바이누랄, 귀꽂이로 이루어져 있다. 진료 시 많이 사용되는 다이아프램은 고음을 듣는 데 사용되는데, 주로 폐 소리나 장이 움직이는 소리를 듣는다. 벨은 종처럼 움푹 패여 있다고 해서 붙여진 명칭으로, 심장 판막이 여닫는 소리나 혈류의 역류나 와류로 인해 발생하는 소리 등 비교적 낮은 소리를 듣는다. 연결관은 다이아프램과 벨의 집음판에 잡힌 음원을 귀에 전달하는 통로 역할을 하고, 바이누랄은 연결관을 통해 올라온 소리를 귀꽂이로 전해 준다. 귀꽂이는 귀에 들어가서 마지막으로 소리를 전달하는 부분으로, 인체에 무해한 재질을 사용한다.

1. 어떻게 설명하고 있나요?	이 글은 '청진기'에 대한 글이에요. ㉮에서는 정의의 방식으로 청진기의 개념과 쓰임을 설명하고 있는데, 특히 눈여겨봐야 할 것은 ㉯에서 청진기에 대해 설명하면서, 그것을 이루고 있는 각 부분들로 나누어 설명하고 있다는 점이에요. 만약 분류의 방법을 사용했다면, 일정한 기준에 따라 청진기가 어떤 종류로 나누어지는지를 다루었어야 해요. 그런데 ㉯에서 설명하고 있는 '다이아프램', '벨', '연결관', '바이누랄', '귀꽂이' 등이 청진기의 종류에 해당하는 것은 아니죠? 이것이 분류와 분석의 차이예요.
2. 특징적인 구절이나 표현은 무엇인가요?	㉯의 첫 번째 문장 '일반적인 청진기는 다이아프램, 벨, 연결관, 바이누랄, 귀꽂이로 이루어져 있다.'에서 분석의 방법을 사용하고 있어요.

단박 정리　분석의 설명 방식

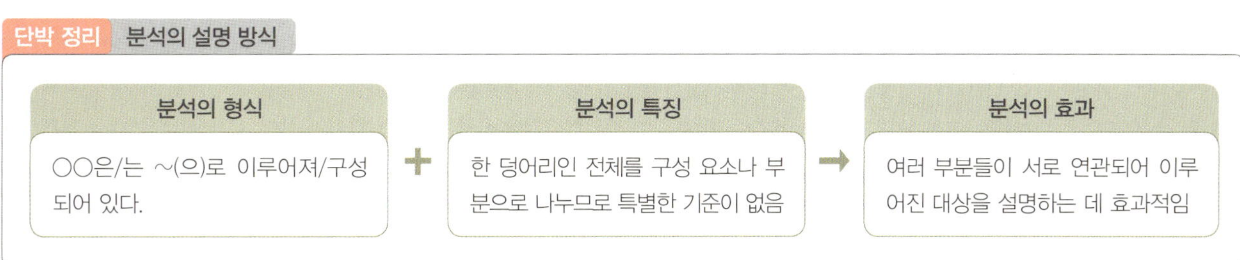

남의 말이나 글을 따와서 근거로 삼거나 대상을 설명하는 방식이에요. 남의 말이나 글을 그대로 가져오는 것을 '직접 인용'이라 하는데, 대개 큰따옴표(" ") 안에 넣어서 원문 그대로 옮겨요. 반면 남의 말이나 글을 요약하거나 정리해서 자신의 말이나 문장 속에 포함하는 것을 '간접 인용'이라고 해요. 인용에도 다음과 같은 특징적인 문구나 표현이 있어요.

인용의 일반적 형식과 표현

- " ～ "(이)라고 (말)한다. / "～ "(이)라는 말이 있다. (직접 인용)
- ～(한다)고 한다. / ～(한다)는 말이 있다. (간접 인용)

'～(라)고'라는 특징적인 표현과 따옴표 덕분에 인용된 부분을 찾는 것은 그렇게 어렵지 않겠죠? 그보다는 설명 방식으로서 인용이 가지는 효과나 사용 의도를 파악하는 것이 더 중요해요. 누군가의 말이나 글을 인용할 때에는 어떤 사람의 말이나 문장을 가져와야 할까요? 당연히 아무나의 말이어서는 안 되겠죠? 인용을 할 때는 그 분야 전문가의 말이나 해당 전문 분야의 문헌을 가져오는 경우가 많아요. 그 전문가와 문헌의 권위나 전문성이 지닌 힘을 빌리기 위해서지요. 그럼으로써 설명의 신빙성을 갖추는 데 필요한 노력을 덜 수 있고, 중심 내용을 효과적으로 뒷받침할 수 있어요.

원리 확인 문제 | 다음 글을 읽으면서 인용의 방식을 사용하고 있는 부분을 찾아봅시다.

⑦ 열정 페이란 기성세대가 젊은이들의 노동력을 착취하는 사회 분위기에 대한 냉소적인 표현으로, 열정과 재능을 가지고 일하는 것 자체가 경험이므로 월급이 적거나 무급으로 일을 시키더라도 불만을 갖지 말라고 젊은이들에게 큰소리치는 사업주의 태도를 비꼬는 말로 등장했다.

⑨ 이러한 열정 페이를 근절하기* 위하여 2016년 고용 노동부는 '일 경험 수련생에 대한 법적 지위 판단과 보호를 위한 가이드라인'을 마련하였다. 여기에서는 "일 경험 수련생을 교육·훈련 목적 없이 단순 노동력으로 활용하면, 근로 기준법상 근로자에 해당하기 때문에 최저 임금 등 법적 의무를 지켜야 한다."라고 명시하고 있다.

***근절하다** 다시 살아날 수 없도록 아주 뿌리째 없애 버리다.

---

1. 어떻게 설명하고 있나요?

이 글의 ⑦에서는 '열정 페이'가 무엇인지를 정의한 후, 열정 페이를 강요하는 사업주의 태도를 그들의 말과 생각을 간접 인용함으로써 효과적으로 설명하고 있어요. ⑨에서는 열정 페이를 근절하기 위한 법적 근거인 '가이드라인'의 문구를 큰따옴표를 사용하여 직접 인용함으로써 중심 내용을 뒷받침하고 있어요.

2. 특징적인 구절이나 표현은 무엇인가요?

⑦의 '열정과 재능을 가지고 일하는 것 자체가 경험이므로 월급이 적거나 무급으로 일을 시키더라도 불만을 갖지 말라고'에서 간접 인용의 방식을, ⑨의 두 번째 문장 '"일 경험 수련생을 교육·훈련 목적 없이 단순 노동력으로 활용하면, 근로 기준법상 근로자에 해당하기 때문에 최저 임금 등 법적 의무를 지켜야 한다."라고 명시하고 있다.'에서 직접 인용의 방식을 사용하고 있어요.

단박 정리 | 인용의 설명 방식

인용의 표현	인용의 쓰임	인용의 효과
• " ～ "(이)라고 한다. • ～(한다)고 한다.	해당 분야 전문가의 말이나 문헌의 내용을 옮겨 옴	설명의 신빙성을 더하고, 중심 내용을 효과적으로 뒷받침함

지금부터는 앞에서 학습한 '정의, 예시, 분류, 분석, 인용'의 설명 방식과 특징을 떠올리면서 글을 읽고 문제들을 풀어 봅시다. 이를 통해 각 설명 방식을 파악하는 능력을 키울 수 있을 거예요.

정답과 해설 10쪽

 **원리 적용 문제 1** 다음은 'Ⅰ. 02. 문단의 기능과 문단 간의 관계 파악하기'에서 공부했던 지문이에요. 익숙한 내용이라고 방심하지 말고, 글을 읽으면서 글에 사용된 설명 방식을 파악해 봅시다.

공연의 질을 좌우하는 중요한 요소 중 하나는 음이 지속되는 잔향 시간이다. 잔향 시간은 음 에너지가 최대인 상태에서 일백만 분의 일만큼의 에너지로 감소하는 데 걸리는 시간을 말한다. 콘서트홀 종류마다 알맞은 잔향 시간이 다르다. 오케스트라 전용 콘서트홀은 청중들이 풍성하고 웅장한 감동을 느낄 수 있도록 잔향 시간을 1.6~2.2초로 길게 설계하고, 오페라 전용 콘서트홀은 이보다는 소리가 덜 울려야 청중들이 대사를 잘 들을 수 있기 때문에 잔향 시간을 1.3~1.8초로 짧게 만든다. ⟨ ㉠ ⟩ '예술의 전당'에서, 주로 오케스트라가 공연하는 콘서트홀은 잔향 시간이 2.1초에 달하고, 오페라를 공연하는 콘서트홀은 잔향 시간이 1.3~1.5초이다.

---

1. 대상에 대하여 어떻게 설명하고 있나요?

첫 문장에서 잔향 시간이 공연의 질을 좌우하는 중요한 요소라고는 하였는데, 사실 일상생활에서 잔향 시간이라는 말을 잘 사용하지는 않는다. 따라서 대부분의 독자들이 용어의 뜻을 알지 못할 것이기 때문에 용어의 (　　　　)을 먼저 정확히 알려 주어야 한다. 두 번째 문장에서 '잔향 시간은 음 에너지가 최대인 상태에서 일백만 분의 일만큼의 에너지로 감소하는 데 걸리는 시간을 말한다.'라고 하면서 대상의 개념과 뜻을 정확히 설명하고 있다. 이는 전형적인 (　　　　)의 설명 방식에 해당한다.

이어서 콘서트홀 종류마다 알맞은 잔향 시간이 다르다는 내용을 제시한 후, 오케스트라 전용 콘서트홀은 1.6~2.2초, 오페라 전용 콘서트홀은 1.3~1.8초라며 둘의 차이를 보여 주고 있다. 그리고 이와 관련하여 '예술의 전당'의 오케스트라 전용 콘서트홀과 오페라 전용 콘서트홀의 잔향 시간이 각각 2.1초와 1.3~1.5초로 서로 다르다는 점을 실제 (　　　　)로 들고 있다.

---

2. 설명 방식을 알려 주는 구절이나 표현은 무엇인가요?

(1) 두 번째 문장 '잔향 시간은 음 에너지가 최대인 상태에서 일백만 분의 일만큼의 에너지로 감소하는 데 걸리는 시간을 말한다.'라는 부분 ➡ (　　　　)의 방식 사용

(2) 다섯 번째 문장 '⟨ ㉠ ⟩ 예술의 전당에서, 주로 오케스트라가 공연하는 콘서트홀은 잔향 시간이 2.1초에 달하고, 오페라를 공연하는 콘서트홀은 잔향 시간이 1.3~1.5초이다.'에서 ㉠에 들어갈 말 ➡ '(　　　　)'라는 접속어

---

3. 윗글의 설명 방식으로 알맞은 것끼리 묶인 것은 무엇인가요?

ㄱ. 정의　　ㄴ. 예시　　ㄷ. 인과　　ㄹ. 인용　　ㅁ. 과정

① ㄱ, ㄴ　　　　② ㄱ, ㄷ　　　　③ ㄴ, ㄷ

④ ㄱ, ㄴ, ㄷ　　　　⑤ ㄱ, ㄷ, ㅁ

 **원리 적용 문제 2** 　다음 글을 읽고, 빈칸에 알맞은 말을 생각하면서 글에 사용된 설명 방식을 파악해 봅시다.

가 경제 활동을 통해 우리가 얻고자 하는 것은 크게 재화나 용역으로 나눌 수 있다. 그중에서 재화는 다시 희소성*에 따라 자유재와 경제재로 구분된다.

나 자유재란 무한으로 존재하여 그 값을 치르지 않고도 원하는 만큼 소비할 수 있는 재화를 말한다. 희소성이 없어 이를 적절히 활용하는 방안을 고민할 필요가 적기 때문에 일반적으로 경제학의 분석 대상에서 제외된다. 현실적으로 자유재는 극히 드문데, 공기나 햇살 등을 그 예로 들 수 있다.

다 자유재와 반대되는 개념은 경제재라 하는데, 경제재는 특정한 대가를 지급해야 얻을 수 있는 재화이다. 현실에서 대부분 재화는 경제재이므로, 통상* 재화라 하면 경제재를 의미한다.

라 하지만 희소성은 시간에 따라 변화한다. 예를 들어 물 같은 경우에는 예전에는 희소성이 없었지만, 요즈음은 환경이 오염되고 물의 양이 줄어들어 깨끗한 물을 돈을 주고 사 먹어야 할 만큼 희소성이 커졌다. 깨끗한 물은 자유재에서 경제재로 바뀐 대표적인 경우라고 볼 수 있다.

**희소성* 인간의 물질적 욕구에 비하여 그 충족 수단이 질적·양적으로 제한되어 있거나 부족한 상태
**통상* 일상적으로, 또는 일상적인 경우에는

---

1. 대상에 대하여 어떻게 설명하고 있나요?

이 글은 '재화'의 대표적인 두 가지 유형을 간단한 사례와 함께 설명하고 있다.

(1) **가**에서는 '우리가 경제 활동을 통해 얻고자 하는 것'이라는 가장 큰 상위 개념부터 시작하여 하위 개념으로 대상을 점차 (　　　　)하며 설명하고 있다.

(2) **나**에서는 '자유재'의 개념과 특징을 제시한 후, (　　　　)를 제시하고 있다.

(3) **다**에서는 '경제재'의 개념을 (　　　　)하고 있는데, 특징적인 점은 '경제재'가 **나**에서 언급한 '자유재'와 (　　　　)되는 개념이라는 점에 초점을 맞추고 있다는 것이다.

(4) **라**에서는 희소성은 시간에 따라 변화하기 때문에 자유재가 경제재로 바뀔 수 있다는 것을 깨끗한 물을 (　　　　)로 들면서 설명하고 있다.

---

2. 설명 방식을 알려 주는 구절이나 표현은 무엇인가요?

(1) **가**의 첫 번째 문장 '경제 활동을 통해 우리가 얻고자 하는 것은 크게 재화나 용역으로 나눌 수 있다.'라는 부분 ➡ (　　　　)

(2) **가**의 두 번째 문장 '재화는 다시 희소성에 따라 자유재와 경제재로 구분된다.'라는 부분 ➡ (　　　　)

(3) **나**의 첫 번째 문장 '자유재란 무한으로 존재하여 그 값을 치르지 않고도 원하는 만큼 소비할 수 있는 재화를 말한다.'라는 부분 ➡ (　　　　)

(4) **나**의 세 번째 문장 '현실적으로 자유재는 극히 드문데, 공기나 햇살 등을 그 예로 들 수 있다.'라는 부분 ➡ (　　　　)

(5) **다**의 첫 번째 문장 '경제재는 특정한 대가를 지급해야 얻을 수 있는 재화이다.'라는 부분 ➡ (　　　　)

(6) **라**의 두 번째 문장 '예를 들어 물 같은 경우에는 희소성이 없었지만, 요즈음은 환경이 오염되고 물의 양이 줄어들어 깨끗한 물을 돈을 주고 사 먹어야 할 만큼 희소성이 커졌다.'라는 부분 ➡ 예시

---

3. 윗글의 설명 방식으로 적절하지 <u>않은</u> 것은 무엇인가요?

① 개념을 정의한 후 적절한 사례를 들어 이해를 돕고 있다.

② 일정한 기준에 따라 재화의 종류를 나누어 설명하고 있다.

③ 전체적으로 상위 개념에서 하위 개념으로 설명 대상이 나뉘고 있다.

④ 자유재와 경제재의 차이점을 중심으로 두 개념의 특성을 설명하고 있다.

⑤ 시대에 따라 달라지는 자유재와 경제재의 개념의 차이를 설명하고 있다.

원리 적용 문제 3 | 길이가 짧은 글이라도 여러 가지 설명 방식이 복합적으로 사용될 수 있어요. 다음 글을 읽고, 글에 사용된 설명 방식을 파악해 봅시다.

㉮ 1973년 8월 23일부터 28일까지 6일 동안 스웨덴의 수도 스톡홀름 노르말름스토리의 크레디트반켄에서 은행 무장 강도 사건이 발생했다. 범인들은 네 명의 직원을 인질로 잡고 경찰과 대치했는데, 처음에는 인질들도 범인들을 두려워했으나 시간이 지남에 따라 그들에게 친근감을 느끼게 되었다고 한다. 더구나 범인들이 자신을 해치지 않았다는 사실에 고마움을 느낀 인질들은 인질범들에 대한 불리한 증언을 거부했고 심지어 그들을 옹호하기도 했다. 이 상황을 본 스웨덴의 범죄학자이자 심리학자인 베예로트가 '스톡홀름 증후군'이라는 이름을 붙였다. ㉠FBI의 자료에 따르면 포로나 인질들의 27%가 이러한 증후군을 보인다고 한다.

㉯ 왜 이런 현상이 벌어질까? 특히 생존이 위협받는 상황에서 가해자가 친절한 모습을 보이게 되면, 피해자는 무의식적으로 이를 생존의 유일한 창구로 여기게 된다. 그리고 가해자와 자신을 동일시하고 가해자의 폭력적 행동을 합리화하게 되는데, 이것이 가해자에 대한 증오보다도 더 클 수 있다. 즉 생명이 위협받는 불안한 상황에서 자신의 생명을 좌지우지할 수 있는 권한을 가진 사람과 자신을 동일시함으로써 생존을 도모하려는* 것이다. 실제로 폭력을 경험하면서도 관계를 쉽게 정리하지 못하는 데이트 폭력 피해자나 부모에게 학대를 당했으면서도 부모에게 애착을 보이는 아이도 이런 경우라 할 수 있다.

＊도모하다 어떤 일을 이루기 위하여 대책과 방법을 세우다.

---

1. 대상에 대하여 어떻게 설명하고 있나요?

이 글은 '(   )'이라는 특이한 심리 현상에 관해 설명하고 있다.

(1) ㉮에서는 1973년 스웨덴 스톡홀름에서 있었던 은행 무장 강도 사건을 언급하면서 당시 인질로 붙잡혔던 사람들의 이해할 수 없는 반응과 행동을 제시하고 있다.

(2) ㉯에서는 스톡홀름 증후군을 보이는 사람들의 마음속에 어떤 심리가 작용하고 있는지를 '(   )와 (   )라는 개념을 중심으로 설명하고 있는데, 생존에 위협이 가해지는 극도의 불안 상황에서 나타나는 비이성적인 심리 상태를 이해하기 쉽게 풀이하고 있다.

---

2. 설명 방식을 알려 주는 구절이나 표현은 무엇인가요?

(1) ㉮의 두 번째 문장 '처음에는 인질들도 범인들을 두려워했으나 시간이 지남에 따라 그들에게 친근감을 느끼게 되었다고 한다.'라는 부분 ➡ (   )

(2) ㉮의 다섯 번째 문장 'FBI의 자료에 (   ) 포로나 인질들의 27%가 이런 증후군을 보인다고 한다.'라는 부분 ➡ 인용

(3) ㉯의 첫 번째 문장 '왜 이런 현상이 벌어질까?'라는 부분 ➡ 결과에 대한 (   )을 제시할 것임을 나타냄

(4) ㉯의 다섯 번째 문장 '실제로 폭력을 경험하면서도 관계를 쉽게 정리하지 못하는 데이트 폭력 피해자나 부모에게 학대를 당했으면서도 부모에게 애착을 보이는 아이도 이런 경우라 할 수 있다.'라는 부분 ➡ (   )

---

3. ㉠의 효과에 대한 설명으로 가장 적절한 것은 무엇인가요?

① 앞으로 전개될 글의 방향이나 범위를 알려 준다.

② 의미를 규정하여 본질적 속성을 분명히 제시한다.

③ 대상을 전체적으로 파악하기 쉽도록 몇 가지 종류로 묶거나 나누어 준다.

④ 여러 부분들로 이루어진 하나의 대상을 부분들로 나누어 연관성을 보여 준다.

⑤ 대상에 대한 설명의 신빙성을 더하고, 중심 내용을 효과적으로 뒷받침해 준다.

② 설명 방식 ② - 비교와 대조, 서사, 과정, 인과

설명하려는 대상이 하나가 아니라 두 개 이상의 요소로 이루어져 있거나 시간에 따라 변화하는 것이라면 어떻게 설명하는 게 좋을까요? 물론 하나씩 떼어 각각 설명할 수도 있어요. 하지만 그렇게 해서는 둘의 관계나 연관성이 잘 드러나지 않겠지요. 예컨대, 고래와 코끼리를 설명한다고 할 때 고래와 코끼리가 각각 어떠한 동물인지를 정의한 후 적절한 예를 들 수도 있어요. 하지만 둘의 공통점이나 차이점, 육지 동물이 바다에 살게 되면서 겪게 된 진화의 과정 등을 설명할 때에는 다른 설명 방식을 사용할 수도 있답니다.

앞에서 글의 내용을 독자에게 더 잘 전달하기 위해 글쓴이가 선택한 전략을 글의 '설명 방식'이라고 했어요. 이번 단원에서는 앞에서 살펴본 설명 방식 외에 어떠한 것들이 더 있는지 하나하나 살펴봅시다.

1 비교와 대조

'비교'는 두 대상의 공통점에 초점을 맞추어 설명하는 방식이고, '대조'는 두 대상의 차이점에 초점을 맞춰서 설명하는 방식이에요. 하지만 보통 두 대상의 차이점을 언급할 때에도 둘을 '비교'한다는 표현을 쓰기 때문에 문맥에 따라 어떤 부분에 초점을 맞추고 있는지 판단해야 해요. 비교와 대조가 사용된 문장에도 대개 다음과 같은 특징적인 표현이나 구절이 나타나요.

> **비교와 대조의 일반적 형식과 표현**
>
> • ○○와/과 △△~은/는 모두/공통적으로 ~하다. (비교)
> • ○○은/는 ~하다. 하지만/반면 △△~은/는 ~하다. (대조)

원리 확인 문제 다음 글을 읽으면서 비교와 대조의 방식으로 설명하고 있는 부분을 찾아봅시다.

'귀속 지위'는 나이, 성별, 가족, 신분, 지역, 국적 등 개인의 의지나 노력과 관계없이 태어나면서부터 저절로 갖게 되는 지위인 반면, '성취 지위'는 학력, 직업, 직위와 같이 개인이 의지나 노력을 통해 스스로 얻는 지위이다. 그러나 이 두 지위는 모두 어떤 집단이나 사회관계 속에서 개인이 차지하고 있는 위치를 의미한다는 공통점이 있다.

1. 어떻게 설명하고 있나요?	비교와 대조를 하려면 일단 두 개 이상의 설명 대상이 있어야겠죠? 여기서는 '귀속 지위'와 '성취 지위'를 대상으로 하여 '지위를 얻게 되는 과정'이 어떻게 다른지 차이점을 먼저 보여 준 후, '집단이나 사회관계 속에서 개인이 차지하고 있는 위치'라는 점을 둘 사이의 공통점으로 들고 있어요.
2. 특징적인 구절이나 표현은 무엇인가요?	첫 번째 문장 '귀속 지위는 ~ 저절로 갖게 되는 지위인 반면, 성취 지위는 ~ 개인이 의지나 노력을 통해 스스로 얻는 지위이다.'라는 부분에 대조가, 두 번째 문장 '이 두 지위는 모두 ~ 개인이 차지하고 있는 위치를 의미한다는 공통점이 있다.'라는 부분에 비교가 사용되었어요.

단박 정리 비교와 대조의 설명 방식

비교와 대조의 형식		비교와 대조의 쓰임		비교와 대조의 효과
• 둘은 모두 ~하다. • 하나는 ~하다. 반면 다른 하나는 ~하다.	+	두 대상 사이의 공통점과 차이점을 드러내는 데 효과적임	→	두 대상 사이의 관계와 연관성을 이해하는 데 도움을 줌

'서사'는 어떤 사실이나 사건의 진행, 인물의 행동 변화 등을 시간의 흐름에 따라 있는 그대로 설명하는 방식이에요. 즉, 일어난 사건들을 차례대로 서술하거나 대상의 변화를 시간 순서대로 설명하는 거죠. 대개 서사는 어떤 사건의 줄거리 전달을 목적으로 하기 때문에 소설, 신문 기사, 기행문 등에서 주로 활용돼요. 서사를 이루는 가장 중요한 요건은 '시간의 흐름에 따른 움직임이나 변화'예요. 따라서 서사가 사용된 글에는 시간이나 시대를 알려 주는 표지들이 나오는 경우가 많지요.

> **서사임을 나타내는 일반적 표현**
>
> • ∼한 후, ∼하였다. (그리고) ∼하고는 ∼하였다.
> • 고대에 ○○은/는 ∼했다. 중세에 이르러 ○○은/는 ∼했고, 근현대에는 ∼했다.

원리 확인 문제 다음 글을 읽으면서 서사의 방식으로 설명하고 있는 부분을 찾아봅시다.

㉮ 현재 생존하고 있는 인류의 직접적인 조상인 호모 사피엔스 사피엔스는 약 3만∼4만 년 전에 지구상에 나타났다. 그 시대의 인류는 산과 들에서 동물을 잡고 숲에서 나무 열매를 따서 먹고 살다가 약 1만 년 전쯤 논밭을 갈아 농사를 짓는 농경을 시작하였다. 그때 지구상에는 약 530만 명의 인류가 살고 있었다. 이는 대략 서울 사람의 절반 정도에 해당한다. 그리고 예수가 탄생한 서기 1년에 전체 인류는 약 2억 5,000만∼3억 명으로 증가했는데, 이는 현재 미국의 인구에 조금 못 미치는 정도이다.

㉯ 이후 세계 인구는 점차 증가하여 산업 혁명이 시작될 즈음에 약 8억 명이 되었고, 19세기 초반에는 10억 명을 넘어섰다. 이후 인구는 폭발적으로 증가하여 1960년에는 30억 명이 되었고, 10여 년마다 10억 명씩 증가하여 2010년 말에는 69억 명을 넘게 되었다.

㉰ 그러나 전 세계적으로 연평균 인구가 증가하는 비율이 점점 떨어지고 있기 때문에 2025년 이후 세계 인구는 80억 명 이상까지 계속해서 증가하다가 2050년 92억 명이 된 다음에는 점점 줄어들 것으로 예상하고 있다.

1. 어떻게 설명하고 있나요?	이 글은 우리와 같은 종의 인류인 호모 사피엔스 사피엔스가 나타난 때부터 지금에 이르기까지 전 세계의 인구 증가 상황을 시간의 흐름에 따라 설명한 다음, 이후 2050년에 이르기까지 세계 인구가 어떻게 변화할지 예측하고 있어요.
2. 특징적인 구절이나 표현은 무엇인가요?	서사의 설명 방식에는 특별히 정해진 문구나 표현이 많지 않아요. 위에서 설명한 대로 시간이나 시대를 알려 주는 표현이 나타나는 경우가 있지만, 이러한 표현이 없더라도 시간의 흐름에 중점을 두어 서술하고 있으면 서사로 보는 것이 좋아요. 이 글의 경우 무엇보다 ㉮는 원시 시대부터 고대 시대, ㉯는 근현대, ㉰는 가까운 미래 시점의 세계 인구 증가 상황을 나타내고 있음을 파악해야 해요.

단박 정리 서사의 설명 방식

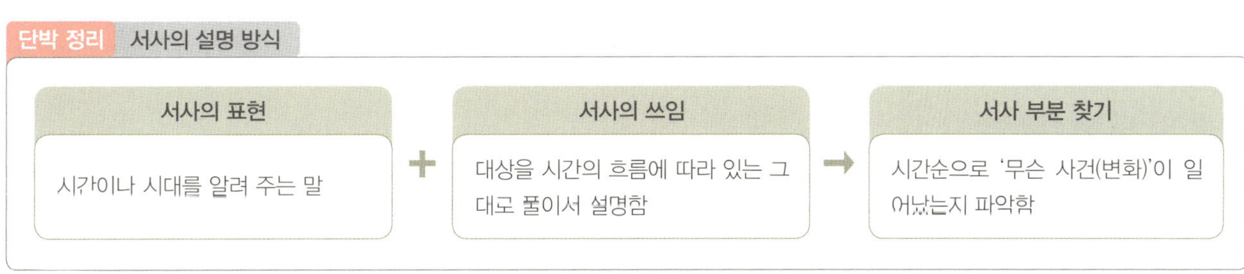

서사의 표현	서사의 쓰임	서사 부분 찾기
시가이나 시대를 알려 주는 말	대상을 시간의 흐름에 따라 있는 그대로 풀이서 설명함	시간순으로 '무슨 사건(변화)'이 일어났는지 파악함

'과정'은 어떤 특정한 결과를 불러일으키는 일련의 행동, 변화, 작용 등에 초점을 두어 설명하는 방식이에요. 변화나 움직임이 있는 현상을 설명 대상으로 삼는다는 점에서 서사와 공통점이 있지요. 그래서 서사와 과정을 헷갈려 하는 경우가 많아요. 쉽게 말하면, 서사가 '무엇'이 일어났는지에 집중하는 반면, 과정은 '어떻게' 일어났는지에 집중한다고 볼 수 있어요. 즉, 과정은 어떤 일이나 현상이 진행되는 경로에 따라 설명하는 방식이므로, '어떻게 진행되어 이렇게 되었다'라는 형식으로 설명하게 되죠. 따라서 어떤 단계나 절차에 초점을 맞추고 있다면 과정으로 보는 것이 좋아요.

과정의 일반적 형식

- 순서나 절차를 표시하는 말
- ○○은/는 ~(한 과정/단계/절차)을/를 거쳐 △△이/가 된다.

원리 확인 문제 다음 글을 읽으면서 과정의 방식으로 설명하고 있는 부분을 찾아봅시다.

이글루는 눈을 벽돌 모양으로 잘라서 반구 모양으로 쌓은 집인데, 이와 같은 집을 만드는 과정은 어떻게 될까? 우선 눈이나 얼음을 적당한 크기의 벽돌 모양으로 잘라 돔 형태로 쌓아 올린다. 그런데 문제는 얼음과 눈 이외의 다른 재료 없이 어떻게 미끄러운 얼음 벽돌을 고정하느냐이다. 그 답은 열의 흡수와 방출을 이용하는 것이다. 위에서와 같이 얼음 벽돌로 이글루를 만든 후에, 이글루 안에서 불을 피워 온도를 높인다. 온도가 올라가면 이글루 안쪽 벽돌이 녹아내리고 그 물이 벽을 타고 흐르면서 벽돌 사이사이를 채우게 된다. 이렇게 어느 정도 눈이 녹으면 출입구를 열어 물이 다시 얼도록 한다. 이 과정을 반복하면 눈 벽돌들이 강하게 접착되어 어엿한 집이 된다.

1. 어떻게 설명하고 있나요?	이 글은 이글루를 만드는 방법을 설명하고 있어요. 특히 눈여겨봐야 할 부분은 눈이나 얼음 벽돌을 쌓아 올린 후 그것을 어떻게 고정하는지를 순서대로 자세히 알려 주고 있다는 점이에요.

2. 특징적인 구절이나 표현은 무엇인가요?	과정의 설명 방식에는 특별히 정해진 문구나 표현이 많지 않아요. 대신 글에서 대상에 대한 설명이 어떤 순서나 절차를 중심으로 이루어지고 있는지를 살펴봐야 하는데, 대부분 특정한 부사나 어미에서 그러한 것들을 찾아볼 수 있어요. 이 글에서도 다음과 같은 표현에서 과정의 설명 방식을 사용하고 있음을 알 수 있어요. (1) 첫 번째 문장 '이와 같은 집을 만드는 과정은 어떻게 될까?'라는 부분 (2) 두 번째 문장 '우선 눈이나 얼음을 ~ 돔 형태로 쌓아 올린다.'라는 부분 (3) 다섯 번째 문장 '위에서와 같이 ~ 만든 후에, 이글루 안에서 불을 피워 온도를 높인다.'라는 부분 (4) 여섯 번째 문장 '온도가 올라가면 ~ 벽돌 사이사이를 채우게 된다.'라는 부분 (5) 일곱 번째 문장 '이렇게 어느 정도 눈이 녹으면 ~ 다시 얼도록 한다.'라는 부분 (6) 여덟 번째 문장 '이 과정을 반복하면 ~ 어엿한 집이 된다.'라는 부분

단박 정리 과정의 설명 방식

과정의 표현	과정의 쓰임	과정 부분 찾기
• '순서'나 '절차'를 표시하는 말 • ○○는 ~을/를 거쳐 △△가 된다.	어떤 현상이나 일이 진행되는 순서와 절차를 설명하는 경우	어떤 '순서, 절차, 단계'를 거쳐서 '어떻게' 된 것인지를 파악함

4 인과

어떤 결과를 가져오게 한 원인이나 요인, 또는 그 요인에 의해 나타난 현상이나 상황을 설명하는 방식이에요. 즉, '왜' 그런 일이 벌어졌는지, 그래서 어떤 '결과'가 나타났고, 어떤 '결론'이 내려졌는지에 초점을 맞추고 있어요. 인과의 방식에도 특징적인 문구나 표현이 사용되는 경우가 많아요. 잘 알아 두면 글을 보다 정확하고 효과적으로 읽을 수 있을 거예요.

> **인과임을 알려 주는 접속어와 표현**
>
> • 왜냐하면, ~ 때문에, ~이기(하기) 때문이다.
> • 그래서, 그러므로, 따라서

원리 확인 문제 다음 글을 읽으면서 인과의 방식으로 설명하고 있는 부분을 찾아봅시다.

> ㉮ 지구상에서 현재 활동 중인 화산은 바닷속에 있는 것을 제외하고 5백 개쯤 된다. 이 화산들이 어디에 위치하고 있는지 지도에 표시를 해 보면, 대부분이 태평양을 둘러싼 40,000km 정도의 띠 모양을 이룬다. 태평양을 둘러싼 이 거대한 화산의 띠를 '환태평양 조산대' 또는 '불의 고리'라고 부른다.
>
> ㉯ 그런데 화산은 왜 이처럼 일정한 지역에 모여 있을까? 지구 바깥쪽의 껍데기(지각)는 여러 개의 판으로 이루어져 있다. 그리고 인간이 지각할 수는 없지만 이 판들은 아주 천천히 움직인다. 하지만 지각 밑에 있는 맨틀의 대류 때문에 판들은 같은 방향으로 나란히 움직이지 않는다. 이 때문에 판과 판은 사이가 서로 멀어지기도 하며 때로는 부딪치기도 한다. 이처럼 판들이 이동하면서 이웃한 판에 힘을 가하게 되면 지진이나 화산 폭발이 일어난다. 그러므로 지각을 구성하는 판들이 서로 맞닿아 부딪치는 경계에 화산이 많이 분포하는 것이다.

1. 어떻게 설명하고 있나요?	인과는 원인과 결과, 이유와 결론 등의 관계로 구성되어 있어요. 어떤 현상의 원인이나 결론의 이유를 제시하는 부분에 나타나지요. 따라서 '왜'라는 질문에 대한 답을 하거나, '그래서' 어떻게 되었는지를 설명하는 부분에서 대개 인과가 사용돼요. 이 글은 ㉮에서 '환태평양 조산대(불의 고리)'가 무엇인지를 소개한 후, ㉯에서 화산이 '왜' 특정 지역에 집중되는지를 설명하고 있어요. 즉, ㉮에서 말한 현상이 나타나는 이유를 ㉯에서 설명하는 구조로 되어 있음을 알 수 있어요. ㉯에서도 '판들은 같은 방향으로 나란히 움직이지 않는다.' 그래서 '부딪치기도 한다.' 따라서 '지각을 구성하는 판과 판이 맞닿아 부딪치는 경계에 화산이 많이 분포'한다고 함으로써 원인에 따른 결과를 연속적으로 설명하고 있어요. 모두 인과의 설명 방식이지요.
2. 특징적인 구절이나 표현은 무엇인가요?	(1) ㉯의 첫 번째 문장 '화산은 왜 이처럼 일정한 지역에 모여 있을까?'라는 부분 (2) ㉯의 다섯 번째 문장 '이 때문에 판과 판은 사이가 서로 멀어지기도 하며 때로는 부딪치기도 한다.'라는 부분 (3) ㉯의 일곱 번째 문장 '그러므로 지각을 구성하는 판들이 서로 맞닿아 부딪치는 경계에 화산이 많이 분포하는 것이다.'라는 부분

단박 정리 인과의 설명 방식

인과의 표현		인과의 쓰임		인과 부분 찾기
왜냐하면, ~ 때문에, 그래서, 따라서, 그러므로	＋	현상의 원인, 결론의 이유를 설명하는 경우	→	'왜'인지를 설명하는 부분과, '그래서' 어떻게 되었는지에 대한 부분을 유의하여 살핌

지금부터는 앞에서 공부한 '비교, 대조, 서사, 과정, 인과'의 설명 방식과 특징을 떠올리면서 글을 읽고 문제들을 풀어 봅시다. 이를 통해 각 설명 방식을 파악하는 능력을 키울 수 있을 거예요.

원리 적용 문제 1　다음 글을 읽고, 글에 사용된 설명 방식을 파악해 봅시다.

㉮ 실험자는 장난감 등으로 안락하게 꾸민 낯선 방에 아이와 어머니를 들여보냈다. 잠시 후 그 방에 낯선 사람을 들여보내 아이의 어머니와 대화를 나누게 했다. 아이의 어머니는 대화를 마치면 갑작스럽게 방을 나오도록 했다. 그리고 시간이 잠시 흐른 후에 아이의 어머니가 방으로 돌아갔을 때 아이가 어떠한 반응을 보이는지 관찰하였다.

㉯ 이 실험에서 안정 애착이 형성된 아이들은 낯선 상황에서도 어머니를 안전 기지로 삼아 새로운 환경을 탐색했다. 그리고 어머니가 방을 떠나자 불안한 모습을 보였으나 어머니가 다시 돌아온 뒤에는 어머니를 환영하며 다시 탐색과 놀이로 주의를 돌렸다. 반면에 불안정 애착이 형성된 아이들은 어머니가 함께 있을 때에도 장난감이나 놀이에 집중하지 못했고, 어머니가 떠나거나 돌아오는 상황에서 심하게 불안해하거나 혹은 정반대로 어머니를 무시하는 듯한 행동을 보였다.

---

1. 대상에 대하여 어떻게 설명하고 있나요?

이 글은 두 가지 유형의 아이들을 대상으로 한 심리학 실험에 관해 소개하고 있다.
㉮에서는 아이와 어머니를 어떻게 조치하는지를 중심으로 실험의 진행 (　　　)을 설명하고 있고, ㉯에서는 두 가지 유형의 아이들에게서 나타난 실험 결과의 (　　　)점을 보여 주고 있다. 그리고 세부적으로는 시간의 흐름에 따른 아이들의 행동을 설명하고 있다.

2. 설명 방식을 알려 주는 구절이나 표현은 무엇인가요?

(1) ㉮의 '장난감 등으로 안락하게 꾸민 낯선 방에 아이와 어머니를 들여보냈다. 잠시 후 그 방에 낯선 사람을 들여보내 아이의 어머니와 대화를 나누게 했다. 아이의 어머니는 대화를 마치면 갑작스럽게 방을 나오도록 했다. 그리고 시간이 잠시 흐른 후에 아이의 어머니가 방으로 돌아갔을 때 아이가 어떠한 반응을 보이는지 관찰하였다.'라는 부분 ➡ (　　　　)

(2) ㉯의 두 번째 문장 '그리고 어머니가 방을 떠나자 불안한 모습을 보였으나 어머니가 다시 돌아온 뒤에는 어머니를 환영하며 다시 탐색과 놀이로 주의를 돌렸다.'라는 부분 ➡ 서사

(3) ㉯의 '이 실험에서 안정 애착이 형성된 아이들은 ~ 다시 탐색과 놀이로 주의를 돌렸다. 반면에 불안정 애착이 형성된 아이들은 ~ 심하게 불안해하거나 혹은 정반대로 어머니를 무시하는 듯한 행동을 보였다.'라는 부분 ➡ 안정 애착이 형성된 아이들과 불안정 애착이 형성된 아이들의 행동 (　　　　)

3. ㉮를 바탕으로 〈보기〉의 실험 과정을 순서대로 배열하여 쓰세요.

〈보기〉

ㄱ. 어머니가 갑자기 방을 나온다.

ㄴ. 어머니가 아이가 있는 방으로 들어간다.

ㄷ. 어머니가 낯선 사람과 몇 마디 대화를 나눈다.

ㄹ. 아이와 어머니가 있는 방에 낯선 사람을 들여보낸다.

ㅁ. 안락하게 꾸민 낯선 방에 아이와 어머니를 들여보낸다.

(　　　) ➡ (　　　) ➡ (　　　) ➡ (　　　) ➡ (　　　)

원리 적용 문제 2 다음 글을 읽고, 글에 사용된 설명 방식을 파악해 봅시다.

1954년 조지타운 대학에서 기계가 러시아어 문장 60개를 영어로 번역하는 실험에 성공하였다. 이후 사람들은 3~5년 안에 기계 번역이 인간이 하는 번역을 대신할 것이라고 예상하였다.

그러나 컴퓨터가 스스로 데이터를 분석해서 학습하는 머신러닝 기술을 바탕으로 인공 지능이 인간의 번역을 대체할 수 있다고 판단되기까지는 굉장히 오랜 시간이 걸렸다. ㉠게다가 아직까지도 인공 지능의 번역은 인간의 번역보다 정확도가 떨어지며 자연스럽고 유창한 표현에까지는 미치지 못한다는 지적이 많다. 인공 지능은 엄청난 양의 데이터를 분석하고 학습할 수 있지만 인간처럼 세상을 경험하거나 이해한다고 보기 어려우며, 어떤 사물이나 상황이 인간에게 주는 감정적 의미나 문화적 맥락을 이해하기도 어렵기 때문이다.

1. 대상에 대하여 어떻게 설명하고 있나요?

이 글은 '인공 지능 번역'에 대한 내용으로, ㉠에서 인공 지능의 번역은 인간이 한 번역보다 정확도가 떨어지며 자연스럽고 유창한 표현에까지는 미치지 못한다고 하였다. 첫 문단에서 알 수 있듯이 1954년 실험에서 기계가 러시아어를 영어로 번역하는 데 성공했는데, 오랜 시간이 지난 후에도 ㉠과 같이 인공 지능의 번역이 인간의 번역보다 나을 수 없다고 한다면, 독자들은 당연히 그 (   )가 궁금해질 것이다. 이에 대해 글쓴이는 ㉠에서 '인공 지능은 엄청난 양의 데이터를 분석하고 학습할 수 있지만 인간처럼 세상을 경험하거나 이해한다고 보기 어려우며, 어떤 사물이나 상황이 인간에게 주는 감정적 의미나 문화적 맥락을 이해하기도 어렵기 때문이다.'라고 하면서 (   )의 방식으로 이유를 설명하고 있다.

2. ㉠에 사용된 설명 방식의 특징으로 적절한 것은 무엇인가요?

① 대상의 사전적 의미를 제시하여 뜻을 명확히 하고 있다.
② 권위 있는 사람의 말을 인용하여 신뢰성을 높이고 있다.
③ 문제에 대한 원인을 밝혀 내용에 대한 이해를 돕고 있다.
④ 대상을 뒷받침하는 구체적인 예를 들어 이해를 돕고 있다.
⑤ 시간의 순서에 따라 사건을 나열하여 내용을 구체화하고 있다.

원리 적용 문제 3 길이가 짧은 글이라도 여러 가지 설명 방식이 복합적으로 사용될 수 있어요. 다음 글을 읽고, 글에 사용된 설명 방식을 파악해 봅시다.

경험은 대뇌 겉질*의 기능만이 아니라 뇌 조직의 변화를 일으키기도 한다. 예를 들어 보자. 인간의 뇌에는 기억을 저장하고 떠올리는 과정에서 중요한 역할을 하는 '해마'라는 기관이 있다. 공간 구조의 기억과 회상에 관여하는 해마로 인해 우리는 눈을 감고 머릿속에 집으로 가는 길을 떠올릴 수 있다. 그런데 바로 이 해마의 크기가 경험에 따라 달라지기도 한다.

*대뇌 겉질 대뇌 반구의 표면을 덮고 있는 회백질의 얇은 층. 신경 세포체가 모여 있으며, 감각을 종합하고, 의지적인 운동 및 고도의 지적 기능을 담당한다.

1. 대상에 대하여 어떻게 설명하고 있나요?

이 글의 중심 내용은 '경험은 (   )를 일으키기도 한다.'라는 것이고, 이는 첫 문장에 잘 나타나 있다. 이를 뒷받침하기 위해 우리 뇌에서 공간 구조의 기억과 회상에 관여하는 '해마'라는 뇌 부위를 예로 들고 있다. 이 해마로 인해 우리는 머릿속에서 집으로 가는 길을 떠올릴 수 있는데, 이 해마의 크기가 경험에 따라 달라진다는 것이다.

2. 윗글에 사용된 설명 방법은 무엇인가요?

(1) (   ) 번째 문장 '(   )'라는 부분 ➡ 예시
(2) 네 번째 문장 '공간 구조의 기억과 회상에 관여하는 해마로 인해 우리는 눈을 감고 머릿속에 집으로 가는 길을 떠올릴 수 있다.'라는 부분 ➡ (   )

③ 설명 방식과 내용 전개 방식

국어 시험에서 흔히 접하게 되는 문제들 중의 하나가 '윗글의 설명 방법으로 가장 적절한 것은?' 또는 '윗글의 내용 전개 방식으로 가장 적절한 것은?'일 거예요. 두 물음 사이에는 어떤 차이가 있을까요?

앞서 우리가 살펴본 정의, 예시, 분류와 분석, 인용, 비교와 대조, 서사, 과정, 인과는 모두 설명 방식이라고 했어요. 이를 좀 더 세밀하게 표현하면 설명하려는 대상에 대해 '이야기하는' 방식이라고 할 수 있죠. 그래서 다른 말로는 진술 방식이라고도 해요. 한편 전개 방식은 글의 내용을 '펼쳐서 진전시켜 나가는' 방식이에요. 하지만 이 두 개념은 명확히 구분되지 않을뿐더러 겹치는 내용도 무척 많아요.

> 소설과 희곡은 모두 작가가 상상해서 꾸며 낸 허구적인 내용과 이야기를 다룬다. 그러나 소설은 서술자라는 작가의 대리인을 통해 이야기를 들려주는 형식을 취하는 반면 희곡은 무대에 등장한 인물의 대사와 행동을 통해서 장면을 직접 보여 주는 형식을 취한다.

설명 방식	전개 방식
비교와 대조	두 대상을 비교 후 대조함

윗글의 경우 소설과 희곡의 특성에 대해 설명하고 있어요. 윗글이 소설과 희곡의 공통점과 차이점에 초점을 맞추고 있다고 보면, 비교와 대조의 '설명 방식'을 사용했다고 할 수 있어요. 한편 소설과 희곡의 공통점이라는 내용을 먼저 제시한 후, 둘 사이의 차이점을 설명하고 있다고 보면, 두 대상을 비교한 후 대조하는 '전개 방식'을 사용했다고 할 수도 있지요.

중요한 것은 '설명 방식'과 '전개 방식'을 명확히 구분할 수 있느냐가 아니라 글에 사용된 여러 가지 설명 방식들을 잘 이해하고 글을 읽으면서 내용을 파악하는 데 적절히 활용하는 것이랍니다. 결국 맨 처음에 제시한 두 가지 물음은 사실 큰 차이가 없다고 할 수 있어요. 다만 설명 방식은 '㉠~㉤에 사용된 설명 방법의 특징은?'과 같이 특정 문장에 관한 것을 물을 때 주로 사용하고, 전개 방식은 '윗글의 전개 방식에 대한 설명으로 적절한 것은?'과 같이 글 전체 또는 각 문단들 간의 관계와 관련된 것을 물을 때 주로 사용해요.

단박 정리 설명 방식과 내용 전개 방식

용어	내용	주로 사용하는 경우
설명 방식	설명 대상에 대해 이야기하는 방식	대개 문단 내에서 어떤 문장에 사용된 설명 방식을 언급할 때
전개 방식	글의 내용을 펼쳐서 제시하는 방식	주로 글 전체나 문단 사이에서 중심 내용을 제시하는 방식을 언급할 때

앞에서 공부한 설명 방식의 특징들을 떠올리면서, 내용 전개 방식과 설명 방식이 어떠한 점에서 차이가 있는지 문제를 풀며 알아봅시다.

정답과 해설 11쪽

 **원리 적용 문제 1**　다음 글을 읽고, 글에 사용된 전개 방식을 파악해 봅시다.

㉮ 아직 문명화가 되지 않은 부족에게는 재난이나 고통이 닥쳤을 때 그것을 다른 대상에 전이*하여 평안을 얻으려는 관습이 있다. 이러한 관습은 세계의 전역에 걸쳐 보편적으로 나타나는데 전이의 대상에 따라 몇 가지 유형으로 묶을 수 있다.

㉯ 첫째, 다른 인간에게 전이하는 경우이다. 실론섬에서는 중병을 앓아 거의 죽음에 이르게 되는 경우에 '악마 춤'을 추는 사람을 초대한다. 춤꾼은 특이한 가면을 쓰고 춤을 추어, 병자에게서 병마를 꾀어내 자기에게로 끌어들인다. 이어서 춤꾼은 상여 위에 누워 마을 밖의 들로 운반된다. 그러면 본래의 병에 걸린 사람은 낫는다는 것이다.

㉰ 둘째, 동물에게 전이하는 경우이다. 남부 아프리카의 카피르족은 환자의 머리맡에 산양을 끌어다 놓고, 그 산양의 머리에 환자의 피를 몇 방울 떨어뜨려 인적이 없는 초원으로 내쫓는다. 그러면 병이 산양에게 옮겨져 사막에서 없어진다고 한다. 말라가시의 토착민들은 재난 또는 질병을 염소에 담아 한 사나이에게 멀리 운반하도록 시키는데, 거기에는 재난과 질병이 염소와 함께 사라졌으면 하는 바람이 담겨 있다.

㉱ 셋째, 사물에 전이하는 경우이다. 동인도 제도의 어떤 부족은 환자의 얼굴을 특정한 나뭇잎으로 두드린 뒤 그것을 버림으로써 병을 치료할 수 있다고 믿는다. 바바르의 여러 섬에서는 피로하게 되면 돌로 제 몸을 두드리는데, 그렇게 하면 피로를 돌에 옮길 수 있다고 한다. 그 돌은 정해진 장소에 버리는데, 그 돌들이 쌓여 만들어진 돌무더기는 지금도 고갯길의 어귀에 남아 있다.

㉲ 한편, 우간다의 바히마족은 악성 종기로 고통받을 때 약초를 환부에 문질러 사람이 자주 다니는 길에 묻어 놓는다. 묻힌 약초를 맨 처음 밟은 사람은 병을 앓게 되고 본래의 환자는 치료된다고 믿는다. 또 바간다족은 진흙으로 환자의 모형을 만드는데, 이 모형의 쓰임은 바히마족의 약초와 같다. 이들의 경우에는 약초와 인형이라는 사물 그 자체가 전이의 대상은 아니고, 그것을 통해 다른 인간에게 고통을 전이하는 매개체의 역할만 한다.

㉳ 인간 사회가 문명화되면 이러한 믿음들은 약화되고 관습들은 점차 사라진다. 그러나 나라마다 몇 가지는 민간의 속설로 지금까지 전해 온다. 아직 문명화가 이루어지지 않은 부족들의 사례를 관찰하면 현대 민간 속설의 기원을 발견할 수 있으며, 세계 여러 부족 간의 비교를 통해 그것이 인류의 원형적 사고임을 추측할 수 있다.

＊전이 어떤 대상에 향하였던 감정이 다른 대상으로 옮아감. 또는 그런 일

 **1. 대상에 대하여 어떻게 설명하고 있나요?**	이 글은 문명화가 되지 않은 부족에게 재난이나 고통이 닥쳤을 때 그것을 다른 대상에 (　　　　)함으로써 재난과 고통에서 벗어나 평안을 얻으려는 관습에 관해 설명하고 있다. 그리고 그 방법을 전이의 대상에 따라 네 가지 (　　　　)으로 나누어 보여 주면서, 아직 문명화가 되지 않은 여러 부족의 실제 (　　　　)를 들고 있다.
2. 윗글의 전개 방식에 대한 설명으로 적절한 것은 무엇인가요?	① 가설을 설정하고 관찰을 통해 증명하였다. ② 현상을 유형화하여 병렬적으로 제시하였다. ③ 현상들의 변화 과정을 중심으로 설명하였다. ④ 문제를 제기하고 구체적인 해결책을 제시하였다. ⑤ 여러 현상들의 원인을 분석하여 결론을 제시하였다.

 **원리 적용 문제 2** 다음 글에 사용된 전개 방식을 바탕으로 표현상의 특징을 파악해 봅시다.

㉮ 미술에서 '프로파일(profile)'은 사람의 측면*을 묘사함으로써 인물의 핵심적인 특징을 뽑아낸 그림을 가리킨다. 서양에서는 중세 말에서 르네상스 무렵에 이런 프로파일 초상화가 많이 그려졌다. 그에 비해 우리나라를 비롯한 동양에서는 프로파일 초상화가 거의 발달하지 않았다. 동양, 특히 중국에서는 오히려 정면상이 발달하였다. 대상의 인품과 특징을 압축적으로 나타내기에 정면상이 더 적합하다고 여겼기 때문이다. 서양에서도 정면상을 그렸지만 그 빈도가 동양보다 낮다.

㉯ 측면과 정면 중 인물의 특징을 더 잘 나타내는 것은 어느 쪽일까? 우선 동물들의 이미지를 떠올려 보자. 동물들을 그릴 때 정면, 측면, 윗면 가운데 어느 면이 제일 먼저 떠오르는가? 먼저 말을 그려 보자. 말은 일반적으로 옆에서 본 이미지가 가장 먼저 떠오른다. 물고기는 어떤가? 그것도 옆에서 본 이미지이다. 도마뱀을 그려 본다면? 위에서 본 이미지가 제일 먼저 떠오를 것이다. 이런 것들이 우리의 머릿속에 각인된* 전형적인 이미지 면이다.

㉰ 그렇다면 사람은 어떤가? 사람은 다른 동물과 달리 두 개의 경쟁적인 이미지 면을 동시에 갖고 있다. 고대 이집트의 벽화가 이를 잘 보여 준다. 이집트 벽화 중에 귀족 '네바문'을 그린 그림이 있다. 얼굴과 다리는 측면에서 본 모습이고, 가슴과 눈은 정면에서 본 모습을 그린 것이다. 해부학적으로 불가능한 구성 혹은 자세이지만, 이 그림뿐 아니라 고대 이집트 벽화 대부분이 이런 식으로 그려졌다. 이 혼합 형식으로부터 우리가 확인할 수 있는 것은, 인간이 신체 부위에 따라 정면이 먼저 떠오르기도 하고 측면이 먼저 떠오르기도 하는 존재라는 사실이다.

㉱ 이렇듯 인간이 두 개의 이미지 면을 동시에 갖고 있기 때문에 동서양 모두 두 이미지 면을 한꺼번에 나타내는 '부분 측면상'을 발달시켰다. 부분 측면상은 사람을 완전히 옆에서 보는 것이 아니라 비스듬히 옆에서 보는 것이다. 그러면 정면과 측면의 특징을 동시에 드러낼 수 있다. 그에 비해 고대 이집트 벽화는 인간의 두 이미지 면을 동시에 나타내기 위해 정면과 측면을 신체 부위에 따라 편의적으로 봉합하는 혼합 양식을 이용했다는 점이 흥미롭다.

***측면** 사람이나 사물의 옆면. 위, 아래, 앞, 뒤를 제외한 왼쪽과 오른쪽의 면
***각인되다** 머릿속에 새겨 넣듯 깊이 기억되다.

1. 대상에 대하여 어떻게 설명하고 있나요?	이 글은 (　　　　　　　　　)을 잘 보여 주는 것은 정면과 측면 중 어느 것인지를 동물과 인간, 서양과 동양의 경우를 비교·대조하면서 설명하고 있다. ㉮에서는 프로파일 초상화의 개념을 (　　　)한 후 서양과 동양에서의 차이를 (　　　)하고 있다. ㉯에서는 동물에 따라 우리의 머릿속에 각인된 전형적인 이미지 면이 다르다는 것을 다양한 예를 들어 설명하고 있다. ㉰에서는 이집트 벽화 '네바문'을 예로 들어 인간의 경우 정면과 측면이 모두 경쟁적인 이미지 면임을 설명하고 있다. 이 때문에 ㉱에서는 동서양 모두 두 개의 이미지 면을 한꺼번에 나타내는 부분 측면상을 발달시켰음을 (　　　)의 방식으로 설명하고 있다. 또한 동서양 모두 부분 측면상을 발달시켰다는 공통점을 언급하고 있으므로 비교의 방식도 사용하였다고 볼 수 있다.
2. 윗글의 표현상의 특징으로 적절한 것은 무엇인가요?	① 도입부에 경험담을 제시함으로써 내용의 사실성을 높이고 있다. ② 질문을 제시하여 독자의 참여를 유도하고 그에 대한 답을 하고 있다. ③ 권위 있는 자료나 전문가의 말을 인용하여 주제를 뒷받침하고 있다. ④ 널리 퍼져 있는 잘못된 인식을 논리적으로 반박하여 자신의 견해를 밝히고 있다. ⑤ 비교와 대조의 방법을 사용하여 전반부에서는 공통점을, 후반부에서는 차이점을 드러내고 있다.

 **원리 적용 문제 3**   다음 글을 읽고, 글에 사용된 전개 방식을 파악해 봅시다.

가 우리나라에서 지렁이는 소나 돼지처럼 법으로 정한 가축이다. 가축이란 인간 생활에 유용하게 사용하기 위해 기르는 동물이다. 그렇다면 지렁이는 어떤 이유에서 가축이 되었을까?

첫째, 농업을 위해 지렁이가 쓰인다. 지렁이는 소화 과정에서 해로운 미생물을 제거하고 식물 생장에 필수적인 질소, 칼슘, 마그네슘, 인, 칼륨 등이 포함된 분변토를 배출한다. 이 분변토를 사용하면 화학 비료를 적게 쓸 수 있어서 땅의 산성화를 막는 데에 도움이 된다. 또한 지렁이는 표면과 땅속을 오가면서 지표면의 물질과 땅속의 흙을 순환시킨다. 이때 땅속에 수많은 미세한 굴들이 상하좌우로 형성되고 공극*이 많아진다. 공극은 식물의 뿌리가 성장하는 데에 도움을 준다. 아울러 비가 오면 공극에 빗물이 스며들게 되어 식물에게 필요한 수분을 저장할 뿐만 아니라 지하수를 확보하는 데에 도움이 된다.

둘째, 환경을 위해 지렁이가 쓰인다. 우리나라에서는 하루 1만 7,000톤 정도의 음식물 쓰레기가 발생하고 이로 인해 한 해 동안 25조 원 정도의 비용이 낭비되고 있다. 또한 음식물 쓰레기가 버려지면 썩어서 토양과 물이 오염된다. 이를 제대로 처리하기 위해서는 많은 돈과 노력을 들여 대규모의 시설을 지어야 하고, 지역 주민들과 갈등을 빚기도 한다. 그러나 음식물 쓰레기를 지렁이가 먹으면 이런 문제를 해결하는 데에 도움이 된다. 혐오스러워 보이지만 지렁이는 음식물 쓰레기를 줄이는 일등 공신이다.

아직 우리나라에서는 지렁이를 농업과 음식물 쓰레기 처리에 대규모로 이용하는 경우가 많지 않다. 지렁이의 먹이는 염분 농도가 낮아야 하기 때문에 국이나 찌개를 많이 먹는 우리 음식 문화에서는 소금기를 낮추는 별도의 처리가 필요하다. 또한 살아 있는 생명인 지렁이는 적합한 환경이 아니면 살 수 없다. 온도는 늘 15~25도로, 흙의 수분은 20%로 유지해야 하는 관리의 어려움이 있다.

지렁이를 이용하는 것이 쉽지 않지만 음식물 쓰레기의 해결과 농업에의 쓰임을 고려한다면 지렁이를 활용하는 방안은 널리 보급되어야 한다. 최근 지렁이는 주목받고 있으며 각 가정에서의 활용도 차츰 늘어나고 있다.

***공극** 비어 있는 틈

나 **가**를 참고하여 그린 만화

	가는 우리나라에서 지렁이가 소나 돼지와 같은 가축이 된 것에 관해, 두 가지 (　　　　)를 제시하고 있다. 또한 농업과 음식물 쓰레기 처리에 지렁이가 어떤 점에서 유용하고 필요한지를 전체적으로 (　　　　)의 방식으로 설명하고 있다.

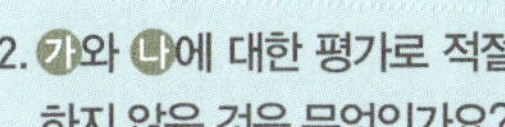

2. **가**와 **나**에 대한 평가로 적절하지 <u>않은</u> 것은 무엇인가요?	① **가**는 도입부에서 물음을 던져 독자의 흥미를 유발하고 있다. ② **나**는 인물의 행동과 표정을 통해 독자의 인식 변화를 유도하고 있다. ③ **가**와 **나**는 비유를 통해 주제를 부각하고 있다. ④ **나**는 **가**와 관련된 사례를 통해 주장을 뒷받침하고 있다. ⑤ **나**는 **가**와 관련된 도표를 추가하여 신뢰성을 높이고 있다.

01~03 다음 글을 읽고, 물음에 답하시오.

가 머리와 얼굴 구조 연구 분야에서 권위 있는 학자로 알려진 도널드 엔로는 인간의 얼굴을 두고 ㉠"일반적인 포유류의 기준에서 인간의 이목구비는 이례적이고, 전문화되었으며, 어떻게 보면 기이하기까지* 하다."라고 설명하였다. 일반적으로 ㉡'얼굴'이란 '입, 코, 눈이 있는, 동물의 머리 앞쪽 면'을 의미한다. 폐나 팔다리, 꼬리 등은 척추동물에 따라 사라지기도 하였으나 얼굴만큼은 모든 척추동물이 가지고 있다. 그렇다면 인간의 얼굴은 과연 어떤 특징을 가지고 있을까?

나 인간의 얼굴 생김새가 갖는 특징은 다음 그림을 통해 찾아볼 수 있다.

먼저 여우의 얼굴과 인간의 얼굴을 비교해 보자. 여우는 긴 주둥이와 머리덮개뼈 쪽으로 부드러운 경사를 이루는 안면 윤곽*을 가지고 있다. 이는 대부분의 포유류에서 보이는 얼굴의 특징이다. 반면에 인간의 얼굴은 주둥이가 줄어들어 돌출된* 흔적만 남아 있고 두개골 앞면에 둥글납작하며 수직으로 솟은 이마가 있다. 또한 ㉢여우의 얼굴은 털로 덮여 있고 대다수의 포유류처럼 촉촉한 코를 가지고 있지만, 인간의 얼굴은 피부가 그대로 노출되어 있고 마른 코를 가지고 있다. 한편 침팬지의 얼굴은 여우와 인간, 두 종의 특징이 혼합되어 있으면서도 여우보다도 인간의 얼굴에 더 가깝다.

다 인간의 얼굴은 생김새뿐만 아니라 표현력 면에서도 다른 포유류와 구별된다. 인간, 침팬지, 여우가 동료들과 소통하는 모습을 관찰해 보면 세 동물 모두에서 얼굴의 표정 변화가 나타나지만 인간의 얼굴 표정이 훨씬 다양하고 섬세함을 알 수 있다. 여우나 침팬지와는 달리, 대화를 나눌 때 인간은 표정을 순식간에 만들어 말의 의미를 보강한다*. ㉣예를 들면 실눈을 뜨면서 이마를 살짝 찌푸리는 표정은 이해하지 못해 혼란한 상태임을 의미하기도 하고, 여기에 더해 입꼬리를 살짝 내린다면 회의적*임을 나타내기도 한다. 입술이 벌어진 상태에서 입꼬리가 살짝 위로 올라간 모습은 행복함이나 즐거움의 신호인 반면, 꽉 다문 입술은 불신을 의미하기도 한다. 이렇게 ㉤다양한 얼굴 표정은 말을 주고받는 행위의 뒤에서 그림자처럼 따라다니며 대화 내용의 이면*에 담긴 중요한 감정 상태를 전달한다. 인간의 얼굴 표정은 매우 정교하고* 민감한 의사소통 도구인 것이다.

라 지금까지 살펴본 것처럼 인간의 얼굴은 생김새 면에서 여타*의 포유류가 갖고 있는 얼굴과 뚜렷이 구별되는 특징들을 갖고 있다. 또한 다양하고 섬세한 표정을 지을 수 있어 의사소통 과정에서 중요한 역할을 하기도 한다. 이러한 점들을 생각하면서 우리 주변의 다양한 '얼굴'을 관찰하는 것은 꽤나 흥미로운 일이 될 것이다.

* **기이하다** 기묘하고 이상하다.
* **윤곽** 사물의 테두리나 대강의 모습
* **돌출되다** 쑥 내밀거나 불거지다.
* **보강하다** 보태거나 채워서 본디보다 더 튼튼하게 하다.
* **회의적** 어떤 일에 의심을 품는 것
* **이면** 겉으로 나타나거나 눈에 보이지 않는 부분
* **정교하다** 내용이나 구성 따위가 정확하고 치밀하다.
* **여타** 그 밖의 다른 것

01 다음 중 윗글의 내용과 일치하지 <u>않는</u> 것은?

① 인간의 얼굴 표정은 정교하고 민감한 의사소통 도구가 된다.

② 침팬지의 얼굴은 여우와 인간 두 종의 특징이 혼합되어 있다.

③ 여우, 침팬지보다 인간의 얼굴 표정이 훨씬 다양하고 섬세하다.

④ 인간의 얼굴은 일반적인 포유류의 얼굴과는 구별되는 특징을 가지고 있다.

⑤ 인간은 여우와 달리 머리덮개뼈 쪽으로 부드러운 경사를 이루는 안면 윤곽을 가지고 있다.

02 윗글의 구조를 그림으로 가장 적절하게 나타낸 것은?

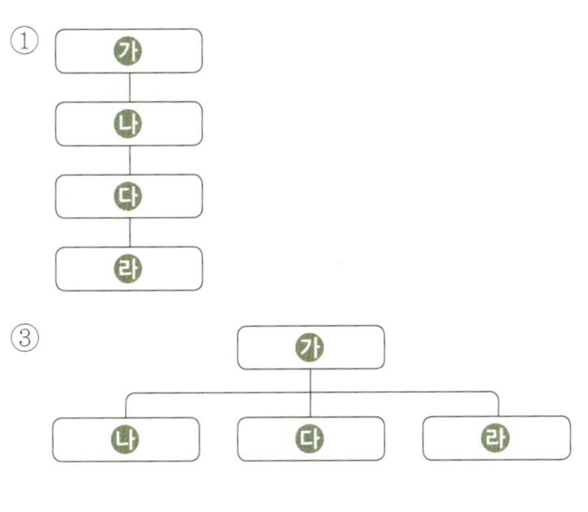

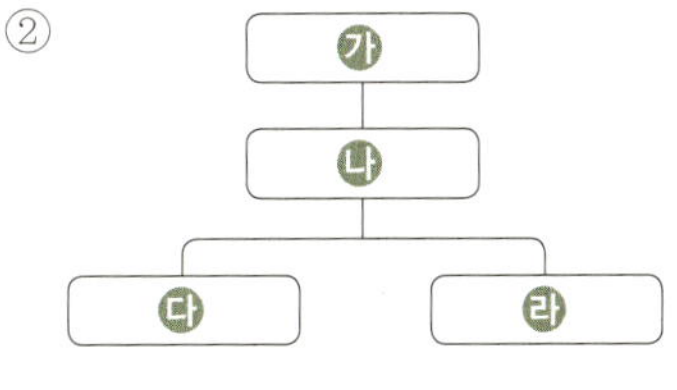

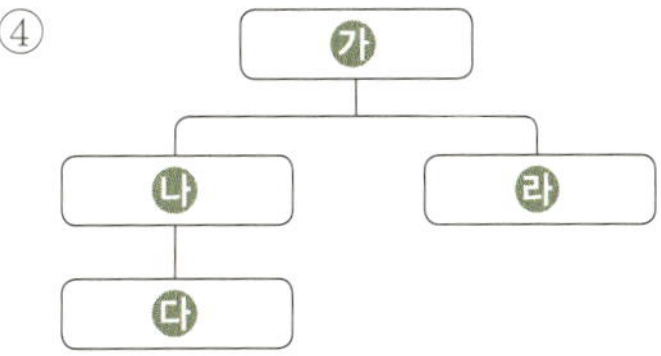

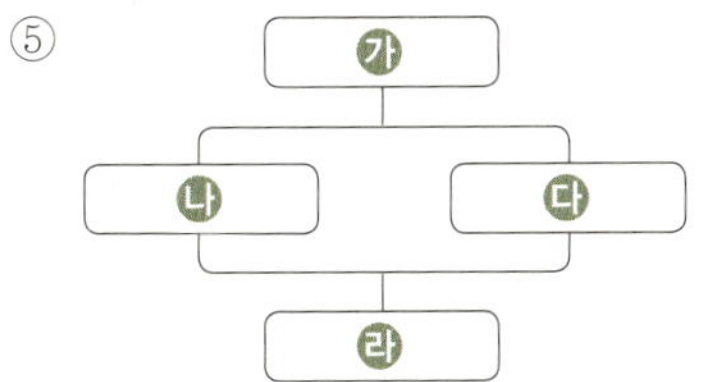

03 ㉠~㉤에 활용된 설명 방식의 특징으로 적절하지 <u>않은</u> 것은?

① ㉠ : 전문가의 말을 인용하여 인간의 얼굴에 대해 설명하고 있다.

② ㉡ : 얼굴의 뜻을 설명하여 얼굴이 어느 부위를 가리키는 것인지 알려 주고 있다.

③ ㉢ : 인간의 얼굴과 여우의 얼굴과의 차이점을 제시하여 인간의 얼굴이 갖는 특징을 이해시키고 있다.

④ ㉣ : 구체적인 예를 들어 인간의 표정이 어떻게 말의 의미를 보강하는지 설명하고 있다.

⑤ ㉤ : 사례를 나열하여 인간의 얼굴 표정이 의사소통 도구인 이유를 설명하고 있다.

㉮ 말로 의사소통을 하기 이전부터 인간은 줄곧 몸짓과 자세, 표정 등과 같은 신체 언어를 통해 서로의 생각을 교환해 왔다. 말과 신체 언어가 서로 다른 메시지를 전달할 때 일반적으로 사람들은 말보다는 신체 언어를 더 많이 신뢰한다. ㉠가령 상대방이 말로는 '괜찮다'고 하면서도 표정이 어둡거나 손을 부르르 떨고 있으면 우리는 '괜찮다'는 그 말을 믿지 않는다.

㉯ 신체 언어는 의사소통 과정에서 중요한 역할을 하는데 그중에서도 손짓은 좀 더 특별한 의미를 지닌다. ㉡손짓이란 '손을 놀려 어떤 사물을 가리키거나 자기의 생각을 남에게 전하는 일'이다. 손은 다른 신체 부위에 비해 움직임이 자유롭고 모양을 만들기가 쉬워서 다양한 감정과 생각을 담아 손짓으로 표현할 수 있다. 박수는 칭찬과 격려를, 기도하는 두 손은 염원*의 메시지를 전한다. 사랑한다는 말 대신 손을 지그시 잡는다거나, 힘내라는 말보다 등을 토닥이며 위로를 전하는 손짓이야말로 말보다 더 강력한 힘을 가진다.

㉰ 한편으로 손짓은 다른 신체 부위와 결합하여 다양한 의미를 생산함으로써 언어를 대신하거나 그 의미를 보조하는 데에도 큰 역할을 한다. ㉢손짓은 팔, 얼굴, 귀, 코, 눈, 머리 등과 결합해 무려 3천여 가지의 다양한 움직임을 만들어 낸다. 여기에 인간의 사고와 심리 상태 등의 메시지가 담김으로써 의사소통 방식이 훨씬 풍부해지고 다양해진다. 꼭 다문 입술에 집게손가락을 대는 행동으로 '조용히 하세요'라는 의미를 표현하거나 머리 위에 하트를 그리는 행동을 통해 상대방에게 사랑의 감정을 더욱 강하게 전달하는 것 등이 그러한 예이다.

㉱ 근본적으로 손짓은 문화적 토양*을 바탕으로 생성된다. 따라서 손짓은 각자의 행동 양식과 관습에 따른 문화를 반영하며, 그것이 다른 지역에서는 그곳의 관습과 문화에 따라 전혀 다른 의미로 받아들여지기도 한다. 그렇기 때문에 ㉣서로 다른 문화권의 사람들이 각자의 문화에 근거하여 손짓을 사용할 경우, 그것이 다른 의미로 해석됨으로써 오해와 갈등이 생겨나기도 한다. 예를 들면 ㉤엄지를 치켜세우는 손짓은

흔히 '최고다' 혹은 '좋다', '잘했다'의 의미이지만 서아시아 지역에서는 상대방을 모욕하는* 의미가 있으므로 각별히 주의해야 한다. 손짓을 (ⓐ) 속에서 이해하고 해석하려는 노력이 필요한 이유는 바로 이 때문이다.

*염원 마음에 간절히 생각하고 기원함. 또는 그런 것
*토양 어떤 활동이 이루어질 수 있는 밑받침을 비유적으로 이르는 말
*모욕하다 깔보고 욕되게 하다.

04 윗글을 읽는 과정에서 떠올린 질문으로 적절하지 <u>않은</u> 것은?

① 손짓이 관습에 영향을 받지 않는 이유는 무엇일까?

② 문화마다 다른 의미를 갖는 손짓에는 어떤 예가 더 있을까?

③ 신체 언어 중에 손짓이 좀 더 특별한 의미를 지니는 이유는 무엇일까?

④ 인간의 사고나 심리 상태가 담긴 신체 언어에는 어떤 것들이 더 있을까?

⑤ 말로 의사소통을 하기 전에 인간이 사용한 몸짓이나 자세는 어떤 형태였을까?

05 ㉠~㉤에 사용된 설명 방식에 대한 학생의 생각으로 적절하지 <u>않은</u> 것은?

① ㉠ : 구체적인 사례로 사람들이 신체 언어를 더 신뢰한다는 점을 보여 주고 있어.

② ㉡ : 대상의 뜻을 밝혀서 손짓의 의미를 명확하게 이해하는 데 도움을 주고 있어.

③ ㉢ : 손짓의 결합 대상을 나열해서 손짓이 만들어 내는 움직임이 다양함을 강조하고 있어.

④ ㉣ : 대상을 분석해서 손짓의 다양한 해석 방법을 자세히 알려 주고 있어.

⑤ ㉤ : 동일한 손짓에 담긴 서로 다른 의미를 대조해서 손짓 사용 시의 유의점을 강조하고 있어.

06 **가**~**라**의 내용 전개 방식에 대한 설명으로 적절하지 <u>않은</u> 것은?

① **가**는 인간의 일반적인 심리를 제시하면서 독자들의 관심을 유발하고 있다.

② **나**에서는 중심 소재의 범위를 좁힌 후 중점적으로 다룰 대상의 개념을 정의하고 있다.

③ **다**에서는 **나**의 경우와 대조되는 사례를 통해 개념상의 차이점을 부각하고 있다.

④ **라**에서는 대상의 특성과 그로 인한 결과를 인과의 방식으로 설명하고 있다.

⑤ **가**~**라** 모두 공통적으로 사례를 제시하여 문단의 중심 내용을 뒷받침하고 있다.

07 글의 흐름을 고려할 때 ⓐ에 들어가기에 가장 적절한 말은?

① 과학적 논리

② 문화적 맥락

③ 사회적 규칙

④ 역사적 배경

⑤ 자연적 본능

㉮ 도시에서는 관찰하기 힘들지만 시골의 밤하늘에서는 가끔 유성*(별똥별)이 나타난다. 우주 공간을 떠도는 암석*이 유성체*라면, 이 암석이 지구 중력에 이끌려서 대기권에 진입하면 유성이 된다. 유성은 대기와의 마찰로 빛을 내며 녹게 되고, 그 남은 덩어리가 땅에 떨어져 운석*이 된다.

㉯ 운석은 초당 10~20km의 엄청난 속도로 지구에 진입한다. 큰 운석은 지구 표면에 커다란 충돌구*를 만들고, 사람을 다치게 하거나 건물을 부수기도 하는데, 이는 운석이 떨어지는 속도 때문이다. 운석이 지구 대기에 진입할 때는 저항을 받는데 이때 운석의 크기에 따라 감속되는* 정도가 달라진다. 크기가 매우 큰 운석은 거의 초기 속도를 유지한 채 지표에 충돌해 거대한 충돌구를 만든다. 크기가 작은 경우에는 속도가 빨리 줄어 지구 표면에 충돌구를 만들지 못한다.

㉰ 한편, 운석은 대기에 진입할 때 대기와 마찰을 일으킨다. 이때 발생하는 높은 열 때문에 운석 표면이 녹는다. 지표면에 가까워져 속도가 대폭 감속되면 충분한 열이 형성되지 않아 운석이 더 이상 녹지 않는다. 마지막으로 녹았던 표면이 식어서 검은색 껍질인 용융각*이 된다. 사람들은 보통 운석이 녹았다가 식은 것이라고 생각하지만 실제로 용융각을 제외하면 전혀 녹지 않은 물질이다.

㉱ 지구 밖에서 온 운석은 태양계와 지구의 비밀을 풀 수 있는 중요한 자료가 된다. 태양계가 탄생할 때 생겨난 운석에는 태양계가 탄생할 당시에 어떤 일이 있었는지를 알 수 있는 정보가 담겨 있고, 태양계가 생성된 이후의 운석에는 소행성이나 화성과 같은 행성의 초기 진화에 대한 기록이 보존되어 있다. 그리고 소행성의 핵에서 떨어져 나온 철질운석*은 지구의 내부 중심인 핵이 어떤 물질로 구성되어 있는지 연구할 수 있는 소중한 자료가 된다.

㉲ 이런 가치를 지닌 운석을 연구하기 위해서는 많은 운석이 필요하다. 그런데 지구에 떨어지는 운석의 상당수는 남극에서 발견된다. 왜냐하면 특정 장소에 운석이 모이게 되는 남극의 특수한 지형 조건 때문이다. 빙하는 꾸준히 낮은 곳으로 이동하는데, 이동 중에 산맥에 의해 가로막히면 앞부분의 빙하가 밀려서 위로 상승하게 된다. 매년 여름마다 상승한 빙하가 점차 녹으면서 그 속에 있던 운석들이 모이게 되는 것이다. 그래서 세계 각국은 앞다투어 남극을 탐사하며 운석을 찾고 있다.

*유성 지구의 대기권 안으로 들어와 빛을 내며 떨어지는 작은 물체
*암석 지각을 구성하고 있는 단단한 물질. 화성암, 퇴적암, 변성암으로 크게 나눈다.
*유성체 행성들 사이에 떠 있는 암석 조각. 이것들이 지구의 인력에 끌려 지구 대기권으로 들어오면 유성(流星)이 된다.
*운석 지구상에 떨어진 별똥. 대기 중에 돌입한 유성(流星)이 다 타 버리지 않고 땅에 떨어진 것이다.
*충돌구 충돌로 인해 만들어진 구덩이
*감속되다 속도가 줄다.
*용융각 겉이 타서 녹았다가 식어 굳은 유리질
*철질운석 거의 철과 니켈로 이루어진 운석. 보통 바위보다 몇 배 무겁다.

08 가~마의 설명 방식에 대한 설명으로 적절하지 <u>않은</u> 것은?

① 가 : 유사해 보이는 몇몇 대상들의 정확한 개념을 정의하고 있다.

② 나 : 대상으로 인해 특정 현상이 발생하는 원인을 인과의 방식으로 서술하고 있다.

③ 다 : 나에서 서술한 대상과 대조함으로써 대상의 상반된 특성을 부각하고 있다.

④ 라 : 대상의 출처를 바탕으로 대상이 가진 과학적 가치를 상세히 서술하고 있다.

⑤ 마 : 대상이 특정 지역에서 주로 발견되는 이유를 인과의 방식으로 서술하고 있다.

09 윗글을 통해 알 수 있는 것으로 적절하지 <u>않은</u> 것은?

① 유성이 녹는 것은 대기와의 마찰 때문이다.

② 작은 유성은 큰 유성보다 운석이 될 확률이 높다.

③ 남극에서 운석은 빙하와 산맥이 만나는 곳에 모인다.

④ 지구에 대기가 없다면 더 많은 운석이 발견될 것이다.

⑤ 운석을 많이 모으면 운석 연구에 도움이 될 수 있을 것이다.

10 윗글을 보완하는 예시 자료로 〈보기〉를 활용하는 방법 중 가장 적절한 것은?

〈보기〉

〈A〉 발견 위치에 따른 운석의 개수		〈B〉 유래에 따른 운석의 비율	
남극	16,000여 개	소행성	98%
그 외 지역	7,000여 개	화성	1%
전체	23,000여 개	달	1%

〈2000년 영국운석연감〉

① 나에서 충돌구가 생긴다는 설명의 자료로 〈A〉를 들 수 있어.

② 라에서 화성 연구용 운석을 구하기 쉽다는 설명의 자료로 〈B〉를 들 수 있어.

③ 라에서 지구핵 연구에 필요한 운석의 비율이 낮다는 설명의 자료로 〈A〉와 〈B〉를 동시에 들 수 있어.

④ 마에서 남극이 운석 연구에 중요하다는 설명의 자료로 〈A〉를 들 수 있어.

⑤ 마에서 남극 운석의 상당수가 달에서 온 것이라는 설명의 자료로 〈B〉를 들 수 있어.

㉮ 우리의 경제 활동을 들여다보면 가끔 이해하기 어려운 현상을 만날 때가 있다. 예컨대, 똑같이 백만 원을 벌었는데도 어떤 사람은 만족하고 어떤 사람은 만족하지 못한다. 또 한 번도 당첨된 적이 없는데도 복권을 사는 데 많은 돈을 쓰는 사람들이 있다. 왜 그럴까? 지금부터 '준거점'과 '손실*회피성*'이라는 개념을 통해 이러한 현상의 원인을 이해해 보자.

㉯ 먼저 다음 예를 살펴보자. A의 용돈은 만 원, B의 용돈은 천 원이다. 그런데 용돈에 변화가 생겨서 A의 용돈은 만천 원이 되고, B의 용돈은 이천 원이 되었다. 이때 둘 중에 누가 더 만족할까? 객관적인 기준으로 본다면 A는 B보다 여전히 더 많은 용돈을 받으므로 A가 더 만족해야 한다. 그러나 용돈이 천 원 오른 것에 대해 A는 원래 용돈인 만 원을 기준으로, B는 천 원을 기준으로 그 가치를 느낄 것이므로 실제로는 B가 더 만족할 것이다. 이렇게 경제적인 이익이나 손실의 가치를 판단할 때 작동하는 내적인 기준을 경제 이론에서는 '준거점'이라고 한다. 사람들은 이러한 준거점에 의존하여 이익과 손실의 가치를 판단한다.

㉰ 그런데 사람들은 똑같은 금액의 이익과 손실이 있을 때, 이익으로 인한 기쁨보다 손실로 인한 고통을 더 크게 느낀다. 즉, 백만 원이 생겼을 때 느끼는 기쁨보다 백만 원을 잃었을 때 느끼는 슬픔을 더 크게 느낀다는 것이다. 이러한 심리적 특성으로 인해 사람들은 경제 활동을 할 때 손실이 일어나는 것을 회피하려는 경향이 있다. 이것을 '손실회피성'이라고 한다.

㉱ 손실회피성은 주식에 투자하는 사람들의 행동에서 쉽게 찾아볼 수 있다. 주식에 십만 원을 투자했는데 오만 원을 잃은 사람이 있다고 ㉠가정하자. 그가 그 시점에서 주식 투자를 그만두면 그는 확실히 오만 원의 손실을 입는다. ㉡그러나 주식 투자를 계속하면 이미 잃은 오만 원은 확실한 손실이 아닐 수 있다. ㉢왜냐하면 주식 투자를 계속할 경우 잃은 돈을 다시 벌 수 있는 가능성이 있기 때문이다. ㉣이러한 상황에서 사람들은 확실한 손실보다는 불확실한 손실을 선택하여 자신이 입은 손실을 회피하려고 한다. 주식 투자를 할 때 사람들이 돈을 잃어도 쉽게 그만두지 못하는 것은 손실회피성 때문이다. ㉤이때 준거점에 의해 손실의 가치를 크게 느낄수록 주식 투자를 그만두기는 더 어렵다. 돈을 적게 잃었다고 생각하는 사람보다, 돈을 많이 잃었다고 생각하는 사람이 손실에 대한 두려움이 크기 때문이다.

㉲ 요컨대, 준거점은 이익이나 손실의 가치를 판단할 때 작동하는 내적인 기준이고, 손실회피성은 경제 활동을 할 때 손실이 일어나는 것을 회피하려는 경향이다. 준거점과 손실회피성은 따로 기능하는* 것이 아니라 복합적*으로 작용한다.

*손실 잃어버리거나 축나서 손해를 봄. 또는 그 손해
*회피성 어떤 일을 당하지 아니하려고 피하는 성질
*기능하다 하는 구실이나 작용을 하다.
*복합적 두 가지 이상이 합쳐 있는 것

11 **가 ~ 마**의 전개 방식으로 적절하지 <u>않은</u> 것은?

① **가**는 문제를 제기하고 화제를 밝히고 있다.

② **나**와 **다**는 **가**에서 제시한 화제를 설명하고 있다.

③ **다**는 화제를 먼저 정의하고 보충 설명을 하고 있다.

④ **라**는 **다**의 화제를 예를 들어 설명하고 있다.

⑤ **마**는 **나** ~ **라**에서 설명한 내용을 요약하고 있다.

12 윗글의 구조를 그림으로 가장 적절하게 나타낸 것은?

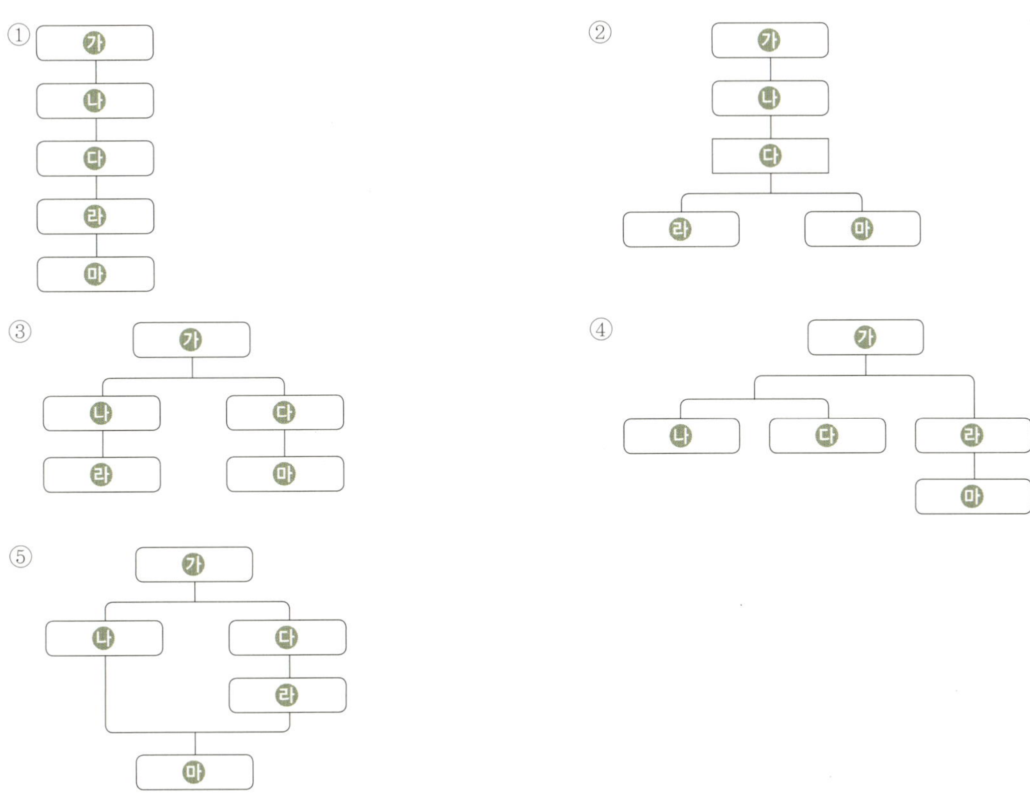

13 윗글의 ㉠ ~ ㉤을 탐구한다고 할 때, 적절하지 <u>않은</u> 것은?

① ㉠이라고 했으니 실제 일어난 상황은 아니지만 손실회피성이 나타나는 예를 제시하고 있구나.

② ㉡이라고 했으니 손실회피성이 드러나지 않는 원인이 나오겠네.

③ ㉢이라고 했으니 다음 내용은 오만 원을 잃은 것이 확실한 손실이 아닐 수 있는 이유가 되겠네.

④ ㉣은 잃은 돈을 다시 벌 수 있는 가능성이 있는 상황을 가리키는 거야.

⑤ ㉤은 문맥으로 보아 손실회피성이 작용할 때를 말하고 있어.

14 **나**를 바탕으로 볼 때 만족감이 가장 클 것으로 기대되는 사례는?

① 민희의 한 달 용돈이 십만 원에서 십일만 원으로 인상되었다.

② 영호는 오만 원의 용돈을 받다가 이달부터 육만 원을 받게 되었다.

③ 인수는 매달 이만 오천 원의 용돈을 받다가 이달부터 삼만 오천 원을 받았다.

④ 철수는 용돈으로 이만 원을 받다가 이달부터 삼만 원으로 올려 받았다.

⑤ 영희는 만 원씩 받던 한 달 용돈을 이달부터 이만 원씩 받았다.

① 논증 방식 - 연역법, 귀납법, 유추법

영화 속 주인공인 스파이더맨은 거미줄을 쏘아 가며 멋지게 건물 사이를 날아다녀요. 그런데 스파이더맨의 분신(?)이라고 할 수 있는 거미는 곤충일까요, 아닐까요? 많은 사람들이 거미를 곤충이라고 생각하는데, 사실 거미는 곤충이 아니에요. 만약 동생이 거미가 곤충이라고 철석같이 믿고 있다면, 어떤 방식으로 거미가 곤충이 아니라는 것을 이야기해 주어야 할까요? 막무가내로 "거미는 곤충이 아니야. 그냥 외워."라고 말할 수는 없겠죠?

"거미는 몸이 '머리가슴, 배'의 두 부분으로 나뉘고, 다리는 모두 4쌍이며 날개가 없어. 하지만 곤충은 몸이 '머리, 가슴, 배'의 세 부분으로 나뉘고, 3쌍의 다리와 2쌍의 날개가 있지. 그래서 거미는 거미류로, 곤충은 곤충류로 각각 따로 분류하는 거야."

이 정도로는 설명해 주어야 거미가 곤충이 아니라는 것을 동생이 이해할 수 있을 거예요.

주장하는 글을 쓸 때도 마찬가지예요. 무턱대고 자신의 주장만 내세운다고 해서 읽는 이를 설득할 수는 없겠죠. 어떤 문제에 대하여 자신의 의견을 주장하기 위해서는 읽는 이를 설득할 수 있는 논리적인 근거가 필요해요. 그래서 주장하는 글에서는 '논증'의 방식이 많이 사용돼요. 논증이란 말 그대로 자신의 주장이 옳다는 것을 논리적으로 증명하는 방식이에요. 당연히 적절한 근거를 논리적인 방식으로 제시해야 설득력이 높아져요. 따라서 논설문같이 설득을 목적으로 하는 글에서 논증의 방식이 많이 쓰여요. 그리고 어떤 판단이나 이미 알고 있는 것을 바탕으로 다른 판단을 하거나, 아직 알지 못하는 것을 미루어 알아내는 것을 '추론'이라고 하는데요, 논증 역시 적절한 근거로부터 자신의 생각이 옳다는 것을 증명해 나가는 것이기 때문에 추론의 하나에 해당해요. 그럼, 논증의 여러 방식들에 대해 하나씩 살펴봅시다.

1 연역법

'연역법'은 이미 알려진 일반적인 진술을 바탕으로 정해진 논리적 형식에 따라 개별적인 결론을 이끌어 내는 논증 방식이에요. 그런데 연역법에서 가장 중요한 것은 바로 '논리적 형식'이에요. 그 형식이 타당성을 갖추고 있는 한, 이미 알고 있던 사실(전제)로부터 부정할 수 없는 결론을 이끌어 낼 수 있어요. 연역법의 대표적인 형식으로 '삼단 논법'이 있어요.

연역법의 일반적 형식과 논증 과정

포유류는 새끼를 낳는다. (A는 B이다.) ·········· 이미 알고 있던 사실 [대전제]
고래는 포유류이다. (C는 A이다.) ·········· 이미 알고 있던 다른 사실 [소전제]
따라서 고래는 새끼를 낳는다. (따라서 C는 B이다.) ··· 이끌어 낸 사실 [결론]

위의 논증은 간단한 형식이지만 연역법의 형식과 특성을 잘 보여 주고 있어요. 그런데 혹시 눈치챘나요? '고래는 새끼를 낳는다.'라는 것은 사실 새로울 게 없는 내용이에요. '포유류는 새끼를 낳는다.'라는 말 속에 이미 포함된 내용이거든요. 이처럼 연역법에서는 결론의 내용이 이미 전제 속에 포함되어 있기 때문에 전제에 없던 새로운 지식이나 정보를 줄 수는 없어요. 하지만 이미 이야기한 대로 '부정할 수 없는' 결론을 이끌어 낸다는 것이 가장 큰 장점이고, 그래서 수학에서 많이 사용해요.

단박 정리 연역법의 논증 방식 파악하기

문단의 중심 내용 파악		연역법의 형식		연역법의 특징
각 문단의 중심 내용을 바탕으로 글의 주제나 글쓴이의 주장을 정리함	→	A는 B이다. C는 A이다. 따라서 C는 B이다.	→	이미 알고 있던 사실(전제)로부터 부정할 수 없는 결론을 제시함

 **원리 적용 문제 1** 　다음 글을 읽으면서 연역법의 방식으로 논증하는 과정을 파악해 봅시다.

㉮ 남북 분단이 초래한* 우리나라의 지리적 폐쇄성은 경제와 사회에 많은 피해를 주고 있다. 북쪽 육로가 막혀 있기 때문에 우리의 해외 수출입은 항상 바닷길을 통해야 한다. 그런데 배로 부산항에서 유럽까지 가는 데는 한 달 정도의 시간이 소요된다.

㉯ 남북 분단 탓에 섬나라와 다를 바 없는 입지를 갖게 된 우리에게 통일은 중국, 시베리아, 유럽 등 여러 대륙으로 진출할 수 있는 새로운 통로를 열어 줄 수 있다. 실제로 통일이 되어 북한 지역 육로를 자유롭게 통행할 수 있게 되면 시베리아를 통과하는 철도로 유럽까지 18일이면 도착할 수 있다. 게다가 철도를 이용하면 수송비도 해상 운송보다 절반 정도로 줄일 수 있다.

㉰ 그리고 남북한이 연결되면 중국, 러시아 등 인접한 국가뿐 아니라 몽골, 일본 등 동북아시아의 경제권 형성에 기여하며 여러 국가의 교류와 협력을 이끌어 내는 계기가 될 것이다. 통일이 되면 보다 규모가 큰 시장에 접근할 수 있는 길이 넓게 열리는 셈이다.

㉱ 따라서 남북한의 통일은 우리의 지리적 폐쇄성을 극복하도록 함으로써 경제와 사회에 훨씬 큰 이익과 가능성을 가져올 좋은 기회가 될 것이다.

　＊초래하다 어떤 결과를 가져오게 하다.

1. 각 문단의 중심 내용과 주제는 무엇인가요?	논증 과정을 파악하기 위해서는 우선 각 문단별 중심 내용을 파악하면서 결론이나 글쓴이의 주장에 이르는 과정을 살펴봐야 한다. 각 문단의 중심 내용을 살펴보면 다음과 같다. 　**㉮** : 남북 분단에 따른 지리적 폐쇄성이 우리 경제와 사회에 많은 피해를 주고 있다. 　**㉯** : 통일이 되면 철도를 이용하여 유럽까지 빠르고 저렴하게 갈 수 있다. 　**㉰** : 남북한의 연결은 동북아시아의 경제권 형성에 기여할 수 있다. 　**㉱** : 남북한의 통일은 지리적 폐쇄성을 극복하여 우리 경제와 사회에 큰 이익과 기회를 가져올 것이다. 따라서 글 전체의 주제를 담고 있는 것은 (　　　) 문단이다.
2. 어떻게 논증하고 있나요?	각 문단의 중심 내용을 바탕으로 결론에 이르는 과정을 정리하면 다음과 같다. 　(1) 분단으로 인해 (　　　　　　)가 막혀 있어 경제적 피해가 심하다. 　(2) 남북한의 통일은 (시베리아 철도를 통해) (　　　　　　)을 극복할 수 있게 해 준다. 　(3) 따라서 통일은 우리에게 (　　　　　　)과 가능성을 가져다줄 것이다. (1)은 사실 '대륙과 연결된다면 경제적 피해가 줄어들고 지금보다 더 큰 이익을 가져올 것이다.'라는 말과 같다. 그러므로 이를 전제로 (2)를 연결하면, (3)과 같은 결론에 도달하게 된다. 전형적인 삼단 논법 형식의 연역법을 따르고 있음을 알 수 있다.
3. 논증 과정의 특징은 무엇인가요?	분단 때문에 북쪽 육로가 막혀 있어 경제적 피해가 심한 것은 해상 운송 시간과 수송비를 근거로 볼 때 분명하고, 남북한의 통일은 지리적 폐쇄성을 해소해 줄 것이 확실하다. 그리고 이런 사실들을 전제로 남북한의 통일이 우리 경제에 큰 이익과 가능성을 가져다줄 것이라는 (　　　　)을 이끌어 낸 삼단 논법의 논리적 형식에 문제가 없으므로 결론 역시 오류가 없다고 할 수 있다.

'귀납법'은 개별적인 사실이나 원리들을 바탕으로 일반적이고 보편적인 결론을 이끌어 내는 논증 방식이에요. 하지만 부분적인 관찰 결과나 사실들로부터 이끌어 낸 것이기 때문에 결론이 절대적이지 않으며 '거의 그럴 것'이라는 개연적인 확실성만을 가져요. 따라서 귀납법을 활용해 다른 사람을 설득하려면 결론을 확실히 믿을 수 있을 정도로 개별적 사례를 충분히 제시해야 해요.

그리고 '어디에나 예외는 있다.'라는 말이 있는데, 귀납법으로 이끌어 낸 결론의 경우가 바로 그래요. 더불어 너무 많은 예외가 생기면 귀납법을 통해 이끌어 낸 결론을 확신할 수 없게 되고 보편성을 잃게 되는 경우가 생길 수 있어요. 귀납법은 많은 개별적인 사실의 관찰이나 실험 결과를 바탕으로 결론을 이끌어 내는 방식이기 때문에 과학에서 흔히 사용해요.

> **귀납법의 논증 과정**
>
> 사람은 아기를 낳는다. ⋯ 개별적 사례 ①
> 개는 강아지를 낳는다. ⋯ 개별적 사례 ②
> 소는 송아지를 낳는다. ⋯ 개별적 사례 ③
> 말은 망아지를 낳는다. ⋯ 개별적 사례 ④
> ⋮
> 따라서 포유류는 새끼를 낳는다. ⋯ 일반화한 결론

사람, 개, 소, 말을 비롯한 많은 동물들의 개별적인 경우를 관찰한 후 결론을 이끌어 내고 있다는 점에서, 위에 제시된 결론은 매우 믿을 만한 결론이에요. 물론 모든 포유류를 관찰한 것은 아니므로 여전히 어떤 포유류 중에는 새끼가 아닌 알을 낳거나 자기 복제를 하는 경우도 있을 수 있지만 말이에요. 하지만 포유류에 속하는 지구상의 모든 종과 모든 개체를 하나도 빠짐없이 관찰한다는 것은 현실적으로 불가능해요. 만약 그런 식으로 진리나 학문을 탐구한다면 우리는 결코 새로운 결론이나 지식에 도달할 수 없을 거예요. 이처럼 귀납법은 근본적으로는 약간 불완전하지만 새로운 원리와 지식을 발견하게 해 준다는 점이 가장 큰 장점이에요.

한편 연역법과 귀납법은 서로 관련이 있어요. 앞서 논증 과정에서 예로 든 문장을 보면, "포유류는 새끼를 낳는다."라는 문장이 보일 거예요. 이것은 귀납법의 결론이면서 연역법의 전제가 되고 있어요. 즉, 개별적인 사례들로부터 일반화한 결론은 다른 개별적인 사실을 이끌어 내거나 예측할 수 있는 전제가 되기도 한다는 것을 알 수 있어요.

단박 정리 **귀납법의 논증 방식 파악하기**

문단의 중심 내용 파악		귀납법의 형식		귀납법의 특징
각 문단의 중심 내용을 바탕으로 글의 주제나 글쓴이의 주장을 정리함	→	개별적인 사례들과 이를 바탕으로 일반화한 결론을 파악함	→	예외가 생길 수 있지만 새로운 원리와 지식을 발견할 수 있도록 도와줌

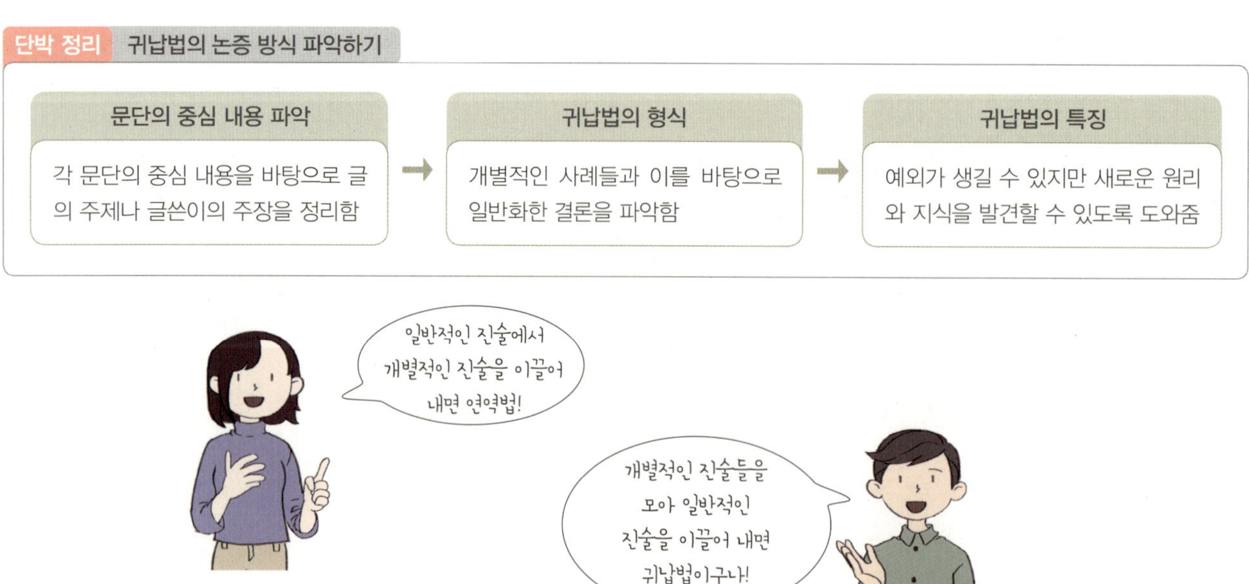

 **원리 적용 문제 2** 다음 글을 읽으면서 귀납법의 방식으로 논증하는 과정을 파악해 봅시다.

① 어떤 사람이 해외 여러 나라를 여행하고 있었다. ② 첫 번째 나라에서 젊은 사람들은 노인에게 자리를 양보해 주었다. ③ 두 번째 나라에서도 젊은 사람들이 자리를 양보했고, 세 번째 나라에서도 마찬가지였다. ④ 그래서 그는 모든 나라에서 젊은 사람들이 노인에게 자리를 양보해 준다고 생각했다.

1. 각 문장의 내용과 문단의 중심 내용은 무엇인가요?	짤막한 문단이지만 각 문장의 내용을 하나씩 나누어 살펴보면 다음과 같다. ① 어떤 사람이 여러 나라를 여행하며 사람들을 관찰함 ② 첫 번째 나라에서 젊은 사람들이 노인에게 자리를 양보함 ③-1 두 번째 나라에서 젊은 사람들이 (노인에게) 자리를 양보함 ③-2 세 번째 나라에서도 마찬가지로 (　　　　　　　　　　　　　　) ④ 그는 모든 나라에서 젊은 사람들이 노인에게 자리를 양보해 준다고 생각함
2. 어떻게 논증하고 있나요?	각 문장의 내용을 보면 '어떤 사람'은 자신이 방문한 세 개의 나라에서 젊은 사람들이 노인에게 자리를 양보하는 것을 관찰한 후, 모든 나라에서 젊은 사람들이 노인에게 자리를 양보해 준다고 일반화하여 결론을 내렸다. 세 개의 나라는 각각 세 개의 (　　　　　) 사례에 해당하고, 이를 토대로 '모든 나라'에서 그렇다고 (　　　　)한 것이므로, '어떤 사람'은 귀납법을 사용하고 있다고 할 수 있다.
3. 윗글과 같은 방식으로 논증해 보세요.	참새는 날개가 있다. 방울새도 날개가 있다. 소쩍새도 날개가 있다. 그러므로 (　　　　　　　　　　　　　　　　　　)

3 유추법(유비 추리)

　두 사물이 여러 면에서 서로 비슷하다는 것을 근거로 다른 속성도 그러할 것이라고 추론하는 논증 방식이에요. 주로 이미 잘 알려진 사실로부터 잘 알려지지 않은 사실을 추측할 때 사용해요.

유추법의 논증 과정과 특징적인 표현
• A는 B하다. 그런데 C는 A와 비슷하다(같다). 따라서 C도 B할 것이다. • ~도 … 할 것이다. (이와) 마찬가지로 … 할 것이다.

　엄밀하게 말하면 유추법도 귀납법처럼 결론이 옳지 않을 가능성도 있어요. 여러 가지 면에서 유사하다고 해서, 다른 면도 그럴 것이라고 판단할 만한 필연적인 이유는 없거든요. 하지만 예외가 발생할 가능성이 있어도 귀납법을 인정하듯, 유추법도 그동안 알지 못했던 새로운 사실을 추측하거나 발상을 이끌어 낼 수 있다는 점에서 매우 유용한 논증 방식이에요.

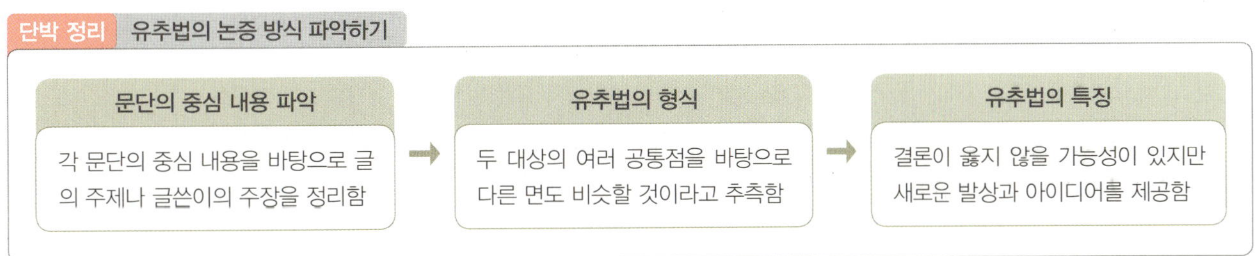

 **원리 적용 문제 3** 다음 글을 읽으면서 유추법의 방식으로 논증하는 과정을 파악해 봅시다.

① 과도한 간접 광고가 가지고 있는 문제들을 해결하기 위한 노력이 필요하다. ② 우선 법이나 규정을 명확히 해야 한다. ③ 그물코가 느슨하면 물고기가 그물망을 쉽게 빠져나가서 물고기를 잡을 수 없다. ④ 이와 마찬가지로 방송법 시행령의 규정이 '제작상 불가피한', '자연스러운 노출'처럼 모호하면* 광고주들과 방송사가 법망*을 쉽게 피할 수 있게 되어 간접 광고가 과도해지는 것을 막을 수 없다.

*모호하다 말이나 태도가 흐리터분하여 분명하지 않다.

*법망 법의 그물이라는 뜻으로, 죄를 지은 사람에게 제재를 할 수 있는 법률이나 그 집행 기관을 비유적으로 이르는 말

1. 각 문장의 내용과 문단의 중심 내용은 무엇인가요?

각 문장의 내용을 하나씩 나누어 살펴보면 다음과 같다.
① 과도한 간접 광고로 인한 문제를 해결해야 한다.
② 관련된 법과 규정을 명확히 해야 한다.
③ 그물코가 느슨하면 물고기가 쉽게 빠져나간다.
④ 방송법 시행령 규정이 (　　　)하면 간접 광고가 과도해지는 것을 막을 수 없다.
이 문단의 중심 내용은 간접 광고와 관련된 법과 규정을 명확히 해야 한다는 것이다. 그리고 그 이유를 문장 ③과 ④에서 제시하고 있다.

2. 어떻게 논증하고 있나요?

문장 ③, ④에서 '방송법 시행령'이 '(　　　　)'과 같다고 하면서, 그물코가 느슨하면 물고기를 잡지 못하는 것과 마찬가지로 방송법 시행령 규정이 모호하면 간접 광고를 막지 못할 것이라는 결론을 내리고 있다. 두 사물 사이의 (　　　　)에 근거해 결론을 이끌어 내는 유추의 과정을 잘 보여 주고 있다.

앞에서 학습한 '연역, 귀납, 유추'의 논증 방식과 특징을 떠올리면서 이어지는 글을 읽고 문제들을 풀어 봅시다. 이를 통해 각 논증 방식을 파악하는 능력을 키울 수 있을 거예요.

 **원리 적용 문제 4** 다음 글을 읽고, 글에 사용된 논증 방식을 파악해 봅시다.

가 헌법에 담긴 내용은 크게 두 가지로 나눌 수 있다. 첫 번째는 국가의 통치 조직과 통치 작용의 원리를 정하는 것이고, 두 번째는 국민의 기본권을 보장하는 것이다. 입법부, 사법부, 대통령 등 모든 국가 기관은 헌법에 근거해 만들어지고 운영된다. 그리고 자유권, 평등권과 같은 국민의 권리와 병역과 납세 등의 의무도 헌법에 따라 규정되고 보호된다.

나 그런데 재정은 국가를 유지하고 행정 활동이나 정책 시행에 필요한 자금을 만들어 관리하고 이용하는 모든 경제 활동을 말한다. 국가의 재정은 국민이 낸 세금으로 충당되기* 때문에 국민이 국가의 재정을 부담하는 데에는 합리적 이유가 필요할 뿐 아니라 국민의 뜻에 따라야 한다는 의미에서 민주적 정당성을 갖추어야 한다. 따라서 재정에 관한 기본 사항은 헌법에서 정해야 한다.

*충당되다 모자라는 것에 채워져 메워지다.

| 1. 각 문단의 중심 내용과 주제는 무엇인가요? | (1)  : 헌법의 두 가지 주요 내용을 소개하고 있는데, 주요 국가 기관의 설립과 운영, 국민의 권리와 의무에 관한 사항은 (　　　)에서 정한다는 내용을 담고 있다.
(2) 나 : 국가의 재정에 관해 설명하면서 재정이 국민의 (　　　)으로 충당되는 이상 재정에 관한 기본 사항은 (　　　)에서 정한 대로 해야 한다고 하고 있다. |

| 2. 어떻게 논증하고 있나요? | 각 문단의 중심 내용을 바탕으로 결론에 이르는 과정을 보면 다음과 같다.
(1) 헌법은 국민의 권리와 의무를 규정하고 보호한다. … (　　　　　)
(2) 국가의 재정은 (　　　)이 세금을 냄으로써 부담한다. … 소전제
(3) 따라서 국가의 재정에 관한 사항은 헌법에서 정해야 한다. … 결론 |

| 3. 윗글에 사용된 논증 방식에 관한 설명으로 가장 적절한 것은 무엇인가요? | ① 일반적 원리로부터 개별적 사실을 입증하였다.
② 여러 가지 사례에서 보편적인 원리를 이끌어 냈다.
③ 대상이 지닌 속성의 유사성을 판단 근거로 삼았다.
④ 주장의 주요한 내용을 다시 주장의 근거로 삼았다.
⑤ 문제를 제기하고 이에 대한 해결 방안을 제시하였다. |

정답과 해설 15쪽

 **원리 적용 문제 5**　다음 글을 읽고, 글에 사용된 논증 방식을 파악해 봅시다.

가 일상생활에서 발생하는 생활 쓰레기로 인한 환경 오염이 점점 심해지고 있는데, 각 가정에서 쓰레기 분리배출을 철저히 실천하는 것만으로도 생활 쓰레기를 꽤 많이 줄일 수 있다.

나 또한 가정에서 일상적으로 사용하는 물의 1/3은 수세식 화장실에 이용되고 있다. 각 가정마다 1.5리터짜리 플라스틱병 1개에 물을 채워 변기 물탱크에 넣어 두는 물 절약 운동에 동참하면, 1년에 약 4,500만 톤의 물을 절약할 수 있고, 그만큼의 생활 하수도 줄일 수 있다.

다 서울 등 대도시의 경우 대기 오염 물질의 80%는 자동차의 배기가스에서 기인한다. 따라서 대기 오염을 줄이기 위해서는 운전자 각자의 실천이 중요하다. 평소에 경제속도를 준수하고 대중교통 이용을 생활화해야 한다.

라 이상에서 살펴본 바와 같이 일상생활 속에서 우리의 작은 관심과 실천으로 환경 오염을 줄일 수 있다는 점을 명심하고 이를 실천해야 한다.

| 1. 각 문단의 중심 내용은 무엇인가요? | 각 문단의 중심 내용을 살펴보면 다음과 같다.
(1) 가 : 가정에서 쓰레기 분리배출을 철저히 실천하는 것만으로도 생활 쓰레기를 많이 줄일 수 있다.
(2) 나 : 가정에서 물 절약 운동에 동참하면 많은 양의 물을 절약하고 생활 하수도 줄일 수 있다.
(3) 다 : 대기 오염을 줄이기 위해서는 운전자 각자의 실천이 중요하다.
(4) 라 : (　　　　　)에서의 작은 (　　　　　)이 환경 오염을 줄일 수 있다는 점을 명심하고 실천해야 한다. |

| 2. 윗글과 유사한 논증 방식이 사용된 것은 무엇인가요? | ① 모든 철학자는 사람이다. 플라톤은 철학자이다. 그러므로 플라톤은 사람이다.
② 악어는 알을 낳는다. 뱀도 알을 낳는다. 도마뱀도 알을 낳는다. 그러므로 모든 파충류는 알을 낳는다.
③ 오전 9시에 일어나면 학교에 늦는다. 나는 오늘 오전 9시에 일어났다. 그러므로 나는 오늘 학교에 늦을 것이다.
④ 우리 반 학생들은 모두 휴대 전화를 가지고 있다. 민호는 우리 반 학생이다. 그러므로 민호는 휴대 전화를 가지고 있다.
⑤ 책을 읽으면 지식이 늘어난다. 지식이 늘어나면 세상에 대한 안목이 넓어진다. 세상에 대한 안목이 넓어지면 진실을 볼 수 있게 된다. |

② 논증의 타당성 판단하기

승우가 음료수병에 붙은 여자 연예인의 사진을 보면서 좋아하고 있어요. 그리고 그 음료수 역시 맛있을 거라고 생각하고 있네요. 마음이야 충분히 이해되지만, 자신이 좋아하는 연예인의 얼굴이 붙어 있다는 것이 그 음료가 맛있다는 사실을 뒷받침해 주지는 않지요.

그것은 딸기잼이 발라져 있는 빵이 달콤할 거라고 생각하는 것과는 달라요. 딸기잼은 빵의 달콤한 맛을 좌우할 수 있지만, 어떤 연예인이 광고를 하는지는 음료수의 맛이나 상태를 결정할 수 없기 때문이에요.

이처럼 어떤 생각이나 사물의 이치에 맞는 옳은 성질을 '타당성'이라고 해요. 즉 어떤 생각이 이치에 맞으면 '타당하다' 혹은 '타당성이 있다'고 하고, 그렇지 않으면 '타당하지 않다' 혹은 '타당성이 없다'고 하는 거예요. 그리고 '이치에 맞다'라는 것은 보통 일반적 진리에 비추어 볼 때 적합하거나, 시대적·사회적·윤리적 기준에 두루 적합하다는 의미예요.

이치에 맞는 경우의 예	이치에 맞지 않는 경우의 예
• 환경 오염 방지를 위하여 노력해야 한다. • 신호등이 파란불일 때 길을 건너야 한다. • 노약자에게는 자리를 양보해야 한다.	• 인종에 따라 지능에 차이가 있다. • 여성의 참정권은 인정할 수 없다. • 가난한 아이들은 교육이 필요 없다.

타당성은 우리가 말이나 글로 상대방을 설득할 때 제시하는 근거가 적절한지 판단하는 기준이 돼요. 타당성은 설득력 있는 주장을 위한 객관적이고 믿을 만한 조건이 되기 때문이에요. 그래서 어떤 사례, 통계, 자료, 기록 등을 제시할 때에는, 그 내용이 주장을 논리적으로 뒷받침할 수 있어야 근거로서 적절하다고 할 수 있어요. 그래야 그 주장의 타당성을 높일 수 있지요. 앞서 살펴본 논증 과정과 연결해 보면, '논증 과정에서 제시되는 근거가 적절해야 타당성 있는 결론(주장)을 이끌어 낼 수 있다.'라는 뜻이기도 해요. 어떤 글을 읽고 그 내용의 타당성을 판단하는 과정은 다음과 같이 나누어 생각해 볼 수 있어요.

첫째 **문단의 중심 내용과 주제를 파악한다.**

우선 문단 단위라면 각 문장을, 글 전체라면 각 문단의 중심 내용을 정리하면서 글의 주제를 파악해야 해요. 주장하는 글의 경우 주제가 대부분 글쓴이의 주장이나 결론에 해당하므로 이 과정이 이후의 논증 방식을 정리하는 첫 단계예요.

둘째 **논증 방식을 파악한다.**

앞서 공부한 연역, 귀납, 유추의 논증 방식 중 어떤 방식을 활용하여 주장을 전개하고 결론을 내리고 있는지를 각 문단이나 글 전체의 중심 내용에 따라 정리해야 해요.

셋째 **근거가 적절한지 판단한다.**

일단 근거 자체가 올바른 사실인지 확인한 후, 이 근거가 주장이나 결론을 논리적으로 적절히 뒷받침하고 있는지 판단해야 해요. 결국 근거가 논리적이어야 결론이 타당해지고, 결론이 타당성을 가지려면 근거가 적절해야 한다는 말이에요.

중국에서 제도를 빌려 왔지만 우리의 성씨 제도는 그들과 달리 성(姓)과 본관(本貫)*으로 구성되어 있다. 중국에서는 성씨가 같으면 동족이지만 우리는 원칙적으로 성씨가 같아도 본관이 다르면 남남이다. 역사적 과정을 살펴볼 때, 우리의 성씨와 본관은 생성, 소멸 및 다양한 변화를 겪어 왔다. 많은 사람들이 그들과 혈연적으로 아무런 관계가 없는 성씨를 선택하거나 본관을 바꿈으로써 현재의 성씨와 본관을 가지게 되었다. ㉠이것으로 보아 성씨와 본관은 우리가 일반적으로 생각하듯이 반드시 혈연관계를 바탕으로 형성된 것만은 아니다.

＊**본관** 한 겨레나 가계의 맨 처음이 되는 조상이 난 곳

1. 문단의 중심 내용은 무엇인가요?

첫 번째와 두 번째 문장은 우리나라의 성씨와 본관의 유래 및 중국과의 차이점을 설명하고 있고, 세 번째와 네 번째 문장은 성씨와 본관이 역사적으로 다양한 변화를 겪어 왔음을 나타내고 있어요. 마지막 문장이 이 글의 중심 문장이에요.

2. 어떻게 논증하고 있나요?

이 글의 중심 문장은 결론이자 글쓴이의 주장이라고 할 수 있어요. 여기에 이르는 논증 과정에서 가장 중요한 내용은 세 번째와 네 번째 문장에 담겨 있어요.

  (1) 성씨와 본관은 새로 만들어지거나 없어지거나 바뀔 수 있다.

  (2)－1 많은 사람들이 혈연과 관계없는 성씨를 선택했다.

  (2)－2 (많은 사람들이 혈연관계를 나타내는) 본관을 바꾸기도 했다.

성씨를 선택할 수 있었기 때문에 애초에 성씨가 같아도 혈연관계가 아닐 수 있는데, 그나마 혈연임을 보여 주는 본관마저 바꾸는 경우도 있었고, 역사적으로 그런 사람들이 한둘이 아니었다는 거죠. 그렇기 때문에 글쓴이는 이를 일반화하여 '성씨와 본관은 반드시 혈연관계를 바탕으로 형성된 것은 아니다.'라는 결론을 내리고 있어요. 따라서 글쓴이는 논증의 과정에서 성격이 같은 다수의 개별적 사례들을 바탕으로 일반화된 결론에 이르는 귀납법을 사용하고 있다고 볼 수 있어요.

3. ㉠의 내용을 뒷받침하기에 적절하지 않은 사례는 무엇인가요?

① 성씨와 본관을 새로 만들어 쓰는 것을 허용한 법

② 성씨와 본관이 같은 친족 간의 결혼을 금지하는 관습

③ 본관들이 점점 통합되어 그 수가 줄어든 역사적 사실

④ 다수가 쓰는 성씨를 선택하여 성씨와 본관을 정하는 귀화 외국인

⑤ 주로 주인의 성씨와 본관을 따라 자신의 성씨와 본관을 정한 조선 후기 천민층

→ ㉠은 이 글의 중심 내용이자 글쓴이의 주장이라고 할 수 있는데, 이를 뒷받침하려면 논증 과정의 (2)와 같이 혈연관계가 아니어도 같은 성씨나 본관을 사용할 수 있었음을 보여 주는 사례여야 해요. 그런데 선택지 ②는 성씨와 본관이 혈연관계임을 보여 주는 사례이므로 적절하지 않아요.

단박 정리 논증의 타당성 판단하기

문단과 글의 주제 파악		논증 방식과 과정 파악		근거의 적절성 판단
각 문단의 중심 내용을 바탕으로 글의 주제나 글쓴이의 주장을 정리함	→	연역, 귀납, 유추와 같은 논증 방식을 고려하여 논증 과정을 파악함	→	근거가 결론이나 논증 과정을 논리적으로 뒷받침하는지 판단함

 **원리 적용 문제 1** 다음 글을 읽고, 논증의 타당성을 판단해 봅시다.

학급에서 일어난 괴롭힘 상황에는 가해자와 피해자뿐만 아니라 방관자가 존재한다. 방관자는 침묵하거나 모르는 척하는데, 이런 행동은 가해자를 소극적으로 지지하게 되는 것이다. 만약 방관만 하던 친구들이 적극적으로 나선다면 괴롭힘을 멈출 수 있다. 피해자는 보호를 받게 되고 가해자는 자기의 행동을 되돌아볼 수 있게 된다. 반면 방관자가 무관심하게 대하거나 알면서도 모르는 척한다면 괴롭힘은 지속된다. 따라서 방관자의 역할이야말로 학급의 괴롭힘 상황을 해결할 때 가장 주목해야 할 부분이다.

1. 문단의 중심 내용은 무엇인가요?	이 글은 학급에서 일어나는 괴롭힘 상황에서 방관자가 적극적으로 개입하면, 피해자는 보호를 받게 되고 가해자는 자신의 행동을 되돌아볼 수 있게 되므로, 학급 내 괴롭힘 상황을 해결하기 위해서는 '(　　　　　)'의 역할에 주목해야 한다고 주장하고 있다.

2. 어떻게 논증하고 있나요?

윗글에 사용된 논증 과정을 정리하면 다음과 같다.
   (1) 자신의 행동을 반성하지 않는 가해자는 괴롭힘을 멈추지 않는다.
   (2) 학급 괴롭힘 상황에서 방관자의 침묵과 방관은 가해자의 행동에 대한 (　　　　　　)이다.
   (3) 따라서 방관자가 (　　　)하거나 모르는 척하지 않도록 해야 괴롭힘을 멈출 수 있다.
(1)의 의미는 글에 직접 드러나 있지 않고 '가해자는 자기의 행동을 되돌아볼 수 있게 된다.'라는 문장에 담겨 있다. 이를 전제로 (2)를 연결하면 (3)과 같은 결론에 도달하게 된다. 그러므로 이 글은 삼단 논법 형식의 연역법을 따르고 있음을 알 수 있다.

3. 윗글의 타당성을 높이는 방법으로 가장 적절한 것은 무엇인가요?

① 피해자 치유 프로그램이 성공적이었음을 보여 주는 통계 자료를 제시한다.
② 가해자에 대한 강력한 처벌을 통해 학급 내 괴롭힘 문제를 해결한 사례를 제시한다.
③ 아무도 말리지 않아 계속 괴롭혀도 된다고 생각했다는 가해자 면담 자료를 인용한다.
④ 피해자가 가해자를 용서했더니 학급 내의 괴롭힘이 줄어들었다는 보고서의 자료를 인용한다.
⑤ 학교 폭력의 가해자가 피해자로 바뀌고, 피해자가 가해자로 바뀌기도 하는 실제 사례를 추가한다.

 **원리 적용 문제 2** 조금 긴 글이지만 꼼꼼히 읽으면서 글의 타당성을 판단해 봅시다.

㉮ 기업과 소비자, 기업과 지역 사회의 관계가 매우 밀접한 현대 사회에서는 기업의 경영 행위가 소비자와 지역 사회에 막대한 영향을 끼친다. 그럼에도 불구하고 대다수 기업들은 이윤만을 추구해 왔기 때문에 소비자는 기업을 점점 불신하게 되었다. 불신감이 커지자 기업과 소비자 사이의 신뢰를 회복하기 위해서 기업이 사회적 책임을 다해야 한다는 논의가 확산되었다*.

㉯ 기업의 사회적 책임에 대해 구체적으로 살펴보면, 우선 기업은 투명하고 효율적인 경영으로 기업을 유지할 책임이 있다. 한 기업이 망하면 직원들과 관련 기업들이 어려움을 겪게 되고, 나아가 지역 사회와 국가 경제도 타격을 받기 때문이다. 다음으로 기업은 정직한 제품을 생산할 책임이 있다. 정직하지 않은 제품은 그 제품을 사용하는 소비자들에게 돌이킬 수 없는 피해를 입힐 수도 있기 때문이다. 마지막으로 기업은 이익의 일부를 사회에 환원할* 책임이 있다. 기업은 그 지역의 교통망이나 통신망, 물과 공기 등을 이용함으로써 지역 사회에 빚을 지고 있는 셈이기 때문이다.

㉰ 기업이 사회적 책임을 다하지 않는 경우에는 소비자의 신뢰를 잃게 되고, 이는 실질적인 이윤의 감소로 이어지기도 한다. 예를 들어, A사는 인체에 유해한 물질을 섞은 식품을 제조하여 소비자에게 큰 피해를 입혔고, 결국 회사는 파산하였다. 반면 B사는 창업주가 전 재산을 사회에 환원함으로써 가장 존경받는 기업 중의 하나가 되었으며, 이는 매출 신장*으로 이어졌다. 이와 같은 결과는 기업들의 사회 공헌을 확산시키는 계기가 되었다.

1. 글의 주제는 무엇인가요?

이 글은 기업이 소비자에 대한 신뢰를 회복하기 위해서는 (　　　　　　)을 다해야 하고, 그것이 장기적으로도 기업에게 이익이 된다는 점을 말하고 있다. 각 문단의 중심 내용을 정리하면 다음과 같다.

- **가** : 기업에 대한 소비자들의 불신이 커지면서 기업의 사회적 책임에 대한 요구가 확대되었다.
- **나** : 기업은 투명하고 효율적인 경영으로 기업을 유지할 책임, 정직한 제품을 생산할 책임, 이익의 일부를 사회에 환원할 책임 등 세 가지 사회적 책임을 갖고 있다.
- **다** : 기업이 사회적 책임을 다하지 않을 경우, 소비자의 신뢰를 잃게 되고 이는 실질적인 이윤 감소로 이어지기도 한다.
- **라** : 사회적 책임을 다하는 기업의 경우 장기적으로 이미지가 좋아지고 소비자의 신뢰를 얻을 수 있으므로 기업은 더 큰 혜택을 받을 수 있다.
- **마** : 기업은 사회적 책임을 다함으로써 소비자들의 신뢰를 회복해야 한다.

2. 어떻게 논증하고 있나요?

이 글에서 사용된 논증 과정을 간단히 정리하면 다음과 같다.

(1) 소비자가 신뢰하고 제품을 구매해야 기업의 이익이 늘어난다.
(2) 기업이 (　　　　　　)을 다하면 소비자는 그 기업을 (　　　)하고 제품을 구입한다.
(3) 따라서 기업이 사회적 책임을 다하면 더 큰 이익을 얻을 수 있다.

이와 같이 연역법을 사용하면서 글쓴이는 (2)를 뒷받침하기 위하여 **다**에서 사회적 책임을 다한 기업과 그렇지 않은 기업의 대조적인 (　　　)를 제시하였으며, **라**에서는 보고서의 (　　　　　　)를 인용하고 있다.

3. 윗글을 읽고 주장의 타당성을 평가하는 활동으로 적절하지 <u>않은</u> 것은 무엇인가요?

① 글쓴이의 주장이 독자의 흥미를 유발하는지 판단해 본다.
② 주장을 뒷받침하기 위해 사용한 기업들의 사례가 적절한지 판단해 본다.
③ 글에 제시된 보고서의 통계 자료가 정확하게 인용되었는지 확인해 본다.
④ 글쓴이의 견해에 대해 기업의 입장에서 반론할 가능성이 있는지 판단해 본다.
⑤ 글쓴이의 주장이 신뢰를 중요하게 여기는 보편적 윤리에 어긋나지 않는지 검토해 본다.

③ 글의 관점 비교하기

물이 반쯤 들어 있는 컵이 있다고 생각해 봅시다. 어떤 사람은 '물이 반이나 있네.'라고 생각하는 반면, 어떤 사람은 '물이 반밖에 없네.'라고 생각하지요. 두 사람을 비교해 보면 똑같은 상황에 대해 전자는 긍정적인 태도를, 후자는 부정적인 태도를 보이고 있다는 것을 알 수 있어요.

그런가 하면 나무 위에 높이 매달린 감을 보고 어떤 사람은 '손이 닿지 않을 만큼 높은 곳에 감이 달려 있군.'이라고 생각하는 반면, 어떤 사람은 '저건 분명 떫어서 못 먹는 감일 거야.'라고 생각하기도 해요. 전자가 객관적이라면 후자는 주관적이라고 할 수 있지요.

우리가 같은 사물이나 상황에 대한 서로 다른 두 사람의 태도를 파악해 본 것처럼, 글을 읽을 때에도 글쓴이가 글의 대상이나 상황에 대해 취하는 자세나 태도를 파악하는 것이 필요해요. 글쓴이의 이런 태도는 대상을 보는 글쓴이의 시각, 즉 관점에 따라 결정되기 때문에 결국 '관점'이나 '태도'는 대부분 같은 의미로 사용돼요. 설명하는 글은 정확한 지식과 정보 제공을 목적으로 하므로 대체로 객관적 태도를 보이고, 주장하는 글은 글쓴이의 주관적인 견해를 밝히고 독자를 설득하는 것이 목적이므로 대부분 주관적 태도를 취하게 되지요.

이와 같은 글쓴이의 관점과 태도는 문장의 말투와 어조를 통해 짐작할 수 있어요. '뼈만 남았다'라는 말은 '말랐다'라는 말보다 부정적으로 들리고, '날씬하다'라는 말은 훨씬 좋은 느낌으로 들리지요. 이처럼 긍정적이고 우호적인 느낌을 주는지, 부정적이고 적대적인 느낌을 주는지를 생각해 보면 글쓴이의 관점을 짐작할 수 있어요. 그리고 글쓴이의 관점과 태도를 알면 글쓴이의 의도와 글의 주제를 파악하는 데 도움이 되지요. 아래의 표는 글쓴이의 관점과 태도를 표현하는 말들이에요.

(−) 관점과 태도	말투와 어조		(+) 관점과 태도
부정적			긍정적
비판적	미움. 적의. 부인	애정. 사랑. 인정	수용적
냉소적			동정적
적대적			우호적

그럼, 글의 관점과 태도를 파악하는 방법을 간단하게 살펴봅시다.

첫째 **특징적인 표현을 통해 말투와 어조를 파악한다.**

대상을 표현하는 특징적인 낱말이나 구절 등을 잘 파악해 보세요. 좋은 느낌을 주는 친절하고 부드러운 표현인지, 언짢은 느낌을 주는 공격적이고 냉소적인 표현인지 말의 느낌을 잘 생각해 봐야 해요.

둘째 **글의 관점과 태도를 파악한다.**

대상에 대한 표현에서 느껴지는 말투와 어조를 바탕으로 글에서 대상을 보는 기본적인 입장을 짐작할 수 있어요. 기분 좋은 표현이 자주 나왔다면 대개 호의적이거나 긍정적인 태도를 취하고 있을 것이고, 그렇지 않다면 부정적이거나 비판적인 태도를 취하고 있을 거예요.

㉮ 인공 지능 기술의 발달과 함께 인공 지능 교사가 학생들을 상대로 수업을 진행하는 사례가 생겨나고 있다. 학습 수준과 속도가 제각각인 학생들이 한 공간에 모여 공부해야 하는 보통의 교실에서와 달리 개인의 학습 능력과 수준에 따라 맞춤형 교육을 제공할 수 있다는 점에서 인공 지능 교사의 등장은 긍정적이다. 학생들이 자신의 수준과 필요에 적합한 학습 경험을 누릴 수 있기 때문이다. 또 인공 지능 교사는 학생들이 필요로 할 때 언제든지 학생들에게 대응이 가능하므로 시간이나 장소를 뛰어넘어 학습 효율성이 향상될 수 있다.

㉯ 학교에서 교사의 역할은 단순히 지식을 전달하는 것에 한정되지 않는다. 인공 지능 교사가 학생들에게 효과적으로 지식을 전달하고 맞춤형 학습 경험을 제공할 수는 있지만, 학생들의 다양한 성장 배경이나 진로에 대한 고려를 바탕으로 학생들과 상호 작용을 하기는 어렵다. 즉 인공 지능 교사는 학생들과의 감정적 유대 관계를 바탕으로 학생들의 창의성이나 비판적 능력을 이끌어 내는 데에는 한계가 있을 수밖에 없다.

1. 각 문단의 중심 내용은 무엇인가요?	㉮와 ㉯에서는 모두 '인공 지능 교사'라는 말이 반복되고 있고 인공 지능 교사의 좋은 점과 한계를 각각 설명하고 있으므로, 두 글 모두 중심 소재가 '인공 지능 교사'임을 알 수 있어요. 그리고 두 글의 중심 내용을 각각 정리하면 다음과 같아요. ㉮ 인공 지능 교사는 학생 맞춤형 교육이 가능하므로 학습 효율성을 향상시킬 것이다. ㉯ 인공 지능 교사는 학생들과 감정적 상호 작용을 하지 못하므로 창의성이나 비판적 능력을 이끌어 내기 어렵다.
2. 두 글에 나타난 말투와 어조는 어떠한가요?	우선 ㉮에는 인공 지능 교사에 대해 '맞춤형 교육을 제공', '긍정적이다', '적합한 학습 경험', '학습 효율성이 향상' 등과 같은 긍정적인 표현이 나타나 있어요. 반면 ㉯에는 '상호 작용을 하기는 어렵다', '한계가 있을 수밖에 없다'와 같은 부정적인 표현이 나타나 있어요.
3. 두 글에 담긴 관점과 태도를 비교해 보세요.	이와 같은 표현을 바탕으로 대상에 대한 글쓴이의 관점과 태도를 비교해 보면 ㉮는 '인공 지능 교사'에 대한 긍정적인 관점과 인공 지능 교사에 대해 호의적인 태도를 취하고 있음을 알 수 있고, ㉯는 '인공 지능 교사가 교사의 역할을 대신하기에는 한계가 있다'는 관점과 인공 지능 교사에 대해 부정적인 태도를 취하고 있음을 알 수 있어요. ㉮, ㉯의 중심 내용에도 이러한 관점이 반영되어 있음을 확인할 수 있어요.

단박 정리 글쓴이의 관점과 태도 파악하기

말투와 어조 파악	→	관점과 태도 파악	→	주제 파악
호의적이고 애정 어린 말투인지, 적대적이고 부정적인 말투인지 파악함		글쓴이의 관점과 태도가 좋은 쪽인지, 나쁜 쪽인지 판단함		대상에 대한 글쓴이의 관점과 태도를 바탕으로 글쓴이의 의도와 글의 주제를 파악함

 **원리 적용 문제 1**　다음 글을 읽고, 글에 나타난 두 가지 관점을 비교해 봅시다.

② 언제 어디서나 옳다고 여겨지는 도덕은 없는 것일까? 이에 대해 시대나 장소와 무관하게 모든 사람들이 옳다고 여기는 보편적*인 도덕이 존재한다는 관점이 있다. 예를 들어 '생명을 존중해야 한다.'나 '자기가 하기 싫은 일은 남에게 시키지 말라.'와 같은 것은 어느 시대, 어느 장소에서나 보편적이고 옳다고 여겨진다. 다만 이러한 관점만이 옳다고 생각할 경우 문화에 따라 달라지는 다양한 가치를 수용하는 데 소극적인 태도를 갖게 된다.

④ 이와 달리 언제 어디서나 옳다고 여겨지는 도덕은 존재하지 않는다고 보는 관점이 있다. 즉 도덕은 시대나 장소에 따라 달라지기 때문에 상대적*이라는 것이다. 도덕을 이러한 관점에서 보는 사람들은 자신이 속한 사회의 도덕이 반드시 모든 사회에 적용되어야 한다고 생각하지 않는다. 그러나 이런 관점을 지나치게 확대 해석할 경우 서로 다른 사회에서 동일한 문제에 대해 각기 다른 도덕적 기준을 주장할 때 무엇이 옳은지 판단하기가 쉽지 않다.

   ***보편적** 모든 것에 공통되거나 들어맞는 것
   ***상대적** 서로 맞서거나 비교되는 관계에 있는 것

---

1. 각 문단의 중심 내용은 무엇인가요?

②와 ④는 모두 '언제 어디서나 옳다고 여겨지는 도덕의 존재'에 관해 다루고 있다. 이에 관한 ②와 ④의 중심 내용을 정리하면 다음과 같다.

   ② : 모든 사람들이 옳다고 여기는 (　　　　　)인 도덕이 존재한다.
   ④ : 언제 어디서나 옳다고 여겨지는 도덕은 (　　　　　　　　).

더불어 ②에 제시된 관점의 경우 문화에 따라 달라지는 다양한 가치를 수용하는 데에 있어 소극적인 태도를 취할 수 있는 위험성이 있고, ④에 제시된 관점의 경우 서로 다른 도덕적 기준을 주장할 때 무엇이 옳은지 판단할 수 없게 된다는 위험성이 있음을 지적하고 있다.

2. 두 글에 나타난 말투와 어조는 어떠한가요?

②에서는 '보편적인 도덕이 존재한다', '보편적이고 옳다고 여겨진다'와 같이 '언제 어디서나 옳다고 여겨지는 도덕의 존재'에 관해 (　　　　　)인 표현을 찾아볼 수 있고, ④에서는 '존재하지 않는다', '시대나 장소에 따라 달라짐', '상대적'이라는 말과 같이 대상에 관해 (　　　　　)인 표현을 찾아볼 수 있다.

3. 〈자료〉는 ②, ④의 관점을 정리한 것입니다. ⓐ, ⓑ에 들어갈 말이 적절하게 짝지어진 것은 무엇인가요?

〈자료〉

② 도덕적 판단의 기준은 시대나 장소에 따라 달라지지 않는 (ⓐ) 것입니다.
④ 사람들이 옳다고 생각하는 바가 시대나 장소에 따라 달라지므로 도덕적 판단의 기준은 (ⓑ) 것입니다.

	ⓐ	ⓑ		ⓐ	ⓑ
①	보편적인	상대적인	②	이성적인	감성적인
③	인위적인	자연적인	④	정신적인	물질적인
⑤	추상적인	구체적인			

원리 적용 문제 2 다음 글을 읽고, 글 전체의 관점을 바탕으로 세부적인 대상에 대한 글쓴이의 관점을 파악하는 연습을 해 봅시다.

㉮ 요즘 3차원 프린터가 주목받고 있다. 약 30년 전에 이 프린터가 처음 등장했을 때에는 가격이 비싸 전문가들이 산업용으로만 사용해 왔다. 그러나 3차원 프린터의 가격이 떨어지고 생산량이 증가하면서 일반 가정에서도 접할 수 있게 되었다.

㉯ 3차원 프린터는 일반 프린터와 작동 방식과 결과물에 차이가 있다. 일반 프린터는 잉크를 종이 표면에 분사하여* 인쇄하는 방식이기 때문에 2차원의 이미지 제작만 가능하다. 그러나 3차원 프린터는 특수 물질이나 금속

가루 등 다양한 재료를 쏘아 층층이 쌓아 올리는 방식이기 때문에 자동차 모형, 스마트폰 케이스 등과 같은 실물도 만들 수 있다.

㉰ 3차원 프린터의 장점은 시제품* 제작과 같이 소규모로 제품을 생산해야 하는 상황에서 빛을 발한다. 3차원 프린터와 입체도면만 있으면 빠른 시간 안에 적은 비용으로 시제품을 만들 수 있기 때문이다. 또한 3차원 프린터를 사용하면 제품을 쉽게 수정할 수 있다. 제품 디자인을 변경하거나 생산한 제품에서 오류를 발견하였을 경우, 컴퓨터로 도면만 수정하면 바로 제품을 다시 만들 수 있다. 이렇게 제작 과정이 간단할 뿐만 아니라 비용과 시간을 대폭 절약할 수 있기 때문에 여러 회사들이 3차원 프린터를 이용해 다양한 시제품과 모형을 생산하고 있다.

㉱ 이러한 3차원 프린터는 여러 분야에 다양하게 활용될 수 있다. 의료 분야에서는 3차원 프린터를 활용하여 인공 턱, 인공 귀, 의족 등과 같이 인간의 신체에 이식할 수 있는 복잡하고 정교한 인공물을 생산한다. 우주 항공 분야에서도 국제 우주 정거장에서 필요한 실험 장비나 건축물 등을 3차원 프린터를 활용하여 제작할 계획이다. 지구에서 힘들게 물건을 운반할 필요 없이 3차원 데이터를 전송하면 바로 우주에서 제작이 가능하기 때문이다.

㉲ 3차원 프린터의 적용 분야는 앞으로의 기술 발전에 따라 무한히 확대될 수 있을 것이다. 지금도 3차원 프린터는 자동차, 패션, 영화, 건축, 로봇 등 그 적용 분야를 넓혀 가고 있다.

*분사하다 액체나 기체 따위에 압력을 가하여 세차게 뿜어 내보내다.
*시제품 시험 삼아 만들어 본 제품

1. 윗글의 중심 내용은 무엇인가요?

이 글의 중심 소재는 '3차원 프린터'이고, ㉯에서는 그 작동 방식을, ㉰에서는 (   )을, ㉱와 ㉲에서는 다양한 (   )와 앞으로의 적용 가능성을 설명하고 있다.

2. 대상에 대한 말투와 어조는 어떠한가요?

㉮~㉲에서 중심 소재인 3차원 프린터에 대해 언급하고 있는 어구들을 살펴보면, '빠른 시간 안에 적은 비용으로', '복잡하고 정교한 인공물 생산', '적용 분야는 무한히 확대될 수 있을 것'과 같이 표현하고 있다. 즉, 글쓴이는 중심 소재인 3차원 프린터에 대해 (   )적인 입장임을 알 수 있다.

3. 3차원 프린터에 대한 글쓴이의 관점으로 가장 적절한 것은 무엇인가요?

① 일반 가정에서의 사용이 늘어남에 따라 산업 관련 전문가들의 사용은 줄어들 것이다.
② 일반 프린터와 작동 방식에 차이가 있어서 시장 규모가 커지는 데 제약이 있을 것이다.
③ 제품에 오류가 발견되면 도면을 수정하지 않고도 제품을 쉽게 재생산할 수 있을 것이다.
④ 재료를 층층이 쌓아 올려 제품을 생산하므로 정교한 제품 생산에는 적합하지 않을 것이다.
⑤ 빠른 시간 내에 적은 비용으로 시제품을 생산할 수 있으므로 다양한 분야에서 활용될 것이다.

01~04 다음 글을 읽고, 물음에 답하시오.

㉮ 전문가들에 따르면 2050년에 전 세계 인구는 90억 명을 넘을 것이며 그에 따라 식량 생산량도 늘려야 한다고 한다. 하지만 공산물*의 생산량을 늘리듯 식량 생산량을 대폭 늘릴 수는 없다. 곡물이나 가축을 더 키우기 위한 땅과 물이 충분치 않고, 가축 생산량을 마구 늘렸을 때 온실가스* 등이 발생하기 때문이다. 이런 상황을 고려할 때 유엔 식량 농업 기구에서 곤충을 유망한* 미래 식량으로 꼽은 것은 주목할 만하다. 사람들이 보통 '작고 징그럽게 생긴 동물'로 인식하는 곤충이 식량으로서는 여러 가지 장점을 가지고 있기 때문이다.

㉯ 우선 식용 곤충은 매우 경제적인 식재료이다. ㉠누에는 태어난 지 20일 만에 몸무게가 1,000배나 늘어나고, 큰메뚜기의 경우에는 하루 만에 몸집이 2배 이상 커질 수 있다. 이처럼 곤충은 성장 속도가 놀랍도록 빠르다. 또한 식용 곤충을 키우는 데 필요한 토지는 가축 사육에 비해 상대적으로 훨씬 적으며 필요한 노동력과 사료도 크게 절감된다*.

㉰ 식용 곤충의 또 다른 장점은 영양이 매우 풍부하다는 것이다. 식용 곤충의 단백질 비율은 쇠고기, 생선과 유사하고 오메가 3의 비율은 쇠고기, 돼지고기보다 높다. 게다가 식용 곤충은 건강에 좋은 리놀레산, 키토산을 비롯하여 각종 미네랄과 비타민까지 골고루 함유하고* 있다.

㉱ 또한 식용 곤충 사육은 가축 사육보다 친환경적이다. 소, 돼지 등을 기를 때 비료나 분뇨* 등에서 발생하는 온실가스는 지구 전체 온실가스 발생량의 18% 이상을 차지한다. 반면 갈색거저리 애벌레, 귀뚜라미 등의 곤충을 기를 때 발생하는 온실가스는 소나 돼지의 경우보다 약 100배 정도 적다.

㉲ 이처럼 식용 곤충은 경제적이면서도, 영양이 풍부하고, 친환경적이기 때문에 자원의 고갈*과 환경 파괴의 위기 속에서 살아가야 하는 인류에게 더할 나위 없이 좋은 미래 식량이다. 따라서 식용 곤충과 관련한 산업을 보다 활성화하고, 요리 방법을 다양하게 개발하며, 곤충에 대한 사람들의 부정적인 인식을 변화시키는 등의 노력을 적극적으로 해야 한다.

**공산물* 원료를 인력이나 기계력으로 가공하여 만들어 내는 물건
**온실가스* 지구 대기를 오염시켜 온실 효과를 일으키는 가스를 통틀어 이르는 말. 이산화 탄소, 메탄 따위의 가스를 말한다.
**유망하다* 앞으로 잘될 듯한 희망이나 전망이 있다.
**절감되다* 아끼어져 줄어들다.
**함유하다* 물질이 어떤 성분을 포함하고 있다.
**분뇨* 똥오줌
**고갈* 어떤 일의 바탕이 되는 돈이나 물자, 소재, 인력 따위가 다하여 없어짐

01 윗글의 내용과 일치하는 것은?

① 농축산물과 같은 식량에 비해 공산품의 생산량을 늘리는 것은 쉽지 않다.

② 식용 곤충은 쇠고기, 돼지고기, 생선 등에 비해 모든 영양소의 함량이 훨씬 높다.

③ 곤충을 식량화하기 위해서는 곤충에 대한 부정적인 인식을 바꾸는 노력이 필요하다.

④ 곤충을 사육하기 위해서는 적절한 환경을 유지해 주어야 하므로 노동력이 많이 필요하다.

⑤ 식용 곤충을 기를 때 발생하는 온실가스는 소, 돼지 등을 기를 때 발생하는 온실가스의 18%에 불과하다.

02 𝗴~𝗺의 중심 내용으로 적절하지 <u>않은</u> 것은?

① 𝗴 : 유망한 미래 식량으로서의 곤충
② 𝗹 : 곤충이 가진 식재료로서의 경제성
③ 𝗱 : 식용 곤충의 영양학적 우수성
④ 𝗿 : 식용 곤충 사육이 가진 친환경성
⑤ 𝗺 : 식용 곤충 산업을 육성하기 위한 방안

03 ㉠에 사용된 논증 방식으로 적절한 것은?

① 이론을 바탕으로 가설을 검증하여 결론을 이끌어 내고 있다.
② 개별적인 사실들을 바탕으로 일반적인 결론을 도출하고 있다.
③ 일반적인 원리를 구체적인 사례에 적용하여 결론을 도출하고 있다.
④ 문제 상황을 제시하고 그것을 해결할 수 있는 방안을 도출하고 있다.
⑤ 두 대상의 유사성을 바탕으로 다른 속성의 유사성을 이끌어 내고 있다.

04 다음 〈자료〉 중에서 윗글의 주장을 뒷받침할 수 있는 근거로 적절하지 <u>않은</u> 것은?

〈자료〉

ㄱ. 육식보다는 채식 중심의 식습관을 가진 사람이 더 건강하며 장수할 확률이 높다.
　　－◯◯ 논문

ㄴ. 같은 양의 식량을 생산한다고 가정할 때 필요한 물의 양이 곤충은 소의 약 5분의 1, 돼지의 약 2분의 1밖에 되지 않는다.
　　－◇◇ 보고서

ㄷ. 가축 사육 확대는 환경 파괴를 유발하므로 인구 증가에 따른 단백질 공급을 소, 돼지 등의 육류에만 의지할 수는 없다.
　　－△△ 과학

ㄹ. 곤충은 먹이를 단백질로 전환하는 비율이 소나 돼지와 같은 가축에 비해 훨씬 높아 적은 양의 사료로 많은 양의 단백질을 만들어 낸다.
　　－◯◯ 논문

ㅁ. 인구 증가를 고려하면 우리나라 크기의 약 100배에 해당하는 경작지가 더 필요한데 지구에는 그만한 넓이의 경작지가 더 이상 남아 있지 않다.
　　－□□ 보고서

① ㄱ　　　　　　　② ㄴ　　　　　　　③ ㄷ
④ ㄹ　　　　　　　⑤ ㅁ

㉮ 최근 몇 년 사이 각종 방송 드라마나 오락 프로그램에서 출연자가 특정 회사의 상표가 드러나는 옷을 입거나 자동차를 타는 장면을 흔히 볼 수 있게 되었다. 이렇게 ①상업적 의도를 감춘 채 프로그램 내에 배치된* 제품이나 기업의 상징물 등을 소비자가 인식하도록 만드는 광고를 '간접 광고'라고 한다. 우리나라는 2010년 1월부터 간접 광고를 허용했다. 허용 초기에는 간접 광고의 정도가 미미했지만* 해가 갈수록 그 정도가 심해져 내용 전개와 무관한 간접 광고가 시청자들의 몰입*을 방해하는 수준에 이르렀다. 이러한 상황에 있는 간접 광고의 문제를 살펴보고 적절한 해결책을 모색할 필요가 있다.

㉯ ⓒ간접 광고는 어떤 문제를 안고 있을까? 간접 광고는 앞에서 언급한 몰입 방해 외에도, 특정 기업이나 상품 등에 대한 무의식적인 각인* 효과를 시청자에게 심어 준다는 문제가 있다. 이렇게 되면 시청자들이 비판적 판단을 하지 못하고 간접 광고가 다루는 대상을 무조건적으로 신뢰하는 일이 벌어지게 된다.

㉰ 또한 간접 광고로 인해 드라마나 오락 프로그램의 완성도가 떨어진다. 간접 광고의 대가로 광고주들은 방송 프로그램의 제작비를 지원하는데, 간접 광고가 허용된 이후 광고주들의 요구가 강해지고 있다. 그 결과 ⓒ프로그램의 완성도가 떨어지는 경우가 빈번해지고* 있다. 광고주들은 간접 광고를 더 길게 더 자주 넣도록 요구하기 때문이다. 완성도가 떨어지는 프로그램을 보아야 하는 시청자들로서는 큰 피해가 아닐 수 없다.

㉱ 한편 간접 광고는 시청자들의 선택권을 빼앗는다는 점에서도 문제가 있다. ⓔ프로그램 앞뒤에 하는 광고는 시청자가 볼 것인가 말 것인가를 선택할 수 있지만, 간접 광고는 프로그램 내에 포함되어 있어 그렇게 할 수 없다. 이는 시청자를 더욱 수동적인 존재로 만든다.

㉲ 그러므로 과도한 간접 광고가 가지고 있는 이러한 문제를 해결하기 위한 노력이 필요하다. 우선 법이나 규정을 명확히 해야 한다. 그물코가 느슨하면 물고기가 그물망을 쉽게 빠져 나가서 물고기를 잡을 수 없다. 이와 마찬가지로 방송법 시행령의 규정이 '제작상 불가피한', '자연스러운 노출'처럼 모호하면 광고주들과 방송사가 법망을 쉽게 피할 수 있게 되어 간접 광고가 과도해지는 것을 막을 수 없다. ⓜ실제로 광고주들이나 방송사가 법이나 규정의 모호한 표현을 악용하는 사례도 매년 늘고 있다. 그러므로 법이나 규정을 명확히 하여 과도한 간접 광고를 막아야 한다. 더 나아가 법이나 규정을 위반했을 때 가하는 법적 제재도 광고주들이나 방송사가 부담을 느낄 정도로 강화해야 한다.

㉳ 또한 시청자들은 지나친 간접 광고가 프로그램을 즐겁게 시청할 자신들의 권리를 침해한다는 사실을 인식하고 지나친 간접 광고에 대해 비판의 목소리를 높여야 한다. 시청자들의 목소리는 과도한 간접 광고를 막을 수 있는 또 다른 중요한 축*이다.

*배치되다 사람이나 물자 따위가 일정한 자리에 알맞게 나뉘어 놓이다.
*미미하다 보잘것없이 아주 작다.
*몰입 깊이 파고들거나 빠짐.
*각인 머릿속에 새겨 넣듯 깊이 기억됨. 또는 그 기억
*빈번하다 번거로울 정도로 횟수가 잦다.
*축 활동이나 회전의 중심

05 윗글의 내용과 일치하지 <u>않는</u> 것은?

① 우리나라는 2010년 1월부터 간접 광고를 허용하였다.

② 간접 광고의 대가로 광고주들은 방송 프로그램의 제작비를 지원한다.

③ 프로그램 내에 포함된 간접 광고는 시청자들을 수동적인 존재로 만든다.

④ 방송법 시행령의 규정이 모호하면 간접 광고가 과도해지는 것을 막을 수 있다.

⑤ 간접 광고로 인해 시청자들이 광고의 대상을 무조건적으로 신뢰하는 일이 벌어지게 된다.

06 ㉠~㉤에 사용된 설명 방식의 특징으로 적절하지 <u>않은</u> 것은?

① ㉠ : 간접 광고의 뜻을 설명하여 독자가 대상의 개념을 정확히 이해하도록 하고 있다.

② ㉡ : 간접 광고가 가진 문제점에 대한 질문을 던짐으로써 독자의 흥미와 관심을 유도하고 있다.

③ ㉢ : 방송 프로그램의 완성도가 저하되는 결과를 가져온 원인을 인과의 방식으로 설명하고 있다.

④ ㉣ : 프로그램 앞뒤에 하는 광고와 간접 광고의 차이점을 제시하여 문제점을 지적하고 있다.

⑤ ㉤ : 광고주와 방송사가 법 규정을 악용한 구체적인 사례를 제시하여 설득력을 높이고 있다.

07 ㉮~㉯를 내용상 관련된 문단끼리 가장 적절하게 묶은 것은?

① ㉮, ㉯ / ㉰, ㉱, ㉲ / ㉳

② ㉮ / ㉯, ㉰, ㉱, ㉲ / ㉳

③ ㉮, ㉯ / ㉰, ㉱ / ㉲, ㉳

④ ㉮ / ㉯, ㉰, ㉱ / ㉲, ㉳

⑤ ㉮, ㉯ / ㉰ / ㉱, ㉲, ㉳

08 윗글의 관점에 근거해 〈보기〉를 비판한 내용으로 가장 적절한 것은?

〈보기〉

　최근 한류 열풍에 힘입어 우리나라 방송 프로그램 안에 등장하는 제품들이 외국에서 큰 인기를 얻고 있다. 이는 기업의 매출 증가에 도움을 주고 있으며 국가 경제 발전에도 긍정적인 기여를 하고 있다. 그러므로 간접 광고를 더욱 확대할 수 있도록 간접 광고에 대한 규제를 완화해야 한다.

① 간접 광고에 대한 규제를 강화하면 프로그램의 제작 여건이 악화될 것이다.

② 방송사의 요구를 반영하지 않은 규제 완화는 한류에 큰 도움을 주지 못할 것이다.

③ 기업의 매출을 고려할 때 간접 광고에 문제가 있더라도 어느 정도 인정해야 한다.

④ 간접 광고에 대한 규제 완화는 프로그램에 대한 기업과 광고주의 관심을 떨어뜨린다.

⑤ 간접 광고에 대한 규제 완화가 프로그램의 완성도를 떨어뜨려 오히려 한류에 악영향을 끼칠 것이다.

㉮ 우리나라 지도를 보면 국토의 절반 이상이 산지*로 이루어져 있고, 산들은 산줄기*로 묶여 있다. 산줄기는 사람들이 산을 연결하여 인식하는 선으로 서구적 관점과 전통적 관점에 따라 다르게 파악된다. 우리나라 산줄기 체계는 서구적 관점에서 파악되어 왔는데, 1980년대에 조선 후기 지리서 『산경표(山經表)』가 발견되면서 우리나라 산줄기 체계를 이 책에서 설명하고 있는 것과 같은 전통적 관점으로 파악하자는 의견이 제기되었다.

㉯ 현재 우리나라에서 사용되는 대부분의 지도는 산들의 인접성*과 단층선*과 습곡축*을 아우르는 지질 구조를 기준으로 산줄기를 나타낸다. 이는 1900년대 초 일본의 한 지질학자가 서구적 관점으로 연구한 결과를 바탕으로 한 것이다. 서구적 관점에서는 산줄기를 '산맥'으로 부르고, 산의 인접성과 지질 구조를 강조하여 강이 사이에 있더라도 하나의 산맥으로 본다. 그래서 지도상에서는 〈그림 1〉과 같이 굵은 선으로 표현된 산맥들이 가는 선으로 표현된 강줄기를 지나갈 수도 있다. 그리고 각각의 산맥은 하나의 선으로 표현되지만 다른 산맥과는 연결되지 않고 끊어져 표현되기

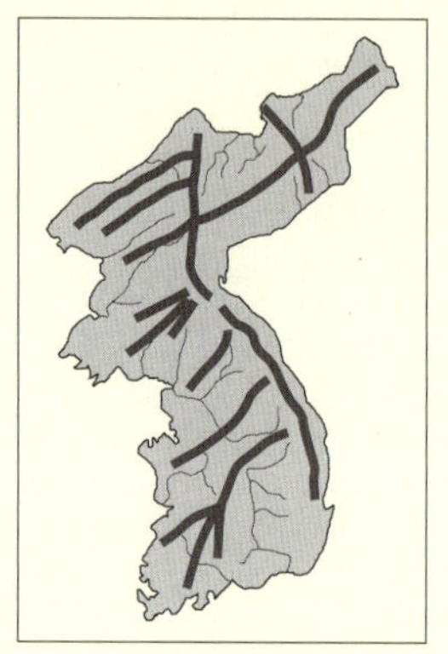
〈그림 1〉

도 한다. 이 관점에 따른 지도는 '등고선 지도'이며, 일제 강점기부터 지금까지 100년 이상 사용되고 있다.

㉰ 반면 ㉠『산경표』의 지도는 산의 등줄기인 산등성이의 연속성*을 기준으로 산줄기를 파악한다. 이 관점은 예로부터 전해 내려오는 전통적 관점으로 우리 조상들은 산과 강을 눈으로 확인한 뒤 산줄기 체계를 세웠다. 이 관점에서는 산줄기를 '대간', '정간', '정맥' 등으로 분류하여 부르며, 산줄기는 강을 가로지를 수 없다고 파악한다. 그래서 지도상에서 보면 〈그림 2〉와 같이 산줄기는 강과 교차되는 부분 없이 하나로 연결되어 나타난다. 이 관점에서는 백두산에서 시작하여 지리산까지 이어지는 큰 산줄기를 '백두대간(白頭大幹)*'이라고 하고 이것을 중심으로 나머지 작은 산

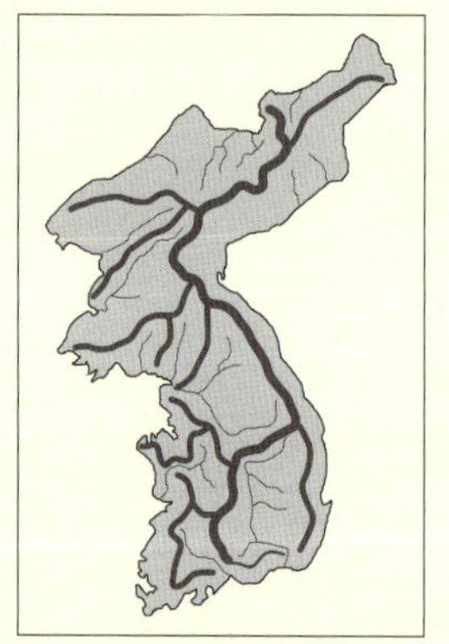
〈그림 2〉

줄기들이 연결되어 있다고 파악한다. 이를 바탕으로 그린 지도는 '산줄기 지도'이며 〈대동여지도〉가 대표적이다.

㉱ 현재 널리 보편화되어 있는 지도는 산들의 인접성과 지질 구조를 기준으로 하는 서구적 관점을 따른 것이다. 하지만 산등성이의 연속성을 기준으로 산줄기를 파악하는 우리 전통적 관점인 백두대간 체계도 고려되어야 한다. 두 관점은 서로 다른 기준을 잡고 있지만 나름의 가치를 가지고 있기 때문이다. 따라서 어느 한쪽의 관점을 따르기보다는 두 가지 관점을 함께 고려하여 우리의 산줄기 체계를 이해해 나가야 할 것이다.

*산지 들이 적고 산이 많은 지대
*산줄기 큰 산에서 길게 뻗어 나간 산의 줄기
*인접성 가까이 있거나 서로 이웃하여 있는 성질
*단층선 단층면이 지표면과 만나는 선
*습곡축 습곡으로 인하여 주름진 지층의 중심을 이루는 선
*연속성 끊이지 아니하고 죽 이어지거나 지속되는 성질이나 상태
*백두대간 백두산 병사봉에서 지리산 천왕봉에 이르는 길이 약 1,470km의 산줄기를 이르는 말. 이것을 중심으로 한반도의 모든 물줄기가 서류와 동류로 갈라진다.

09 윗글의 내용과 일치하는 것은?

① 〈대동여지도〉는 산들의 인접성과 지질 구조를 기준으로 산줄기를 그렸다.

② 현재 우리나라에서 보편적으로 사용되는 지도는 전통적 관점을 따른 것이다.

③ 일제 강점기를 거치면서 산줄기 체계를 파악하는 관점이 서구적 관점으로 바뀌었다.

④ 산들의 인접성과 지질 구조를 기준으로 그린 지도에서 산줄기와 강은 교차되지 않는다.

⑤ 서구적 관점에서 그린 지도는 하나의 선으로 우리나라 산맥 모두를 연결하여 표현한다.

10 글쓴이가 윗글을 쓴 궁극적 의도로 적절한 것은?

① 서구적 관점으로 세운 산맥 체계를 옹호하기 위해서

② 우리나라 전통 지리서의 의의와 한계를 밝히기 위해서

③ 산줄기를 연구하는 방법의 문제점 해결을 촉구하기 위해서

④ 전통적 관점의 지도를 실생활에서 사용하자고 권하기 위해서

⑤ 서로 다른 관점을 함께 고려하여 산줄기 체계를 이해하도록 제안하기 위해서

11 ㉠의 관점을 옹호하기 위한 자료로 적절하지 <u>않은</u> 것은?

① 백두대간 체계에 맞게 지도, 표지판 등을 교체할 때 생기는 비용 문제를 지적하는 인터뷰 자료

② 백두대간 체계가 가지고 있는 가치를 다각도로 다루고 있는 다큐멘터리 영상

③ 백두대간 체계가 우리의 생활 문화를 파악하기에 적절하다는 것을 밝힌 논문

④ 백두대간 체계의 지도가 실생활에 유용하게 쓰이는 사례를 다룬 신문 기사

⑤ 백두대간 체계에 담긴 우리 민족 고유의 정신을 분석한 연구 보고서

12 윗글의 구조를 그림으로 가장 적절하게 나타낸 것은?

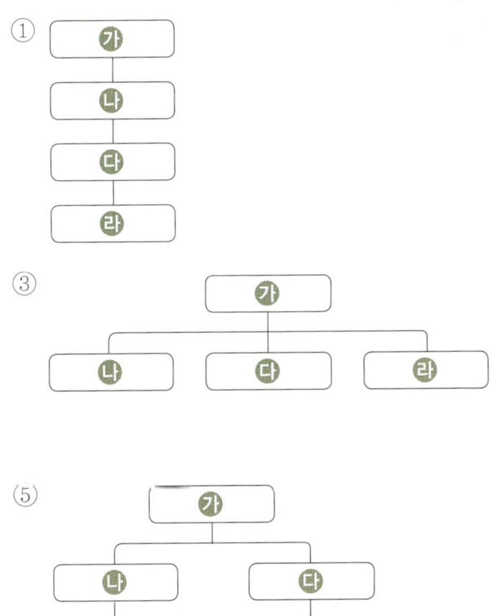

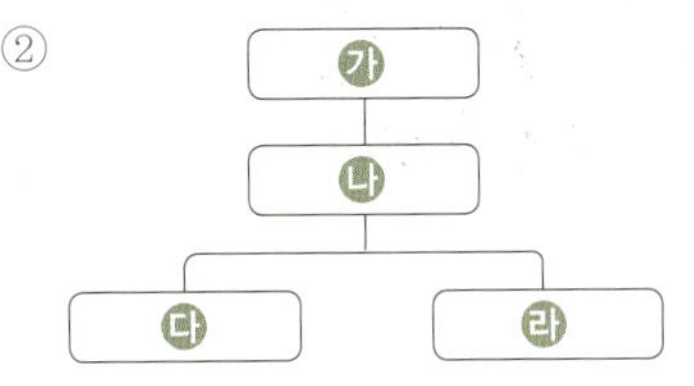

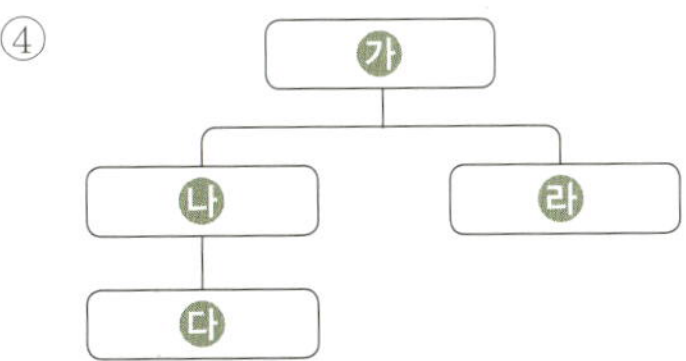

㉮ 최근 20여 년 동안 자유 무역*의 바람이 전 세계로 퍼지면서 세계 시장에서 모든 물품의 자유로운 거래를 당연한 것으로 여기는 경향이 있다. 자유 무역의 이러한 논리에 따르면 식량도 자유 무역의 대상에서 예외가 될 수 없다. 이대로 놓아두어도 괜찮은 것일까?

㉯ 지구는 약 130억 명이 먹을 수 있는 식량을 생산할 능력이 있다. 그리고 현재 지구의 인구는 70억 명에 불과하다. 공급 능력 대비 수요를 고려하면 굶주림에 시달리는 사람이 없어야 하고, 식량 가격은 지금보다 훨씬 낮아야 이치에 맞다.

㉰ 그러나 현실은 그렇지 않다. 현재 식량 문제의 주도권*은 일부 거대 곡물 회사들이 쥐고 있다. 이들 거대 곡물 회사들은 높은 수익을 얻기 위해 주도권을 행사하고 있으며, 바로 여기에 문제가 있다. 이들은 세계 곡물 거래량의 80%를 넘는 곡물을 거래하고 있으면서도, 최대치의 이윤을 얻기 위해 곡물 생산량을 임의로 결정하기 때문이다. 2008년 세계 곡물 파동 당시 식량 가격이 마구 치솟아 수많은 빈민들이 굶주림으로 허덕였을 때 오히려 이 회사들의 이익은 40% 이상 높아졌다.

㉱ 식량은 인간 생존의 필수적인 품목이다. 자유 무역의 논리에도 불구하고 식량을 자유 무역의 상품으로 던져둘 수 없는 이유가 여기에 있다. 실제로 선진국에서도 식량 문제에 대해서는 이중적인 태도를 보이고 있다. 저개발 국가에는 자유 무역에 동참할 것을, 그래서 그 국가의 정부가 시장에 개입하지 못하도록 요구하면서도 자국의 경제를 운용할* 때에는 굶주림에 시달리는 불행한 국민이 없도록 최소 생존권을 보장하는 정책을 적용하고 있다. 기업의 이윤보다 더 중요한 것이 인간의 생존권임을 인정하고 있는 것이다.

㉲

[A]

㉠ 오늘날 지구 한쪽에서는 살을 많이 빼면 25만 달러를 상금으로 주고, 다른 한쪽에서는 하루 1달러가 없어 굶주림에 시달리고 있다. 식량 문제를 자유 무역의 논리로만 다루면 이러한 현상은 더욱 심해질 것이다. 그러므로 인간 생존의 기본 요건인 식량 문제를 자유 무역의 대상으로 다루어서는 안 된다.

*자유 무역 국가가 외국 무역에 아무런 간섭이나 보호를 하지 아니하고 관세도 매기지 아니하며 각 개인의 자유에 맡겨 하는 무역
*주도권 주동적인 위치에서 이끌어 나갈 수 있는 권리나 권력
*운용하다 무엇을 움직이게 하거나 부리어 쓰다.

13 윗글의 중심 소재로 가장 적절한 것은?

① 세계 시장
② 식량 문제
③ 인간의 생존
④ 식량 생산 능력
⑤ 거대 곡물 회사

14 가 ～ 마 의 중심 내용으로 적절하지 <u>않은</u> 것은?

① 가 : 식량을 자유 무역의 대상으로 삼는 것에 대한 문제 제기
② 나 : 지구의 식량 생산 능력에 비해 불평등한 식량 공급과 너무 높은 식량 가격
③ 다 : 식량 문제의 주도권을 쥔 거대 곡물 회사들의 무분별한 이윤 추구
④ 라 : 식량 문제에 대한 선진국의 이중적 태도가 지닌 문제점
⑤ 마 : 인간의 생존을 위한 차원에서 다루어야 하는 식량 문제

15 [A]는 ㉠을 그림으로 나타낸 것이다. [A]에 대한 설명으로 가장 적절한 것은?

① 객관적인 정보를 보충하여 화제 전환을 암시한다.
② 사실적인 장면을 제시하여 앞의 내용을 반박한다.
③ 문제 상황을 시각적으로 대조하여 주장을 강조한다.
④ 추상적인 개념을 구체화하여 글의 신뢰성을 높인다.
⑤ 글 전체의 내용을 일반화하여 문제 해결 방안을 제시한다.

16 글쓴이의 관점에 대한 이해로 가장 적절한 것은?

① 전 세계 식량 불균형 현상이 차츰 해결되고 있다고 판단하고 있다.
② 식량을 자유 무역 시장의 상품으로 거래하는 것에 대해 비판하고 있다.
③ 저개발 국가도 국민의 생존권을 보장하기 위해 식량 시장을 개방해야 한다고 보고 있다.
④ 이윤 추구를 위해 거대 곡물 회사가 식량 생산을 통제하는 것을 당연하다고 여기고 있다.
⑤ 자국민의 최소 생존권을 위하여 선진국 정부가 개입하는 것은 지나치다고 평가하고 있다.

㉮ 공공 디자인은 우리 주변의 공공 시설물을 디자인하는 행위나 그 결과물을 의미한다. 우리를 둘러싼 수많은 공공 디자인은 다양한 방식으로 우리 삶에 관여하기 때문에 공공 디자인에 대한 사람들의 관심이 점차 높아지고 있다. 그러나 최근 조사에 따르면 공공 디자인에 대해 만족하지 않는다는 응답이 만족한다는 응답의 두 배가 넘는 것으로 나타났다. 이는 급속한 경제 발전 과정에서 공공 디자인의 미적 기능을 소홀히 여긴 결과로 볼

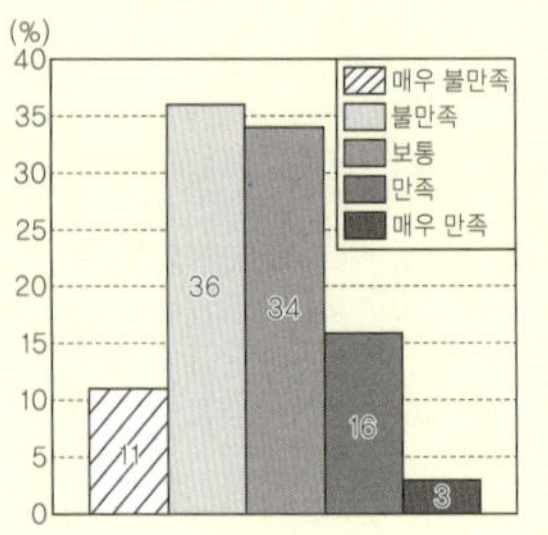

〈자료 1〉 2017년 공공 디자인 만족도 조사

수 있다. 보다 나은 공공 디자인을 위해 실용적 기능과 미적 기능의 균형을 생각해 볼 때이다.

㉯ 공원이나 정류장에서 흔히 볼 수 있는 벤치를 예로 들어 보자. 모양이나 색, 재료 등이 비슷한 경우가 많다. 하지만 덴마크의 디자이너 예페 하인은 이러한 벤치를 다양한 모양으로 디자인하여 사람들이 각양각색의 자세로 쉴 수 있도록 하였다. 실용적 기능에 창의적 상상력이 더해져 사람들에게 재미와 즐거움까지 주게 된 좋은 예이다.

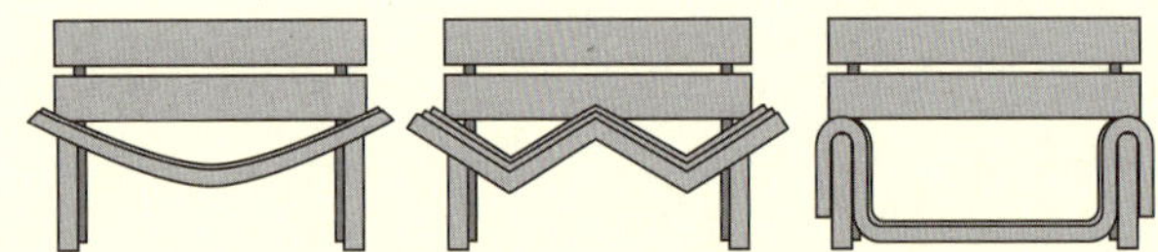
〈자료 2〉 예페 하인의 벤치들

㉰ 실용적 기능과 미적 기능이 균형을 이룬 예는 영국에서도 찾아볼 수 있다. 영국의 산업 디자이너 로스 러브그로브가 디자인한 '솔라 트리'가 그것이다. 솔라 트리는 태양광 패널이 달린 나무 모양의 가로등으로, 주변을 밝히는 가로등의 실용적 기능에 자연의 아름다움을 더해 사람들에게 만족감과 편안함을 주고 있다.

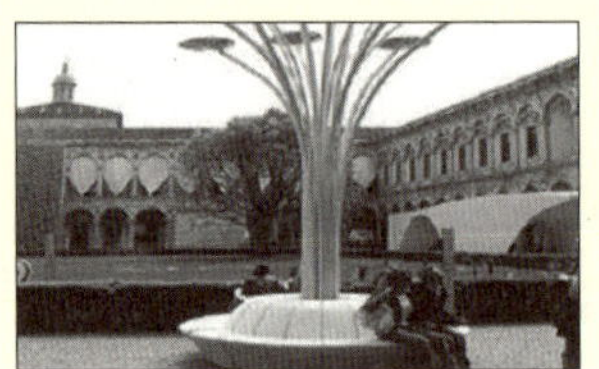
〈자료 3〉 솔라 트리

㉱ 우리나라에도 좋은 예가 있다. 전주에는 남원과의 경계를 알리는 '전주 연돌 탑'이 있다. 이 탑의 굴뚝에서는 밥 짓는 때에 맞춰 하루 세 번 연기가 나는데, 이는 사랑이 담긴 '엄마의 밥상'을 상징적으로 표현한 것이라고 한다. 이처럼 공공 디자인에 인간미를 더하면 사람들에게 깊은 인상을 줄 수 있다.

〈자료 4〉 전주 연돌 탑

㉲ 이와 같이 공공 디자인은 실용적 기능과 미적 기능이 균형을 이룰 때 공공 디자인으로서의 효과가 더욱 크게 발휘될 수 있다. 주변을 둘러보자. 집 앞 놀이터의 바닥 분수, 알록달록한 안내 표지판, 보행자 우선 도로의 작은 타일에 이르기까지 공공 디자인은 우리의 생활에 밀접하게 관련되어 있다. 보다 많은 사회 구성원들이 만족할 수 있도록 실용적 기능과 미적 기능이 조화된 공공 디자인이 우리 주변에 더욱 많아져야 한다.

17 윗글의 내용을 고려할 때, 다음 중 성격이 <u>다른</u> 하나는?

① 인간미 ② 미적 기능
③ 실용적 기능 ④ 창의적 상상력
⑤ 자연의 아름다움

18 가 ~ 마 에 대한 설명으로 적절하지 <u>않은</u> 것은?

① 가 : 공공 디자인에 대한 만족도 조사 결과를 근거로 공공 디자인 개선의 필요성을 주장하고 있다.

② 나 : 실용적 기능이 없는 공공 디자인의 사례를 근거로 공공 디자인의 실용적 기능 강화를 주장하고 있다.

③ 다 : 공공 디자인에 자연의 아름다움을 더하면 사람들에게 만족감과 편안함을 줄 수 있음을 예를 통해 제시하고 있다.

④ 라 : 우리나라의 예를 소개하여 공공 디자인에 인간미를 더하면 사람들에게 깊은 인상을 줄 수 있음을 보여 주고 있다.

⑤ 마 : 공공 디자인이 일상생활에 밀접하게 관련되어 있음을 근거로 실용적 기능과 미적 기능이 조화된 공공 디자인이 많아져야 함을 주장하고 있다.

19 윗글에 사용된 〈자료〉에 대한 이해로 적절하지 <u>않은</u> 것은?

① 〈자료 1〉은 공공 디자인 만족도와 관련한 정보를 수치화하여 보여 주고 있다.

② 〈자료 2〉는 벤치 디자인의 변화를 시간의 흐름에 따라 보여 주고 있다.

③ 〈자료 2〉는 예페 하인의 벤치들의 특징을 시각화하여 보여 주고 있다.

④ 〈자료 3〉은 '솔라 트리'가 설치된 모습을 주변 경관과 함께 보여 주고 있다.

⑤ 〈자료 4〉는 글의 설명을 보완하기 위해 '전주 연돌 탑'의 모습을 보여 주고 있다.

20 윗글의 구조를 그림으로 가장 적절하게 나타낸 것은?

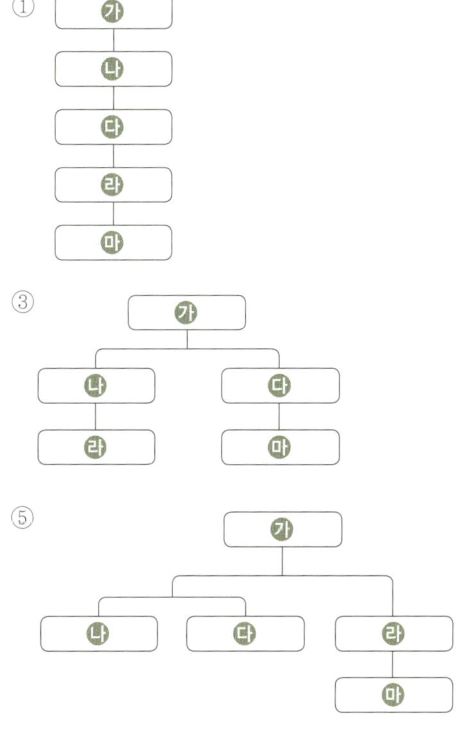
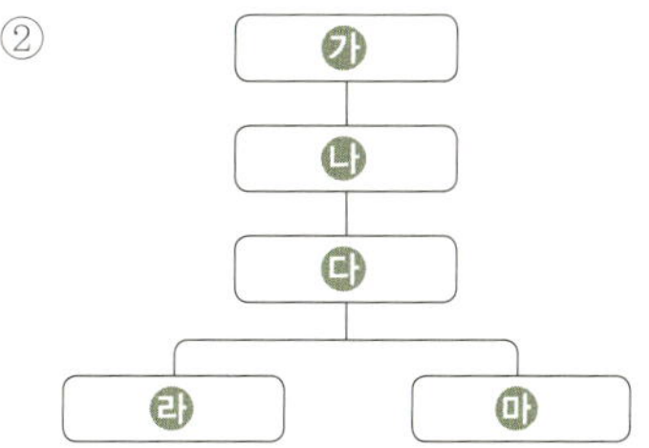
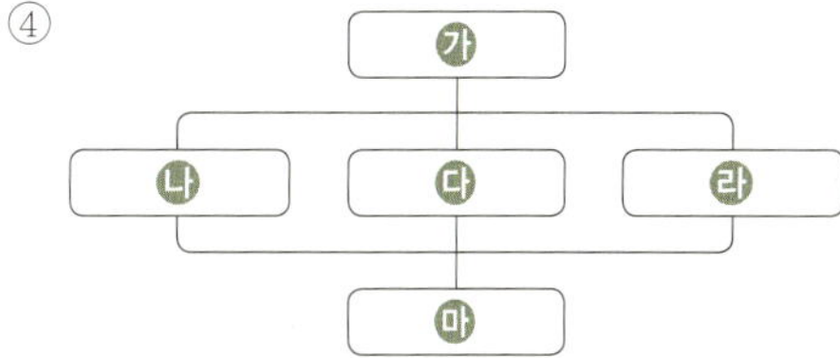

여자 주인공이 뛰어가다 잠시 한눈을 팔고 있던 남자와 부딪혀요. 순간 전기가 통한 두 사람은 열렬한 사랑에 빠지게 되죠. 그런데 남자의 곁에는 오랫동안 그를 짝사랑해 온 다른 여자가 있었어요. 삼각관계에 빠진 여자 주인공은 시기와 질투, 음모에 휩싸이고 두 사람의 사랑은 풍전등화에 놓여요. 그때 느닷없이 여자 주인공 앞에 또 다른 잘생긴 남자가 등장해요. 여자가 위기에 처할 때마다 나타나 여자를 구해 주는 수호천사. 그런데 알고 보니 그 남자는 재벌 3세였어요. 사랑했던 남자와 이별한 뒤 아픔을 잊고 신데렐라가 되나 싶었는데, 아이쿠, 알고 보니 글쎄, 두 사람은 실은 어릴 때 헤어진 …….

이쯤 되면 뒷부분은 흔히 '안 봐도 비디오'라고 하지요? 워낙 스토리 전개가 익숙하다 보니 안 봐도 내용을 알 정도라는 말이에요. 몇 년 전까지 유행했던 TV 드라마의 너무나 뻔하고 흔한 스토리를 풍자한 「미니 시리즈」(오은)라는 제목의 시도 있답니다.

글의 경우에는 어떨까요? 위의 드라마처럼 뻔한 전개가 아니라면 당연히 읽어 봐야 내용을 알 수 있어요. 하지만 우리가 앞서 학습한 글의 전개 방식이나 논증 방식을 활용하면, 글의 중간에 들어갈 내용이나 뒤에 이어질 내용 등 글에서 생략되었거나 언급되지 않은 것들을 예측하거나 추론해 볼 수 있어요. 흔히 '글의 흐름(문맥)을 고려하여'라는 표현이 많이 쓰이는데, 이 말은 전개 과정이나 논증 과정을 활용하여 앞뒤 내용을 파악하라는 의미예요.

그럼, 내용을 예측하거나 추론하는 과정을 하나하나 살펴봅시다.

첫째 **글의 중심 내용을 파악한다.**

글의 모든 내용은 주제를 향해 흘러가게 되어 있어요. 그러므로 글의 중심 내용은 내용을 예측할 때 기본적인 방향을 제시해 주는 역할을 해요.

둘째 **설명의 전개 과정이나 결론의 논증 과정을 파악한다.**

글 전체의 방향과 흐름을 파악할 때 주제에 주목한다면, 세부적인 내용은 설명 방식과 논증 방식을 고려해야 해요. 예를 들어, 비교나 대조의 방식으로 설명한다면 서로 짝이 되는 내용이 있어야 하고, 인과의 방식이라면 원인과 결과가 있어야 해요. 논증 과정에서도 전제를 뒷받침하는 근거나 개별적인 사례들이 제시되었다면 일반화된 결론이 이어져야 하는 거죠.

셋째 **글의 논리적 관계를 검토한다.**

특정한 설명 방식이나 논증 방식이 나타나지 않는다면 논리적인 흐름에 따라 생략되거나 이어지는 내용을 짐작해야 해요. 무턱대고 들어갈 내용을 짐작한다면 그것은 '상상'에 가까워요. 시간의 흐름에 따른 선후 관계, 절차에 따른 순서, 어떤 원인에 따라 나타난 결과, 질문에 대한 답변, 특정한 접속어 이후에 어울리는 내용 등을 논리적으로 파악해야 '추론'이라고 할 수 있어요.

원리 확인 문제 앞에서 설명한 내용을 바탕으로 생략된 말이나 내용을 추론해 봅시다.

가 요즘 '한류(韓流)'가 아시아의 시장을 지배하고 있다. 한국 배우가 일본에서 선풍적인 인기를 끈다든가, 한국 제품이 아시아 시장을 석권하는* 등, 아시아 전역에 한국의 문화가 새로운 문화 코드로 등장하였다.

나 그런데 '한류'는 꽤 오래 전에도 있었던 일이다. 8~9세기에도 신라의 상품이 아시아권의 여러 나라에서 인기를 누린 적이 있었다. 그 대표적인 상품은 놋쇠로 만든 유기였다. '안성맞춤'이라는 말까지 만들어 낸, 조선의 뛰어난 유기 기술도 실은 신라에서 비롯된 것이다. 신라의 장인들은 대접이며 쟁반, 숟가락 등 놋쇠로 만들지 못하는 것이 없었다.

다 신라의 유기가 가장 큰 인기를 누렸던 곳은 가까운 일본이었다. 화려한 금빛의 신라 유기는 일본의 귀족층을 유혹하는 제일의 상품이었다. 신라에서는 유기를 '삽라'라고 했는데, 일본은 그 이름까지 그대로 받아들여 일본식 발음인 '사후라'라 불렀다. 재미있게도 10세기 무렵의 일본 문헌에서는 '사후라'라는 말이 유기를 뜻하는 '삽라'에서가 아니라, '신라'라는 나라 이름에서 (㉠   )한 것이라고까지 설명하고 있다. 마치 중국의 도자기에 흠뻑 빠진 영국이 도자기를 '차이나(중국)'라고 불렀던 것처럼, 일본도 유기를 '신라'라고 부르면서 한반도에서 건너온 유기에 온통 마음을 빼앗겼던 것이다.

㉣ 더욱 흥미로운 것은 이와 비슷한 인식이 중국에서도 확인된다는 점이다. 중국에서는 12세기 무렵에 유기를 '시라'라고 불렀다. 당시 중국어 어떤 학자는 신라의 유기 제작에 관한 문헌을 근거로 자신들이 사용하는 '시라'가 유기 생산으로 유명한 신라의 옛 이름인 '시라'에서 온 것이라고 보았다. 이처럼 당시 일본과 중국 모두 '유기하면 신라'라고 인식하고 있었다.

㉤ 이처럼 신라의 유기는 동아시아에서 없어서 못 파는 유명 상품이었다. 비단 유기뿐만 아니라 구리거울과 같은 금속 세공품, 비단과 같은 고급 직물, 각종 금은 공예품들이 여러 나라로 수출되었다. 오늘날의 한류 열풍처럼 8~9세기 동아시아에도 한류가 있었다. 그리고 그 중심에 신라가 있었던 것이다.

***석권하다** 빠른 기세로 영토를 휩쓸거나 세력 범위를 넓히다.

---

1. 윗글의 중심 내용은 무엇인가요?

이 글은 8~9세기경 신라의 유기가 일본과 중국을 비롯한 동아시아에서 큰 인기를 끌었던 사실을 오늘날의 한류에 빗대어 소개하고 있어요.

2. 윗글의 각 문단에서 설명하고 있는 것은 무엇인가요?

오래 전에도 오늘날의 한류와 같은 현상이 있었다는 내용으로 독자의 흥미를 유발하면서 신라의 유기에 대해 설명하고 있어요. 이를 각 문단별로 살펴보면 다음과 같아요.

㉮ 요즘 '한류'가 아시아의 새로운 문화 코드로 등장하였다.
㉯ 8~9세기 때에도 신라의 유기가 아시아권에서 한류 열풍을 일으킨 적이 있다.
㉰ 일본에서는 유기를 '신라'라고 부를 정도로 신라의 유기가 큰 인기를 누렸다.
㉱ 중국에서도 '유기하면 신라'로 인식될 정도로 신라의 유기가 큰 인기를 끌었다.
㉲ 신라의 유기는 당시 동아시아의 유명 상품이었고, 당시에도 한류 열풍이 대단하였다.

3. 글의 흐름을 고려할 때 ㉠에 들어갈 내용으로 가장 적절한 것은 무엇인가요?

① 유래   ② 유발   ③ 유출   ④ 유도   ⑤ 유행

→ '사후라'라는 말이 '삽라'나 '신라'와 어떤 관계가 있는지를 설명하는 부분이에요. ㉠ 다음 문장에서 중국의 도자기를 영국에서 '차이나(중국)'라는 말로 불렀다는 내용으로 보아, ㉠에 들어갈 말도 '사후라'라는 말이 어디서 비롯되었는지를 설명하는 것으로 볼 수 있어요. 따라서 '사물이나 일이 생겨나거나 그 사물이나 일이 생겨난 바'를 의미하는 ① '유래'가 ㉠에 들어갈 말로 가장 적절해요.

4. 윗글의 내용을 바탕으로 추론한 것 중 가장 적절한 것은 무엇일까요?

① 신라 유기의 우수성은 영국에까지 알려졌다.
② 8~9세기에 유기는 전 세계적으로 유행한 상품이었다.
③ 중국은 도자기보다 유기의 가치를 더 높게 평가하였다.
④ 신라의 유기는 일본에서 상당한 고급품으로 인식되었다.
⑤ 신라의 유기 장인은 당시 귀족층과 같은 사회적 대우를 받았다.

→ ㉰의 '화려한 금빛의 신라 유기는 일본의 귀족층을 유혹하는 제일의 상품이었다.'에서, 신라 유기가 일본의 귀족층이 사용하던 고급품이었음을 추론할 수 있으므로 정답은 ④예요. 나머지 선택지들은 이 글에서 적절한 근거나 사례를 찾기 어려운 내용들이에요.

단박 정리 예측 및 추론하기

글의 중심 내용 파악하기	설명 과정 및 논증 과정 파악하기	논리적 관계 파악하기
글의 주제를 통하여 예측이나 추론의 기본적인 방향을 파악함	설명 방식과 논증 방식에 따라 필요한 내용을 파악함	논리적인 흐름을 고려하여 필요한 내용을 파악함

 **원리 적용 문제 1**　다음 글을 읽고, 생략된 부분에 들어갈 내용을 추론해 봅시다.

㉮ 시장이 새롭게 형성되는 초반에는 생산자나 소비자가 많지 않고 그 존재 여부도 잘 알려지지 않아 경쟁자가 거의 없게 마련이다. 이러한 시장을 경제학에서는 평화로운 푸른 바다를 의미하는 '블루 오션(blue ocean)'이라고 한다. 예를 들어 어느 한 기업이 즉석밥을 최초로 판매하면 즉석밥의 편리함에 반한 소비자들이 몰리면서 큰 시장을 형성하게 되고 이 기업은 독점적으로 많은 이익을 얻게 된다. 이렇게 다른 경쟁자가 거의 없는 시장이 바로 블루 오션이다. 블루 오션에서는 시장의 수요가 경쟁이 아니라 창조에 의해 형성된다. 그리고 시장의 규모가 정해져 있지 않아 높은 수익을 얻을 수 있고 빠르게 성장할 수 있는 기회도 있다.

㉯ 그러나 블루 오션은 시간이 흐르면서 더 이상 블루 오션이 아닐 수 있다. 이익을 얻고자 하는 새로운 기업들이 해당 시장에 뛰어들면 경쟁이 발생하기 때문이다. 앞서 언급한 즉석밥의 경우, 다른 기업들도 새로운 즉석밥을 시장에 내놓으면서 경쟁 업체들은 소비자의 선택을 받기 위해 치열한 경쟁을 하게 된다. 이러한 시장 상황을 바다의 포식자들이 먹이를 낚아채기 위해 서로 경쟁하는 상황에 비유하여 '레드 오션(red ocean)'이라고 한다. 즉 레드 오션은 (＿＿＿＿＿ ㉠ ＿＿＿＿＿).

㉰ 레드 오션의 치열한 경쟁 속에서 기업들은 새로운 전략을 고민하기도 한다. 레드 오션이 된 시장에서 눈이 높은 소비자들의 요구를 파악하고 여기에 새로운 아이디어나 기술 등을 적용해 새로운 시장을 형성한다. 이를 '퍼플 오션(purple ocean)'이라고 한다. 퍼플 오션을 찾기 위한 대표적인 전략은 이미 인기를 얻은 소재를 다른 장르에 적용하여 그 파급 효과*를 노리는 것이다. 가령 특정 만화가 인기를 끌면 이것을 드라마나 영화로 만들고 캐릭터 상품을 개발한다. 이런 전략은 실패할 위험이 적고 제작 비용과 시간을 줄일 수 있다는 장점이 있다.

㉱ 지금까지 언급한 블루 오션, 레드 오션, 퍼플 오션은 ㉡(＿＿＿＿＿)에 따라 언제든지 (＿＿＿＿＿＿＿＿). 블루 오션이나 퍼플 오션이 경쟁이 심한 레드 오션으로 변화하기도 한다. 그리고 레드 오션에서 새로운 퍼플 오션이 형성되기도 하며 새로운 블루 오션이 갑자기 나타날 수도 있다. 소비자의 관심이 집중된 곳에는 언제나 새로운 생산자들이 유입되지만, 소비자의 요구는 항상 변화하기 때문이다.

*파급 효과 어떤 일의 영향이 다른 데로 퍼져 미치는 효과

---

1. 윗글의 중심 내용은 무엇인가요?

이 글은 경쟁 상황에 따른 시장의 종류를 '(　　　) 오션, (　　　) 오션, (　　　) 오션'의 세 가지로 나누어 그 특징을 소개하고 있다.

2. 윗글의 설명 과정은 어떠한가요?

이 글은 생산자들의 (　　　) 상황을 기준으로 시장을 세 종류로 분류하여 각각의 개념과 특징을 설명하면서, 블루 오션에서 레드 오션을 거쳐 퍼플 오션이 나타나는 과정을 순차적으로 보여 주고 있다. 각 문단별 내용을 살펴보면 다음과 같다.

(1) **㉮**: 블루 오션의 개념과 특성을 초기 즉석밥 시장을 예로 들어 설명하고 있다.
(2) **㉯**: 레드 오션의 개념과 특성을 경쟁 상태의 즉석밥 시장을 예로 들어 설명하고 있다.
(3) **㉰**: 퍼플 오션의 개념과 특성을 인기 만화의 경우를 예로 들어 설명하고 있다.
(4) **㉱**: 앞서 설명한 세 종류의 시장이 서로 어떤 관계를 맺고 있는지를 설명하고 있는데, 그 이유는 (　　　)의 요구가 항상 변화하기 때문이라고 하였다.

3. 글의 흐름을 고려할 때 ㉠에 들어갈 내용으로 가장 적절한 것은 무엇인가요?

① 기존에 없던 제품을 만들어 새로운 시장을 개척한 상태를 말한다.
② 경쟁에 밀린 업체들이 시장에서 빠져나가 경쟁이 사라진 상태를 말한다.
③ 경쟁 업체들이 고객을 확보하기 위해 치열한 경쟁을 벌이는 상태를 말한다.
④ 기존에 인기 있던 제품에 새로운 아이디어를 적용하여 새 시장을 형성한 상태를 말한다.
⑤ 시장의 규모가 알려지지 않거나 본격적인 시장 형태가 갖추어지지 않은 상태를 말한다.

4. ㉡에 들어가기에 적절한 구절을 쓰세요.

㉱에서 '블루 오션, 레드 오션, 퍼플 오션'은 언제든지 '변화'할 수 있으며, 소비자의 요구가 항상 '변화'하는 것이 그 원인이라고 하였다. ㉡은 이러한 내용을 포괄하는 중심 문장의 위치이므로 '(　　　)에 따라 언제든지 (　　　) 수 있다.'라는 내용이 가장 적절하다.

 **원리 적용 문제 2** 다음 글을 읽고 문단의 앞뒤 관계를 고려하면서 생략된 부분에 들어갈 내용을 추론해 봅시다.

㉮ 2010년 11월, 한국, 벨기에, 체코, 프랑스 등 11개국이 공동으로 신청한 매사냥이 유네스코 인류 무형 유산에 등재되었다. 이는 동서양을 아우른 공동 등재라는 점에서 의미가 깊다. 그렇지만 매사냥에 대해 아는 현대인은 그리 많지 않은 듯하다. 현재까지도 명맥을 이어 가고 있는 우리의 전통 문화유산인 매사냥에 대해 알아보자.

㉯ 매사냥은 매를 이용해 꿩, 토끼 같은 야생 동물을 잡는 사냥법이다. 일반적으로 사냥을 할 때 동물은 주인의 사냥을 돕는 보조적인 역할만 하지만, 매사냥에서 매는 주인을 대신해 짐승을 잡는 사냥꾼 역할을 한다. 매사냥의 주인공은 사람이 아니라 매인 것이다.

㉰ 그런데 아무 매나 매사냥의 주인공이 될 수는 없다.

㉠

㉱ 그렇다면 이러한 매사냥은 언제, 어디에서 시작되었을까? 기록에 따르면 매사냥은 4,000여 년 전 고대 중앙아시아와 서아시아에서 시작되어 세계로 퍼져 나갔다. 메소포타미아 유적지에서는 매사냥꾼을 새긴 유물이 발견되었고, 마르코 폴로의 『동방견문록』에는 쿠빌라이 황제가 사냥터로 떠날 때 다양한 매 500마리를 동원한 기록이 남아 있다.

㉲ 우리나라는 어떠했을까?

㉡

㉳ 지금까지 매사냥의 방법과 역사에 대해 살펴보았다. 매사냥은 많은 정성과 시간을 들여 매를 길들인 후 행해지는 사냥법이다. 이러한 매사냥은 오랫동안 이어져 내려온 우리의 소중한 전통 문화유산이지만, 지금은 소수의 사람들만이 매사냥을 전승해 가고 있다.

---

1. 윗글의 중심 내용은 무엇인가요?

이 글은 (　　　　　　　)의 개념과 유래 등에 관한 내용을 담고 있다.

2. 윗글의 설명 과정은 어떠한가요?

이 글은 매사냥에 관한 여러 가지 정보를 문단별로 각각 소개하는 구성으로 되어 있다. ㉮에서 매사냥이 유네스코 인류 무형 유산에 등재되었음을 제시하면서 우리의 전통 문화유산인 매사냥을 소개하고 있으며, ㉯에서는 매사냥의 뜻을 (　　　　)하면서 다른 사냥과의 차이점을 (　　　　) 하고 있다. ㉱에서는 고대 메소포타미아 유적의 유물이나 마르코 폴로의 문헌 내용을 인용하여 매사냥의 유래를 설명하고 있으며, ㉳에서는 매사냥의 전통과 가치를 다시 한번 언급하면서 글을 마무리하고 있다.

3. ㉠에 들어갈 내용을 예측한 것으로 가장 적절한 것은 무엇인가요?

① 매사냥의 기원에 대한 내용이 이어질 듯해.
② 매사냥이 어떤 것인지에 대한 내용이 나오겠네.
③ 매사냥에 사용되는 매에 대한 설명이 이어지겠어.
④ 매사냥 전승 방식의 변화에 대한 설명을 반복하겠군.
⑤ 매사냥을 배우기 어려운 이유에 대한 설명이 이어지겠군.

4. ㉡에 들어갈 알맞은 중심 내용을 쓰세요.

앞서 ㉱에서는 '이러한 매사냥은 언제, 어디에서 시작되었을까?'라며 매사냥의 기원과 유래에 관해 설명하고 있고, ㉲의 첫 문장에서는 우리나라의 경우에는 어떠했을지에 대한 질문을 던지고 있으므로, 우리나라에서 매사냥이 어떻게 시작되었는지에 관한 내용이 이어지는 것이 자연스럽다. 따라서 ㉡에 들어갈 중심 내용은 '(　　　　　　　　　　　　　　　　　)'가 가장 적절하다.

친구가 재미있는 영화를 보고 왔다고 해요. 그래서 어떤 내용인지 물어봤더니 영화의 첫 장면부터 시작해서 엔딩 자막이 올라올 때까지 죄다 말해 줄 기세예요. 여러분이 이야기를 듣고 있는 친구라면 어떨까요? 영화의 내용을 세세하게 알고 싶다면 모를까, 일단은 듣고 있기가 무척 힘들 거예요.

보통 우리가 읽게 되는 독서 지문들은 그 자체가 원래의 글에서 일부를 발췌하거나 긴 내용을 요약한 글이지만, 시험에서는 특정한 목적에 따라 지문을 적절히 요약할 수 있는지 묻는 경우가 있어요.

요약의 기본 원칙은 목적에 맞는 중요 내용은 남기고 나머지는 덜어 낸다는 것이에요. 따라서 글의 주제를 파악하고 필요한 정보를 정확히 찾아내는 안목이 필요하지요.

그럼, 내용을 요약하는 과정을 하나하나 살펴봅시다.

첫째 글의 중심 내용을 파악한다.

글 전체를 요약하든 부분만 요약하든 글의 중심 내용을 파악하는 것은 기본적으로 꼭 필요한 과정이에요. 앞서 공부한 내용들을 떠올리며 중심 내용을 찾아보세요.

둘째 목적을 고려하여 필요한 정보를 확인한다.

문제에서 요구하는 목적을 고려하면서 지문 속에서 필요한 정보에 관해 언급된 부분을 찾아야 해요.

셋째 조건에 맞게 문장을 다듬는다.

대부분은 지문 속의 해당 부분을 모두 쓸 수가 없어요. 일단 필요한 부분을 골라낸 것까지는 발췌에 해당한다고 보면 돼요. 이제 이것을 제시된 조건에 맞게 다듬어야 해요. '한 문장으로', '몇 단어로', '몇 음절로' 등이 기본적인 조건이 될 수 있어요. 당연히 꼭 필요한 낱말이나 중심 문장을 남겨야겠지요?

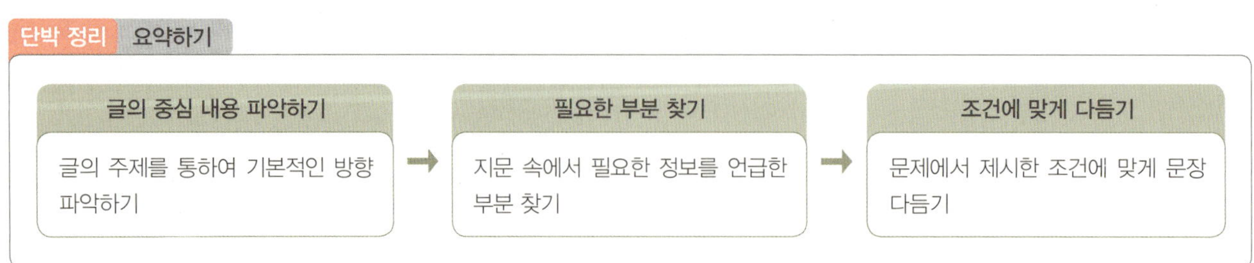

단박 정리 요약하기

글의 중심 내용 파악하기		필요한 부분 찾기		조건에 맞게 다듬기
글의 주제를 통하여 기본적인 방향 파악하기	→	지문 속에서 필요한 정보를 언급한 부분 찾기	→	문제에서 제시한 조건에 맞게 문장 다듬기

 **원리 적용 문제 1** | 다음 글을 읽고, 필요한 부분을 찾아 적절히 요약해 봅시다.

가 오늘날은 누구든지 인터넷 검색을 통해 원하는 정보를 손쉽게 얻을 수 있다. 그러나 이러한 정보를 삭제할 수 있는 권한은 특정 기업에 있기 때문에 개인이 자신과 관련된 정보를 삭제·폐기하는 데는 많은 시간과 노력이 소요된다. '잊힐 권리'는 바로 이러한 인터넷 환경에서 나온 개념이다. 잊힐 권리란 인터넷에서 생성·저장·유통되는 개인 정보에 대해 유통 기한을 정하거나 이의 수정, 삭제, 영구적인 폐기를 요청할 수 있는 권리를 말한다.

나 이러한 잊힐 권리의 법제화*에 대해 찬성과 반대 의견이 대립하고 있다. 찬성 측은 무엇보다 개인의 인권 보호를 위해 잊힐 권리를 법제화해야 한다고 주장한다. 인쇄 매체 시대에는 시간이 지나면 기사가 사람들의 기억 속에서 점차 잊혔기 때문에 그로 인한 피해가 한시적*이었다. 반면 인터넷 시대에 한 번 보도된 기사는 언제든지 다시 찾을 수 있기 때문에 기사와 관련된 사람이 소위 '신상 털기'로 인한 피해를 지속적으로 입을 수 있다. 또한 인터넷 환경에서는 개인에 대한 정보를 쉽게 검색할 수 있어서 한 개인의 신원을 종합적으로 파악하는 이른바 '프로파일링'도 가능해졌다. 이러한 행위들이 무차별적으로 이루어진다면 당사자는 매우 큰 정신적·물질적 피해를 입을 수 있기 때문에 이를 방지할 수 있는 강제적인 규제가 필요하다는 것이다.

다 반면 또 다른 권리의 측면에서 법제화를 반대하는 입장도 있다. 잊힐 권리가 법제화되면 언론사는 삭제나 폐기를 요구받을 만한 민감한 기사를 보도하는 데 조심스러워질 수밖에 없어 표현의 자유가 제한될 수 있다. 그리고 기사나 자료가 과도하게 삭제될 경우 정부나 기업, 특정인과 관련된 정보에 대한 국민의 알 권리가 침해될 수 있다. 또한 반대 측은 현실적인 측면에서도 문제가 있다고 본다. 인터넷에 광범위하게 퍼져 있는 개인의 정보를 찾아 지우는 것은 기술적으로 대단히 어렵다. 게다가 잊힐 권리를 현실에 적용할 때 투입되는 비용 문제 역시 기업에는 큰 부담이 될 수 있다.

*법제화 법률로 정하여 놓음
*한시적 일정한 기간에 한정되어 있는 것

---

1. 윗글의 중심 내용은 무엇인가요?

이 글은 **가** 에서 '(   )'의 필요성이 제기된 배경과 개념을 제시한 후, **나** 와 **다** 에서는 (   )의 법제화에 대한 찬반 주장과 근거를 소개하고 있다.

---

2. 오른쪽에 제시된 '읽기 목적'을 고려할 때 필요한 정보가 언급된 부분은 어디인가요?

○ 읽기 목적 : '잊힐 권리'가 법제화되었을 때 발생할 수 있는 문제점 조사하기

문단별 중심 내용을 보면 '잊힐 권리'의 법제화에 반대하는 의견을 소개한 부분이 **다** 이므로, **다** 에서 문제점들을 찾아보아야 한다. **다** 에서는 잊힐 권리가 법제화되면 (   )는 민감한 기사를 보도하는 데 조심스러워질 수밖에 없어 표현의 자유가 제한될 수 있으며, 기사나 자료가 과도하게 삭제될 경우 정부나 기업, 특정인과 관련된 정보에 대한 (   )의 알 권리가 침해될 수 있다고 하였다. 그리고 (   )인 측면에서도, 광범위하게 퍼져 있는 개인 정보를 찾아 지우는 것은 기술적으로 대단히 어려우며 투입되는 비용 문제 역시 기업에는 큰 부담이 되는 문제점이 있다고 하였다.

---

3. 오른쪽 〈자료〉는 '읽기 목적'에 따라 윗글의 내용을 정리한 거예요.
㉠에 들어갈 내용을 조건에 맞게 쓰세요.

〈자료〉

○ 읽기 목적 : '잊힐 권리'가 법제화되었을 때 발생할 수 있는 문제점 조사하기

○ 정리한 내용

'잊힐 권리'가 법제화되었을 때의 문제점
• 권리의 측면 : (㉠   )
• 현실적인 측면 : 기술적 문제 및 비용 문제를 현실적으로 해결하기 어렵다.

※ 조건 : 권리의 측면에서 나타나는 문제점 두 가지를 쓸 것 / 한 문장으로 쓸 것

이 글에서는 언론사와 국민의 두 입장에서 문제가 생긴다고 하였다. 따라서 〈조건〉에서 말하는 두 가지 문제점은 '언론사의 (   )'와 '국민의 (   )'임을 짐작할 수 있다. 이를 한 문장으로 쓰면 '(   )' 정도가 될 것이다.

01~03 다음 글을 읽고, 물음에 답하시오.

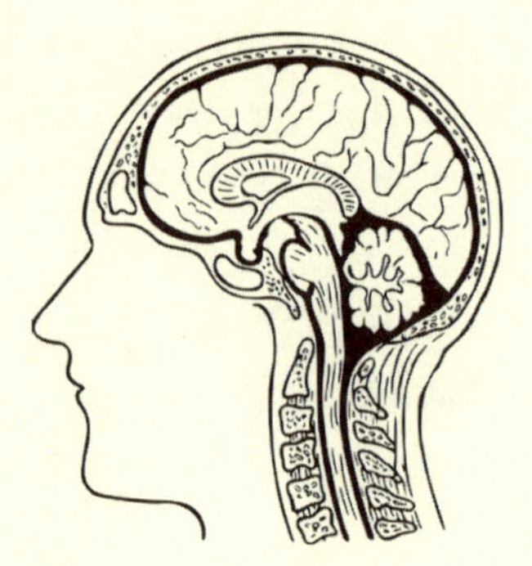

㉮ 인간의 뇌를 연구하던 과학자들은 대뇌 겉질이 영역마다 담당하는 기능이 다르다는 사실을 발견했다. 뇌 중에서도 대뇌의 가장 바깥 구조물인 대뇌 겉질에 전기 자극을 주는 실험을 통해 전두엽*에는 판단, 성격, 운동 조절 등의 기능이 있으며, 측두엽*, 후두엽*, 두정엽*은 귀, 눈, 피부 등의 감각 기관으로부터 수용하는 정보를 처리하는 기능이 있음을 밝혀냈다. 이와 유사한 과학적 발견이 이어지면서, 인간의 뇌는 영역별로 나누어 맡는 기능이 고정되어 있다는 인식이 자리를 잡았다.

㉯ 그러나 최근의 연구 성과에 따르면, 대뇌 겉질이 나누어 맡는 기능이 완전히 고정되어 있는 것은 아니다. 인간은 환경에 둘러싸여 여러 가지 경험을 하며 살아가는데, 그 경험에 따라 각 영역이 맡는 기능이 달라지기도 한다. 과학자들은 빛을 완전히 차단한 공간에 실험 참여자들을 머물게 하고 손으로 정보를 탐색하게 했는데, 이틀이 지나자 시각 정보 처리를 맡았던 뇌 영역이 손에서 오는 촉각 정보를 처리한다는 사실을 발견했다. 빛이 차단된 환경에서 이루어지는 정보 처리의 경험으로 인해 실험 참가자들의 뇌 영역이 맡은 기능이 변화된 것이다.

㉰ 경험은 대뇌 겉질의 기능만이 아니라 뇌 조직의 변화를 일으키기도 한다. 예를 들어 보자. 인간의 뇌에는 기억을 저장하고 떠올리는 과정에서 중요한 역할을 하는 '해마*'라는 기관이 있다. 공간 구조의 기억과 회상에 관여하는 해마로 인해 우리는 눈을 감고 머릿속에 집으로 가는 길을 떠올릴 수 있다. 그런데 바로 이 해마의 크기가 경험에 따라 달라지기도 한다.

㉱ 과학자들은 택시 기사와 버스 기사의 뇌를 비교한 연구를 통해 이를 발견했다. ㉠대도시의 교통 체증을 피해 시시때때로 새로운 길을 탐색해야 하는 택시 기사의 해마는, 정해진 노선대로 운전해야 하는 버스 기사의 해마보다 그 크기가 더 컸다. 해마의 크기는 택시 운전 경력과 비례했다. 대도시라는 환경에서 새로운 길을 탐색하는 택시 기사의 경험이 뇌의 차이로 나타난 것이다.

㉲ 또한 평소에 명상을 자주 하는 사람들은 주의 집중의 기능을 담당하는 뇌 영역이 일반인들에 비해 더 크고, 현악기 연주를 연습하는 사람은 현의 음색과 왼손의 움직임을 담당하는 뇌 영역이, 트럼펫 연주를 연습하는 사람은 금속성 소리에 반응하는 뇌 영역이 다른 사람들과 달리 더 크다.

㉳ 이와 같은 연구 결과가 쌓이면서 최근에는 경험에 대응하여 인간의 뇌가 변화한다는 사실에 많은 이들이 주목하고 있다. 과거에는 사람이 일정한 연령에 도달하면 뇌는 변화하지 않는다고 믿기도 했다. 그러나 우리의 뇌는 어떠한 경험을 하는가에 따라 끊임없이 변화한다.

＊전두엽 대뇌 반구의 앞부분. 운동 중추와 운동 언어 중추가 있고 사고, 판단과 같은 고도의 정신 작용이 이루어진다.
＊측두엽 대뇌 반구의 아래쪽 측면에 있는 부분. 청각 중추가 있다.
＊후두엽 대뇌 반구의 맨 뒷부분
＊두정엽 대뇌 반구의 가운데 꼭대기. 피부 감각과 미각 중추가 있고, 지각·인지·판단 따위에 관한 연합 구역이 있다.
＊해마 대뇌 반구의 일부를 이루며 다른 대뇌 겉질과는 전혀 다른 구조로 이루어진 부분. 후각과 관련되며 인간은 다른 포유류보다 덜 발달되어 있다.

01 ⊙에 사용된 설명 방법과 유사한 것은?

① 철학이란 보이지 않는 것을 대상으로 진리를 규명하려는 학문이다.

② 현악기는 연주 방법에 따라 발현 악기, 찰현 악기, 타현 악기로 나뉜다.

③ 마우스는 케이스, 볼, 케이블로 구성되며 케이스 윗면에는 버튼과 바퀴가 붙어 있다.

④ 친환경 에너지의 비율이 높아질수록 우리가 사는 환경도 깨끗하고 안전해질 것이다.

⑤ 복싱은 주먹으로만 상대를 타격하는 반면, 킥복싱은 주먹, 팔, 발과 다리를 모두 사용한다.

02 〈보기〉의 '학생 2'가 윗글의 관점에서 '학생 1'에게 말할 내용으로 적절하지 <u>않은</u> 것은?

〈보기〉

학생 1 : 민수의 취미가 바둑인 거 알고 있었어? 얼마 전 학교 바둑 대회에 나가서 결승에 진출했다고 하더라. 어떻게 해서 그렇게 바둑을 잘 두는 걸까?

학생 2 : 민수는 ____.

① 이번 바둑 대회에서 행운이 따랐을 거야.

② 평소에 바둑 프로그램을 많이 시청했을 거야.

③ 시간이 날 때 혼자 바둑 두는 연습을 했을 거야.

④ 어릴 때부터 바둑을 쉽게 접하는 환경에 있었을 거야.

⑤ 다른 대회에 나가서 여러 상대와 바둑을 두었을 거야.

03 〈보기〉는 윗글을 읽고 쓴 독서 노트이다. 빈칸에 들어갈 적절한 문장을 쓰시오.

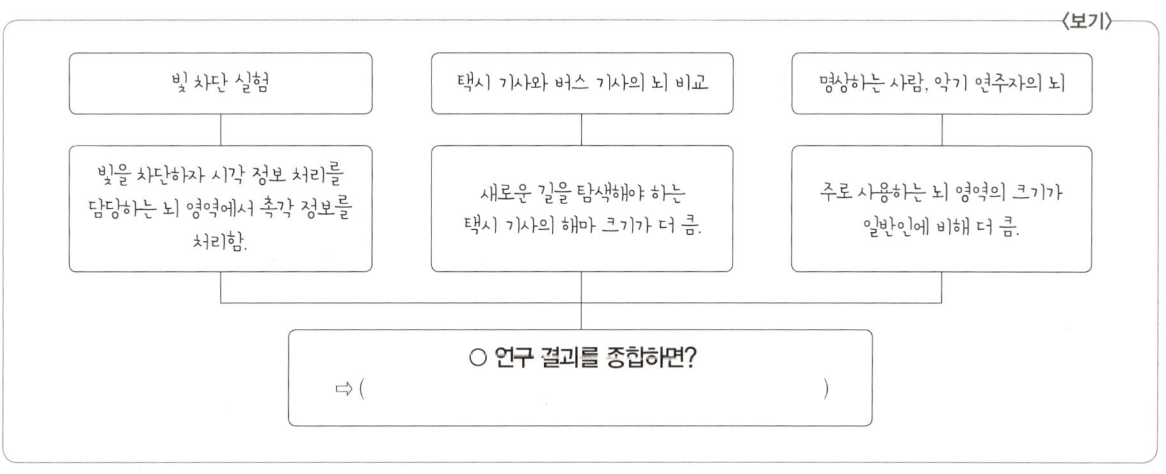

㉮ 인공 지능은 사람처럼 또는 사람과 비슷하게 인지적* 기능을 수행할 수 있는 컴퓨터 프로그램을 말한다. 인공 지능이 사람의 말을 알아듣고 명령을 실행하는 똑똑한 기계가 되는 것은 반길 일인가, 주인과 노예의 관계를 ⓐ역전시키는 재앙이 될 것이므로 경계해야 할 일인가? 세계적 물리학자 스티븐 호킹은 "인공 지능은 결국 의식을 갖게 되고 인간의 자리를 대체할 것"이라며, 인공 지능의 발전이 인류의 종말을 가져올 수 있다고 경고한 바 있다.

㉯ 하지만 인공 지능 연구가 진전됨에 따라 의식과 지능은 분리되는 현상을 겪고 있다. 인공 지능 연구는 곧 의식 없는 고등 지능의 개발이다. 유발 하라리 교수는 "인류를 가장 놀라게 만들 발명이 의식 없는 지능, 즉 의식은 없지만 고도로 발달한 컴퓨터 프로그램"이라고 말한다. '생각하는 기계가 축복이 될지 재앙이 될지는 알 수 없으나, 분명한 것은 인류가 이제껏 고민해 본 적이 없는 문제와 마주했다는 점이다. 인공 지능의 발달이 우리에게 던지는 새로운 과제는 두 갈래이다.

㉰ 첫째는 편리함을 넘어 인류의 생존을 위협할지도 모를 강력한 인공 지능을 우리가 어떻게 ⓑ통제할 수 있느냐 하는 문제이다. 입법적 차원에서 로봇이 지켜야 할 도덕적 기준을 만들어 준수하게* 하는 방법도 있고 국제 규약을 정할 수도 있다. 또한 기술적 차원에서 다양한 상황에 대해 사회적 합의를 담은 알고리즘*을 만들어 사회적 규약을 벗어나지 않는 범위에서 작동하게 하는 방법도 모색할 수 있다.

㉱ 둘째는 생각하는 기계가 ⓒ모방할 수 없는 인간의 특징을 찾아 인간의 가치를 높이는 것이다. 인공 지능이 마침내 인간의 의식 현상을 구현하더라도 사람과 인공 지능은 여전히 구분될 것이다. 인간에게는 감정과 의지가 있기 때문이다. 감정은 비이성적이고 비효율적이지만 사람됨을 ⓓ규정하는 본능이다. 인간의 감정과 의지는 수백만 년에 걸친 진화 과정에서 살아남기 위해 선택한 전략의 소산*이며, 고통과 죽음에 대한 공포가 만들어 낸 인간의 본질적 요소이다.

㉲ 인류의 역사와 문명 역시 결핍과 고통에서 느낀 감정을 동력으로 발달해 온 고유의 생존 시스템이다. 처음 마주하는 위험과 결핍은 두렵고 고통스러웠지만, 인류는 놀라운 유연성과 창의성으로 ⓔ대응해 왔다. 이것은 기계에 가르칠 수 없는 속성이다. 사람을 능가하는 인공 지능이 우리에게 알려 주는 것은 사람만이 기쁨과 슬픔, 고통과 공포를 겪으면서 진정한 '사람다움'의 가치와 본질을 지니게 된다는 사실이다. 여기에 ㉠인공 지능 시대 우리가 가야 할 사람의 길이 있다.

*인지적 자극을 받아들이고, 저장하고, 인출하는 일련의 정신 과정과 관계된 것
*준수하다 전례나 규칙, 명령 따위를 그대로 좇아서 지키다.
*알고리즘 어떤 문제의 해결을 위하여, 입력된 자료를 토대로 하여 원하는 출력을 유도하여 내는 규칙의 집합
*소산 어떤 행위나 상황 따위에 의한 결과로 나타나는 현상

04 윗글의 전개 방식에 대한 설명으로 적절하지 <u>않은</u> 것은?

① 중심 소재의 개념을 정의하고 있다.

② 중심 소재의 종류와 특징을 나열하고 있다.

③ 질문의 방식으로 독자의 관심을 유도하고 있다.

④ 중심 소재에 대한 전문가의 견해를 인용하여 제시하고 있다.

⑤ 중심 소재와 관련하여 제기되는 과제를 두 가지로 나누어 제시하고 있다.

05 윗글의 내용과 일치하지 <u>않는</u> 것은?

① 인공 지능의 발달이 인간에게 축복이 될지 재앙이 될지는 알 수 없다.

② 입법적 차원과 기술적 차원에서 인공 지능을 통제할 방법을 생각할 수 있다.

③ 인공 지능이 인간의 의식 현상을 구현하면 인간과 인공 지능은 구분될 수 없다.

④ 인간의 감정과 의지는 오랜 세월 진화의 과정을 거치며 만들어진 본질적 요소이다.

⑤ 인류의 역사와 문명은 결핍과 고통에서 느낀 감정을 동력으로 발달해 왔다.

06 윗글을 바탕으로 ㉠에 대하여 추론한 내용 중 가장 적절한 것은?

① 인간을 위협하는 인공 지능을 없앤다.

② 인간의 자리를 합리적인 인공 지능으로 대체한다.

③ 인간이 가진 감정을 인공 지능에 부여할 방법을 찾는다.

④ 인간의 고유한 속성을 발휘하여 인공 지능 시대에 대응한다.

⑤ 인공 지능의 장점과 인간의 장점을 결합할 수 있는 방법을 모색한다.

07 ⓐ~ⓔ와 다른 의미로 사용된 문장은?

① ⓐ : 경기 내내 뒤져 있던 우리 팀은 <u>역전</u>에 성공했다.

② ⓑ : 회사 측은 보안을 위해 외부인의 출입을 <u>통제</u>했다.

③ ⓒ : 자연을 최대한 충실히 <u>모방</u>하는 것이 진정한 예술이다.

④ ⓓ : 사람의 성격을 <u>규정</u>하는 외부적 조건에는 여러 가지가 있다.

⑤ ⓔ : '호랑이'와 '범'은 둘 이상의 소리가 하나의 뜻과 <u>대응</u>하는 예이다.

PART ②
비문학 실전문제편

PART ❶의 독해원리, PART ❷ 실전문제에서 이렇게 적용해요!

PART ❶에서 여러분은 비문학 지문을 정확하게 읽고 깊이 있게 이해하는 방법들을 모두 배웠어요. 이제는 조금 어려운 글들을 읽고 문제를 풀면서 앞에서 배운 방법들을 훈련할 차례예요. PART ❷로 넘어가기 전에, 앞에서 배운 독해원리들을 정리하고 이를 어떻게 활용하면 좋을지 알아봅시다. 실제 출제된 비문학 독해 지문과 문제들을 살펴보면서 어떤 독해원리들을 어떻게 적용해야 하는지 차근차근 알아볼까요?

● **지문 읽고 이해하기** 첫 번째 문단 ㉮를 읽고 나서 바로 'Self 문단 체크'의 빈칸을 채우며, 내용을 정리해 보세요. 제일 먼저 중심 소재를 찾아야겠지요? 그런 다음 바로 ㉯를 읽지 말고 앞으로 어떤 내용이 나올지 떠올려 보세요.

이어서 ㉯~㉱를 한 문단씩 끊어 읽고 'Self 문단 체크'의 빈칸을 채우면서 'Ⅰ. 문단 읽기'에서 배운 ➊ 중심 소재 찾기, ➋ 접속어와 지시어 활용하기, ➌ 중심 문장과 뒷받침 문장 구분하기, ➍ 주제 파악하기'의 독해원리를 적용해 보세요.

'Ⅰ-02. ➊ 문단의 기능 파악하기, ➋ 중심 문단과 뒷받침 문단 구분하기, ➌ 종속 관계와 대등 관계 파악하기' 등은 문단별 읽기 과정 중에, 그리고 글을 모두 읽은 후에 할 수 있어요. 이 과정을 통해 글 전체가 어떻게 이루어져 있는지 알아내는 거예요.

시험을 볼 때에는 문제를 먼저 살펴보고 지문을 읽는 것도 괜찮지만, 독해원리를 익히는 연습 중에는 어떤 글이든 문단별로 읽고 정리하는 습관을 들이는 것이 중요해요.

---

02 왜 자꾸 깜빡깜빡 잊어버릴까? 

Ⅰ. 인문

01~04 다음 글을 읽고, 물음에 답하시오.

㉮ 인간을 흔히 망각*의 동물이라고 한다. 망각이란 기억과 반대되는 개념으로 일종의 기억 실패에 해당한다. 기억은 외부의 정보를 기억 체계에 맞게 부호*로 바꾸어 저장 및 인출하는* 것으로 부호화* 단계, 저장 단계, 인출 단계로 나뉜다. 심리학에서는 기억 실패가 기억의 세 단계 중 어느 단계에서 일어난다고 보느냐에 따라 망각 현상을 각기 다르게 설명한다.

㉯ ㉠부호화 단계와 관련하여 망각을 설명하는 입장에서는 외부 정보가 부호화되는 과정에서 정보의 일부가 생략되거나 왜곡되어* 망각이 일어난다고 본다. 부호화란 외부 정보를 기억의 체계에 맞게 변환하는 과정으로, 부호에는 음운 부호와 의미 부호 등이 있다. 음운 부호는 외부 정보가 발음될 때 나는 소리에 초점을 둔 부호이고, 의미 부호는 외부 정보의 의미에 초점을 둔 부호이다. 가령 '8255'라는 숫자를 부호화할 때, [팔이오오]라는 소리로 부호화하는 것은 전자에 해당하고, '빨리 오오.'와 같이 의미로 부호화하는 것은 후자에 해당한다. 의미 부호는 외부 정보가 갖는 의미에 집중하여 부호화하는 것이므로, 음운 부호에 비해 정교화*가 잘 일어난다. 정교화는 외부 정보를 배경지식이나 상황 맥락* 등의 부가* 정보와 밀접하게 관련시키는 것이다. 부호화 단계에서 망각을 설명하는 학자들은 정교화가 잘된 정보가 그렇지 않은 정보보다 기억에 유리하여 망각이 잘 일어나지 않는다고 주장한다.

㉰ ㉡저장 단계에서 망각이 일어난다고 보는 입장에서는 망각을 부호화 단계에서의 문제가 아니라, 저장 단계에서 정보가 사라지는 현상으로 설명한다. 즉 망각은 부호화가 되어 저장된 정보 중 사용하지 않는 정보가 시간의 경과*에 따라 상실된다는 것이다. 독일의 심리학자 에빙하우스는 학습을 통해 저장된 단어가 시간의 경과에 따라 망각되는 양상을 알아보는 실험을 하였다. 그 결과 학습이 끝난 직후부터 망각이 일어나기 시작해서 1시간이 지나자 학습한 단어의 약 44% 정도가 망각되었다. 이를 근거로 저장 단계에서 망각을 설명하는 학자들은 망각은 저장 단계에서 일어나는 현상이며 시간의 흐름에 비례하여 나타난다고 주장하였다. 그리고 학습 직후 복습을 해야 학습 효과가 높다는 것을 강조하였다.

㉱ ㉢인출 단계에서 망각이 일어난다고 보는 입장에서는 망각을 저장된 정보가 제대로 인출되지 못하여 나타나는 현상으로 설명한다. 즉 망각은 저장된 정보가 사라지는 것이 아니라, 이를 밖으로 끄집어내지 못해서 나타난다는 것이다. 저장된 정보를 인출해 내기 위해서는 적절한 인출 단서*가 필요하다. 일반적으로 저장된 정보와 인출 단서가 밀접할 경우 인출이 잘 되지만, 그렇지 않으면 인출 실패로 망각이 일어날 가능성이 크다. 가령 '사랑'이라는 단어를 인출할 때 이와 의미상 연관이 큰 '애인'이라는 단어를 인출 단서로 사용하면 인출이 잘 되지만, 이와 관련이 먼 '책상'이라는 단어를 인출 단서로 사용하면 인출이 잘 되지 않는다. 인출 단계에서의 망각은 저장된 정보를 인출할 만한 단서가 부족하거나 부적절해서 나타나는 현상이므로, 시간이 흐르더라도 적절한 인출 단서만 제시되면 저장된 정보가 떠오를 수 있다.

| Self 문단 체크 |

(1) ㉮ : (　　　)은 외부의 정보를 기억 체계에 맞게 부호로 바꾸어 저장 및 인출하는 것이며, (　　　)은 그 반대 개념으로, 일종의 기억 실패에 해당한다.

(2) ㉯ : 부호화 단계와 관련하여 망각을 설명하는 입장에서는, 외부 정보가 부호화되는 과정에서 정보의 일부가 (　　　)되거나 (　　　)되어 망각이 일어난다고 본다.

(3) ㉰ : 저장 단계에서 망각이 일어난다고 보는 입장에서는 부호화가 되어 저장된 정보 중 사용하지 않는 정보가 (　　　)에 따라 상실된다고 본다.

(4) ㉱ : 인출 단계에서 망각이 일어난다고 보는 입장에서는, 망각을 저장된 정보가 제대로 (　　　)되지 못하여 일어나는 현상으로 본다.

| 주제 |

망각의 원인에 관한 세 가지 입장

---

*망각 어떤 사실을 잊어버림
*부호 일정한 뜻을 나타내기 위하여 따로 정하여 쓰는 기호
*인출하다 끌어서 빼내다.
*부호화 주어진 정보를 어떤 표준적인 형태로 변환함
*왜곡되다 사실과 다르게 해석하거나 그릇되게 되다.
*정교화 치밀하여 빈틈이 없고 자세하며 교묘하게 만듦
*맥락 사물 따위가 서로 이어져 있는 관계나 연관
*부가 주된 것에 덧붙임
*경과 시간이 지나감
*단서 어떤 문제를 해결하는 방향으로 이끌어 가는 일의 첫 부분

01 윗글에 대한 설명으로 가장 적절한 것은?
① 특정 현상을 설명하는 다양한 관점을 제시하고 있다.
② 특정 현상을 소개하는 이론의 문제점을 설명하고 있다.
③ 특정 현상과 관련된 통념을 제시하고 이를 반박하고 있다.
④ 특정 현상을 설명하는 여러 이론의 타당성을 비교하고 있다.
⑤ 특정 현상에 대한 상반된 주장을 제시한 후 이를 절충하고 있다.

02 '음운 부호'와 '의미 부호'에 대한 설명으로 적절한 것은?
① '음운 부호'는 외부 정보를 배경지식이나 맥락에 따라 수정한 것이다.
② '음운 부호'는 외부 정보를 그것에서 연상되는 의미로 처리하는 부호이다.
③ '의미 부호'는 외부 정보를 기억의 체계에 맞게 전환하는 데 필요한 부가 정보이다.
④ '음운 부호'와 달리 '의미 부호'로 입력된 정보는 망각되지 않는다.
⑤ '의미 부호'는 '음운 부호'에 비해 부호화 과정에서 정교화가 잘 이루어진다.

03 ㉠~㉢에서 단어 학습과 관련된 〈보기〉의 대화를 설명한다고 할 때, 그 내용으로 적절하지 <u>않은</u> 것은?

> 〈보기〉
> 다련 : 단어를 외울 때 기존에 알고 있는 단어와 연관 지어서 암기하면 좀 더 오래 기억할 수 있어.
> 수민 : 단어를 소리로 외우지 않고 용례를 보며 의미에 집중하여 외우는 것이 오래 기억되지만, 시간이 많이 걸린다는 것이 흠이야.
> 예린 : 단어 시험 볼 때는 다 맞았는데, 시험이 끝난 후 며칠 뒤에 다시 보니 그 단어들이 기억이 나지 않아 속상해.
> 서정 : 외운 단어를 잊어버리지 않으려면, 학습 직후부터 반복적으로 복습을 하는 것이 최고인 것 같아.
> 석현 : 좀 전까지도 알고 있던 단어였는데, 갑자기 말하려니까 혀끝에서만 빙빙 돌 뿐 생각이 나지 않아 답답해.

① ㉠ : 다련은 단어를 정교화하는 것이 기억에 효과적이라는 것을 언급하고 있다.
② ㉠ : 수민은 단어를 음운 부호로 부호화하는 과정이 시간이 많이 걸린다는 것을 말하고 있다.
③ ㉡ : 예린이 단어들을 기억하지 못하는 것은 시간의 경과에 따라 저장 단계에서 망각이 일어났기 때문이다.
④ ㉡ : 서정이 복습을 중요하게 여기는 이유는 학습 직후부터 망각이 시작되기 때문이다.
⑤ ㉢ : 석현에게 단어와 관련이 큰 적절한 인출 단서를 주면 단어가 생각날 수도 있다.

04 윗글을 바탕으로 할 때, 〈보기〉의 ⓐ와 같은 결과가 나타난 이유를 추리한 것으로 가장 적절한 것은?

> 〈보기〉
> 실험 참가자들을 X와 Y 두 집단으로 나누고 100개의 단어를 학습시킨 후 얼마나 많은 단어를 회상하는지 알아보는 실험을 하였다. 단어를 학습시킬 때 '장미−꽃'과 같이 단어와 그 단어를 포함하는 범주*를 함께 제시하였다. 학습 후 두 차례에 걸쳐 100개의 학습 단어를 회상하는 검사를 하였는데, 첫 번째 회상 검사에서는 두 집단 모두에게 범주를 제시하고, 두 번째 회상 검사는 X 집단에게만 범주를 제시하고 Y 집단에게는 제시하지 않았다. 1차 회상 검사에서는 두 집단의 단어 회상률이 동일하게 나타났으나, 2차 회상 검사에서는 ⓐX 집단이 Y 집단보다 단어 회상률이 유의미한 수준에서 높게 나타났다.
>
> *범주 동일한 성질을 가진 부류나 범위

① X 집단이 Y 집단과 달리 단어를 떠올리는 인출 단서로 범주를 활용했기 때문이다.
② X 집단이 Y 집단과 달리 단어의 의미를 범주화하여 체계적으로 저장했기 때문이다.
③ X 집단이 Y 집단과 달리 단어를 정교화하는 과정에서 부적절한 범주를 사용했기 때문이다.
④ Y 집단이 X 집단과 달리 구체적 사례와 관련지어 단어를 의미 부호화하여 저장했기 때문이다.
⑤ Y 집단이 X 집단과 달리 단어의 의미를 부호화하는 과정에서 기억 실패가 발생했기 때문이다.

● **문제 유형 확인** 01번 : 글의 설명 방식이나 내용 전개 방식을 묻는 유형

● **원리 적용** Ⅱ−01. 설명하는 글 읽기에서 배운 내용을 활용해요.
다양한 설명 방식과 내용 전개 방식에 대해 배웠던 거 기억하나요? 각 문단의 중심 내용을 파악하면서, 글쓴이가 내용을 어떻게 풀어 가고 있는지를 알아내야 해요.

● **문제 유형 확인** 02번 : 글의 내용을 제대로 이해했는지 묻는 유형

● **원리 적용** Ⅰ. 문단 읽기에서 배운 내용을 활용해요.
'음운 부호', '의미 부호'에 대해서는 나에서 자세히 설명하고 있어요. 이 문단을 중심 문장 위주로 다시 읽으면서 중심 소재에 관해 글에서 무엇을 알려 주고 있는지 파악해야 해요.

● **문제 유형 확인** 03번 : 글의 내용을 구체적인 사례나 상황에 적용하는 유형

● **원리 적용** Ⅱ−02. 주장하는 글 읽기에서 배운 내용을 활용해요.
글과 〈보기〉의 내용을 전제로 삼아 선택지의 내용을 이끌어 낼 수 있는지 판단해 보는 거예요.

● **문제 유형 확인** 04번 : 글에서 직접 설명하지 않은 내용을 추리하는 유형

● **원리 적용** Ⅱ−03. 글의 구성 활용하기에서 배운 내용을 활용해요.
특히 ❶ 예측 및 추론하기에서 연습했던 과정을 따라해 보세요. 이때 Ⅱ−02. ❷ 논증의 타당성 판단하기를 활용해 골라낸 선택지가 맞는지 확인해 보면 좋겠지요?

01~03 다음 글을 읽고, 물음에 답하시오.

가 사람들은 하루에도 수많은 일들을 판단하면서 살아간다. 판단을 할 때마다 필요한 모든 정보를 수집하여 이용하고자 하면, 정보를 수집하는 것도 힘들뿐더러 그 정보를 처리하는 것도 부담이 된다. 그렇기 때문에 사람들은 과거 경험을 바탕으로 어림짐작을 하게 되는데, 이를 휴리스틱이라고 한다. 이러한 휴리스틱에는 대표성 휴리스틱과 회상* 용이성* 휴리스틱, 그리고 시뮬레이션 휴리스틱 등이 있다.

나 대표성 휴리스틱은 어떤 대상이 특정 집단에 속할 가능성을 판단할 때, 그 대상이 특정 집단의 전형적*인 이미지와 얼마나 닮았는지에 따라 판단하는 경향을 말한다. 우리는 키 198cm인 사람이 키 165cm인 사람보다 농구 선수일 가능성이 높을 것이라 판단한다. 이와 같이 대표성 휴리스틱은 흔히 첫인상을 형성할 때나 타인에 대해 판단을 할 때 작용한다. 그런데 대표성 휴리스틱에 따른 판단은 그 대상이 가지고 있는 특정 집단의 전형적인 속성에만 주목하여 이루어진 것이다. 따라서 이러한 판단은 신속한 결정을 내리는 데 도움이 되기도 하지만, 항상 정확하고 객관적인 것이라고 보기는 어렵다.

다 회상 용이성 휴리스틱은 당장 머릿속에 잘 떠오르는 정보에 의존하여 판단하는 경향을 말한다. 사람들에게 작년 겨울 독감에 걸린 환자들이 얼마나 많았는지 물어보면, 일단 자기 주변에서 발생한 사례들을 떠올려 추정하게* 된다. 이러한 추정은 적절할 수도 있지만, 실제 발생 확률과는 다를 수도 있다. 사람들은 최근에 자신이 경험한 사례, 생동감 있는 사례, 충격적이거나 극적인 사례들을 더 쉽게 회상한다. 그래서 비행기 사고 장면을 담은 충격적인 뉴스 보도 영상을 접하게 되면, 그 장면이 자꾸 떠올라 자동차보다 비행기가 더 위험하다고 생각하게 되는 것이다. 그러나 이것은 실제 사고 발생 확률을 고려하지 못한 잘못된 판단이다.

라 시뮬레이션 휴리스틱은 과거에 발생한 특정 사건이나 미래에 일어날 일들을 마음속에 떠올려 그 장면을 상상해 보는 것이다. 범죄 용의자*를 심문하는* 경찰관이 그 용의자의 진술에 기초해서 범죄 장면을 머릿속에 그려 보는 것이 이에 해당한다. 이때 경찰관은 그 용의자를 범인으로 가정해야만* 그가 범죄를 저지르는 장면을 머릿속에 떠올려 볼 수 있다. 이러한 가상적 장면을 자꾸 머릿속에 떠올리다 보면, 그 용의자가 정말 범인인 것처럼 생각하게 된다. 그래서 그가 범인임을 입증하는 객관적인 증거를 충분히 수집하기도 전에 그를 범인이라고 판단할 가능성이 높아지는 것이다.

마 이처럼 휴리스틱은 종종 판단 착오*를 낳기도 하지만, 경험에 기반하여* 답을 찾는 효율적인 방법이라고 볼 수도 있다. 일상생활에서 우리의 판단과 추론이 항상 합리적인 사고 과정을 거쳐 일어나는 것은 아니다. 우리는 '결정을 위한 시간이 많지 않다.'는 가정을 무의식적으로 하고 있다. 휴리스틱은 우리가 쓰고 싶지 않아도 거의 자동적으로 작용한다. 그리고 수많은 대안 중 순식간에 몇 가지 혹은 단 한 가지의 대안만을 남겨 판단하기 쉽게 만들어 준다. 이런 점에서 인간은 ㉠'인지적 구두쇠'라고 할 만하다.

01 윗글의 내용과 일치하지 <u>않는</u> 것은?

① 일상생활 속에서 사람들은 과거 경험을 바탕으로 어림짐작을 하게 된다.
② 사람들은 충격적인 경험을 충격적이지 않은 경험보다 더 쉽게 회상한다.
③ 휴리스틱에 따른 판단은 사실에 부합하는 판단일 수도 있고 그렇지 않을 수도 있다.
④ 가상적인 상황을 반복하여 상상하면 마치 그 상황이 실제 사실인 것처럼 느껴질 수 있다.
⑤ 다른 사람의 입장이 되어 가상적인 상황을 생각함으로써 정확하고 객관적인 판단을 내릴 수 있다.

02 ㉠의 의미를 가장 잘 나타내고 있는 것은?

① 인간은 세상의 수많은 일들을 판단할 때 가능하면 노력을 덜 들이려는 경향이 있다.
② 인간은 주변 세계에 의미를 부여하고 앞으로 일어날 일을 예측하려는 욕구를 가지고 있다.
③ 인간은 과학적이고 체계적으로 정보를 처리하여 정확하고 객관적인 판단을 하려는 경향이 있다.
④ 인간은 판단에 필요한 정보나 판단하기 위한 시간이 부족하기 때문에 휴리스틱을 의도적으로 사용한다.
⑤ 인간은 일상생활 속에서 판단이나 결정을 할 때 가능한 모든 대안의 장점과 단점을 분석하여 결론을 도출한다.

03 다음은 휴리스틱과 관련한 실험 내용이다. 윗글로 보아 〈보기〉의 ㉮에 들어갈 내용으로 가장 적절한 것은?

〈보기〉

　　한 심리학 실험에서 연구자들은 사람들에게 '영미는 31세로 감성적이며 새로운 곳에 대한 호기심이 많은 여성이다. 대학에서 국어국문학을 전공하였고 사진 동아리에서 꾸준히 활동하였다.'라는 정보를 제시한 후, 영미가 현재 어떤 모습일지 A와 B 중 가능성이 높은 순서대로 배열하도록 하였다.

　　A. 영미는 은행원이다.
　　B. 영미는 여행 블로그를 운영하는 은행원이다.

　　B는 A의 부분 집합이므로, 적어도 B보다 A일 가능성이 높다. 그러나 대부분의 사람들은 A보다 B일 가능성이 더 높다고 판단했다. 이에 대해 연구자들은 대표성 휴리스틱이 이러한 판단을 유도한 것이라고 보았다. 사람들이 (　㉮　) 보고, B의 '영미는 여행 블로그를 운영'에 주목했기 때문이라는 것이다.

① 최근에 여행 블로그가 유행하고 있다는 점을 고려해
② 대표적인 여행 블로그는 어떤 특징이 있는지 판단해
③ 영미가 은행원보다는 여행 블로그 운영자에 더 어울린다고
④ 가고 싶은 장소를 여행 블로그에서 검색했던 경험을 떠올려
⑤ 영미가 은행원이 되어 고객들에게 친절하게 대하는 모습을 상상해

01~04 다음 글을 읽고, 물음에 답하시오.

가 인간을 흔히 망각*의 동물이라고 한다. 망각이란 기억과 반대되는 개념으로 일종의 기억 실패에 해당한다. 기억은 외부의 정보를 기억 체계에 맞게 부호*로 바꾸어 저장 및 인출하는* 것으로 부호화* 단계, 저장 단계, 인출 단계로 나뉜다. 심리학에서는 기억 실패가 기억의 세 단계 중 어느 단계에서 일어난다고 보느냐에 따라 망각 현상을 각기 다르게 설명한다.

나 ㉠부호화 단계와 관련하여 망각을 설명하는 입장에서는 외부 정보가 부호화되는 과정에서 정보의 일부가 생략되거나 왜곡되어* 망각이 일어난다고 본다. 부호화란 외부 정보를 기억의 체계에 맞게 변환하는 과정으로, 부호에는 음운 부호와 의미 부호 등이 있다. 음운 부호는 외부 정보가 발음될 때 나는 소리에 초점을 둔 부호이고, 의미 부호는 외부 정보의 의미에 초점을 둔 부호이다. 가령 '8255'라는 숫자를 부호화할 때, [팔이오오]라는 소리로 부호화하는 것은 전자에 해당하고, '빨리 오오.'와 같이 의미로 부호화하는 것은 후자에 해당한다. 의미 부호는 외부 정보가 갖는 의미에 집중하여 부호화하는 것이므로, 음운 부호에 비해 정교화*가 잘 일어난다. 정교화는 외부 정보를 배경지식이나 상황 맥락* 등의 부가* 정보와 밀접하게 관련시키는 것이다. 부호화 단계에서 망각을 설명하는 학자들은 정교화가 잘된 정보가 그렇지 않은 정보보다 기억에 유리하여 망각이 잘 일어나지 않는다고 주장한다.

다 ㉡저장 단계에서 망각이 일어난다고 보는 입장에서는 망각을 부호화 단계에서의 문제가 아니라, 저장 단계에서 정보가 사라지는 현상으로 설명한다. 즉 망각은 부호화가 되어 저장된 정보 중 사용하지 않는 정보가 시간의 경과*에 따라 상실된다는 것이다. 독일의 심리학자 에빙하우스는 학습을 통해 저장된 단어가 시간의 경과에 따라 망각되는 양상을 알아보는 실험을 하였다. 그 결과 학습이 끝난 직후부터 망각이 일어나기 시작해서 1시간이 지나자 학습한 단어의 약 44% 정도가 망각되었다. 이를 근거로 저장 단계에서 망각을 설명하는 학자들은 망각은 저장 단계에서 일어나는 현상이며 시간의 흐름에 비례하여 나타난다고 주장하였다. 그리고 학습 직후 복습을 해야 학습 효과가 높다는 것을 강조하였다.

라 ㉢인출 단계에서 망각이 일어난다고 보는 입장에서는 망각을 저장된 정보가 제대로 인출되지 못하여 나타나는 현상으로 설명한다. 즉 망각은 저장된 정보가 사라지는 것이 아니라, 이를 밖으로 끄집어내지 못해서 나타난다는 것이다. 저장된 정보를 인출해 내기 위해서는 적절한 인출 단서*가 필요하다. 일반적으로 저장된 정보와 인출 단서가 밀접할 경우 인출이 잘 되지만, 그렇지 않으면 인출 실패로 망각이 일어날 가능성이 크다. 가령 '사랑'이라는 단어를 인출할 때 이와 의미상 연관이 큰 '애인'이라는 단어를 인출 단서로 사용하면 인출이 잘 되지만, 이와 관련이 먼 '책상'이라는 단어를 인출 단서로 사용하면 인출이 잘 되지 않는다. 인출 단계에서의 망각은 저장된 정보를 인출할 만한 단서가 부족하거나 부적절해서 나타나는 현상이므로, 시간이 흐르더라도 적절한 인출 단서만 제시되면 저장된 정보가 떠오를 수 있다.

| Self 문단 체크 |

(1) **가** : (　　　　)은 외부의 정보를 기억 체계에 맞게 부호로 바꾸어 저장 및 인출하는 것이며, (　　　)은 그 반대 개념으로, 일종의 기억 실패에 해당한다.

(2) **나** : 부호화 단계와 관련하여 망각을 설명하는 입장에서는, 외부 정보가 부호화되는 과정에서 정보의 일부가 (　　　)되거나 (　　　)되어 망각이 일어난다고 본다.

(3) **다** : 저장 단계에서 망각이 일어난다고 보는 입장에서는 부호화가 되어 저장된 정보 중 사용하지 않는 정보가 (　　　)에 따라 상실된다고 본다.

(4) **라** : 인출 단계에서 망각이 일어난다고 보는 입장에서는, 망각을 저장된 정보가 제대로 (　　　)되지 못하여 일어나는 현상으로 본다.

| 주제 |

망각의 원인에 관한 세 가지 입장

***망각** 어떤 사실을 잊어버림
***부호** 일정한 뜻을 나타내기 위하여 따로 정하여 쓰는 기호
***인출하다** 끌어서 빼내다.
***부호화** 주어진 정보를 어떤 표준적인 형태로 변환함
***왜곡되다** 사실과 다르게 해석하거나 그릇되게 되다.
***정교화** 치밀하여 빈틈이 없고 자세하며 교묘하게 만듦
***맥락** 사물 따위가 서로 이어져 있는 관계나 연관
***부가** 주된 것에 덧붙임
***경과** 시간이 지나감
***단서** 어떤 문제를 해결하는 방향으로 이끌어 가는 일의 첫 부분

01 **윗글에 대한 설명으로 가장 적절한 것은?**

① 특정 현상을 설명하는 다양한 관점을 제시하고 있다.

② 특정 현상을 소개하는 이론의 문제점을 설명하고 있다.

③ 특정 현상과 관련된 통념을 제시하고 이를 반박하고 있다.

④ 특정 현상을 설명하는 여러 이론의 타당성을 비교하고 있다.

⑤ 특정 현상에 대한 상반된 주장을 제시한 후 이를 절충하고 있다.

02 **'음운 부호'와 '의미 부호'에 대한 설명으로 적절한 것은?**

① '음운 부호'는 외부 정보를 배경지식이나 맥락에 따라 수정한 것이다.

② '음운 부호'는 외부 정보를 그것에서 연상되는 의미로 처리하는 부호이다.

③ '의미 부호'는 외부 정보를 기억의 체계에 맞게 전환하는 데 필요한 부가 정보이다.

④ '음운 부호'와 달리 '의미 부호'로 입력된 정보는 망각되지 않는다.

⑤ '의미 부호'는 '음운 부호'에 비해 부호화 과정에서 정교화가 잘 이루어진다.

03 **㉠~㉢에서 단어 학습과 관련된 〈보기〉의 대화를 설명한다고 할 때, 그 내용으로 적절하지 않은 것은?**

〈보기〉

다련 : 단어를 외울 때 기존에 알고 있는 단어와 연관 지어서 암기하면 좀 더 오래 기억할 수 있어.

수민 : 단어를 소리로 외우지 않고 용례를 보며 의미에 집중하여 외우는 것이 오래 기억되지만, 시간이 많이 걸린다는 것이 흠이야.

예린 : 단어 시험 볼 때는 다 맞았는데, 시험이 끝난 후 며칠 뒤에 다시 보니 그 단어들이 기억나지 않아 속상해.

서정 : 외운 단어를 잊어버리지 않으려면, 학습 직후부터 반복적으로 복습을 하는 것이 최고인 것 같아.

석현 : 좀 전까지도 알고 있는 단어였는데, 갑자기 말하려니까 혀끝에서만 빙빙 돌 뿐 생각이 나지 않아 답답해.

① ㉠ : 다련은 단어를 정교화하는 것이 기억에 효과적이라는 것을 언급하고 있다.

② ㉠ : 수민은 단어를 음운 부호로 부호화하는 과정이 시간이 많이 걸린다는 것을 말하고 있다.

③ ㉡ : 예린이 단어들을 기억하지 못하는 것은 시간의 경과에 따라 저장 단계에서 망각이 일어났기 때문이다.

④ ㉡ : 서정이 복습을 중요하게 여기는 이유는 학습 직후부터 망각이 시작되기 때문이다.

⑤ ㉢ : 석현에게 단어와 관련이 큰 적절한 인출 단서를 주면 단어가 생각날 수도 있다.

04 **윗글을 바탕으로 할 때, 〈보기〉의 ⓐ와 같은 결과가 나타난 이유를 추리한 것으로 가장 적절한 것은?**

〈보기〉

　　실험 참가자들을 X와 Y 두 집단으로 나누고 100개의 단어를 학습시킨 후 얼마나 많은 단어를 회상하는지 알아보는 실험을 하였다. 단어를 학습시킬 때 '장미-꽃과 같이 단어와 그 단어를 포함하는 범주*를 함께 제시하였다. 학습 후 두 차례에 걸쳐 100개의 학습 단어를 회상하는 검사를 하였는데, 첫 번째 회상 검사에서는 두 집단 모두에게 범주를 제시하고, 두 번째 회상 검사에서는 X 집단에게만 범주를 제시하고 Y 집단에게는 제시하지 않았다. 1차 회상 검사에서는 두 집단의 단어 회상률이 동일하게 나타났으나, 2차 회상 검사에서는 ⓐX 집단이 Y 집단보다 단어 회상률이 유의미한 수준에서 높게 나타났다.

*범주 동일한 성질을 가진 부류나 범위

① X 집단이 Y 집단과 달리 단어를 떠올리는 인출 단서로 범주를 활용했기 때문이다.

② X 집단이 Y 집단과 달리 단어의 의미를 범주화하여 체계적으로 저장했기 때문이다.

③ X 집단이 Y 집단과 달리 단어를 정교화하는 과정에서 부적절한 범주를 사용했기 때문이다.

④ Y 집단이 X 집단과 달리 구체적 사례와 관련지어 단어를 의미 부호화하여 저장했기 때문이다.

⑤ Y 집단이 X 집단과 달리 단어의 의미를 부호화하는 과정에서 기억 실패가 발생했기 때문이다.

01~03 다음 글을 읽고, 물음에 답하시오.

가 18세기 경험론*의 대표적인 철학자 흄은 '모든 지식은 경험에서 나온다.'라고 주장하면서, 이성을 중심으로 진리를 탐구했던 데카르트의 합리론*을 비판하고 경험을 중심으로 한 새로운 철학 이론을 구축하려* 하였다. 그러나 지나치게 경험만을 중시한 나머지, 그는 과학적 탐구 방식 및 진리를 인식하는 문제에 대해서도 비판하기에 이른다. 그 결과 ㉠흄은 서양 근대 철학사에서 극단적인 회의주의자*로 평가받는다.

나 흄은 지식의 근원을 경험으로 보고 이를 인상과 관념으로 구분하여 설명하였다. 인상은 오감(五感)*을 통해 얻을 수 있는 감각이나 감정 등을 말하고, 관념은 인상을 머릿속에 떠올리는 것을 말한다. 가령, 혀로 소금의 '짠맛'을 느끼는 것은 인상이고, 머릿속으로 '짠맛'을 떠올리는 것은 관념이다. 인상은 단순 인상과 복합 인상으로 나뉘는데, 단순 인상은 단일 감각을 통해 얻은 인상을, 복합 인상은 단순 인상들이 결합된 인상을 의미한다. 따라서 '짜다'는 단순 인상에, '짜다'와 '희다' 등의 단순 인상들이 결합된 소금의 인상은 복합 인상에 해당한다. 그리고 단순 인상을 통해 형성되는 관념을 단순 관념, 복합 인상을 통해 형성되는 관념을 복합 관념이라 한다. 흄은 단순 인상이 없다면 단순 관념이 존재하지 않는다고 보았다. 그런데 '황금 소금'은 현실에 존재하지 않기 때문에 그 자체에 대한 복합 인상은 없지만, '황금'과 '소금' 각각의 인상이 존재하기 때문에 복합 관념이 존재할 수 있다. 따라서 복합 관념은 복합 인상이 없더라도 존재할 수 있다. 하지만 흄은 '황금 소금'처럼 인상이 없는 관념은 과학적 지식이 될 수 없다고 말하였다.

다 흄은 과학적 탐구 방식으로서의 인과* 관계에 대해서도 비판적 태도를 보였다. 그는 인과 관계란 시공간적으로 인접한* 두 사건이 반복해서 발생할 때 갖는 관찰자의 습관적인 기대에 불과하다고 말하였다. 즉, '까마귀 날자 배 떨어진다'라는 속담이 의미하는 것처럼 인과 관계는 필연적* 관계임을 확인할 수 없다는 것이다. 그는 '까마귀가 날아오르는 사건'과 '배가 떨어지는 사건'을 관찰할 수는 있지만, '까마귀가 날아오르는 사건이 배가 떨어지는 사건을 야기했다*.'라는 생각은 추측일 뿐 두 사건의 인과적 연결 관계를 관찰할 수 없다고 주장한다. 결국 인과 관계란 시공간적으로 인접한 두 사건에 대한 주관적 판단에 불과하므로, 이런 방법을 통해 얻은 과학적 지식이 필연적이라는 생각은 적합하지 않다고 흄은 비판하였다.

라 또한 흄은 진리를 알 수 있는가의 문제에 대해서도 회의적인 태도를 취했다. 전통적인 진리관에서는 진술의 내용이 사실(事實)과 일치할 때 진리라고 본다. 하지만 흄은 진술 내용이 사실과 일치하는지의 여부를 판단할 수 없다고 보았다. 예를 들어 '소금이 짜다.'라는 진술이 진리가 되기 위해서는 실제 소금이 짜야 한다. 그런데 흄에 따르면 우리는 감각 기관을 통해서만 세상을 인식할 수 있기 때문에 실제 소금이 짠지는 알 수 없다. 그러므로 '소금이 짜다.'라는 진술은 '내 입에는 소금이 짜게 느껴진다.'라는 진술에 불과할 뿐이다. 따라서 비록 경험을 통해 얻은 과학적 지식이라 하더라도 그것이 진리인지의 여부는 확인할 수 없다는 것이 흄의 입장이다.

마 이처럼 흄은 경험론적 입장을 철저하게 고수한* 나머지, 과학적 지식조차 회의적으로 바라보았다는 점에서 비판을 받기도 했다. 하지만 그는 이성만 중시했던 당시

| Self 문단 체크 |

(1) **가** : 흄은 서양 근대 철학사에서 극단적인 (　　　)로 평가받는다.

(2) **나** : 흄은 지식의 근원을 (　　　)으로 보고 이를 인상과 관념으로 구분하였다. 또한 (　　　)이 없는 관념은 과학적 지식이 될 수 없다고 보았다.

(3) **다** : 흄은 (　　　) 관계 역시 시공간적으로 인접한 두 사건에 대한 (　　　) 판단에 불과하다고 비판하였다.

(4) **라** : 흄은 경험을 통해 얻은 과학적 지식이라 하더라도 그것이 진리인지의 여부는 확인할 수 (　　　)고 보았다.

(5) **마** : 흄은 이성만 중시했던 근대 철학 사조에 반기를 들고 (　　　)을 중심으로 지식과 진리를 탐구했다는 점에서 근대 철학에 새로운 방향성을 제시하였다.

| 주제 |

지식에 대한 흄의 경험론적 관점

* **경험론** 인식의 바탕이 경험에 있다고 보아, 경험의 내용이 곧 인식의 내용이 된다는 이론. 초경험적이며 이성적인 계기에 의한 인식을 인정하지 않는다.
* **합리론** 진정한 인식은 경험이 아닌 타고난 이성에 의하여 얻어진다고 하는 태도
* **구축하다** 체제, 체계 따위의 기초를 닦아 세우다.
* **회의주의자** 회의주의(인간의 인식은 주관적·상대적이라고 보아서 진리의 절대성을 의심하고 궁극적인 판단을 하지 않으려는 태도)를 따르거나 주장하는 사람
* **오감** 시각, 청각, 후각, 미각, 촉각의 다섯 가지 감각
* **인과** 원인과 결과
* **인접하다** 이웃하여 있다. 또는 옆에 닿아 있다.
* **필연적** 사물의 관련이나 일의 결과가 반드시 그렇게 될 수밖에 없는
* **야기하다** 일이나 사건 따위를 끌어일으키다.
* **고수하다** 차지한 물건이나 형세 따위를 굳게 지키다.

철학 사조*에 반기를 들고 경험을 중심으로 지식 및 진리의 문제를 탐구했다는 점에서 근대 철학에 새로운 방향성을 제시했다는 평가를 받는다.

*사조 한 시대의 일반적인 사상의 흐름

01 〈라〉를 바탕으로 할 때, ㉠의 이유로 가장 적절한 것은?

① 인상이 없는 지식은 진리가 아니라고 보았기 때문에

② 이성만으로는 진리를 탐구할 수 없다고 보았기 때문에

③ 실재 세계의 모습은 끊임없이 변한다고 보았기 때문에

④ 주관적 판단으로 진리를 찾을 수 있다고 보았기 때문에

⑤ 경험을 통해서도 진리를 확인할 수 없다고 보았기 때문에

02 윗글에서 언급된 '흄'의 관점에서 〈보기〉를 이해한 것으로 적절하지 않은 것은?

〈보기〉

① 사과를 보면서 달콤한 맛을 떠올리는 것은 관념에 해당한다.

② 사과를 보면서 '빨개'라고 느끼는 것은 복합 인상에 해당한다.

③ 사과의 실제 색을 알 수 없으므로 '이 사과는 빨개.'라는 생각은 '내 눈에는 이 사과가 빨갛게 보여.'라는 의미일 뿐이다.

④ 사과를 먹는 것과 피부가 고와지는 것 사이의 인과적 연결 관계를 관찰할 수 없다.

⑤ '매일 사과를 먹으니 피부가 고와졌어.'라는 생각은 반복되는 경험을 통해 형성된 습관적 기대에 불과하다.

03 〈보기〉의 사례를 통해 '흄'의 주장을 반박한다고 할 때, 그 내용으로 가장 적절한 것은?

〈보기〉

아래 그림과 같이 무채색을 명도의 변화에 따라 나열한 도표가 있다고 가정하자. 도표의 한 칸을 비워 둔 채 어떤 사람에게 "5번 빈칸에 들어갈 색은 어떤 색인가요?"라고 질문하였다. 그 사람은 빈칸에 들어갈 색을 태어나서 한 번도 본 적이 없지만, 주변 색과 비교하여 그 색이 어떤 색인지 알아맞혔다.

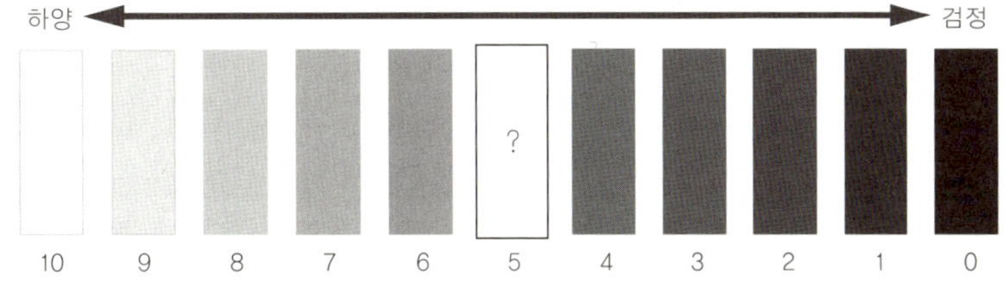

① 세계는 우리의 감각 기관과 독립하여 존재하지 않는다.

② 감각적으로 경험하지 않은 단순 관념이 존재할 수 있다.

③ 관찰과 경험을 동해서 얻은 지식은 필연성을 갖게 된다.

④ 관념을 단순 관념과 복합 관념으로 구분하는 기준은 없다.

⑤ 외부 세계가 어떤 모습인지를 객관적으로 확인할 수 있다.

04 플라톤과 아리스토텔레스의 예술관 

01~05 다음 글을 읽고, 물음에 답하시오.

(가)

㉮ 플라톤은 초월 세계인 이데아계와 감각 세계인 현상계를 구분했다. 영원불변의 이데아계는 현상계에 나타난 모든 사물의 근본이 되는 보편자, 즉 형상(form)이 존재하는 곳으로 이성으로만 인식될 수 있는 관념의 세계이다. 반면 현상계는 이데아계의 형상을 바탕으로 만들어진 세계로 끊임없이 변화하는 사물이 감각에 의해 지각된다. 플라톤에 따르면 ㉠현상계의 모든 사물은 형상을 본뜬 그림자에 불과하다.

㉯ 이러한 관점에서 플라톤은 예술을 감각 가능한 현상의 모방이라고 보았다. 예를 들어 목수는 이성을 통해 침대의 형상을 인식하고 그것을 모방하여 침대를 만든다. 그리고 화가는 감각을 통해 이 침대를 보고 그림을 그린다. 결국 침대 그림은 보편자에서 두 단계 떨어져 있는 열등한 것이며, 형상에 대한 참된 인식을 방해하는 허구*의 허구에 불과하다. 이데아계의 형상을 모방하여 생겨난 것이 현상인데, 예술은 현상을 다시 모방한 것이기 때문이다.

㉰ 플라톤은 시가 회화와 다르다고 보았다. 고대 그리스에서 음유시인*은 허구의 허구인 서사시나 비극을 창작하고, 이를 작품 속 등장인물의 성격에 어울리는 말투, 몸짓 같은 감각 가능한 현상으로 연기함으로써 다시 허구를 만들어 냈다. 이 과정에서 음유시인의 연기는 인물의 성격을 드러내는데, 이는 감각 가능한 외적 특성을 모방해 감각으로 파악될 수 없는 내적 특성을 드러내는 것이다.

㉱ 플라톤은 음유시인이 용기나 절제 같은 덕성을 갖춘 인간이 아닌 저급한* 인간의 면모를 모방할 수밖에 없다고 주장했다. 가령 화를 잘 내는 인물은 목소리가 거칠어지고 안색이 붉어지는 등 다양한 감각 가능한 현상들을 모방함으로써 쉽게 표현할 수 있지만, 용기나 절제력이 있는 인물에 수반되는* 감각 가능한 현상은 표현하기 어렵기 때문이다. 따라서 플라톤은 음유시인의 연기를 보는 관객들이 이성이 아닌 감정이나 욕구와 같은 비이성적인 것들에 지배되어 타락하게 된다고 보았다.

(나)

㉮ 아리스토텔레스는 이데아계가 존재한다고 보지 않았다. 예컨대 사람은 나이가 들며 늙는데, 만약 이데아계의 변하지 않는 어린아이의 형상과 성인의 형상을 바탕으로 각각 현상계의 어린아이와 성인이 생겨났다면, 현상계에서 어린아이가 성인으로 성장하는 것을 설명할 수 없기 때문이다.

㉯ 아리스토텔레스는 형상이 항상 사물의 생성과 변화의 바탕이 되는 질료에 내재한다고* 보고, 이를 가능태와 현실태라는 개념을 통해 설명하였다. 가능태란 형상을 실현시킬 수 있는 가능적 힘이자 질료를 의미하며, 현실태란 가능태에 형상이 실현된 어떤 상태이다. 가령 도토리는 떡갈나무가 되기 위한 가능태라면, 도토리가 떡갈나무가 된 상태가 현실태이다. 이처럼 생성·변화하는 모든 것은 목적을 향해 움직이므로 가능태에 있는 것은 형상이 완전히 실현된 상태인 '완전 현실태'를 향해 나아가는데, 이 이행 과정이 운동이다. 즉 운동의 원인은 외부가 아닌 가능태 자체에 내재한다.

㉰ 아리스토텔레스에게 있어 예술의 목적은 개개의 사물에 내재하고 있는 보편자, 즉 형상을 표현해 내는 것이다. 이런 점에서 그는 시가 역사보다 우월하다고 주장했

다. 역사는 개별적 사건들의 기록일 뿐이지만 시는 개별적 사건에 깃들어 있는 보편자를 표현한 것이기 때문이다.

라 아리스토텔레스는 인간이 예술을 통해 쾌감을 느낄 수 있다고 보았다. 특히 비극시는 파멸하는 주인공을 통해 인간의 근본적 한계를 다루기 때문에, 시를 창작하면 인간 존재의 본질을 인식하는 앎의 쾌감을 느낄 수 있다고 하였다. 비극시 속 이야기는 음유시인이 경험 세계의 개별자들 속에서 보편자를 인식해 내어, 그것을 다시 허구의 개별자로 표현한 결과물인 것이다. 또한 관객은 음유시인의 연기를 통해 앎의 쾌감을 느낄 수 있을 뿐 아니라 그와 다른 종류의 쾌감도 경험할 수 있다. 관객은 고통을 받는 인물의 이야기를 통해 그에 대한 연민*과 함께, 자신도 유사한 고통을 겪을 수 있다는 공포를 느낀다. 이러한 과정에서 감정이 고조됐다가 해소되면서 얻게 되는 쾌감, 즉 카타르시스를 경험한다.

*연민 불쌍하고 가련하게 여김

01 **(가)와 (나)에 대한 설명으로 가장 적절한 것은?**

① (가)와 (나)는 모두 특정 사상가의 예술을 바라보는 관점이 변화하게 된 이유를 설명하고 있다.
② (가)와 (나)는 모두 특정 사상가가 예술을 평가하는 데 바탕이 된 철학적 관점을 설명하고 있다.
③ (가)와 달리 (나)는 특정 사상가가 생각하는 예술의 불완전성을 설명하고 있다.
④ (나)와 달리 (가)는 특정 사상가의 예술관에 내재한 장점과 단점을 제시하고 있다.
⑤ (가)는 특정 사상가의 예술관이 보이는 한계를, (나)는 특정 사상가의 예술관이 주는 의의를 제시하고 있다.

02 **(가)의 '플라톤'의 사상을 이해한 내용으로 적절하지 않은 것은?**

① 예술은 형상에 대한 참된 인식을 방해한다.
② 형상은 감각이 아닌 이성을 통해서만 인식할 수 있다.
③ 현상계의 사물을 모방한 예술은 형상보다 열등한 것이다.
④ 예술의 표현 대상은 사물이 아니라 사물 안에 존재하는 형상이다.
⑤ 이데아계는 현상계에 나타난 모든 사물의 형상이 존재하는 곳이다.

03 **(나)의 '아리스토텔레스'의 관점에서 형상과 질료에 대해 이해한 내용으로 적절하지 않은 것은?**

① 형상은 질료와 분리되어 존재할 수 없다.
② 질료는 형상을 실현시킬 수 있는 가능적 힘이다.
③ 형상이 질료에 실현되는 원인은 가능태 자체에 내재한다.
④ 형상과 질료 사이의 관계는 현실태와 가능태 사이의 관계와 같다.
⑤ 생성·변화하는 것은 형상이 질료에 완전히 실현된 상태인 완전 현실태를 향한다.

04 **(가)와 (나)를 참고할 때, '아리스토텔레스'의 입장에서 ㉠을 비판한 것으로 가장 적절한 것은?**

① 현상계의 사물이 형상을 본뜬 것이라면 현상계의 사물이 생성·변화하는 이유를 설명할 수 없다.

② 형상이 변하지 않는 것이라면 현상계에 존재하는 사물들이 모두 제각기 다른 이유를 설명할 수 없다.

③ 형상과 현상계의 사물이 서로 독립적이라면 현상계에서 사물이 시시각각 변화하는 현상을 설명할 수 없다.

④ 형상이 현상계를 초월하여 존재하는 것이라면 형상을 포함하지 않는 사물을 감각으로 느끼는 것은 불가능하다.

⑤ 현상계의 모든 사물이 형상의 그림자에 불과하다면 그림자만 볼 수 있는 인간이 형상을 인식하는 것은 불가능하다.

05 **(가)의 '플라톤'과 (나)의 '아리스토텔레스'가 〈보기〉에 대해 보일 반응으로 적절하지 <u>않은</u> 것은?**

〈보기〉

　　고대 그리스의 비극시『오이디푸스 왕』의 주인공 오이디푸스는 자신에게 주어진 숙명에 의해 파멸당하는 인물이다. 비극시를 공연하는 음유시인은 목소리, 몸짓으로 작품 속 오이디푸스를 관객 앞에서 연기한다. 음유시인의 연기에 몰입한 관객은 덕성을 갖춘 주인공이 특별한 잘못이 없는데도 불행해지는 모습을 보고 연민과 공포를 느낀다.

① 플라톤 : 오이디푸스는 덕성을 갖춘 현상 속 인물을 본떠 만든 허구의 허구이며, 그에 대한 음유시인의 연기는 이를 다시 본뜬 허구이다.

② 플라톤 : 음유시인은 오이디푸스의 덕성을 연기하는 데 주력하겠지만, 관객은 이를 감각으로 파악할 수 없기 때문에 감정과 욕구에 지배되어 타락하게 된다.

③ 플라톤 : 음유시인의 목소리와 몸짓을 통해 오이디푸스의 성격이 드러난다면, 감각 가능한 외적 특성을 모방하는 과정에서 감각되지 않는 내적 특성이 표현된 것이다.

④ 아리스토텔레스 : 음유시인이 현상 속 인간의 개별적 모습들에서 보편자를 인식해 내어, 이를 다시 오이디푸스라는 허구의 개별자로 표현한 것이다.

⑤ 아리스토텔레스 : 오이디푸스가 숙명에 의해 파멸당하는 것을 본 관객들은 인간 존재의 본질을 이해하는 쾌감을 느낄 뿐 아니라 카타르시스를 경험할 수 있다.

01~05 다음 글을 읽고, 물음에 답하시오.

가 조선 시대의 유학자들은 왕권의 기반이 민심에 있으며 민심을 천심으로 받아들여야 한다고 보는 민본(民本) 사상을 통치 기조로 삼을 것을 주장했다. 이러한 관점에서 군주는 백성의 뜻을 하늘의 뜻으로 받들며 섬기고 덕성을 갖춘 성군으로서 백성의 모범이 되어야 하며, 백성을 사랑하는 애민의 태도로 백성의 삶을 안정시키고 백성을 교화해야* 하는 존재라고 강조했다. 또한 백성은 보살핌과 가르침을 받는 존재로서 통치에 ⓐ순응해야 한다고 보았다.

나 군주와 백성에 대한 이러한 관점은 조선 개국을 주도하고 통치 체제를 설계한 정도전의 주장에도 드러난다. 정도전은 군주나 관료*가 백성에 대한 통치권을 지닌 것은 백성을 지배하기 위한 것이 아니라 백성을 보살피고 안정시키기 위한 것이라고 보았다. 군주나 관료가 지배자가 아니라 백성을 위해 일하는 봉사자일 때 이들의 지위나 녹봉*은 그 정당성이 확보된다고 여긴 것이다. 또한 왕권이 정상적으로 작동하기 위해서는 왕을 정점으로 하여 관료 조직을 위계적으로 ⓑ정비하는 것과 더불어, 민심을 받들어 백성을 보살피는 자로서 군주가 덕성을 갖추는 것이 중요하다고 보았다. 백성을 위하는 관료의 자질 향상 및 책무의 중요성을 강조한 한편, 관료의 비행을 감독하는 감사 기능의 강화를 주장하기도 했다. 이러한 정도전의 주장은 백성을 보살핌의 대상으로 바라본 민본 사상의 관점에 입각한 것이라 할 수 있다.

다 조선 중기의 학자 이이 역시 군주의 바람직한 덕성을 강조한 한편 군주와 백성의 관계를 부모와 자식의 관계에 빗대어 백성을 보살펴야 하는 대상이라 논했다. 이이는 특히 애민은 부모가 자녀를 가르치듯 군주가 백성들을 도덕적으로 교화함으로써 실현되며, 교화를 ⓒ순조롭게 이루기 위해서는 우선 백성들을 경제적으로 안정시켜야 한다는 점을 강조했다. 또한 백성은 군주에 대한 신망*을 지닐 수도 버릴 수도 있는 존재이므로, 군주는 백성을 두려워하는 외민(畏民)의 태도를 지녀야 함을 역설했다*. 백성을 보살피고 교화해야 할 대상으로 여긴 점은 정도전의 관점과 상통하는 지점이다. 다만 군주가 백성에 대한 두려움을 가지고 백성의 신망을 유지하기 위해 노력해야 한다는 것을 강조한 점에서 차이가 있다.

라 조선 후기의 학자 정약용은 환자나 극빈자, 노인과 어린이 등 사회적 약자에 속하는 백성을 적극적으로 보호하는 것이 애민의 내용이라고 주장했다. 이는 백성을 보살핌의 대상으로 바라보는 시각을 구체화한 것이라 할 수 있다. 한편 정약용은 백성을 통치 체제 유지에 기여해야 하는 존재라 보고, 백성이 각자의 경제적 형편에 ⓓ부합하는 역할을 수행해야 한다고 주장하여 백성에 대한 기존의 관점과 차이를 드러냈다. 그는 가난한 백성인 '소민'은 교화를 따름으로써, 부유한 백성인 '대민'은 생산 수단을 제공하고 납세의 부담을 맡음으로써 통치 질서의 안정에 기여해야 한다고 논했다. 이는 조선 후기 농업 기술과 상·공업의 발달로 인해 재산을 축적한 백성들이 등장한 현실을 고려한 것으로, 백성이 국가를 유지하는 근간이라고 보는 관점에 ⓔ기반한 주장이었다.

마 조선 시대 학자들의 이와 같은 주장은 군주를 비롯한 통치 계층이 백성을 존중하는 정책을 펼치는 바탕이 되었다. 백성을 대상으로 한 교육 제도, 관료의 횡포를 견제하는 감찰 제도, 민생 안정을 위한 조세 및 복지 제도, 백성의 민원을 수렴하는* 소원 제도 등은 백성을 위한 정책이 구현된 사례라 할 수 있다.

01 윗글에 대한 설명으로 가장 적절한 것은?

① 조선 시대 관료 조직의 위계를 분석하고 있다.

② 조선 시대 조세 제도의 문제점을 나열하고 있다.

③ 조선 시대 학자들의 백성에 대한 관점을 비교하고 있다.

④ 조선 시대 군주들의 통치관을 비판적으로 서술하고 있다.

⑤ 조선 시대 상업의 발달 과정을 통시적으로 기술하고 있다.

02 외민(畏民)에 대한 이해로 가장 적절한 것은?

① 백성이 군주에 대해 지녀야 할 마음가짐이다.

② 관료의 비행을 감독하기 위해 마련한 제도이다.

③ 군주와 백성을 부모와 자식의 관계에 비유하는 근거이다.

④ 민생이 안정되었을 때 드러나는 백성의 이상적 모습이다.

⑤ 백성이 군주에 대한 신망을 버릴 수 있다고 보는 관점이다.

03 윗글을 바탕으로 〈보기〉를 이해한 내용으로 적절하지 <u>않은</u> 것은?

〈보기〉

ㄱ. 옛날에 바야흐로 온 세상을 제압하고 나서 천자가 벼슬을 내리고 녹봉을 나누어 준 것은 신하들을 위해서가 아니라 백성들을 위한 것이었다. … 임금이 관리에게 책임을 지우는 것도 한결같이 백성에 근본을 두고, 관리가 임금에게 보고하는 것도 한결같이 백성에 근본을 두면, 백성은 중요한 존재가 된다.

– 정도전 『삼봉집』 –

ㄴ. 청컨대 전하의 식사와 옷에서부터, 바치는 물건들과 대궐 안에서 일상적으로 쓰는 물건들 일체를 삼분의 일 줄이십시오. 이런 방식으로 헤아려서 모든 팔도의 진상·공물들도 삼분의 일 줄이십시오. 이렇게만 하신다면 은택이 아래로 미치어 백성들이 실질적인 혜택을 받게 될 것입니다.

– 이이, 『율곡전서』 –

ㄷ. 만일 목화 농사가 흉작이 되어 면포의 가격이 뛰어 오르는데 수백 리 밖의 고장은 풍년이 들어 면포의 값이 매우 쌀 경우 수령은 일단 백성에게 군포를 납부하지 말도록 해야 한다. 그리고 아전 중 청렴한 자를 골라 풍년이 든 곳에 가서 면포를 구입해 오도록 하여 군포를 바친다. 그리고 면포를 구입하는 데 쓴 돈은 백성들이 균등하게 부담케 하면 백성에게 큰 혜택이 돌아갈 것이다.

– 정약용, 『목민심서』 –

① ㄱ은 관료의 녹봉이 백성을 위해 일하는 봉사자로서 얻는 것이라는 주장과 관련된다.

② ㄴ은 군주가 백성을 보살피는 존재라는 시각을 바탕으로 한다.

③ ㄷ은 대민과 소민에 따라 납세 부담에 차이가 있어야 한다는 주장을 구현하는 방법이다.

④ ㄱ과 ㄷ은 민본 사상의 관점에서 바람직한 관료의 면모를 보여 준다.

⑤ ㄴ과 ㄷ은 백성의 경제적 안정을 중시하는 관점에서 제안된 방안에 해당한다.

04 다음은 윗글을 읽은 학생의 독후 활동이다. ㉮에 들어갈 내용으로 가장 적절한 것은?

> **독후 활동** : 유사한 화제를 다룬 다음 자료를 읽고, 관점의 차이를 정리해 보자.
>
> [자료]
>
> > 조선 시대의 교육은 신분 질서 유지를 통해 통치 계층의 우위를 확보하는 데 기여했다. 현실적으로 통치 계층이 아닌 백성은 정치에 참여하는 관료가 되기 어려웠는데, 이는 신분에 따라 교육 기회가 제한된 것과 관련된다. 한편, 백성을 대상으로 하는 교육은 대체로 도덕적 교화를 위한 것에 한정되었다.
>
> [결론]
> [자료]와 🕪는 조선 시대의 (㉮)에 대하여 관점의 차이를 보이고 있다.

① 백성이 교육 기회를 얻고자 노력했는지
② 교육이 본질적으로 백성을 위한 것인지
③ 교육 방식이 현대적으로 계승되었는지
④ 신분 질서가 어떤 의미를 지니는지
⑤ 백성이 어떻게 정치에 참여했는지

05 문맥상 ⓐ∼ⓔ와 바꿔 쓰기에 적절하지 <u>않은</u> 것은?

① ⓐ : 따라야
② ⓑ : 가다듬는
③ ⓒ : 끊임없이
④ ⓓ : 걸맞은
⑤ ⓔ : 바탕을 둔

01 세금은 누구나 똑같이 내야 할까?

㉮ 조세는 국가의 재정*을 마련하기 위해 경제 주체인 기업과 국민들로부터 거두어들이는 돈이다. 그런데 국가가 조세를 강제로 부과하다 보니 경제 주체의 의욕을 떨어뜨려 경제적 순손실을 초래하거나 조세를 부과하는 방식이 공평하지 못해 불만을 야기하는 문제가 나타난다. 따라서 조세를 부과할 때는 조세의 효율성과 공평성을 고려해야 한다.

㉯ 우선 ㉠조세의 효율성에 대해서 알아보자. 상품에 소비세를 부과하면 상품의 가격 상승으로 소비자가 상품을 적게 구매하기 때문에 상품을 통해 얻는 소비자의 편익*이 줄어들게 되고, 생산자가 상품을 팔아서 얻는 이윤도 줄어들게 된다. 소비자와 생산자가 얻는 편익이 줄어드는 것을 경제적 순손실이라고 하는데 조세로 인하여 경제적 순손실이 생기면 경기가 둔화될* 수 있다. 이처럼 조세를 부과하게 되면 경제적 순손실이 불가피하게 발생하게 되므로, 이를 최소화하도록 조세를 부과해야 조세의 효율성을 높일 수 있다.

㉰ ㉡조세의 공평성은 조세 부과의 형평성*을 실현하는 것으로, 조세의 공평성이 확보되면 조세 부과의 형평성이 높아져서 조세 저항*을 줄일 수 있다. 공평성을 확보하기 위한 기준으로는 편익 원칙과 능력 원칙이 있다. 편익 원칙은 조세를 통해 제공되는 도로나 가로등과 같은 공공재*를 소비함으로써 얻는 편익이 클수록 더 많은 세금을 부담해야 한다는 원칙이다. 이는 공공재를 사용하는 만큼 세금을 내는 것이므로 납세자의 저항이 크지 않지만, 현실적으로 공공재의 사용량을 측정하기가 쉽지 않다는 문제가 있고 조세 부담자와 편익 수혜자*가 달라지는 문제도 발생할 수 있다.

㉱ 능력 원칙은 개인의 소득이나 재산 등을 고려한 세금 부담 능력에 따라 세금을 내야 한다는 원칙으로 조세를 통해 소득을 재분배하는 효과가 있다. 능력 원칙은 수직적 공평과 수평적 공평으로 나뉜다. 수직적 공평은 소득이 높거나 재산이 많을수록 세금을 많이 부담해야 한다는 원칙이다. 이를 실현하기 위해 특정 세금을 내야 하는 모든 납세자*에게 같은 세율을 적용하는 비례세*나 소득 수준이 올라감에 따라 점점 높은 세율을 적용하는 누진세*를 시행하기도 한다.

㉲ 수평적 공평은 소득이나 재산이 같을 경우 세금도 같게 부담해야 한다는 원칙이다. 그런데 수치상의 소득이나 재산이 동일하더라도 실질적인 조세 부담 능력이 달라, 내야 하는 세금에 차이가 생길 수 있다. 예를 들어 소득이 동일하더라도 부양가족의 수가 다르면 실질적인 조세 부담 능력에 차이가 생긴다. 이와 같은 문제를 해결하여 공평성을 높이기 위해 정부에서는 공제 제도를 통해 조세 부담 능력이 적은 사람의 세금을 감면해* 주기도 한다.

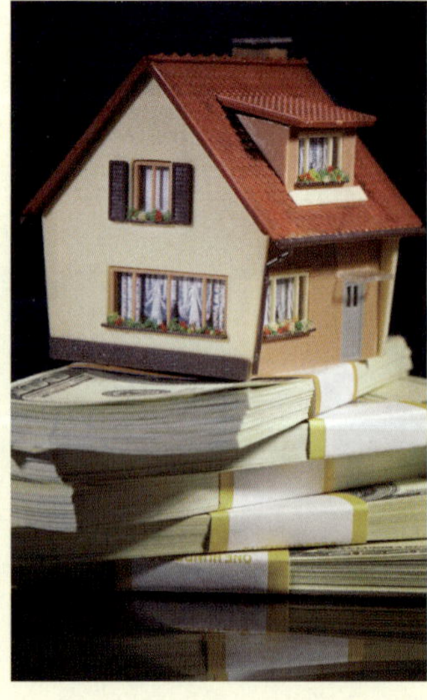

| Self 문단 체크 |

(1) ㉮ : 조세를 부과할 때에는 조세의 (　　　)과 (　　　)을 고려해야 한다.

(2) ㉯ : 조세를 부과할 때에는 경제적 (　　　)을 최소화하도록 해야 조세의 효율성을 높일 수 있다.

(3) ㉰ : 조세의 공평성 중 편익 원칙은 조세를 통해 제공되는 (　　　)를 소비함으로써 얻는 (　　　)이 클수록 더 많은 세금을 내야 한다는 것이다.

(4) ㉱ : 조세의 공평성 중 능력 원칙은 개인의 세금 부담 능력에 따라 세금을 내야 한다는 원칙으로, 조세를 통해 (　　　)을 (　　　)하는 효과가 있다.

(5) ㉲ : 수평적 공평의 원칙을 보완하기 위해서는 실질적인 (　　　)의 차이를 고려해야 한다.

| 주제 |

조세의 효율성과 공평성에 관한 원칙들

* 재정 국가 또는 지방 자치 단체가 행정이나 정책 시행을 위해 자금을 만들고 관리하는 경제 활동
* 편익 편리하고 유익함
* 둔화되다 느려지고 무디어지다.
* 형평성 균형을 이루는 성질
* 조세 저항 세금 내는 것을 거부하려고 하는 경향
* 공공재 모든 사람들이 공동으로 사용하는 물건이나 시설
* 수혜자 혜택을 받는 사람
* 납세자 세금을 직접 내는 사람
* 비례세 모든 과세 대상의 크기에 관계없이 같은 세율로 매기는 세금
* 누진세 과세 대상의 수량이나 값이 증가함에 따라 점점 높은 세율을 적용하는 세금
* 감면하다 매겨야 할 부담 따위를 덜어 주거나 면제하다.

01 윗글에 대한 설명으로 가장 적절한 것은?

① 상반된 두 입장을 비교, 분석한 후 이를 절충하고 있다.

② 대상을 기준에 따라 구분한 뒤 그 특성을 설명하고 있다.

③ 대상의 개념을 그와 유사한 대상에 빗대어 소개하고 있다.

④ 통념을 반박하며 대상이 가진 속성을 새롭게 조명하고 있다.

⑤ 시간의 흐름에 따라 대상이 발달하는 과정을 서술하고 있다.

02 ㉠과 ㉡에 대한 설명으로 적절하지 <u>않은</u> 것은?

① ㉠은 조세가 경기에 미치는 영향과 관련되어 있다.

② ㉡은 납세자의 조세 저항을 완화하는 데 도움이 된다.

③ ㉠은 ㉡과 달리 소득 재분배를 목적으로 한다.

④ ㉡은 ㉠과 달리 조세 부과의 형평성을 실현하는 것이다.

⑤ ㉠과 ㉡은 모두 조세를 부과할 때 고려해야 하는 요건이다.

03 〈보기〉는 경제 수업의 일부이다. 윗글을 바탕으로 할 때, 선생님의 질문에 적절하게 답한 학생을 모두 골라 바르게 묶은 것은?

〈보기〉

선생님 : 여러분, 아래 표는 소득을 기준으로, A, B, C의 세금 공제 내역을 가정한 것입니다. 표를 보고 조세의 공평성이 어떻게 적용되었는지 각자 분석해 볼까요?

구분	소득(만 원)	세율(%)	공제액(만 원)	납부액(만 원)	공제 항목
A	3,000	5	0	150	공제 없음
B	3,000	5	100	50	부양가족 2인
C	4,000	10	100	300	부양가족 2인

성근 : A와 달리 B에게 공제 혜택을 부여함으로써 조세의 공평성이 약화되고 있어요. ……………… ㄱ

수지 : B가 A와 달리 부양가족 공제를 받은 것은 실질적인 조세 부담 능력을 고려한 것이네요. ……………… ㄴ

현욱 : B와 C의 납부액에 차이가 있는 것은 편익 원칙을 적용하여 세금을 징수했기 때문이에요. ……………… ㄷ

유미 : B의 세율이 5%이고, C의 세율이 10%인 것은 수직적 공평을 위한 누진세가 적용된 결과겠네요. …………… ㄹ

① ㄱ, ㄷ   ② ㄴ, ㄹ   ③ ㄷ, ㄹ

④ ㄱ, ㄴ, ㄷ   ⑤ ㄱ, ㄴ, ㄹ

01~04 다음 글을 읽고, 물음에 답하시오.

㉮ 소비자들은 어떤 제품이나 서비스를 선택할 때 쉽사리 결정을 내리지 못한다. 이를테면 기능은 만족스럽지만 가격이 비싸거나, 반대로 가격은 만족스러운데 기능은 그렇지 않다거나 하는 경우를 들 수 있다. 이처럼 소비자들은 구매 과정에서 흔히 갈등을 겪게 되는데, 그중 가장 대표적인 것이 '접근–접근 갈등'이다. 이는 둘 이상의 바람직한 대안* 중에서 하나만을 골라야 하는 경우에 어느 것을 선택해야 할지 결정하지 못해 발생하는 갈등이다. ㉠이때 판매자는 대안들을 함께 묶어 제공함으로써 소비자가 겪는 '접근–접근 갈등'을 해소할* 수 있다.

㉯ 그런데 다른 대안들을 함께 묶어 제공받지 못한 상태에서 하나의 대안만을 선택해야 했던 경우, 소비자들은 선택하지 않은 대안에 대한 아쉬움 때문에 심리적으로 불편함을 느끼게 된다. 소비자들은 이러한 심리적 불편함을 없애려 하는데, 이는 인지* 부조화* 이론으로 설명할 수 있다. 이 이론에 따르면 사람들은 자신의 생각과 태도가 자신이 한 행동과 서로 일치하기를 바라는데, 그렇지 않으면 심리적 긴장* 상태가 발생하게 된다는 것이다. 이런 경우 사람들은 긴장 상태를 해소하기 위해 생각과 행동을 일치시키려 한다. 그렇다면 제품을 구입한 행동과 제품 구입 후에 자신의 선택이 최선이 아닐지도 모른다는 생각 사이의 부조화는 어떻게 극복될 수 있을까?

㉰ 인지 부조화 상태를 겪고 있는 소비자는 이를 해소하기 위해 선택하지 않은 제품의 단점을 찾아내거나 그 제품의 장점을 무시하기도 한다. 하지만 일반적으로는 자신의 구매 행동을 지지하는 부가 정보들을 찾아냄으로써 현명한 선택을 했다는 것을 스스로에게 확신시킨다. 특히 자동차나 아파트처럼 고가의 재화를 구매했을 경우에는 구매 직후의 인지 부조화가 심화되므로* 이를 해소하려는 노력도 더 크게 나타난다. 이때 광고가 중요한 역할을 한다. 소비자들은 광고를 통해 자신이 선택한 제품의 장점을 재확인하거나 새로운 선택 이유를 찾아내려고 하는 것이다. ㉡제품을 구매한 고객들을 대상으로 한 광고는 전달할 수 있는 정보가 제한적인 매체보다는 많은 정보를 담을 수 있는 매체를 활용하는 것이 효과적이다.

㉱ 소비자들이 구매 후에 광고를 탐색하는* 것은 인지 부조화를 감소시키고자 하는 노력인데, 기업 입장에서는 또 다른 효과들을 가져오기도 한다. 구매 후 광고는 제품을 구매한 소비자들에게 자신의 구매 행동이 옳았다는 확신이나 만족을 심어 주기 때문에 회사의 이미지를 높이고 브랜드 충성심을 구축하는 데 크게 기여한다. 따라서 구매 후 광고는 재구매를 유도하거나* 긍정적 입소문을 확산시켜 광고의 효과를 극대화할 수 있다. 따라서 기업은 제품을 판매한 이후에도 소비자와 제품의 우호적인 관계가 유지될 수 있도록 지속적으로 광고를 노출할 필요가 있다.

| Self 문단 체크 |

(1) ㉮ : 둘 이상의 바람직한 대안 중에서 하나만 선택해야 하는 경우 '(　　　) 갈등'에 빠지게 된다.

(2) ㉯ : 하나의 대안만을 선택해야 했던 소비자는 선택하지 않은 대안에 대한 아쉬움 때문에 심리적 (　　　)을 느끼는데 이는 (　　　) 이론으로 설명할 수 있다.

(3) ㉰ : 인지 부조화 상태를 겪는 소비자는 (　　　)를 통해 자신이 선택한 제품의 장점을 재확인하거나 새로운 선택 이유를 찾아내려 한다.

(4) ㉱ : 구매 후 광고는 재구매를 유도하거나 긍정적 입소문을 확산시켜 광고의 효과를 (　　　)할 수 있다.

| 주제 |

인지 부조화 이론에 따른 구매 후 광고의 효과

＊**대안** 어떤 일에 대처할 방안
＊**해소하다** 어려운 일이나 문제가 되는 상태를 해결하여 없애 버리다.
＊**인지** 어떤 사실을 인정하여 앎
＊**부조화** 서로 잘 어울리지 아니함
＊**긴장** 마음을 조이고 정신을 바짝 차림
＊**심화되다** 정도나 경지가 점점 깊어지다.
＊**탐색하다** 드러나지 않은 사물이나 현상 따위를 찾아내거나 밝히기 위하여 살피어 찾다.
＊**유도하다** 사람이나 물건을 목적한 장소나 방향으로 이끌다.

01 윗글에 대한 이해로 적절한 것은?

① 제품을 구매한 소비자는 자신이 구매한 제품의 광고에 더 이상 주목하지 않는다.
② 구매 후 광고를 적극적으로 탐색하면 소비자의 브랜드 충성심이 형성되지 않는다.
③ 구매한 제품에 만족하는 소비자는 그 제품의 단점을 광고를 통해 확인하고 싶어 한다.
④ 인지 부조화가 발생하게 되면 소비자가 어떤 제품을 구매할지 쉽게 결정하지 못한다.
⑤ 소비자는 자신의 구매 행위가 최선이었다는 확신이 없을 경우 심리적 긴장 상태를 겪게 된다.

02 ㉠의 예로 가장 적절한 것은?

① 소비자는 공짜를 좋아하는 경향이 있으므로, 탄산음료를 판매할 때 두 개를 한 개 값으로 주는 1+1 전략을 활용한다.
② 소비자는 어떤 사은품을 주는지 주의 깊게 살펴보는 경우가 많으므로, 냄비를 판매하면서 사은품으로 프라이팬을 제공한다.
③ 소비자는 바지를 살 때 그에 어울리는 티셔츠를 함께 구입하려는 경향이 있으므로, 바지와 티셔츠를 인접하여 나란히 진열한다.
④ 소비자는 어떻게 하면 저렴한 가격으로 물건을 구입할 수 있을지 고심하는 경향이 있으므로, 저녁 무렵에는 야채를 반값에 판매한다.
⑤ 소비자는 중식을 먹을 때 짜장면과 짬뽕을 두고 선택을 망설이는 경우가 많으므로, 두 음식을 다 먹을 수 있는 짬짜면을 메뉴에 추가한다.

03 ㉡의 이유로 가장 적절한 것은?

① 광고 매체에 따른 광고 비용의 차이가 제품의 가격에 지대한 영향을 미치기 때문에
② 구매 제품의 가격대가 높을수록 소비자가 광고보다는 다른 사람의 평가를 중시하기 때문에
③ 광고의 노출 횟수가 많을수록 소비자가 제품과 우호적 관계를 형성할 가능성이 있기 때문에
④ 제품을 구매하기 전보다 구매한 이후에 소비자가 경쟁 회사 제품의 광고에 더 많이 주목하기 때문에
⑤ 구매 제품에 대한 지지 정보가 많을수록 소비자가 인지 부조화를 효과적으로 해소할 수 있기 때문에

04 다음은 한 자동차 회사의 '구매 후 광고 전략 화상 회의'의 일부이다. 윗글을 참고할 때, 발언 내용으로 적절하지 <u>않은</u> 것은?

〈보기〉

- P 자동차는 가격과 성능이 비슷한 경쟁 제품이 많아서 소비자들이 '접근-접근 갈등'을 많이 겪는 제품이라고 할 수 있습니다. ······ ㉠
- 구매 후 디자인 때문에 심리적 갈등을 겪고 있는 P 자동차 고객들을 위해서 새로운 자동차의 출시가 임박했다는 광고를 늘리면 심리적 갈등의 해소에 도움이 될 수 있습니다. ······ ㉡
- P 자동차의 고객들은 연비를 첫 번째 구매 요인으로 꼽았는데, 이번에는 고객들의 선택을 지지하는 부가 정보로 승차감을 강조하는 것이 어떨까요? ······ ㉢
- P 자동차를 구매한 고객들이 우리 회사 자동차를 재구매할 때 주는 할인 혜택을 강조하면 고객들이 느끼는 심리적 불편함을 줄일 수 있을 것입니다. ······ ㉣
- P 자동차의 고객들이 광고를 보며 P 자동차 사길 잘했다고 생각하면 P 자동차에 대한 긍정적인 입소문을 만들어 내는 효과도 얻을 수 있습니다. ······ ㉤

① ㉠　　　② ㉡　　　③ ㉢　　　④ ㉣　　　⑤ ㉤

01~03 다음 글을 읽고, 물음에 답하시오.

㉮ 18세기 산업 혁명으로 시작된 생산 혁명은 19세기 백화점이 일으킨 유통 혁명을 통해 소비 혁명으로 이어졌다. 대량 소비 시대가 되자 사람들의 소비 형태도 바뀌었다. 무엇을 소유했는지 여부에 따라 사람을 판단하면서 사람들은 주위를 의식하며* 자기를 나타내기 위한 상품을 고르게 되었다. 소비를 결정하는 요인이 '필요'가 아니라 '자기 과시*'로 옮겨 간 것이다.

㉯ 이와 같은 현상에 주목한 베블런은 자신의 책 『유한계급 이론』을 통해 개별 소비자의 소비 형태는 독립적으로 이루어지지 않고 다른 소비자의 영향을 받는다고 주장했다. 그는 '나는 보통 사람들과 신분이 다르다'는 점을 과시하는 부유층이나 이를 모방하려는* 계층이 과시적 소비를 한다고 말했다. 과시적 소비가 일어나면 저렴한 상품 대신 고가의 상품에 대한 수요가 증가해 가격이 오르는데도 수요가 줄어들지 않고 오히려 증가하는 현상이 일어난다. 이렇게 과시적 소비로 인해 가격이 올라도 수요가 늘어나는 현상을 '베블런 효과'라고 한다. 그리고 이러한 과시적 소비의 대상이 되는 상품을 '베블런 재(財)'라고 한다.

㉰ 라이벤스타인은 이와 같은 현상을 보다 깊이 있게 다루어 '밴드왜건 효과'와 '스놉 효과'를 발표하였다. 과시적 소비는 일부 상류층과 신흥 부유층을 중심으로 일어나는 것이 보통이지만 주위 사람들이 이를 흉내 내면서 사회 전체로 퍼져 나가는 현상을 밴드왜건 효과라고 이름 붙인 것이다. 밴드왜건은 행진할 때 대열의 선두에서 행렬을 이끄는 악대차*를 의미하는데 악단이 지나가면 사람들이 영문*도 모르고 무작정 뒤따르면서 군중들이 더욱더 불어나는 것에 비유한 것으로 밴드왜건 효과는 '모방 효과'라고도 부른다.

㉱ 그런데 모방 효과가 널리 퍼져 더 이상 과시적 소비가 차별 효용*을 상실하게 될 때 일부 사람들은 평범한 사람들이 접근할 수 있는 상품 대신 더욱 진귀한 물건을 찾는다. 이로 인해 기존 상품의 수요가 줄어들게 되는데 이를 '스놉 효과'라고 한다. 즉 모방 효과와는 반대로 특정 제품에 대한 소비가 증가하게 되면 그 제품의 수요가 줄어들고 새로운 상품의 수요로 옮겨 가는 현상이다. 보통 가격이 비싸서 쉽게 구매하기 어려운 고가의 명품 등이 이에 해당되는데, 명품이라 알려진 제품이 대대적인 판촉* 행사를 한 후 단골 고객이 줄어드는 현상으로 설명할 수 있다. 이는 '남보다 돋보여야 한다'는 속물근성*에 기반을 두고 있어 '속물* 효과'라고도 부른다.

㉲ 이와 같이 베블런은 재화의 가격이 하락하면 소비량이 증가한다는 기존의 경제 이론과는 다른 관점에서 현실의 소비 형태를 설명했고, 라이벤스타인은 현대인들이 주위 사람들의 소비 형태에 따라 자신의 소비 형태를 결정하는 두 가지 모습을 이론으로 나타내었다. 그들의 연구는 소비 형태로 계층을 판단하는 현대 자본주의 사회의 모습을 설명할 수 있다는 점에서 의의가 있다.

| Self 문단 체크 |

(1) ㉮ : 대량 소비 시대가 되면서 소비를 결정하는 요인이 '필요'가 아니라 '(　　　)'로 옮겨 가기 시작했다.

(2) ㉯ : 과시적 소비로 인해 가격이 올라도 수요가 늘어나는 현상을 (　　　)라고 한다.

(3) ㉰ : 주위 사람들이 과시적 소비를 흉내 내면서 이것이 사회 전체로 퍼져 나가는 현상을 (　　　)라고 한다.

(4) ㉱ : 특정 제품에 대한 소비가 증가하게 되면 그 제품의 수요가 (　　　) 새로운 상품의 수요로 옮겨 가는 현상을 (　　　)라고 한다.

(5) ㉲ : 베블런 효과, 밴드왜건 효과, 스놉 효과는 (　　　) 형태로 (　　　)을 판단하는 현재 자본주의 사회의 모습을 설명할 수 있다는 점에서 의의가 있다.

| 주제 |

과시적 소비에 대한 베블런과 라이벤스타인의 이론 소개

---

* **의식하다** 어떤 것을 두드러지게 느끼거나 특별히 염두에 두다.
* **과시** 자랑하여 보임
* **모방하다** 다른 것을 본뜨거나 본받다.
* **악대차** 기악의 합주대를 실은 차
* **영문** 일이 돌아가는 형편이나 그 까닭
* **차별 효용** 어떤 물건에 대해, 남과 다르게 보인다고 판단하는 개인의 주관적인 만족감
* **판촉** 여러 가지 방법을 써서 수요를 불러일으키고 자극하여 판매가 늘도록 유도하는 일
* **속물근성** 금전이나 명예를 제일로 치고 눈앞의 이익에만 관심을 가지는 생각이나 성질
* **속물** 교양이 없거나 식견이 좁고 세속적인 일에만 신경을 쓰는 사람을 속되게 이르는 말

01 윗글의 내용 전개 방식으로 적절한 것은?

① 다양한 사례를 분류하여 나열하고 있다.

② 하나의 개념을 다양한 각도에서 살피고 있다.

③ 이론의 특징을 요약하고 그 의의를 밝히고 있다.

④ 시간의 흐름에 따른 이론의 변천 과정을 제시하고 있다.

⑤ 상반되는 학설을 제시하여 상대적 우위를 가리고 있다.

02 윗글을 바탕으로 〈보기〉를 이해한 것으로 적절하지 <u>않은</u> 것은?

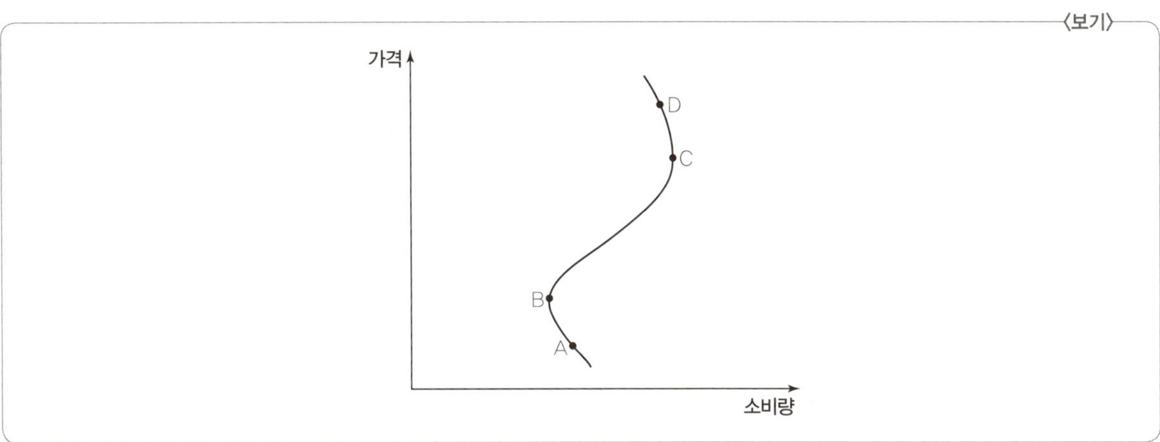

① A–B 구간은 기존의 경제 이론으로 설명할 수 있다.

② A–B 구간에서 과시적 소비가 일어남을 알 수 있다.

③ B–C 구간에서 이 상품이 '베블런 재(財)'임을 알 수 있다.

④ B–C 구간에서 보이는 소비 형태는 대량 소비 시대가 되면서 나타났음을 알 수 있다.

⑤ B–D 구간에서 라이벤스타인이 주목한 현상이 일어남을 알 수 있다.

03 윗글을 참고하여 〈보기〉를 분석한 것으로 적절하지 <u>않은</u> 것은?

〈보기〉

　한 창고형 할인점의 명품 진열대. ㉮어느 재벌가의 며느리가 들고 나와 유명해진 이 가방의 판매 가격은 ㉯시중 가보다 최대 30% 할인되었지만 수백만 원대에 이릅니다. ㉰정가 판매를 고수하던 상품이지만 전 세계 최초로 할인점에서 판매하여 화제가 되고 있습니다. ㉱매장 직원은 '인기 상품'이라며 구매를 유도합니다. 이러한 현상을 놓고 ㉲일부 서민들에게 명품 과시욕을 부추긴다는 비판도 나오고 있습니다. ○○○ 뉴스 박△△입니다.

① ㉮는 베블런 효과에 의해 가방 구매 욕구가 상승하겠군.

② ㉯는 가격이 하락하면 수요가 증가한다는 관점으로 세운 판매 전략이군.

③ ㉰는 속물 효과를 고려하여 단골 고객 유지에 초점을 둔 판매 전략이군.

④ ㉱의 판매 전략은 모방 효과를 통해 수요를 늘리고자 하는 것이군.

⑤ ㉲는 과시하기 위한 가방 구매 욕구가 상승하겠군.

01~04 다음 글을 읽고, 물음에 답하시오.

가 ㉠마르크스는 사물의 경제적 가치를 사용가치와 교환가치로 구분하면서 자본주의 사회에서는 경제적 가치가 교환가치에 의해 결정된다고 보았다. 사용가치는 사물의 기능적 가치를, 교환가치는 시장 거래를 통해 부여된 가치를 의미하는데 사물 자체의 유용성*은 고정적이므로 시장에서의 수요와 공급에 의해서만 경제적 가치가 결정된다고 보았기 때문이다. 또한 그는 사물의 거래 가격은 결국 사물의 생산 비용에 의해 결정된다는 점에서 소비를 생산에 종속된* 현상으로 보고 소비의 자율성을 인정하지 않았다.

나 마르크스의 이러한 주장과 달리 ㉡보드리야르는 교환가치가 아닌 사용가치가 경제적 가치를 결정하며, 자본주의 사회는 소비 우위의 사회라고 주장했다. 이때 보드리야르가 제시한 사용가치는 사물 자체의 유용성에 대한 가치가 아니라 욕망의 대상으로서 기호(sign)가 지니는 기능적 가치, 즉 기호가치를 의미한다.

다 기호는 어떤 대상을 지시하는 상징으로서 문자나 음성같이 감각으로 지각되는* 기표와 의미 내용인 기의로 구성되는데, 기표와 기의의 관계는 자의적*이다. 가령 '남성'이란 문자는 필연적으로 어떤 대상을 지시하는 것이 아니며 '여성'이란 기호와의 관계 속에서 의미 내용이 결정된다. 다시 말해, 어떤 기호의 의미 내용을 결정하는 것은 기표와 기의의 관계가 아니라 기호들 간의 관계, 즉 기호 체계이다.

라 보드리야르는 자본주의 사회에서 대량 생산 기술이 급속하게 발전하면서 소비자가 기호가치 때문에 사물을 소비한다고 보았다. 대량 생산 기술의 발전으로 수요를 충족하고 남을 만큼의 공급이 이루어져 사물 자체의 유용성은 더 이상 소비를 결정하는 요인으로 작용할 수 없기 때문이다. 예를 들어 소비자는 특정 계층 또는 집단의 일원*이라는 상징을 얻기 위해 명품 가방을 소비한다. 이때 사물은 소비자가 속하고 싶은 집단과 다른 집단 간의 차이를 부각하는* 기호로서 기능한다. 따라서 보드리야르에 따르면 자본주의 사회에서 소비의 원인은 사물이 상징하는 특정 사회적 지위에 대한 욕구이다.

마 보드리야르는 현대인이 자연 발생적인 욕구에 따라 자유롭게 소비하는 것처럼 보이지만 사실은 강제된 욕구에 따르는 것에 불과하다고 보았다. 이는 기호가 다른 기호와의 관계 속에서 그 의미 내용이 결정되는 것과 관계된다. 특정 사물의 상징은 기호 체계, 즉 사회적 상징체계 속에서 유동적*이며, 따라서 ㉢상징체계 변화에 따라 욕구도 유동적이다. 이때 대중매체는 사물의 기의에 영향을 미침으로써 욕구를 강제할 수 있다. 현실이 대중매체를 통해 전달될 때 현실은 현실 그 자체가 아니라 다른 기호와 조합될 수 있는 기호로서 추상화되기 때문이다. 가령 텔레비전 속 유명 연예인이 소비하는 사물은 유명 연예인이라는 기호에 의해 새로운 의미 내용이 부여된다. 요컨대 특정 사물에 대한 현대인의 욕망은 대중매체를 매개로 하여 자기도 모르는 사이에 강제된다.

바 보드리야르는 기술 문명이 초래한 사물의 풍요 속에서 현대인의 일상생활이 사물의 기호가치와 이에 대한 소비에 의해 규정된다고 보고 자본주의 사회를 소비사회로 명명하였다*. 그의 이론은 소비가 인간에 미치는 영향을 비판적으로 성찰해야 한다는 점을 시사한다.

| Self 문단 체크 |

(1) **가** : 마르크스는 자본주의 사회에서의 경제적 가치는 (　　　)에 의해 결정된다고 주장하였다.

(2) **나** : 보드리야르는 사용가치, 즉 (　　　)가 경제적 가치를 결정하며, 자본주의 사회는 (　　　) 우위의 사회라고 주장하였다.

(3) **다** : 기호는 기표와 기의로 구성되는데, 기호의 의미 내용은 (　　　)에 의해 결정된다.

(4) **라** : 보드리야르는 자본주의 사회에서의 소비의 원인은 사물 자체의 유용성이 아니라, 사물이 상징하는 특정 사회적 지위에 대한 (　　　)라고 보았다.

(5) **마** : (　　　)는 사물의 기의에 영향을 미침으로써 욕구를 강제할 수 있다.

(6) **바** : 보드리야르는 현대인의 일상생활이 사물의 기호가치와 이에 대한 소비에 의해 규정되기 때문에 자본주의 사회를 (　　　)로 명명하였다.

| 주제 |

자본주의 사회에서 소비가 갖는 의미

＊유용성 쓸모가 있고 이용할 만한 특성

＊종속되다 자주성이 없이 주가 되는 것에 딸려 붙게 되다.

＊지각되다 알게 되어 깨달아지다.

＊자의적 일정한 질서를 무시하고 제멋대로 하는 것

＊일원 단체에 소속된 한 구성원

＊부각하다 어떤 사물을 특징 지어 두드러지게 하다.

＊유동적 끊임없이 흘러 움직이는 것.

＊명명하다 사람, 사물, 사건 따위의 대상에 이름을 지어 붙이다.

01 '자본주의 사회'에 대한 ㉠, ㉡의 주장을 이해한 내용으로 가장 적절한 것은?

① ㉠ : 소비가 생산에 종속되므로 사용가치와 교환가치는 결국 동일하다.

② ㉠ : 사물 자체의 유용성은 변하지 않으므로 소비자의 욕구를 중심으로 분석해야 한다.

③ ㉡ : 소비자에게 소비의 자율성이 존재하므로 교환가치가 사용가치를 결정한다.

④ ㉡ : 개인에게 욕구가 강제되므로 소비를 통해 집단 간의 사회적 차이가 소멸한다.

⑤ ㉡ : 경제적 가치는 사회적 상징체계에 따라 결정되므로 기호가치가 소비의 원인이다.

02 기호 체계를 바탕으로 라를 이해한 내용으로 적절하지 않은 것은?

① 사물은 기표로서의 추상성과 기의로서의 구체성을 갖는다.

② 사물과 그것이 상징하는 특정한 사회적 지위와의 관계는 자의적이다.

③ 사물은 사물 자체가 아닌 사물 간의 관계를 통해 의미 내용이 결정된다.

④ 소비는 사물이라는 기호를 통해 특정 계층 또는 집단의 일원이라는 상징을 얻는 행위이다.

⑤ 기호가치는 사물의 기의와 그에 대한 소비자의 욕구와 관련될 뿐 사물의 기표에 의해 결정되는 것은 아니다.

03 ㉢의 전제로 가장 적절한 것은?

① 상징체계 변화에 의해 사물 자체의 유용성이 변화한다.

② 사물에 대한 욕구는 사람마다 제각기 다른 양상을 보인다.

③ 사물의 기호가치가 변화하면 사물에 대한 욕구도 변화한다.

④ 사물을 소비하는 행위는 개인의 자연 발생적 욕구에 따른 것이다.

⑤ 사물이 지시하는 의미 내용과 사물에 대한 욕구는 서로 독립적이다.

04 윗글의 '보드리야르'의 관점을 바탕으로 〈보기〉를 이해한 내용으로 적절하지 않은 것은?

〈보기〉

  개성이란 타인과 구별되는 개인만의 고유한 특성으로, 현대 사회의 개인은 개성을 추구함으로써 자신의 고유함을 드러내려 한다. 이때 사물은 개성을 드러낼 수 있는 수단이다. 찢어진 청바지를 입는 것, 타투나 피어싱을 하는 것은 사물을 통한 개성 추구의 사례이다. 이런 점에서 '당신의 삶에 차이를 만듭니다'와 같은 광고 문구는 개성에 대한 현대인의 지향을 단적으로 드러낸 것이라 할 수 있다.

① 타인과 구별되는 개성이란 개인이 소속되길 바라는 집단의 차별화된 속성일 수 있겠군.

② 소비사회에서 사물을 통한 개성의 추구는 그 사물의 기호가치에 대한 욕구에서 비롯되겠군.

③ 찢어진 청바지는 개인만의 고유한 특성을 드러내는 수단이자 젊은 세대의 일원이라는 기호를 상징하는 것일 수 있겠군.

④ '당신의 삶에 차이를 만듭니다'라는 광고 문구는 그 광고의 상품을 소비함으로써 사회적 차이를 드러내고 싶다는 욕구를 강제하는 것일 수 있겠군.

⑤ 타투나 피어싱을 한 유명 연예인을 텔레비전에서 보고, 이를 따라하기 위해 돈을 지불하는 것은 대중매체를 매개로 하여 추상화된 기호를 소비하는 것일 수 있겠군.

 유동성을 조절해 경기를 살려라! 

01~04 다음 글을 읽고, 물음에 답하시오.

가 경기가 침체되어* 가계의 소비가 줄어들면 시중의 제품이 팔리지 않아 기업은 생산 규모를 축소하게 된다. 그 결과 실업률이 증가하고 가계의 수입이 감소하면서 소비는 더욱 위축된다*. 이와 같은 악순환으로 경기 침체가 심화되면 국가는 이에서 벗어나기 위해 유동성을 늘리는 통화 정책을 시행한다.

나 유동성이란 자산* 또는 채권을 손실 없이 현금화할 수 있는 정도로, 현금과 같은 화폐는 유동성이 높은 자산인 반면 토지나 건물과 같은 부동산은 유동성이 낮은 자산이다. 이처럼 유동성은 자산의 성격을 나타내는 용어이지만, 흔히 시중에 유통되는 화폐의 양, 즉 통화량을 나타내는 말로도 사용된다. 가령 시중에 통화량이 지나치게 많을 때 '유동성이 넘쳐 난다'고 표현하고, 반대로 통화량이 줄어들 때 '유동성이 감소한다'고 표현한다. 유동성이 넘쳐 날 경우 시중에 화폐가 흔해지는 상황이므로 화폐의 가치는 떨어지게 된다.

다 유동성은 금리와 밀접한 관련이 있기 때문에 국가는 정책적으로 금리를 올리고 내림으로써 유동성을 조절할 수 있다. 이때 금리는 예금이나 빌려준 돈에 붙는 이자율로, 이는 기준 금리와 시중 금리 등으로 구분된다. 기준 금리는 국가가 정책적인 차원에서 결정하는 금리로, 한 나라의 금융 및 통화 정책의 주체인 중앙은행에 의해 결정된다. 반면 시중 금리는 기준 금리의 영향을 받아 중앙은행 이외의 시중 은행이 세우는 표준적인 금리로, 가계나 기업의 금융 거래에 영향을 미친다. 가령 시중 금리가 내려가면 예금을 통한 이자 수익과 대출에 따른 이자 부담이 줄어 가계나 기업에서는 예금을 인출하거나 대출을 받으려는 경향성이 늘어난다. 그 결과 시중의 유동성이 증가하게 된다. 반대로 시중 금리가 올라가면 이자 수익과 대출 이자 부담이 모두 늘어나기 때문에 유동성이 감소하게 된다.

라 이와 같은 금리와 유동성의 관계를 고려하여, 중앙은행은 기준 금리를 조절하는 통화 정책을 통해 경기를 안정시키려고 한다. 만일 경기가 침체되면 중앙은행은 기준 금리를 인하하는 정책을 도입하여 시중 금리를 낮추도록 유도한다. 그 결과 유동성이 증가하여 가계의 소비가 늘고 주식이나 부동산에 대한 투자가 확대된다. 또한 기업의 생산과 고용이 늘고 다양한 분야에 대한 투자가 확대되어 물가가 상승하고 경기가 전반적으로 활성화된다*. 반대로 경기가 과열되어 자산 가격이나 물가가 지나치게 오르면 중앙은행은 기준 금리를 인상하는 정책을 통해 유동성을 감소시킨다. 그 결과 기준 금리를 인하할 때와 반대의 현상이 나타나 자산 가격이 하락하고 물가가 안정되어 과열된 경기가 진정된다.

마 그러나 중앙은행이 경기 활성화를 위해 통화 정책을 시행했음에도 불구하고 애초에 의도한 결과가 나타나지 않기도 한다. 즉, 기준 금리를 인하하여 시중에 유동성을 충분히 공급하더라도, 증가한 유동성이 기대만큼 소비나 투자로 이어지지 않으면 경기가 활성화되지 않는다. 특히 심각한 경기 침체로 인해 경기 회복에 대한 전망이 불투명할 경우, 경제 주체들은 쉽게 소비를 늘리지 못하거나 투자를 결정하지 못해 돈을 손에 쥐고만 있게 된다. 이 경우 충분한 유동성이 경기 회복으로 이어지지 못해 경기 침체가 지속되는데, 마치 유동성이 함정에 빠진 것 같다고 하여 케인스는 이를 <u>유동성 함정</u>이라 불렀다. 그는 이러한 유동성 함정을 통해 통화 정책의 한계를 설명하면

| Self 문단 체크 |

(1) **가** : 경기 침체 시 국가는 (　　　)을 늘리는 통화 정책을 시행한다.

(2) **나** : 유동성은 흔히 시중에 유통되는 화폐의 양, 즉 (　　　)을 나타내는 말로 사용된다.

(3) **다** : 유동성은 (　　　)와 밀접한 관련이 있으므로 국가는 정책적으로 금리를 조절하여 유동성을 조절할 수 있다.

(4) **라** : 중앙은행은 (　　　)를 조절하는 통화 정책을 통해 경기를 안정시킨다. 경기 침체 시 기준 금리를 (　　　) 하여 유동성을 증가시키고, 경기 과열 시 기준 금리를 (　　　)하여 유동성을 감소시킨다.

(5) **마** : (　　　)이 발생할 경우 정부는 재정 지출을 확대하여 소비와 투자를 유도하는 정책을 시행해야 한다.

| 주제 |

유동성과 금리의 관계 그리고 통화 정책

---

*침체되다 어떤 현상이나 사물이 진전하지 못하고 제자리에 머무르게 되다.

*위축되다 어떤 힘에 눌려 졸아들고 기를 펴지 못하게 되다.

*자산 개인이나 법인이 소유하고 있는 경제적 가치가 있는 유형·무형의 재산

*활성화되다 사회나 조직 등의 기능이 활발해지다.

서, 정부가 재정 지출을 확대하여 소비와 투자를 유도하는 정책을 시행하는 것이 중
요하다고 역설하였다.

01 윗글을 통해 알 수 있는 내용이 <u>아닌</u> 것은?

① 중앙은행이 하는 역할
② 유동성이 높은 자산의 예
③ 기준 금리와 시중 금리의 관계
④ 경기 침체로 인해 나타나는 현상
⑤ 유동성에 대한 케인스 주장의 한계

02 윗글을 바탕으로 할 때, 〈보기〉의 ㄱ~ㄷ에 들어갈 말로 적절한 것은?

〈보기〉

국가의 통화 정책이 정상적으로 작동될 때, 중앙은행이 기준 금리를 (ㄱ) 시중의 유동성이 (ㄴ)하며, 화폐의
가치가 (ㄷ)한다.

	ㄱ	ㄴ	ㄷ		ㄱ	ㄴ	ㄷ
①	내리면	증가	하락	②	내리면	증가	상승
③	내리면	감소	상승	④	올리면	증가	상승
⑤	올리면	감소	하락				

03 유동성 함정 에 대해 이해한 내용으로 가장 적절한 것은?

① 시중에 유동성이 충분히 공급되더라도 경기 침체가 지속되는 상황을 의미한다.
② 시중 금리의 상승으로 유동성이 감소하여 물가가 하락하는 상황을 의미한다.
③ 기업의 생산과 가계의 소비가 줄어들어 유동성이 넘쳐 나는 상황을 의미한다.
④ 경기 과열로 인해 유동성이 높은 자산에 대한 선호가 늘어나는 상황을 의미한다.
⑤ 유동성이 감소하여 경기 회복에 대한 전망이 긍정적으로 바뀌는 상황을 의미한다.

04 윗글을 바탕으로 경제 주체들이 〈보기〉의 신문 기사를 읽고 보일 수 있는 반응으로 적절하지 <u>않은</u> 것은?

〈보기〉

금융 당국 '빅스텝' 단행

금융 당국은 오늘 '빅스텝'을 단행하였다. 빅스텝이란 기준 금리를 한 번에 0.5%p 인상하는 것을 의미한다. 이처럼
금리를 큰 폭으로 인상한 것은 과도하게 증가한 유동성으로 인해 물가가 지나치게 상승하고 부동산, 주식 등의 자산
가격이 폭등했기 때문이다.

① 투자자 : 부동산의 가격이 하락할 수 있으니, 당분간 부동산 투자를 미루고 시장 상황을 지켜봐야겠군.
② 소비자 : 위축된 소비 심리가 회복되어 지금보다 물가가 오를 수 있으니, 자동차 구매 시기를 앞당겨야겠군.
③ 기업인 : 대출을 통해 자금을 확보하는 것이 부담스러워질 수 있으니, 공장을 확장하려던 계획을 보류해야겠군.
④ 공장장 : 당분간 우리 공장에서 생산한 부품에 대한 수요가 줄 수 있으니, 재고가 늘어날 것에 대비해야겠군.
⑤ 은행원 : 시중 은행에 저축하려는 사람들이 늘어날 수 있으니, 다양한 상품을 개발하여 고객을 유치해야겠군.

01~03 다음 글을 읽고, 물음에 답하시오.

가 두 나라가 자발적으로 무역을 하기 위해서는 두 나라 모두 이익을 얻을 수 있어야 한다. 만일 무역 당사국이 이익을 전혀 얻지 못하거나 손실을 본다면, 이 나라는 무역을 하지 않을 것이기 때문이다. 그러면 무역을 통해 이익이 발생할 수 있는 이유는 무엇일까? 또 무역에서 수출입 재화*는 각각 어떻게 결정될까?

나 A국과 B국에서 자동차와 신발을 생산하는 상황을 가정해 보자. 아래 〈그림〉과 같이 A국은 이용 가능한 생산요소*를 모두 투입하여 최대 자동차 10대 혹은 신발 1,000켤레를 만들 수 있다. 한편, B국에서는 동일한 조건하에 자동차 3대 또는 신발 600켤레를 생산할 수 있다. 이때 국가 간 비교 우위 산업의 차이에 의해서 무역의 이익이 발생할 수 있다. 비교 우위란 어떤 재화 생산의 기회비용이 다른 나라보다

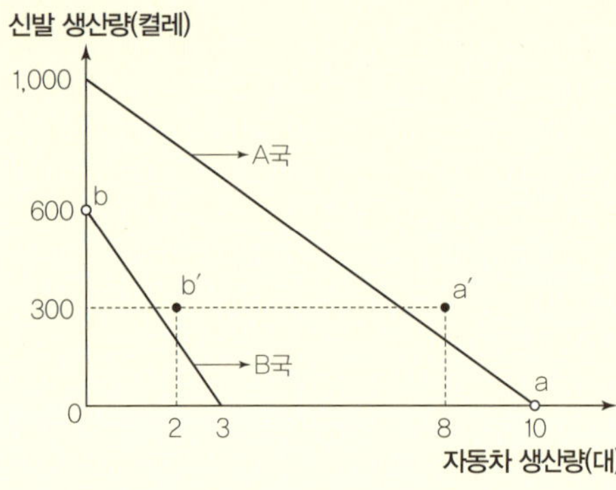

〈그림 : A국과 B국의 생산 가능 곡선*〉

작은 경우를 의미하며, 이때 기회비용이란 그 재화 생산으로 인해 포기해야 하는 다른 재화의 가치를 말한다. 위의 상황에서 A국이 자동차를 1대 더 생산하기 위해서는 신발 생산을 100켤레 줄여야 한다. 즉, A국 입장에서 자동차 1대 생산의 기회비용은 신발 100켤레와 같다. 한편, B국은 자동차 1대 생산의 기회비용이 신발 200켤레가 된다. 이 경우 A국의 자동차 생산의 기회비용이 B국의 그것보다 작으므로, A국이 자동차 생산에 있어 비교 우위를 갖고 있다. 반면, ㉠B국은 신발 생산에 있어 비교 우위를 갖게 된다.

다 따라서 A국이 자동차를 특화해* B국에 수출하고, B국은 신발을 특화해 A국에 수출하면 무역을 하지 않을 때에 비해 양국 모두 이익을 얻을 수 있다. 위 〈그림〉에서 A국이 자동차만 10대 생산(a)하고 B국이 신발만 600켤레를 생산(b)해서 양국이 무역을 한다고 하자. 이때 A국이 자동차 2대를 수출하고 그 대신 B국으로부터 신발 300켤레를 수입한다면, A국은 자동차 8대와 신발 300켤레의 조합(a′)을, B국은 자동차 2대와 신발 300켤레의 조합(b′)을 소비할 수 있다. 즉 무역을 통해 양국은 무역 이전에는 생산할 수 없었던 재화량의 조합을 생산하는 것과 같은 효과를 갖게 되어 무역을 통한 이익을 얻을 수 있다.

라 이처럼 각국의 비교 우위 산업이 존재하는 이유에 대해 20세기 초의 경제학자 헥셔는 국가 간 생산요소 부존량*의 상대적 차이가 비교 우위를 낳는다고 보았다. 그에 따르면, 각국은 타국에 비해 상대적으로 풍부한 생산요소를 집약적*으로 사용하는 재화의 생산에 비교 우위를 갖는다. 즉 재화마다 각 생산요소들이 투입되는 비율이 다르기 마련인데, 어떤 재화 생산에 특정 생산요소가 집약적으로 사용된다면 그 생산요소를 다른 나라들에 비해 풍부하게 보유하고 있는 국가가 해당 재화의 생산에 비교 우위를 갖게 된다는 것이다. 예를 들어, 어떤 국가가 자동차·선박 등 자본 집약재의

| Self 문단 체크 |

(1) **가** : 무역을 통해 (　　　) 이 발생하는 이유와 무역의 수출입 (　　　)가 결정되는 방식을 알아보자.

(2) **나** : (　　　)란 어떤 재화 생산의 기회비용이 다른 나라보다 작은 경우를 의미하며, 이때 기회비용이란 그 재화 생산으로 인해 포기해야 하는 다른 재화의 가치를 말한다.

(3) **다** : (　　　)가 있는 상품을 특화해 무역을 하면 양국 모두 이익을 얻을 수 있으며, 무역 이전에는 생산할 수 없었던 (　　　)의 (　　　)을 생산하는 것과 같은 효과를 갖게 된다.

(4) **라** : 각국의 비교 우위 산업이 존재하는 것은 국가 간 (　　　)의 상대적 차이 때문이다.

(5) **마** : 생산요소 부존량의 상대적 차이는 (　　　)할 수 있으며, 이에 따라 각국의 (　　　)도 바뀔 수 있다.

| 주제 |

국제 무역의 발생 원인 및 그로 인한 이익

*재화 사람이 바라는 바를 충족시켜 주는 모든 물건
*생산요소 재화를 생산하기 위해 필요한 노동, 자본 등의 투입 요소
*생산 가능 곡선 한 경제의 이용 가능한 생산요소들을 가장 효율적으로 투입하여 생산할 수 있는 각 재화 생산량의 조합을 나타낸 선
*특화하다 한 나라의 산업 구조나 수출 구성에서 특정 산업이나 상품이 상대적으로 큰 비중을 차지하다.
*생산요소 부존량 한 경제 내에 존재하고 있는 생산요소의 양
*집약적 하나로 모아서 뭉뚱그리는 것

수출국이고 신발·의류 등 노동 집약재의 수입국이라면, 그 국가는 타국에 비해 자본은 상대적으로 풍부하고 노동은 그렇지 않다고 판단할 수 있다.

마 각국의 비교 우위 산업은 국가 간 생산요소 부존량의 상대적 차이가 변화함에 따라 바뀔 수도 있다. 우리나라도 과거 경공업* 위주의 노동 집약적 산업에서 자본 집약적인 중화학 공업*, 최근의 지식 집약적인 IT 산업까지 주요 산업 및 수출품이 변화해 왔다. 이는 경제 성장에 따라 각 생산요소들의 부존 비율이 변화함으로써 우리나라의 비교 우위 산업이 변화해 왔기 때문이다.

＊경공업 부피에 비하여 무게가 가벼운 물건을 만드는 공업. 섬유 공업·식품 공업·고무 공업 따위의 소비재 산업이 중심이며, 소자본으로도 가능하다.

＊중화학 공업 중공업과 화학 공업을 아울러 이르는 말. 특히 화학 제품의 원료를 대량으로 제조하는 석유 화학 공업. 소다 공업, 황산 공업 따위를 이르는 경우도 있다.

01　윗글에 대한 설명으로 적절하지 <u>않은</u> 것은?

① 단계적인 순서에 따라 이론의 한계를 지적하고 있다.
② 권위자의 견해를 들어 현상의 원인을 설명하고 있다.
③ 질문을 던짐으로써 독자의 관심을 유도하고 있다.
④ 핵심 개념을 설명하여 독자의 이해를 돕고 있다.
⑤ 가상적 상황을 예로 들어 현상을 설명하고 있다.

02　윗글을 통해 답할 수 <u>없는</u> 질문은?

① 각국의 비교 우위 산업이 변할 수 있는 이유는 무엇인가?
② 자발적인 무역이 한 나라의 각 재화 생산에 어떤 영향을 미칠 수 있는가?
③ 어떤 재화 생산에 투입되는 각 생산요소의 비율은 어떻게 결정되는가?
④ 자발적인 무역에서 어떤 재화가 수출품이 되고 어떤 재화가 수입품이 되는가?
⑤ 국가 간 생산요소 부존량의 상대적 차이가 자발적인 무역에 미치는 영향은 무엇인가?

03　㉠의 이유로 가장 적절한 것은?

① B국의 신발 생산의 기회비용이 자국의 자동차 생산의 기회비용보다 크기 때문이다.
② B국의 신발 생산의 기회비용이 A국의 신발 생산의 기회비용보다 작기 때문이다.
③ B국의 신발 생산의 기회비용이 A국의 자동차 생산의 기회비용보다 작기 때문이다.
④ 이용 가능한 생산요소를 모두 투입했을 때, B국이 A국보다 신발 생산량이 더 커지기 때문이다.
⑤ 이용 가능한 생산요소를 모두 투입했을 때, B국의 자동차 생산량보다 신발 생산량이 더 커지기 때문이다.

01~05 다음 글을 읽고, 물음에 답하시오.

㉮ 최근 수입품에 높은 관세를 부과하여 국제 무역 분쟁이 발생하면서 관세에 대한 관심이 높아지고 있다. 관세란 수입되는 재화*에 부과되는 조세로, 정부는 조세 수입을 늘리거나 국내 산업을 보호하기 위한 목적으로 관세를 부과한다. 그런데 관세를 부과하면 국내 경기 및 국제 교역*에 영향을 미치게 된다.

㉯ 관세가 국내 경기에 미치는 영향을 살펴보기 위해서는 시장에서의 수요와 공급의 원리를 알아야 한다. 〈그림〉은 가격에 따른 수요량과 공급량의 변화를 나타내는 그래프이다. 여기서 수요 곡선은 재화의 가격에 따른 수요량의 변화를 나타내는데, 그래프에서 가격은 재화 1단위 추가 소비

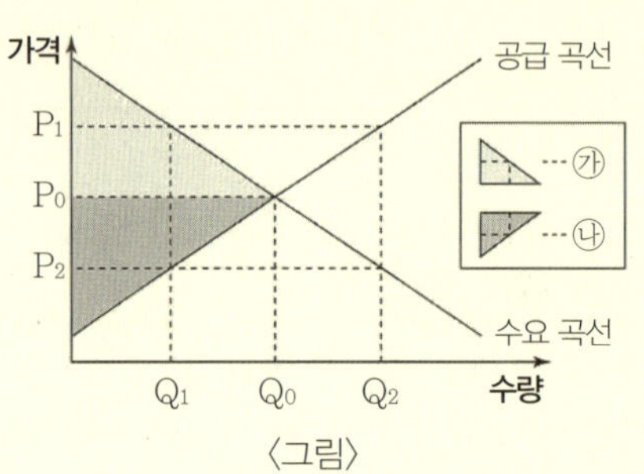

를 위한 소비자의 지불 용의* 가격을 나타내기도 한다. 공급 곡선은 재화의 가격에 따른 공급량의 변화를 나타내는데, 그래프에서 가격은 재화 1단위 추가 생산을 위한 생산자의 판매 용의 가격을 나타내기도 한다. 수요와 공급의 원리에 따르면 재화의 균형 가격은 수요 곡선과 공급 곡선이 만나는 P_0에서 형성된다. 재화의 가격이 P_1로 올라가면 수요량은 Q_1로 줄어들고 공급량은 Q_2로 증가하지만, 재화의 가격이 P_2로 내려가면 수요량은 Q_2로 증가하고 공급량은 Q_1로 줄어든다.

㉰ 이처럼 재화의 가격 변화로 수요량과 공급량이 달라지면 소비자 잉여와 생산자 잉여에도 변화가 생기게 된다. 여기서 잉여란 제품을 소비하거나 판매함으로써 얻는 이득으로, 소비자 잉여는 소비자가 어떤 재화를 구입할 때 지불할 용의가 있는 가격과 실제 지불한 가격의 차이이고, 생산자 잉여는 생산자가 어떤 재화를 판매할 때 실제 판매한 가격과 판매할 용의가 있는 가격의 차이이다. 〈그림〉에서 수요 곡선과 실제 재화의 가격의 차이에 해당하는 ㉮는 소비자 잉여를, 실제 재화의 가격과 공급 곡선의 차이에 해당하는 ㉯는 생산자 잉여를 나타낸다. 만일 재화의 가격이 P_0에서 P_1로 올라가면 소비자 잉여는 줄어들고 생산자 잉여는 늘어나는 반면, 재화의 가격이 P_2로 내려가면 소비자 잉여는 늘어나고 생산자 잉여는 줄어들게 된다.

㉱ 이를 바탕으로 관세가 국내 경기에 미치는 영향을 살펴보자. 밀가루 수입 전에 형성된 K국의 밀가루 가격이 500원/kg이고, 국제 시장에서 형성된 밀가루의 가격이 300원/kg이라고 가정해 보자. K국이 자유 무역*을 통해 관세 없이 밀가루를 수입하면 국산 밀가루 가격은 수입 가격 수준인 300원/kg까지 내려가게 된다. 그 결과 국산 밀가루 공급량은 줄어들지만 오히려 수요량은 늘어나기 때문에, 국내 수요량에서 국내 공급량을 뺀 나머지 부분만큼 밀가루를 수입하게 된다. 밀가루 수입으로 국산 밀가루 가격이 하락하면 결과적으로 생산자 잉여가 감소하지만 소비자 잉여는 증가하게 된다. 증가한 소비자 잉여가 감소한 생산자 잉여보다 크기 때문에 소비자 잉여와 생산자 잉여의 총합인 사회적 잉여는 밀가루를 수입하기 전에 비해 커지게 된다.

㉲ 그런데 K국이 수입 밀가루에 100원/kg의 관세를 부과할 경우, 수입 밀가루의 국내 판매 가격은 400원/kg으로 올라가게 된다. 그렇게 되면 국산 밀가루 생산자는 관

---

(1) ㉮ : (　　　)는 수입품에 부과되는 조세로, 조세 수입 증가와 국내 산업 보호가 목적이며 국내 경기와 국제 교역에 영향을 미친다.

(2) ㉯ : 수요와 공급 원리에 따라 재화의 (　　　)이 형성되며, 가격이 변하면 수요량과 공급량도 변하게 된다.

(3) ㉰ : 재화의 가격이 오르면 소비자 잉여는 (　　　) 생산자 잉여는 늘어나는 반면, 가격이 내려가면 소비자 잉여는 (　　　) 생산자 잉여는 줄어든다.

(4) ㉱ : 수입품이 들어오면 국산품의 가격이 하락하면서 이로 인해 증가한 소비자 잉여가 감소한 생산자 잉여보다 (　　　) 때문에 사회적 잉여가 커지게 된다.

(5) ㉲ : 관세가 부과되면 생산자 잉여 증가분이 소비자 잉여 감소분보다 작아서 관세 부과 전보다 사회적 잉여가 (　　　).

(6) ㉳ : 관세 정책 장기화는 국내 경기의 (　　　)를 일으킬 수 있다.

(7) ㉴ : 과도한 관세는 사회적 잉여를 (　　　)시키고, 시장 침체와 국제 무역 분쟁을 야기할 수 있다.

| 주제 |

관세의 개념과 관세 부과가 국내 경제에 미치는 영향

＊**재화** 사람이 바라는 바를 충족시켜 주는 모든 물건. 이것을 획득하는 데에 대가가 필요한 것을 경제재라고 하며, 필요하지 않은 것을 자유재라고 한다.

＊**교역** 주로 나라와 나라 사이에서 물건을 사고팔고 하여 서로 바꿈

＊**용의** 어떤 일을 하려고 마음을 먹음. 또는 그 마음

＊**자유 무역** 국가가 외국 무역에 아무런 간섭이나 보호를 하지 아니하고 관세도 매기지 아니하며 각 개인의 자유에 맡겨 하는 무역

세 부과 전보다 100원/kg 오른 가격에 밀가루를 판매할 수 있으므로 국산 밀가루의 공급량이 늘어 관세를 부과하기 전보다 생산자 잉여가 증가하게 된다. 반대로 소비자 입장에서는 가격이 올라가면 그만큼 수요량이 줄어들게 되므로 소비자 잉여는 감소하게 된다. 하지만 증가한 생산자 잉여가 감소한 소비자 잉여보다 작기 때문에 소비자 잉여와 생산자 잉여의 총합인 사회적 잉여는 수입 밀가루에 관세를 부과하기 전에 비해 작아지게 된다.

(바) 그런데 관세 정책이 장기화될 경우, 국내 경기가 침체에 빠질 수 있다. 예컨대 K국 정부가 국내 밀가루 산업을 보호하기 위하여 수입 밀가루에 높은 관세를 부과할 경우, 단기적으로는 국내 밀가루 생산자의 이익을 늘려 자국의 밀가루 산업을 보호할 수 있다. 하지만 높은 관세로 국내 밀가루 가격이 상승하면 밀가루를 원료로 하는 제품들의 가격이 줄줄이 상승하게 되어, 국내 소비자들은 밀가루를 이용하여 만든 제품들의 소비를 줄이게 된다. 이러한 과정이 장기화된다면 K국의 경기는 결국 침체에 빠질 수도 있다. 실제로 1930년대 국내 산업을 보호할 목적으로 시행된 각국의 관세 정책으로 인해 오히려 경제 대공황*이 심화된 사례가 이를 잘 보여 주고 있다.

(사) 이렇게 볼 때 국내 산업을 보호할 목적으로 부과된 ㉠관세는 사회적 잉여를 감소시키고, 해당 제품에 대한 국내 소비를 줄어들게 한다. 그리고 그와 관련된 다른 산업에까지 악영향을 미칠 수 있다. 또한 과도한 관세는 국제 교역을 감소시켜 국제 무역 시장을 침체시킬 뿐만 아니라, 국제 무역 분쟁을 야기할 소지도 있다. 이러한 이유로 대다수의 경제학자들은 과도한 관세에 대한 우려를 드러내고 있다.

*경제 대공황 1929년에 시작된 세계 경제의 장기적이고도 급격한 침체 현상

01 **윗글에 대한 설명으로 가장 적절한 것은?**

① 상반된 두 입장을 제시한 후 이를 절충하고 있다.
② 문제 상황을 언급한 후 해결책을 구체화하고 있다.
③ 이론의 한계를 단계적인 순서에 따라 설명하고 있다.
④ 학설이 나타난 배경과 그 학문적 성과를 분석하고 있다.
⑤ 원리를 설명한 후 구체적 사례를 들어 이해를 돕고 있다.

02 **윗글에 대한 이해로 적절하지 않은 것은?**

① 소비자의 지불 용의 가격은 균형 가격보다 항상 높다.
② 균형 가격에서는 재화의 수요량과 공급량이 동일하다.
③ 원료의 가격은 이에 기반한 제품의 가격에 영향을 미친다.
④ 관세는 국가 간의 무역 분쟁의 원인으로 작용하기도 한다.
⑤ 대다수의 경제학자들은 과도한 관세에 대해 부정적 입장을 취한다.

03 ㉠의 이유로 적절한 것은?

① 소비자 잉여 감소분이 생산자 잉여 증가분과 같기 때문에

② 소비자 잉여 감소분이 생산자 잉여 증가분보다 크기 때문에

③ 소비자 잉여 증가분이 생산자 잉여 증가분보다 크기 때문에

④ 소비자 잉여 감소분이 생산자 잉여 감소분보다 작기 때문에

⑤ 소비자 잉여 증가분이 생산자 잉여 감소분보다 작기 때문에

04 윗글을 바탕으로 〈보기〉를 설명한 내용으로 적절하지 <u>않은</u> 것은?

P국에서는 국산 바나나만을 소비하다 값싼 수입산 바나나를 관세 없이 수입하면서 국산 바나나 가격이 국제 시장 가격 수준으로 하락했다. 이에 정부에서는 국내 바나나 산업 보호를 위하여 관세를 부과하였다.

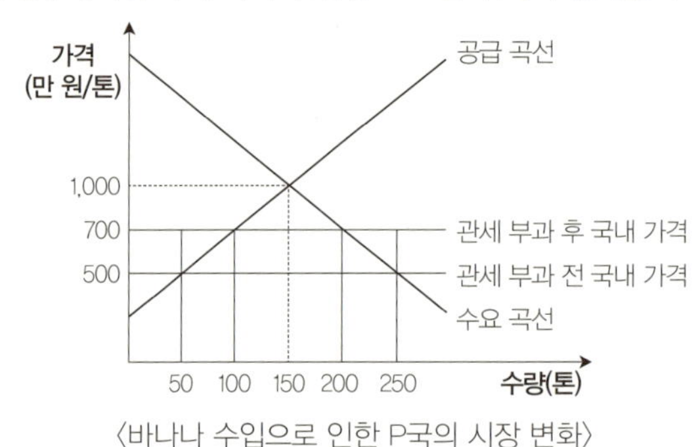

〈바나나 수입으로 인한 P국의 시장 변화〉

① 바나나를 수입하기 전 바나나의 국내 균형 가격은 톤당 1,000만 원이었다.

② 관세를 부과하기 이전에는 수입되는 바나나의 수량이 200톤이었다.

③ 관세를 부과하기 이전과 이후의 가격을 비교해 보니 톤당 200만 원만큼의 관세가 부과되었다.

④ 관세를 부과한 결과 국내 생산자는 바나나의 공급량을 50톤에서 100톤으로 늘리게 된다.

⑤ 관세를 부과한 결과 수입되는 바나나의 수량은 이전보다 50톤이 줄어드는 효과가 발생한다.

05 윗글의 '관세(A)'와 〈보기〉의 '수입 할당제(B)'에 대해 이해한 내용으로 적절하지 <u>않은</u> 것은?

'수입 할당제'는 일정 기간 특정 재화를 수입할 수 있는 양을 제한하여 제한된 할당량까지는 자유 무역 상태에서 수입하고 그 할당량이 채워지면 수입을 전면적으로 금지하는 비관세 정책이다. 수입 할당제는 수입되는 재화의 양을 제한함으로써 그 재화의 국내 가격을 자연적으로 상승시켜 국내 생산자를 보호하는 기능을 한다.

① A는 수입품의 가격을 상승시키는 원인으로 작용하겠군.

② B는 수량을 기준으로 수입되는 재화의 양을 제한하겠군.

③ A는 B와 달리 정책 시행 시의 혜택을 국내 생산자가 보겠군.

④ B는 A와 달리 수입품에 대한 정부의 조세 수입이 없겠군.

⑤ A와 B 모두 국제 무역 규모의 감소를 유발할 수 있겠군.

01~05 다음 글을 읽고, 물음에 답하시오.

가 공익을 위한 적법한* 행정 작용으로 개인의 재산권*에 특별한 희생이 발생한 경우, 개인은 자신이 입은 재산상 손실을 보상하도록 요구할 수 있는 권리인 '손실 보상 청구권'을 갖는다. 여기서 '특별한 희생'이란 보호할 필요가 있는 재산권에 대한 침해*를 이르는 말로, 이로 인한 손실은 국가가 보상해야 한다. 가령 감염병예방법에 따르면, 행정 기관이 감염병 예방을 위해 의료기관의 병상이나 연수원, 숙박 시설 등을 동원한* 경우 이로 인한 손실을 개인에게 보상하여야 하는데, 이때의 재산권 침해가 특별한 희생에 해당하는 것이다.

나 손실 보상 청구권은 ⓐ공적 부담*의 평등을 위해 인정되는 헌법상 권리이다. 행정 작용으로 누군가에게 특별한 희생이 발생하면, 그로 인한 부담을 공공이 분담하는 것이 평등 원칙에 부합하기* 때문이다. 또한 헌법 제23조 제3항은 "공공필요에 의한 재산권의 수용·사용 또는 제한 및 그에 대한 보상은 법률로써 하되, 정당한 보상을 지급하여야 한다."라고 하여, '공공필요에 의한 재산권의 수용·사용 또는 제한', 즉 공용 침해와 이에 대한 보상이 법률에 규정되어야* 함을 명시하고* 있다. 공용 침해 중 수용이란 개인의 재산권을 국가로 이전하는 것, 사용이란 행정 기관이 개인의 재산권을 일시적으로 사용하는 것, 제한이란 개인의 재산권 사용 또는 그로 인한 수익을 한정하는 것을 의미한다. 한편 제23조 제3항은 내용상 분리될 수 없는 사항은 함께 규정되어야 한다는 의미의 '불가분* 조항'이다. 따라서 ⓑ공용 침해 규정과 보상 규정은 하나의 법률에서 규정되어야 한다.

다 그러나 헌법은 제23조 제1항에서 "모든 국민의 재산권은 보장된다. 그 내용과 한계는 법률로 정한다."라고 규정하여, 재산권은 법률에 의해 구체화된다고 밝히고 있다. 또한 제2항에서 "재산권의 행사는 공공복리에 적합하도록 하여야 한다."라고 하여, 개인의 재산권 행사가 공익에 적합하여야 한다는 재산권의 '사회적 제약'을 규정하고 있다. 특히 토지처럼 공공성이 강한 사유 재산은 재산권 행사에 더욱 강한 사회적 제약을 받을 수 있다. 만약 재산권 침해가 ⓒ사회적 제약의 범위 내에 있다면 이로 인한 손실은 보상의 대상이 되지 않는다. 즉 재산권 침해가 특별한 희생에 해당할 때만 보상이 가능한 것이다.

라 재산권의 사회적 제약과 특별한 희생의 구별에 대해 ㉠경계 이론과 ㉡분리 이론은 서로 다른 입장을 취한다. 경계 이론에 따르면 ⓓ양자는 별개가 아니라 단지 침해의 정도에 있어서만 차이가 있을 뿐이다. 재산권 침해는 그 정도가 사회적 제약의 범위를 넘어서면 특별한 희생으로 바뀐다는 것이다. 따라서 경계 이론은 사회적 제약을 벗어나는 재산권 침해는 보상 규정이 없어도 보상이 이루어져야 한다고 본다. 보상을 규정하지 않은 채 공용 침해를 규정하고 있는 법률은, 불가분 조항인 헌법 제23조 제3항에 위반되어 위헌*이고, 위헌임이 밝혀진 법률에 근거한 공용 침해 행위는 위법한 행정 작용이 된다는 것이다. 경계 이론은 적법한 공용 침해 행위의 경우에 보상이 인정된다면, 위법한 공용 침해 행위의 경우에도 헌법 제23조 제3항을 근거로 보상을 인정해야 한다는 입장이다.

| Self 문단 체크 |

(1) **가** : 공익을 위한 적법한 행정 작용으로 개인의 재산권에 특별한 희생이 발생하면 개인은 (   )을 갖는다.

(2) **나** : 손실 보상 청구권은 헌법상 권리이며, 공용 침해와 이에 대한 보상은 하나의 (   )로 규정되어야 한다.

(3) **다** : 재산권은 법률로 구체화되며 (   )을 받기 때문에 특별한 희생일 때만 보상이 가능하다.

(4) **라** : (   )은 재산권 침해가 사회적 제약을 넘으면 특별한 희생에 해당하며, 이에 대한 보상이 이루어져야 한다고 본다.

(5) **마** : (   )은 재산권 침해를 사회적 제약과 특별한 희생으로 분리하며, 보상 규정이 없을 경우에는 이를 사회적 제약으로 본다.

| 주제 |

손실 보상 청구권과 재산권의 사회적 제약

---

*적법하다 법규에 맞다.

*재산권 재산의 소유권, 사용·수익권, 처분권 등 일체의 재산적 가치가 있는 권리

*침해 침범하여 해를 끼침

*동원하다 어떤 목적을 달성하고자 사람을 모으거나 물건, 수단, 방법 따위를 집중하다.

*부담 어떠한 의무나 책임을 짐

*부합하다 사물이나 현상이 서로 꼭 들어맞다.

*규정되다 양이나 범위 따위가 제한되어 정해지다.

*명시하다 분명하게 드러내 보이다.

*불가분 나눌 수가 없음

*위헌 법률 또는 명령, 규칙, 처분 따위가 헌법의 조항이나 정신에 위배되는 일

(마) 이에 반해 분리 이론은 재산권의 사회적 제약에 대한 헌법 제23조 제2항의 규정과 특별한 희생에 대한 제3항의 규정은 ⓔ <u>입법자의 의사에 따라 완전히 분리된다</u>고 주장한다. 따라서 재산권 침해를 규정한 법률에 보상 규정이 없는 경우 입법자가 이러한 재산권 침해를 특별한 희생이 아닌 사회적 제약으로 규정한 것으로 본다. 재산권 침해가 사회적 제약 또는 특별한 희생 중 무엇에 해당하는지 결정하는 것은 법률을 제정하는 입법자의 권한이라는 것이다. 만약 해당 법률에 규정된 재산권 침해가 헌법 제23조 제2항에서 규정한 재산권의 공익 적합성을 넘어서서 개인의 재산권을 과도하게 침해한다면, 이러한 법률은 헌법 제23조 제2항을 위반하여 위헌이고, 위헌임이 밝혀진 법률에 근거한 행정 작용은 위법하게 된다. 분리 이론은 이러한 경우 ⓒ <u>손실을 보상하는 것이 아니라, 위법한 행정 작용 자체를 제거해야 한다고 본다.</u> 재산권을 존속*시키는 것이 재산권을 침해하면서 그 손실을 보상하는 것보다 우선한다고 보기 때문이다.

*존속 어떤 대상이 그대로 있거나 어떤 현상이 계속됨

01 윗글에 대한 이해로 가장 적절한 것은?

① 헌법이 개인에게 보장하는 재산권의 내용은 법률로써 그 내용이 구체화된 것이다.
② 공용 침해 중 '사용'과 달리 '제한'의 경우, 행정 작용에도 불구하고 개인의 재산권은 국가로 이전되지 않는다.
③ 재산권을 침해하는 모든 행정 작용에 대해, 개인은 자신이 입은 손실을 보상하도록 요구할 수 있는 권리를 갖는다.
④ 재산권의 사회적 제약을 규정하는 모든 법률은 공용 침해와 손실 보상이 내용상 분리될 수 없다는 원칙에 어긋난다.
⑤ 감염병 예방을 위해 행정 기관이 사설 연수원을 일정 기간 동원하는 것은 공공필요에 의한 재산권의 '수용'에 해당한다.

02 ㉠과 ㉡에 대한 이해로 적절하지 <u>않은</u> 것은?

① ㉠은 법률에 보상 규정이 없는 경우에도 헌법 제23조 제3항을 근거로 하여, 행정 작용으로 인한 재산상 손실을 보상할 수 있다고 본다.
② ㉡은 헌법 제23조 제2항과 제3항의 규정은 전혀 다른 내용을 규정하고 있다고 본다.
③ ㉠은 행정 작용으로 인한 재산상 손실을 항상 보상해야 한다고 보는 반면, ㉡은 보상하지 않을 수 있다고 본다.
④ ㉠은 재산권 침해의 정도를, ㉡은 입법자의 의사를 기준으로 손실 보상 청구권의 성립 여부를 판단해야 한다고 본다.
⑤ ㉠과 ㉡은 모두 보상 규정 없이 사회적 제약의 범위를 벗어나는 재산권 침해를 규정한 법률은 위헌이라고 본다.

03 ⓒ의 전제로 가장 적절한 것은?

① 재산권은 입법자의 의사에 따라 보상 없이 제한해야 하는 권리이다.

② 공용 침해 규정과 손실 보상 규정이 동일한 법률에서 규정될 필요는 없다.

③ 재산권의 사회적 제약은 입법자의 의사에 따라 제한 없이 규정될 수 있다.

④ 행정 작용이 공익을 목적으로 한다면 이로 인한 손실은 보상할 필요가 없다.

⑤ 입법자가 별도로 규정하지 않는 한, 재산권은 그대로 보존되어야 하는 권리이다.

04 윗글을 참고하여 〈보기〉의 '헌법 재판소'의 판단에 대해 추론한 내용으로 적절하지 <u>않은</u> 것은?

〈보기〉

> A 법률에 따르면, 국가는 도시 환경을 보전하기 위해 개발 제한 구역을 지정할 수 있고, 개발 제한 구역으로 지정된 토지에서는 건축 등 토지 사용이 제한된다. 하지만 A 법률은 개발 제한 구역 지정으로 인한 손실을 보상하는 규정은 포함하고 있지 않았다. 이러한 상황에서 A 법률에 대한 헌법 소원이 제기되었다.
>
> 헌법 재판소는 분리 이론의 입장을 취하면서, 토지 재산권의 공공성을 고려하면 A 법률은 원칙적으로 합헌이라고 판단하였다. 하지만 개발 제한 구역으로 지정되어 토지를 사용할 방법이 전혀 없는 등 개인에게 가혹한 부담이 발생하는 예외적인 경우에는 사회적 제약을 벗어나서 토지 소유자의 재산권을 과도하게 침해한다고 판단하였다. 따라서 이러한 예외적인 경우까지 고려하지 않은 A 법률은 헌법에 위반된다고 판단하였다.

① 헌법 재판소는 개발 제한 구역을 지정하는 행위가 헌법 제23조 제2항에 위반되는지를 판단하였겠군.

② 헌법 재판소는 개발 제한 구역을 지정하는 행위가 헌법 제23조 제3항과는 관련이 없다고 판단하였겠군.

③ 헌법 재판소는 개발 제한 구역을 지정하는 행위가 헌법에 위반되었는지 여부를 토지의 공공성을 근거로 판단하였겠군.

④ 헌법 재판소는 개발 제한 구역 지정으로 인한 재산권 침해는 개인에게 가혹한 부담이 발생하지 않는 범위 내에서만 가능하다고 판단하였겠군.

⑤ 헌법 재판소는 개발 제한 구역을 지정하는 행위가 개인에게 가혹한 부담을 초래한 경우, 이때의 재산권 침해는 특별한 희생에 해당한다고 판단하였겠군.

05 문맥상 ⓐ~ⓔ를 바꿔 쓴 것으로 적절하지 <u>않은</u> 것은?

① ⓐ : 행정 작용으로 인한 부담을 개인이 모두 떠안게 되는 불평등을 조정하기 위해

② ⓑ : 공공필요에 의해 개인의 재산권을 수용·사용·제한하는 규정과

③ ⓒ : 헌법 제23조 세2항에 규정된 재산권의 한계 안에

④ ⓓ : 경계 이론의 입장과 분리 이론의 입장은 전혀 다른 것이 아니라

⑤ ⓔ : 재산권 침해 정도에 따라 구분되는 것이 아니라 입법자의 서로 다른 의사가 반영된 것이라고

01~03 다음 글을 읽고, 물음에 답하시오.

㉮ 바이러스란 스스로는 증식할* 수 없고 숙주* 세포에 기생해야만* 증식할 수 있는 감염성 병원체를 일컫는다. 바이러스는 자신의 존속을 위한 최소한의 물질만을 가지고 있기 때문에 거의 모든 생명 활동에서 숙주 세포를 이용한다. 바이러스를 구성하는 기본 물질은 유전 정보를 담은 유전 물질과 이를 둘러싼 단백질 껍질이다.

㉯ 1915년 영국의 세균학자 트워트는 포도상 구균을 연구하던 중, 세균 덩어리가 녹는 것처럼 투명하게 변하는 현상을 관찰했다. 뒤이어 1917년 프랑스에서 활동하던 데렐은 이질을 연구하던 중 환자의 분변에 이질균을 녹이는 물질이 포함되어 있다는 것을 발견하고, 이 미지의 존재를 '박테리오파지'라고 불렀다. 박테리오파지는 바이러스의 일종으로 '세균을 잡아먹는 존재'라는 뜻이다.

㉰ 박테리오파지는 머리와 꼬리, 꼬리 섬유로 구성되어 있다. 머리는 다면체*로 되어 있고, 그 밑에는 길쭉한 꼬리가, 꼬리 밑에는 갈고리 모양의 꼬리 섬유가 붙어 있다. 머리에는 박테리오파지의 핵심이라 할 수 있는 유전 물질이 있는데, 이 유전 물질은 단백질 껍질로 보호되어 있다. 꼬리는 머릿속의 유전 물질이 세균으로 이동하는 통로 역할을 하며, 꼬리 섬유는 세균에 단단히 달라붙는 기능을 한다.

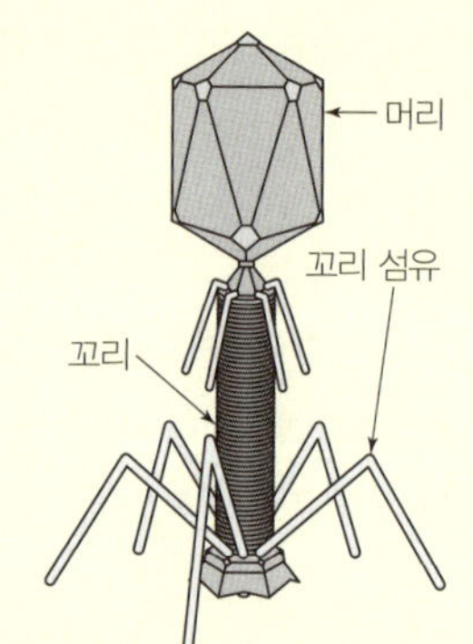

㉱ 박테리오파지는 증식을 위해 세균을 이용한다. 박테리오파지가 세균을 만나면 우선 꼬리 섬유가 세균의 세포막 표면에 존재하는 특정한 단백질, 다당류 등을 인식하여 복제*를 위해 이용할 수 있는 세균인지의 여부를 확인한다. 그리고 이용이 가능한 세균일 경우 갈고리 모양의 꼬리 섬유로 세균의 표면에 단단히 달라붙는다. 세균 표면에 자리를 잡은 박테리오파지는 머리에 들어 있는 유전 물질만을 세균 내부로 침투시킨다. 세균 내부로 침투한 박테리오파지의 유전 물질은 세균 내부의 DNA를 분해한다. 그리고 세균의 내부 물질과 여러 효소 등을 이용하여 새로운 박테리오파지를 형성할 유전 물질과 단백질을 만들어 낸다. 이렇게 만들어진 유전 물질과 단백질이 조립되면 새로운 박테리오파지가 복제되는 것이다.

㉲ 박테리오파지에는 '독성 파지*'와 '용원성 파지'가 있다. '독성 파지'는 충분한 양의 박테리오파지가 복제되면 복제를 중단하고 세균의 세포벽을 파괴하는 효소를 만든다. 그리고 그 효소로 세균의 세포벽을 터뜨리고 외부로 쏟아져 나온다. 이와 달리 '용원성 파지'는 세균을 이용하는 것은 독성 파지와 같지만 세균을 파괴하지는 않는다. 대신 세균 속에서 계속 기생하여 세균이 분열*함에 따라 같이 늘어난다.

| Self 문단 체크 |

(1) **㉮** : (　　　)란 스스로는 증식할 수 없고 (　　　)에 기생해야만 증식할 수 있는 감염성 병원체인데, 유전 물질과 이를 둘러싼 단백질 껍질로 구성되어 있다.

(2) **㉯** : 1917년 데렐은 이질균을 녹이는 미지의 물질을 세균을 잡아먹는 존재라는 뜻의 (　　　)라고 불렀다.

(3) **㉰** : 박테리오파지는 유전 물질이 있는 (　　　)와 꼬리, 꼬리 섬유로 구성되어 있다.

(4) **㉱** : 박테리오파지는 세균에 달라붙어 기생하면서 (　　　)의 내부 물질과 여러 효소 등을 이용하여 자신을 복제한다.

(5) **㉲** : 박테리오파지에는 충분히 복제되면 세균을 터뜨리고 외부로 쏟아져 나오는 '(　　　)'와 세균 속에 기생하여 세균 분열에 따라 같이 늘어나는 '용원성 파지'가 있다.

| 주제 |

박테리오파지의 구조와 복제 과정

---

* **증식하다** 생물이나 조직 세포 따위가 세포 분열을 하여 그 수가 늘어나다. 또는 그 수를 늘려 가다.

* **숙주** 기생 생물에게 영양을 공급하는 생물

* **기생하다** 서로 다른 종류의 생물이 함께 생활하며, 한쪽이 이익을 얻고 다른 쪽이 해를 입다.

* **다면체** 평면 다각형으로 둘러싸인 입체 도형

* **복제** 본디의 것과 똑같은 것을 만듦. 또는 그렇게 만든 것

* **파지(phage)** 세균에 감염하여 증식하는 바이러스

* **분열** 하나의 세포로 이루어진 개체가 둘 이상으로 나뉘어 불어나는 무성 생식

01 윗글에 대한 설명으로 적절하지 <u>않은</u> 것은?

① 대상을 구성하는 각 부분의 기능을 분석하고 있다.

② 대상의 변화를 단계적인 순서에 따라 밝히고 있다.

③ 두 학자의 견해가 지닌 장점을 취합하여 결론을 내리고 있다.

④ 대상을 두 종류로 나누어 둘 사이의 차이점을 설명하고 있다.

⑤ 대상의 본질적인 속성을 밝힘으로써 대상에 대한 독자의 이해를 돕고 있다.

02 윗글에서 언급된 '박테리오파지'에 대한 설명으로 적절하지 <u>않은</u> 것은?

① 세균을 숙주 세포로 삼아서 기생하는 바이러스이다.

② 머리에 있는 유전 물질은 단백질 껍질로 보호되어 있다.

③ 이질균을 녹이는 물질을 발견한 데렐에 의해 명명되었다.

④ 꼬리 섬유는 세균의 표면에 단단히 달라붙는 기능을 한다.

⑤ 세포막 표면에 존재하는 특정 단백질을 복제하여 증식한다.

03 윗글을 바탕으로 〈보기〉의 [A]~[E]를 이해한 것으로 적절하지 <u>않은</u> 것은?

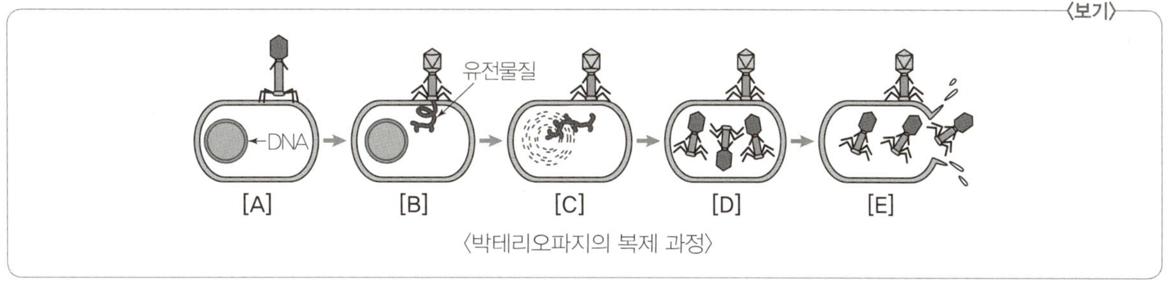

① [A] : 꼬리 섬유가 세포막 표면의 단백질, 다당류 등을 인식한 결과에 따라 유전 물질의 침투 여부가 결정되겠군.

② [B] : 박테리오파지의 머릿속에 있는 유전 물질은 꼬리를 통해 세균 안으로 유입되겠군.

③ [C] : 세균에 침투한 유전 물질은 세균의 내부 물질과 효소 등을 이용해 복제에 필요한 유전 물질과 단백질을 만들겠군.

④ [D] : 세균 속에서 기생하다 세균이 분열하는 과정에서 새로운 박테리오파지가 복제되겠군.

⑤ [E] : 복제된 박테리오파지가 세포 밖으로 터져 나오는 것을 보니 독성 파지가 증식된 것이겠군.

01~03 다음 글을 읽고, 물음에 답하시오.

㉮ 과학에서 관심을 갖는 대상을 '계(system)'라고 하고, 계를 제외한 우주의 나머지 부분은 '주위(surroundings)', 계와 주위 사이는 '경계(boundary)'라고 한다. 계는 주위와 에너지나 물질의 교환이 모두 일어나지 않는 '고립계', 주위와 물질 교환 없이 에너지 교환만 일어나는 '닫힌계', 주위와 물질 및 에너지 교환이 모두 일어나는 '열린계'로 나눌 수 있다.

㉯ 열역학* 제1법칙에 따르면 우주의 에너지 총량은 일정하므로, 계와 주위의 에너지 합 또한 일정하다. 계와 주위 사이에 에너지 교환이 있다면, 계의 에너지가 감소할 때 주위의 에너지는 증가하며, 계의 에너지가 증가할 때 주위의 에너지는 감소하게 된다. 계와 주위 사이에 에너지 교환이 일어날 때, 계의 에너지가 증가하면 +로, 계의 에너지가 감소하면 −로 표시한다. 한편, 계가 열을 흡수하는 과정은 흡열 과정, 계가 열을 방출하는* 과정은 발열 과정이라고 하는데, 열은 에너지의 대표적인 형태이므로, 흡열 과정에 관련된 열은 $+Q$로, 발열 과정에 관련된 열은 $-Q$로 나타낼 수 있다.

㉰ 계의 에너지는 온도, 압력, 부피 등의 열역학적 변수들에 의해 결정되므로, 열역학적 변수들이 같은 계들은 같은 '상태'에 있다고 할 수 있다. 〈그림〉과 같이 피스톤이

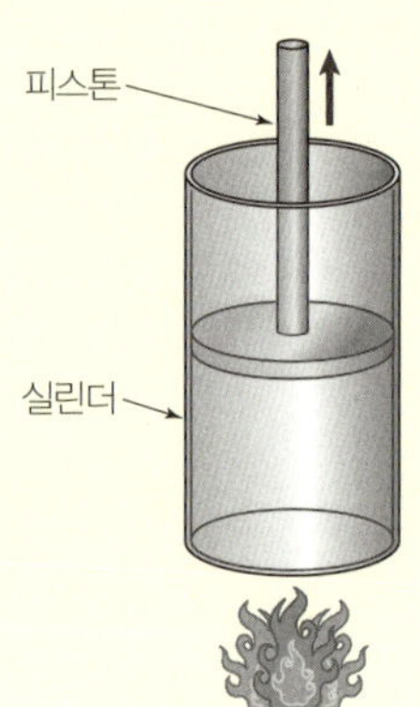

연결된 실린더가 있고, 실린더에는 보일-샤를의 법칙*을 만족하는 기체가 들어 있다고 가정해 보자. 먼저, 피스톤을 고정하지 않은 채 실린더 속 기체의 압력이 P_1로 일정하도록 유지한 상태에서 실린더를 가열하여 실린더 속 기체의 온도가 T_1에서 T_2가 되도록 하면, 온도가 높아짐에 따라 실린더 속 기체의 부피는 증가하게 된다. 한편, 피스톤을 고정하여 실린더 속 기체의 부피를 일정하게 하고 실린더를 가열하면, 실린더 속 기체의 온도가 T_1에서 T_2가 되는 동안 실린더 속 기체의 압력은 P_1에서 P_2로 증가하는데, 온도가 T_2인 상태를 유지하면서 고정시켰던 피스톤을 풀면 실린더 속 기체의 압력이 P_1이 될 때까지 실린더 속 기체의 부피는 증가하게 된다.

㉱ 전자*의 경우를 A, 후자*의 경우를 B라고 하면, A는 T_1, P_1인 초기 상태에서 T_2, P_1인 최종 상태가 되었고, B는 T_1, P_1인 초기 상태에서 T_2, P_2인 상태를 거쳐 T_2, P_1인 최종 상태가 되었다고 할 수 있다. 그리고 두 계라 할 수 있는 A와 B가 같은 상태에 있으면, A와 B의 실린더 속 기체의 내부 에너지*는 서로 같다고 할 수 있다.

㉲ 이때 A의 초기 상태와 B의 초기 상태, A의 최종 상태와 B의 최종 상태는 각각 같지만, 초기 상태에서 최종 상태에 이르는 경로는 다르다. 따라서 두 계가 같은 상태에 있다고 해서 두 계가 만들어진 과정이 같다고 할 수는 없다. 또한 어떤 계의 변화가 일어나는 경로는 초기 상태에서 최종 상태로 진행하면서 거치는 일련의 상태들로 이루어져 있으며, 이 두 상태를 연결하는 경로는 무한히 많다.

| Self 문단 체크 |

(1) ㉮ : 과학에서 관심을 갖는 대상을 '(　　　)'라고 하고, 계를 제외한 우주의 나머지 부분을 '(　　　)'라고 하며, 그 사이를 '(　　　)'라고 한다.

(2) ㉯ : 계와 주위 사이에 에너지 교환이 있다면, 계의 에너지가 감소할 때 주위의 에너지는 (　　　)하며, 계의 에너지가 증가할 때 주위의 에너지는 (　　　)하게 된다.

(3) ㉰ : 계의 열역학적 변수들이 동일한 계들은 같은 (　　　)에 있다고 할 수 있다.

(4) ㉱ : 두 계가 같은 상태에 있으면, 두 계의 내부 에너지는 서로 (　　　).

(5) ㉲ : 어떤 계의 변화가 일어나는 (　　　)는 초기 상태에서 최종 상태로 진행하면서 거치는 일련의 상태들로 이루어져 있으며, 이 두 상태를 연결하는 (　　　)는 무한히 많다.

| 주제 |

계, 주위, 경계의 개념과 계가 만들어지는 과정

*＊**열역학** 열을 에너지의 한 형태로 보고 열과 역학적 일과의 관계에서 출발하여 열평형, 열 현상 따위를 연구하는 학문*
*＊**방출하다** 입자나 전자기파의 형태로 에너지를 내보내다.*
*＊**보일-샤를의 법칙** 기체의 부피는 압력에 반비례하고 절대 온도에 비례한다는 법칙*
*＊**전자** 두 가지의 사물이나 사람을 들어 말할 때, 먼저 든 사물이나 사람*
*＊**후자** 두 가지의 사물이나 사람을 들어서 말할 때, 뒤에 든 사물이나 사람*
*＊**기체의 내부 에너지** 기체가 가지고 있는 에너지를 의미하며, 기체의 부피가 일정할 때 기체의 내부 에너지는 온도에 의해 결정된다.*

01 윗글의 내용과 일치하지 <u>않는</u> 것은?

① 열역학적 변수들이 같은 두 계는 같은 상태에 있다.

② 열역학 제1법칙에 따르면 우주의 에너지 총량은 일정하다.

③ 열린계에서는 주위와 물질 교환 없이 에너지 교환만 일어난다.

④ 어떤 계가 초기 상태에서 최종 상태로 진행하면서 거칠 수 있는 경로는 무한히 많다.

⑤ 계와 주위 사이에 에너지 교환이 일어날 때 계의 에너지가 증가하면 주위의 에너지는 감소한다.

02 윗글을 바탕으로 〈보기〉를 이해한 내용으로 가장 적절한 것은?

〈보기〉

　물이 담긴 수조에 절반 정도 잠기도록 놓인 비커 속 물에 진한 황산을 넣어서 묽은 황산 용액을 만들면, 묽은 황산 용액은 물론 비커 주위의 수조 속 물의 온도까지 높아진다. 이는 황산이 이온으로 되면서 열이 방출되고, 이 열이 수조 속 물에도 전달되기 때문이다.

① 묽은 황산 용액이 만들어지는 과정은 발열 과정으로, 이 과정과 관련된 열은 $-Q$로 표시되겠군.

② 진한 황산을 넣은 물은 주위와 물질 및 에너지 교환이 일어나는 고립계에 해당하겠군.

③ 비커 속 물의 에너지와 수조 속 물의 에너지는 모두 감소했겠군.

④ 묽은 황산 용액은 수조 속의 물로부터 에너지를 흡수했겠군.

⑤ 비커 속의 물과 수조 속의 물은 모두 경계에 해당하겠군.

03 〈보기〉는 ㉡ ~ ㉣ 를 그래프로 표시한 것이다. 〈보기〉를 참고하여 ㉡ ~ ㉣ 를 이해한 내용으로 적절하지 <u>않은</u> 것은?

〈보기〉

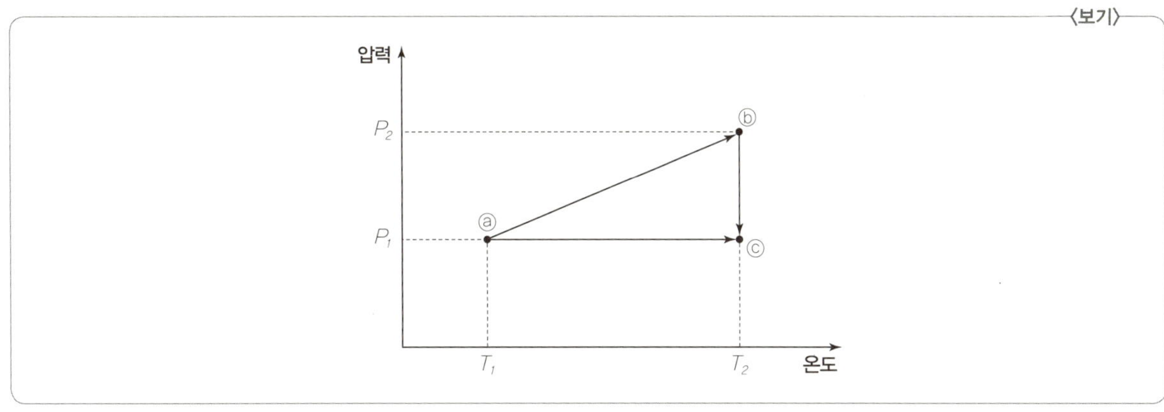

① A의 경우 ⓐ 상태에서 ⓒ 상태가 되는 경로에서 실린더 속 기체의 부피가 증가한다.

② B의 경우 ⓐ 상태에서 ⓑ 상태가 되는 경로에서 온도가 점차 높아진다

③ B의 경우 ⓑ 상태에서 ⓒ 상태가 되는 경로에서 실린더 속 기체의 부피가 증가한다.

④ ⓐ 상태에서 실린더 속 기체의 내부 에너지는 A의 경우와 B의 경우가 같을 것이다.

⑤ ⓒ 상태에서 실린더 속 기체의 내부 에너지는 A의 경우보다 B의 경우가 클 것이다.

01~03 다음 글을 읽고, 물음에 답하시오.

가 초고층 건물은 높이가 200미터 이상이거나 50층 이상인 건물을 말한다. 이런 초고층 건물을 지을 때는 건물에 작용하는 힘을 고려해야 한다. 건물에 작용하는 힘에는 수직 하중*과 수평 하중이 있다. 수직 하중은 건물 자체의 무게로 인해 땅 표면에 수직 방향으로 작용하는 힘이고, 수평 하중은 바람이나 지진 등에 의해 건물에 가로 방향으로 작용하는 힘이다.

나 수직 하중을 견디기 위해서 고안된* 가장 단순한 구조는 ㉠보기둥 구조이다. 보기둥 구조는 기둥과 기둥 사이를 가로지르는 수평 구조물인 보를 설치하고 그 위에 바닥판을 놓은 구조이다. 보기둥 구조에서는 설치된 보의 두께만큼 건물의 한 층당 높이가 높아지지만, 바닥판에 작용하는 하중이 기둥에 집중되지 않고 보에 의해 분산되기 때문에 수직 하중을 잘 견딜 수 있다.

다 위에서 아래 방향으로만 작용하는 수직 하중과 달리 수평 하중은 사방에서 작용하는 힘이기 때문에 초고층 건물의 안전에 미치는 영향이 수직 하중보다 훨씬 크다. 수평 하중은 초고층 건물의 안전을 위협하는 주요 요인인데, 바람은 건물에 작용하는 수평 하중의 90% 이상을 차지한다. 건물이 많은 도심에서는 넓은 공간에서 좁은 공간으로 바람이 불어오면서 풍속이 빨라지는 현상이 발생해 건물에 작용하는 수평 하중을 크게 만든다. 그리고 바람에 의해 공명 현상*이 발생하면 건물이 매우 크게 흔들리게 되어 건물의 안전을 위협하게 된다.

라 건물이 수평 하중을 견디기 위해서는 기본적으로 뼈대에 해당하는 보와 기둥을 아주 단단하게 붙여야 하지만, 초고층 건물의 경우 이것만으로는 수평 하중을 견디기 힘들다. 그래서 등장한 것이 ㉡코어 구조이다. 코어는 빈 파이프 모양의 철골 콘크리트 구조물을 건물 중앙에 세운 것으로, 코어에 건물의 보와 기둥들을 강하게 접합한다*. 이렇게 하면 외부에서 작용하는 수평 하중에도 불구하고 코어로 인해 건물이 크게 흔들리지 않게 된다. 그런데 초고층 건물은 그 높이가 높아질수록 수평 하중이 커지고 그에 따라 코어의 크기도 커져야 한다. 코어 구조는 가운데 빈 공간이 있어 공간 활용의 효율성이 떨어지기 때문에 현대의 초고층 건물은 ㉮코어에 승강기나 화장실, 계단, 수도, 파이프 같은 시설을 설치하는 경우가 많다.

마 그런데 초고층 건물의 높이가 점점 높아지면 코어 구조만으로는 수평 하중을 완벽하게 견뎌 낼 수 없다. 그래서 ㉢아웃리거-벨트 트러스 구조를 사용하여 코어 구조를 보완한다. 아웃리거-벨트 트러스 구조에서 벨트 트러스는 철골을 사용하여 건물의 외부 기둥들을 삼각형 구조의 트러스로 짜서 벨트처럼 둘러싼 것으로 수평 하중을 지탱하는* 역할을 한다. 삼각형 구조의 트러스로 외부 기둥들을 연결하면 외부에서 작용하는 힘이 철골 접합부를 통해 전체적으로 분산되기 때문에 코어에 무리한 힘이 가해지는 것을 예방할 수 있다. 그리고 아웃리거는 콘크리트를 사용하여 건물 외벽에 설치된 벨트 트러스를 내부의 코어와 견고하게 연결한 것으로, 아웃리거와 벨트 트러스는 필요에 따라 건물 중간중간에 여러 개

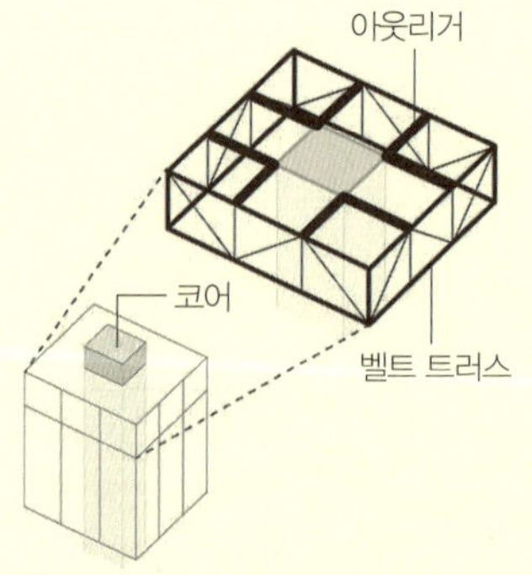

〈아웃리거-벨트 트러스 구조〉

| Self 문단 체크 |

(1) **가** : 건물에 작용하는 힘에는 수직 하중과 (   )이 있다.

(2) **나** : 수직 하중을 견디기 위해 고안된 가장 단순한 구조는 (   ) 구조이다.

(3) **다** : 초고층 건물의 안전에 훨씬 큰 영향을 미치는 것은 (   ) 하중이다.

(4) **라** : 초고층 건물의 높이가 수평 하중을 견디도록 하기 위해 등장한 것이 (   ) 구조이다.

(5) **마** : 초고층 건물의 높이가 더 높아지면 (   ) 구조를 사용하여 코어 구조를 보완한다.

(6) **바** : 초고층 빌딩은 (   )라는 특수한 설비를 설치하여 물의 관성을 통해 바람으로 인한 건물의 흔들림을 줄이기도 한다.

| 주제 |

초고층 빌딩이 하중을 견디게 하는 건축 기술

*하중 ① 어떤 물체 따위의 무게 ② 물체에 작용하는 외부의 힘 또는 무게
*고안되다 연구하여 새로운 안이 나오다.
*공명 현상 진동체가 그 고유 진동수와 같은 진동수를 가진 외부의 힘을 받아 진폭이 뚜렷하게 증가하는 현상
*접합하다 한데 대어 붙다. 또는 한데 대어 붙이다.
*지탱하다 오래 버티거나 배겨 내다.

가 설치될 수 있다. 그런데 아웃리거는 건물 내부를 가로지를 수밖에 없어서 효율적인 공간 구성에 방해가 된다. 이런 단점을 극복하기 위해 ⓒ아웃리거를 기계 설비층에 설치하거나 층과 층 사이, 즉 위층 바닥과 아래층 천장 사이에 설치하기도 한다.

㉫ 초고층 건물은 특수한 설비를 이용하여 바람으로 인한 건물의 흔들림을 줄이기도 하는데 대표적인 것이 TLCD, 즉 동조 액체 기둥형 댐퍼*이다. TLCD는 U자형 관 안에 수백 톤의 물이 채워진 것으로 초고층 건물의 상층부 중앙에 설치한다. 바람이 불어 건물이 한쪽으로 기울어져도 물은 관성의 법칙*에 따라 원래의 자리에 있으려 하기 때문에 건물이 기울어진 반대쪽에 있는 관의 물 높이가 높아진다. 그렇게 되면 그 관의 아래로 작용하는 중력도 커지고, 이로 인해 건물을 기울어지게 하는 힘을 약화시켜 흔들림이 줄어들게 된다. 물이 무거울수록 그리고 관 전체의 가로 폭이 넓어질수록 수평 방향의 흔들림을 줄여 주는 효과가 크다. 하지만 그에 따라 수직 하중이 증가하므로 TLCD는 수평 하중과 수직 하중을 함께 고려하여 설계해야 한다.

*댐퍼 충격이나 진동을 약하게 하는 장치
*관성의 법칙 밖에서부터 힘을 받지 않으면 물체는 정지 또는 등속도 운동 상태를 계속한다는 법칙. 뉴턴의 제일 법칙

01 ㉠~㉢을 설명한 내용으로 적절하지 <u>않은</u> 것은?

① ㉠은 기둥과 기둥 사이에 설치한 수평 구조물 위에 바닥판을 놓는 구조이다.
② ㉠에서 보는 건물에 작용하는 수직 하중이 기둥에 집중되는 것을 예방한다.
③ ㉡에서 코어는 건물의 높이가 높아짐에 따라 그 크기가 커져야 한다.
④ ㉢에서 트러스는 아웃리거와 코어의 결합력을 높여 수평 하중을 덜 받게 한다.
⑤ ㉡과 ㉢을 함께 사용하면 건물에 작용하는 수평 하중을 견디는 힘이 커진다.

02 문맥을 고려할 때, ㉮와 ㉯의 이유로 가장 적절한 것은?

① 건물의 외부 미관을 살리기 위해서
② 건물의 건설 비용을 줄이기 위해서
③ 건물의 공간을 효율적으로 활용하기 위해서
④ 건물에 작용하는 외부의 힘을 줄이기 위해서
⑤ 필요에 따라 공간의 용도를 변경하기 위해서

03 ㉯를 바탕으로 〈보기〉의 'TLCD'를 이해한 내용으로 적절하지 <u>않은</u> 것은?

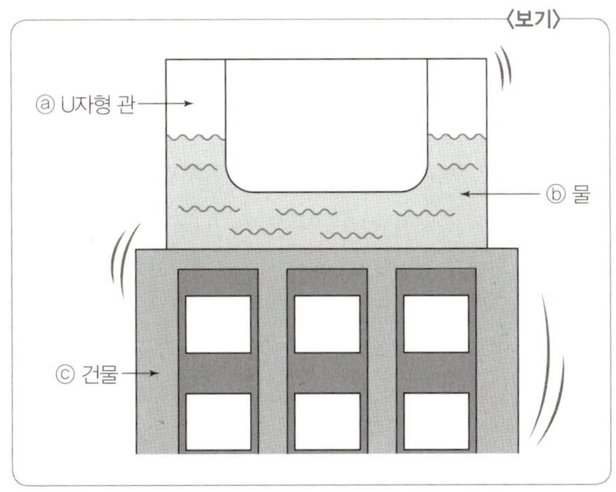

① ⓐ가 한쪽으로 기울어도 ⓑ는 원래의 자리에 있으려 할 것이다.
② ⓐ가 왼쪽으로 기울면 오른쪽 관에 있는 ⓑ의 높이가 왼쪽보다 높아질 것이다.
③ ⓐ 전체의 가로 폭이 넓어질수록 ⓒ가 수평 하중을 견디는 효과가 작아질 것이다.
④ ⓐ 안에 있는 ⓑ의 양이 많을수록 ⓒ에 작용하는 수직 하중이 증가할 것이다.
⑤ ⓐ에 채워진 ⓑ의 무게가 무거울수록 ⓒ의 수평 방향의 흔들림을 줄여 주는 효과가 클 것이다.

01~04 다음 글을 읽고, 물음에 답하시오.

가 맑고 화창한 날 밖에서 스마트폰 화면이 잘 보이지 않았던 경험이 한 번쯤은 있을 것이다. 이는 화면에 반사된 햇빛이 화면에서 나오는 빛과 많이 혼재될수록* 야외 시인성*이 저하되기 때문이다. 야외 시인성이란, 빛이 밝은 야외에서 대상을 명확하게 인식할 수 있는 성질을 의미한다. 그렇다면 스마트폰에는 야외 시인성 개선을 위해 어떠한 기술이 적용되어 있을까?

나 ㉠스마트폰 화면의 명암비가 높으면 우리는 화면에 표현된 이미지를 선명하다고 인식한다. 명암비는 가장 밝은 색과 가장 어두운 색을 화면이 얼마나 잘 표현하는지를 나타내는 수치로, 흰색을 표현할 때의 휘도를 검은색을 표현할 때의 휘도로 나눈 값이다. 여기서 휘도는 화면에서 나오는 빛이 사람의 눈에 얼마나 들어오는지를 나타내는 양이다. 가령, 흰색을 표현할 때의 휘도가 2,000cd/m²이고 검은색을 표현할 때의 휘도가 2cd/m²인 스마트폰의 명암비는 1,000이다.

다 명암비는 휘도를 측정하는 환경에 따라 암실 명암비와 명실 명암비로 구분된다. 암실 명암비는 햇빛과 같은 외부광 없이 오로지 화면에서 나오는 빛만을 인식할 수 있는 조건에서의 명암비를, 명실 명암비는 외부광이 존재하는 조건에서의 명암비를 의미한다. 스마트폰의 야외 시인성을 높이기 위해서는 명실 명암비를 높여야 한다. 이를 위해 화면에서 흰색을 표현할 때의 휘도를 높이는 방법과 검은색을 표현할 때의 휘도를 낮추는 방법을 사용할 수 있다.

라 그런데 스마트폰에 흔히 사용되는 OLED는 흰색을 표현할 때의 휘도를 높이는 데 한계가 있다. OLED는 화면의 내부에 있는 기판*에서 빛을 내는 소자로, 빨간색, 초록색, 파란색 빛을 조합하여 다양한 색을 구현한다*. 이렇게 OLED가 색을 표현할 때, 출력되는 빛의 세기를 높이면 해당 색의 휘도가 높아진다. 그러나 강한 세기의 빛을 출력할수록 OLED의 수명이 단축되는 문제가 있다. 이러한 이유로 OLED 스마트폰에는 편광*판과 위상지연필름을 활용하여, 외부광의 반사로 높아진, 검은색을 표현할 때의 휘도를 낮추는 기술이 적용되고 있다.

마 〈그림〉은 OLED 스마트폰에 적용된 편광판의 원리를 나타낸 것이다. 일반적으로 빛은 진행하는 방향에 수직인 모든 방향으로 진동하며 나아간다. 빛이 편광판을 통과하면 그중 편광판의 투과*축과 평행한 방향으로 진동하며 나아가는 선형 편광만 남고, 투과축의 수직 방향으로

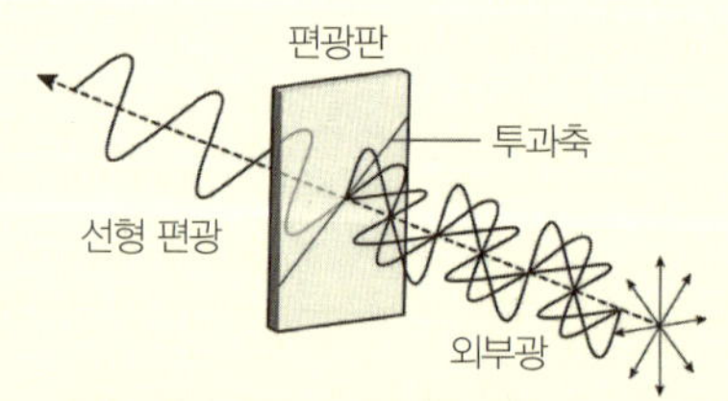

진동하는 빛은 차단된다. 이러한 과정에서 편광판을 통과한 빛의 세기는 감소하게 된다.

바 이러한 원리를 이용해 OLED 스마트폰에서 야외 시인성을 높이는 기술을 설명하면 다음과 같다. 먼저 스마트폰 화면 안으로 들어오는 외부광은 편광판을 거치면서 일부가 차단되고 투과축과 평행한 방향으로 진동하는 선형 편광만 남게 된다. 그런 다음 이 선형 편광은 위상지연필름을 지나면서 회전하며 나아가는 빛인 원형 편광으로 편광의 형태가 바뀐다. 이 원형 편광은 스마트폰 화면의 내부 기판에 반사된 뒤, 다시 위상지연필름을 통과하며 선형 편광으로 바뀐다. 그런데 이 선형 편광의 진동 방향은 외부광이 처음 편광판을 통과했을 때 남은 선형 편광의 진동 방향과 수직을 이루게 되어 편광판에 가로막히게 된다. 그 결과 기판에 반사된 외부광은 화면 밖으로 빠져나가지 못하게 된다.

| Self 문단 체크 |

(1) **가** : 스마트폰 화면이 야외에서 잘 보이지 않는 이유는 (　　　)이 저하되기 때문이다.

(2) **나** : (　　　)는 밝은 색과 어두운 색의 휘도 비율인데, 명암비가 높을수록 화면이 선명하게 보인다.

(3) **다** : 야외 시인성을 높이려면 명실 명암비를 (　　　)하며, 이를 위해 흰색 휘도를 높이거나 검은색 휘도를 낮추는 방법을 사용할 수 있다.

(4) **라** : OLED 화면은 흰색 휘도를 높이는 데 한계가 있기 때문에, 검은색 휘도를 (　　　) 기술을 사용한다.

(5) **마** : OLED 스마트폰의 편광판은 투과축과 평행한 방향으로 진동하는 (　　　)만 남기고 나머지 빛은 차단한다.

(6) **바** : OLED 스마트폰에서는 (　　　)과 (　　　)을 사용하여 외부광이 화면에 반사되지 않도록 한다.

(7) **사** : 편광판과 위상지연필름을 사용한 기술은 야외 시인성을 높이는 데 효과적이지만, 여러 가지 단점이 있어 개선을 위한 연구가 진행 중이다.

| 주제 |

스마트폰 화면의 야외 시인성을 개선하기 위한 기술

---

* **혼재되다** 뒤섞이어 있다.

* **시인성** 육안으로 보고 모양, 색 따위를 인식하는 성질

* **기판** 전기 회로가 편성되어 있는 판

* **구현하다** 어떤 내용을 구체적인 모습으로 뚜렷이 나타나게 하다.

* **편광** 전기장 벡터 또는 자기장 벡터의 방향이 일정한 방법으로 진동하는 빛

* **투과** 광선이 물질의 내부를 통과함. 또는 그런 현상

🌣 이와 같은 기술은 OLED 스마트폰의 야외 시인성을 높이는 데에는 매우 효과적이지만, 편광판을 사용할 수밖에 없기 때문에 스마트폰 화면이 일정 수준의 명암비를 유지하기 위해서는 ⓒOLED가 내는 빛의 세기를 높게 유지해야 한다는 단점이 존재한다. 그리고 외부광이 화면의 외부 표면에 반사되어 나타나는 야외 시인성의 저하도 방지하지 못한다. 최근에는 이러한 문제점들을 개선하기 위한 연구가 다양한 분야에서 이루어지고 있다.

01 윗글에서 알 수 있는 내용으로 가장 적절한 것은?

① 햇빛은 진행하는 방향에 수직인 모든 방향으로 진동한다.
② OLED는 네 가지의 색을 조합하여 다양한 색을 구현한다.
③ 사람의 눈에 들어오는 빛의 양이 많으면 휘도는 낮아진다.
④ 야외 시인성은 사물 간의 크기 차이를 비교하는 기준이다.
⑤ OLED는 화면의 외부 표면에 반사되는 외부광을 차단한다.

02 ㉠에 대한 설명으로 적절하지 않은 것은?

① 명실 명암비를 높이면 야외 시인성이 높아지게 된다.
② 흰색을 표현할 때의 휘도가 낮아질수록 암실 명암비가 높아진다.
③ 휘도를 측정하는 환경에 따라 명실 명암비와 암실 명암비로 나뉜다.
④ 흰색을 표현할 때의 휘도를 검은색을 표현할 때의 휘도로 나눈 값이다.
⑤ 화면에 반사된 외부광이 눈에 많이 들어올수록 명실 명암비가 낮아진다.

03 ⓒ의 이유를 추론한 것으로 가장 적절한 것은?

① OLED가 내는 빛의 휘도를 조절할 수 없기 때문이다.
② OLED가 내는 빛이 강할수록 수명이 길어지기 때문이다.
③ OLED가 내는 빛 중 일부가 편광판에서 차단되기 때문이다.
④ OLED가 내는 빛이 약하면 명암비 계산이 어렵기 때문이다.
⑤ OLED가 내는 빛의 세기를 높이는 데 한계가 있기 때문이다.

04 〈보기〉는 ㉣의 과정을 나타낸 그림이다. 윗글을 바탕으로 〈보기〉를 이해한 내용으로 적절하지 않은 것은?

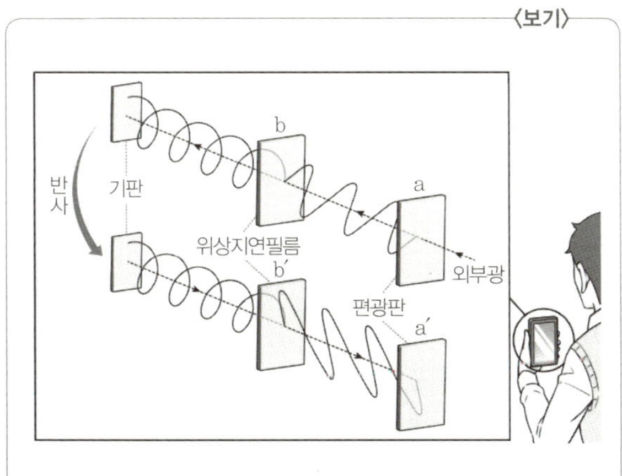

① 외부광은 a를 거치면서 투과축과 평행한 방향으로 진동하는 빛만 남게 된다.
② a를 거쳐 b로 나아가는 빛은 진행 방향에 수직인 방향으로 진동한다.
③ b를 거친 빛은 기판에 의해 a를 거쳐 b로 나아가는 빛과 같은 형태의 편광으로 바뀌게 된다.
④ b′를 거친 빛의 진동 방향은 a를 거쳐 b로 나아가는 빛의 진동 방향과 수직을 이룬다.
⑤ b′를 거친 빛은 진동 방향이 a′의 투과축과 수직을 이루므로 화면 밖으로 빠져나가지 못하게 된다.

05 GPS! 내 위치를 찾아 줘! 

01~05 다음 글을 읽고, 물음에 답하시오.

㉮ 우리는 내비게이션을 통해 목적지까지의 경로를 ⓐ탐색하거나 스마트폰을 이용해 자신이 현재 있는 위치를 확인할 수 있다. 이는 GPS(Global Positioning System)로 인해 가능한 것이다. 그렇다면 GPS는 어떻게 현재 위치를 파악하는 것일까?

㉯ GPS는 크게 GPS 위성과 GPS 수신기 등으로 구성된다. 현재 지구를 도는 약 30개의 GPS 위성은 일정한 속력으로 정해진 궤도*를 돌면서, 자신의 위치 정보 및 시각 정보를 담은 신호를 지구로 송신한다. 이 신호를 받은 수신기는 위성에서 신호를 보낸 시각과 자신이 신호를 받은 시각의 차이를 근거로, 위성 신호가 수신기까지 이동하는 데 걸린 시간을 계산하여 위성과 수신기 사이의 거리를 구한다. 위성이 보낸 신호는 빛의 속력으로 이동하므로, 신호가 이동하는 데 걸린 시간(t)에 빛의 속력(c)을 곱하면 위성과 수신기 사이의 거리(r)를 구할 수 있다. 이를 식으로 ⓑ표시하면 'r=t×c'이다.

㉰ 그런데 GPS가 현재 위치를 정확하게 파악하기 위해서는 상대성 이론을 고려해야 한다. 상대성 이론에 따르면 대상이 빠르게 움직일수록 시간은 느리게 흐르고, 대상에 미치는 중력이 약해질수록 시간은 빠르게 흐른다. 실제로 위성은 지구의 자전 속력보다 빠르게 지구 주변을 돌고 있기 때문에 지표면에 비해 시간이 느리게 흘러, 위성의 시간은 하루에 약 $7.2\mu s$*씩 느려지게 된다. 또한 위성은 약 20,000km 이상의 상공에 있기 때문에 중력이 지표면보다 약하게 작용해 지표면에 비해 시간이 하루에 약 $45.8\mu s$씩 빨라지게 된다. 그 결과 ㉠GPS 위성에 있는 원자시계의 시간은 지표면의 시간에 비해 매일 약 $38.6\mu s$씩 빨라진다. 이러한 차이는 하루에 약 11km의 오차를 발생시킨다. 이를 방지하기 위해 GPS는 위성에 ⓒ탑재된 원자시계의 시간을 지표면의 시간과 일치하도록 조정하여 위성과 수신기 사이의 거리를 정확하게 구하게 된다.

㉱ 이렇게 계산된 거리는 수신기가 자신의 위치를 파악하는 데 사용되는데, 이를 이해하기 위해서는 삼변 측량*법을 알아야 한다. 삼변 측량법은 세 기준점 A, B, C의 위치와, 각 기준점에서 대상 P까지의 거리를 이용하여 P의 위치를 측정하는 방법이다.

㉲ 가령, 〈그림〉과 같이 평면상의 A(0, 0)에서 거리가 5만큼 떨어진 지점에, B(4, 0)에서 거리가 3만큼 떨어진 지점에, C(0, 3)에서 거리가 4만큼 떨어진 지점에 P(x, y)가 있다고 하자. 평면상의 한 점에서 같은 거리에 있는 점을 모두 ⓓ연결하면 원이 된다. 그러므로 A를 중심으로 반지름이 5인 원, B를 중심으로 반지름이 3인 원, C를 중심으로 반지름이 4인 원을 그리면 세 원이 교차하는 지점이 하나 생기는데, 이 지점이 바로 P(4, 3)의 위

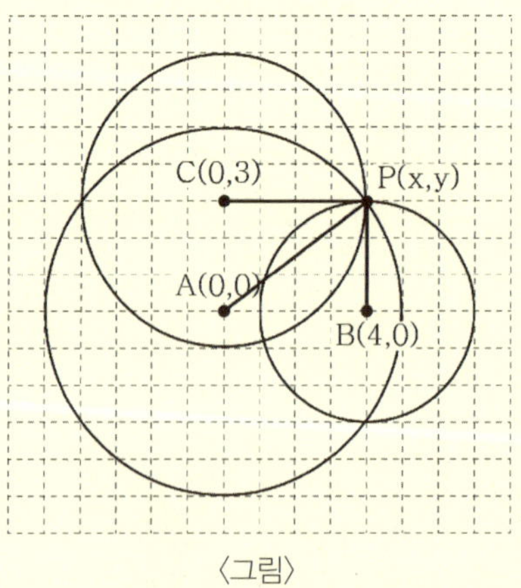

〈그림〉

치가 된다. 이때 세 개의 점 A, B, C를 GPS 위성으로 본다면 이들의 좌표 값은 위성의 위치 정보이고, P의 좌표 값은 GPS 수신기의 위치 정보에 해당한다고 할 수 있다.

| Self 문단 체크 |

(1) **㉮** : 내비게이션이나 스마트폰에서 현재 (   )를 파악할 수 있는 것은 GPS 덕분이다.

(2) **㉯** : GPS 위성은 자신의 위치와 시각 정보를 담은 신호를 지구로 송신하고, GPS 수신기는 이 신호를 받아 (   )의 차이를 계산함으로써 위성과 수신기 사이의 (   )를 구한다.

(3) **㉰** : GPS 위성은 (   ) 차이를 보정하기 위해 위성에 탑재된 원자시계의 시간을 조정한다.

(4) **㉱** : (   )은 세 개의 기준점과 각 기준점에서 대상까지의 거리를 이용하여 대상의 위치를 측정하는 방법으로 GPS 수신기가 위치를 파악하는 데 사용된다.

(5) **㉲** : 평면상에서 삼변 측량법을 이용하면, GPS 위성 A, B, C의 좌표를 바탕으로 GPS (   )의 위치를 파악할 수 있다.

(6) **㉳** : GPS 수신기는 세 개의 구가 겹치는 두 지점 중 (   ) 가까이에 있는 지점을 자신의 현재 위치로 파악한다.

| 주제 |

GPS의 작동 원리와 위치 파악 방법

★궤도 행성, 혜성, 인공위성 따위가 중력의 영향을 받아 다른 천체의 둘레를 돌면서 그리는 곡선의 길

★μs(마이크로초) 1초의 100만 분의 1

★측량 ① 기기를 써서 물건의 높이, 깊이, 넓이, 방향 따위를 잼 ② 지표의 각 지점의 위치와 그 지점들 간의 거리를 구하고 지형의 높낮이, 면적 따위를 재는 일

바 그러나 실제 공간은 2차원 평면이 아닌 3차원 입체이기 때문에 GPS 위성으로부터 ⓔ동일한 거리에 있는 점들은 원이 아니라 구(球)의 형태로 나타난다. 그 결과 세 개의 GPS 위성을 중심으로 하는 세 개의 구가 겹치는 지점은 일반적으로 두 군데가 된다. 하지만 이 중 한 지점은 지구 표면 가까이에 위치하게 되고, 나머지 한 지점은 우주 공간에 위치하게 된다. GPS 수신기는 이 두 교점* 중 지구 표면 가까이에 있는 지점을 자신의 현재 위치로 파악하게 된다.

*교점 둘 이상의 선이 서로 만나는 점

01 윗글의 내용 전개 방식으로 가장 적절한 것은?

① GPS에 적용된 원리를 구체적으로 설명하고 있다.
② GPS의 발전 과정을 시간의 순서로 제시하고 있다.
③ GPS를 다른 대상과 비교하며 장단점을 설명하고 있다.
④ GPS의 다양한 종류를 일정 기준에 따라 분류하고 있다.
⑤ GPS의 유용성을 설명하며 앞으로의 전망을 제시하고 있다.

02 윗글에서 알 수 있는 내용으로 적절하지 <u>않은</u> 것은?

① GPS 위성은 약 20,000km 이상의 상공에서 일정한 속력으로 정해진 궤도를 돈다.
② GPS를 이용하면 스마트폰이나 내비게이션으로 현재의 위치 정보를 확인할 수 있다.
③ GPS 수신기는 GPS 위성에 보낸 신호를 바탕으로 자신의 위치 정보를 계산한다.
④ GPS 위성과 GPS 수신기 간의 거리를 빛의 속력으로 나누면 위성의 신호가 수신기에 도달하는 데 걸린 시간이 된다.
⑤ 삼변 측량법이란 기준점의 위치 및 대상과 기준점 사이의 거리를 이용하여 대상의 위치를 파악하는 방법이다.

03 문맥을 고려할 때, ㉠의 이유로 가장 적절한 것은?

① GPS 위성에는 지구의 중력이 지표면에 비해 강하게 작용하기 때문이다.
② GPS 위성이 지구를 도는 속력이 지구가 자전하는 속력보다 느리기 때문이다.
③ GPS 위성이 지구를 도는 방향과 지구가 자전을 하는 방향이 동일하기 때문이다.
④ GPS 수신기가 GPS 위성의 신호를 받는 과정에서 시간의 차이가 생기기 때문이다.
⑤ GPS 위성의 이동 속력으로 인한 시간의 변화보다 중력으로 인한 시간의 변화가 더 크기 때문이다.

04 윗글을 바탕으로 〈보기〉에 대해 이해한 내용으로 적절하지 <u>않은</u> 것은?

〈보기〉

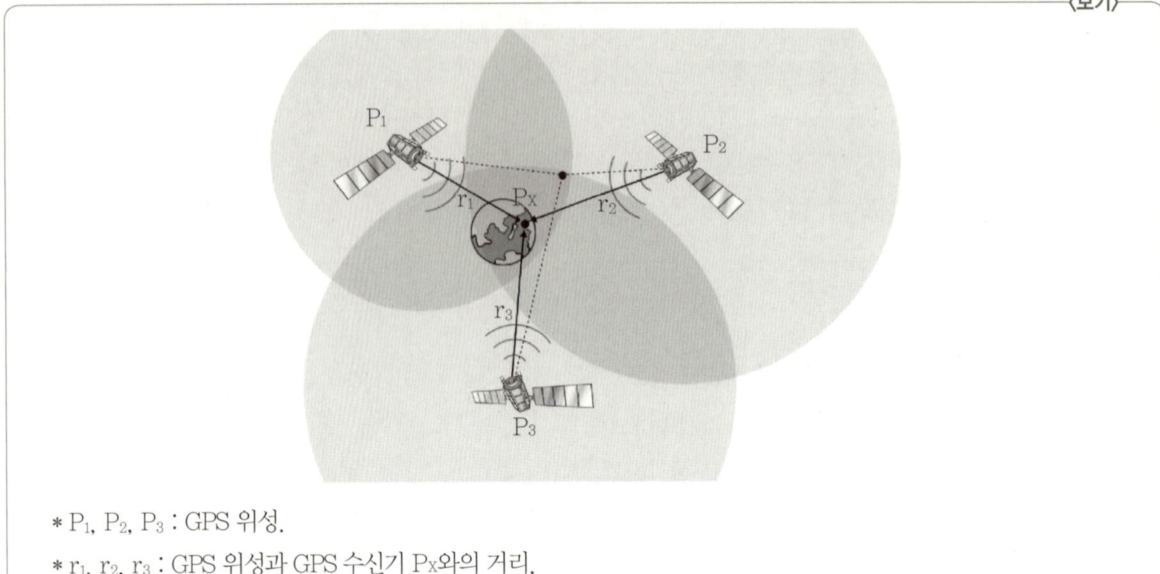

* P_1, P_2, P_3 : GPS 위성.
* r_1, r_2, r_3 : GPS 위성과 GPS 수신기 P_x와의 거리.
  (단, 현재 $r_1 < r_2$, $r_2 = r_3$임. 시간과 속력에 영향을 미치는 다른 요소는 고려하지 않음.)

① P_1~P_3가 송신하는 신호에는 위성의 위치 정보와 위성이 신호를 보낸 시각 정보가 담겨 있다.

② P_1~P_3의 위치 정보가 달라져도 r_1~r_3의 값이 변하지 않으면, 각각의 위성이 보낸 신호가 P_x에 도달하는 데 걸리는 시간은 달라지지 않는다.

③ P_1에서 보낸 신호가 P_x에 도달하는 데 걸린 시간이 실제보다 짧게 계산되면, r_1의 값은 실제보다 작게 계산된다.

④ P_1이 송신한 신호가 P_x에 도달할 때까지 걸린 시간은 P_2가 송신한 신호가 P_x에 도달할 때까지 걸린 시간보다 길다.

⑤ r_1~r_3를 반지름으로 하는 구의 교점 중 지표면에 가까운 교점이 P_x의 현재 위치이다.

05 문맥상 ⓐ~ⓔ와 바꾸어 쓸 수 있는 말로 적절하지 <u>않은</u> 것은?

① ⓐ : 찾거나

② ⓑ : 나타내면

③ ⓒ : 태운

④ ⓓ : 이으면

⑤ ⓔ : 같은

06 핵분열과 핵융합은 어떻게 다를까?

01~05 다음 글을 읽고, 물음에 답하시오.

가 원자핵은 양성자나 중성자와 같은 핵자들의 결합으로 이루어져 있다. 원자핵을 구성하는 양성자와 중성자의 개수를 모두 더한 것을 질량수라고 하는데, 질량수가 큰 하나의 원자핵이 질량수가 작은 두 개의 원자핵으로 쪼개지는 것을 핵분열이라고 하고 질량수가 작은 두 개의 원자핵이 결합하여 질량수가 큰 하나의 원자핵이 되는 것을 핵융합이라고 한다.

나 핵분열이나 핵융합은 핵자당 결합 에너지로 설명할 수 있다. 원자핵의 질량은 그 원자핵을 구성하는 개별 핵자들의 질량을 모두 더한 것보다 작다. 이처럼 핵자들이 결합하여 원자핵이 되면서 질량이 줄어든 것을 질량 결손*이라고 한다. '질량-에너지 등가* 원리'에 따르면 질량과 에너지는 상호 간의 전환이 가능하고, 이때 에너지는 질량에 광속의 제곱을 곱한 값과 같다. 한편 핵자들의 결합에서 줄어든 질량은 에너지로 전환되는데, 이 에너지는 원자핵의 결합 에너지와 그 크기가 같다. 원자핵의 결합 에너지란 원자핵을 개별 핵자들로 분리할 때 가해야 하는 에너지이다. 원자핵의 결합 에너지를 질량수로 나눈 것을 핵자당 결합 에너지라고 하고 그 값은 원자핵의 종류에 따라 다르다.

다 원자핵을 구성하는 핵자들은 핵자당 결합 에너지가 클수록 더 강력하게 결합되어 있고 이는 원자핵이 더 안정된 상태라는 것을 의미한다. 모든 원자핵은 안정된 상태가 되려는 성질이 있으므로, 핵자당 결합 에너지가 작은 원자핵들은 핵분열이나 핵융합을 거쳐 핵자당 결합 에너지가 큰 상태가 된다. 핵분열이나 핵융합도 반응 전후로 질량 결손이 일어나고, 줄어든 질량은 에너지로 전환된다.

라 핵분열과 핵융합에서 발생하는 에너지를 발전에 이용할 수 있다. ㉠ <u>우라늄-235(^{235}U) 원자핵을 사용하는 핵분열 발전</u>의 경우, 우라늄 원자핵에 중성자를 흡수시키면 질량수가 작고 핵자당 결합 에너지가 큰 원자핵들로 분열된다. 이때 2~3개의 중성자가 방출되는데 이 중성자는 다른 우라늄 원자핵에 흡수되어 연쇄 반응을 일으킨다. 이 과정에서 질량 결손으로 인해 전환되는 에너지를 발전에 이용하는 것이다.

마 핵분열 발전에서는 중성자의 속도를 느리게 해야 한다. 중성자가 너무 빠르게 움직이면 원자핵에 흡수될 확률이 낮기 때문이다. 특히 핵분열 과정에서 방출된 중성자는 속도가 매우 빠르기 때문에 이를 느리게 해야 연쇄 반응을 일으킬 수 있다. 그래서 물이나 흑연을 감속재*로 사용하여 중성자의 속도를 느리게 만든다. 한편 연쇄 반응이 급격하게* 일어나면 과도한 에너지가 발생하여 폭발이 일어날 수 있기 때문에 제어봉을 사용한다. 제어봉은 중성자를 흡수하는 장치로, 핵분열에 관여하는 중성자 수를 조절하여 급격한 연쇄 반응을 방지한다.

바 핵융합 발전을 위한 시도도 계속되고 있다. 태양이 에너지를 생성하는 방법이 바로 핵융합이다. ⓐ <u>수소(^{1}H) 원자핵을 원료로 하는 태양의 핵융합</u>은 주로 태양의 중심부에서 일어난다. 먼저 수소 원자핵 2개가 융합하여 중수소(^{2}H) 원자핵이 되고, 중수소 원자핵은 수소 원자핵과 융합하여 헬륨-3(^{3}He) 원자핵이 된다. 그리고 2개의 헬륨-3 원자핵이 융합하여 헬륨-4(^{4}He) 원자핵이 된다. 이러한 과정에서 줄어든 질량이 에너지로 전환되는 것이다.

| Self 문단 체크 |

(1) **가** : 원자핵은 양성자와 중성자 같은 (　　　)들의 결합으로 이루어지는데. 하나의 원자핵이 두 개로 쪼개지는 것을 (　　　). 두 개의 원자핵이 하나가 되는 것을 (　　　)이라고 한다.

(2) **나** : 핵융합 과정에서 질량 결손이 일어나 질량이 (　　　)로 전환되는데. 그 크기는 원자핵의 결합 에너지와 같다.

(3) **다** : 원자핵은 핵자당 (　　　)가 클수록 더 강력하게 결합되어 있고 더 안정된 상태인데, 모든 원자핵은 안정된 상태가 되려는 성질이 있다.

(4) **라** : (　　　) 발전은 우라늄-235 원자핵에 중성자를 흡수시켜 핵분열을 일으킬 때 전환되는 에너지를 발전에 이용하는 것이다.

(5) **마** : 핵분열 발전에서는 (　　　)로 중성자의 속도를. (　　　)으로 중성자 수를 조절하여 연쇄 반응을 통제한다.

(6) **바** : 태양의 핵융합에서는 (　　　) 원자핵들이 중수소, 헬륨-3, 헬륨-4 원자핵이 되는 과정에서 질량이 (　　　)로 전환된다.

(7) **사** : (　　　)에서의 핵융합 발전에서는 중수소 원자핵과 삼중 수소(^{3}H) 원자핵을 융합하여 헬륨-4 원자핵을 만드는 방식을 사용한다.

(8) **아** : 안정적인 핵융합 발전을 위해서는 고온의 (　　　)를 높은 밀도로 최소 300초 이상 유지해야 한다.

| 주제 |

핵분열과 핵융합 발전의 원리와 특징

***결손** 어느 부분이 없거나 잘못되어서 불완전함

***등가** 같은 값이나 가치

***감속재** 원자로 안에서 핵분열 반응의 속도를 조절하는 재료. 여기서 '감속'이란 속도를 줄이는 것을 뜻한다.

***급격하다** 변화의 움직임 따위가 급하고 격렬하다.

지구는 태양과 물리적 조건이 달라서 태양의 핵융합을 똑같이 재현할 수 없다. 가장 많이 시도하는 방식은 ⓑD-T 핵융합이다. 이 방식에서는 중수소 원자핵과 삼중 수소(^{3}H) 원자핵이 융합하여 헬륨-4 원자핵이 된다. 중수소 원자핵과 삼중 수소 원자핵을 핵융합 발전의 원료로 사용하는 이유는 다른 원자핵들의 핵융합보다 반응 확률이 높고 질량 결손으로 전환되는 에너지도 크기 때문이다.

하지만 지구에서 핵융합을 일으키는 것은 간단하지 않다. 양(+)의 전하를 띤 원자핵은 음(-)의 전하를 띤 전자와 전기적 인력*에 의해 단단히 결합되어 있어서 일반적인 상태에서 원자핵이 융합하는 것은 불가능하다. 따라서 핵융합 반응을 일으키기 위해서는 물질을 원자핵과 전자가 분리된 상태인 플라스마 상태로 만들어야 한다. 또한 원자핵은 양의 전하를 띠고 있어서 서로 가까이 다가갈수록 척력*이 강하게 작용한다. 척력을 이겨 내고 원자핵이 융합하게 하기 위해서는 플라스마의 온도를 높여 원자핵이 고속으로 움직일 수 있도록 해야 한다. 따라서 핵융합 발전을 위한 핵융합로에서는 ㉡플라스마를 1억℃ 이상으로 가열해서 핵융합의 확률을 높인다. 융합로에서 플라스마의 온도를 높인 이후에는 고온 상태를 일정 시간 이상 유지하는 것도 중요하다. 플라스마는 융합로의 벽에 접촉하면 온도가 내려가기 때문에 자기장을 활용해서 플라스마가 벽에 닿지 않게 하여 고온 상태를 유지할 수 있도록 한다. 안정적인 핵융합 발전을 위해서는 고온의 플라스마를 높은 밀도로 최소 300초 이상 유지해야 한다.

*인력 공간적으로 떨어져 있는 물체끼리 서로 끌어당기는 힘. 질량을 가진 모든 물체 사이나 서로 다른 부호를 가진 전하들 사이에 작용하며, 핵력 때문에 소립자들 사이에서도 생긴다.

*척력 같은 종류의 전기나 자기를 가진 두 물체가 서로 밀어내는 힘

01 윗글의 내용과 일치하는 것은?

① 양성자의 질량과 중성자의 질량을 더한 것을 질량수라고 한다.

② 원자핵과 전자 사이에는 척력이 작용하여 서로 단단하게 결합되어 있다.

③ 원자핵의 결합 에너지는 핵자당 결합 에너지를 질량수로 나눈 것이다.

④ 질량-에너지 등가 원리에 따르면 질량은 에너지에 광속의 제곱을 곱한 값과 같다.

⑤ 핵자들이 결합하여 원자핵이 될 때 줄어든 질량이 전환된 에너지의 크기는 그 원자핵을 다시 개별 핵자들로 분리할 때 필요한 에너지의 크기와 같다.

02 ㉠에 대한 이해로 적절하지 <u>않은</u> 것은?

① 우라늄-235 원자핵에 전자를 흡수시켜 핵분열을 일으킨다.

② 물이나 흑연을 감속재로 사용하여 중성자의 속도를 조절한다.

③ 제어봉으로 중성자를 흡수하여 과도한 에너지가 발생하지 않도록 한다.

④ 우라늄-235 원자핵이 분열되면 우라늄-235 원자핵보다 질량수가 작은 원자핵들로 나뉜다.

⑤ 우라늄-235 원자핵이 분열되면서 방출되는 중성자의 속도를 느리게 해서 연쇄 반응을 일으킨다.

03 윗글을 읽은 학생이 〈보기〉의 설명을 이해한 내용으로 가장 적절한 것은?

선생님 : 이 그림은 여러 원자핵의 핵자당 결합 에너지를 나타내고 있어요. 철($^{56}_{26}$Fe) 원자핵은 다른 원자핵들에 비해 핵자당 결합 에너지가 크죠? 철 원자핵은 모든 원자핵 중에서 핵자당 결합 에너지가 가장 크고 가장 안정된 상태예요. 철 원자핵보다 질량수가 작은 원자핵은 핵융합을, 질량수가 큰 원자핵은 핵분열을 통해 핵자당 결합 에너지가 높은 원자핵이 된답니다.

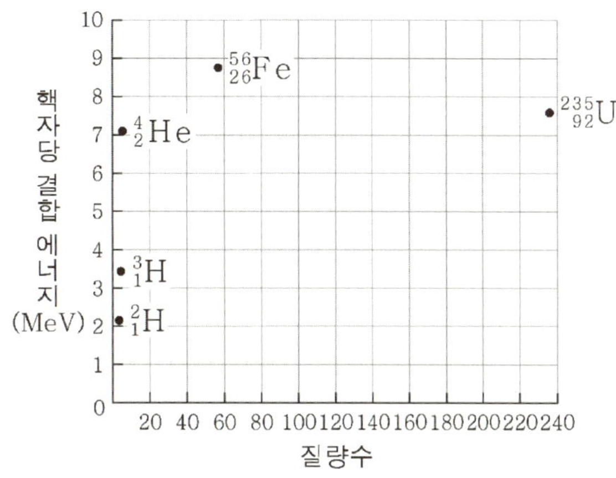

※ 원자핵의 질량수(A)와 양성자 수(Z)는 원소 기호(X)에 다음과 같이 표기한다.
$$^{A}_{Z}X$$

① 헬륨-4 원자핵은 핵융합을 거치면 더 안정된 상태의 원자핵으로 변하겠군.
② 중수소 원자핵은 삼중 수소 원자핵과 양성자의 수는 같지만 더 안정된 상태이겠군.
③ 철 원자핵의 결합 에너지는 철 원자핵의 핵자당 결합 에너지에 26을 곱한 값과 같겠군.
④ 우라늄-235 원자핵이 핵분열하여 생성된 원자핵들은 핵자당 결합 에너지가 9MeV 이상이겠군.
⑤ 우라늄-235 원자핵은 철 원자핵에 비해 원자핵을 구성하고 있는 핵자들이 더 강력하게 결합되어 있겠군.

04 ⓐ와 ⓑ에 대한 설명으로 적절하지 <u>않은</u> 것은?

① ⓐ의 과정에서 헬륨-4 원자핵의 개수는 늘어난다.
② ⓑ는 중수소 원자핵과 삼중 수소 원자핵을 원료로 사용한다.
③ 헬륨-4 원자핵은 ⓑ에서와 달리 ⓐ에서는 헬륨-3 원자핵이 융합하여 생성된다.
④ ⓐ와 ⓑ에서는 모두 반응 전후로 질량 결손이 일어나고 줄어든 질량은 에너지로 전환된다.
⑤ ⓑ를 일으키기 위해서는 ⓐ가 일어나기 위한 물리적 조건과 동일한 조건을 만들어 주어야 한다.

05 ㉡의 이유로 가장 적절한 것은?

① 원자핵이 융합로의 벽에 접촉하지 않게 하기 위해
② 자기장을 발생시켜 플라스마의 온도를 유지하기 위해
③ 원자핵이 척력을 이겨 내고 서로 융합할 수 있도록 하기 위해
④ 전자를 고속으로 움직이게 하여 핵융합의 효율을 높이기 위해
⑤ 원자핵들 사이에 전기적 인력을 발생시켜 핵융합의 확률을 높이기 위해

01~05 다음 글을 읽고, 물음에 답하시오.

㉮ 컴퓨터 네트워크에서 데이터가 전송될 때 수신된 데이터에 오류가 있는 경우가 있다. 오류를 검출하기* 위해 송신기는 오류 검출 부호를 포함한 데이터를 전송하고 수신기는 수신한 데이터를 검사하여 오류가 있으면 재전송을 요청한다.

㉯ 수신한 데이터에 오류가 있는지 검출하는 가장 간단한 방식은 ㉠패리티 검사이다. 이 방식은 전송할 데이터에 패리티 비트*라는 오류 검출 부호를 추가하는 방법으로, 패리티 비트를 추가하여 데이터의 1의 개수를 짝수나 홀수로 만든다. 1의 개수를 짝수로 만드는 방식을 짝수 패리티, 홀수로 만드는 방식을 홀수 패리티라고 하고 송·수신기는 모두 같은 방식을 사용해야 한다. 예를 들어 짝수 패리티를 사용한다면 송신기는 항상 데이터의 1의 개수를 짝수로 만들어서 전송하지만 만일 수신한 데이터의 1의 개수가 홀수가 되면 수신기는 오류가 발생했다고 판단하는 것이다. 하지만 패리티 검사는 ㉮수신한 데이터에서 짝수 개의 비트에 오류가 동시에 있으면 이를 검출하기 어렵다. 또한 오류의 발생 여부를 검출할 수 있을 뿐 데이터 내 오류의 위치는 알아낼 수 없다.

㉰ 전송할 데이터를 2차원 배열로 구성해서 패리티 비트를 생성하면 오류의 발생 여부뿐만 아니라 오류의 위치도 알아낼 수 있다. 예를 들어 송신기가 1100011 1111111을 전송한다고 하자. 송신기는 이를 $\frac{1100011}{1111111}$과 같이 2차원 배열로 구성하고 가로 방향인 모든 행과 세로 방향인 모든 열에 패리티 비트를 생성한 후 이를 포함한 데이터를 전송한다. 수신기는 수신한 데이터의 각각의 행과 열의 1의 개수를 세어 오류를 검사한다. 만약 어떤 비트에 오류가 발생하면 그 비트가 포함된 행과 열에서 모두 오류가 검출된다. 따라서 오류가 발생한 위치를 알 수 있다. 다만 동일한 행 또는 열에서 짝수 개의 오류가 발생하면 오류가 발생한 정확한 위치를 알 수 없다.

㉱ ㉡CRC 방식은 미리 선택된 생성 부호를 사용해서 오류 검출 부호를 생성하는 방식이다. 전송할 데이터를 생성 부호로 나누어서 오류 검출 부호를 생성하는 데 모듈로-2 연산을 활용한다. 모듈로-2 연산은 자릿수가 제한된 상태에서 나머지를 구하는 연산으로 해당 자릿수의 비트 값이 같으면 0, 다르면 1이 된다.

㉲ 〈그림〉과 같이 생성 부호가 1011이고 전송할 데이터가 110101인 경우를 보자. 전송할 데이터는 오류 검출 부호를 추가해야 하기 때문에 그만큼의 비트가 더 필요하다. 송신기는 전송할 데이터의 오른쪽 끝에 생성 부호의 비트 수보다 하나 작은 비트 수만큼 0을 추가한 후 이를 생성 부호로 나누고 그 나머지가 오류 검출 부호가 된다. 송신기는 오류 검출 부호를 포함한 데이터 ㉢110101111만을 전송하고 수신기는 수신한 데이터를 송신기와 동일한 생성 부호로 나눈다. 수신한 데이터는 전송할 데이터에 나머지를 추가했으므로

```
                        111101
            1011 ) 110101000
생성 부호 ─→     1011      └── 전송할 데이터
                  1100
                  1011
                  1111
                  1011
                  1000
                  1011
                  0110
                  0000
                  1100
                  1011
                   111
                        └── 오류 검출 부호
                    〈그림〉
```

┃ Self 문단 체크 ┃

(1) ㉮ : 컴퓨터 네트워크에서는 데이터 전송 시 (　　　) 검출 부호를 포함한 데이터를 전송한다.

(2) ㉯ : (　　　)는 가장 간단한 오류 검출 방식으로 데이터의 1의 개수를 짝수 또는 홀수로 만들어 오류를 검출한다.

(3) ㉰ : 패리티 검사에서 (　　　)을 이용하면 오류의 발생 여부와 위치를 파악할 수 있다.

(4) ㉱ : (　　　) 방식은 미리 선택된 생성 부호와 (　　　) 연산을 사용하여 오류 검출 부호를 생성한다.

(5) ㉲ : CRC 방식은 '전송할 데이터+생성 부호의 비트 수보다 하나 작은 비트 수만큼 0을 추가한 것'을 생성 부호로 나누고 그 (　　　)를 오류 검출 부호로 추가하여 전송한다. 수신기는 이를 생성 부호로 나누어 오류를 판별한다.

┃ 주제 ┃

컴퓨터 네트워크에서 데이터 전송 시 오류를 검출하는 다양한 방식

＊검출하다 어떤 요소나 특성을 검사하여 찾아내다.
＊비트 정보량의 최소 기본 단위. 1비트는 이진수 체계(0, 1)의 한 자리로, 8비트는 1바이트이다.

오류가 없다면 생성 부호로 나누었을 때 나머지가 0이 된다. 이때 나머지가 0이 아니면 수신한 데이터에 오류가 있다고 판단한다. CRC 방식은 복잡하지만 여러 개의 오류가 동시에 생겨도 이를 검출할 수 있어서 오류 검출 확률이 높다.

01 윗글에서 알 수 있는 내용으로 적절하지 <u>않은</u> 것은?

① CRC 방식은 모듈로−2 연산을 사용해서 생성 부호를 만들어 낸다.

② 패리티 검사에서 송신기와 수신기는 동일한 패리티 방식을 사용해야 한다.

③ CRC 방식에서 생성 부호의 비트 수는 오류 검출 부호의 비트 수보다 하나가 더 많다.

④ 짝수 패리티는 패리티 비트를 포함한 데이터의 1의 개수가 짝수인지 여부를 검사한다.

⑤ CRC 방식은 여러 개의 오류가 동시에 생겨도 검출할 수 있어서 오류 검출 확률이 높다.

02 ㉠과 ㉡에 대해 이해한 내용으로 적절하지 <u>않은</u> 것은?

① ㉠은 ㉡과 달리 데이터에 포함된 1의 개수가 짝수나 홀수가 되도록 오류 검출 부호를 생성한다.

② ㉡은 ㉠과 달리 데이터의 오류를 검출하기 위해 송신기와 수신기 모두에서 오류 검사를 해야 한다.

③ ㉠과 ㉡은 모두, 수신한 데이터의 오류 발생 여부를 수신기가 판단한다.

④ ㉠과 ㉡은 모두, 데이터를 전송하기 전에 오류 검출 부호를 생성해야 한다.

⑤ ㉠과 ㉡은 모두, 전송할 데이터가 같더라도 오류 검출 부호는 다를 수 있다.

03 ㉮의 이유로 가장 적절한 것은?

① 송신기가 패리티 비트를 생성하는 것이 불가능하기 때문에

② 전송되는 데이터에 포함된 1의 개수가 항상 홀수로 나타나기 때문에

③ 전송되는 데이터에 포함된 1의 개수가 항상 짝수로 나타나기 때문에

④ 오류가 발생했을 때 전송되는 패리티 비트의 크기가 늘어나기 때문에

⑤ 수신한 데이터가 정상일 때와 수신한 데이터에 오류가 있을 때의 패리티 비트가 동일하기 때문에

04 윗글을 바탕으로 〈보기〉를 설명한 내용으로 적절하지 <u>않은</u> 것은?

〈보기〉

송신기는 오류 검출 방식으로 홀수 패리티를 활용하기로 하였다. 수신기는 수신한 데이터에 오류가 있다고 다음과 같이 판단하였다.

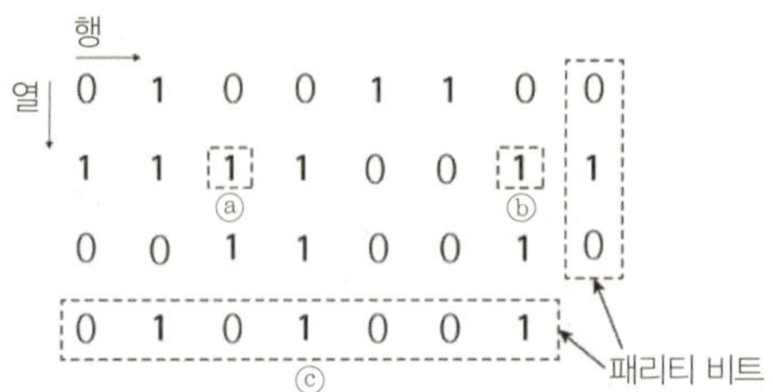

(단, 패리티 비트의 오류는 없다고 가정한다.)

① 첫 번째 행은 패리티 비트를 포함한 데이터의 1의 개수가 홀수이므로 오류가 없다고 판단했을 것이다.

② 여섯 번째 열은 패리티 비트를 포함한 데이터의 1의 개수가 홀수이므로 오류가 없다고 판단했을 것이다.

③ ⓐ가 포함된 행과 열의 패리티 비트를 포함한 데이터의 1의 개수가 각각 짝수이므로 수신기는 ⓐ를 오류라고 판단했을 것이다.

④ 수신한 데이터에서 ⓑ도 0으로 바뀌어서 수신되었다면 데이터의 오류 발생 여부를 검출할 수 없었을 것이다.

⑤ 짝수 패리티를 활용했다면 송신기는 ⓒ를 1010110으로 생성했을 것이다.

05 〈보기〉는 수신기가 ⓒ의 오류를 검사한 연산이다. 윗글을 바탕으로 〈보기〉를 이해한 내용으로 적절하지 <u>않은</u> 것은?

〈보기〉

```
              111101
      1011) 110101111
            1011
            1100
            1011
            1111
            1011
            1001
            1011
            0101
            0000
            1011
            1011
               0
```

① 수신기는 송신기와 동일한 생성 부호인 '1011'을 사용하여 모듈로−2 연산을 하였군.

② 수신기가 수신한 데이터의 오른쪽 끝에 있는 '111'은 송신기에서 생성한 오류 검출 부호이군.

③ 수신기가 모듈로−2 연산을 할 때는 수신한 데이터에 생성 부호보다 하나 작은 비트 수만큼의 0을 추가하지 않았군.

④ 수신기가 연산한 몫인 '111101'이 송신기가 전송한 데이터와 동일하기 때문에 수신기는 오류가 없다고 판단했겠군.

⑤ 수신기가 연산한 결과의 나머지가 0이 아니었다면 수신기는 송신기에 재전송을 요청했겠군.

01~04 다음 글을 읽고, 물음에 답하시오.

가 사계절이 뚜렷한 곳에서 자라는 나무는 매해 하나씩 나이테를 만들기 때문에 나이테를 세면 나무의 나이를 알 수 있다. 그렇다면 나이테는 단순히 나무의 나이를 알기 위해서만 활용되는 것일까? 그렇지 않다. 나이테는 현재 남아 있는 다양한 목제* 유물들이 언제 만들어졌는지 그 제작 연도를 규명하는 데도 활용되고 있다.

나 나무의 나이테는 위치에 따라 크게 심재, 변재로 구분된다. 심재는 나무의 성장 초기에 형성된 안쪽 부분으로 생장*이 거의 멈추면서 진액*이 내부에 갇혀 색깔이 어둡게 변한 부분이다. 변재는 심재의 끝부터 껍질인 수피 전까지의 바깥 부분으로 물과 영양분을 공급하는 생장 세포가 활성화되어 있어 밝은 색상을 띠는 부분이다. 나무의 나이는 이 심재와 변재의 나이테 수를 합한 것이 된다.

다 그런데 나무의 나이테 너비를 살펴보면 매해 그 너비가 동일하지 않다. 그 이유는 '제한 요소의 법칙'에 의해서 나무의 생장량이 결정되기 때문이다. 나무가 생장하기 위해서는 물, 빛, 온도, 이산화 탄소 등의 다양한 환경 요소가 필요한데 환경 요소들은 해마다 다르기 때문에 나이테의 너비도 변하게 된다. 그렇다고 모든 환경 요소가 나이테의 너비 변화에 영향을 주는 것은 아니다. 여러 환경 요소 중에서 가장 부족한 요소가 나이테의 너비 변화에 가장 큰 영향을 주게 되는데 이것이 바로 제한 요소의 법칙이다.

라 나무가 가장 부족한 요소에 모든 생물학적 활동을 맞추는 것은 안전하게 생장하기 위한 전략이다. 만일 나무의 생장이 가장 풍족한 요소를 기준으로 이뤄진다면 생장에 필요한 생물학적 활동을 제한하는 요소가 많아져 고사할* 위험이 높아지게 될 것이기 때문이다. 제한 요소의 법칙은 모든 나무의 생장에 예외 없이 적용되며, 그 결과로 동일한 수종*이 유사한 생장 환경에서 자라면 나이테의 너비 변화 패턴이 유사하다. 하지만 수종이 같더라도 지역이 다르면 생장 환경이 다르기 때문에 나이테의 너비 변화 패턴은 달라지게 된다.

마 나이테를 활용하여 목제 유물에 사용된 나무의 벌채* 연도나 환경 조건을 추정하는 것을 연륜* 연대 측정이라 하는데 이를 위해서는 나이테의 너비 변화 패턴을 그래프로 나타낸 ㉠연륜 연대기가 있어야 한다. 수천 년 살 수 있는 나무는 많지 않으나 아래 〈그림〉과 같은 방법으로 수천 년에 달하는 연륜 연대기 작성은 가능하다.

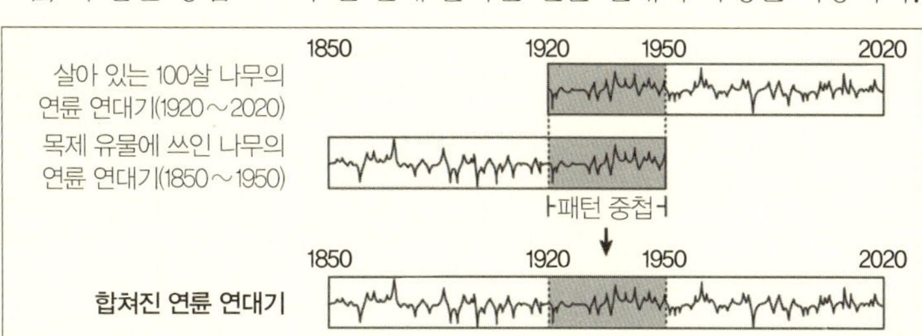

바 살아 있는 나무에서 나이테 너비를 측정하면 정확한 연도가 부여된 연륜 연대기를 작성할 수 있다. 다음으로 오래지 않은 과거에 제작된 목제 유물의 나이테로 연륜 연대기를 작성하여 이미 작성된 연륜 연대기와 비교하면 패턴이 겹치는 기간을 확인할 수 있다. 그 기간은 지금 살아 있는 나무와 과거 유물에 사용된 나무가 함께 생장하던 기간이 된다. 이러한 방법으로 보다 과거의 목제 유물로 작성된 연륜 연대기

| Self 문단 체크 |

(1) **가** : (　　　)는 나무의 나이를 알기 위한 것뿐만 아니라, 목제 유물의 제작 연도를 규명하는 데도 활용된다.

(2) **나** : 나이테는 (　　　)와 (　　　)로 구분되며, 나무의 나이는 이 두 부분의 나이테 수를 합한 것이다.

(3) **다** : 나이테의 너비는 매년 동일하지 않으며, (　　　)의 법칙에 따라 너비가 결정된다.

(4) **라** : 동일한 수종이라도 생장 환경에 따라 나이테의 (　　　)이 달라진다.

(5) **마** : (　　　)은 나이테 너비 변화 패턴을 그래프로 나타낸 연륜 연대기를 통해 목제 유물의 나무 벌채 연도와 환경 조건을 추정한다.

(6) **바** : 연륜 연대 측정은 유물 연대기와 (　　　)를 비교하는 방법으로 이루어진다.

(7) **사** : 연륜 연대 측정을 위해서는 먼저 목제 유물의 나이테에서 (　　　) 유무를 확인한다.

(8) **아** : 유물 연대기를 만든 후에는 표준 연대기를 선정한다.

(9) **자** : 유물 연대기와 표준 연대기를 비교해 절대 연도를 부여하며, 변재의 일부가 잘려 나갔을 경우 이를 고려해 (　　　)와 (　　　)를 추정한다.

| 주제 |

나이테를 이용한 목제 유물의 연대 측정 방법 및 활용

* **목제** 나무로 물건을 만듦. 또는 그 물건
* **생장** 나서 자람. 또는 그런 과정
* **진액** 생물의 몸 안에서 생겨나는 액체. 수액이나 체액 따위를 이른다.
* **고사하다** 나무나 풀 따위가 말라 죽다.
* **수종** 나무의 종류나 종자
* **벌채** 나무를 베어 냄
* **연륜** 나무의 줄기나 가지 따위를 가로로 자른 면에 나타나는 둥근 테. 1년마다 하나씩 생기므로 그 나무의 나이를 알 수 있다. =나이테

와 패턴 비교를 반복하면 수백, 수천 년에 달하는 나무의 연륜 연대기 작성이 가능해
진다. 이렇게 작성된 장기간의 연륜 연대기를 표준 연대기라 하는데 우리나라는 현재
소나무, 참나무, 느티나무의 표준 연대기를 보유하고 있다. 연륜 연대 측정은 이 표준
연대기와 목제 유물의 나이테로 작성한 유물 연대기의 패턴을 비교함으로써 진행되
고 그 방법은 다음과 같다.

(사) 먼저 목제 유물의 나이테에 변재가 있는지 확인해야 한다. 나무를 가공할 때
는 벌레가 먹거나 쉽게 썩는 변재의 일부 또는 전체가 잘려 나가기도 하는데 만
일 유물의 나이테에 변재가 없는 경우에는 벌채 연도를 추정할 수 없게 된다.

(아) 변재의 존재 여부를 확인한 후에는 목제 유물의 각 부분에서 나이테를 채취
해 패턴이 중첩되는* 부분을 비교하여 유물 연대기를 만든 다음, 비교 대상으로
사용할 표준 연대기를 정해야 한다. 이때 유물 연대기와 표준 연대기의 상관도를
나타내는 t값과 일치도를 나타내는 G값을 고려해야 하는데 100년 이상의 기간을
상호 비교할 때 t값은 3.5 이상, G값은 65% 이상의 값을 가져야 통계적으로 유의
성*이 있는 것으로 간주된다.

(자) 표준 연대기를 정한 후에는 유물 연대기와 표준 연대기의 패턴을 비교하여
중첩되는 부분의 시작 나이테의 연도부터 마지막 나이테의 연도를 확정하여 절
대 연도를 부여한다. 유물의 나이테가 변재를 완전하게 갖고 있을 경우에는 마지
막 나이테의 절대 연도가 벌채 연도가 된다. 하지만 변재의 바깥쪽 나이테 일부
가 잘려 나갔다면 마지막 나이테의 절대 연도에 잘려 나간 변재 나이테 수를 더
한 값이 벌채 연도가 되는데 이때는 수령별 평균 변재 나이테 수를 참고한다. 비
슷한 수령*의 나무가 갖는 평균 변재 나이테 수에서 유물에 남아 있는 변재 나이
테 수를 빼, 나무를 가공할 때 잘라 낸 변재 나이테 수를 구한다. 그리고 이를 마
지막 나이테의 절대 연도에 더해 벌채 연도를 확정한다. 그 다음, 벌채한 후 가공
할 때까지 나무를 건조하는 일반적인 기간인 1~2년을 더해 목제 유물의 제작 연
도를 추정한다.

[A]

*중첩되다 거듭 겹쳐지거나
포개어지다.
*유의성 어떠한 의미나 뜻이
있는 성질
*수령 나무의 나이

01 **윗글에서 사용된 전개 방식으로 적절하지 않은 것은?**

① 자문자답의 방식으로 화제를 제시하고 있다.
② 대상의 특성을 관련 개념을 통해 설명하고 있다.
③ 일정한 기준에 따라 대상을 나누어 설명하고 있다.
④ 어려운 개념을 친숙한 대상에 빗대어 설명하고 있다.
⑤ 반대 상황을 가정하여 현상에 대한 이해를 돕고 있다.

02 **윗글에서 알 수 있는 내용으로 가장 적절한 것은?**

① 심재는 생장이 거의 멈춘 나이테로 수피에 인접하여 있다.

② 변재는 생장 세포에 있는 진액으로 인해 밝은 색상을 띤다.

③ 나무의 수령은 변재 나이테의 개수로 파악할 수 있다.

④ 나이테의 너비는 가장 풍족한 환경 요소로 결정된다.

⑤ 심재 나이테만 남아 있다면 연륜 연대 측정은 불가하다.

03 **㉠에 대한 설명으로 적절하지 않은 것은?**

① 동일한 수종이라도 환경이 다르면 패턴이 달라진다.

② 패턴 비교를 반복하면 장기간의 연대기 작성이 가능하다.

③ 나이테의 너비가 일정하면 패턴 분석의 대상이 될 수 없다.

④ 제한 요소의 법칙에 따라 나무가 생장한 결과를 보여 준다.

⑤ 현재 국내에는 3종의 나무에 대한 표준 연대기가 존재한다.

04 **[A]를 바탕으로 〈보기〉의 '연륜 연대 측정 자료'를 이해한 내용으로 적절하지 않은 것은?**

〈보기〉

〈소나무 서랍장에 대한 연륜 연대 측정〉

Ⅰ. 측정 참고 자료

   ㅇ 두 곳의 서랍에서 같은 나무의 나이테를 채취하였고, 이 중 서랍 2에서는 좁은 나이테 모양으로 보아 바깥쪽 나
이테가 거의 수피에 근접한 것을 확인하였음.

   ㅇ 서랍 1, 2 연대기의 패턴을 비교하여 유물 연대기를 작성한 후 표준 연대기와 비교하여 절대 연도를 부여함.

Ⅱ. 유의성 및 수령별 평균 변재 나이테 수 자료

표준 연대기	t값	G값	평균 변재 나이테 수	
			수령 100년	수령 150년
a산 소나무	3.7	69%	60개	77개
b산 소나무	3.2	60%	58개	65개

Ⅲ. 소나무 서랍장 유물 연대기 및 절대 연도 부여 자료

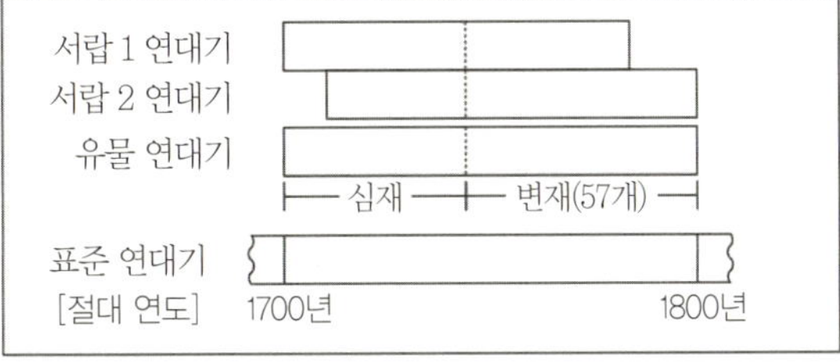

① t값과 G값을 고려할 때 표준 연대기는 a산 소나무의 연대기가 사용되었을 것이다.

② 유물 연대기와 표준 연대기의 패턴이 중첩되는 기간은 1700년부터 1800년까지일 것이다.

③ 마지막 나이테의 절대 연도를 고려할 때 서랍장에 사용된 나무의 벌채 연도는 1802년일 것이다.

④ 비슷한 수령의 소나무가 갖는 평균 변재 나이테 수를 참고하면 가공할 때 잘려 나간 변재 나이테 수는 3개일 것이다.

⑤ 벌채한 나무의 건조 기간을 고려하면 서랍장의 제작 연도는 1804년에서 1805년 사이일 것이다.

01~03 다음 글을 읽고, 물음에 답하시오.

가 사진이 등장하면서 회화는 대상을 사실적으로 재현(再現)하는* 역할을 사진에 넘겨주게 되었고, 그에 따라 화가들은 회화의 의미에 대해 고민하게 되었다. 19세기 말 등장한 인상주의와 후기 인상주의는 전통적인 회화에서 중시되었던 사실주의적 회화 기법을 거부하고 회화의 새로운 경향을 추구하였다.

나 인상주의 화가들은 색이 빛에 의해 시시각각 변화하기 때문에 대상의 고유한 색은 존재하지 않는다고 생각하였다. 인상주의 화가 모네는 대상을 사실적으로 재현하는 회화적 전통에서 벗어나기 위해 빛에 따라 달라지는 사물의 색채와 그에 따른 순간적 인상*을 표현하고자 하였다.

다 모네는 대상의 세부적인 모습보다는 전체적인 느낌과 분위기, 빛의 효과에 주목했다. 그 결과 빛에 의한 대상의 순간적 인상을 포착하여 대상을 빠른 속도로 그려 내었다. 그에 따라 그림에 거친 붓 자국과 물감을 덩어리로 찍어 바른 듯한 흔적이 남아 있는 경우가 많았다. 이로 인해 대상의 윤곽이 뚜렷하지 않아 색채 효과가 형태 묘사를 압도하는* 듯한 느낌을 준다. 이와 같은 기법은 그가 사실적 묘사에 더 이상 치중하지 않았음을 보여 주는 것이었다. 그러나 모네 역시 대상을 '눈에 보이는 대로' 표현하려 했다는 점에서 이전 회화에서 추구했던 사실적 표현에서 완전히 벗어나지는 못했다는 평가를 받았다.

라 후기 인상주의 화가들은 재현 위주의 사실적 회화에서 근본적으로 벗어나는 새로운 방식을 추구하였다. 후기 인상주의 화가 세잔은 "회화에는 눈과 두뇌가 필요하다. 이 둘은 서로 도와야 하는데, 모네가 가진 것은 눈뿐이다."라고 말하면서 사물의 눈에 보이지 않는 형태까지 찾아 표현하고자 하였다. 이러한 시도는 회화란 지각되는 세계를 재현하는 것이 아니라 대상의 본질을 구현해야 한다는 생각에서 비롯되었다.

마 세잔은 하나의 눈이 아니라 두 개의 눈으로 보는 세계가 진실이라고 믿었고, 두 눈으로 보는 세계를 평면에 그리려고 했다. 그는 대상을 전통적 원근법*에 억지로 맞추지 않고 이중 시점을 적용하여 대상을 다른 각도에서 바라보려 하였고, 이를 한 폭의 그림 안에 표현하였다. 또한 질서 있는 화면 구성을 위해 대상의 선택과 배치가 자유로운 정물화*를 선호하였다.

바 세잔은 사물의 본질을 표현하기 위해서는 '보이는 것'을 그리는 것이 아니라 '아는 것'을 그려야 한다고 주장하였다. 그 결과 자연을 관찰하고 분석하여 사물은 본질적으로 구, 원통, 원뿔의 단순한 형태로 이루어졌다는 결론에 도달하였다. 이를 회화에서 구현하기 위해 그는 이중 시점에서 더 나아가 형태를 단순화하여 대상의 본질을 표현하려 하였고, 윤곽선을 강조하여 대상의 존재감을 부각하려 하였다. 회화의 정체성에 대한 고민에서 비롯된 ㉠그의 이러한 화풍은 입체파 화가들에게 직접적인 영향을 미치게 되었다.

| Self 문단 체크 |

(1) **가** : 인상주의와 후기 인상주의는 대상을 사실적으로 (　　　)하는 회화의 역할을 거부하고 새로운 경향을 추구하였다.

(2) **나** : 모네는 (　　　)에 따라 달라지는 사물의 색채와 그에 따른 순간적 (　　　)을 표현하고자 하였다.

(3) **다** : 모네는 대상의 전체적인 느낌과 분위기, 빛의 효과에 주목하였으나 (　　　) 표현에서 완전히 벗어나지는 못하였다.

(4) **라** : 세잔은 회화란 지각되는 세계를 재현하는 것이 아니라 대상의 (　　　)을 구현해야 한다고 생각하였다.

(5) **마** : 세잔은 이중 시점을 적용하여 대상을 다른 (　　　)에서 바라보려 하였고, 이를 한 폭의 그림 안에 표현하였다.

(6) **바** : 형태의 단순화나 윤곽선 강조와 같은 세잔의 화풍은 (　　　) 화가들에게 직접적인 영향을 미치게 되었다.

| 주제 |

사실적 회화 기법에 반기를 든 모네와 세잔의 새로운 시도

＊재현하다 다시 나타나다. 또는 다시 나타내다.

＊인상 어떤 대상에 대하여 마음속에 새겨지는 느낌

＊압도하다 보다 뛰어난 힘이나 재주로 남을 눌러 꼼짝 못하게 하다.

＊원근법 일정한 시점에서 본 물체와 공간을 눈으로 보는 것과 같이 멀고 가까움을 느낄 수 있도록 평면 위에 표현하는 방법

＊정물화 과일, 꽃, 화병 따위의 스스로 움직이지 못하는 물체들을 놓고 그린 그림. 인상파 이후 서양화의 한 분야로 정착되었다.

01 윗글의 내용과 일치하지 <u>않는</u> 것은?

① 사진은 화가들이 회화의 의미를 고민하는 계기가 되었다.

② 전통 회화는 대상을 사실적으로 묘사하는 것을 중시했다.

③ 모네의 작품은 색채 효과가 형태 묘사를 압도하는 듯한 느낌을 주었다.

④ 모네는 대상의 고유한 색 표현을 위해서 전통적인 원근법을 거부하였다.

⑤ 세잔은 사물이 본질적으로 구, 원통, 원뿔의 형태로 구성되어 있다고 보았다.

02 윗글을 바탕으로 할 때, 〈보기〉의 선생님의 질문에 대한 대답으로 적절하지 <u>않은</u> 것은?

〈보기〉

선생님 : [가]는 모네의 「사과와 포도가 있는 정물」이고, [나]는 세잔의 「바구니가 있는 정물」입니다. 이 두 작품은 각각 모네와 세잔의 작품 경향이 잘 반영되어 있는 작품으로 평가받고 있습니다. 두 화가의 작품 경향을 바탕으로 [가]와 [나]를 감상해 볼까요?

[가]   [나]

① [가]에서 포도의 형태를 뚜렷하지 않게 그린 것은 빛에 의한 순간적인 인상을 표현한 것이라고 볼 수 있겠군요.

② [나]에서는 질서 있게 화면을 구성하기 위해 의도적으로 대상이 선택되고 배치된 것으로 볼 수 있겠군요.

③ [가]와 달리 [나]에 있는 정물들의 뚜렷한 윤곽선은 대상의 존재감을 부각시키기 위해 사용한 것으로 볼 수 있겠군요.

④ [나]와 달리 [가]의 식탁보의 거친 붓 자국은 대상에서 느껴지는 인상을 빠른 속도로 그려 낸 결과라고 볼 수 있겠군요.

⑤ [가]와 [나] 모두 사물을 단순화해서 표현한 것을 통해 사실적인 재현에서 완전히 벗어났다는 평가를 받을 수 있겠군요.

03 〈보기〉를 바탕으로 할 때, 세잔의 화풍을 ㉠과 같이 평가한 이유로 가장 적절한 것은?

〈보기〉

    입체파 화가들은 사물의 본질을 표현하고자 대상을 입체적 공간으로 나누어 단순화한 후, 여러 각도에서 바라보는 관점으로 사물을 해체하였다가 화폭 위에 재구성하는 방식을 취하였다. 이러한 기법을 통해 관찰자의 위치와 각도에 따라 각기 다르게 보이는 대상의 다양한 모습을 한 화폭에 담아내려 하였다.

① 대상의 본질을 드러내기 위해 다양한 각도에서 바라보아야 한다는 관점을 제공하였기 때문에

② 대상을 복잡한 형태로 추상화하여 대상의 전체적인 느낌을 부각하는 방법을 시도하였기 때문에

③ 사물을 최대한 정확하게 묘사하기 위해 전통적 원근법을 독창적인 방법으로 변용시켰기 때문에

④ 시시각각 달라지는 자연을 관찰하고 분석하여 대상의 인상을 그려 내는 화풍을 정립하였기 때문에

⑤ 지각되는 세계를 있는 그대로 표현하기 위해 사물을 해체하여 재구성하는 기법을 창안하였기 때문에

01~04 다음 글을 읽고, 물음에 답하시오.

㉮ 미래주의는 20세기 초 이탈리아 시인 마리네티의 '미래주의 선언'을 시작으로, 화가 발라, 조각가 보치오니, 건축가 상텔리아, 음악가 루솔로 등이 참여한 전위 예술* 운동이다. 당시 산업화*에 뒤처진 이탈리아는 산업화에 대한 열망과 민족적 자존감을 ⓐ고양시킬 수 있는 새로운 예술을 필요로 하였다. 이에 산업화의 특성인 속도와 운동에 주목하고 이를 예술적으로 표현하려는 미래주의가 등장하게 되었다.

㉯ 특히 미래주의 화가들은 질주하는 자동차, 사람들로 북적이는 기차역, 광란의 댄스홀, 노동자들이 일하는 공장 등 활기찬 움직임을 보여 주는 모습을 주요 소재로 삼아 산업 사회의 역동적*인 모습을 표현하였다. 그들은 대상의 움직임의 ⓑ추이를 화폭에 담아냄으로써 대상을 생동감 있게 형상화하려 하였다. 이를 위해 미래주의 화가들은, 시간의 흐름에 따른 대상의 움직임을 하나의 화면에 표현하는 분할주의 기법을 사용하였다. '질주하고 있는 말의 다리는 4개가 아니라 20개다.'라는 미래주의 선언의 내용은, 분할주의 기법을 통해 대상의 역동성을 ⓒ지향하고자 했던 미래주의 화가들의 생각을 잘 드러내고 있다.

㉰ 분할주의 기법은 19세기 사진작가 머레이의 연속 사진 촬영 기법에 영향을 받은 것으로, 이미지의 겹침, 역선(力線), 상호 침투를 통해 대상의 연속적인 움직임을 효과적으로 표현하였다. 먼저 이미지의 겹침은 화면에 하나의 대상을 여러 개의 이미지로 중첩*시켜서 표현하는 방법이다. 마치 연속 사진처럼 화가는 움직이는 대상의 잔상을 바탕으로 시간의 흐름에 따른 대상의 움직임을 겹쳐서 나타내었다. 다음으로 힘의 선을 나타내는 역선은, 대상의 움직임의 궤적*을 여러 개의 선으로 구현하는 방법이다. 미래주의 화가들은 사물이 각기 특징적인 움직임을 갖고 있다고 보고, 이를 역선을 통해 표현함으로써 사물에 대한 화가의 느낌을 드러내었다. 마지막으로 상호 침투는 대상과 대상이 겹쳐서 보이게 하는 방법이다. 역선을 사용하여 대상의 모습을 나타내면 대상이 다른 대상이나 배경과 구분이 모호해지는 상호 침투가 발생해 대상이 사실적인 형태보다는 ⓓ왜곡된 형태로 표현된다. 이러한 방식으로 미래주의 화가들은 움직이는 대상의 속도와 운동을 효과적으로 나타낼 수 있었다.

㉱ 기존의 전통적인 서양 회화가 대상의 고정적인 모습에 ⓔ주목하여 비례, 통일, 조화 등을 아름다움의 요소로 보았다면, 미래주의 회화는 움직이는 대상의 속도와 운동이라는 미적 가치에 주목하여 새로운 미의식을 제시했다는 점에서 의의를 찾을 수 있다. 이러한 미래주의 회화는 이후 모빌과 같이 나무나 금속으로 만들어 입체적 조형물의 운동을 보여 주는 키네틱 아트*가 등장하는 데 ㉠영감을 제공한 것으로 평가되고 있다.

| Self 문단 체크 |

(1) ㉮ : (　　　)는 산업화의 속도와 운동을 예술적으로 표현하고자 하는 예술 운동이다.

(2) ㉯ : 미래주의 화가들은 역동적 대상의 (　　　)을 (　　　) 기법으로 표현하여 대상을 생동감 있게 형상화하려 하였다.

(3) ㉰ : 분할주의 기법은 이미지의 (　　　), (　　　), (　　　)를 통해 대상의 연속적인 움직임과 속도를 효과적으로 나타내는 방법이다.

(4) ㉱ : 미래주의 회화는 속도와 운동을 미적 가치로 삼아 새로운 미의식을 제시하였으며, 이후 (　　　)가 등장하는 데 영감을 주었다.

| 주제 |

미래주의의 개념과 회화 기법, 후대에 끼친 영향

＊**전위 예술** 기존의 표현 예술 형식을 부정하고 새로운 표현을 추구하는 예술 경향
＊**산업화** 산업 구조가 농림어업 중심에서 분업과 기술 혁신에 따른 생산성 향상에 힘입어 제조업의 비중이 확대되는 체제로 변하는 현상
＊**역동적** 힘차고 활발하게 움직이는 것
＊**중첩** 거듭 겹치거나 포개어짐
＊**궤적** 물체가 움직이면서 남긴 움직임을 알 수 있는 자국이나 자취를 이르는 말
＊**키네틱 아트** 작품이 움직이거나 움직이는 부분을 넣은 예술 작품. 관객이 작품을 움직여 외관을 변화하거나 동력에 의하여 작품 자체가 움직인다.

---

01 윗글에서 언급된 내용이 <u>아닌</u> 것은?

① 미래주의에 참여한 예술가들
② 미래주의가 등장하게 된 배경
③ 미래주의 화가들이 사용한 기법
④ 미래주의 회화가 발전해 온 과정
⑤ 미래주의 화가들이 추구한 미의식

02 ㉠의 구체적 내용으로 가장 적절한 것은?

① 전통 회화 양식에서 벗어나 움직이는 대상이 주는 아름다움을 최초로 작품화하려는 생각

② 기존의 방식과 달리 미적 가치를 3차원에서 실제로 움직이는 대상을 통해 구현하려는 생각

③ 사진의 촬영 기법을 회화에 접목시켜 비례와 조화에서 오는 조형물의 예술성을 높이려는 생각

④ 산업 사회의 역동적인 모습에서 벗어나 인류가 추구해야 할 미래상을 화폭에 담아내려는 생각

⑤ 예술적 대상의 범위를 구체적인 대상에서 추상적인 대상으로 확대하여 작품을 창작하려는 생각

03 윗글을 바탕으로 〈보기〉를 감상한 내용으로 적절하지 <u>않은</u> 것은?

〈보기〉

　　발라의 「강아지의 다이내미즘」은 여인이 강아지를 데리고 산책하는 모습을 그린 미래주의 회화의 대표적인 작품이다.

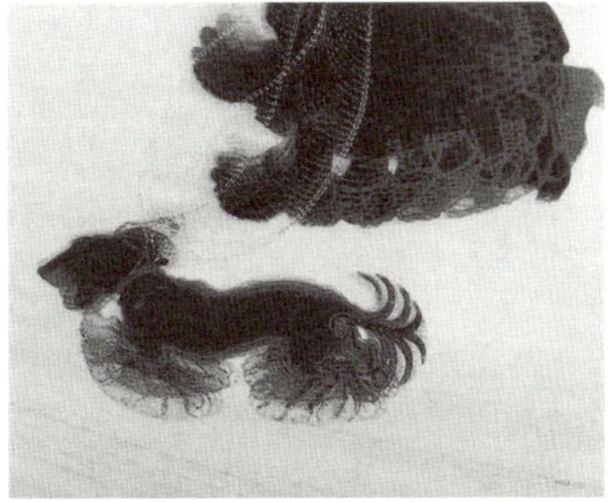

① 움직이는 강아지의 모습을 속도감 있게 그린 것에서 미래주의 회화의 경향을 엿볼 수 있겠군.

② 선을 교차시켜 쇠사슬의 잔상을 구체적으로 재현한 것에서 역선을 통해 사실적인 형태를 강조했음을 알 수 있겠군.

③ 강아지의 발과 바닥의 경계가 모호하게 보이는 것에서 대상과 배경의 상호 침투 효과를 엿볼 수 있겠군.

④ 강아지의 발을 중첩시켜 표현한 것은 이미지 겹침을 통해 시간의 흐름에 따른 대상의 움직임을 나타낸 것이겠군.

⑤ 사람의 다리를 두 개가 아닌 여러 개로 그린 것은 분할주의 기법을 활용하여 걷는 이의 역동적 모습을 강조한 것이겠군.

04 ⓐ~ⓔ의 사전적 의미로 적절하지 <u>않은</u> 것은?

① ⓐ : 정신이나 기분 따위를 북돋워서 높임.

② ⓑ : 시간의 경과에 따라 변하여 나감.

③ ⓒ : 어떤 목표로 뜻이 쏠리어 향함.

④ ⓓ : 사실과 다르게 해석하거나 그릇되게 함.

⑤ ⓔ : 자신의 의견이나 주의를 굳게 내세움.

01~03 다음 글을 읽고, 물음에 답하시오.

가 미술에서 '키네틱 아트'는 움직임을 의미하는 그리스어 키네티코스에서 유래한 말로 움직임을 중시하거나 그것을 주요 요소로 하는 예술 작품을 뜻한다. 키네틱 아트는 산업 혁명에서 비롯된 대량 생산과 기술의 발달로 인해 급격하게 기계 문명 사회로 변화하던 시기를 배경으로 출현하였다. '키네틱'이라는 단어가 조형 예술*에 최초로 사용된 것은 1920년대의 일이다.

나 키네틱 아트 작가들은 기계의 움직임을 예술적 요소로 수용하여* 작품 전체나 일부를 움직이게 함으로써 창작 의도를 표현하고자 했다. 이러한 움직임은 바람이나 빛과 같은 외부적인 자연의 힘이나 동력 장치와 같은 내부적인 힘에 의해 구현되었다. 또한 대상을 사실적으로 재현하는 것이 아니라 추상적 구조물처럼 보이도록 창작하였다.

다 키네틱 아트는 '우연성'과 '비물질화'를 중요한 조형* 요소로 제시하였다. '우연성'은 작품의 예측 불가능한 움직임을 통해 나타나는데 여기에는 감상자의 움직임이나 위치 등에 의한 작품의 형태 변화도 포함된다. '비물질화'는 작품이 고정되지 않고 계속 움직이는 상태를 의미한다. 정지된 물체는 고정되어 있기 때문에 물질화되어 있는 반면, '비물질화'는 물체가 계속 움직여 물체의 형태가 고정되지 않는 특성과 관련된다. 예를 들어 뒤샹의 ⊙「자전거 바퀴」는 감상자가 손으로 바퀴를 회전하도록 한 작품이다. 이 작품에는 감상자가 바퀴를 돌리는 속도에 따라 바퀴살이 다양한 모습으로 보이는 '우연성'과 바퀴살이 고정되지 않고 움직이는 '비물질화'가 나타난다.

라 키네틱 아트의 이러한 조형 요소들은 감상자들의 시각을 자극하여 작품에 주의를 집중시키는 효과를 준다. 작품이 보여 주는 다양하고 예측 불가능한 움직임으로 감상자들이 풍부한 이미지를 상상할 수 있도록 한 것이다. 이를 통해 기존 미술에서 작품 감상에 대해 수동적이었던 감상자들로 하여금 보다 능동적인 태도를 갖도록 하였다.

마 키네틱 아트는 작품의 움직임에 의미를 부여하고 작품과 감상자의 상호 작용을 중시함으로써 다양한 실험적 예술의 길을 열어 주었다. 1960년대에 들어서서 키네틱 아트는 새로운 첨단 매체를 활용하여 변화무쌍한* 움직임을 보여 주는 비디오 아트*, 레이저 아트, 홀로그래피 아트 등과 같은 예술이 출현하게 되는 계기를 제공하였다.

| Self 문단 체크 |

(1) **가** : 키네틱 아트는 (   )을 중시하거나 그것을 주요 요소로 하는 예술 작품을 뜻한다.

(2) **나** : 키네틱 아트 작가들은 (   )의 움직임을 예술적 요소로 수용하여 작품 전체나 일부를 움직이게 하였으며, 이러한 움직임은 외부적·내부적인 (   )에 의해 구현되었다.

(3) **다** : 키네틱 아트는 '우연성'과 '(   )'를 중요한 (   ) 요소로 제시하였다.

(4) **라** : 키네틱 아트의 조형 요소들은 감상자들의 (   )을 자극하여 작품에 주의를 집중시킴으로써 감상자들의 (   )인 태도를 이끌어 낸다.

(5) **마** : 키네틱 아트는 작품의 움직임에 의미를 부여하고 작품과 감상자의 (   )을 중시함으로써 다양한 실험적 예술의 길을 열어 주었다.

| 주제 |

키네틱 아트의 개념과 특징

＊조형 예술 각종 재료를 사용하여 공간에 형태를 만드는 예술. 일정한 공간이나 평면에 예술적 형상을 창조하는 회화·조각·건축 따위가 있다.

＊수용하다 어떠한 것을 받아들이다.

＊조형 여러 가지 재료를 이용하여 구체적인 형태나 형상을 만듦

＊변화무쌍하다 변하는 정도가 비할 데 없이 심하다.

＊비디오 아트 비디오를 표현 수단으로 하는 영상 예술. 조형 표현의 활동을 비디오테이프에 담아 그것을 영상으로 발표함으로써 작가의 조형 활동의 과정을 전달하려는 것으로, 1970년대에 독일에서 시작되었다.

01 윗글에서 언급된 내용이 <u>아닌</u> 것은?

① 키네틱 아트의 어원
② 키네틱 아트의 등장 배경
③ 키네틱 아트의 제작 과정
④ 키네틱 아트의 조형 요소
⑤ 키네틱 아트의 예술사적 의의

02 윗글을 읽고 〈보기〉의 「아니마리스」를 이해한 내용으로 적절하지 <u>않은</u> 것은?

〈보기〉

이 작품은 키네틱 아트의 대표 작가인 테오 얀센이 창작한 「아니마리스」이다. 얀센은 플라스틱 관으로 뼈대와 다리를 만들고 등에는 비닐 깃털을 달아, 바람이 불면 깃털이 반응하면서 해변에서 다양한 모습으로 움직이면서 돌아다니도록 했다. 얀센은 이 작품을 연작 형태로 진화시켜 공학 기술과 예술을 접목한 인공 생명체를 만들겠다는 창작 의도를 표현하였다.

① 해변에 돌아다니는 생명체의 형상을 그대로 재현하는 데 초점을 두고 있군.
② 작품이 고정되어 있지 않고 계속 움직인다는 점에서 비물질화가 드러나고 있군.
③ 다양하게 움직이는 모습을 통해 감상자의 시각을 자극하는 효과를 줄 수 있겠군.
④ 공학 기술과 예술을 접목시킴으로써 기계적 움직임을 예술적 요소로 수용하고 있군.
⑤ 바람에 의해 움직일 수 있도록 만들어졌다는 점에서 외부적인 힘을 활용하고 있군.

03 ㉠과 〈보기〉의 「4분 33초」가 공통적으로 전제하고 있는 것은?

〈보기〉

1952년 미국의 전위 예술가인 존 케이지는 새로운 피아노 작품 「4분 33초」를 발표하였다. 그런데 피아니스트는 피아노를 치지 않고 일정 시간에 맞춰 피아노 뚜껑을 열었다 닫았다 할 뿐이었다. 청중들은 연주를 기다리며 웅성거리다가 4분 33초가 흘러 피아니스트가 퇴장하자 크게 술렁거렸다. 존 케이지는 「4분 33초」를 통해 연주를 기다리는 동안 청중들의 기침 소리, 불평 소리, 각종 소음 등 공연장에서 뜻하지 않게 발생한 모든 소리가 훌륭한 연주가 될 수 있다는 생각을 나타냈다.

① 사회 구조의 변화에 따라 예술은 기계 문명에 대한 예찬을 표명해야 한다.
② 우연적 요소와 감상자의 참여가 예술을 구성하는 중요한 원리가 될 수 있다.
③ 첨단 매체를 활용해야 변화무쌍한 움직임이 강조되는 예술 작품을 만들 수 있다.
④ 제한된 시간 내에 감상이 이루어질 때, 작가와 감상자의 상호 작용이 더욱 긴밀해진다.
⑤ 작가의 창작 의도가 직접적으로 노출되었을 때, 감상자가 풍부한 상상력을 발휘할 수 있다.

04 껍데기는 가라! - 엑스레이 아트

01~04 다음 글을 읽고, 물음에 답하시오.

㉮ 최근 예술 분야에서는 과학 기술을 이용하여 새로운 장르*를 ⓐ개척하려는 시도가 이루어지고 있다. 이러한 배경을 바탕으로 등장한 예술의 하나가 바로 '㉠엑스레이 아트(X-ray Art)'이다. 엑스레이 아트는 엑스레이 사진을 활용하여 만든 예술 작품을 의미한다.

㉯ 엑스레이 아트의 거장*인 닉 베세이는 엑스레이를 활용하여 오브제* 내부에 ⓑ주목한 작품을 만들었다. 그는 「튤립」이라는 작품을 통해 꽃봉오리에 감추어진 암술과 수술을 드러냄으로써, 꽃의 보이지 않는 내부의 아름다움을 탐색하였다. 또한 「셀피」라는 작품을 통해 현대 사회의 외모 지상주의*를 비판하기도 했다. 이 작품은 자기 얼굴을 찍는 사람의 모습을 엑스레이로 촬영한 것으로, 엑스레이로 인체를 촬영할 경우 외양이 드러나지 않는 점을 이용하여 창작 의도를 나타낸 것이다.

㉰ 엑스레이 아트의 창작 의도를 ⓒ구현하기 위해서는 오브제의 특성을 고려해야 한다. 이는 오브제의 재질과 두께에 따라 엑스레이의 투과율*이 달라지기 때문이다. 이러한 이유로 엑스레이 아트에서는 엑스레이가 투과되지 않는 물질이 포함된 오브제를 배제하기도 하고, 역으로 이를 활용하기도 한다. 촬영을 할 때에는 오브제의 두께에 따라 엑스레이의 강도와 오브제에 엑스레이가 투과되는 시간을 조절해야 의도하는 명도*의 사진을 얻을 수 있다. 또한 오브제와 근접한 거리에서 촬영해야 하는 엑스레이의 특성상, 가로 35cm, 세로 43cm인 엑스레이 필름의 크기보다 오브제가 클 경우 오브제를 여러 부분으로 나누어서 촬영한다. 한편 작품 창작 의도를 구현하는 데 오브제의 모든 구성 요소가 필요하지 않다면 오브제의 일부 구성 요소만 선택하여 창작 의도를 드러낼 수도 있다. 그리고 오브제가 겹쳐 있을 경우, 창작 의도와 다른 사진이 나올 수 있으므로 이를 고려하여 오브제를 적절하게 ⓓ배치하고 촬영 각도를 결정한다.

㉱ 이렇게 촬영한 엑스레이 사진은 컴퓨터 그래픽 작업을 거치는데, 창작 의도를 드러내기 위해 여러 장의 사진을 합성하기도 한다. 특히 항공기 동체*와 같이 크기가 큰 대상을 오브제로 삼아 여러 날에 걸쳐 촬영할 경우, 촬영할 당시의 기온, 습도 등의 영향으로 각각의 사진들마다 명도가 다르게 나타날 수 있다. 그러므로 그래픽 작업을 통해 사진들의 명도를 보정한* 뒤, 이 사진들을 퍼즐처럼 맞추어 하나의 사진으로 합성하여 작품을 완성한다.

㉲ 엑스레이는 대상의 골격이나 구조를 노출하는 기술이라는 점에서 차가운 느낌을 주기도 한다. 하지만 이를 활용한 엑스레이 아트는 발상의 전환을 통해 감상자들에게 기존의 예술 작품과는 다른 미적 감수성을 불러일으킨다는 점에서 현대 예술의 외연을 넓히는 데 ⓔ기여하였다는 평가를 받고 있다.

| Self 문단 체크 |

(1) **㉮** : 최근 예술 분야에서는 과학 기술을 이용한 (　　　) 아트가 등장하였다.

(2) **㉯** : 닉 베세이는 엑스레이를 활용하여 오브제 (　　　)에 주목한 작품을 만들었다.

(3) **㉰** : 엑스레이 아트를 창작할 때에는 (　　　)의 특성을 고려해 엑스레이의 강도와 투과 시간, 촬영 각도 등을 조절하는 작업이 필요하다.

(4) **㉱** : 촬영한 엑스레이 사진은 컴퓨터 (　　　) 작업으로 보정, 합성하여 하나의 완성된 작품으로 만든다.

(5) **㉲** : 엑스레이 아트는 차가운 느낌을 주지만, (　　　)의 외연을 넓히는 데 기여했다는 평가를 받고 있다.

| 주제 |

과학 기술을 활용한 엑스레이 아트의 창작 방법과 의의

＊장르 문학이나 예술에서의 부문, 종류, 양식 따위에 따른 갈래

＊거장 예술, 과학 따위의 어느 일정 분야에서 특히 뛰어난 사람

＊오브제 일상 용품이나 물건을 본래의 용도로 쓰지 않고 예술 작품에 사용하는 기법 또는 그 물체

＊지상주의 그 명사가 가리키는 것을 가장 으뜸으로 삼는 주의

＊투과율 빛이나 방사선이 물체를 투과하는 능력을 나타내는 비율

＊명도 색의 밝고 어두운 정도

＊동체 항공기의 날개와 꼬리를 제외한 중심 부분. 승무원, 여객, 화물 따위를 실으며 발동기나 각종 탱크가 장치되어 있다.

＊보정하다 부족한 부분을 보태어 바르게 하다.

01 윗글에서 언급된 내용이 <u>아닌</u> 것은?

① 엑스레이 아트의 개념
② 엑스레이 아트의 작품 사례
③ 엑스레이 아트의 창작 방법
④ 엑스레이 아트의 등장 배경
⑤ 엑스레이 아트의 발전 양상

02 윗글을 바탕으로 할 때, 〈보기〉의 작품에 대해 보인 반응으로 적절하지 <u>않은</u> 것은?

〈보기〉

「버스」는 실제 버스와 사람을 오브제로 삼아, 이를 여러 날에 걸쳐 각각 촬영한 뒤 합성한 엑스레이 아트이다. 작가는 작품의 창작 의도를 구현하는 데 필요한 바퀴나 차체 등의 일부 구성 요소들만 선택하였다. 그리고 버스의 측면이 보이도록 촬영하여 버스에 타고 있는 사람들의 여러 가지 자세와 인체 골격의 다양한 모습을 드러내고 있다.

〈닉 베세이, 「버스」〉

① 물체를 투과하는 엑스레이를 이용한 것은 일상적 시선으로는 볼 수 없는 인체 골격의 모습을 보여 주려는 의도였겠군.
② 바퀴나 차체 등의 일부 구성 요소만 선택한 것에는 필요하지 않은 부분을 배제하려는 작가의 의도가 반영된 것이겠군.
③ 버스의 측면이 보이도록 촬영한 것은 촬영 각도에 따라 엑스레이가 투과되지 않는 효과를 이용하기 위한 것이겠군.
④ 작품이 한 번에 촬영한 사진처럼 보이는 것은 컴퓨터 그래픽 작업을 통해 각 사진의 명도를 보정한 결과이겠군.
⑤ 엑스레이 필름보다 큰 실제 크기의 오브제를 선정하였기 때문에 촬영한 여러 장의 사진을 합성한 것이겠군.

03 ㉠의 의의로 가장 적절한 것은?

① 오브제를 찍은 사진에 의도적인 변형을 가하여 오브제의 실체를 감추는 예술이다.
② 실존하지 않는 대상을 그래픽 작업으로 만들어 사회의 병폐를 풍자하는 예술이다.
③ 인체나 사물의 외양을 있는 그대로 드러냄으로써 아름다움의 의미를 구현하는 예술이다.
④ 눈에 보이지 않을 만큼 작은 오브제를 가시화하여 대상의 본질에 대해 탐색하는 예술이다.
⑤ 겉으로 드러나지 않는 오브제의 내부를 의도적으로 보여 주어 예술의 영역을 확장한 예술이다.

04 ⓐ~ⓔ의 사전적 의미로 적절하지 <u>않은</u> 것은?

① ⓐ : 새로운 물건을 만들거나 새로운 생각을 내어놓음.
② ⓑ : 관심을 가지고 주의 깊게 살핌.
③ ⓒ : 어떤 내용이 구체적인 사실로 나타나게 함.
④ ⓓ : 사람이나 물자 따위를 일정한 자리에 알맞게 나누어 둠.
⑤ ⓔ : 도움이 되도록 이바지함.

01~04 다음 글을 읽고, 물음에 답하시오.

㉮ 20세기 초 유럽에서 일어난 과학 문명의 발전은 현실을 이루는 법칙을 하나씩 부정하였다. 절대적이라고 믿어 왔던 시공간마저 상대적인 것으로 밝혀지면서, 사람들은 기존에 당연시되어 온 인식에 의문을 품었다. 이는 서양의 회화에도 영향을 미쳐 큐비즘이라는 새로운 미술 양식을 탄생시켰다.

㉯ 큐비즘은 대상의 사실적 재현에 집중했던 전통 회화와 달리, 대상의 본질을 구현하기 위해 그 근원적 형태를 그려 내는 것을 목표로 삼았다. 이를 위해 대상의 본질과 관련 없는 세부적 묘사를 배제하고 구와 원기둥 등의 기하학적 형태로 대상을 단순화하여 질감과 부피감을 부각하였다. 색채 또한 본질 구현에 있어 부차적*인 것으로 판단하여 몇 가지 색으로 제한하였다.

㉰ 또한 큐비즘은 하나의 시점으로는 대상의 한쪽 형태밖에 표현할 수 없다고 생각하여, 하나의 시점에서 대상을 보고 표현하는 원근법을 거부하였다. 그리고 대상의 전체 형태를 표현하기 위해 다중 시점을 적용하였는데, 이는 여러 시점에서 관찰한 대상을 한 화면에 그려 내고자 한 기법이다. 예를 들어, 한 인물을 그릴 때 얼굴의 정면과 측면을 동시에 표현함으로써 대상의 전체 형태를 관람자들에게 보여 주는 것이다. 이렇게 큐비즘은 사실적 재현에서 벗어나 대상의 근원적 형태를 표현하려 하였으며, 관람자들에게 새로운 미적 인식을 환기하였다*.

㉱ 대상의 형태를 더 다양한 시점으로 보여 주려는 시도는 다중 시점의 극단화로 치달았는데, 이 시기의 큐비즘을 ⓐ 분석적 큐비즘이라고 일컫는다. 분석적 큐비즘은 대상을 여러 시점으로 해체하여 작은 격자* 형태로 쪼개어 표현했고, 색채 또한 대상의 고유색이 아닌 무채색으로 한정하였다. 해체 정도가 심해짐에 따라 대상은 부피감이 사라질 정도로 완전히 분해되었다. 이로 인해 관람자는 대상이 무엇인지조차 알아볼 수 없게 되었고, 제목이나 삽입된 문자를 통해서만 대상이 무엇인지 추측할 수 있게 되었다.

㉲ ㉠대상이 극단적으로 해체되어 형태를 파악하지 못하게 된 문제를 해결하기 위해, 큐비즘은 화면 안으로 실제 대상 혹은 대상의 특성을 잘 드러내는 화면 밖의 재료들을 끌어들였다. 이것을 ⓑ 종합적 큐비즘이라고 일컫는다. 종합적 큐비즘의 특징을 보여 주는 대표적 기법으로는 '파피에 콜레'가 있다. 이는 화면에 신문이나 벽지 등의 실제 종이를 오려 붙여 대상의 특성을 표현하는 기법이다. 예를 들어, 나무 탁자의 질감을 표현하기 위해 화면에 나뭇결무늬의 종이를 직접 붙였다. 화면에 붙인 종이의 색으로 인해 색채도 다시 살아났다.

㉳ 큐비즘은 대상의 근원적 형태를 화면에 구현하기 위해 대상을 표현하는 새로운 방법을 모색하였다*. 큐비즘이 대상의 형태를 실제에서 해방한 것은 회화 예술에 무한한 표현의 가능성을 가져다주었다. 이는 표현 대상을 보이는 세계에 한정하지 않는 현대 추상 회화의 탄생에 직접적인 영향을 미쳤다.

*부차적 주된 것이 아니라 그것에 곁딸린 것
*환기하다 주의나 여론, 생각 따위를 불러일으키다.
*격자 바둑판처럼 가로세로를 일정한 간격으로 직각이 되게 짠 구조나 물건. 또는 그런 형식
*모색하다 일이나 사건 따위를 해결할 수 있는 방법이나 실마리를 더듬어 찾다.

01 윗글에서 알 수 있는 내용으로 적절하지 <u>않은</u> 것은?

① 큐비즘이 사용한 표현 기법
② 큐비즘이 등장한 시대적 배경
③ 큐비즘에 대한 다른 화가들의 논쟁
④ 큐비즘의 작품 경향이 변화된 양상
⑤ 큐비즘이 현대 추상 회화에 미친 영향

02 ㉠을 이해한 내용으로 가장 적절한 것은?

① 대상의 본질을 화면에 구현하기 위해 다중 시점에 집착한 결과이겠군.
② 인식의 절대적 기준을 제시하기 위해 대상의 변화를 무시한 결과이겠군.
③ 화면의 공간을 사실적으로 표현하기 위해 대상의 형태를 희생한 결과이겠군.
④ 기하학적 형태에서 탈피하기 위해 대상의 정면과 측면을 동시에 표현한 결과이겠군.
⑤ 관람자들에게 새로운 미적 인식을 환기하기 위해 대상을 있는 그대로 재현한 결과이겠군.

03 ⓐ와 ⓑ에 대한 설명으로 가장 적절한 것은?

① ⓐ는 ⓑ와 달리 고유색을 통해 대상을 그려 낸다.
② ⓐ는 ⓑ와 달리 삽입된 문자로만 대상을 드러낸다.
③ ⓑ는 ⓐ와 달리 작은 격자 형태로 대상을 해체한다.
④ ⓑ는 ⓐ와 달리 화면 밖의 재료를 활용해 대상을 표현한다.
⑤ ⓐ와 ⓑ는 모두 질감과 부피감을 살려서 대상을 형상화한다.

04 윗글을 바탕으로 〈보기〉의 작품을 감상한 내용으로 적절하지 <u>않은</u> 것은?

〈보기〉

브라크의 「에스타크의 집들」은 집과 나무를 그린 풍경화이다. 그런데 회화 속 풍경은 실제와 다르다. 집에 당연히 있어야 할 문이 생략되어 있으며, 집들은 부피감이 두드러지는 입방체 형태로 단순화되어 있다. 그림자의 방향은 일관성 없이 다양하게 표현되어 광원이 하나가 아님을 알 수 있다. 그리고 집과 나무는 모두 황토색과 초록색, 회색으로 칠해져 있다. 큐비즘의 시작을 알린 이 풍경화는 처음 공개되었을 때 평론가로부터 "작은 입방체(cube)를 그렸다."라는 비판을 받았는데, 이는 '큐비즘(Cubism)'이라는 명칭의 기원이 되었다.

① 집이 입방체 형태로 단순화된 것은 대상의 근원적 형태를 드러내기 위한 것이겠군.
② 풍경의 모습이 실제와 다른 것은 관찰한 대상이 무엇인지 추측할 수 없도록 하기 위한 것이겠군.
③ 그림자의 방향이 일관성 없이 다양하게 표현된 것은 하나의 시점을 강제하는 원근법을 기부한 깃이겠군.
④ 집에 당연히 있어야 할 문이 없는 것은 세부적 묘사는 대상의 본질과 관련이 없다는 생각을 반영한 것이겠군.
⑤ 색이 황토색, 초록색, 회색으로 제한된 것은 색채는 본질을 구현하는 데 부차적인 요소라는 생각에 근거한 것이겠군.

01~06 다음 글을 읽고, 물음에 답하시오.

(가)

가 기원전 3세기경 중국의 전국 시대 말기는 침략과 정벌*의 전쟁이 빈번하게 벌어지는 혼란의 시대였다. 이와 동시에 국가의 혼란을 해결하기 위한 길을 ⓐ모색한 여러 사상들이 융성한* 시대이기도 했다.

나 이 시대에 활동했던 순자는 사회의 혼란과 무질서를 악(惡)이라고 규정하고 악은 온전히 인간의 성(性)에게서 비롯된 것으로 파악한다. 성이란 인간이 태어나면서부터 지니고 있는 동물적인 경향성*을 일컫는 말로 욕망과 감정의 형태로 드러난다. 이 중에서 이익을 좋아하고 그것을 얻으려고 하는 인간의 성이 악을 초래한다고 보았다. 사회적 자원과 재화는 한정적인데 사람들이 모두 이기적인 욕망을 그대로 좇게 되면 그들 사이에 다툼과 쟁탈이 일어나게 된다는 것이다.

다 하지만 그는 인간이 성뿐만이 아니라 심(心)도 타고났기에 인간다워질 수 있고, 성에서 비롯한 사회 문제의 해결도 가능하다고 보았다. 심은 인간의 인지 능력을 뜻하는데, 인간의 감각 기관이 가져온 정보를 종합해서 인식하고 판단한다. 즉, 심은 성이 합리적인지 판단하여 성을 통제한다. 이러한 심의 작용을 통해 인간은 배우며 실천할 수 있는데, 이와 같은 인간의 의식적이고 후천적인 노력 또는 그것의 산물을 위(僞)라고 한다.

라 순자는 성을 변화시키는 위의 역할을 강조했는데, 특히 위의 핵심으로서 예(禮)를 언급하고 그것을 실천할 것을 주문한다. 예란 위를 ⓑ축적하여 완전한 인격체가 된 성인(聖人)이 일찍이 사회의 혼란을 우려해 만든 일체의 사회적 규범을 말한다. 이는 개인의 도덕규범이자 나라를 다스리는 규범으로, 개인의 모든 행위의 기준이자 사회의 위계질서를 나누는 기준이 된다. 예의 가장 중요한 기능은 ㉠신분적 차이를 구분해서 직분을 정하는 것인데 이는 인간의 욕망 추구를 긍정하되 그 적절한 기준과 한계를 설정함을 의미한다. 사회 구성원이 자신의 위치에 맞게끔 욕망을 추구하게 함으로써 다툼과 쟁탈이 없는 안정된 사회를 만들 수 있다고 생각했기 때문이다.

마 이때 순자는 군주를 예의 근본으로 규정하고 그의 역할을 중시한다. 군주는 계승되어 온 예의 공통된 원칙을 지키고, 당대의 요구에 맞춰 예를 제정해야* 한다. 구체적으로 군주는 백성들의 직분을 정해 주고 그들을 가르쳐 예의 길로 인도하는 역할을 수행한다. 이를 통해 백성들의 성은 교화되고* 질서와 조화를 이룬 선(善)한 사회에 다다를 수 있다.

바 순자는 당대의 사상가들과 달리 사회 문제의 원인을 외적 상황에서 찾지 않고 인간의 타고난 성향에서 찾음으로써 인간 사회를 바라보는 새로운 관점을 제시하였다. 그러한 점에서 순자는 인간의 후천적 노력을 바탕으로 한 인간과 사회의 변화 가능성을 ⓒ신뢰한 사상가라 할 수 있다.

(나)

가 홉스가 살던 17세기는 종교 전쟁과 내전을 겪으며 혼란스러웠다. 이에 왕의 권력은 신으로부터 부여받은 것이라는 왕권신수설*에 많은 사람들은 의문을 품게 되었다. 이러한 상황에서 홉스는 사회적 혼란을 해결하고자 신이 아닌 인간에 대한 탐구를 시작한다.

나 홉스는 국가 성립 과정을 설명하기 위해 국가가 성립하기 이전의 집단적 삶인 자연 상태를 가정한다. 그는 인간을 자기 보존을 추구하는 존재로 규정한다. 또한 인간은 자연 상태에서 누구나 절대적인 자유를 행사할 수 있는 권리를 지니는데, 이를 자연권이라고 말한다. 자연 상태에서 인간은 자기 보존을 위해 자신의 이익만을 추구하면서 끊임없이 싸우게 되는데 그는 전쟁과도 같은 이 상황을 '만인에 대한 만인의 투쟁'이라 ⓓ명명한다. 하지만 이 상황에서 인간이 느끼는 죽음에 대한 공포는 평화와 안전을 바라게 하는 감정을 유발하기도 한다.

다 이때 인간의 이성은 평화로운 상태로 나아가기 위한 최선의 법칙을 발견하는데 홉스는 이를 자연법이라 일컫는다. 자연법의 가장 근본적인 원칙은 평화를 추구하고 따르라는 것이다. 그리고 이를 위해 인간의 이성은 자연 상태에서 가졌던 권리의 상당 부분을 포기하고 그것을 양도하는* ⓛ사회 계약*이 필요함을 깨닫는다.

라 개인이 자기 보존을 위해 자발적으로 동의한 사회 계약은 두 단계에 걸쳐 이루어진다. 첫 번째 단계에서 개인과 개인은 상호 적대적인 행위를 중지하고자 자연권의 대부분을 포기하는 계약을 맺는다. 그런데 이 계약은 누군가가 이를 위반할 경우에 그것을 제재할* 수단이 없다는 한계가 있어 쉽게 파기될 수 있다. 이 계약의 불안정성을 해소하고 실효성을 보장하기 위해서는 계약 위반을 제재할 강제력과 그것을 집행할 수 있는 힘의 소유자를 세우는 일이 필요하다. 이에 개인은 계약 위반을 제재할 공동의 힘을 지닌 통치자와 두 번째 단계의 계약을 맺고 자신들의 권리를 그에게 양도한다.

마 이러한 계약의 과정을 거치며 '리바이어던'이라 불리는 국가가 탄생한다. 리바이어던은 본래 성서에 등장하는 무적의 힘을 가진 바다 괴물의 이름으로, 홉스는 이를 통해 계약으로 탄생한 국가의 강력한 공적 권력을 강조한 것이다. 통치자는 국가 권력의 실질적인 행사 주체로서 국가에 대한 복종을 요구하는 대신에 개인을 위험으로부터 보호하는 책무를 갖는다. 그는 강력한 처벌에 대한 규정을 만들고 개인들이 이에 따르게 함으로써 그들의 안전을 보장한다. 통치자가 개인들로부터 위임*받은 권리를 정당하게 행사하여 개인들 간의 투쟁을 해소함으로써 비로소 평화로운 사회가 ⓔ구현된다.

바 홉스의 사회 계약론은 인간의 본성에 대한 통찰을 바탕으로 국가가 성립하게 되는 과정을 제시하고 있다. 특히 국가가 지닌 힘의 원천을 신이 아닌 자유로운 개인들에게서 찾고 있다는 점에서 근대 주권 국가의 토대를 마련했다고 할 수 있다.

| 주제 |

사회적 혼란을 해결하기 위한 순자와 홉스의 이론

***정벌** 적 또는 죄 있는 무리를 무력으로써 침
***융성하다** 기운차게 일어나거나 대단히 번성하다.
***경향성** 현상이나 사상. 행동 따위가 어떤 방향으로 기울어지거나 쏠리는 성향
***제정하다** 제도나 법률 따위를 만들어서 정하다.
***교화되다** 가르침을 받고 이끌려서 좋은 방향으로 나아가게 되다.
***왕권신수설** 국왕의 권리는 신에게서 받은 절대적인 것이므로 인민이나 의회에 의하여 제한되지 않는다는 설
***양도하다** 권리나 재산. 법률에서의 지위 따위를 남에게 넘겨주다.
***사회 계약** 개개의 인간들이 모여 일정한 질서와 규율 밑에 서로 협력하고 공동의 이익을 추구하며 사회나 국가를 이루는 현상을 계약에 의한 것으로 보아 이르는 말
***제재하다** 일정한 규칙이나 관습의 위반에 대하여 제한하거나 금지하다.
***위임** 어떤 일을 책임 지워 맡김. 또는 그 책임

01 **(가)와 (나)의 공통점으로 가장 적절한 것은?**

① 인간 중심적인 시각에서 벗어나 사회 현상을 분석하고 있다.

② 현실을 개선하려는 사상가의 견해와 그 의의를 제시하고 있다.

③ 종교적인 믿음을 바탕으로 성립된 권력의 개념을 밝히고 있다.

④ 국가와 국가 간의 전쟁이 야기한 사상의 탄압 양상을 설명하고 있다.

⑤ 시대적 상황의 변화에 따라 달라진 지도자의 위상을 통시적으로 설명하고 있다.

02 (가)의 군주 와 (나)의 통치자 에 대한 이해로 적절하지 않은 것은?

① 군주는 사회 구성원의 내면의 변화를 전제로 질서와 조화를 이룬 선한 사회를 만든다.

② 통치자는 신으로부터 부여받은 권리를 정당하게 행사함으로써 평화로운 사회를 만든다.

③ 군주는 백성을 사회적 위치에 맞게 행동하도록 인도하고, 통치자는 개인들의 상호 적대적인 행위의 중지를 요구한다.

④ 군주는 예를 바탕으로 한 교화를 통해, 통치자는 강력한 공적 권력을 바탕으로 한 처벌을 통해 사회의 질서를 도모한다.

⑤ 군주와 통치자는 모두 나라를 다스리는 지도자로서 사회적 역할을 이행해야 할 책무를 갖는다.

03 ㉠에 대한 설명으로 가장 적절한 것은?

① 개인의 욕망보다 사회의 요구를 강조하여 심의 부작용을 막기 위한 것이다.

② 인간의 성과 심의 차이를 구분하여 새로운 도덕적 기준을 세우기 위한 것이다.

③ 사회 구성원이 심을 체득하게 하여 혼란한 사회적 상황을 해결하기 위한 것이다.

④ 개인의 도덕규범과 나라의 통치 규범을 구분하여 사회 문제의 원인을 찾기 위한 것이다.

⑤ 한정적인 사회적 자원과 재화를 적절하게 분배하여 사회의 안정성을 추구하기 위한 것이다.

04 ㉡을 이해한 내용으로 적절하지 않은 것은?

① 만인에 대한 만인의 투쟁 상황에서 벗어나기 위해 맺은 것이다.

② 자유를 향유할 수 있는 권리의 포기는 자발적인 동의하에 이루어진다.

③ 개인은 첫 번째 단계의 계약을 맺음으로서 공동의 힘을 제재할 수 있다.

④ 첫 번째 단계의 계약은 두 번째 단계의 계약과 달리 위반할 경우 제재 수단이 없다.

⑤ 두 번째 단계의 계약은 첫 번째 단계의 계약과 달리 개인의 권리 양도가 이루어진다.

05 (가)의 '순자'와 (나)의 '홉스'의 입장에서 〈보기〉의 상황을 이해한 내용으로 적절하지 <u>않은</u> 것은?

〈보기〉

생물학자인 개릿 하딘은 공유지에서의 자유가 초래하는 혼란한 상황을 '공유지의 비극'이라 일컬었다. 그는 한 목초지에서 벌어지는 상황을 예로 들어 이를 설명하였다.

모두가 사용할 수 있는 목초지가 있다. 한 목동은 자신의 이익을 극대화하는 방법으로 가능한 한 많은 소 떼들을 목초지에 풀어 놓는다. 다른 목동들도 같은 방법을 취하게 되고 결국 목초지는 황폐화된다.

① 순자는 목동들이 '위'를 행하였다면 목초지의 황폐화를 막을 수 있었을 것이라고 생각하겠군.

② 홉스는 목동들이 처한 상황을 자기 보존을 추구하는 욕망이 발현된 '자연 상태'라고 생각하겠군.

③ 순자는 완전한 인격체가 만든 규범이, 홉스는 강력한 국가의 개입이 필요한 상황이라고 생각하겠군.

④ 순자는 '성'을 그대로 좇는 모습으로, 홉스는 '자연권'을 행사하는 모습으로 목동들의 이기적 행동을 이해하겠군.

⑤ 순자와 홉스는 모두 목동들이 공포를 느끼게 되면 문제 상황에 대한 합리적 판단 능력을 갖게 될 것이라고 생각하겠군.

06 ⓐ~ⓔ의 사전적 의미로 적절하지 <u>않은</u> 것은?

① ⓐ : 일이나 사건 따위를 해결할 수 있는 방법이나 실마리를 더듬어 찾음.

② ⓑ : 지식, 경험, 자금 따위를 모아서 쌓음.

③ ⓒ : 자기의 주장을 굽혀 남의 의견을 좇음.

④ ⓓ : 사람, 사물, 사건 등의 대상에 이름을 지어 붙임.

⑤ ⓔ : 어떤 내용이 구체적인 사실로 나타나게 함.

01~06 다음 글을 읽고, 물음에 답하시오.

(가)

가 19세기에 분트는 인간의 정신세계가 의식으로 이루어져 있다고 보고, 실험을 통해 인간의 정신 현상과 행동을 설명하는 실험심리학을 주창하였다*. 이때 의식이란 깨어 있는 상태에서 자신이나 세계를 인식하는 모든 정신 작용을 의미한다. 그러나 프로이트는 정신 질환을 겪는 환자들을 치료하면서 인간에게 의식과는 다른 무의식 세계가 있다는 것을 발견하였다. 이에 그는 인간을 무의식의 지배를 받는 비합리적 존재로 간주하고*, 정신분석이론을 통해 인간의 정신세계를 ⓐ규명하려 하였다.

나 프로이트에 의하면 인간의 정신세계 중 의식이 차지하는 영역은 빙산의 일각일 뿐, 무의식이 정신세계의 대부분을 차지한다. 그는 무의식의 심연*에는 '원초아'가, 무의식에서 의식에 걸쳐 '자아'와 '초자아'가 존재한다고 보았다. 원초아는 성적 에너지를 바탕으로 본능적인 욕구를 충족하려는 선천적 정신 요

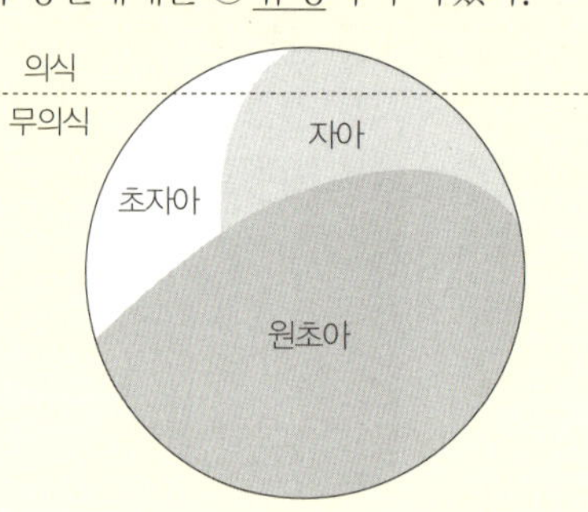

소이다. 반면 자아는 외적 상황으로 인해 충족되지 못하고 지연되거나* 좌절된 원초아의 욕구를 사회적으로 용인될* 수 있는 방법으로 충족하려는 정신 요소이다. 마지막으로 초자아는 도덕률에 따라 원초아의 욕구를 억제하고 양심에 따라 행동하도록 하는 정신 요소로, 어린 시절 부모의 종교나 가치관 등을 내재화*하는 과정에서 후천적으로 발달한다.

다 이러한 원초아, 자아, 초자아는 역동적으로 상호작용하면서 개인의 성격을 형성한다. 가령, 원초아가 강할 때는 본능적인 욕구에 집착하는 충동적인 성격이, 초자아가 강할 때는 엄격하게 도덕을 지키려는 원칙주의적 성격이 나타난다. 자아는 원초아와 초자아의 요구 사이에서 이를 조정하는 역할을 하기 때문에, 정신적 균형을 이루기 위해서는 자아의 발달이 중요하다. 만일 자아가 제 역할을 하지 못하면 정신 요소의 균형이 깨져 불안감이 생기는데, 자아는 이를 해소하기 위해 무의식적으로 방어 기제*를 사용하게 된다. 대표적인 방어 기제로는 억압이나 승화 등이 있다. 억압은 자아가 수용하기 힘든 욕구를 무의식 속으로 억누르는 것을, 승화는 그러한 욕구를 예술과 같이 가치 있는 활동으로 ⓑ전환하는 것을 의미한다. 개인마다 습관적으로 사용하는 방어 기제가 다르기 때문에 어떤 방어 기제를 사용하느냐 또한 개인의 성격 형성에 영향을 미친다.

라 프로이트는 어린 시절에 해소되지 않은 원초아의 욕구나 정신 요소 간의 갈등은 성인이 된 후에도 지속적으로 영향을 주기 때문에, 이 시기에 부모와의 상호작용 경험이 성격 형성에 큰 영향을 준다고 설명하였다. 특히 그는 성인의 정신 질환을 어린 시절의 심리적 갈등이 재현된 것으로 보고, 이를 치유하기 위해서는 무의식에 내재되어 있는 과거의 상처를 의식의 세계로 끌어내는 과정이 필요하다고 주장하였다. 이러한 프로이트의 이론은 기존의 이론에서 ⓒ간과한 무의식에 대한 탐구를 통해 인간 이해에 대한 지평*을 넓혔다는 평을 받고 있다.

| Self 문단 체크 |

(가)

(1) **가** : 프로이트는 인간에게 의식과는 다른 (　　) 세계가 있다는 것을 발견하고 정신분석이론을 통해 인간의 정신세계를 규명하려 하였다.

(2) **나** : 프로이트는 무의식이 정신세계의 대부분을 차지하며, (　　), (　　), (　　)라는 세 가지 정신 요소가 존재한다고 보았다.

(3) **다** : 정신적 균형을 이루기 위해서는 (　　)의 역할이 중요하며, 정신 요소의 균형이 깨지면 무의식적으로 (　　)를 사용하게 된다.

(4) **라** : 프로이트의 이론은 (　　)에 대한 탐구를 통해 인간 이해에 대한 지평을 넓혔다는 평가를 받는다.

(나)

(1) **가** : 융은 프로이트와 달리 무의식을 인간이 (　　) 가능성을 실현할 때 필요한 (　　)인 에너지의 원천으로 보았다.

(2) **나** : 융은 정신세계를 의식, 억압된 생각과 감정이 존재하는 (　　), 인류의 경험이 원형으로 축적되어 있는 (　　)으로 구분하였다.

(3) **다** : 융은 자아가 무의식을 (　　)하는 과정에서 자기를 발견하는 (　　)가 이루어진다고 보았다.

| 주제 |

프로이트의 정신분석이론과 융의 분석심리학을 통해 본 인간의 정신세계와 무의식의 역할

(나)

가 융은 프로이트의 정신분석이론에 반기를 들고, 분석심리학 을 주창하였다. 무의식을 단지 의식에서 수용할 수 없는 원초적 욕구나 해결되지 못한 갈등의 창고로만 본 프로이트와 달리, 융은 무의식을 인간이 잠재적 가능성을 실현할 때 필요한 창조적인 에너지의 샘으로 보았다는 점에서, 그의 분석심리학은 프로이트의 이론과 구별된다.

나 융은 정신세계의 가장 바깥쪽에는 의식이, 그 안쪽에는 개인 무의식이, 그리고 맨 안쪽에는 집단 무의식이 순서대로 자리 잡고 있다고 보았다. 의식은 생각이나 감정, 기억과 같이 인간이 직접 인식할 수 있는 영역으로, 여기에는 '자아'가 존재한다. 자아는 의식을 지배하는 동시에 무의식

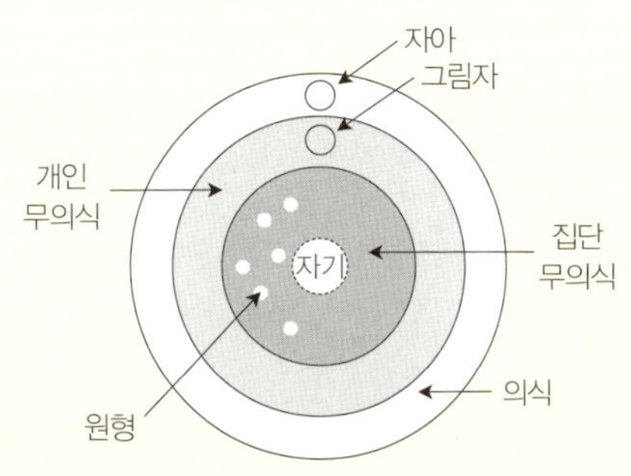

과 교류하며 이를 조정하는 역할을 한다. 개인 무의식은 의식에 의해 ⓓ배제된 생각이나 감정, 기억 등이 존재하는 영역이다. 이곳에 존재하는 '그림자'는 자아에 의해 억압된 '또 하나의 나'라고 할 수 있다. 마지막으로 집단 무의식은 태어날 때부터 누구나 가지고 있는 원초적이며 보편적인 무의식이다. 거기에는 진화를 통해 축적되어 온 인류의 경험이 '원형'의 형태로 존재한다. 가령 어두운 상황에서 누구나 공포심을 느끼는 것이 원형에 해당한다.

다 융에 따르면 집단 무의식의 가장 안쪽에는 '자기'가 존재한다. 이는 정신세계에 내재하는 개인의 근원적인 모습이라고 할 수 있다. 융은 자아가 성찰을 통해 무의식의 심연에 존재하는 자기를 발견하면, 인간은 비로소 타인과 구별되는 고유한 존재가 된다고 보고 이를 개별화라고 불렀다. 이는 의식에 존재하는 자아가 무의식과 끊임없이 상호작용하며 무의식의 영역을 의식으로 통합하는 과정, 즉 ㉠무의식을 의식화하는 과정을 통해 이루어진다. 이 과정에서 자아는 자신의 또 다른 모습인 그림자와 ⓔ대면하게 되고, 집단 무의식에 존재하는 여러 원형들을 발견하게 된다. 결국 자아가 무의식의 심연에 존재하는 자기를 찾아가는 과정은 정신세계를 구성하는 자아와 그림자, 그리고 여러 원형들이 대립에서 벗어나 하나의 정신으로 통합되면서 정신적 균형을 이루는 과정이라 할 수 있다. 이러한 과정에서 개인은 내면의 성숙을 이루며 자신의 정체성*을 찾게 된다.

＊주창하다 주의나 사상을 앞장서서 주장하다.
＊간주하다 상태. 모양. 성질 따위가 그와 같다고 보거나 그렇다고 여기다.
＊심연 깊은 못. 좀처럼 빠져나오기 힘든 구렁을 비유적으로 이르는 말
＊지연되다 무슨 일이 더디게 끌어져 시간이 늦추어지다.
＊용인되다 용납되어 인정되다.
＊내재화 어떤 성질 따위가 사물이나 일정한 범위의 안에 들어 있게 됨. 또는 그렇게 되게 함
＊방어 기제 두렵거나 불쾌한 정황이나 욕구 불만에 직면하였을 때 스스로를 방어하기 위하여 자동적으로 취하는 적응 행위. 도피. 억압. 동일시. 보상. 투사 따위가 있다.
＊지평 대지의 편평한 면. 사물의 전망이나 가능성 따위를 비유적으로 이르는 말
＊정체성 변하지 아니하는 존재의 본질을 깨닫는 성질. 또는 그 성질을 가진 독립적 존재

---

01 **(가), (나)의 공통점으로 가장 적절한 것은?**

① 인간의 무의식을 주장한 이론에 대한 상반된 평가를 제시하고 있다.
② 기존과 다른 관점에서 인간의 정신세계를 설명한 이론을 소개하고 있다.
③ 인간의 무의식을 설명한 이론이 등장하게 된 역사적 사건을 소개하고 있다.
④ 인간이 정신 질환을 분류하고 각각의 특징을 설명한 이론을 제시하고 있다.
⑤ 인간의 정신세계를 설명한 이론이 다른 학문 영역에 미친 영향을 분석하고 있다.

02 (가)의 내용과 일치하지 <u>않는</u> 것은?

① 분트는 인간의 정신세계가 의식으로만 구성되어 있다고 보았다.

② 프로이트는 인간을 무의식의 지배를 받는 비합리적 존재로 여겼다.

③ 프로이트는 원초아가 강할 때 본능적인 욕구에 집착하는 성격이 나타난다고 생각했다.

④ 프로이트는 세 가지 정신 요소들이 상호작용하면서 개인의 성격이 형성된다고 보았다.

⑤ 프로이트는 의식적으로 사용하는 방어 기제와 무의식적으로 사용하는 방어 기제를 구분하였다.

03 (가)의 '프로이트'와 (나)의 '융'의 관점에서 〈보기〉를 이해한 내용으로 적절하지 <u>않은</u> 것은?

〈보기〉

[헤르만 헤세의 연보]

• 1877 : 기독교인다운 엄격한 생활을 중시하는 경건주의 집안에서 태어남 . ⑦

• 1881~1886 : 자유분방한 기질로 인해 엄한 아버지의 교육 방식에 반항하며 불안감을 느낌. ⑭

• 1904~1913 : 잠재된 문학적 재능을 발휘하여 왕성하게 작품 창작을 하며 불안에서 벗어남. ⑮

• 1916~1919 : 아버지의 죽음을 접하고 심한 우울증을 경험함. ⑯

• 1945~1962 : 성찰적 글쓰기 활동 속에서 심리적 안정감을 느끼며 여생을 보냄. ⑰

• 1962 : 몬타놀라에서 죽음.

① ⑦ : 프로이트는 엄격한 집안 분위기가 헤세의 초자아가 발달하는 데 영향을 주었다고 보겠군.

② ⑭ : 프로이트는 헤세의 불안감을 원초아와 초자아의 요구를 자아가 제대로 조정하지 못한 결과라고 보겠군.

③ ⑮ : 프로이트는 헤세의 왕성한 창작 활동을 승화로, 융은 이를 무의식의 창조적 에너지가 발현된 것으로 보겠군.

④ ⑯ : 프로이트는 헤세의 우울증을 유년기의 불안이 재현된 것으로, 융은 이를 자아와 그림자가 통합된 것으로 보겠군.

⑤ ⑰ : 융은 헤세가 성찰하는 글쓰기 활동을 통해 자기를 발견하는 과정에서 심리적 안정감을 느낀 것으로 보겠군.

04 (가)의 정신분석이론 과 (나)의 분석심리학 에서 모두 동의하는 진술로 가장 적절한 것은?

① 자아는 의식과 무의식의 세계에 걸쳐서 존재한다.
② 무의식은 성적 에너지로만 이루어진 정신 요소이다.
③ 무의식은 개인의 경험을 초월해 원형의 형태로 유전된다.
④ 무의식에는 자아에 의해 억압된 열등한 자아가 존재한다.
⑤ 정신적 균형을 이루기 위해서는 자아의 역할이 중요하다.

05 ㉠을 이해한 내용으로 가장 적절한 것은?

① 의식의 확장을 통해 타인과의 경계를 허무는 과정이다.
② 자신의 근원적인 모습을 찾아 나가는 개별화의 과정이다.
③ 의식에 의해 발견된 무의식의 욕구가 억눌리는 과정이다.
④ 무의식이 의식에서 분화되어 정체성이 실현되는 과정이다.
⑤ 과거의 경험들을 반복함으로써 성격이 형성되는 과정이다.

06 ⓐ~ⓔ의 사전적 의미로 적절하지 않은 것은?

① ⓐ : 어떤 사실을 자세히 따져서 바로 밝힘.
② ⓑ : 주기적으로 자꾸 되풀이하여 돎.
③ ⓒ : 큰 관심 없이 대상 보아 넘김.
④ ⓓ : 받아들이지 아니하고 물리쳐 제외함.
⑤ ⓔ : 서로 얼굴을 마주 보고 대함.

01~06 다음 글을 읽고, 물음에 답하시오.

가 심리학자인 카너먼은 인간이 논리적 사고 과정을 통해 합리적으로 문제를 해결하기보다는 직감*에 의해 문제를 해결하는 경향이 강하다고 주장하였다. 예컨대 "영어 단어 중 R로 시작하는 단어와 R이 세 번째에 있는 단어 중 어느 것이 더 많은가?"라는 질문에, 실제로는 후자의 단어가 더 많지만 전자의 단어가 더 쉽게 떠오르기 때문에 대부분의 사람들은 R로 시작하는 단어가 더 많다고 대답한다. 그는 이를 ㉠해당 사례를 자주 접하거나 쉽게 떠올릴 수 있으면, 발생 빈도수가 높다고 판단하는 인간의 심리적 특성에 기인한다고* 보았다. 그는 실제 인간의 행동에 나타나는 다양한 양상을 연구하여 인간은 합리적 선택을 한다는 전통 경제학의 전제에 반기*를 들고, 심리학적 연구 성과를 경제학에 접목시킨* 새로운 이론을 제안했다.

나 전통 경제학에서는 인간을 합리적 선택을 하는 존재로 가정하고, 시장에서의 재화와 용역의 생산, 분배, 소비 활동을 연구한다. 전통 경제학의 대표적 이론인 기대 효용 이론에 따르면, 인간은 대안이 여러 개일 때 각 대안의 효용을 계산하여 자신에게 최대 이득을 주는 대안을 선택한다. 이때 '효용'이란 재화를 소비할 때 느끼는 만족감이다. 어떤 대안의 기댓값인 기대 효용은, 대안을 선택했을 때 발생할 수 있는 개별 사건의 효용에, 각 사건의 발생 확률을 곱해 모두 더한 값이다.

다 예컨대 동전을 던져 앞면이 나오면 20,000원을 얻고 뒷면이 나오면 10,000원을 잃는 게임 A, 앞면이 나오면 10,000원을 얻고 뒷면이 나오면 5,000원을 잃는 게임 B가 있다고 해 보자. 화폐 효용은 그것의 액면가와 같다고 할 때, 동전의 앞면, 뒷면이 나올 확률은 각각 0.5이므로, 게임 A의 기대 효용은 (20,000원×0.5)−(10,000원×0.5)=5,000원, 게임 B의 기대 효용은 (10,000원×0.5)−(5,000원×0.5)=2,500원이다. 기대 효용 이론에 따라 합리적 판단을 한다면 기대 효용이 더 큰 게임 A를 선택해야 하지만, 실제 선택 상황에서는 대다수의 사람들이 게임 B를 선택한다.

라 카너먼은 이러한 선택의 문제를 설명하기 위해 전망 이론을 제시하였다. ⓐ전망 이론은 이득보다 손실에 대해 민감하게 반응하는 인간의 심리가 선택 행동에 미치는 영향을 설명하는 이론이다. 여기서 '전망'은 이득과 손실에 대해 사람들이 느끼는 심리 상태를 의미한다. 전망은 대안을 선택했을 때 발생할 수 있는 개별 성과의 가치에, 각각의 결정 가중치*를 곱해 모두 더한 값이다.

마 〈그림〉은 전망 이론에서 이득과 손실에 대한 인간의 반응을 설명하는 그래프다. 여기서 x축은 성과를, y축은 성과에 대해 사람들이 부여하는 가치(v)를 나타낸다. 그리고 두 축이 교차하는 지점은 현재 '나'의 상황을 의미하는 준거점*으로, 이를 기준으로 오른쪽은 이득 영역이고, 왼쪽은 손실 영역이다. 이 그래프에서 이득 영역의 $v(a)$와 손실 영역의 $v(-a)$의 절댓값을 비교하면 후자의 값이 더 크다는 것을 알 수 있는데, 이는 같은 크기의 이득과 손실이 있을 때 이득감보다 손실감이 더 크다는 것을 의미한다.

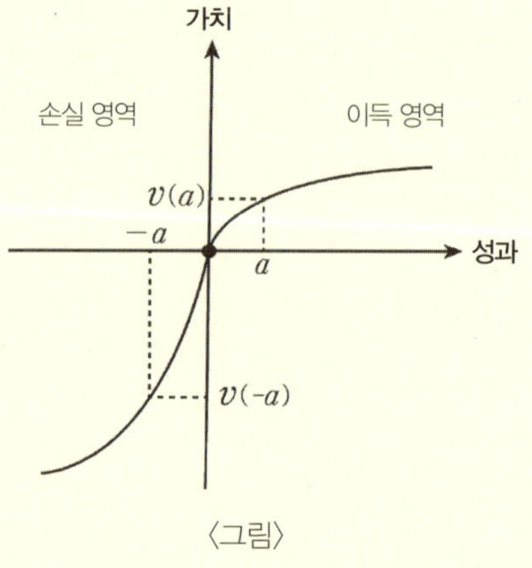

| Self 문단 체크 |

(1) **가** : 심리학자인 카너먼은 인간이 논리보다 (　　　)으로 문제를 해결하는 경향이 강하다고 주장했다.

(2) **나** : 전통 경제학에 따르면 인간은 (　　　)인 존재이며, 대안이 여러 개일 때 자신에게 (　　　) 이득을 주는 대안을 선택한다.

(3) **다** : 실제로는 많은 사람들이 비합리적으로 (　　　)이 작은 쪽을 선택한다.

(4) **라** : 카너먼은 (　　　)을 통해, 이득보다 손실에 더 민감한 인간의 심리가 선택에 영향을 미침을 설명하였다.

(5) **마** : 전망 이론 그래프를 통해 같은 크기의 이득과 손실이 있을 경우 이득감보다 (　　　)이 더 크다는 것을 알 수 있다.

(6) **바** : 전망 이론 그래프에 따르면 **다**에서의 비합리적 선택은 (　　　)을 피하고자 하는 심리가 반영된 결과이다.

(7) **사**, **아** : (　　　)에 따르면 사람들은 이득 상황에서는 확실한 이득을, 손실 상황에서는 불확실한 손실을 선택하는 경향이 있다.

(8) **자** : 카너먼은 심리학에 근거하여 인간의 비합리적 선택을 설명하는 (　　　)을 개척하였다.

| 주제 |

인간의 비합리적 선택과 이를 설명하는 심리학적 이론 및 행동 경제학의 탄생

＊직감 사물이나 현상을 접하였을 때에 설명하거나 증명하지 아니하고 진상을 곧바로 느껴 앎. 또는 그런 감각

＊기인하다 어떠한 것에 원인을 두다.

＊반기 반대의 뜻을 나타내는 행동이나 표시

＊접목시키다 (비유적으로) 둘 이상의 다른 현상 따위를 알맞게 조화하게 하다. → 접목하다

＊결정 가중치 어떤 성과에 대해 사람들이 주관적으로 느끼는 발생 확률

＊준거점 상황을 판단하거나 인식할 때 또는 어떤 행동을 할 때 표준이나 기준이 되는 것

(바) 이 그래프에 따라 앞서 예를 든 게임 A와 B 중에서 사람들이 후자를 더 많이 선택하는 이유를 분석하면, 20,000원을 얻었을 때의 이득감이 10,000원을 얻었을 때의 이득감보다 크지만, 10,000원을 잃었을 때의 손실감이 5,000원을 잃었을 때의 손실감보다 훨씬 더 크기 때문에, 더 큰 손실감을 피하고자 하는 심리가 반영된 결과로 해석할 수 있다.

(사) 전망 이론에서는 이러한 심리가 실제 선택 행동에 영향을 미치는 현상을 ⓑ'틀 효과'로 설명한다. 이에 따르면 사람들은 여러 대안 중 하나를 선택할 때, 선택 상황이 자신에게 이득을 주는지, 손실을 주는지에 따라 전자를 '긍정적 틀'로, 후자를 '부정적 틀'로 인식한다. 그 결과 사람들은 긍정적 틀에서는 확실한 이득을 주는 대안을 선택하고, 부정적 틀에서는 불확실한 손실을 주는 대안을 선택한다. 불확실성을 '위험'이라 할 때, 불확실성을 피해 확실성을 추구하는 것은 '위험 회피 성향'에, 불확실성을 추구하는 것은 '위험 추구 성향'에 해당하므로, 사람들은 긍정적 틀에서는 위험 회피 성향을, 부정적 틀에서는 위험 추구 성향을 보인다고 할 수 있다. 다음의 선택 상황에서 이와 같은 틀 효과를 확인할 수 있다.

[상황 1] 100만 원이 있으며, Ⓐ안과 Ⓑ안 중 택 1
- Ⓐ안 : 0.5의 확률로 100만 원을 받거나, 아무것도 받지 못한다.
- Ⓑ안 : 1의 확률로 50만 원을 받는다.

[상황 2] 100만 원이 있으며, Ⓒ안과 Ⓓ안 중 택 1
- Ⓒ안 : 0.5의 확률로 100만 원을 잃거나, 아무것도 잃지 않는다.
- Ⓓ안 : 1의 확률로 50만 원을 잃는다.

(아) '상황 1'은 이득을 주는 상황으로, 사람들은 이를 긍정적 틀로 인식하므로 많은 사람들이 이득이 불확실한 Ⓐ안보다 이득이 확실한 Ⓑ안을 선택한다. 반대로 '상황 2'는 손실을 주는 상황으로, 사람들은 이를 부정적 틀로 인식하므로 많은 사람들이 손실이 확실한 Ⓓ안보다 손실이 불확실한 Ⓒ안을 선택한다.

(자) 전통 경제학은 인간이 합리적 선택을 한다는 전제로 이상적인 경제 상황을 설명했다면, 카너먼은 이러한 전제를 비판하며 실제 인간의 삶에서 나타나는 선택 행동의 특성을 심리학에 근거해 설명했다. 그 결과 인간의 선택 과정에 영향을 주는 요인들에 주목해 행동 경제학이라는 새로운 분야를 개척하였다.

---

01 **윗글의 내용과 일치하지 <u>않는</u> 것은?**

① 기대 효용 이론은 자신의 현재 상황을 준거로 하여 나타나는 선택 행동의 다양한 양상을 분석하였다.

② 기대 효용 이론에 따르면 인간은 여러 대안이 있을 때 자신에게 가장 큰 이득을 주는 대안을 선택한다.

③ 카너먼은 인간이 논리적 사고 과정보다는 직감에 의존해 문제를 해결하는 경향이 강하다고 주장하였다.

④ 카너먼은 심리학적 연구 성과를 경제학에 접목시켜 전통 경제학과 구별되는 새로운 이론을 구축하였다.

⑤ 카너먼은 인간이 합리적인 선택을 한다는 전통 경제학의 전제를 실제 인간의 행동을 근거로 반박하였다.

 ㉠에 해당하는 사례로 가장 적절한 것은?

① (질문) 신은 존재하는가?

  (대답) 그렇다. 왜냐하면 신이 없음을 증명한 사람이 없기 때문이다.

② (질문) '1부터 10까지의 합'과 '11부터 15까지의 합' 중 더 큰 것은?

  (대답) 전자이다. 왜냐하면 전자가 후자보다 많은 숫자를 더하기 때문이다.

③ (질문) '교통사고로 인한 사망률'과 '당뇨로 인한 사망률' 중 사망률이 더 높은 것은?

  (대답) 전자이다. 왜냐하면 전자를 후자보다 매체를 통해 자주 보기 때문이다.

④ (질문) '지방이 10% 함유된 우유'와 '지방이 90% 제거된 우유' 중 선택하고 싶은 것은?

  (대답) 후자이다. 왜냐하면 후자가 전자보다 지방이 적게 함유된 식품으로 느껴지기 때문이다.

⑤ (질문) '한 명이 빵 한 개를 만드는 것'과 '열 명이 빵 열 개를 만드는 것' 중 시간이 더 오래 걸리는 것은?

  (대답) 후자이다. 후자가 전자보다 힘이 더 많이 드는 일로 느껴지기 때문이다.

03 **〈보기〉는 윗글의 〈그림〉에 대한 설명이다. A, B에 들어갈 내용을 바르게 짝 지은 것은?**

〈보기〉

  이득 영역에서는 성과가 동일한 크기로 증가할 때마다 성과에 대하여 부여하는 가치의 크기가 (A)하는 폭이 (B).

	A	B
①	증가	작아진다
②	증가	커진다
③	증가	같아진다
④	감소	작아진다
⑤	감소	커진다

04 '카너먼'의 입장에서 윗글의 '상황 1'과 '상황 2'에 대해 설명한 것으로 적절하지 <u>않은</u> 것은?

① Ⓑ안의 50만 원과 Ⓓ안의 50만 원에 대해 사람들이 부여하는 가치는 다르다.

② Ⓐ안을 선택하는 사람들은 위험 회피 성향이고, Ⓒ안을 선택하는 사람들은 위험 추구 성향이다.

③ Ⓐ, Ⓒ안은 이득이나 손실이 불확실한 대안, Ⓑ, Ⓓ안은 이득이나 손실이 확실한 대안에 해당한다.

④ '상황 1'에서 Ⓑ안을 선택하는 사람이 많은 것은 사람들이 불확실한 이득보다 확실한 이득을 선호하기 때문이다.

⑤ '상황 2'에서 Ⓒ안을 선택하는 사람이 많은 것은 확실한 손실을 꺼리는 인간의 심리가 반영된 결과이다.

05 ⓐ를 바탕으로, 〈보기〉의 밑줄 친 부분의 이유를 추론한 것으로 가장 적절한 것은?

〈보기〉

　"먼저 써 보시고 한 달 후에 제품이 마음에 들지 않으면 반품하십시오. 금액은 전액 환불해 드립니다."라는 광고 문구에 많은 소비자들이 귀가 솔깃해져 쉽게 제품을 구매한다. 하지만 <u>막상 한 달 후, 제품이 마음에 들지 않더라도 사용하던 제품을 반품하고 구매한 금액을 환불받는 소비자는 소수에 지나지 않는다.</u> 이는 이득과 손실에 대한 심리 반응의 차이를 이용한 효과적인 판매 전략이라 할 수 있다.

① 제품을 사용하는 기간만큼 제품을 통해 얻는 이득감이 줄어들기 때문에

② 제품에 대한 불만족은 심리적인 현상일 뿐, 제품 자체의 문제가 아니기 때문에

③ 제품을 반품했을 때의 이득감이 제품을 그대로 사용했을 때의 이득감보다 더 크기 때문에

④ 제품을 반품할 때 느끼는 손실감이 구매한 금액을 환불받을 때 느끼는 이득감보다 크게 느껴지기 때문에

⑤ 제품을 구매하는 과정에 투입된 시간과 노력을 계산했을 때, 제품을 반품하는 것이 합리적 선택이기 때문에

06 ⓑ를 고려할 때, 〈보기〉의 '상황'에 대한 사람들의 선택을 예측한 것으로 적절한 것은?

〈보기〉

[상황]　○○ 지역에 전염병이 돌아 600명의 주민이 죽을 것으로 예상된다. 이 전염병을 막기 위한 프로그램 ㉮와 ㉯가 있다.

　• 프로그램 ㉮ : 400명의 사람이 죽게 됨.
　• 프로그램 ㉯ : 아무도 죽지 않을 확률이 3분의 1이고, 600명이 죽게 될 확률이 3분의 2임.

[질문]　만약 여러분이 정책 담당자라면 프로그램 ㉮와 ㉯ 중 어느 것을 선택하겠는가?

① 사람들은 상황을 부정적 틀로 인식하기 때문에 프로그램 ㉮를 선택하는 사람들이 더 많을 것이다.

② 사람들은 상황을 부정적 틀로 인식하기 때문에 프로그램 ㉯를 선택하는 사람들이 더 많을 것이다.

③ 사람들은 상황을 긍정적 틀로 인식하기 때문에 프로그램 ㉮를 선택하는 사람들이 더 많을 것이다.

④ 사람들은 상황을 긍정적 틀로 인식하기 때문에 프로그램 ㉯를 선택하는 사람들이 더 많을 것이다.

⑤ 사람들은 상황을 긍정적 틀로 인식하기 때문에 프로그램 ㉮와 ㉯를 선택하는 사람들이 비슷할 것이다.

01~06 다음 글을 읽고, 물음에 답하시오.

가 실어증(失語症)이란 후천적인 뇌 손상으로 인해 언어의 표현과 이해에 장애가 발생하는 것이다. 1865년 프랑스의 외과 의사 브로카는 좌뇌의 전두엽*과 측두엽* 사이가 손상되어 나타나는 실어증을 발견하였다. 그는 이 부위를 브로카 영역이라 ⓐ명명하고 이곳이 손상되어 나타나는 증상을 브로카 실어증이라 하였다.

나 이후 1874년 독일의 신경정신과 의사인 베르니케는 좌뇌의 두정엽* 아래가 손상되어 나타나는 또 다른 실어증을 발견하였다. 그는 이 부위를 베르니케 영역이라 명명하고 이곳이 손상되어 나타나는 증상을 베르니케 실어증이라 하였다. 이와 같은 실어증 환자들의 뇌 손상 부위와 증상을 연구하는 과정에서 인간의 언어 처리 과정에 대한 관심이 ⓑ대두되면서 그와 관련된 이론이 발전해 왔다.

다 최근 언어 처리 과정에 대한 이론은 뇌의 여러 영역들이 결합하여 언어를 처리한다는 결합주의 이론이 지배적이다. 최초의 결합주의 이론은 베르니케가 주장한 '베르니케 모형'으로, 그는 베르니케 영역과 브로카 영역 간의 긴밀한 정보 교류에 의해서 언어가 처리된다는 이론을 발표하였다. 이후 1885년 리시트하임은 베르니케 모형에 개념 중심부를 추가하여 베르니케 영역, 브로카 영역, 개념 중심부가 결합하여 언어가 처리된다는 ㉠'리시트하임 모형'을 제시하였다. 그에 의하면 베르니케 영역은 일종의 머릿속 사전으로, 단어가 소리의 형태로 저장되어 있는 언어 중추*이고, 브로카 영역은 단어를 조합하여 문장이나 발화*를 생성하는 언어 중추, 그리고 개념 중심부는 의미를 형성하거나 해석하는 언어 중추이다. 리시트하임 모형은 베르니케 영역, 브로카 영역, 개념 중심부를 꼭짓점으로 하는 삼각형 모양으로, 베르니케 영역에서 개념 중심부로, 개념 중심부에서 브로카 영역으로는 일방향으로 정보가 이동하지만, 브로카 영역과 베르니케 영역 간에는 쌍방향으로 정보가 이동한다는 특징이 있다.

라 리시트하임은 자신의 모형을 바탕으로 뇌에서 이루어지는 듣기와 말하기 과정을 다음과 같이 설명하였다. 우선 듣기 과정은 '베르니케 영역 → 개념 중심부'의 순서로 이루어진다. 즉, 귀로 들어온 청각 자극이 베르니케 영역으로 송부되면, 베르니케 영역은 자신이 저장하고 있는 단어 중 청각 자극과 일치하는 단어를 찾아 개념 중심부로 송부하고*, 개념 중심부는 이를 받아 의미를 해석한다는 것이다. 이에 비해 말하기 과정은 '개념 중심부 → 브로카 영역 → 베르니케 영역 → 브로카 영역'과 같이 ㉡브로카 영역을 두 번 거치는 복잡한 순서로 이루어진다. 먼저 개념 중심부에서 말하고자 하는 의미를 형성하여 브로카 영역을 거쳐서 베르니케 영역으로 송부하면, 베르니케 영역은 이에 해당하는 단어를 찾아 브로카 영역으로 송부하고, 마지막으로 브로카 영역에서 이를 조합하여 문장이나 발화를 만든다는 것이다. 그런데 실제로 말하기 위해서는 발음 기관을 움직여 소리를 만드는 과정이 필요한데 그의 모형에는 그러한 과정이 드러나 있지 않다. 또한 그는 개념 중심부를 새롭게 추가하였으나 그것의 정확한 위치를 규명하지는 못하였다.

마 이후 실어증 환자들에 대한 연구가 발전됨에 따라 뇌에서 언어를 담당하는 중추가 추가로 발견되었다. 이를 토대로 1964년 게쉬윈드는 ㉢'베르니케-게쉬윈드 모형'을 새롭게 제시하였다. 그는 리시트하임의 모형에서 개념 중심부를 제외하고 새롭게 운동 영역과 각회를 언어 중추로 추가하였다. 〈그림〉은 게쉬윈드가 제시한 언어 처리 모형으로, 청각 자극을 ⓒ수용하는 기본 청각 영역과 시각 자극을 수용하는 기본 시각 영역, 그리고 베르니케 영역, 브로카 영역, 운동 영역, 각회라는 네 개의 언어 중추를 중심으로 언어 처리 과정을 설명하고 있다. 게쉬윈드는 기존의 모형에서 개념 중심부를 제외하는 대신, 청각 형태로 단어가 저장되어 있는 베르니케 영역에

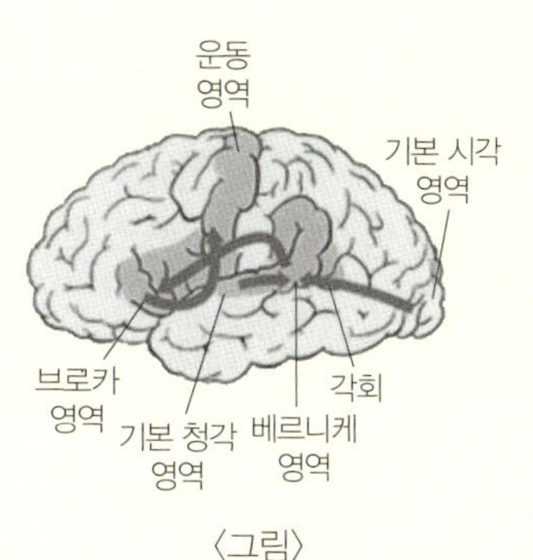

서 그러한 역할도 함께 한다고 설명하였다. 즉, 베르니케 영역은 듣기와 읽기에서는 수용된 자극에 해당하는 단어를 찾아 의미를 해석하고, 말하기와 쓰기에서는 의미를 형성한 뒤 해당 단어를 찾는 역할을 한다고 보았다.

🅑 브로카 영역에는 단어를 조합하여 문장이나 발화를 생성하는 역할 외에 말하기나 쓰기에 필요한 운동 프로그램을 만들어 운동 영역으로 송부하는 역할을 추가하였다. 그리고 운동 영역은 브로카 영역에서 받은 운동 프로그램에 근거하여 말하기나 쓰기에 필요한 신경적 지시를 내리는 기능을 ⓓ담당한다고 보았다. 마지막으로 각회는 베르니케 영역과 인접해 있으면서 읽기에서는 시각 형태의 정보를 청각 형태로 전환하고, 쓰기에서는 청각 형태의 정보를 시각 형태로 전환하여 베르니케 영역으로 송부하는 역할을 한다고 보았다.

🅐 이 모형에 ⓔ의거하면 듣기 과정은 '기본 청각 영역 → 베르니케 영역'의 순서로 이루어진다. 이와 달리 말하기 과정은 '베르니케 영역 → 브로카 영역 → 운동 영역'의 순서로 이루어진다. 읽기나 쓰기 과정도 듣기나 말하기 과정과 유사하지만, 베르니케 영역에 저장된 단어가 청각 형태이기 때문에 각회를 거치는 과정이 추가된다. 각회에서 처리된 정보는 베르니케 영역으로 송부되어 읽기의 경우에는 의미를 해석하고, 쓰기의 경우에는 바로 다음 단계인 브로카 영역으로 정보를 송부한다.

🅐 이처럼 뇌에 대한 연구가 발전됨에 따라 언어 처리 과정에 대한 이론도 정교화되고* 있다. 특히 베르니케-게쉬윈드 모형은 이전의 모형과 달리 듣기와 말하기뿐만 아니라 읽기와 쓰기에 대해서도 종합적인 설명을 제시하고 있다는 점에서 오늘날 뇌의 언어 처리 과정을 설명하는 표준형으로 평가받는다.

＊**전두엽** 대뇌 반구의 앞부분. 운동 중추와 운동 언어 중추가 있고 사고·판단과 같은 고도의 정신 작용이 이루어지는 곳이다.
＊**측두엽** 대뇌 반구의 바깥쪽 고랑 아래에 있는 부분
＊**두정엽** 대뇌 반구의 가운데 꼭대기. 피부·심부 감각과 미각의 중추가 있고, 그 뒤쪽에는 지각·인지·판단 따위에 관한 연합 구역이 있다.
＊**언어 중추** 언어의 생성과 이해를 관장하는 뇌의 중추. 중추란 '사물의 중심이 되는 중요한 부분' 또는 '신경 기관 가운데, 신경 세포가 모여 있는 부분'을 가리킨다.
＊**발화** 소리를 내어 말을 함. 또는 그 말
＊**송부하다** 편지나 물품 따위를 부치어 보내다.
＊**정교화되다** 치밀하여 빈틈이 없고 자세하며 교묘하게 되다.

---

01 **윗글의 내용과 일치하지 <u>않는</u> 것은?**

① 실어증은 후천적인 뇌 손상으로 인해 언어 처리에 장애가 생기는 증상이다.
② 실어증 환자에 대한 연구를 바탕으로 언어 처리 과정에 대한 이론이 발전했다.
③ 베르니케가 제시한 모형은 오늘날 언어 처리 과정의 표준형으로 인정받고 있다.
④ 언어 처리 과정에 대한 이론이 발전됨에 따라 설정되는 언어 중추의 개수가 많아졌다.
⑤ 리시트하임은 뇌에서 의미 형성에 관여하는 영역의 구체적 위치를 밝혀내지 못하였다.

02 **㉠과 ㉡에 대한 설명으로 적절한 것은?**

① ㉠은 실제 발음 기관을 움직여 소리를 만드는 과정에 대한 설명이 가능하다.

② ㉡은 기본 시각 영역과 기본 청각 영역을 새로운 언어 중추로 추가하였다.

③ ㉠은 ㉡과 달리 말하기, 듣기, 읽기, 쓰기의 전 과정에 대한 설명이 가능하다.

④ ㉡은 ㉠과 달리 귀로 들어온 청각 자극이 베르니케 영역으로 송부된다고 보았다.

⑤ ㉠과 ㉡ 모두 베르니케 영역에 단어가 소리의 형태로 저장되어 있다고 보았다.

03 **㉮의 이유를 추론한 내용으로 가장 적절한 것은?**

① 베르니케 영역에서 개념 중심부로 직접 정보를 송부하기 때문에

② 브로카 영역과 개념 중심부 사이의 정보가 쌍방향으로 송부되기 때문에

③ 개념 중심부에서 브로카 영역으로 정보를 직접 송부하지 못하기 때문에

④ 개념 중심부에서 베르니케 영역으로 정보를 직접 송부하지 못하기 때문에

⑤ 베르니케 영역과 브로카 영역 사이의 정보가 쌍방향으로 송부되기 때문에

04 **윗글을 바탕으로 〈보기〉의 과정에 대해 이해한 내용으로 적절하지 <u>않은</u> 것은?**

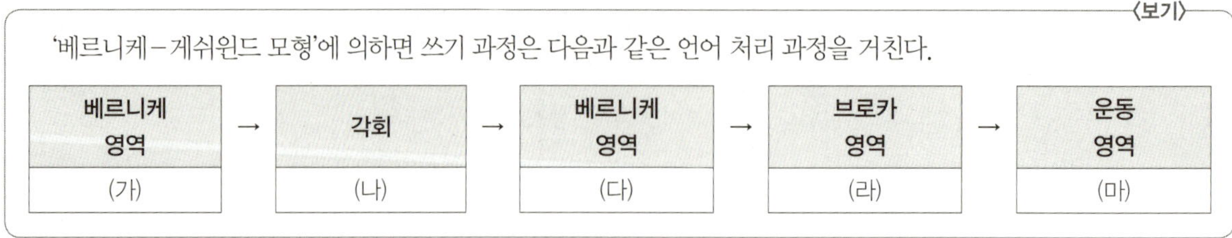

① (가) : 의미를 형성하고 해당하는 단어를 찾는다.

② (나) : 청각 형태의 정보를 시각 형태로 전환한다.

③ (다) : 각회에서 처리한 정보를 받아 의미를 해석한다.

④ (라) : 쓰기를 하는 데 필요한 운동 프로그램을 만든다.

⑤ (마) : 운동 프로그램을 바탕으로 신경적 지시를 내린다.

05 윗글을 바탕으로 할 때, 〈보기〉를 보고 '리시트하임(A)'과 '게쉬윈드(B)'가 진단할 만한 내용으로 적절한 것은?

〈보기〉

[실어증 환자 관찰 결과]
- 문법에 어긋난 문장을 사용함.
- 조사나 어미를 제대로 사용하지 못함.
- 단어를 조합하여 문장을 잘 만들지 못함.

① A는 B와 달리 베르니케 영역이 손상되었다고 진단하겠군.
② B는 A와 달리 브로카 영역이 손상되었다고 진단하겠군.
③ A는 브로카 영역이, B는 베르니케 영역이 손상되었다고 진단하겠군.
④ A는 개념 중심부가, B는 브로카 영역이 손상되었다고 진단하겠군.
⑤ A와 B 모두 브로카 영역이 손상되었다고 진단하겠군.

06 문맥에 따라 ⓐ~ⓔ를 바꿔 쓴 것으로 적절하지 <u>않은</u> 것은?

① ⓐ : 이름 붙이고
② ⓑ : 옮겨지면서
③ ⓒ : 받아들이는
④ ⓓ : 맡는다고
⑤ ⓔ : 따르면

| 저작물 이용 내역 |

수록 단원		해당 지문	출처
I. 문단 읽기	01. 핵심 내용 파악하기 ④ 주제 파악하기	'므두셀라 증후군'	『너 이런 심리법칙 알아?』, 이동귀, 21세기북스, 2016년
	01. 핵심 내용 파악하기 ⑤ 종합문제	우리 몸의 생체 시계	『인간과 우주에 대해 아주 조금밖에 모르는 것들』, 정재승, 낮은산, 2012년
	02. 문단의 기능과 문단 간의 관계 파악하기 ② 중심 문단과 뒷받침 문단 구분하기	'아프리카 내전'	『지식ⓔ1』, 지식채널ⓔ, 북하우스, 2007년
	02. 문단의 기능과 문단 간의 관계 파악하기 ④ 종합문제	엘리베이터의 비밀	『시크릿 스페이스』, 서울과학교사모임, 어바웃어북, 2017년
II. 글의 구성과 전개 방식	01. 설명하는 글 읽기 ① 설명 방식 ①	'디드로 효과'	『너 이런 심리법칙 알아?』, 이동귀, 21세기북스, 2016년
		청진기의 비밀	『시크릿 스페이스』, 서울과학교사모임, 어바웃어북, 2017년
		'스톡홀름 증후군'	『너 이런 심리법칙 알아?』, 이동귀, 21세기북스, 2016년
	03. 글의 구성 활용하기 ③ 종합문제	로봇 시대, 인간의 일	『로봇 시대, 인간의 일』, 구본권, 어크로스, 2020년

| 지문 및 문제 출처 |

수록 단원	지문 및 문제 출처	수록 단원	지문 및 문제 출처
PART ❶ 독해원리편 I. 문단 읽기	01. ⑤ 종합문제 01~04 / 2014년 중3 학업성취도평가	**PART ❷ 실전문제편 II. 사회**	04 / 2022학년도 3월 고1 전국연합
	01. ⑤ 종합문제 11~15 / 2014학년도 6월 고1 전국연합		05 / 2023학년도 3월 고1 전국연합
	02. ④ 종합문제 01~04 / 2017년 중3 학업성취도평가		06 / 2017학년도 3월 고1 전국연합
	02. ④ 종합문제 05~08 / 2011년 중3 학업성취도평가		07 / 2020학년도 3월 고1 전국연합
	02. ④ 종합문제 09~11 / 2015년 중3 학업성취도평가		08 / 2021학년도 3월 고1 전국연합
PART ❶ 독해원리편 II. 글의 구성과 전개 방식	01. ④ 종합문제 01~03 / 2018년 중3 학업성취도평가	**PART ❷ 실전문제편 III. 과학·기술**	01 / 2016학년도 3월 고1 전국연합
	01. ④ 종합문제 04~07 / 2016년 중3 학업성취도평가		02 / 2017학년도 3월 고1 전국연합
	01. ④ 종합문제 08~10 / 2014년 중3 학업성취도평가		03 / 2018학년도 3월 고1 전국연합
	01. ④ 종합문제 11~14 / 2014년 중3 학업성취도평가		04 / 2023학년도 3월 고1 전국연합
	02. ④ 종합문제 01~04 / 2017년 중3 학업성취도평가		05 / 2019학년도 3월 고1 전국연합
	02. ④ 종합문제 05~08 / 2016년 중3 학업성취도평가		06 / 2021학년도 3월 고1 전국연합
	02. ④ 종합문제 09~12 / 2015년 중3 학업성취도평가		07 / 2022학년도 3월 고1 전국연합
	02. ④ 종합문제 13~16 / 2015년 중3 학업성취도평가		08 / 2024학년도 3월 고1 전국연합
	02. ④ 종합문제 17~20 / 2018년 중3 학업성취도평가	**PART ❷ 실전문제편 IV. 예술**	01 / 2018학년도 3월 고1 전국연합
	03. ③ 종합문제 01~03 / 2016년 중3 학업성취도평가		02 / 2020학년도 3월 고1 전국연합
PART ❷ 실전문제편 I. 인문	01 / 2017학년도 3월 고1 전국연합		03 / 2016학년도 3월 고1 전국연합
	02 / 2016학년도 3월 고1 전국연합		04 / 2019학년도 3월 고1 전국연합
	03 / 2018학년도 3월 고1 전국연합		05 / 2024학년도 3월 고1 전국연합
	04 / 2022학년도 3월 고1 전국연합	**PART ❷ 실전문제편 V. 복합**	01 / 2024학년도 3월 고1 전국연합
	05 / 2021학년도 3월 고1 전국연합		02 / 2023학년도 3월 고1 전국연합
PART ❷ 실전문제편 II. 사회	01 / 2018학년도 3월 고1 전국연합		03 / 2019학년도 3월 고1 전국연합
	02 / 2016학년도 3월 고1 전국연합		04 / 2020학년도 3월 고1 전국연합
	03 / 2016학년도 6월 고1 전국연합		

※ 본 교재에서는 '중3 국가수준 학업성취도평가'와 '고1 전국연합학력평가'의 지문과 문제 일부를 발췌, 수록하였습니다.

Memo

Memo

실패란 넘어지는 것이 아니라
그 자리에 머무는 것이다.

Never give up!

정답과 해설

중학국어 비*문학 독해 한권으로 끝내기

독해원리편 + 실전문제편

| 정문경 지음 |

정답과 해설

쏠티북스

01. 핵심 내용 파악하기 ① 중심 소재 찾기

본문 10쪽

원리 적용 문제 1

1 3회, 3회, 5회　**2** 알레고리　**3** 알레고리
지문 읽기 알레고리의 개념에 대해 설명하는 글이다. 상징을 통해 구현되는 알레고리는 이중 메시지 구조를 갖는데, 이야기 전달이 어려운 미술에서는 정지된 형상의 상징적 이미지를 조합하여 알레고리를 표현함을 설명하고 있다.

원리 적용 문제 2

1 2회, 2회, 4회　**2** 주식회사, 협동조합　**3** 협동조합
지문 읽기 협동조합이 주식회사와 어떤 점에서 차이가 있는지를 비교하여 소개하는 글로, 의사 결정권과 사회적 가치 실현에 있어서의 협동조합의 장점에 대해 설명하고 있다.

원리 적용 문제 3

1 온돌 5회, 난방 (방식) 5회, 이점(이로움) 4회, 상쾌함 2회
2 온돌　**3** 온돌
지문 읽기 우리나라의 전통적인 난방 방식인 온돌의 우수성과 이로움을 여러 근거를 들어 자세히 설명하고 있다. 또한 난방 방식이 서양식으로 바뀌면서 온돌의 이로움이 점차 사라지고 있음을 밝히고 있다.

원리 적용 문제 4

1 힙합 16회, 음악 13회, 샘플링 12회　**2** 힙합 음악, 샘플링
3 샘플링
지문 읽기 힙합 음악이 대중화됨에 따라 힙합 음악의 중요한 창작 수단인 샘플링에 대한 인식 또한 바뀌어야 함을 주장하는 글이다. 그동안 샘플링은 큰 제약 없이 사용되어 왔지만, 저작권에 대한 인식이 높아진 현재에는 샘플링이 원곡에 대한 이해와 원작자에 대한 존경심을 바탕으로 한 재창조임을 인식해야 한다고 주장하고 있다.

01. 핵심 내용 파악하기 ② 접속어와 지시어 활용하기

본문 14쪽

원리 적용 문제 1

1 (1) 예를 들어 (2) 그러나　**2** 매개　**3** (1) 예시 (2) 역접
지문 읽기 교환 매개라는 화폐의 기능을 소개한 후, 거래 과정에서 화폐를 매개로 대가를 지불함으로써 거래에 드는 시간과 노력이 줄어들게 되었음을 설명하고 있다.

원리 적용 문제 2

1 그러므로　**2** (1) 소설 (2) 결론　**3** 인과
지문 읽기 2차 저작물을 작성할 권리에 대한 설명을 바탕으로, '소설을 각색하여 만든 영화'를 기반으로 연극을 만들 때, 영화와 소설의 저작권자 모두에게 허락을 받아야 함을 설명하고 있다.

원리 적용 문제 3

1 (1) 하지만 (2) 왜냐하면 (3) 즉 (4) 예를 들어 (5) 또한　**2** ③
3 (1) 그렇다고 (2) 그러면서 (3) 이러한　**4** (1) 방관자는 단순한 제3자가 아니라 가해자와 마찬가지의 책임이 있다 (2) 학급의 모든 구성원이 상황을 인지하고 역할극이나 회의를 통해 문제의 심각성을 공유하며. 방관만 하던 소극적인 학생들이 피해자를 도울 수 있도록 심리적, 물리적으로 지원을 받으면서 (3) 방관하는 행동이 문제임을 깨닫고 피해자를 도우려는 태도를 지니게 된
지문 읽기 학급에서 발생하는 괴롭힘 상황에 대한 전통적인 접근 방법인 '가해자 – 피해자' 모델 대신, 괴롭힘 상황을 근본적으로 해결하기 위한 새로운 모델인 '가해자 – 피해자 – 방관자' 모델에 대해 설명하는 글이다. 방관자가 단순한 제3자가 아니라 가해자와 마찬가지의 책임이 있다고 보는 입장이지만, 방관자를 가해자와 동일하게 처벌하는 것이 아니라. 방관자가 피해자를 도울 수 있도록 학급 환경 자체를 변화시켜야 함을 강조하고 있다.

2 ③

이게 정답 앞에 제시된 원인에 따른 결과를 보여 주는 접속어, 즉 인과 관계를 나타내는 접속어에는 '그러므로', '따라서', '그래서' 등이 있는데, 이 글에서는 인과 관계를 나타내는 접속어가 사용되지 않았다. 접속어 '왜냐하면'의 경우 원인에 따른 결과를 보여 주는 것이 아니라, 결과를 먼저 제시한 후 이어서 그 원인을 밝히는 접속어이므로 순서가 ③과는 반대이다.

왜 답이 아니지? ① 접속어 '하지만'에 대한 설명으로, 역접의 기능에 해당한다.
② 접속어 '즉'에 대한 설명으로, 요약의 기능에 해당한다.
④ 접속어 '예를 들어'에 대한 설명으로, 예시의 기능에 해당한다.
⑤ 접속어 '또한'에 대한 설명으로, 순접의 기능에 해당한다.

01. 핵심 내용 파악하기 ③ 중심 문장과 뒷받침 문장 구분하기

본문 18쪽

원리 적용 문제 1

1 (1) 본관 (2) 본관　**2** ① 시조, 조상 ② 양반 ④ 이름 (1) 그에 따라 (2) 원인　**3** ④

1 식사 순서　　**2** ① 학교 강당 ② 고정 ④ 1 ⑤ 매주 바꿔야 함
3 ⑤

1 (1) 기준 (2) 의무론적 (3) 의무론적, 한계 (4) 목적론적 (5) 목적론적, 한계　　**2** (1) 도덕적 딜레마, 옳고 그름 (2) 의무론적, 법칙 (3) 충돌 (4) 행복, 쾌락, 결과론 (5) 사람마다　　**3** (2) 의무론적 관점은 행위에 대한 도덕적 판단이 도덕 법칙에 따라 이루어져야 한다고 보았다. (3) 의무론적 관점은 두 개의 옳은 도덕 법칙이 충돌할 때 결정을 내릴 수 없다는 한계가 있다.

---

01. 핵심 내용 파악하기  **주제 파악하기**

본문 22쪽

1 나일로미터　　**2** ①　　**3** 건축 목적

1 (1) 삼국 시대 (2) 삼국 시대　　**2** ②　　**3** (1) 삼국 시대 (2) 바뀌어야 한다.

2 ②

이게 정답 이 글의 중심 문장은 글 속에 뚜렷하게 나와 있지는 않다. 하지만 '삼국 시대'에 대해서는 '전체 600년 중 100여 년 정도', '삼국만의 역사로 축소' 등의 표현을, '가야'에 대해서는 '경쟁하며 발전', '우수한', '선진적인', '독자적인' 등의 표현을 사용하고 있다. 즉, '삼국 시대'라는 인식에 대해서는 부정적 입장을, '사국 시대'라는 인식에 대해서는 긍정적 입장을 취하고 있음을 확인할 수 있다. 따라서 중심 소재인 '삼국 시대'에 대해 부정적 입장을 취하면서 대안을 제시하고 있는 ②가 글의 중심 내용으로 가장 적절하다.

왜 답이 아니지? ① 이 글에서 재평가의 대상으로 다루어지고 있는 것은 '삼국 시대'라는 인식이며, 조선 후기 실학자들이 사국을 인정하였다는 내용은 삼국 시대라는 인식이 잘못되었다는 글쓴이의 의견을 뒷받침하는 근거에 해당한다. 따라서 조선 후기 실학자들의 역사 연구를 재평가해야 한다는 것은 글의 중심 내용과 관련이 없다.
③ 가야가 신라의 지배를 받았다는 것은 가야가 독립적인 하나의 나라가 아니었다는 의미이므로 이를 증명하는 유물을 발굴해야 한다는 것은 글의 중심 내용과 거리가 멀다.
④ 선택지의 내용을 바탕으로 가야가 어엿한 하나의 나라였음을 주장할 수는 있지만, 문명국을 판단하는 기준은 삼국 시대에 대한 인식과는 직접적인 관련이 없다. 따라서 이는 글 전체의 중심 내용으로는 적절하지 않다.
⑤ 이 글은 삼국 시대에 대해 비판적인 입장을 밝히고 있으므로 우리 민족이 오랜 역사를 지닌 유서 깊은 민족이라는 내용은 글의 중심 내용과는 거리가 멀다.

1 므두셀라 증후군　　**2** (1) 첫 (2) 세 (3) 원인, 이유 (4) 첫
3 (1) 개념 (2) 유래 (3) 원인 (4) 활용　　**4** (1) 개념 (2) 활용

---

01. 핵심 내용 파악하기  **종합문제**

 본문 30쪽

01 ②　　**02** ④　　**03** ⑤　　**04** (1) 운 (2) 경쟁 (3) 상호 보완적
지문 읽기 인간의 사회적, 제도적 측면에서 놀이의 네 가지 속성에 관해 다룬 글이다. 아이들은 매일 놀이를 하며 성장하는데, 이 과정에서 익히게 되는 '놀이'의 네 가지 속성(경쟁, 운, 흉내, 일탈)이 상호 작용하면서 사회의 각 분야를 형성했고, 각종 예술과 제도가 무르익었음을 밝히고 있다.
주제 놀이의 네 가지 속성과 놀이가 인간의 문화에 미친 영향

01 ②

관련 학습 : I-01-① 중심 소재 찾기

이게 정답 글에서 중점적으로 다루고 있는 대상, 즉 중심 소재를 찾기 위해서는 글에서 어떤 낱말이나 구절이 반복되고 있는지부터 확인해야 한다. 이 글에서 전체적으로 반복되고 있는 말은 '놀이'와 '속성'이다. 가에서는 로제 카이와라는 학자가 놀이에 네 가지 속성이 있음을 주장했다는 내용을 다루고 있으며, 나~마의 첫 문장들은 모두 '~의 속성이다.'라는 말로 시작되고 있다. 그러므로 이 글에서 중점적으로 다루고 있는 대상은 '놀이의 속성'임을 알 수 있다.

02 ④

관련 학습 : I-01-② 접속어와 지시어 활용하기

이게 정답 ⓐ 뒤에 이어지는 문장은 앞서 나~마에서 언급한 놀이의 네 가지 속성인 '경쟁, 운, 흉내, 일탈'이 '인간이 형성한 문화의 근간'이 되었음을 일반화하여 정리하고 있다. 즉, 바는 앞에 제시된 내용을 정리하고 있으므로, ⓐ에는 정리와 요약의 기능을 하는 접속어 '요약하면'이 들어가는 것이 적절하다. '요약하면'과 유사한 역할을 하는 접속어로 '요컨대'가 있다.

왜 답이 아니지? ① '또한'은 앞 내용과 비슷하거나 동일한 내용을 덧붙여 주는 역할을 하는 접속어이다.
② '반면'이 대립 관계를 나타내는 접속어인 것은 맞지만, 마와 바가 대립 관계에 해당하는 것은 아니다.
③ '예를 들어'는 앞 내용에 대한 구체적 사례를 제시할 때 사용하는 접속어이다.
⑤ '왜냐하면'은 뒤 내용이 앞 내용의 원인이나 이유가 됨을 나타낼 때 사용하는 접속어이다.

03 ⑤

관련 학습 : I-01-④ 주제 파악하기

이게 정답 가는 이 글의 전체적인 도입 문단이고, 나~마는 놀이의 네 가지 속성에 대해 각각 설명하는 문단이다. 나에서 '경쟁'의 속성이 사회 제도의 기본 원칙으로 활용되고 있으며, 다에서 '운'의 속성은 경쟁의 속성과 상호 보완적으로 활용되고 있다고 하였다. 또한 라에서 '흉내'의 속성은 예술의 기본 원리로, 마에서 '일탈'의 속성은 개인의 자유로움을 추구하는 행위로 나타난다고 하

였다. 마지막 문단인 ❻에서는 놀이의 네 가지 속성이 상호 작용하여 사회의 각 분야를 형성했고, 각 분야의 역할이 확장된 형태로 어울리면서 각종 예술과 제도가 함께 성숙할 수 있었다고 하였다. 그러므로 이러한 내용을 포괄할 수 있는 것으로는, '놀이의 네 가지 속성이 인간의 문화를 형성하는 데 토대가 되었다.'라는 내용이 가장 적절하다.

 ① ❹에서 '경쟁'의 속성이 '사회 제도의 기본 원칙'으로 활용되고 있다고는 하였지만, 이것이 곧 경쟁이 놀이의 가장 중요한 속성이라는 의미는 아니다.
② 아이들이 유년기와 소년기에 놀이를 하면서 그 속성을 익히게 된다고 볼 수는 있으나, 놀이의 네 가지 속성이 청소년 시기에 강조된다고 한 것은 아니다.
③ 글쓴이가 놀이의 네 가지 속성 중 어느 한 가지 속성이 가장 중요하다고 보고 있는 것은 아니다.
④ ❺에서 글쓴이는 '일탈'의 속성 역시 놀이의 중요한 속성 중 하나로 보고 있다. '일탈'의 속성을 배격해야 할 대상으로 보고 있는 것은 아니다.

04

 〈자료〉에서 귀족 계층의 자제이기 때문에 관직에 어떤 절차 없이 나갈 수 있는 것은 부모에게서 물려받은 혈연에 의한 것이므로 '운'(㉠)의 속성이 작용한 것이다. 또한 시험을 통해 관리가 되는 것은 순위를 결정하는 '경쟁'(㉡)의 속성이 적용된 것이다. ❸에서는 '운'과 '경쟁'이 상호 보완적인(㉢) 속성을 지니고 있다고 하였는데, 〈자료〉에서 경쟁의 속성이 강화된 기존 제도를 보완하기 위해 농어촌 지역 출신을 따로 선발하는 현재의 대학 입학 제도는 이러한 상호 보완적 속성을 잘 보여 주는 예라고 할 수 있다.

05~10 우리 몸의 생체 시계   본문 32쪽

05 ⑤   **06** ①   **07** ④   **08** ②   **09** ②   **10** ②

지문 읽기 우리 몸속에 내재된 생체 시계의 위치와 역할에 대해 다룬 글이다. 우리 몸의 생체 시계는 뇌에 있는 시교차상 핵에 위치하며, 2만여 개의 신경 세포로 구성되어 있다. 이 신경 세포들은 24시간을 주기로 동기화된 리듬을 만들어 내는데, 그 원리는 아직까지 인류가 풀지 못한 중요한 난제 중 하나이다. 생체 시계의 손상이나 비정상적인 작동은 지연성 수면위상 불면증이나 선행 수면위상 가족 증후군 등의 질병을 유발할 수 있기 때문에, 수면 연구 의사들은 생체 시계의 동기화 원리를 밝히기 위해 노력하고 있다.
주제 우리 몸속 생체 시계의 위치와 역할

05 ⑤

 읽기 전략은 글의 종류와 특성에 따라 적절하게 선택해야 한다. 이 글은 정보 전달을 목적으로 하는 설명문이므로, 자신의 배경지식을 적극적으로 활용하면서 사실과 글쓴이의 의견을 구분하고, 제시된 정보의 정확성과 신뢰성을 판단하며 읽어야 한다. 주장과 근거의 타당성을 판단하며 읽는 것은 논설문처럼 글쓴이의 주장을 담고 있는 글을 읽을 때 필요한 전략이다.

 ③ 이 글은 설명문이므로 중심 소재인 '생체 시계'와 '시교차상 핵'이 무엇인지, 그리고 글의 핵심 내용이 무엇인지 등을 파악하며 읽어야 한다.

06 ①

관련 학습 : Ⅰ-01-① 중심 소재 찾기

 ❸에서 '시교차상 핵이 바로 진정한 의미의 중앙 통제 시계'라고 밝히고 있다.

 ② ❷에서 생체 시계의 위치를 찾기 위해 '신체 기관의 각 영역을 하나씩 망가뜨려 보면서, 그래도 일주기 운동이 살아남아 있는지를 관찰'해 보았고, ❸에서 그렇게 찾아낸 지점이 시교차상 핵이라고 하였다. 즉, 시교차상 핵이 망가지면 일주기 운동이 일어나지 않음을 알 수 있다.
③ ❸에서 '살아 있는 쥐의 시교차상 핵에 전극을 꽂아' 전기 신호를 측정해 보았다고 하였으므로, 인간이 아닌 다른 동물에게도 시교차상 핵이 존재함을 알 수 있다.
④ ❷에서 '모든 신체 기관은 이 주인 시계에 맞춰 생리적 변화를 일으킨다는 점에서 부수적인 시계인 셈'이라고 하였으므로, 시교차상 핵을 제외한 다른 기관들은 부수적인 시계임을 알 수 있다.
⑤ ❹에서 서로 다른 주기의 신경 세포가 체내에서 활동할 때에는 정확히 24시간에 맞춰 동기화된 리듬을 만들어 낸다고 하였다.

07 ④

관련 학습 : Ⅰ-01-④ 주제 파악하기

 ❹의 중심 내용은 시교차상 핵을 이루는 신경 세포들은 서로 다른 주기를 가지는데, 체내에서 활동할 때에는 정확히 24시간에 맞춰 동기화된 리듬을 만들어 낸다는 것이다. 과학에 아직 인류가 풀지 못한 난제가 많이 남아 있다는 내용은 이 글의 중심 소재인 시교차상 핵과 아무런 관련이 없으므로 ❹의 중심 내용과 거리가 멀다.

 ① ❶에서 사람들이 아주 옛날부터 일정한 리듬에 따라 살아온 것은 우리 몸에 시간을 측정하는 시계 같은 기관이 있음을 말해 주는 것이며, 과학자들은 이를 밝히기 위해 많은 노력을 해 왔다고 하였다.
② ❶의 마지막 문장에서 생체 시계의 위치에 관한 질문을 제시하고, ❷에서 이 질문에 답하는 방식으로 신체의 일주기 운동을 관장하는 생체 시계의 역할과 그 위치를 찾는 방법을 소개하고 있다.
③ ❸에서는 ❷에서 소개한 방법에 따라 알아낸 생체 시계의 유력한 위치를 설명하고 있다. 특히 '시교차상 핵'이라는 말이 5번 나오는 것을 통해, 그곳이 생체 시계가 있는 부위임을 알 수 있다.
⑤ ❺에서 수면을 연구하는 의사들이 생체 시계의 동기화에 각별한 관심을 갖고 이를 연구한다고 하였으므로, 수면 관련 질환의 치료가 생체 시계 연구와 관련이 깊음을 알 수 있다.

08 ②

관련 학습 : Ⅰ-01-② 접속어와 지시어 활용하기

 ⓐ 앞부분인 ❸에서는 시교차상 핵의 위치와 특성을 밝히고 있으며, ⓐ 뒷부분인 ❹에서는 시교차상 핵을 이루는 신경 세포들이 서로 다른 주기를 갖고 있지만 체내에서는 24시간에 맞춰 동기화된다고 설명하고 있다. 그러므로 ⓐ에는 글의 흐름을 전환해 주는 '그런데'와 같은 접속어가 들어가는 것이 적절하다.

 ① '그리고'는 유사한 성격의 내용이 이어질 때 사용하는 접속어이다.
③ '하지만'은 반대되는 내용이 이어질 때 사용하는 접속어이다.
④ '예컨대'는 앞 내용의 예시에 해당하는 내용이 이어질 때 사용하는 접속어이다.
⑤ '그러므로'는 결론에 해당하는 내용이 이어질 때 사용하는 접속어이다.

09 ②

이게 정답 제목은 글의 전체 내용을 아우를 수 있어야 하므로, 주제문을 축약하거나 주제를 담고 있는 구절이 적절하다. 이 글에서 가장 많이 나오는 단어는 '생체 시계'와 '시교차상 핵'이다. 이를 통해 주제를 정리해 보면, 시교차상 핵이 우리 몸속에 있는 생체 시계에 해당하며, 일주기 운동의 기준이 되는 중앙 통제 시계라는 것이다. 이러한 핵심 내용을 가장 잘 나타낸 것은 선택지 ②이다.

왜 답이 아니지? ① 가에서 과학자들이 생체 시계의 위치를 찾기 위해 100여 년간 많은 노력을 하였으며, 마에서 수면을 연구하는 의사들이 생체 시계의 동기화에 각별한 관심을 갖고 있다고는 하였으나, 글의 전체 내용을 아우르는 제목으로는 적절하지 않다.

③ 가에서 사람들이 태곳적부터 일정한 리듬에 따라 살아왔다고는 하였으나, 글의 전체 내용을 아우르는 제목으로는 적절하지 않다.

④ 일주기 운동이 아주 오래된 현상이기는 하지만, 그것이 특정한 환경에 적응하기 위한 진화의 결과라는 내용은 글 어디에서도 언급되지 않았다.

⑤ 지연성 수면위상 불면증은 낮 12시까지 잠을 자는 경우이며, 극단적 아침형 인간의 질병은 선행 수면위상 가족 증후군이라고 하였다. 즉, 지연성 수면위상 불면증과 극단적 아침형 인간은 서로 다른 수면 장애이다. 또한 이는 라의 일부 내용에 해당하므로 글의 제목으로 적절하지 않다.

10 ②

이게 정답 ㉡ '관장하다'는 '어떤 일을 맡아서 주관하다.'라는 뜻이므로, '길, 통로 따위가 통하지 못하게 하다.' 또는 '어떤 일이나 행동을 못 하게 하다.'라는 뜻의 '막다'와 바꾸어 쓰기에 적절하지 않다. '관장하다'와 바꿔 쓸 수 있는 단어로는 '맡다', '담당하다', '관리하다' 등이 있다.

왜 답이 아니지? ① ㉠ '측정하다'는 '일정한 양을 기준으로 하여 같은 종류의 다른 양의 크기를 재다.'라는 뜻이다.

③ ㉢ '간주되다'는 '상태, 모양, 성질 따위가 그와 같다고 여겨지다.'라는 뜻이다.

④ ㉣ '구성되다'는 '몇 가지 부분이나 요소들이 모여 일정한 전체가 짜여 이루어지다.'라는 뜻이다.

⑤ ㉤ '추정되다'는 '미루어져 생각되어 판정되다.'라는 뜻이다.

11~15 한비자의 통치 철학　　　　　　　　　본문 34쪽

11 ⑤　**12** ③　**13** ②　**14** ⑤　**15** ③

지문 읽기 중국 전국 시대 철학자인 한비자의 통치 철학에 관한 글이다. 한비자는 강력한 국가에 의한 통일이 평화를 위한 가장 좋은 방법이라고 생각했고, 이를 위해 전제 군주는 '법', '세', '술'을 활용한 통치 방법을 익혀야 한다고 주장하였다. 한비자의 이러한 통치 철학은 순자의 성악설을 바탕으로 한 것이지만, 순자와 달리 인간의 본성은 바뀔 수 없으므로 법으로 엄하게 다스려야 한다고 본 데에 차이가 있다. 한비자의 법가는 중국의 통일 왕조 시대에 중앙 집권 체제를 유지하고 발전시키는 데 기여하였다.

주제 한비자의 통치 철학의 특징과 역사적 평가

---

11 ⑤

이게 정답 이 글에서 전체적으로 반복되고 있는 말은 한비자의 '통치 철학', '법가', '사상', '법치주의' 등이다. 이를 바탕으로 글 전체에서 중점적으로 다루고 있는 대상을 정리하면 '한비자의 사상'이라고 할 수 있다.

왜 답이 아니지? ①~④ '성악설'이나 '부국강병', '전제 군주', '인간의 본성' 등은 '한비자의 사상'과 관련된 내용이기는 하지만, 글의 중심 소재로는 적절하지 않다.

12 ③

이게 정답 글의 흐름을 고려할 때 ㉢ '이러한'은 나에서 설명한 한비자의 통치 철학, 즉 '법', '세', '술'과 관련된 내용임을 알 수 있다. 따라서 ㉢이 가리키는 것은 '군주는 국가가 부강해지도록 다스려야 한다.'는 것이 아니라, '군주가 법, 세, 술의 세 가지로 나라를 다스려야 국가가 부강해진다.'로 보는 것이 적절하다.

왜 답이 아니지? ① ㉠ '이'는 전국 시대 말 진나라가 한나라를 공격한 사건을 의미한다.

② ㉡ '이런'은 진나라의 공격으로 인해 한나라가 겪어야 했던 비참한 상황을 의미한다.

④ ㉣ '그'는 한비자가 인간의 본성에 대해서는 순자와 동일하게 동물과 다를 바가 없다고 생각했지만, 인간의 본성은 변할 리가 없으므로 '교화 가능성'을 부정했다는 것을 의미한다.

⑤ ㉤ 앞은 진나라 이후의 통일 왕조에서 한비자의 사상 대신에 유가 사상을 새로운 통치 철학으로 채택했다는 내용이며, ㉤ 뒤는 유가 사상 도입 후에도 한비자의 법치주의의 영향이 계속되었다는 내용이다. 즉, ㉤의 앞부분과 뒷부분이 상반되는 내용으로 이어지므로 ㉤에는 역접의 접속어 '하지만'이 들어가는 것이 적절하다.

13 ②

이게 정답 라의 '한비자의 사상은 진나라가 중국 최초의 통일 국가가 되는 데 크게 기여를 하였다. ~ 전국 시대처럼 각국이 전쟁을 일삼으며 각축을 벌이던 시절에는 '법', '세', '술'로써 부국강병을 이루는 것이 필요했지만'이라는 내용을 통해, 한비자의 통치 철학이 부국강병을 이루는 데 실제로 기여했음을 알 수 있다.

왜 답이 아니지? ① 가에서 '세력 균형을 통한 평화가 아니라 통일에 의한 평화를 기대'했음을 확인할 수 있다.

③ 가에서 '한나라가 겪었던 비참한 전쟁 상황에서' 한비자의 사상이 태어났음을 확인할 수 있다.

④ 나에서 '군주가 법, 세, 술의 세 가지로 나라를 다스려야 국가가 부강해진다'라고 한 데서 확인할 수 있다.

⑤ 라에서 한비자의 법치주의가 '중국의 통일 왕조에서 강력한 중앙 집권 체제를 유지하고 발전시키는 데 기여'했음을 확인할 수 있다.

14 ⑤

이게 정답 한비자의 통치 철학이 현대적으로 어떤 가치를 가지는지에 관해서는 언급하고 있지 않다.

왜 답이 아니지? ① 가에서 전쟁의 비참함과 통일에 의한 평화에 대한 기대를 바탕으로 한비자의 통치 철학이 탄생하게 되었음을 설명하고 있으므로, 한비자 통치 철학의 '등장 배경'을 알 수 있다.

② **나**에서 '법', '세', '술'이 무엇이고, 군주가 이것으로 나라를 다스려야 부국강병을 이룰 수 있다고 한 데서 한비자 통치 철학의 '실현 방안'을 알 수 있다.

③ **라**에서 진나라 이후의 통일 왕조에서는 한비자의 사상 대신 유가 사상이 새로운 통치 철학으로 채택되었지만, 그후에도 한비자의 사상이 강력한 중앙 집권 체제를 유지하고 발전시키는 데 기여하였다고 하였다. 이를 통해 한비자의 통치 철학에 대한 '역사적 평가'를 확인할 수 있다.

④ **다**에서 순자의 성악설을 바탕으로 하면서도 인간 본성의 변화에 대해서는 부정적인 입장을 취했다는 데서 한비자의 통치 철학에 담긴 '인간관'을 알 수 있다.

15 ③

이게 정답 '사사로움'은 '사사롭다'는 말의 명사형으로, '공적(公的)이지 않은 개인적인 범위나 관계에 있는 것'을 의미한다. 선택지 ③은 '사소함'의 뜻이다.

본문 36쪽

원리 적용 문제 1

1 시간, (1) 농사, 시간 (2) 달력 (3) 하루 (4) 24 (5) 달랐다
2 (2) 주지 (3) 예시 (5) 문제점　　**3** 시간, 주지, 예시

원리 적용 문제 2

1 반려동물 인수제 (1) 반려동물의 불법 유기(불법 유기되는 반려동물) (2) 정부, 위탁　　**2** ④　　**3** 상술

2 ④

이 글의 전체적인 주제는 '반려동물 인수제를 시행하면 반려동물의 불법 유기로 인한 사회적 문제를 예방하는 데 도움이 된다.'라는 것이다. 이런 내용이 담겨 있는 문단은 **나**와 **마**이며, 중심 소재인 '반려동물 인수제'를 중심으로 나머지 문단들의 역할을 정리하면 다음과 같다.

- **가** : 문제 상황을 제시함으로써 중심 소재 도입의 필요성을 이끌어 냄 → 전제
- **나** : 중심 소재 도입의 배경을 제시하고 개념을 설명함 → 주지
- **다** : 중심 소재의 운영 방식과 추가 정책 등을 자세히 설명함 → 상술
- **라** : 다른 나라의 경우를 통해 중심 소재 도입의 성공 사례를 보여 줌 → 예시
- **마** : 전체 내용을 간추리고 주제를 재차 강조함 → 요약

이게 정답 **라**에서는 반려동물 인수제를 시행하고 있는 미국과 영국 등의 예를 들어, 반려동물 인수제를 통해 동물 입양이 활발하게 이루어지고 있음을 소개하고 있다. 그런데 선택지 ④에서는 동물 입양의 중요성을 보여 주고 있다고 하였으므로, **라**에 대한 내용으로 적절하지 않다.

본문 40쪽

원리 적용 문제 1

1 우울증 (2) 세로토닌 (3) 멜라토닌 (4) 작다 (5) 생리적　　**2** 질병
3 (2) 근거 (5) 주지

원리 적용 문제 2

1 (1) 내전 (3) 근본적 원인 (4) 천연자원　　**2** 천연자원　　**3** ⑤

3 ⑤

이 글은 '아프리카 내전은 풍부한 천연자원의 통제권을 둘러싼 갈등'이라는 것을 중심으로, 시에라리온 내전의 사례를 들어 글을 시작한 후 다이아몬드 채굴권을 둘러싸고 벌어지는 아프리카 군벌들 간의 전쟁과 악순환의 과정을 설명하고 있다. 거기에 더해 최근에는 서구 열강을 비롯한 강대국들까지 자원 확보 경쟁에 끼어들면서 상황이 더욱 악화되고 있음을 지적하고 있다. 글의 전체적인 내용을 정리하면 다음과 같다.

- **가** : 시에라리온 내전의 참상을 제시하며 독자의 관심을 유도함 → 도입(뒷받침 문단)
- **나** : 시에라리온 내전의 발생과 경과를 자세히 설명함 → 상술 (뒷받침 문단)
- **다** : 아프리카 여러 나라 내전의 근본적 원인을 제시함 → 주지(중심 문단)
- **라** : 천연자원을 둘러싼 내전의 전개 과정을 자세히 설명함 → 상술(뒷받침 문단)
- **마** : 최근의 아프리카 내전에는 강대국의 책임도 있음을 덧붙임 → 상술, 부연(뒷받침 문단)

이게 정답 **라**에서는 미국과 소련의 세계 지배 전략에 따른 대리전 성격이 강했던 냉전 시대의 아프리카 내전과 달리, 최근의 아프리카 내전들은 풍부한 천연자원의 통제권을 차지하기 위한 군벌들 간의 이권 전쟁 성격이 짙어졌다고 하였다. 또한 **마**에서는 천연자원을 확보하기 위한 경쟁에 뛰어든 강대국들에 대한 책임론도 제기되고 있다고 하였다. 그런데 선택지 ⑤에서는 최근의 아프리카 내전이 강대국 사이의 대리전 성격을 띠고 있다고 하였으므로, **마**에 대한 설명으로 적절하지 않다.

본문 44쪽

원리 적용 문제 1

1 자전거 보관소, 건의 (3) 문제점 (4) 주지 (가 / 나. 다. 라 / 마)
2 종속
3

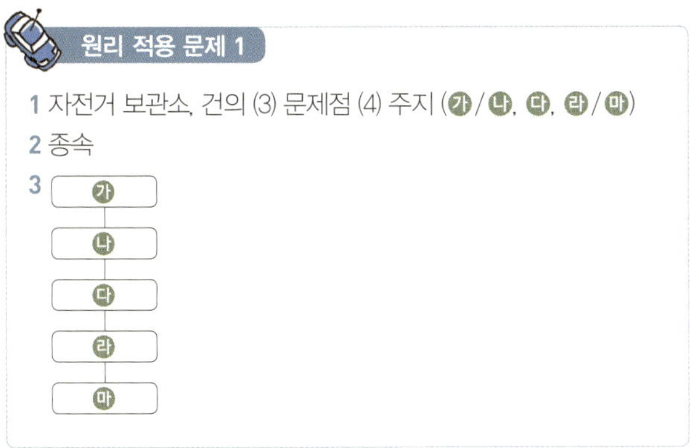

원리 적용 문제 2

1 (1) 도입 (3) 주지 (4) 주지 (가 / 나 / 다. 라 / 마)   **2** 대등
3

02. 문단의 기능과 문단 간의 관계 파악하기   📝 종합문제

01~04 우리의 자랑스러운 유산, 「승정원일기」

본문 48쪽

01 ⑤   **02** ②   **03** ⑤   **04** ⑤

지문 읽기 유네스코 세계 기록 유산으로 등재된 「승정원일기」의 가치를 두 가지 측면으로 나누어 설명하는 글이다. 첫째는 조선 시대 국가의 정책이 어떻게 운영되었는지 이해하는 데 도움을 준다는 것이며, 둘째는 기상 변화를 연구하는 데 소중한 자료가 된다는 점이다. 이처럼 「승정원일기」는 역사적 기록으로서, 기상 변화 예측에 필요한 자료로서 중요한 의미를 가진다.
주제 「승정원일기」의 가치

01 ⑤

이게 정답 가에서 승정원의 업무 일지인 「승정원일기」는 조선 초기부터 작성되기 시작하였으나 화재로 인해 현재는 1623년부터 1910년까지의 기록만 남아 있다고 하였다.

왜 답이 아니지? ① 가의 '우리나라에는 유네스코가 인정한 세계 기록 유산들이 있는데, 그중의 하나가 「승정원일기」이다.'를 통해 확인할 수 있다.
② 나의 '승정원은 왕명의 출납, 왕의 음식과 건강 관리, 경호 등을 담당하던 기관으로, 왕의 국정 운영을 보조하였다.'를 통해 확인할 수 있다.
③ 나의 「승정원일기」에는 국가 정책과 관련된 보고 내용과 왕의 지시 사항 등이 자세하게 기록되어 있다.'를 통해 확인할 수 있다.
④ 다의 「승정원일기」에 기술된 날씨와 강우량에 대한 기록은 과

거뿐만 아니라 오늘날의 기상 변화를 연구하는 데에도 귀중한 자료이다.'를 통해 확인할 수 있다.

02 ②

이게 정답 〈보기〉의 질문에 대한 답변으로 적절한 내용이 지문에 제시되어 있는지 확인하면 된다. ㄴ의 경우, 나의 '승정원은 왕명의 출납, 왕의 음식과 건강 관리, 경호 등을 담당하던 기관'이라는 내용을 통해 확인할 수 있다.

왜 답이 아니지? ① 가에서는 「승정원일기」가 유네스코가 인정한 세계 기록 유산들 중 하나라고만 하였을 뿐, 어떤 과정을 거쳐 세계 기록 유산으로 선정되었는지에 대해서는 다루고 있지 않다.
③ 가에서 「승정원일기」는 화재로 인해 일부가 소실되어, 현재는 1623년부터 1910년까지의 기록만 남아 있다고 하였다. 그러나 소실된 기록이 어떤 내용이며, 현재 남아 있는 기록과는 어떤 차이가 있는지에 대해서는 다루고 있지 않다.
④ 다에서는 영조가 세종 대의 측우기를 복원하였다고만 하였을 뿐, 그 방법에 관해서는 다루고 있지 않다.
⑤ 지문 전체에서 전혀 언급하지 않은 내용이다.

03 ⑤   관련 학습 : Ⅰ-01-② 접속어와 지시어 활용하기

이게 정답 ⓜ 뒷부분에서는 「승정원일기」가 '역사적인 기록물로서의 가치만이 아니라 기상 변화 예측에 필요한 유용한 자원으로서 오늘날의 우리에게도 큰 의미를 가진다.'라고 하였다. 즉, 지시어 '이처럼'은 「승정원일기」가 갖는 두 가지 측면에서의 가치를 모두 가리킨다는 것을 알 수 있다. 따라서 ⓜ은 '앞서 설명한 바와 같이' 또는 '국가 정책 운영을 이해하는 데 도움을 줄 뿐만 아니라 기상 변화를 연구하는 데 귀중한 자료가 된다는 점에서' 정도로 바꾸어 표현할 수 있다.

왜 답이 아니지? ①~④ 선택지에 제시된 내용들을 ㉠~㉣의 지시어 대신 넣어 읽어 보면, 문맥이 자연스러움을 알 수 있다.

04 ⑤   관련 학습 : Ⅰ-01-④ 주제 파악하기
Ⅰ-02-③ 종속 관계와 대등 관계 파악하기

이게 정답 다는 「승정원일기」의 두 번째 가치를 설명한 문단으로, '오랜 시간 동안의 날씨와 강우량을 적어 놓았기 때문에 기상 변화 연구에 귀중한 자료가 된다.'라는 점이 핵심이다. 그러므로 빈칸에 들어갈 다의 중심 내용으로는 '오랜 시간 동안의 기상 변화를 연구하는 데 유용한 자원이다.'가 적절하다.

왜 답이 아니지? ①~④ 다의 중심 내용과는 관련이 없다.

05~08 화폐의 기능과 가치

본문 50쪽

05 ④   **06** ④   **07** ③   **08** ②

지문 읽기 화폐의 역할과 기능에 대해 설명하는 글이다. 화폐는 지폐나 동전, 신용 카드 등의 형태로 된 지불 수단으로, 재화와 서비스뿐만 아니라 노동력이나 토지 등과 같은 생산 요소까지 화폐를 통해 거래가 이루어진다. 화폐는 크게 세 가지 기능을 하는데, 첫째는 교환을 매개하는 기능이고, 둘째는 재화의 가치를 측정하도록 해 주는 것이며, 셋째는 물건의 가치를 저장하고 유지할 수 있도록 해 주는 것이다. 이처럼 화폐는 경제 활동의 중요한 수단으로 인간 사회에 꼭 필요한 대상이다.
주제 화폐의 세 가지 기능과 경제 활동에 있어서의 중요성

05 ④

이게 정답 ㉣ '왜냐하면'은 앞에서 언급한 내용에 대한 이유나 원인을 제시하고자 할 때 사용하는 말이다. 즉, 앞에는 결과, 뒤에는 원인이 나오므로 '앞에 제시된 원인의 결과'가 아니라 '앞에 제시된 결과를 가져온 원인'을 제시할 것임을 알려 주는 역할을 한다.

왜 답이 아니지? ① ㉠ '이처럼'은 앞에 제시된 내용을 가리키는 지시어로, 같은 내용의 반복을 피하게 해 주는 역할을 한다.
② ㉡ '예를 들어'는 앞 내용에 대한 구체적 예시를 나타내는 접속어로, 뒤에 구체적인 사례가 나올 것임을 알려 주는 역할을 한다.
③ ㉢ '그러나'는 역접의 관계를 나타내는 접속어로, 앞의 내용과 반대되는 내용을 이어 주는 역할을 한다.
⑤ ㉤ '셋째'는 내용의 구조와 흐름을 알려 주기 위해 사용하는 표지어로, 뒤에 제시되는 정보의 순서를 알려 주는 역할을 한다.

06 ④

이게 정답 라는 화폐의 기능 중 가치 저장에 대한 내용으로, 어떤 농민이 가을에 거둔 과일을 보관하는 경우를 가정하여 화폐를 이용하면 과일의 가치를 손쉽게 저장할 수 있다는 것을 설명하고 있다. 즉, 라의 중심 문장은 마지막 문장인 '화폐는 물건이 가진 가치를 저장할 수 있어, 물건의 가치를 쉽게 보관, 유지, 축적하게 해 주었다.'임을 쉽게 알 수 있다. 그런데 이것은 화폐가 물건이 가진 가치를 저장하고 오래 보존해 준다는 의미이지, 상하기 쉬운 물건을 물리적으로 오래 보관해 준다는 의미가 아니다.

왜 답이 아니지? ① 가에서는 화폐의 개념을 제시하면서, 화폐가 오늘날 경제 활동의 주요 수단이자 우리 삶에서 꼭 필요한 부분임을 설명하고 있다.
② 나는 화폐의 기능 중 교환 매개에 대한 내용으로, 거래 과정에서 화폐를 매개로 대가를 지불함으로써 거래에 드는 시간과 노력이 줄어들었음을 설명하고 있다.
③ 다는 화폐의 기능 중 가치 척도에 대한 내용으로, 각 상품의 가치를 화폐의 단위로 측정함으로써 거래에서 발생하는 분쟁이 줄게 되었음을 설명하고 있다.
⑤ 마에서는 화폐의 기능을 요약하여 정리하면서, 인간 사회에 꼭 필요한 화폐의 중요성을 강조하고 있다.

07 ③

이게 정답 이 글은 '화폐의 세 가지 기능'에 관해 설명하고 있다. 우선, 가에서는 화폐의 개념을 제시한 후, 화폐의 기능에 대해 알아보자면서 글의 방향을 제시하고 있다. 이어 나~라에서는 화폐의 세 가지 기능을 하나씩 설명하고 있으므로, 서로 대등 관계임을 확인할 수 있다. 마지막으로 마에서는 화폐의 기능을 요약하여 정리하고 그 중요성을 강조하면서 글을 마무리하고 있다.
이상의 전개 과정에 따라 문단을 구조화하면 ③처럼 나타낼 수 있다.

08 ②

이게 정답 가에서 화폐는 '지폐나 동전, 수표, 신용 카드 등의 형태로 된 지불 수단'이라고 하였으므로, 형태가 하나로 통일되었다고 볼 수는 없다.

왜 답이 아니지? ① 나의 '화폐를 매개로 대가를 지불함으로써 거래

에 드는 시간과 노력이 줄어들게 되었다.'를 통해 확인할 수 있다.
③ 라의 '화폐는 물건이 가진 가치를 저장할 수 있어, 물건의 가치를 쉽게 보관, 유지, 축적하게 해 주었다.'를 통해 확인할 수 있다.
④ 가의 '화폐를 이용해서 재화와 서비스 등의 생산물뿐만 아니라 노동력이나 토지 등과 같은 생산 요소까지 거래한다.'를 통해 확인할 수 있다.
⑤ 다의 '서로 상대방의 물건에 부여하는 가치가 다르기 때문이다.'와 '교환 대상에 대해 서로 다른 가치를 적용할 때'를 통해 확인할 수 있다.

09 ⑤   **10** ②   **11** 예 콘서트홀의 크기와 재료를 고려하거나 음향 장치를 이용하는 방법이 있다.
지문 읽기 공연의 질과 만족도에 큰 영향을 끼치는 콘서트홀의 다양한 요소들 중 가장 큰 부분을 차지하는 잔향 시간에 관해 설명하는 글이다. 잔향 시간은 소리의 에너지가 일정한 정도로 감소하는 데 걸리는 시간을 말하는데, 콘서트홀의 종류마다 알맞은 잔향 시간이 다르다. 잔향 시간을 조절하는 방법으로는 콘서트홀의 크기를 고려하는 방법, 콘서트홀의 재료를 고려하는 방법, 마지막으로 반사판 등의 특별한 음향 장치를 동원하여 조절하는 방법 등이 있다.
주제 콘서트홀의 잔향 시간을 조절하는 방법

09 ⑤

이게 정답 마에서는 '잔향 시간을 조절', '잔향 시간을 늘리기', '잔향 시간만큼 늘린 뒤' 등의 구절이 반복되는데, 이를 통해 잔향 시간을 조절하는 방법에 관해 설명하고 있음을 알 수 있다. 또한 그 방법으로 음향 장치를 활용한다고 하였으므로, 마의 중심 내용으로는 '잔향 시간을 조절하기 위해 음향 장치를 활용한다.'가 적절하다. '소리가 커야 하기 때문에 음향 장치를 활용한다.'라는 내용은 마의 중심 내용과 거리가 멀다.

왜 답이 아니지? ① 가는 콘서트홀의 다양한 요소들이 공연의 질과 만족도에 영향을 미친다는 내용을 담고 있다.
② 나는 콘서트홀에서 공연의 질을 좌우하는 중요한 요소 중 하나는 음이 지속되는 잔향 시간임을 밝히면서, 콘서트홀의 종류마다 알맞은 잔향 시간이 다름을 예를 들어 설명하고 있다.
③ 다는 콘서트홀의 크기를 고려하여 잔향 시간을 조절하는 방법에 관해 설명하고 있다.
④ 라는 콘서트홀의 재료를 고려하여 잔향 시간을 조절하는 방법에 관해 설명하고 있다.

10 ②

이게 정답 가~마의 구조를 그림으로 나타내기 위해서는 먼저 각 문단이 글 전체에서 하는 기능을 파악해야 한다. 바로 앞 문제에서 확인한 각 문단의 중심 내용을 바탕으로 생각해 보면, 가는 '공연의 질에 영향을 미치는 콘서트홀의 요소들'을 제시하며 독자의 관심을 유발하는 '도입' 문단이고, 나는 가에서 제시한 요소 중 하나인 '잔향 시간'이라는 중심 소재를 제시하고 그 개념을 설명하는 '주지' 문단이다. 다~마는 나에 이어 잔향 시간을 조절하는 구체적인 방법들을 하나씩 자세히 설명하고 있는 '상술' 문단이다. 이

에 따라 **가**~**마**를 관련되는 문단끼리 묶어 보면 '**가**/**나**/**다**, **라**, **마**'가 된다. 이때 **다**~**마**는 성격과 위상이 같은 대등 관계임을 알수 있다.
이상의 전개 과정에 따라 문단을 구조화하면 ②처럼 나타낼 수 있다.

11

이게 정답 〈보기〉가 **가**~**마**의 내용을 요약하는 문단이라고 하였으므로, 각 문단의 중심 내용이 포함되도록 진술해야 한다. 빈칸이 들어 있는 문장은 '잔향 시간을 조절하는 방법에는'으로 시작하고 있으므로, 잔향 시간을 조절하는 구체적인 방법들을 설명하고 있는 **다**~**마**를 요약하여 진술해야 한다. 즉, 09번 문제에서 살펴본 중심 내용을 바탕으로 '콘서트홀의 크기', '콘서트홀의 재료', '음향 장치 활용'의 내용을 포함하여 작성하는 것이 적절하다.

12~15 정밀한 기계, 엘리베이터   본문 54쪽

12 ③   13 ③   14 ⑤
15

지문 읽기 엘리베이터의 구조와 작동 원리, 그리고 다양한 종류의 엘리베이터를 소개하는 글이다. 엘리베이터는 도르래, 줄, 카, 평형추를 중심으로 수많은 부품으로 구성된 정밀 기계이며, 일반적인 엘리베이터는 우물에서 두레박으로 물을 긷는 것과 같은 원리로 작동한다. 과학 기술의 발전에 따라 선형 모터와 전자석을 이용한 자기 부상 방식의 엘리베이터, 시속 76km/h에 이르는 고속 엘리베이터가 등장하였으며, 가까운 미래에는 지구와 정지 궤도상의 위성을 오가는 우주 엘리베이터도 등장할 것으로 기대된다.
주제 엘리베이터의 구조와 작동 원리 및 다양한 형태의 엘리베이터

12 ③

관련 학습 : Ⅰ-01-**4** 주제 파악하기

이게 정답 **다**의 중심 소재는 '엘리베이터'이며, 그중에서도 특히 '줄이 없는' 엘리베이터를 소개하고 있다. 줄을 없애고 대신 선형 모터와 전자석을 이용하기 때문에 자기 부상 열차가 움직이는 원리와 유사하다고 한 것이다. 일본에서 자기 부상 열차 개발을 계획 중이라는 것은 지문에서 다루고 있는 내용이 아니며, 따라서 **다**의 중심 내용으로도 적절하지 않다.

왜 답이 아니지? ① **가**에서는 도르래, 쇠줄, 카, 평형추 등으로 구성된 엘리베이터의 구조와 각 부분의 역할을 설명하고 있다.
② **나**에서는 엘리베이터의 작동 원리를 우물의 두레박에 빗대어 설명하면서 최근에 다양한 엘리베이터가 등장하고 있음을 제시하고 있다.
④ **라**에서는 중국과 우리나라에 있는 초고속 엘리베이터를 소개하고 있다.
⑤ **마**에서는 미국항공우주국이 정지 궤도에 있는 위성을 케이블로 연결하고 그 사이를 엘리베이터가 운행하도록 하는 우주 엘리베이터의 개발을 계획 중이며, 이 계획이 향후 20~50년 내에 실현될 것이라는 전망을 다루고 있다.

13 ③

관련 학습 : Ⅰ-02-**1** 문단의 기능 파악하기

이게 정답 **가**~**마**의 각 문단이 글 전체에서 하는 기능을 살펴보면 다음과 같다. **가**는 사람들이 흔히 잘못 알고 있는 내용을 언급하여 독자의 관심을 유발하면서, 엘리베이터의 구조와 각 부분의 역할을 설명하고 있으므로 '도입, 주지' 문단에 해당한다. 이어 **나**에서는 일반적인 엘리베이터가 어떻게 움직이는지를 우물의 두레박에 빗대어 설명한 후, 그 밖의 다양한 엘리베이터들을 소개하고 있으므로 '주지' 문단에 해당한다. **다**에서는 줄이 없는 자기 부상 방식의 엘리베이터를, **라**에서는 중국과 우리나라에 있는 초고속 엘리베이터를, **마**에서는 미래의 우주 엘리베이터를 각각 소개하면서 어떤 것인지 자세히 설명하고 있다. 이와 같이 **다**~**마**는 모두 **나**의 '과학 기술의 발전에 따라' 등장하거나 계획 중인 엘리베이터의 사례들에 해당하므로 '예시, 상술' 문단에 해당한다. 이에 따라 **가**~**마**를 관련된 문단끼리 묶어 보면 '**가**/**나**/**다**, **라**, **마**'와 같은 구성임을 알 수 있다.

14 ⑤

이게 정답 **마**에서 우주 엘리베이터는 '적도상의 한 곳과 정지 궤도에 있는 위성을 케이블로 연결하고 그 사이를 운행하도록' 만든 것이라고 언급한 부분에서 확인할 수 있다.

왜 답이 아니지? ① **가**에서 엘리베이터는 도르래, 쇠줄, 카, 평형추, 그리고 3만여 개의 부품으로 구성된 정밀한 기계라고 하였다.
② **라**에서 중국에 있는 세계 최고 속도의 엘리베이터는 분속 1,260m라고 하였으며, 우리나라의 부산 IFC 센터에는 분속 600m의 엘리베이터가 운영 중이라고 하였다.
③ **다**에서 현재 일부 공장에서는 화물을 운반하기 위해 수직형 자기 부상 방식의 엘리베이터를 사용하고 있다고 하였으므로, 이 엘리베이터는 '승객(사람)'을 이동시키기 위한 도구가 아님을 알 수 있다.
④ **나**에서 엘리베이터는 우물에서 두레박으로 물을 긷는 것과 같이 고정 도르래에 걸쳐진 줄을 당겨서 움직인다고 하였다.

15

관련 학습 : Ⅰ-02-**1** 문단의 기능 파악하기
Ⅰ-02-**3** 종속 관계와 대등 관계 파악하기

이게 정답 12번과 13번 문제에서 살펴본 내용을 바탕으로 〈조건〉에 맞게 이 글의 구조도를 그릴 수 있다. 이 글은 **가**와 **나**가 중심 문단에 해당하며, **다**~**마**는 **나**에 대한 예를 보여 주면서 이를 상세히 설명하고 있는 뒷받침 문단이므로 서로 종속 관계임을 알 수 있다. 또한 **다**~**마**는 성격과 위상이 동일하므로 서로 대등 관계라는 것도 확인할 수 있다. 이상의 내용을 바탕으로 〈조건〉에 맞게 그림을 그리면 다음과 같다.

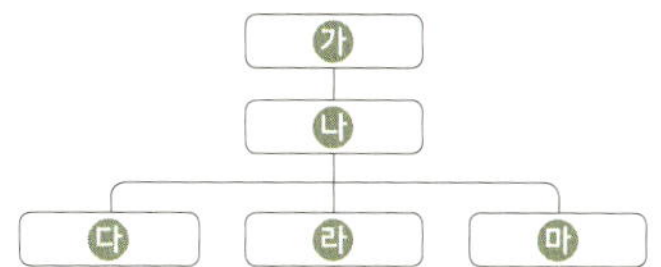

01. 설명하는 글 읽기 ① 설명 방식 ①

본문 58쪽

원리 적용 문제 1

1 개념, 정의, 사례 **2** (1) 정의 (2) 예를 들어(예컨대, 가령) **3** ①
지문 읽기 공연의 질을 좌우하는 중요한 요소 중 하나인 잔향 시간의 개념을 제시한 후, 콘서트홀의 종류마다 잔향 시간이 어떻게 달라지는지를 설명하고 있다.

3 ①

이게 정답 이 글에서는 공연의 질을 좌우하는 중요한 요소 중 하나인 잔향 시간의 개념을 정의한 후, 콘서트홀의 종류마다 잔향 시간이 어떻게 달라지는지를 '예술의 전당'의 실제 사례를 제시하여 설명하고 있다. 따라서 '정의'와 '예시'의 방식이 사용되었음을 확인할 수 있다.

원리 적용 문제 2

1 (1) 분류 (2) 예(사례) (3) 정의, 반대 (4) 예(사례) **2** (1) 분류
(2) 분류 (3) 정의 (4) 예시 (5) 정의 **3** ⑤
지문 읽기 우리가 경제 활동을 통해 얻고자 하는 것을 '재화와 용역'으로 나누고, 재화를 다시 희소성에 따라 '자유재와 경제재'로 나눈 후, 각각의 개념과 특성을 관련된 사례를 들어 설명하고 있다.

3 ⑤

이게 정답 이 글에서 자유재와 경제재의 개념 자체가 시대에 따라 달라진다고 하지는 않았다. 라에서 시간에 따라 재화의 희소성이 변화하면서 자유재였다가 경제재가 된 경우도 있는데, 깨끗한 물이 그렇다고 하였다.

원리 적용 문제 3

1 스톡홀름 증후군 (2) 동일시, 합리화 **2** (1) 인용 (2) 따르면
(3) 원인(이유) (4) 예시 **3** ⑤
지문 읽기 1973년 스웨덴의 스톡홀름에서 일어난 은행 무장 강도 사건의 인질들이 보인 심리 상태에서 유래된 '스톡홀름 증후군'에 관해 설명하고 있다. FBI의 자료 등 문헌 정보를 인용하여 스톡홀름 증후군의 발생 빈도를 제시하고 있으며, 이러한 현상이 일어나는 원인을 데이트 폭력 피해자나 학대 피해 아동의 예를 들어 구체적으로 설명하고 있다.

3 ⑤

이게 정답 ㉠은 문헌 자료를 인용한 부분이다. 이렇게 문헌 자료나 전문가의 말을 인용하면 설명의 신빙성을 더하고 중심 내용을 효과적으로 뒷받침해 줄 수 있다.

왜 답이 아니지? ①, ② 정의의 효과이다. 정의는 서술 대상의 의미를 규정하면서 앞으로 전개할 글의 방향이나, 범위, 설명할 대상의 특성 등을 제시하는 효과가 있다.
③, ④ 종류로 나누는 것은 분류, 구성 성분이나 부분들로 쪼개는 것은 분석의 설명 방식에 해당하므로 ③은 분류, ④는 분석에 대한 설명으로 볼 수 있다.

01. 설명하는 글 읽기 ② 설명 방식 ②

본문 66쪽

원리 적용 문제 1

1 과정, 차이 **2** (1) 과정 (3) 대조 **3** ㅁ → ㄹ → ㄷ → ㄱ → ㄴ
지문 읽기 안정 애착과 불안정 애착이 각각 형성된 두 유형의 아이들을 대상으로 한 심리학 실험에 대해 소개하는 글이다. 아이와 어머니를 어떻게 조치하는지를 중심으로 실험의 진행 과정과 유형별 아이들의 반응을 설명하고 있다.

3 ㅁ → ㄹ → ㄷ → ㄱ → ㄴ

이게 정답 이 글에 제시된 실험의 과정을 파악하는 문제이다. 아이와 어머니를 대상으로 한 실험의 과정을 정리하면 다음과 같다. 우선 장난감이 있는 낯선 방에 아이와 어머니를 들여보낸다(ㅁ). 이어서 아이와 어머니가 있는 방에 낯선 사람을 들여보낸다(ㄹ). 아이의 어머니가 방에 들어온 낯선 사람과 몇 마디 대화를 한 다음(ㄷ) 갑자기 방을 나온다(ㄱ). 그리고 나서 얼마 후 어머니가 아이가 있는 방으로 들어가도록 한다(ㄴ). 따라서 정답은 'ㅁ → ㄹ → ㄷ → ㄱ → ㄴ'이다.

원리 적용 문제 2

1 이유(원인), 인과 **2** ③
지문 읽기 1954년 기계 번역 실험이 성공하면서 조만간 기계 번역이 인간이 하는 번역을 대신할 것으로 예상되었으나, 오랜 시간이 지난 후에도 인공 지능의 번역이 인간의 번역에 미치지 못한다는 지적이 많음을 설명하고 있다.

2 ③

이게 정답 ㉠에서는 인공 지능의 번역이 인간의 번역에 미치지 못하는 이유에 대해 인과의 방식으로 설명하고 있다. 이러한 인과의 서술 방식은 어떤 문제나 결과에 대한 원인이나 이유를 밝혀서 이해를 돕고자 할 때 사용한다.

왜 답이 아니지? ① '정의'에 대한 내용으로, 정의는 대상의 사전적·본질적 의미를 명확히 밝혀서 규정하는 설명 방식이다.
② '인용'에 대한 내용으로, 인용은 권위 있는 사람의 말이나 문헌 자료의 내용을 끌어다 씀으로써 내용의 신뢰성을 높이는 설명 방식이다.

④ '예시'에 대한 내용으로, 예시는 구체적인 사례를 들어 이해를 돕는 설명 방식이다.
⑤ '서사'에 대한 내용으로, 서사는 사건의 진행 과정이나 행동의 변화 등을 시간의 흐름에 따라 구체적으로 설명하는 방식이다.

 **원리 적용 문제 3**

1 뇌 조직의 변화　**2** (1) 두, 예를 들어 보자. (2) 인과
지문 읽기 경험이 대뇌 겉질의 기능만이 아니라 뇌 조직의 변화를 일으키기도 한다는 사실을 설명하는 글로, 기억을 저장하고 떠올리는 과정에서 중요한 역할을 하는 '해마'라는 뇌 기관을 예로 들어 이러한 내용을 뒷받침하고 있다.

01. 설명하는 글 읽기
③ 설명 방식과 내용 전개 방식
본문 72쪽

 **원리 적용 문제 1**

1 전이, 유형, 사례　**2** ②

2 ②
이게 정답 이 글에서는 재난이나 고통이 닥쳤을 때 그것을 다른 것에 전이하여 재난과 고통에서 벗어나고자 하는 관습을 소개하면서, 전이의 대상에 따라 이를 네 가지 유형으로 나누어 사례와 함께 제시하고 있다. 즉, 전이의 현상들을 유형화하여 이를 병렬적으로 제시하고 있음을 알 수 있다.
왜 답이 아니지? ① 대개 무엇은 어떠할 것이라는 가설을 세운 뒤, 관찰한 내용이나 실제 사례를 제시하여 가설이 옳다는 것을 증명하는 방식이다. 이 글에서는 가설을 설정하거나 이를 증명하고 있지 않다.
③ 이 글의 각 문단에서 재난이나 고통을 각각의 대상에 전이하는 과정을 서술하고 있기는 하지만, 현상들의 변화 과정을 중심으로 글을 전개하고 있는 것은 아니다. 이 글의 중심 내용은 '문명화가 되지 않은 부족에게 나타나는 전이의 관습과 그 유형'이다.
④ 논설문에서 주로 사용하는 방식으로, 문제가 되는 대상이나 현상을 밝힌 후 그것을 해결하기 위한 여러 가지 방법들을 제시하는 방식으로 전개된다. 이 글에서는 문제를 제기하거나 구체적인 해결책을 제시하고 있지 않다.
⑤ 인과에 따른 서술 방식이다. 이 글에서 다루고 있는 것은 재난이나 고통을 다른 대상에 전이하는 한 가지 현상이고, 그 이유 역시 그렇게 함으로써 평안을 얻을 수 있다는 공통된 믿음 때문이다. 따라서 여러 현상들의 원인을 분석하여 결론을 제시하고 있는 것은 아니다.

 **원리 적용 문제 2**

1 인물의 (핵심적인) 특징, 정의, 대조, 인과　**2** ②

2 ②
이게 정답 이 글에 나타나는 표현상 특징 중 가장 두드러지는 것은 '질문'이다. 나와 다에서 글쓴이는 독자에게 질문을 던짐으로써 관심과 흥미를 유발한 뒤, 그에 대한 답변을 하면서 중심 내용을 전달하는 전개 방식을 사용하고 있다.
왜 답이 아니지? ① 이 글의 도입부에서는 경험담이 아니라 '프로파일'이 어떤 형식의 그림인지 그 개념을 소개하고 있다.
③ 이 글에 권위 있는 자료나 전문가의 말을 인용한 부분은 나타나지 않는다.
④ 널리 퍼져 있는 잘못된 개념은 제시되어 있지 않으며, 당연히 이를 반박하는 부분도 없다.
⑤ 비교와 대조의 방법이 사용된 것은 맞지만 글의 앞부분에서는 동서양의 차이점을, 뒷부분에서는 동서양의 공통점을 설명하고 있다. 또 나와 다에서는 동물과 사람의 차이점을 대조하고 있다.

 **원리 적용 문제 3**

1 이유, 인과　**2** ③

2 ③
이게 정답 가의 주제는 '지렁이가 가축이 된 이유와 그 유용성'으로, 글쓴이는 주제를 부각하기 위해 지렁이를 '일등 공신'에 비유하여 표현하고 있다. 그러나 나에서는 비유를 활용하고 있지 않다.
왜 답이 아니지? ① 가의 첫 문단 끝에서 '지렁이는 어떤 이유에서 가축이 되었을까?'라는 물음을 던짐으로써 독자들의 흥미를 유발하고 있다.
② 나에서 남학생의 표정과 태도가 달라지는 모습을 통해 지렁이에 대한 인식의 변화를 엿볼 수 있다.
④ 나에서 여학생은 한 아파트에서 지렁이를 이용하여 음식물 쓰레기 배출량을 줄인 사례를 들고 있다.
⑤ 나에서 우리나라의 음식물 쓰레기 하루 배출량이 해마다 증가하였음을 보여 주는 내용의 그래프(도표)를 제시하고 있다.

01. 설명하는 글 읽기　 종합문제

01~03 인간의 얼굴의 특징
본문 76쪽

01 ⑤　**02** ⑤　**03** ⑤
지문 읽기 인간의 얼굴이 다른 포유동물들과 어떤 점에서 다른지, 의사소통 과정에서 어떤 역할을 하는지에 관해 설명하는 글이다. 인간의 얼굴은 다른 포유동물들과는 달리 주둥이가 줄어들었고 두개골 앞면에 둥글납작하며 수직으로 솟은 이마가 있다. 뿐만 아니라 인간은 대화를 나눌 때 표정을 풍부하고 다양하게 바꾸어 말의 의미를 보강하면서 대화 내용의 이면에 담긴 중요한 감정 상태를 전달한다. 따라서 인간의 얼굴은 다른 포유류와는 생김새도 확연히 다르고 의사소통 과정에서도 중요한 역할을 한다고 할 수 있다.
주제 인간 얼굴의 특징과 인간의 얼굴 표정이 의사소통 과정에서 하는 역할

01 ⑤

 나에서 '여우는 긴 주둥이와 머리덮개뼈 쪽으로 부드러운 경사를 이루는 안면 윤곽을 가지고 있다. ~ 반면에 인간의 얼굴은 주둥이가 줄어들어 돌출된 흔적만 남아 있고 두개골 앞면에 둥글납작하며 수직으로 솟은 이마가 있다.'라고 하였다. 그러므로 머리덮개뼈 쪽으로 부드러운 경사를 이루는 윤곽을 가지고 있는 것은 인간이 아니라 여우의 얼굴임을 알 수 있다.

 ① 다의 '인간의 얼굴 표정은 매우 정교하고 민감한 의사소통 도구인 것이다.'를 통해 확인할 수 있다.
② 나의 '침팬지의 얼굴은 여우와 인간, 두 종의 특징이 혼합되어 있으면서도 여우보다도 인간의 얼굴에 더 가깝다.'를 통해 확인할 수 있다.
③ 다의 '세 동물 모두에서 얼굴의 표정 변화가 나타나지만 인간의 얼굴 표정이 훨씬 다양하고 섬세함을 알 수 있다.'를 통해 확인할 수 있다.
④ 나에서 긴 주둥이와 부드러운 경사를 이루는 안면 윤곽을 가진 여우의 얼굴 생김새는 대부분의 포유류에서 보이는 특징이라고 하면서, 인간의 얼굴은 이와는 매우 다르다고 한 점을 통해 확인할 수 있다.

02 ⑤

관련 학습 : I-02-① 문단의 기능 파악하기
I-02-③ 종속 관계와 대등 관계 파악하기

 가에서는 인간의 얼굴이 일반적인 포유류와 무척 다르다는 전문가의 말을 인용한 후, 얼굴의 개념을 정의하고 있다. 이어 인간의 얼굴이 가진 특징이 무엇일지에 대해 질문을 던지고 있으므로 가는 '도입' 문단으로 볼 수 있다.
이어 나와 다는 인간의 얼굴이 가진 두 가지 특징, 즉 생김새와 표현력에 관해 각각 설명하고 있으므로 서로 대등 관계를 맺고 있다. 나에서는 인간의 얼굴 생김새의 특징을 다른 두 동물과 비교·대조하며 설명하고 있고, 다에서는 인간의 얼굴 표정은 다른 동물과는 달리 의사소통 과정에서 중요한 역할을 한다는 것을 예를 들어 제시하고 있다.
마지막으로 라는 앞의 내용을 요약, 정리하면서 주변의 다양한 얼굴을 관찰하는 것은 매우 흥미로운 일이 될 것이라며 글을 마무리하고 있다.
이상의 전개 과정에 따라 문단을 구조화하면 ⑤처럼 나타낼 수 있다.

03 ⑤

관련 학습 : II-01-① 설명 방식 ①-정의, 예시, 분류와 분석, 인용
II-01-② 설명 방식 ②-비교와 대조, 서사, 과정, 인과

 ⓑ에서는 '그림자처럼 따라다니며'와 같은 비유적 표현을 사용하고 있을 뿐, 사례를 나열하고 있지는 않다. 한편, 다양한 얼굴 표정이 중요한 감정 상태를 전달하기 때문에 이를 매우 정교하고 민감한 의사소통 도구로 볼 수 있다는 것은 '인과'의 설명 방식에 따른 것으로 볼 수 있다.

 ① ㉠에서는 전문가의 말을 직접 인용하여 인간의 얼굴이 일반적인 포유류의 기준에서 매우 이례적이고 전문화되었음을 설명하고 있다.
② ㉡에서는 '입, 코, 눈이 있는, 동물의 머리 앞쪽 면'이라는 얼굴의 개념을 정의하면서 얼굴이 어느 부위를 가리키는 것인지 알려 주고 있다.

③ ㉢에서는 여우의 얼굴이 털로 덮여 있고 촉촉한 코를 가진 반면, 인간의 얼굴은 피부가 그대로 노출되어 있고 마른 코를 가지고 있다는 차이점을 제시하고 있다.
④ ㉣에서는 실눈을 뜨면서 이마를 살짝 찌푸리거나 입꼬리를 살짝 내리는 표정 등 다양하고 섬세한 인간의 얼굴 표정을 구체적 사례로 제시함으로써 인간의 얼굴 표정이 어떻게 말의 의미를 보강하는지를 설명하고 있다.

04~07 손짓의 특별한 의미와 기능

본문 78쪽

04 ① 05 ④ 06 ③ 07 ②

지문 읽기 인간의 신체 언어 중 '손짓'의 특징과 기능에 관해 설명하는 글이다. 손짓은 '손을 놀려 어떤 사물을 가리키거나 자기의 생각을 남에게 전하는 일'로, 다양한 감정과 생각을 담아서 표현할 수 있고, 다른 신체 부위와 결합하여 다양한 의미를 생산함으로써 언어를 대신하거나 그 의미를 보조하는 데 큰 역할을 한다. 이러한 손짓은 근본적으로 문화적 토양을 바탕으로 생성되기 때문에 같은 손짓이 지역에 따라 전혀 다른 뜻으로 받아들여지기도 한다. 그러므로 손짓을 문화적 맥락 속에서 이해하고 해석하려는 노력이 필요하다.
주제 신체 언어 중 손짓의 특징과 기능

04 ①

 지문의 내용과 관련이 없거나 지문에서 언급한 것과 다른 내용의 질문을 담은 선택지를 찾아야 한다. 라에서 '손짓은 각자의 행동 양식과 관습에 따른 문화를 반영하며, 그것이 다른 지역에서는 그곳의 관습과 문화에 따라 전혀 다른 의미로 받아들여지기도 한다.'라고 하였다. 즉, 손짓은 행동 양식과 관습에 영향을 받는다는 것을 알 수 있으므로, ①과 같은 질문을 떠올리는 것은 적절하지 않다.

 ② 라에서 문화마다 손짓이 전혀 다른 의미로 받아들여지기도 한다는 것의 예로 엄지를 치켜세우는 것을 들고 있다. 그러므로 이와 유사한 다른 예를 생각해 보는 것은 적절하다.
③ 나에서 신체 언어는 의사소통 과정에서 중요한 역할을 하는데, 그중에서도 손짓이 좀 더 특별한 의미를 지닌다고 하였다. 그런데 그 이유는 글에 제시되어 있지 않으므로 ③과 같은 질문을 떠올리는 것은 적절하다.
④ 가와 나에서 인간은 줄곧 몸짓과 자세, 표정 등과 같은 신체 언어를 통해 서로의 생각을 교환해 왔다고 하였으며, 이 중 좀 더 특별한 의미를 가진 손짓의 역할에 대해 서술하고 있다. 그러므로 손짓 외에 인간의 사고나 심리 상태가 담긴 신체 언어에는 어떤 것들이 더 있을지를 생각해 보는 것은 적절하다.
⑤ 가에서 말로 의사소통을 하기 이전부터 인간은 몸짓과 자세, 표정 등과 같은 신체 언어를 사용해 왔다고 하였으므로, 의사소통에 사용된 몸짓이나 자세 등이 어떤 형태였을지를 생각해 보는 것은 적절하다.

05 ④

관련 학습 : II-01-① 설명 방식 ①-정의, 예시, 분류와 분석, 인용
II-01-② 설명 방식 ②-비교와 대조, 서사, 과정, 인과

 ⓔ은 '사람들이 각자의 문화에 근거하여 손짓을 사용할 경우, 오해와 갈등이 생겨날 수도 있다.'라는 내용인데, 그 이유로 동일한 손짓이 다른 의미로 해석되기 때문임을 들고 있다. 즉,

원인과 결과를 밝히고 있다는 점에서 인과의 설명 방식이 사용되었음을 알 수 있다. 그러나 대상을 분석하는 내용은 나타나 있지 않다.

왜 답이 아니지? ① ㉠은 구체적인 사례를 통해 말과 신체 언어가 일치하지 않을 때 사람들이 신체 언어를 더 신뢰한다는 점을 보여 주고 있다.

② ㉡은 '손짓'의 뜻을 밝힘으로써, 즉 손짓의 개념을 정의함으로써 그 의미를 명확하게 이해하는 데 도움을 주고 있다.

③ ㉢은 '팔, 얼굴, 귀, 코, 눈, 머리' 등 손짓의 결합 대상을 나열함으로써 손짓이 만들어 내는 움직임이 다양함을 강조하고 있다.

⑤ ㉤은 엄지를 치켜세우는 동일한 손짓이 문화권에 따라 어떤 의미를 갖는지를 대조하여 제시함으로써 손짓 사용 시의 유의점을 강조하고 있다.

06 ③
관련 학습 : Ⅱ-01-③ 설명 방식과 내용 전개 방식

이게 정답 다에서는 손짓이 다른 신체 부위와 결합하여 다양한 의미를 생산함으로써 언어를 대신하거나 그 의미를 보조하는 데 큰 역할을 한다는 내용을 서술하고 있다. 그리고 그것의 구체적 사례로 꼭 다문 입술에 집게손가락을 대는 행동이나 머리 위에 하트를 그리는 행동 등을 들고 있다. 이는 앞서 나에서 언급한 손짓이 의사소통 과정에서 중요한 역할을 한다는 내용을 추가, 부연 설명하는 것이지, 나와 대조되는 사례가 아니다. 나와 대조적인 사례를 제시하려면 손짓으로 다양한 감정과 생각을 담을 수 없는 경우여야 하는데, 다에는 이러한 내용이 제시되어 있지 않다.

왜 답이 아니지? ① 가에서는 말과 신체 언어가 서로 다른 메시지를 전달할 때 말보다 신체 언어를 더 많이 신뢰한다는 사람들의 일반적인 심리를 제시하고 있다. 이를 통해 독자들의 관심을 불러일으키고 있다.

② 나에서는 의사소통 과정에서 중요한 역할을 하는 신체 언어 중에서도 좀 더 특별한 의미를 가진 손짓에 초점을 두어 그 의미와 기능을 설명하고 있다. 즉, 중심 소재의 범위를 손짓으로 좁힌 다음, 손짓의 개념을 정의하고 있음을 알 수 있다.

④ 라에서는 근본적으로 손짓이 문화적 토양을 바탕으로 생성되기 때문에, 각 지역의 관습과 문화에 따라 전혀 다른 의미로 받아들여지는 특성이 있으며, 이로 인해 오해와 갈등이 생겨나기도 한다는 것을 설명하고 있다. 즉, 동일한 손짓이 다른 의미로 해석되는 이유는 지역의 관습과 문화가 다르기 때문이라는 것을 인과의 방식으로 설명하고 있음을 알 수 있다.

⑤ 가~라 모두 신체 언어와 손짓과 관련된 구체적 사례를 제시함으로써 문단의 중심 내용을 뒷받침하고 있다.

07 ②
관련 학습 : Ⅱ-03-① 예측 및 추론하기

이게 정답 ⓐ 앞에서는 엄지를 치켜세우는 손짓의 의미가 흔히 '최고다', '좋다', '잘했다'의 의미이지만, 서아시아 지역에서는 상대방을 모욕하는 의미가 있으므로 각별히 주의해야 한다고 하였다. 즉, 동일한 손짓의 의미가 전혀 다르게 해석되는 경우를 제시하고 있으므로, 글의 맥락상 손짓을 이해하고 해석할 때는 '그 지역의 문화적 특성'을 고려해야 한다는 것을 알 수 있다.

왜 답이 아니지? ①, ⑤ 과학적 논리나 자연적 본능은 라에서 전혀 언급하지 않은 내용이므로 ⓐ에 들어갈 말로 적절하지 않다.

③ 사회적 규칙은 규범이나 법규를 의미한다. 어떤 손짓의 의미가 규칙이나 법으로 정해져 있는 것은 아니므로, 이는 글의 흐름과는 거리가 멀다.

④ 문화적 토양이나 관습이 형성되는 데 역사적 배경이 영향을 끼쳤을 수는 있지만, 이 글에서는 손짓의 의미를 파악하는 데 문화적 관습을 고려해야 한다는 것까지만 언급하고 있다. 어떤 손짓의 의미를 이해하기 위해 그 역사적 배경까지 고려하는 것은 글의 논지에서 너무 벗어난 내용이다.

08 ③   09 ②   10 ④

지문 읽기 운석에 관한 여러 정보와 운석의 과학적 가치에 관해 설명하는 글이다. 우주 공간을 떠돌던 유성체가 지구 중력에 이끌려 땅에 떨어진 것을 운석이라고 한다. 운석은 무시무시한 속도로 지구에 진입하면서 충돌구를 만들기도 하며, 대기와의 마찰로 운석 표면이 녹기도 한다. 운석은 태양계와 지구의 비밀을 풀 수 있는 중요한 자료가 되는데, 이런 운석을 연구하기 위해서는 많은 운석이 필요하다. 지구에 떨어지는 운석의 상당수는 남극에서 발견되기 때문에 세계 각국은 앞다투어 남극을 탐사하며 운석을 찾고 있다.

주제 운석의 생성 과정과 과학적 유용성

08 ③
관련 학습 : Ⅱ-01-① 설명 방식 ①─정의, 예시, 분류와 분석, 인용
Ⅱ-01-② 설명 방식 ②─비교와 대조, 서사, 과정, 인과

이게 정답 다에서는 운석이 대기에 진입하면서 마찰로 인한 높은 열 때문에 표면이 녹았다가, 감속으로 표면이 식으면 검은색 껍질인 용융각이 생긴다고 하였다. 보통 운석 전체가 녹았다가 식은 것이라고 생각하는 경우가 많지만, 실제 용융각을 제외하면 전혀 녹지 않은 물질이라는 것이다. 한편, 나에서는 운석이 엄청난 속도로 지구에 진입하면서 충돌구를 만들기도 한다는 내용을 소개하고 있으므로, 나와 다의 내용이 상반되는 것은 아니다.

왜 답이 아니지? ① 가에서는 '유성, 유성체, 운석' 등 비슷해 보이는 대상들의 서로 다른 개념을 명확히 정의하면서 글의 중심 소재를 설명하고 있다.

② 나에서는 운석이 지구에 진입하면서 충돌구를 만들고, 사람을 다치게 하거나 건물을 부수기도 한다는 내용, 즉 운석으로 인한 부정적 현상을 제시하고 있으며, 그 원인으로 운석의 크기와 그에 따른 감속 정도를 들고 있다.

④ 라에서는 운석이 태양계와 지구의 비밀을 풀 수 있는 중요한 자료가 된다며 언제 어디서 생겨난 운석인지를 바탕으로 운석이 가진 과학적 가치를 상세히 설명하고 있다.

⑤ 마에서는 남극의 특수한 지형 조건으로 인해 운석의 상당수가 남극에서 발견된다는 것을 인과의 방식으로 설명하고 있다.

09 ②
관련 학습 : Ⅱ-03-① 예측 및 추론하기

이게 정답 지문의 내용을 바탕으로 언급되지 않은 사실을 추론하는 문제이다. Ⅱ-03-① 단원에서 공부할 '예측 및 추론하기'와 관련되어 있는데, 선택지의 내용을 뒷받침해 줄 수 있는 내용이 지문 속에 정확히 제시되어 있는지를 확인해야 한다. 가에서는 유성이 대기권에 진입할 때 대기와의 마찰로 빛을 내며 녹게 되고, 그 남은 덩어리가 떨어져 운석이 된다고 하였다. 또한 다에서는 대기

와의 마찰로 발생하는 높은 열 때문에 운석 표면이 녹는다고 하였다. 이를 종합해 보면, 유성이 대기에 진입할 때는 높은 열이 발생하고, 이로 인해 운석의 표면이 녹는다는 것을 알 수 있다. 그러므로 크기가 작은 유성은 크기가 큰 유성에 비해 대기 중에서 높은 열로 인해 타서 없어질 가능성이 높다. 따라서 운석이 될 확률이 높은 것은 크기가 작은 유성이 아니라 크기가 큰 유성임을 추론할 수 있다.

 ① 다에서 운석은 대기에 진입할 때 대기와 마찰을 일으키고, 이때 발생하는 높은 열로 인해 운석 표면이 녹는다고 하였다. 즉, 유성이 녹는 것은 마찰로 인한 열 때문임을 알 수 있다.
③ 마에서는 남극의 빙하가 이동 중에 산맥에 의해 가로막히면 앞부분의 빙하가 밀려서 위로 올라가게 되는데, 이 부분이 녹으면서 그 속에 있던 운석들이 모이게 된다고 하였다. 그러므로 남극에서 운석은 빙하와 산맥이 만나는 곳에 모이게 됨을 알 수 있다.
④ 가에서 유성이 대기와의 마찰로 녹고 남은 덩어리가 땅에 떨어져 운석이 된다고 하였으므로, 지구에 대기가 없다면 유성이 녹지 않아 더 많은 운석이 발견될 것임을 알 수 있다.
⑤ 마에서 운석을 연구하기 위해서는 많은 운석이 필요하다고 하였으므로, 운석을 많이 모으면 운석 연구에 큰 도움이 될 것임을 알 수 있다.

10 ④

관련 학습 : Ⅱ-01-① 설명 방식 ①-정의, 예시, 분류와 분석, 인용
Ⅱ-01-② 설명 방식 ②-비교와 대조, 서사, 과정, 인과

 '예시'는 어떤 사실이나 현상에 대해 구체적인 예를 들어 설명하는 방식이다. 따라서 전달하고자 하는 중심 내용과 사례의 내용이 일치하지 않으면 그 사례는 예시 자료로 활용할 수 없다. 〈A〉는 발견된 전체 운석 중 2/3 정도가 남극에서 발견되었다는 것을 보여 주는 자료이므로, 마에서 '운석의 상당수는 남극에서 발견'되기 때문에 남극이 운석 연구에 중요하며 세계 각국이 그러한 이유 때문에 앞다투어 남극을 탐사하고 있다는 설명을 뒷받침하기에 적절하다.

 ① 자료 〈A〉는 발견 위치에 따른 운석의 개수를 알려 주는 것일 뿐 운석들이 충돌구를 만든다는 것을 뒷받침해 주는 것은 아니다.
② 태양계 생성 이후의 운석을 통해 화성과 같은 행성의 초기 진화에 대해서 알 수 있다는 것은 라에 언급되어 있다. 하지만 자료 〈B〉를 보면 화성에서 유래한 운석은 단지 1%에 불과하므로, 화성 연구용 운석을 구하기 쉽다는 설명의 자료로 활용하기에는 적절하지 않다.
③ 라에서 지구핵 연구에 필요한 운석은 소행성에서 떨어져 나온 철질운석이라고 하였는데, 자료 〈B〉를 보면 소행성에서 떨어져 나온 운석이 98%로 가장 흔하게 볼 수 있는 운석임을 알 수 있다. 따라서 자료 〈B〉는 오히려 지구핵 연구에 필요한 운석의 비율이 높음을 뒷받침한다.
⑤ 마에 남극 운석의 상당수가 달에서 온 것이라는 내용은 나타나 있지 않다.

11 ③　　12 ⑤　　13 ②　　14 ⑤

지문 읽기 '준거점'과 '손실회피성'이라는 개념을 바탕으로 두 가지 이해하기 어려운 경제 현상에 관해 설명하는 글이다. 준거점이란 경제적인 이익이나 손실의 가치를 판단할 때 작동하는 내적인 기준을 말하는데, 사람들은 여기에 의존해서 이익과 손실의 가치를 판단한다. 한편, 손실회피성이란 이익으로 인한 기쁨보다 손실로 인한 고통을 더 크게 느끼기 때문에 경제 활동을 할 때 손실이 일어나는 것을 회피하려는 현상을 말한다. 즉, 준거점은 이익이나 손실의 가치를 판단하는 내적인 기준이고, 손실회피성은 손실이 일어나는 것을 회피하려는 경향으로, 이 둘은 따로 기능하는 것이 아니라 복합적으로 작용한다.
주제 준거점과 손실회피성의 개념과 사례

11 ③

관련 학습 : Ⅱ-01-③ 설명 방식과 내용 전개 방식

 다에서는 이익으로 인한 기쁨보다 손실로 인한 고통을 더 크게 느끼는 현상과 사례를 먼저 제시한 후, 이로 인해 사람들은 경제 활동을 할 때 손실이 일어나는 것을 회피하려는 경향이 있으며, 이것이 '손실회피성'이라고 설명하고 있다. 즉, 화제를 먼저 정의하고 보충 설명을 하는 것이 아니라, 구체적인 현상과 사례를 먼저 제시한 후, 이러한 현상을 나타내는 개념을 정의하고 있음을 알 수 있다.

 ① 가에서는 우리가 경제 활동을 살펴볼 때 이해하기 힘든 문제 현상 두 가지를 제시한 후, '준거점'과 '손실회피성'이라는 개념을 통해 그 이유를 알아보자고 하면서 화제를 밝히고 있다.
② 가에서 제시한 화제에 대해 나에서는 준거점의 개념을, 다에서는 손실회피성의 개념을 설명하고 있다.
④ 라에서는 다에서 제시한 손실회피성을 보여 주는 사례로 주식 투자로 손실을 입은 사람들의 행동을 들고 그 이유를 설명하고 있다.
⑤ 마는 '요컨대'라는 말로 시작하는 것에서 알 수 있듯이, 앞부분인 나~라에서 다루었던 준거점과 손실회피성에 관한 내용을 요약 및 정리하고 있다.

12 ⑤

관련 학습 : Ⅰ-02-① 문단의 기능 파악하기
Ⅰ-02-③ 종속 관계와 대등 관계 파악하기

 가는 화제를 제시하는 '도입' 문단, 나는 준거점의 개념을 설명하는 '주지' 문단이고 다 역시 손실회피성의 개념을 설명하는 '주지' 문단이다. 라는 다에 이어 그 사례를 제시하는 '예시' 문단이므로 다에 종속되어 있다. 마는 앞부분의 내용을 마무리하면서 정리하는 '요약' 문단이다.
이상의 전개 과정에 따라 문단을 구조화하면 ⑤처럼 나타낼 수 있다.

13 ②

관련 학습 : Ⅰ-01-② 접속어와 지시어 활용하기

 ⓒ의 앞 문장은 주식 투자를 그만두면 확실히 오만 원의 손실을 입는다는 내용이며, ⓒ의 뒤 문장은 주식 투자를 계속하면 잃은 오만 원은 확실한 손실이 아닐 수 있다는 내용이다. 즉, ⓒ 뒤는 확실한 손실보다는 불확실한 손실을 선택하여 자신이 입은 손실을 회피하려는 것이므로, 이는 손실회피성이 나타나는 원인이라고 볼 수 있다.

왜 답이 아니지? ① 주식에 십만 원을 투자했는데 오만 원을 잃은 사람이 있다는 상황을 가정하여, 손실회피성이 나타나는 예를 제시하고 있다.

③ ⓒ '왜냐하면' 앞 문장은 주식 투자를 계속하면 이미 잃은 오만 원은 확실한 손실이 아닐 수 있다는 내용이며, ⓒ 뒤 문장은 주식 투자를 계속할 경우 잃은 돈을 다시 벌 수 있는 가능성이 있기 때문이라는 내용이다. 즉, ⓒ 뒤 문장은 ⓒ 앞 문장의 이유가 됨을 알 수 있다.

④ ⓔ '이러한'은 바로 앞 문장에 제시된 주식 투자를 계속하여 잃은 돈을 다시 벌 수 있는 가능성이 있는 상황을 가리킨다.

⑤ ⓜ '이때'는 주식 투자를 할 때 돈을 잃어도 손실회피성이 작용하여 쉽게 그만두지 못하는 상황을 가리킨다.

14 ⑤

관련 학습 : Ⅱ-03-① 예측 및 추론하기

이게 정답 나에서 사람들은 준거점에 의존하여 이익과 손실의 가치를 판단한다고 하였다. 만약 준거점이 같다면 이익의 가치는 이익의 크기에 비례할 것이고, 이익의 크기가 같다면 준거점이 낮을수록 이익의 가치가 더 크게 느껴질 것이다. 선택지 ①~⑤에서는 모두 용돈이 만 원씩 인상되었으며, 준거점으로 볼 수 있는 기존 용돈이 가장 낮은 것은 ⑤의 영희이므로, 용돈 인상으로 인한 만족감은 영희가 가장 클 것이다.

02. 주장하는 글 읽기 ① 논증 방식

본문 84쪽

 원리 적용 문제 1

1 라 **2** (1) 북쪽 육로 (2) 지리적 폐쇄성 (3) 경제적 이익
3 결론
지문 읽기 남북한의 통일은 분단으로 인한 지리적 폐쇄성을 극복하게 해 주어 우리 경제에 큰 이익과 기회를 가져올 것임을 이야기하는 글이다.

 원리 적용 문제 2

1 젊은 사람들이 노인에게 자리를 양보함 **2** 개별적, 일반화
3 예 모든 새(조류)는 날개가 있다.
지문 읽기 '어떤 사람'이 방문한 여러 나라에서 젊은 사람들이 노인에게 자리를 양보한 개별적 사례를 통해, 모든 나라에서 젊은 사람들이 노인에게 자리를 양보해 준다는 일반화된 결론을 내렸음을 보여 주는 글이다.

 원리 적용 문제 3

1 모호 **2** (물고기를 잡는) 그물망 **3** 유사점(비슷한 점)
지문 읽기 간접 광고와 관련된 문제점을 해결하기 위해 방송법 시행령 등 관련 법과 규정을 명확히 해야 한다는 것을, 유추의 논증 방식을 사용하여 제시하고 있는 글이다

 원리 적용 문제 4

1 (1) 헌법 (2) 세금, 헌법 **2** (1) 대전제 (2) 국민 **3** ①
지문 읽기 국가의 재정에 관련된 사항은 헌법에 따라야 한다는 주장을 헌법의 주요 내용에 근거해 논증하고 있는 글이다.

3 ①

이게 정답 이 글에 사용된 논증 방식을 보면, '헌법은 국민의 권리와 의무를 규정하고 보호한다.'라는 일반적 원리로부터 '국가 재정에 관한 사항은 헌법에서 정해야 한다.'라는 개별적 사실을 이끌어 내고 있다. 그러므로 연역법의 논증 방식을 사용하고 있음을 알 수 있다.

왜 답이 아니지? ② 귀납법에 대한 설명이다.

③ 유추법에 대한 설명이다.

④ 논증 과정이 잘못된 경우에 해당하는 것으로, '논리적 오류'라고 한다. 증명되지 않은 주장을 근거로 삼아 다시 다른 주장을 펴는 것은 주장이 주장을 뒷받침하는 상황이 되기 때문에 논리적으로 타당하지 않다.

⑤ 이 글에서는 문제를 제기하고 해결 방안을 제시하는 것이 아니라, 어떠한 결론이 옳다는 것을 논리적으로 증명하고 있다.

 원리 적용 문제 5

1 (4) 일상생활, 관심과 실천 **2** ②
지문 읽기 쓰레기 분리배출과 물 절약 운동, 경제 운전과 대중교통 이용 등 일상생활 속에서의 작은 관심과 실천으로 환경 오염을 줄일 수 있으므로 이를 명심하고 실천해야 한다는 내용을 담은 글이다.

2 ②

이게 정답 이 글은 가정에서 쓰레기 분리배출을 철저히 실천하면 생활 쓰레기를 줄일 수 있고, 변기 물탱크에 물통을 넣어 두면 많은 양의 물을 절약할 수 있으며, 경제속도 준수와 대중교통 이용으로 자동차 배기가스로 인한 대기 오염을 줄일 수 있으므로, 일상생활 속에서 이와 같은 작은 실천을 통해 환경 오염을 줄이자고 하고 있다. 세 가지 개별적인 사례들을 모아 '일상생활 속의 작은 관심과 실천'이라는 내용으로 일반화하고 있다는 점에서 귀납법의 논증 방식을 사용하고 있음을 알 수 있다.

선택지 ②에서는 '악어, 뱀, 도마뱀'이 알을 낳는다는 사실을 바탕으로 '악어, 뱀, 도마뱀'을 일반화하여 '모든 파충류'가 알을 낳는다는 결론을 이끌어 내고 있으므로 귀납법이 사용되었음을 알 수 있다.

왜 답이 아니지? ①, ③, ④ 전형적인 삼단 논법의 예로 연역법에 해당한다. 일반적인 원리로부터 개별적인 사실을 이끌어 내는 논증 방식인데, 결론에 해당하는 내용이 가장 먼저 제시한 대전제에 이미 포함되어 있다는 점이 특징이다.

⑤ 단순히 원인과 결과를 순서대로 연결한 것으로, 특정한 논증 방식이 사용되었다고 보기는 어렵다.

원리 적용 문제 1

1 방관자　**2** (2) 소극적 지지 (3) 침묵　**3** ③

3 ③

이게 정답 이 글의 논증 과정을 고려할 때 '방관자의 침묵과 방관은 가해자의 행동에 대한 소극적 지지'라는 주장을 뒷받침할 수 있는 사례가 제시되어야 한다. 또한 방관자의 역할이 중요함을 뒷받침할 수 있는 사례나 자료여야 글의 타당성을 높이기 위한 근거로 적절하다. 선택지 ③의 아무도 말리지 않아 계속 괴롭혀도 된다고 생각했다는 가해자의 면담 자료는 방관자의 침묵이나 방관이 가해자 행동에 대한 지지가 될 수 있음을 잘 보여 주며 방관자의 역할이 그만큼 중요하다는 것을 나타내므로, 글의 타당성을 높이기 위한 근거로 가장 적절하다.

왜 답이 아니지? ① 피해자 치유 프로그램이 성공적이었음을 보여 주는 통계 자료는 방관자의 역할에 주목하는 글의 중심 내용과 거리가 멀다.

② 가해자에 대한 강력한 처벌을 통해 학급 내 괴롭힘 문제를 해결한 사례는 이 글의 중심 내용인 방관자 역할의 중요성을 고려하지 않은 자료이다.

④ 방관자의 역할이 빠진 채, 가해자와 피해자 사이의 행동만 다룬 자료이다.

⑤ 학급의 괴롭힘이 해결되지 않은 상황이며, 방관자의 역할에 대해서도 다루고 있지 않으므로 이 글의 타당성을 높이기 위한 방법과는 거리가 멀다.

원리 적용 문제 2

1 사회적 책임　**2** (2) 사회적 책임, 신뢰／사례. 통계 자료(조사 결과)　**3** ①

지문 읽기 대다수의 기업들이 그동안 이윤만을 추구해 왔기 때문에 소비자들은 기업을 점점 불신하게 되었으며, 이러한 불신감이 커지자 기업과 소비자 사이의 신뢰를 회복하기 위해서 기업이 사회적 책임을 다해야 한다는 논의가 확산되고 있음을 다룬 글이다. 기업의 세 가지 사회적 책임으로는 투명하고 효율적인 경영으로 기업을 유지할 책임. 정직한 제품을 생산할 책임. 이익의 일부를 사회에 환원할 책임이 있다. 기업이 이러한 사회적 책임을 다할 경우 기업의 이익이 줄어들 것이라 생각할 수도 있지만. 장기적으로 보면 기업에 대한 이미지가 좋아지고 소비자의 신뢰를 얻을 수 있으며, 이는 매출 신장으로 이어지기 때문에 궁극적으로 기업은 더 큰 혜택을 얻을 수 있다.

3 ①

이게 정답 타당성이란 사물의 이치에 맞는 옳은 성질을 의미한다. 따라서 글쓴이의 주장이 독자의 흥미를 유발하는지를 판단하는 것은 주장의 타당성을 평가하는 것과 관련이 없다.

왜 답이 아니지? 이 글에서는 '기업이 사회적 책임을 다하면, 소비자들이 그 기업을 신뢰하고 제품을 구매하게 되어 장기적으로 기업에 더 큰 이익이 돌아온다.'라는 주장을 구체적 사례와 보고서의

통계 자료를 통해 논증하고 있다. 그러므로 주장의 타당성을 평가하기 위해서는, 우선 이러한 주장이 보편적 윤리에 어긋나지 않는지를 검토한 후(⑤), 제시한 사례가 적절한지(②), 통계 자료가 정확하게 인용되었는지(③)를 판단해야 한다. 그 외에 이 글의 주장은 소비자의 입장에서 제시된 것이므로 기업 입장에서 반론할 가능성이 있는지에 관해서도 판단해 보아야 한다(④).

원리 적용 문제 1

1 보편적, 존재하지 않는다　**2** 긍정적, 부정적　**3** ①

지문 읽기 '언제 어디서나 옳다고 여겨지는 도덕의 존재'에 관해 다루고 있는 글이다. 보편적 도덕이 존재한다는 관점에서는, 생명 존중과 같은 것은 어느 시대. 어느 장소에서나 보편적이고 옳은 것이라고 본다. 그러나 이러한 관점은 문화의 다양한 가치를 수용하는 데 소극적이 된다는 문제점이 있다. 반면 보편적 도덕은 존재하지 않는다고 보는 관점에서는, 도덕은 시대나 장소에 따라 달라지는 상대적인 것이며, 반드시 모든 사회에 적용되어야 하는 것은 아니라고 본다. 이 관점 역시 동일한 문제에 대해 각기 다른 도덕적 기준을 주장할 때 무엇이 옳은지 판단하기가 쉽지 않다는 문제점이 있다.

3 ①

이게 정답 가는 보편적인 도덕의 존재에 대해 긍정적인 태도를, 나는 부정적인 태도를 보이고 있다. 따라서 가는 도덕적 판단의 기준은 시대나 장소에 따라 달라지지 않는 '보편적'인 것이라는 관점을 취하고 있으며, 나는 시대나 장소에 따라 달라지는 '상대적'인 것이라는 관점을 취하고 있음을 알 수 있다.

원리 적용 문제 2

1 장점. 활용 분야　**2** 긍정　**3** ⑤

지문 읽기 최근 주목받고 있는 3차원 프린터의 장점과 적용 분야에 대해 서술하는 글이다. 3차원 프린터는 일반 프린터와 달리 다양한 재료를 쏘아 층층이 쌓아 올리는 방식이기 때문에 모형이나 케이스 등의 실물도 만들 수 있다. 또한 3차원 프린터는 제품의 제작 과정이 간단하고 빠른 시간 안에 적은 비용으로 시제품을 만들 수 있어 여러 회사들이 3차원 프린터를 이용하고 있다. 그 밖에 의료와 우주 항공. 패션, 영화, 건축, 로봇 등의 분야에서도 3차원 프린터를 활용하고 있으며, 3차원 프린터의 적용 분야는 기술 발전에 따라 무한히 확대될 전망이다.

1

각 문단의 중심 내용을 살펴보면 다음과 같다.

가 : 3차원 프린터의 가격이 떨어지고 생산량이 증가하면서 일반 가정에서도 3차원 프린터를 사용할 수 있게 되었다.

나 : 3차원 프린터는 재료를 쏘아 층층이 쌓아 올리는 방식이므로 입체적인 실물 제작도 가능하다.

다 : 3차원 프린터는 제품 제작에 필요한 비용과 시간을 절약할 수 있으며, 특히 소규모 제품 생산에 강점이 있다.

라 : 3차원 프린터는 의료, 우주 항공 등 여러 분야에서 다양하게 활용될 수 있다.

마 : 3차원 프린터의 적용 분야는 무한히 확대될 것으로 예상된다.

3 ⑤

이게 정답 이 글에서는 3차원 프린터만 있으면 빠른 시간 안에 적은 비용으로 시제품을 생산할 수 있으므로, 앞으로 3차원 프린터가 다양한 분야에서 활용될 것으로 보고 있다.

왜 답이 아니지? ① **가**는 3차원 프린터의 가격이 떨어지고 생산량이 증가하면서 일반 가정에서도 3차원 프린터를 접할 수 있게 되었다는 내용일 뿐, 산업 관련 전문가들의 사용이 줄어들 것이라는 의미가 아니다.

② **나**에서 일반 프린터와 3차원 프린터의 작동 방식의 차이점을 언급한 것은 3차원 프린터로 실물 제작이 가능하다는 것을 소개하기 위한 것이다. 이 글에서는 3차원 프린터가 여러 분야에서 활용될 것으로 보고 있으므로, 시장 규모가 커지는 데 제약이 있을 것이라는 내용은 글쓴이의 관점으로 적절하지 않다.

③ **다**에서 생산한 제품에서 오류가 발견될 경우, 컴퓨터로 도면만 수정하면 바로 제품을 다시 만들 수 있다고 하였다.

④ **나**에서 다양한 재료를 층층이 쌓아 올리는 3차원 프린터의 작동 방식을 설명하고 있으며, **라**에서는 3차원 프린터로 복잡하고 정교한 인공물도 생산할 수 있다고 하였다. 따라서 정교한 제품 생산에 적합하지 않다는 내용은 글쓴이의 관점으로 적절하지 않다.

---

02. 주장하는 글 읽기　　📝 종합문제

01~04　미래의 식량, 곤충　　　　　본문 98쪽

01 ③　　**02** ⑤　　**03** ②　　**04** ①

지문 읽기 식용 곤충의 장점을 소개하면서 식용 곤충에 대한 사람들의 인식 개선이 필요함을 강조하고 있는 글이다. 세계의 인구는 지속적으로 증가하고 있지만 식량 생산량을 대폭 늘리는 것은 현실적으로 어렵다. 이에 대한 대안으로 식용 곤충이 대두되고 있는데, 식용 곤충은 매우 경제적인 식재료이며, 영양가도 높다. 소나 돼지를 키우는 데 비해 온실가스 발생량도 현저히 적어서 친환경적이다. 이처럼 식용 곤충은 훌륭한 미래 식량 자원이므로 관련 산업을 육성하고 사람들의 인식 개선을 위해 노력해야 한다.
주제 식용 곤충의 장점과 식용 곤충에 대한 인식 개선의 필요성

01 ③

이게 정답 **마**에서 식용 곤충을 식량 자원화하기 위해서는 관련 산업을 보다 활성화하고, 요리 방법을 다양하게 개발하며, 곤충에 대한 사람들의 부정적인 인식을 변화시키는 등의 노력을 기울여야 한다고 하였다.

왜 답이 아니지? ① **가**에서 '공산물의 생산량을 늘리듯 식량 생산량을 대폭 늘릴 수는 없다.'라고 하였으므로, 공산품에 비해 농축산물의 생산량을 늘리는 것이 더 어려움을 알 수 있다.

② **다**에서 식용 곤충의 단백질 비율이 쇠고기, 생선과 유사하고 오메가 3의 비율은 쇠고기, 돼지고기보다 높다는 내용을 진술하고는

있으나, 식용 곤충의 모든 영양소 함량이 쇠고기나 돼지고기에 비해 훨씬 높다는 의미는 아니다.

④ **나**에서 '식용 곤충을 키우는 데 필요한 토지는 가축 사육에 비해 상대적으로 훨씬 적으며 필요한 노동력과 사료도 크게 절감된다.'라고 하였다.

⑤ **라**에서 곤충을 기를 때 발생하는 온실가스는 소나 돼지의 경우보다 약 100배 정도 적다고 하였으며, 소, 돼지 등을 기를 때 비료나 분뇨에서 발생하는 온실가스가 지구 전체 온실가스 발생량의 18% 이상을 차지한다고 하였다.

02 ⑤　　　　　관련 학습 : Ⅰ-01-④ 주제 파악하기

이게 정답 **마**에서는 앞에서 설명한 식용 곤충의 장점을 요약하면서, 식용 곤충 관련 산업의 활성화와 다양한 요리법 개발, 곤충에 대한 사람들의 부정적인 인식 개선 노력 등의 필요성을 강조하고 있다. 식용 곤충 산업 육성을 위한 방안을 제시하고 있지는 않다.

왜 답이 아니지? ① **가**에서는 전 세계의 인구 증가에 따라 식량 생산량 역시 늘려야 하지만 현실적으로 식량 생산량을 대폭 늘릴 수 없음을 제시하고 있다. 그리고 유망한 미래 식량으로서 곤충이 여러 가지 장점을 갖고 있음을 소개하고 있다.

② **나**에서는 곤충의 성장 속도가 놀랍도록 빠르며, 식용 곤충을 키우는 데 필요한 노동력과 사료도 가축에 비해 크게 절감된다는 점을 들어 곤충이 가진 식재료로서의 경제성에 관해 설명하고 있다.

③ **다**에서는 식용 곤충이 단백질 비율은 쇠고기나 생선과 유사하고 오메가 3 비율은 쇠고기, 돼지고기보다 높으며, 각종 미네랄과 비타민까지 함유하고 있어 영양학적으로 우수하다는 것을 설명하고 있다.

④ **라**에서는 식용 곤충을 기를 때 발생하는 온실가스가 소나 돼지의 경우보다 약 100배 정도 적다는 점을 들어 식용 곤충 사육이 가축 사육보다 친환경적이라는 것을 설명하고 있다.

03 ②　　　　관련 학습 : Ⅱ-02-① 논증 방식─연역법, 귀납법, 유추법

이게 정답 ⊙에서 누에가 태어난 지 20일 만에 몸무게가 1,000배나 늘어나는 것, 그리고 큰메뚜기가 하루 만에 몸집이 2배 이상 커질 수 있다는 것은 각각 개별적인 사례에 해당한다. 이러한 누에와 큰메뚜기의 경우를 일반화하여 '곤충은 성장 속도가 놀랍도록 빠르다.'라는 결론을 내리고 있으므로 귀납법의 논증 방식을 사용하고 있음을 알 수 있다.

왜 답이 아니지? ① ⊙에서 이론을 바탕으로 가설을 검증하고 있는 것은 아니다.

③ 선택지의 내용은 연역법에 대한 설명으로, ⊙은 연역법이 아니라 귀납법을 사용하고 있다.

④ 글의 전체적인 내용을 보면, '자원 고갈과 환경 파괴로 인한 식량 생산량 증가의 어려움'이라는 문제 상황에 대해, '곤충의 식량화'라는 해결 방안을 제시하고 있다고 볼 수 있다. 그러나 이는 글 전체의 내용 전개 방식에 해당하는 것이지, ⊙에 해당하는 것이 아니다.

⑤ 선택지의 내용은 유추법에 대한 설명으로, ⊙은 유추법이 아니라 귀납법을 사용하고 있다.

04 ①　　　　관련 학습 : Ⅱ-02-② 논증의 타당성 판단하기

이게 정답 이 글의 핵심적인 주장은 '식용 곤충은 세 가지 장점(경

제성, 영양가, 친환경성)을 가지고 있어 미래 식량으로서의 가치가 매우 높으므로 이를 활성화해야 한다.'라는 것이다. 따라서 이를 뒷받침하는 근거도 세 가지 장점과 관련된 것이어야 주장의 타당성을 높일 수 있다.

ㄱ은 채식 중심의 식습관이 좋다는 내용을 담고 있으므로 육식을 줄이자는 주장을 뒷받침하는 자료로 쓰일 수는 있으나, 식재료로서 곤충의 가치가 높다는 것을 뒷받침하기에는 적절하지 않은 자료이다.

왜 답이 아니지? ② **가**에서는 가축을 더 키우기 위한 땅과 물이 충분치 않다고 하였다. 그러므로 곤충을 기를 때 필요한 물의 양이 소의 약 5분의 1, 돼지의 약 2분의 1밖에 되지 않음을 나타내는 자료 ㄴ을 주장에 대한 근거로 활용하는 것은 적절하다.

③ **가**에서는 가축 생산량을 마구 늘렸을 때 온실가스 발생 등의 환경 파괴가 유발된다고 하였다. 또한 **라**에서 곤충을 기를 때 발생하는 온실가스는 소나 돼지의 경우보다 약 100배 정도 적다고 하였다. 그러므로 인구 증가에 따른 단백질 공급을 소, 돼지 등의 육류에만 의지할 수 없다는 자료 ㄷ을 주장에 대한 근거로 활용하는 것은 적절하다.

④ **다**에서는 식용 곤충의 영양이 매우 풍부하며 단백질 비율은 쇠고기, 생선과 유사하다고 하였다. 그러므로 곤충이 적은 양의 사료로 많은 양의 단백질을 만들어 낸다는 자료 ㄹ을 주장에 대한 근거로 활용하는 것은 적절하다.

⑤ **가**와 **나**에서 곡물이나 가축을 더 키우기 위한 땅과 물이 충분치 않으며, 곤충을 키우는 데 필요한 토지는 가축 사육에 비해 상대적으로 훨씬 적다고 하였다. 그러므로 지구에는 더 이상의 경작지가 남아 있지 않다는 자료 ㅁ을 주장에 대한 근거로 활용하는 것은 적절하다.

05~08 간접 광고 문제, 어떻게 해결해야 할까?   본문 100쪽

05 ④   **06** ⑤   **07** ④   **08** ⑤

지문 읽기 간접 광고의 문제점을 지적하면서 간접 광고를 제재해야 함을 주장하는 글이다. 2010년부터 허용된 간접 광고는 해가 갈수록 그 정도가 심해져 프로그램의 내용 전개와 무관한 간접 광고로 인한 피해가 심각해지고 있다. 간접 광고는 시청자들의 몰입을 방해하고, 특정 기업이나 상품 등에 대한 무의식적인 각인 효과를 심어 준다. 또한 프로그램의 완성도를 떨어뜨리며 시청자들의 선택권을 빼앗는다는 문제가 있다. 이런 문제를 해결하기 위해서는 법과 규정을 명확히 하는 한편 위반에 따른 법적 제재를 강화해야 하며, 시청자들 역시 과도한 간접 광고에 대한 비판의 소리를 높여야 한다.

주제 간접 광고의 문제점과 해결 방안

---

05 ④

이게 정답 **마**에서 방송법 시행령의 규정이 '제작상 불가피한', '자연스러운 노출'처럼 모호하면 광고주들과 방송사가 법망을 쉽게 피할 수 있게 되어 간접 광고가 과도해지는 것을 막을 수 '없다'고 하였다.

왜 답이 아니지? ① **가**에서 우리나라는 2010년 1월부터 방송 드라마나 오락 프로그램에 간접 광고를 허용하였다고 하였다.

② **다**에서 간접 광고의 대가로 광고주들은 방송 프로그램의 제작비를 지원한다고 하였다.

③ **라**에서 간접 광고는 프로그램 내에 포함되어 있어 시청자가 볼 것인가 말 것인가를 선택할 수 없으며, 이는 시청자를 더욱 수동적인 존재로 만든다고 하였다.

⑤ **나**에서 간접 광고는 특정 기업이나 상품 등에 대한 무의식적인 각인 효과를 시청자에게 심어 주며, 이렇게 되면 시청자들이 비판적 판단을 하지 못하고 간접 광고가 다루는 대상을 무조건적으로 신뢰하는 일이 벌어지게 된다고 하였다.

06 ⑤
관련 학습 : Ⅱ-01-① 설명 방식 ①-정의, 예시, 분류와 분석, 인용
Ⅱ-01-② 설명 방식 ②-비교와 대조, 서사, 과정, 인과

이게 정답 ⑩에서 광고주나 방송사들이 법이나 규정의 모호한 표현을 악용하는 사례가 매년 늘고 있다고는 하였으나, 이에 대한 구체적 사례를 제시하고 있지는 않으므로 예시의 방법으로 설득력을 높이고 있다고 보기는 어렵다.

왜 답이 아니지? ① ㉠에서는 간접 광고라는 용어의 뜻을 정의함으로써 독자가 중심 소재인 간접 광고에 대해 정확히 이해하도록 하고 있다.

② ㉡은 간접 광고의 문제점에 관해 독자에게 질문을 던짐으로써 화제의 범위를 좁히면서 독자의 관심과 흥미를 유발하고 있다.

③ ㉢은 방송 프로그램의 완성도가 떨어지는 이유가 광고주들의 요구 때문이라면서 프로그램의 완성도 저하라는 결과를 가져온 원인을 인과의 방식으로 설명하고 있다.

④ ㉣은 프로그램 앞뒤에 하는 광고와 달리, 간접 광고는 시청 여부를 선택할 수 없다는 점을 대조하여 제시함으로써 시청자들의 선택권을 빼앗는다는 문제점을 지적하고 있다.

07 ④
관련 학습 : Ⅰ-02-① 문단의 기능 파악하기
Ⅰ-02-③ 종속 관계와 대등 관계 파악하기

이게 정답 **가**는 간접 광고의 문제점과 해결책 모색의 필요성을 제기하고 있으며, **나~라**는 간접 광고의 문제점을 병렬적으로 나열하고 있다. **마**와 **바**에서는 문제 해결을 위한 방안을 법적 제재와 시청자의 태도로 나누어 제시하고 있다. 따라서 '**가**/**나**, **다**, **라**/**마**, **바**'로 나누어 볼 수 있다.

08 ⑤
관련 학습 : Ⅱ-02-③ 글의 관점 비교하기

이게 정답 두 가지 관점을 정확히 파악하고 문제에서 요구하는 관점에서 다른 관점을 비판할 수 있어야 한다.

우선 지문의 관점은 '간접 광고는 여러 가지 문제를 일으키므로 제재가 필요하다.'라는 것이고, 〈보기〉의 관점은 '한류 열풍에 힘입어 간접 광고에 등장하는 제품이 큰 인기를 얻고 있으므로 간접 광고 규제를 완화해야 한다.'라는 것이다.

'윗글의 관점에 근거'하라고 했으므로 지문의 관점에서 〈보기〉를 비판하려면 '간접 광고로 인한 문제가 더 크기 때문에 규제가 필요하다.'라는 쪽에 무게가 실려야 한다. 따라서 지문에 제시된 간접 광고의 문제점(프로그램의 완성도가 떨어지는 경우가 빈번함)을 근거로 하여, '간접 광고로 인해 프로그램 완성도가 떨어지면 오히려 한류에 부정적인 영향을 끼칠 것'이라고 비판하는 것이 가장 적절하다.

왜 답이 아니지? ① 간접 광고를 규제한다고 해서 프로그램 제작 여건이 악화될 것이라고 볼 만한 근거가 없으며, 도리어 광고주의 압력에서 벗어날 수 있어서 프로그램의 완성도를 높일 수 있을 것이라는 사실을 **다**를 통해 예상할 수 있다.

② 규제 완화 시에 방송사의 요구를 반영해야 한다는 내용이므로 이는 〈보기〉의 관점에 따른 주장이다.
③ 간접 광고의 문제점을 수용해야 한다는 내용이므로 이는 지문의 관점이 아니라 〈보기〉의 관점에 따른 주장이다.
④ 지문에 언급된 내용과 반대되는 진술이다. 지문의 **다**, **마** 등을 참고할 때, 간접 광고에 대한 규제 완화는 광고주가 바라는 방향이기 때문에 기업과 광고주의 관심이 늘어날 것임을 예상할 수 있다.

09 ③　　**10** ⑤　　**11** ①　　**12** ⑤

지문 읽기 우리나라의 산줄기 체계를 이해하는 두 가지 관점을 소개하는 글이다. 그동안 우리나라의 산줄기 체계는 서구적 관점에서 파악되어 왔는데, 1980년대에 조선 후기 지리서 『산경표(山經表)』가 발견되면서 전통적 관점에 대한 관심이 높아지기 시작했다. 서구적 관점에서는 산들의 지질 구조를 기준으로 산줄기를 나타내며, 이를 '산맥'이라고 부른다. 반면 전통적 관점에서는 산의 등줄기인 산등성이의 연속성을 기준으로 산줄기를 파악하며, 이를 '대간', '정간', '정맥' 등으로 부른다. 글쓴이는 어느 한쪽의 관점을 따르기보다는 두 가지 관점을 함께 고려하는 것이 바람직하다고 이야기하고 있다.
주제 우리의 산줄기 체계를 이해하는 두 가지 관점

09 ③

이게 정답 **나**에서 현재 우리나라에서 사용되는 대부분의 지도는 1900년대 초 일본의 한 지질학자가 서구적 관점으로 연구한 결과를 바탕으로 한 것이라고 하였다. 이 관점에 따른 지도가 '등고선 지도'이며, 일제 강점기부터 지금까지 100년 이상 사용되고 있다고 한 데서 확인할 수 있다.
왜 답이 아니지? ① **다**에서 산등성이의 연속성을 기준으로 산줄기를 파악하는 전통적 관점을 바탕으로 그린 지도가 '산줄기 지도'이며 〈대동여지도〉가 대표적이라고 하였다.
② **나**와 **라**에서 현재 우리나라에서 사용되는 대부분의 지도는 산들의 인접성과 지질 구조를 기준으로 산줄기를 나타내는 서구적 관점을 바탕으로 한 것이라고 하였다.
④ **나**에 제시된 서구적 관점에 따르면, 산의 인접성과 지질 구조를 강조하여 강이 사이에 있더라도 하나의 산맥으로 본다. 따라서 지도상에서는 굵은 선으로 표현된 산맥들이 가는 선으로 표현된 강줄기를 지나갈 수도 있음을 알 수 있다.
⑤ **다**에서 전통적 관점은 백두산에서 시작하여 지리산까지 이어지는 큰 산줄기를 중심으로 나머지 작은 산줄기들이 연결되어 있다고 파악한다고 하였다. 따라서 하나의 선으로 우리나라의 산맥 모두를 연결하여 표현하는 것은 서구적 관점이 아니라 전통적 관점에 따른 것임을 알 수 있다.

10 ⑤　　　　　　　관련 학습 : I–01–④ 주제 파악하기

이게 정답 글쓴이의 궁극적 의도란 결국 글의 주제를 말한다. 이 글의 주제는 **라**에 제시된 것과 같이 '두 가지 관점을 함께 고려하여 우리의 산줄기 체계를 이해해 나가야 한다.'라는 것임을 확인할 수 있다.
왜 답이 아니지? ①, ②, ④는 서구적 관점과 전통적 관점 중 어느

한쪽만을 옹호하는 입장이다.
③ 이 글에서 글쓴이가 산줄기 연구 방법의 문제점을 제기하거나 이에 대한 해결을 촉구하고 있는 것은 아니다.

11 ①　　　　　　　관련 학습 : II–02–③ 글의 관점 비교하기

이게 정답 ㉠의 관점을 옹호하고 주장을 뒷받침하려면 전통적 관점에 따라 산줄기 체계를 이해했을 때의 유용성이나 가치를 담고 있는 자료여야 한다. 따라서 ①에서 백두대간 체계에 맞게 지도나 표지판 등을 교체할 때 비용 문제가 발생할 수 있다는 것은 ㉠의 관점을 옹호하기 위한 자료로 적절하지 않다. 이는 ㉠에 대한 반론을 제기할 때 활용할 수 있는 근거이다.
왜 답이 아니지? ②, ⑤ ㉠의 관점이 갖는 가치를 뒷받침하는 자료로 적절하다.
③, ④ ㉠의 관점이 실생활에 유용하다는 점을 뒷받침하는 자료로 적절하다.

12 ⑤　　　　　관련 학습 : I–02–① 문단의 기능 파악하기
　　　　　　　　　　　 I–02–③ 종속 관계와 대등 관계 파악하기

이게 정답 **가**는 그동안 우리의 산줄기 체계를 파악하는 데 사용되어 온 서구적 관점과, 1980년대에 발견된 전통적 관점을 제시하면서 '도입'의 역할을 하고 있다. 이어 **나**에서는 산들의 인접성과 지질 구조를 기준으로 산줄기를 나타내는 서구적 관점을, **다**에서는 산등성이의 연속성을 기준으로 산줄기를 파악하는 전통적 관점을 자세히 소개하고 있다. 마지막으로 **라**에서는 두 가지 관점을 함께 고려해야 한다고 이야기하며 글을 마무리하고 있다. 따라서 **가**를 도입으로 하여 **나**와 **다**가 병렬적으로 놓여 있으며, **라**에서 마무리되는 구조라고 볼 수 있다.
이상의 전개 과정에 따라 문단을 구조화하면 ⑤처럼 나타낼 수 있다.

13 ②　　**14** ④　　**15** ③　　**16** ②

지문 읽기 자유 무역 체제하에서 세계적 거대 곡물 기업이 시장을 장악하여 식량 문제가 발생한 것을 지적하면서 식량을 자유 무역의 상품으로 내버려 두어서는 안 된다고 주장하는 글이다. 현재 세계 전체의 식량 생산 능력은 세계 인구에 비해 충분히 여력이 있음에도 식량 공급은 지나치게 불공평하고 가격도 너무 높다. 그 이유는 식량 문제의 주도권을 일부 거대 곡물 회사들이 쥐고 있으며, 이들이 인간 생존의 필수 품목인 식량을 자유 무역의 상품으로 취급하면서 곡물 생산량을 임의로 결정하기 때문이다. 또한 선진국들도 저개발 국가에는 자유 무역에 동참할 것을 요구하면서도 자국의 경제 운용에는 최소 생존권을 보장하는 정책을 적용하고 있다. 글쓴이는 인간 생존의 기본 요건인 식량 문제를 자유 무역의 논리로만 다루어서는 안 된다고 주장하고 있다.
주제 식량 문제를 자유 무역의 논리에 맡기면 안 되는 이유

13 ②　　　　　　　관련 학습 : I–01–① 중심 소재 찾기

이게 정답 이 글에서 다루고 있는 문제의 핵심은 '식량 문제를 자유 무역의 논리로 바라보는 것이 과연 옳은가?'이다. 즉 지구의 식량 생산 능력이 충분함에도 불구하고 현재 식량이 모자라고 비싼 값에 거래되는 것은 식량을 자유 무역의 논리로만 다루기 때문임

을 지적하고 있다. 따라서 이 글의 중심 소재로 적절한 것은 '식량 문제'이며, 글쓴이는 이 문제를 자유 무역의 대상으로 다루어서는 안 된다고 주장하고 있음을 알 수 있다.

14 ④

이게 정답 라에서는 식량은 인간 생존의 필수적인 품목이기 때문에 자유 무역의 상품으로 던져두어서는 안 된다는 주장을 펴면서, 선진국도 그런 이유에서 식량 문제에 대해서는 이중적인 태도를 보이는 것이라는 취지로 진술하고 있다. 다른 나라에는 자유 무역의 논리를 내세우면서도 자국 경제를 운용할 때에는 최소 생존권을 보장하는 정책을 적용하는 것은, 기업의 이윤보다 인간의 생존권이 우선임을 인정하기 때문이라는 것이다. 그러므로 라에서는 식량 문제에 대한 선진국의 이중적 태도가 지닌 문제점이 아니라, 그만큼 '식량을 자유 무역의 상품으로 취급해서는 안 된다.'라는 것에 중점을 두어 내용을 전개하고 있음을 알 수 있다.

왜 답이 아니지? ① 가에서는 최근 20여 년 동안 전 세계적으로 자유 무역의 바람이 불면서 식량 또한 자유 무역의 대상으로 여겨지는 현 상황에 대해 문제를 제기하고 있다.

② 나에서는 공급 능력 대비 수요를 고려할 때 지구의 식량 생산 능력이 충분함에도 불구하고 식량 공급이 불평등하여 굶주림에 시달리는 사람들이 너무 많으며, 현재의 식량 가격 또한 너무 높은 현실을 제시하고 있다.

③ 다에서는 현재 식량 문제의 주도권을 쥔 일부 거대 곡물 회사들이 곡물 생산량을 임의로 결정하는 등 무분별하게 이윤을 추구하고 있음을 지적하고 있다.

⑤ 마에서는 식량 문제를 자유 무역의 논리가 아니라 인간의 생존을 위한 차원에서 다루어야 함을 주장하고 있다.

15 ③

이게 정답 ㉠은 심각한 비만 문제와 심각한 빈곤 문제가 지구상에 공존하고 있음을 지적하고 있다. [A]의 왼쪽 그림은 음식에 둘러싸인 사람이 비만이 되어 가는 모습이고, 오른쪽 그림은 먹을 것이 없어 말라 가는 사람들의 모습을 보여 주고 있다. 따라서 [A]는 ㉠에서 설명한 식량 공급의 심각한 불균형 상태를 그림을 통해 시각적으로 보여 줌으로써 글쓴이의 주장을 강조하고 있다고 볼 수 있다.

왜 답이 아니지? ①, ② 그림을 통해 정보를 보충하거나 사실적 장면을 제시할 수는 있으나, 이 글에서 [A]가 화제를 전환하거나 앞의 내용을 반박하는 데 사용된 것은 아니다.

④, ⑤ [A]를 통해 추상적인 개념을 구체화하거나 글 전체의 내용을 일반화하고 있는 것은 아니다.

16 ②

이게 정답 다에서 '2008년 세계 곡물 파동 당시 ~ 수많은 빈민들이 굶주림으로 허덕였을 때 오히려 이 회사들의 이익은 40% 이상 높아졌다.'라고 하였고, 라에서는 '식량을 자유 무역의 상품으로 던져둘 수 없는 이유가 여기에 있다.'라고 하였으며, 최종적으로 마에서는 '인간 생존의 기본 요건인 식량 문제를 자유 무역의 대상으로 다루어서는 안 된다.'라고 하였다. 이를 통해 볼 때 글쓴이는 식량을 자유 무역의 상품으로 취급하는 것에 대해 비판적인 입장임을 알 수 있다.

왜 답이 아니지? ① 마에서 식량 문제를 자유 무역의 논리로만 다루면 식량 불균형 현상은 더욱 심해질 것이라고 하였다.

③, ⑤ 라에서는 선진국들이 '저개발 국가에는 자유 무역에 동참할 것을, 그래서 그 국가의 정부가 시장에 개입하지 못하도록 요구하면서도 자국의 경제를 운용할 때에는 굶주림에 시달리는 불행한 국민이 없도록 최소 생존권을 보장하는 정책을 적용하고 있다.'라고 하였다. 즉, 글쓴이는 자유 무역에 동참하여 식량 시장을 개방하는 것보다 국민들의 최소 생존권을 보장하는 정책을 우선시해야 하며, 오히려 저개발 국가에만 자유 무역을 요구하는 선진국의 태도가 문제라고 생각함을 짐작할 수 있다.

④ 다에서 '거대 곡물 회사들은 높은 수익을 얻기 위해 주도권을 행사하고 있으며, 바로 여기에 문제가 있다.'라고 하였으므로, 거대 곡물 회사가 식량 생산을 통제하는 것을 문제로 보고 있음을 알 수 있다.

17~20 공공 디자인의 두 가지 기능 본문 106쪽

17 ③ **18** ② **19** ② **20** ④

지문 읽기 보다 나은 공공 디자인을 위해 실용적 기능과 미적 기능의 균형을 생각해야 함을 강조하면서 국내외의 사례를 소개하는 글이다. 덴마크 디자이너 예페 하인의 벤치, 영국 디자이너 로스 러브그로브의 '솔라 트리', 우리나라의 '전주 연돌 탑'은 공공 디자인에 창의적 상상력, 자연의 아름다움, 인간미를 더한 인상 깊은 디자인으로 꼽힌다. 이처럼 공공 디자인은 실용적 기능과 미적 기능이 균형을 이룰 때 효과가 더욱 크게 발휘될 수 있다.

주제 공공 디자인에 미적 기능을 고려해야 할 필요성

17 ③

이게 정답 이 글의 중심 내용은 공공 디자인에서 실용적 기능과 미적 기능이 균형을 이루어야 한다는 것으로, 나~라에서 미적 기능의 사례로 창의적 상상력, 자연의 아름다움, 인간미를 들고 있다. 즉, '인간미'와 '창의적 상상력', '자연의 아름다움'은 모두 '미적 기능'에 포함되는 개념이다. 따라서 성격이 다른 하나는 '실용적 기능'임을 알 수 있다.

18 ②

이게 정답 나에서 예페 하인의 벤치들은 실용적 기능에 창의적 상상력이 더해져 사람들에게 재미와 즐거움까지 주게 된 좋은 사례로 제시된 것이다. 따라서 실용적 기능이 없는 공공 디자인의 사례가 아니며, 실용적 기능을 더욱 강화하자는 것도 글의 중심 내용과는 거리가 멀다.

왜 답이 아니지? ① 가에서는 '2017년 공공 디자인 만족도 조사'의 결과를 근거로 공공 디자인 개선의 필요성을 주장하고 있다.

③ 다에서는 '솔라 트리'를 예로 들어 공공 디자인에 자연의 아름다움을 더하면 사람들에게 만족감과 편안함을 줄 수 있음을 제시하고 있다.

④ 라에서는 '전주 연돌 탑'을 예로 들어 공공 디자인에 인간미를 더하면 사람들에게 깊은 인상을 줄 수 있음을 보여 주고 있다.

⑤ 마에서는 바닥 분수, 안내 표지판, 보행자 우선 도로의 타일 등 구체적인 사례를 통해 공공 디자인이 일상생활과 밀접하게 연관

되어 있음을 근거로 실용적 기능과 미적 기능이 조화된 공공 디자인이 많아져야 함을 강조하고 있다.

19 ② 관련 학습 : Ⅱ-01-① 설명 방식 ①-정의, 예시, 분류와 분석, 인용
Ⅱ-01-② 설명 방식 ②-비교와 대조, 서사, 과정, 인과

이게 정답 〈자료 2〉는 공공 디자인의 실용적 기능에 창의적 상상력이 더해진 경우를 보여 주는 사례이지, 벤치 디자인의 변화를 시간의 흐름에 따라 보여 주는 것은 아니다. 또 사람들이 각양각색의 자세로 설 수 있도록 하였다는 점에서 애초부터 다양한 형태로 디자인되었음을 짐작할 수 있다.

20 ④ 관련 학습 : Ⅰ-02-① 문단의 기능 파악하기
Ⅰ-02-③ 종속 관계와 대등 관계 파악하기

이게 정답 **가**는 공공 디자인에 미적 기능을 더해야 할 필요성을 언급하면서 화제를 제시하는 도입 문단이고, **나~라**는 미적 기능을 더한 공공 디자인의 사례를 각각 제시하고 있으므로 대등 관계의 문단이 병렬적으로 제시되어 있음을 알 수 있다. **마**는 앞서 예로 든 것과 같은 디자인이 일상생활에 더 많아져야 함을 강조하면서 글을 마무리하고 있다.
이상의 전개 과정에 따라 문단을 구조화하면 ④처럼 나타낼 수 있다.

---

03. 글의 구성 활용하기 ① 예측 및 추론하기
본문 108쪽

원리 적용 문제 1

1 블루, 레드, 퍼플 **2** 경쟁 (4) 소비자 **3** ③ **4** 상황(여건), 바뀔(변화할)
지문 읽기 경쟁 상황에 따라 시장을 '블루 오션, 레드 오션, 퍼플 오션'으로 나누어 그 특징을 소개하는 글이다. 이러한 시장 종류는 소비자의 요구에 따라 언제든지 바뀔 수 있음을 밝히고 있다.

3 ③

이게 정답 **나**에서는 레드 오션의 개념을 설명하고 있는데, 바다의 포식자들이 먹이를 낚아채기 위해 서로 경쟁하는 상황에 비유하여 표현하고 있다. **다**에서 예로 든 즉석밥 시장의 경우를 살펴보면, 새롭게 즉석밥 시장에 뛰어든 경쟁 업체들은 소비자들의 선택을 받기 위해 치열한 경쟁을 하게 된다. 이를 연결하여 보면 바다는 시장을, 포식자는 업체를, 먹이는 소비자를 의미한다고 볼 수 있으므로, 레드 오션이란 '경쟁 업체들이 고객을 확보하기 위해 치열한 경쟁을 벌이는 상태'를 의미함을 알 수 있다.
왜 답이 아니지? ① 블루 오션에 대한 설명이다.
④ 퍼플 오션에 대한 설명이다.

원리 적용 문제 2

1 매사냥 **2** 정의, 대조 **3** ③ **4** 우리나라 매사냥의 유래
지문 읽기 현재까지도 명맥을 이어 가고 있는 우리의 전통 문화유산인 매사냥에 관해 여러 가지 정보를 전달하는 글이다.

---

3 ③

이게 정답 **나**에서 '매사냥의 주인공은 사람이 아니라 매'라고 하였고, **다**의 첫 문장에서 '아무' 매나 매사냥의 주인공이 될 수는 없다고 하였으므로, 어떤 '특별한' 매만이 매사냥을 할 수 있음을 짐작할 수 있다. 따라서 ㉠에는 매사냥에 쓰이는 매의 특징이나 일반적인 매와는 다른 점에 관한 내용이 담길 것이다.

---

03. 글의 구성 활용하기 ② 요약하기
본문 112쪽

원리 적용 문제 1

1 잊힐 권리, 잊힐 권리 **2** 언론사, 국민, 현실적 **3** 표현의 자유, 알 권리, **예** 표현의 자유를 제한하고 알 권리를 침해할 가능성이 있다.
지문 읽기 인터넷에서 생성·저장·유통되는 개인 정보에 대해 유통 기한을 정하거나 이의 수정, 삭제, 영구적인 폐기를 요청할 수 있는 권리인 '잊힐 권리'의 개념을 소개하고, 잊힐 권리의 법제화에 관한 찬반 주장의 근거를 제시하는 글이다.

---

03. 글의 구성 활용하기 종합문제

01~03 끊임없이 변화하는 우리의 뇌
본문 114쪽

01 ⑤ **02** ① **03** **예** 우리의 뇌는 경험에 따라 변화한다.
지문 읽기 경험에 따라 뇌의 기능과 조직이 변화한다는 사실을 설명하는 글이다. 그동안 인간의 뇌는 영역별로 나누어 맡는 기능이 고정되어 있다고 여겨져 왔지만, 최근의 연구에 따르면, 경험에 따라 대뇌 겉질을 비롯한 뇌의 각 영역이 맡는 기능이 달라지기도 한다는 것이 밝혀졌다. 뿐만 아니라 경험은 뇌 조직 자체에 변화를 일으키기도 하는 것으로 나타났다.
주제 경험에 따라 변화하는 우리의 뇌

01 ⑤ 관련 학습 : Ⅱ-01-① 설명 방식 ①-정의, 예시, 분류와 분석, 인용
Ⅱ-01-② 설명 방식 ②-비교와 대조, 서사, 과정, 인과

이게 정답 ㉠은 서로 다른 환경에서 다른 경험을 쌓은 택시 기사와 버스 기사의 뇌가 어떻게 다른지, 즉 차이점에 초점을 맞춰서 설명하는 대조의 방식을 사용하고 있다. 선택지 ⑤도 마찬가지로 복싱과 킥복싱의 차이점에 초점을 맞춰 설명하는 대조의 방식을 사용하고 있다.
왜 답이 아니지? ① 철학의 개념을 명확히 밝혀서 규정하는 정의의 설명 방식을 사용하고 있다.
② 현악기라는 대상을 연주 방법이라는 기준에 따라 세 가지 종류로 나누어 설명하는 분류의 방식을 사용하고 있다.
③ 마우스를 몇 개의 단순한 요소나 부분들로 쪼개어 구성 성분을 설명하고 있으므로 분석의 방식을 사용하고 있다.
④ 친환경 에너지의 비율이 높아지는 것이 원인이 되어 환경이 깨끗해지는 결과가 나타날 것이라고 설명하고 있으므로 인과의 방식을 사용하고 있다.

이게 정답 어떤 관점을 다른 경우에 적용하기 위해서는, 우선 그 관점이 무엇인지를 정확히 파악해야 한다. 이 글의 주된 관점은 '경험이 뇌를 변화시킨다.'라는 것이다. 이러한 관점에 따르면, 누군가 어떤 성과를 냈다면, 그만큼 많은 경험을 했을 것이며, 그 경험이 성과를 이루어 내도록 뇌를 변화시켰기 때문이라고 생각할 것이다. 따라서 〈보기〉의 민수가 바둑 대회에서 결승에 진출할 만큼 바둑을 잘 두게 되었다면, 민수가 바둑을 접한 경험이 많기 때문일 것이라고 보는 것이 이 글의 관점이다.
①은 경험과 무관하게 한 번의 행운에서 성과의 원인을 찾고 있으므로 이 글의 관점과는 거리가 멀다.

왜 답이 아니지? ②~⑤ 평소에 바둑 프로그램을 시청하거나 혼자 바둑 두는 연습을 하는 것, 다른 대회에 나가서 여러 상대와 바둑을 두는 것 등 바둑과 관련된 많은 경험을 함으로써 민수가 바둑을 잘 두게 되었을 것이라고 보고 있으므로, 이 글의 관점과 일치한다.

03　　　　　　　　　　　　　　관련 학습 : Ⅱ-03-② 요약하기

이게 정답 이 글을 이루고 있는 각 문단의 중심 내용을 바탕으로 글 전체의 주제를 요약하는 문항이다. 이 글에서는 **나**의 빛 차단 실험, **다**와 **라**의 운전 기사의 해마 관찰 결과, **마**의 명상하는 사람과 연주자의 뇌 관찰 결과를 바탕으로 **바**에서 이를 종합하여 경험에 따라 뇌가 변한다는 결론을 내리고 있다. 그러므로 글에 제시된 연구 결과를 고려할 때 '우리의 뇌는 경험에 따라 변화한다.'라는 내용이 들어가는 것이 가장 적절하다.

04~07 로봇 시대, 인간의 일　　　　　　　　본문 116쪽

04 ②　　**05** ③　　**06** ④　　**07** ⑤

지문 읽기 이 글은 인공 지능의 발전과 그에 따른 인류의 과제에 대해 다루고 있다. 이 글을 정확히 이해하기 위해서는 각 문단의 중심 내용을 파악하고, 이를 바탕으로 전체적인 흐름을 이해하는 것이 중요하다.
인공 지능은 사람과 비슷하게 인지적 기능을 수행할 수 있는 컴퓨터 프로그램이다. 그 발전이 인류에게 축복이 될지 재앙이 될지는 알 수 없지만, 이는 인류에게 새로운 두 가지 과제를 던져 주고 있다. 첫 번째는 강력한 인공 지능을 어떻게 통제할 수 있느냐 하는 문제로 입법적, 기술적 차원에서 다양한 방법을 모색할 수 있다. 두 번째는 인공 지능이 모방할 수 없는 인간의 특징을 찾아 인간의 가치를 높이는 것이다. 감정과 의지는 인간을 규정하는 본능으로, 기계에 가르칠 수 없는 속성이다. 따라서 인공 지능 시대에 우리는 이러한 과제를 해결하면서 인간의 가치와 본질을 지켜야 한다.
주제 인공 지능의 발달과 그에 따른 인류의 과제

04 ②　　　　　　　　관련 학습 : Ⅱ-01-③ 설명 방식과 내용 전개 방식

이게 정답 이 글은 중심 소재인 인공 지능의 개념을 제시하고, 그에 따른 양면적 전망과 과제를 제시하고 있다. 하지만 인공 지능의 종류와 특징에 대해서는 언급하지 않았다.

왜 답이 아니지? ① **가**에서 '인공 지능은 사람처럼 또는 사람과 비슷하게 인지적 기능을 수행할 수 있는 컴퓨터 프로그램'이라며, 중심 소재인 인공 지능의 개념을 제시하고 있다.

---

③ 도입부에 해당하는 **가**에서 '반길 일인가, ~ 경계해야 할 일인가?'라는 질문을 통해 인공 지능에 대한 독자의 관심을 유도하고 있다.
④ **가**와 **나**에서 인공 지능에 대한 스티븐 호킹과 유발 하라리의 견해를 인용하여 제시하고 있다.
⑤ **나**의 마지막 부분에서 인공 지능의 발달이 우리에게 던지는 새로운 과제는 두 갈래라고 하였으며, 이 두 가지를 **다**와 **라**에서 각각 제시하고 있다.

05 ③

이게 정답 **라**에서 인간에게는 감정과 의지가 있기 때문에 인공 지능이 인간의 의식 현상을 구현하더라도 사람과 인공 지능은 여전히 구분될 것이라고 하였다.

왜 답이 아니지? ① **나**에서 인공 지능의 발전이 인류에게 축복이 될지, 재앙이 될지는 알 수 없다고 하였다.
② **다**에서 인공 지능을 통제할 방법으로 입법적, 기술적 차원을 고려할 수 있다고 하였다.
④ **라**에서 인간의 감정과 의지는 진화의 과정에서 선택된 생존 전략의 결과라고 하였다.
⑤ **마**에서 인류의 역사와 문명은 결핍과 고통에서 느낀 감정을 동력으로 발달해 온 고유의 생존 시스템이라고 하였다.

06 ④　　　　　　　　　　관련 학습 : Ⅱ-03-① 예측 및 추론하기

이게 정답 이 글에서는 인공 지능이 모방할 수 없는 인간의 특징을 찾아 인간의 가치를 높여야 한다고 강조하고 있다. 이를 바탕으로 볼 때, 인간의 고유한 속성을 발휘하여 인공 지능 시대에 대응하는 것이 ㉠'인공 지능 시대 우리가 가야 할 사람의 길'임을 알 수 있다.

왜 답이 아니지? ① 인공 지능의 발달을 경계해야 한다는 의견이 있는 것이지, 인공 지능을 없애야 한다고 보지는 않았다.
② 인간의 자리를 인공 지능으로 대체하는 것은 인간의 가치를 높이는 것이 아니라 도리어 낮추는 것으로 볼 수 있다.
③ 인간의 고유한 속성이 감정과 의지라고는 하였으나, 인공 지능에 감정을 부여해야 한다고 하지는 않았다.
⑤ 인공 지능의 장점과 인간의 장점을 결합하는 방법에 대해 언급하지는 않았다.

07 ⑤

이게 정답 ⓔ '대응'은 '어떤 일이나 사태에 맞추어 태도나 행동을 취함'이라는 뜻으로 사용되었다. 하지만 선택지 ⑤에서는 '어떤 두 대상이 주어진 어떤 관계에 의하여 서로 짝이 되는 일'이라는 뜻으로 사용되었다.

왜 답이 아니지? ① ⓐ '역전'과 선택지의 '역전' 모두 '형세가 뒤집힘. 또는 형세를 뒤집음'이라는 뜻으로 사용되었다.
② ⓑ '통제'와 선택지의 '통제' 모두 '일정한 방침이나 목적에 따라 행위를 제한하거나 제약함'이라는 뜻으로 사용되었다.
③ ⓒ '모방'과 선택지의 '모방' 모두 '다른 것을 본뜨거나 본받음'이라는 뜻으로 사용되었다.
④ ⓓ '규정'과 선택지의 '규정' 모두 '내용이나 성격, 의미 따위를 밝혀 정함. 또는 그 정하여 놓은 것'이라는 뜻으로 사용되었다.

01 뇌가 알아서 답을 찾아요, '휴리스틱'

01 ⑤　**02** ①　**03** ③　　　　　　본문 122쪽

| 지문 분석하기 |

★ Self 문단 체크
(1) (과거) 경험 (2) 닮았는지 (3) 회상 용이성 (4) 상상 (5) 효율적

★ 한눈에 보는 문단 구조도

| 지문 다시 보기 |

가 사람들은 하루에도 수많은 일들을 판단하면서 살아간다. 판단을 할 때마다 필요한 모든 정보를 수집하여 이용하고자 하면, 정보를 수집하는 것도 힘들뿐더러 그 정보를 처리하는 것도 부담이 된다. 그렇기 때문에 사람들은 과거 경험을 바탕으로 어림짐작을 하게 되는데, 이를 휴리스틱이라고 한다. 이 _{휴리스틱의 개념} 러한 휴리스틱에는 대표성 휴리스틱과 회상 용이성 휴리스틱, 그리고 시뮬레이션 휴리스틱 등이 있다. _{휴리스틱의 종류}

나 대표성 휴리스틱은 어떤 대상이 특정 집단에 속할 가능성을 판단할 때, 그 대상이 특정 집단의 전형적인 이미지와 _{대표성 휴리스틱의 개념} 얼마나 닮았는지에 따라 판단하는 경향을 말한다. 우리는 키 198cm인 사람이 키 165cm인 사람보다 농구 선수일 가능성이 _{대표성 휴리스틱의 작용 사례} 높을 것이라 판단한다. 이와 같이 대표성 휴리스틱은 흔히 첫인상을 형성할 때나 타인에 대해 판단을 할 때 작용한다. 그런데 대표성 휴리스틱에 따른 판단은 그 대상이 가지고 있는 특 _{대표성 휴리스틱이 작용되는 상황} 정 집단의 전형적인 속성에만 주목하여 이루어진 것이다. 따라서 이러한 판단은 신속한 결정을 내리는 데 도움이 되기도 하지만, 항상 정확하고 객관적인 것이라고 보기는 어렵다. _{대표성 휴리스틱에 의한 판단의 장점과 한계}

다 회상 용이성 휴리스틱은 당장 머릿속에 잘 떠오르는 정보에 의존하여 판단하는 경향을 말한다. 「사람들에게 작년 겨울 _{회상 용이성 휴리스틱의 개념} _{「 」: 회상 용이성 휴리스틱의 작용 사례 ①} 독감에 걸린 환자들이 얼마나 많았는지 물어보면, 일단 자기 주변에서 발생한 사례들을 떠올려 추정하게 된다.」이러한 추정은 적절할 수도 있지만, 실제 발생 확률과는 다를 수도 있다.

사람들은 최근에 자신이 경험한 사례, 생동감 있는 사례, 충격 _{회상 용이성 휴리스틱이 일어나는 이유} 적이거나 극적인 사례들을 더 쉽게 회상한다. 그래서 「비행기 사고 장면을 담은 충격적인 뉴스 보도 영상을 접하게 되면, 그 장면이 자꾸 떠올라 자동차보다 비행기가 더 위험하다고 생각 _{「 」: 회상 용이성 휴리스틱의 작용 사례 ②} 하게 되는 것이다.」그러나 이것은 실제 사고 발생 확률을 고려 _{회상 용이성 휴리스틱의 한계} 하지 못한 잘못된 판단이다.

라 시뮬레이션 휴리스틱은 과거에 발생한 특정 사건이나 미래 _{시뮬레이션 휴리스틱의 개념} 에 일어날 일들을 마음속에 떠올려 그 장면을 상상해 보는 것이다. 범죄 용의자를 심문하는 경찰관이 그 용의자의 진술에 _{시뮬레이션 휴리스틱의 작용 사례} 기초해서 범죄 장면을 머릿속에 그려 보는 것이 이에 해당한다. 이때 경찰관은 그 용의자를 범인으로 가정해야만 그가 범죄를 저지르는 장면을 머릿속에 떠올려 볼 수 있다. 「이러한 가상적 장면을 자꾸 머릿속에 떠올리다 보면, 그 용의자가 정말 범인인 것처럼 생각하게 된다. 그래서 그가 범인임을 입증하는 객관적인 증거를 충분히 수집하기도 전에 그를 범인이라고 판단할 가능성이 높아지는 것이다.」 _{「 」: 시뮬레이션 휴리스틱이 작용할 때 생길 수 있는 문제점}

마 이처럼 휴리스틱은 종종 판단 착오를 낳기도 하지만, 경험 _{휴리스틱의 의의 – 중심 문장} 에 기반하여 답을 찾는 효율적인 방법이라고 볼 수도 있다. 일상생활에서 우리의 판단과 추론이 항상 합리적인 사고 과정을 거쳐 일어나는 것은 아니다. 우리는 '결정을 위한 시간이 많지 않다.'는 가정을 무의식적으로 하고 있다. 휴리스틱은 우리가 _{휴리스틱의 작용 과정과 유용성} 쓰고 싶지 않아도 거의 자동적으로 작용한다. 그리고 수많은 대안 중 순식간에 몇 가지 혹은 단 한 가지의 대안만을 남겨 판단하기 쉽게 만들어 준다. 이런 점에서 인간은 ㉠'인지적 구두쇠'라고 할 만하다. _{일상생활에서의 일들을 판단하고 결정하는 데 많은 시간을 쓰거나 투자하려 하지 않음}

01 ⑤　　　　관련 학습 : I-01-③ 중심 문장과 뒷받침 문장 구분하기
　　　　　　　　　　　　　　　　I-01-④ 주제 파악하기

풀이 방향 각 문단의 중심 문장과 뒷받침 문장을 구분하여 읽으면서 선택지의 내용이 지문의 내용과 일치하는지 확인한다.

이게 정답 가 에서는 휴리스틱의 개념을 설명하고 있는데, 휴리스틱은 다른 사람의 입장이 되어 가상적인 상황을 생각하는 것이 아니라, 과거 경험을 바탕으로 어림짐작하는 것임을 알 수 있다. 또한 마 에서는 휴리스틱이 종종 판단 착오를 낳기도 한다고 하였으므로, 항상 정확하고 객관적인 판단을 내릴 수 있다고 보기는 어려움을 알 수 있다.

왜 답이 아니지? ① 가 의 중심 문장인 '사람들은 과거 경험을 바탕으로 어림짐작을 하게 되는데, 이를 휴리스틱이라고 한다.'를 통해 확인할 수 있다.

② **다**의 '사람들은 최근에 자신이 경험한 사례, 생동감 있는 사례, 충격적이거나 극적인 사례들을 더 쉽게 회상한다.'를 통해 확인할 수 있다.

③ **마**에서 '이처럼 휴리스틱은 종종 판단 착오를 낳기도 하지만, 경험에 기반하여 답을 찾는 효율적인 방법'이라고 하였으며, **나**~**라**에서는 각각 대표성 휴리스틱과 회상 용이성 휴리스틱, 그리고 시뮬레이션 휴리스틱이 판단 착오를 낳게 되는 경우에 대해 언급하고 있다.

④ **라**에서 용의자를 심문하는 경찰관이 '가상적 장면을 자꾸 머릿속에 떠올리다 보면, 그 용의자가 정말 범인인 것처럼 생각하게 된다.'라고 한 데서 확인할 수 있다.

02 ①
관련 학습 : I-01-**2** 접속어와 지시어 활용하기
II-02-**2** 논증의 타당성 판단하기

풀이 방향 비유적 표현의 의미를 추론하는 문제로, 사실 ㉠은 글쓴이의 판단이나 결론을 나타낸 표현으로 볼 수 있다. 그러므로 글쓴이가 그러한 판단을 내릴 만한 근거를 지문에서 찾아야 한다. ㉠ 앞에 '이런 점에서'라는 구절이 있으므로, '이런 점'이 가리키는 내용을 활용하면 ㉠의 의미를 파악해 볼 수 있다.

이게 정답 **마**에서 '휴리스틱은 우리가 쓰고 싶지 않아도 거의 자동적으로 작용한다. 그리고 수많은 대안 중 순식간에 몇 가지 혹은 단 한 가지의 대안만을 남겨 판단하기 쉽게 만들어 준다.'라고 하였다. 즉, 휴리스틱은 우리가 여러 가지 가능성이나 대안을 비교하고 따질 필요가 없도록 해 준다는 뜻이다. 이를 통해 인간은 늘 시간과 노력을 들여 합리적인 사고를 하는 것이 아니라, 휴리스틱에 따라 자동적으로 사고하며 인지적 노력을 절약하는 경향이 있음을 알 수 있다. 또한 ㉠에 사용된 '구두쇠'는 '돈이나 재물 따위를 쓰는 데에 몹시 인색한 사람'이라는 뜻이므로, 이는 비교하고 따지는 노력을 하지 않으려는 인간의 속성을 비유한 표현으로 볼 수 있다. 그러므로 ㉠은 인간이 세상의 수많은 일들을 판단할 때 가능하면 노력을 덜 들이려는 경향이 있음을 나타내는 것임을 알 수 있다.

왜 답이 아니지? ② 인간이 주변 세계에 의미를 부여하고 앞으로 일어날 일을 예측하려는 욕구를 가지고 있다는 내용은 제시되어 있지 않다.

③ **가**에서 '판단을 할 때마다 필요한 모든 정보를 수집하여 이용하고자 하면, 정보를 수집하는 것도 힘들뿐더러 그 정보를 처리하는 것도 부담이 된다.'라고 하였으므로, 인간이 정보 수집과 처리에 필요한 시간과 노력을 아끼고자 하는 경향을 갖고 있음을 알 수 있다. 인간이 과학적이고 체계적으로 정보를 처리하여 정확하고 객관적인 판단을 하는 데에는 시간과 노력이 필요하므로 ㉠의 개념과는 거리가 멀다.

④ **마**에서 '휴리스틱은 우리가 쓰고 싶지 않아도 거의 자동적으로 작용한다.'라고 하였으므로 인간이 휴리스틱을 의도적으로 사용한다고 보기는 어렵다.

⑤ **마**에서 휴리스틱은 '수많은 대안 중 순식간에 몇 가지 혹은 단 한 가지의 대안만을 남긴다고 하였으므로, 인간이 일상생활 속에서 판단이나 결정을 할 때 가능한 모든 대안의 장점과 단점을 분석하여 결론을 도출하는 것은 아님을 알 수 있다.

03 ③
관련 학습 : II-03-**1** 예측 및 추론하기

풀이 방향 지문의 내용을 바탕으로 〈보기〉의 실험 결과가 나온 이유를 추론하는 문제이다. 휴리스틱이 과거 경험을 바탕으로 어림짐작하는 것이라는 점과 대표성 휴리스틱의 개념을 염두에 두고, 실험 참가자들이 그러한 판단을 한 이유를 추론해 본다.

이게 정답 객관적 확률로는 B가 A보다 발생할 확률이 높을 수 없다. 그럼에도 불구하고 사람들은 영미에 관한 정보를 바탕으로 A보다 B일 가능성이 더 높다고 판단하였다. 이는 영미에 관한 정보가 '여행 블로그를 운영하는' 사람의 전형적인 속성과 유사하기 때문에 일어난 판단 착오이다. 즉, 감성적이며 새로운 곳에 대한 호기심이 많고 사진 동아리에서 꾸준히 활동하였다는 영미의 정보가, 여행 블로그 운영자에 대해 사람들이 갖고 있는 전형적인 속성과 일치했기 때문에 사람들은 영미가 B일 가능성이 높다고 판단한 것이다. 이는 어떤 대상이 특정 집단에 속할 가능성을 판단할 때, 그 대상이 특정 집단의 전형적인 이미지와 얼마나 닮았는지에 따라 판단하는 대표성 휴리스틱에 의한 것으로 볼 수 있다. 즉, 영미에 관한 정보들을 통해 은행원보다는 여행 블로그 운영자가 더 어울릴 것이라고 생각해서 실제로는 가능성이 더 적은 B를 선택한 것이다.

왜 답이 아니지? ① 지문의 내용과는 거리가 멀다.

② 영미가 여행 블로그 운영자일지 은행원일지에 대해 판단하는 것이므로, 여행 블로그의 특징에 대해 판단할 필요는 없다.

④ 질문에 대답한 사람들이 개인적으로 여행 블로그를 검색한 경험은 영미가 어떤 사람일지에 관한 판단에 영향을 주기 어렵다.

⑤ **라**의 시뮬레이션 휴리스틱을 참고할 때, 사람들이 영미가 은행원이 된 모습을 머릿속에 자꾸 떠올리다 보면, 영미를 정말 은행원으로 생각하게 될 수도 있을 것이다. 그러나 그렇다고 해도 대부분의 사람들이 B를 선택하지는 않았을 것이다. 사람들이 영미가 B일 가능성이 더 높다고 판단한 것은 영미가 은행원일 가능성이 높아서가 아니라, 영미가 여행 블로그를 운영하는 사람일 가능성이 높아서이기 때문이다.

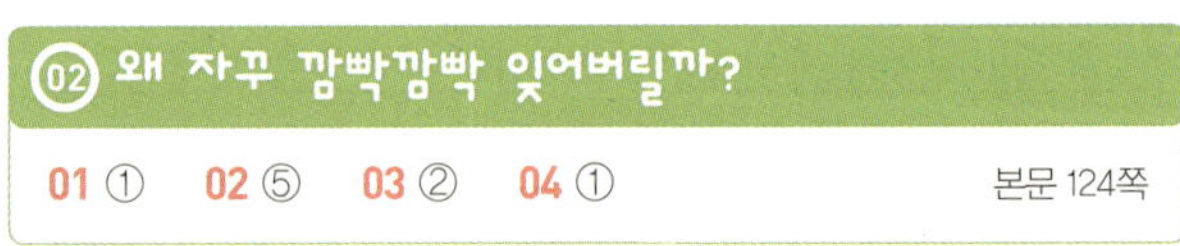

| 지문 분석하기 |

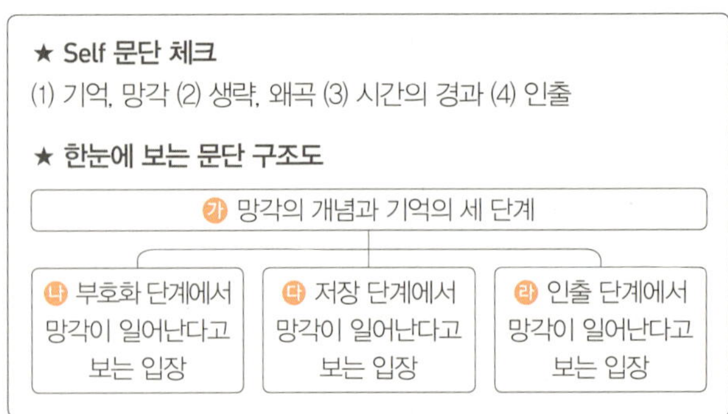

가 인간을 흔히 망각의 동물이라고 한다. 망각이란 기억과 반대되는 개념으로 일종의 기억 실패에 해당한다. 기억은 외부의 정보를 기억 체계에 맞게 부호로 바꾸어 저장 및 인출하는 것으로 부호화 단계, 저장 단계, 인출 단계로 나뉜다. 심리학에서는 기억 실패가 기억의 세 단계 중 어느 단계에서 일어난다고 보느냐에 따라 망각 현상을 각기 다르게 설명한다.

나 ㉠부호화 단계와 관련하여 망각을 설명하는 입장에서는 외부 정보가 부호화되는 과정에서 정보의 일부가 생략되거나 왜곡되어 망각이 일어난다고 본다. 부호화란 외부 정보를 기억의 체계에 맞게 변환하는 과정으로, 부호에는 음운 부호와 의미 부호 등이 있다. 음운 부호는 외부 정보가 발음될 때 나는 소리에 초점을 둔 부호이고, 의미 부호는 외부 정보의 의미에 초점을 둔 부호이다. 「가령 '8255'라는 숫자를 부호화할 때, [팔이오오]라는 소리로 부호화하는 것은 전자에 해당하고, '빨리 오오.'와 같이 의미로 부호화하는 것은 후자에 해당한다.」 의미 부호는 외부 정보가 갖는 의미에 집중하여 부호화하는 것이므로, 음운 부호에 비해 정교화가 잘 일어난다. 정교화는 외부 정보를 배경지식이나 상황 맥락 등의 부가 정보와 밀접하게 관련시키는 것이다. 부호화 단계에서 망각을 설명하는 학자들은 정교화가 잘된 정보가 그렇지 않은 정보보다 기억에 유리하여 망각이 잘 일어나지 않는다고 주장한다.

다 ㉡저장 단계에서 망각이 일어난다고 보는 입장에서는 망각을 부호화 단계에서의 문제가 아니라, 저장 단계에서 정보가 사라지는 현상으로 설명한다. 즉 망각은 부호화가 되어 저장된 정보 중 사용하지 않는 정보가 시간의 경과에 따라 상실된다는 것이다. 「독일의 심리학자 에빙하우스는 학습을 통해 저장된 단어가 시간의 경과에 따라 망각되는 양상을 알아보는 실험을 하였다. 그 결과 학습이 끝난 직후부터 망각이 일어나기 시작해서 1시간이 지나자 학습한 단어의 약 44% 정도가 망각되었다.」 이를 근거로 저장 단계에서 망각을 설명하는 학자들은 망각은 저장 단계에서 일어나는 현상이며 시간의 흐름에 비례하여 나타난다고 주장하였다. 그리고 학습 직후 복습을 해야 학습 효과가 높다는 것을 강조하였다.

라 ㉢인출 단계에서 망각이 일어난다고 보는 입장에서는 망각을 저장된 정보가 제대로 인출되지 못하여 나타나는 현상으로 설명한다. 즉 망각은 저장된 정보가 사라지는 것이 아니라, 이를 밖으로 끄집어내지 못해서 나타난다는 것이다. 저장된 정보를 인출해 내기 위해서는 적절한 인출 단서가 필요하다. 일반적으로 저장된 정보와 인출 단서가 밀접할 경우 인출이 잘

되지만, 그렇지 않으면 인출 실패로 망각이 일어날 가능성이 크다. 가령 '사랑'이라는 단어를 인출할 때 이와 의미상 연관이 큰 '애인'이라는 단어를 인출 단서로 사용하면 인출이 잘 되지만, 이와 관련이 먼 '책상'이라는 단어를 인출 단서로 사용하면 인출이 잘 되지 않는다. 인출 단계에서의 망각은 저장된 정보를 인출할 만한 단서가 부족하거나 부적절해서 나타나는 현상이므로, 시간이 흐르더라도 적절한 인출 단서만 제시되면 저장된 정보가 떠오를 수 있다.

---

01 ①
관련 학습 : Ⅱ-01-③ 설명 방식과 내용 전개 방식

풀이 방향 지문에 사용된 설명 방식이나 내용 전개 방식을 파악하는 문제이다.

이게 정답 이 글은 기억과 망각의 개념을 소개하면서 망각 현상을 세 가지 관점에 따라 설명하고 있다. 즉, 특정 현상인 망각 현상에 대해, 망각이 기억의 세 단계 중 어느 단계에서 일어난다고 보는지에 따른 다양한 관점을 제시하고 있다.

왜 답이 아니지? ② 특정 현상을 소개하는 이론의 문제점을 설명하는 경우, '현상에 대한 어떤 이론이 있다. 하지만 그 이론에는 이러저러한 문제점과 한계가 있다.'라는 식으로 내용이 전개된다. 이 글에서 망각 현상과 관련된 이론을 소개하고는 있지만, 그 이론의 문제점은 다루고 있지 않다.

③ 통념이란 사람들이 어떤 대상에 대해 흔히 가지고 있는 생각을 의미한다. 이 경우 '(사람들은) 흔히 이렇게 생각한다. 하지만 사실은 그렇지 않다.'라는 식으로 내용이 전개된다. 이 글에서는 특정 현상과 관련된 통념을 제시하고 있지 않다.

④, ⑤ 여러 이론의 타당성을 비교하거나 상반된 주장을 제시한 후 이를 절충하고 있지는 않다.

---

02 ⑤
관련 학습 : Ⅱ-01-② 설명 방식 ②-비교와 대조, 서사, 과정, 인과

풀이 방향 핵심 개념에 관한 설명이 지문의 내용과 일치하는지 확인하는 문제이다.

이게 정답 **나** 에서 '음운 부호'와 '의미 부호'의 개념을 정의한 후 둘을 대조하여 설명하고 있으므로, 이를 중심으로 세부 내용을 비교해야 한다. **나** 에서 '의미 부호는 외부 정보가 갖는 의미에 집중하여 부호화하는 것이므로, 음운 부호에 비해 정교화가 잘 일어난다.'라고 한 내용을 통해 확인할 수 있다.

왜 답이 아니지? ① 정교화는 '외부 정보를 배경지식이나 상황 맥락 등의 부가 정보와 밀접하게 관련시키는 것'이며, 이는 음운 부호보다 의미 부호에서 잘 일어난다고 하였다.

② 음운 부호는 외부 정보가 발음될 때 나는 소리에 초점을 둔 부호이다. 외부 정보의 의미에 초점을 둔 부호는 의미 부호이다.

③ '외부 정보를 기억의 체계에 맞게 변환하는 과정'이 부호화이며, 그 과정에서 정교화를 위해 사용되는 부가 정보에는 '배경지식이나 상황 맥락' 등이 있음을 알 수 있다.

④ '정교화가 잘된 정보가 그렇지 않은 정보보다 기억에 유리하여 망각이 잘 일어나지 않는다'고는 하였지만, 의미 부호로 입력된 정보가 망각되지 않는다고 볼 수는 없다.

03 ②

풀이 방향 특정 관점에 따른 해석이나 판단이 타당한지를 판단하는 문제이다. 각 관점에서 망각의 원인을 무엇으로 보고 있는지를 정확히 정리한 후 선택지의 설명이 적절한지 판단한다.

이게 정답 ㉠'부호화 단계와 관련하여 망각을 설명하는 입장'에서는 외부 정보가 부호화되는 과정에서 정보의 일부가 생략되거나 왜곡되어 망각이 일어난다고 본다. 〈보기〉에서 수민이 '단어를 소리로 외우지 않고 용례를 보며 의미에 집중하여 외운 것'은 단어를 음운 부호가 아닌 의미 부호로 부호화한 것이다. 또한 용례를 보면서 단어를 암기하는 것은 정교화와 관련이 있다. 즉, 수민이 단어를 암기하는 데 시간이 많이 걸린 이유는 단어를 사전의 용례와 관련해서 정교화하는 데 시간이 오래 걸렸기 때문이다. 따라서 단어를 음운 부호로 부호화하는 과정에서 시간이 오래 걸렸다고 볼 수는 없다.

왜 답이 아니지? ① ㉠에서는 정교화가 잘된 정보가 그렇지 않은 정보보다 망각이 잘 일어나지 않는다고 본다. 〈보기〉에서 다련이 단어를 외울 때 이미 알고 있던 단어와 연관 지어 암기하는 것은 정교화가 더 잘되도록 하는 것이므로 기억에 효과적이다.

③ ㉡'저장 단계에서 망각이 일어난다고 보는 입장'에서는 입력된 정보가 저장 단계에서 상실되면서 망각이 일어난다고 본다. 〈보기〉에서 예린이 시험이 끝난 후 며칠 뒤에 단어를 기억하지 못하는 것은 시간이 지남에 따라 사용하지 않는 정보가 상실되었기 때문으로 볼 수 있다.

④ ㉡에서는 학습 직후부터 망각이 일어나며, 망각은 시간의 흐름에 비례한다고 본다. 〈보기〉에서 서정이 복습을 중요하게 여기는 것 역시 학습 직후부터 망각이 시작되므로 그때부터 복습을 해야 기억을 유지하는 데 유리하다고 생각하기 때문으로 볼 수 있다.

⑤ 〈보기〉에서 석현이 알고 있는 단어인데도 갑자기 말하려니까 단어를 생각해 내지 못하는 것은, ㉢'인출 단계에서 망각이 일어난다고 보는 입장'에 따르면 저장된 정보가 제대로 인출되지 못해서 나타나는 현상이다. 그러므로 석현에게 단어와 관련이 큰 적절한 인출 단서를 제공하면 단어가 생각날 수도 있을 것이다.

04 ①

풀이 방향 지문을 통해 알게 된 원리를 다른 경우에 적용하여 그 이유를 추론하는 문제이다.

이게 정답 〈보기〉에서 X와 Y 두 집단에 대해 동일한 조건에서 같은 양의 단어를 학습시켰을 때 첫 번째 회상 검사의 결과가 같았다는 것은 두 집단이 저장 단계까지는 상태가 같음을 의미한다. 그런데 두 번째 회상 검사에서 X 집단에만 범주를 제시했더니 X 집단의 단어 회상률이 유의미한 수준에서 높게 나타났다. 이는 범주가 인출 단계에 작용했음을 의미하는 것으로, X 집단은 Y 집단과 달리 범주를 단어를 회상할 때 인출 단서로 활용했음을 추리할 수 있다.

왜 답이 아니지? ②, ⑤ 단어를 학습할 때 두 집단 모두에게 범주를 제시하였고, 1차 회상 검사의 결과가 동일하므로 어느 집단만 의미를 범주화했다거나 단어의 의미를 부호화하는 과정에 실패가 발생했다고 볼 수는 없다.

③ X 집단의 회상률이 높게 나온 것을 볼 때, 부적절한 범주를 사용했다고 보기는 어렵다.

④ Y 집단이 단어를 구체적 사례와 관련지어 부호화하였다고 볼

만한 근거는 없으며, 만약 그랬다면 정교화가 더 잘 이루어져 X 집단보다 단어 회상률이 더 높게 나타났을 것이다.

| 지문 분석하기 |

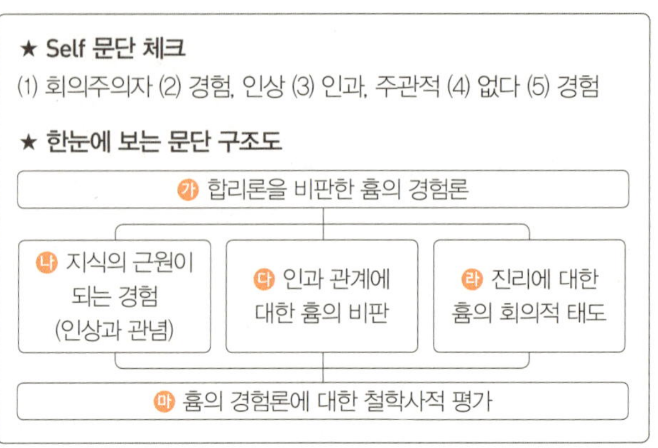

| 지문 다시 보기 |

가 18세기 경험론의 대표적인 철학자 흄은 '모든 지식은 경험에서 나온다.'라고 주장하면서, 이성을 중심으로 진리를 탐구했던 데카르트의 합리론을 비판하고 경험을 중심으로 한 새로운 철학 이론을 구축하려 하였다. 그러나 지나치게 경험만을 중시한 나머지, 그는 과학적 탐구 방식 및 진리를 인식하는 문제에 대해서도 비판하기에 이른다. 그 결과 ㉠흄은 서양 근대 철학사에서 극단적인 회의주의자로 평가받는다.

나 흄은 지식의 근원을 경험으로 보고 이를 인상과 관념으로 구분하여 설명하였다. 인상은 오감(五感)을 통해 얻을 수 있는 감각이나 감정 등을 말하고, 관념은 인상을 머릿속에 떠올리는 것을 말한다. 가령, 혀로 소금의 '짠맛'을 느끼는 것은 인상이고, 머릿속으로 '짠맛'을 떠올리는 것은 관념이다. 인상은 단순 인상과 복합 인상으로 나뉘는데, 단순 인상은 단일 감각을 통해 얻은 인상을, 복합 인상은 단순 인상들이 결합된 인상을 의미한다. 따라서 '짜다'는 단순 인상에, '짜다'와 '희다' 등의 단순 인상들이 결합된 소금의 인상은 복합 인상에 해당한다. 그리고 단순 인상을 통해 형성되는 관념을 단순 관념, 복합 인상을 통해 형성되는 관념을 복합 관념이라 한다. 흄은 단순 인상이 없다면 단순 관념이 존재하지 않는다고 보았다. 그런데 '황금 소금'은 현실에 존재하지 않기 때문에 그 자체에 대한 복합 인상은 없지만, '황금'과 '소금' 각각의 인상이 존재하기 때문에 복합 관념이 존재할 수 있다. 따라서 복합 관념은 복합 인상이 없더라도 존재할 수 있다. 하지만 흄은 '황금 소금'처럼 인상이 없는 관념은 과학적 지식이 될 수 없다고 말하였다.

다 흄은 과학적 탐구 방식으로서의 인과 관계에 대해서도 비판적 태도를 보였다. 그는 인과 관계란 시공간적으로 인접한 두 사건이 반복해서 발생할 때 갖는 관찰자의 습관적인 기대에 불과하다고 말하였다. 즉, '까마귀 날자 배 떨어진다'라는 속담이 의미하는 것처럼 인과 관계는 필연적 관계임을 확인할 수 없다는 것이다. 그는 '까마귀가 날아오르는 사건'과 '배가 떨어지는 사건'을 관찰할 수는 있지만, '까마귀가 날아오르는 사건이 배가 떨어지는 사건을 야기했다.'라는 생각은 추측일 뿐 두 사건의 인과적 연결 관계를 관찰할 수 없다고 주장한다. 결국 인과 관계란 시공간적으로 인접한 두 사건에 대한 주관적 판단에 불과하므로, 이런 방법을 통해 얻은 과학적 지식이 필연적이라는 생각은 적합하지 않다고 흄은 비판하였다.

라 또한 흄은 진리를 알 수 있는가의 문제에 대해서도 회의적인 태도를 취했다. 전통적인 진리관에서는 진술의 내용이 사실(事實)과 일치할 때 진리라고 본다. 하지만 흄은 진술 내용이 사실과 일치하는지의 여부를 판단할 수 없다고 보았다. 예를 들어 '소금이 짜다.'라는 진술이 진리가 되기 위해서는 실제 소금이 짜야 한다. 그런데 흄에 따르면 우리는 감각 기관을 통해서만 세상을 인식할 수 있기 때문에 실제 소금이 짠지는 알 수 없다. 그러므로 '소금이 짜다.'라는 진술은 '내 입에는 소금이 짜게 느껴진다.'라는 진술에 불과할 뿐이다. 따라서 비록 경험을 통해 얻은 과학적 지식이라 하더라도 그것이 진리인지의 여부는 확인할 수 없다는 것이 흄의 입장이다.

마 이처럼 흄은 경험론적 입장을 철저하게 고수한 나머지, 과학적 지식조차 회의적으로 바라보았다는 점에서 비판을 받기도 했다. 하지만 그는 이성만 중시했던 당시 철학 사조에 반기를 들고 경험을 중심으로 지식 및 진리의 문제를 탐구했다는 점에서 근대 철학에 새로운 방향성을 제시했다는 평가를 받는다.

01 ⑤

관련 학습 : II−02−② 논증의 타당성 판단하기

풀이 방향 어떤 결론이나 평가를 뒷받침할 수 있는 적절한 근거를 찾아 판단하는 문제이다. 제시된 근거가 결론의 타당성을 높여 줄 수 있으려면 내용과 관련이 있으면서 앞뒤의 논리적 관계가 적절해야 한다.

이게 정답 흄은 '모든 지식은 경험에서 나온다.'라고 주장했으면서도, '비록 경험을 통해 얻은 과학적 지식이라 하더라도 그것이 진리인지의 여부는 확인할 수 없다'면서 진리에 대해 회의적인 태도를 보였다. 따라서 ㉠과 같이 흄이 서양 근대 철학사에서 극단적인 회의주의자로 평가받는 이유는 경험을 통해서 얻은 지식조차도 진리인지 확인할 수 없다고 주장하였기 때문임을 알 수 있다.

왜 답이 아니지? ① **나**에서 흄이 '인상이 없는 관념은 과학적 지식이 될 수 없다'라고 한 것은 인상을 갖는 경험적 지식을 중시한 말로, 회의주의적 태도와는 관련이 없다.

② 흄은 이성만을 중심으로 진리를 탐구하는 합리론을 비판하였으나, 그런 이유로 인해 흄이 회의주의자로 평가받는 것은 아니다.

③ 실재 세계는 객관적으로 존재하는 세계를 의미하는 것으로, 실재 세계의 모습이 끊임없이 변한다고 보는 것은 진리를 알 수 없다는 흄의 회의적인 태도와는 관련이 없다.

④ 흄은 인간이 감각 기관을 통해서만 세상을 인식할 수 있기 때문에 그것이 진리인지 여부는 확인할 수 없다고 보았다. 또한 주관적 판단을 통해 얻은 과학적 지식이 필연적이라는 생각은 적합하지 않다고 보았다.

02 ②

관련 학습 : II−02−③ 글의 관점 비교하기

풀이 방향 지문에 제시된 관점을 다른 사례에 적용하는 문제이다. 우선 지문에 제시된 흄의 관점을 정확히 파악하고 이를 기준으로 〈보기〉의 사례를 파악해야 한다.

이게 정답 **나**에 제시된 흄의 관점에 따르면, 단순 인상은 단일 감각을 통해 얻은 인상을, 복합 인상은 단순 인상들이 결합된 인상을 의미한다. 사과의 빨간색은 시각이라는 단일 감각을 통해 얻은 인상이므로 단순 인상에 해당한다.

왜 답이 아니지? ① 관념은 인상을 머릿속에 떠올리는 것을 의미한다. 그러므로 사과를 보면서 달콤한 맛을 떠올리는 것은 관념에 해당한다.

③ **라**에서 '소금이 짜다.'라는 진술은 '내 입에는 소금이 짜게 느껴진다.'라는 진술에 불과하다고 한 것처럼, 흄은 세계의 객관적인 모습을 알 수 없다고 보았다. 그러므로 흄의 관점에서 사과의 색깔이 빨갛다는 생각은 우리의 눈을 통해 인지한 사과의 색깔이 빨갛다는 것을 의미할 뿐이다.

④, ⑤ 흄은 인과 관계란 시공간적으로 인접한 두 사건이 반복해서 발생할 때 갖는 관찰자의 습관적인 기대에 불과하다고 보았으며, 인과 관계로 판단되는 두 사건의 필연적 관계는 관찰할 수 없다고 주장하였다.

03 ②

관련 학습 : II−02−③ 글의 관점 비교하기

풀이 방향 02번 문제와 반대의 경우이다. 즉 〈보기〉의 사례를 통해 지문에 제시된 흄의 관점을 비판하는 것인데, 두 가지 서로 다른 관점을 비교한 후, 각각의 관점에서 대상을 파악할 수 있어야 한다.

이게 정답 이 글에서 흄은 모든 지식은 경험에서 나오고, 경험한 것이라야 알 수 있다고 하면서 '단순 인상이 없다면 단순 관념이 존재하지 않는다'라고 주장하였다. 하지만 〈보기〉에서 어떤 사람은 태어나서 한 번도 빈칸에 들어갈 색을 본 적이 없음에도 불구하고 주변 색과의 비교를 통해 그 색이 어떤 색인지 알아맞혔다. 이것은 눈으로 색을 보지 않고도 그 색을 머릿속으로 떠올린 것이다. 이는 경험하지 않고도 알 수 있다는 뜻이고, 단순 인상이 없는 단순 관념도 존재할 수 있다는 것을 보여 준다. 따라서 〈보기〉의 사례는 '단순 인상이 없다면 단순 관념이 존재하지 않는다'라는 흄의 주장을 반박하는 근거로 적절하다.

왜 답이 아니지? ①, ③~⑤는 모두 〈보기〉의 사례와는 관계없는 내용들이다.

| 지문 분석하기 |

★ Self 문단 체크 – (가)
(1) 이데아계, 현상계 (2) 모방 (3) 허구 (4) 타락

★ 한눈에 보는 문단 구조도

> **가** 이데아계와 현상계를 구분한 플라톤

> **나** 플라톤의 예술관

> **다** 플라톤의 시에 대한 관점

> **라** 플라톤의 음유시인에 대한 비판

★ Self 문단 체크 – (나)
(1) 이데아계 (2) 질료, 가능태, 현실태 (3) 내재 (4) 카타르시스

★ 한눈에 보는 문단 구조도

> **가** 이데아계를 부정한 아리스토텔레스

> **나** 아리스토텔레스가 주장한 '형상과 질료', '가능태와 현실태'의 개념

> **다** 아리스토텔레스의 예술관

> **라** 아리스토텔레스가 주장한 예술의 기능

| 지문 다시 보기 |

(가)

가 플라톤은 초월 세계인 이데아계와 감각 세계인 현상계를 구분했다. 영원불변의 이데아계는 현상계에 나타난 모든 사물의 근본이 되는 보편자, 즉 형상(form)이 존재하는 곳으로 이성으로만 인식될 수 있는 관념의 세계이다. 반면 현상계는 이데아계의 형상을 바탕으로 만들어진 세계로 끊임없이 변화하는 사물이 감각에 의해 지각된다. 플라톤에 따르면 ⊙현상계의 모든 사물은 형상을 본뜬 그림자에 불과하다.

나 이러한 관점에서 플라톤은 예술을 감각 가능한 현상의 모방이라고 보았다. 예를 들어 목수는 이성을 통해 침대의 형상을 인식하고 그것을 모방하여 침대를 만든다. 그리고 화가는 감각을 통해 이 침대를 보고 그림을 그린다. 결국 침대 그림은 보편자에서 두 단계 떨어져 있는 열등한 것이며, 형상에 대한 참된 인식을 방해하는 허구의 허구에 불과하다. 이데아계의 형상을 모방하여 생겨난 것이 현상인데, 예술은 현상을 다시 모방한 것이기 때문이다.

다 플라톤은 시가 회화와 다르다고 보았다. 고대 그리스에서 음유시인은 허구의 허구인 서사시나 비극을 창작하고, 이를 작품 속 등장인물의 성격에 어울리는 말투, 몸짓 같은 감각 가능한 현상으로 연기함으로써 다시 허구를 만들어 냈다. 이 과

정에서 음유시인의 연기는 인물의 성격을 드러내는데, 이는 감각 가능한 외적 특성을 모방해 감각으로 파악될 수 없는 내적 특성을 드러내는 것이다.

라 플라톤은 음유시인이 용기나 절제 같은 덕성을 갖춘 인간이 아닌 저급한 인간의 면모를 모방할 수밖에 없다고 주장했다. 가령 화를 잘 내는 인물은 목소리가 거칠어지고 안색이 붉어지는 등 다양한 감각 가능한 현상들을 모방함으로써 쉽게 표현할 수 있지만, 용기나 절제력이 있는 인물에 수반되는 감각 가능한 현상은 표현하기 어렵기 때문이다. 따라서 플라톤은 음유시인의 연기를 보는 관객들이 이성이 아닌 감정이나 욕구와 같은 비이성적인 것들에 지배되어 타락하게 된다고 보았다.

(나)

가 아리스토텔레스는 이데아계가 존재한다고 보지 않았다. 예컨대 사람은 나이가 들며 늙는데, 만약 이데아계의 변하지 않는 어린아이의 형상과 성인의 형상을 바탕으로 각각 현상계의 어린아이와 성인이 생겨났다면, 현상계에서 어린아이가 성인으로 성장하는 것을 설명할 수 없기 때문이다.

나 아리스토텔레스는 형상이 항상 사물의 생성과 변화의 바탕이 되는 질료에 내재한다고 보고, 이를 가능태와 현실태라는 개념을 통해 설명하였다. 가능태란 형상을 실현시킬 수 있는 가능적 힘이자 질료를 의미하며, 현실태란 가능태에 형상이 실현된 어떤 상태이다. 가령 도토리는 떡갈나무가 되기 위한 가능태라면, 도토리가 떡갈나무가 된 상태가 현실태이다. 이처럼 생성·변화하는 모든 것은 목적을 향해 움직이므로 가능태에 있는 것은 형상이 완전히 실현된 상태인 '완전 현실태'를 향해 나아가는데, 이 이행 과정이 운동이다. 즉 운동의 원인은 외부가 아닌 가능태 자체에 내재한다.

다 아리스토텔레스에게 있어 예술의 목적은 개개의 사물에 내재하고 있는 보편자, 즉 형상을 표현해 내는 것이다. 이런 점에서 그는 시가 역사보다 우월하다고 주장했다. 역사는 개별적 사건들의 기록일 뿐이지만 시는 개별적 사건에 깃들어 있는 보편자를 표현한 것이기 때문이다.

라 아리스토텔레스는 인간이 예술을 통해 쾌감을 느낄 수 있다고 보았다. 특히 비극시는 파멸하는 주인공을 통해 인간의 근본적 한계를 다루기 때문에, 시를 창작하면 인간 존재의 본질을 인식하는 앎의 쾌감을 느낄 수 있다고 하였다. 비극시 속 이야기는 음유시인이 경험 세계의 개별자들 속에서 보편자를 인식해 내어, 그것을 다시 허구의 개별자로 표현한 결과물인 것이다. 또한 관객은 음유시인의 연기를 통해 앎의 쾌감을

느낄 수 있을 뿐 아니라 그와 다른 종류의 쾌감도 경험할 수 있다. 관객은 고통을 받는 인물의 이야기를 통해 그에 대한 연민과 함께, 자신도 유사한 고통을 겪을 수 있다는 공포를 느낀다. 이러한 과정에서 감정이 고조됐다가 해소되면서 얻게 되는 쾌감, 즉 카타르시스를 경험한다.

01 ②

풀이 방향 (가)와 (나)의 특징적인 설명 방식을 파악해야 한다.

이게 정답 (가)에서는 이데아론을 바탕으로 예술이 현상의 모방이라는 플라톤의 견해를 설명하고 있으며, (나)에서는 가능태와 현실태라는 철학적 개념을 바탕으로 아리스토텔레스가 주장한 예술의 목적과 가치를 설명하고 있다. 즉, (가)와 (나) 모두 예술에 대한 두 사상가의 생각을 각각의 철학적 관점을 바탕으로 설명하고 있다.

왜 답이 아니지? ① (가)와 (나) 모두 두 사상가의 예술에 대한 관점이 변화하게 된 이유를 설명하지는 않았다.

③ (가)에는 예술의 불완전성에 대한 플라톤의 견해가 나타나 있으나, (나)에는 이러한 내용이 나타나 있지 않다.

④ (가)와 (나) 모두 두 사상가의 예술관에 내재한 장점과 단점을 제시하지는 않았다.

⑤ (가)와 (나) 모두 두 사상가의 예술관이 가진 한계나 의의를 제시하지는 않았으며, 각각의 특징에 대한 설명을 중심으로 하고 있다.

02 ④

풀이 방향 지문에 제시된 사실적 정보를 바탕으로 선택지의 세부 내용이 지문과 일치하는지 파악해야 한다.

이게 정답 플라톤은 현상계의 모든 사물은 이데아계에 있는 형상을 본뜬 그림자에 불과하며, 예술은 감각 가능한 현상을 모방한 것이라고 하였다. 즉, 플라톤에 따르면 예술의 표현 대상은 사물 안에 존재하는 형상이 아니라, 감각 가능한 현상이다.

왜 답이 아니지? ① (가)-나에서 예술은 허구의 허구에 불과하며, 형상에 대한 참된 인식을 방해한다고 하였다.

② (가)-가에서 이데아계는 형상이 존재하는 곳으로, 감각이 아닌 이성으로만 인식될 수 있는 관념의 세계라고 하였다.

③ (가)-나에서 현상계의 사물은 형상을 모방한 것이고, 예술은 현상의 모방이기 때문에 허구의 허구에 불과하며, 보편자에서 두 단계 떨어져 있는 열등한 것이라고 하였다.

⑤ (가)-가에서 이데아계는 현상계에 나타난 모든 사물의 근본이 되는 보편자, 즉 형상이 존재하는 곳이라고 하였다.

03 ④

풀이 방향 지문에 제시된 내용을 바탕으로 핵심어의 관계와 뒷받침 문장들에 대한 진술이 맞는지를 파악해야 한다.

이게 정답 (나)-나에 나타난 아리스토텔레스의 관점에 따르면 형상은 질료에 내재하는 것이다. 그리고 가능태란 형상을 실현시킬 수 있는 질료를, 현실태란 가능태에 형상이 실현된 어떤 상태를 의미하는데, 이는 가능태가 곧 형상이 내재된 질료라는 뜻이다. 그러므로 형상과 질료 사이의 관계와, 현실태와 가능태 사이의 관계는 별개의 개념이라고 할 수 없다.

왜 답이 아니지? ① (나)-나에서 형상은 항상 사물의 생성과 변화

의 바탕이 되는 질료에 내재한다고 하였다.

② (나)-나에서 가능태는 형상을 실현시킬 수 있는 가능적 힘이자 질료를 의미한다고 하였으므로, 질료는 곧 가능적 힘을 의미한다.

③ (나)-나에서 형상이 질료에 실현되어 현실태가 되는 원인은 외부가 아니라 가능태 자체에 내재한다고 하였다.

⑤ (나)-나에서 생성·변화하는 모든 것은 형상이 완전히 실현된 상태인 완전 현실태를 향해 나아가는 운동을 한다고 하였다.

04 ①

풀이 방향 지문을 바탕으로 특정한 관점에서 대상을 비판하는 문제이다. 이때 주어진 관점의 특징을 정확히 이해하고 이를 구체적인 대상에 적용할 수 있어야 하는데, 특히 비판의 핵심적 근거를 파악하는 것이 우선이다.

이게 정답 (나)-가를 보면, 아리스토텔레스는 플라톤과 달리 이데아계가 존재하지 않는다고 보았다. 이러한 아리스토텔레스의 입장에서 ㉠ '현상계의 모든 사물은 형상을 본뜬 그림자에 불과하다.'라는 점을 비판하기 위해서는, 왜 아리스토텔레스가 이데아계가 존재하지 않는다고 보았는지를 먼저 이해해야 한다. 현상계에 존재하는 사물들은 생성·변화하는데, 플라톤의 주장처럼 이데아계에 있는 변하지 않는 형상을 본떠 현상계의 사물이 생겨났다면, 어린아이가 성인이 되는 것과 같이 현상계에서 일어나는 생성과 변화의 과정을 설명할 수 없기 때문이다.

왜 답이 아니지? ② 플라톤은 현상계의 모든 사물이 형상을 본떠 만들어졌다고 보았으므로, 형상이 모두 다르기 때문에 이를 모방한 현상계의 사물도 제각기 다른 것으로 볼 수 있다.

③ 플라톤은 현상계의 모든 사물이 형상을 본떠 만들어졌다고 보았으므로, 서로 독립적이라고 볼 수 없다.

④ 플라톤은 형상을 본뜬 현상계의 사물은 감각에 의해 지각된다고 하였다.

⑤ 플라톤은 모든 사물은 형상의 그림자에 불과하지만 이성에 의해 형상을 인식하는 것이 가능하다고 하였다.

05 ②

풀이 방향 지문에 제시된 관점을 유사한 사례에 적용해 보는 문제이다. 대조적인 두 관점의 특징을 정확히 이해하고 입장의 차이를 보이는 지점을 찾아본다. 〈보기〉에서 '비극시를 공연하는 음유시인의 연기'라는 부분에 주목해야 한다.

이게 정답 (가)-라에서 플라톤은 음유시인은 용기나 절제력이 있는 인물에 수반되는 감각 가능한 현상은 표현하기 어렵기 때문에 저급한 인간의 면모를 모방할 수밖에 없으며, 이를 보는 관객들은 비이성적인 것들에 지배되어 타락하게 된다고 하였다. 그러므로 플라톤은 〈보기〉의 음유시인이 오이디푸스의 덕성을 연기하는 데 주력할 것이라고 보지는 않을 것이다.

왜 답이 아니지? ① 플라톤은 예술이 사물의 현상을 모방한 허구의 허구이며, 음유시인의 연기는 다시 이를 본뜬 허구라고 하였다. 그러므로 플라톤은 〈보기〉의 오이디푸스는 허구의 허구이며, 그에 대한 음유시인의 연기를 이를 다시 본뜬 허구라고 볼 것이다.

③ 플라톤은 음유시인의 연기가 감각 가능한 외적 특성을 모방해 감각으로 파악될 수 없는 내적 특성을 드러내는 것이라고 하였다. 그러므로 플라톤은 〈보기〉의 음유시인의 목소리와 몸짓을 통해 오

이디푸스의 성격이 드러난다면, 감각되지 않는 내적 특성이 표현된 것이라고 볼 것이다.

④ 아리스토텔레스는 시는 개별적 사건에 깃들어 있는 보편자를 표현한 것이며, 음유시인은 그것을 다시 허구의 개별자로 표현한다고 하였다. 그러므로 아리스토텔레스는 〈보기〉에 대해 음유시인이 현상 속 인간의 개별적 모습에서 보편자를 인식해 내어, 이를 다시 오이디푸스라는 허구의 개별자로 표현한 것이라고 볼 것이다.

⑤ 아리스토텔레스는 음유시인의 연기를 통해 앎의 쾌감을 느낄 수 있을 뿐 아니라 고통을 받는 인물의 이야기를 통해 카타르시스를 경험할 수 있다고 하였다. 그러므로 아리스토텔레스는 〈보기〉에서 오이디푸스가 자신에게 주어진 숙명에 의해 파멸당하는 모습을 본 관객들이 이와 같은 쾌감과 카타르시스를 경험할 수 있다고 볼 것이다.

| 지문 분석하기 |

★ Self 문단 체크
(1) 민본 (2) 봉사자 (3) 외민(畏民) (4) 경제적 (5) 백성

★ 한눈에 보는 문단 구조도

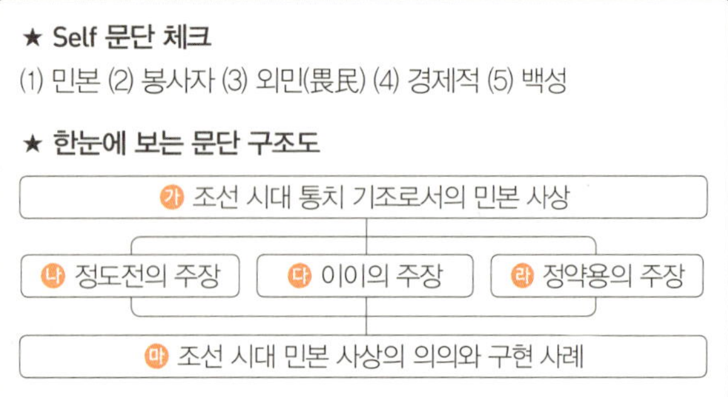

| 지문 다시 보기 |

가 조선 시대의 유학자들은 왕권의 기반이 민심에 있으며 민심을 천심으로 받아들여야 한다고 보는 민본(民本) 사상을 통치 기조로 삼을 것을 주장했다.
민본 사상의 내용
조선 시대의 통치 이념
이러한 관점에서 군주는 백성의 뜻을 하늘의 뜻으로 받들며 섬기고 덕성을 갖춘 성군으로서 백성의 모범이 되어야 하며, 백성을 사랑하는 애민의 태도로 백성의 삶을 안정시키고 백성을 교화해야 하는 존재라고
군주의 존재 의의 – 애민의 태도로 백성을 교화해야 함
강조했다. 또한 백성은 보살핌과 가르침을 받는 존재로서 통치에 ⓐ순응해야 한다고 보았다.
백성의 존재 의의와 역할 – 통치에 순응해야 함

나 군주와 백성에 대한 이러한 관점은 조선 개국을 주도하고 통치 체제를 설계한 정도전의 주장에도 드러난다. 정도전은 군주나 관료가 백성에 대한 통치권을 지닌 것은 백성을 지배
정도전이 생각한 통치권의 목적 – 백성을 보살피고 안정시키기 위한 것
하기 위한 것이 아니라 백성을 보살피고 안정시키기 위한 것이라고 보았다. 군주나 관료가 지배자가 아니라 백성을 위해
정도전이 생각한 통치권의 정당성 획득 조건
일하는 봉사자일 때 이들의 지위나 녹봉은 그 정당성이 확보된다고 여긴 것이다. 또한 왕권이 정상적으로 작동하기 위

해서는 왕을 정점으로 하여 관료 조직을 위계적으로 ⓑ정비
왕권의 정상적 작동을 위한 조건 ①
하는 것과 더불어, 민심을 받들어 백성을 보살피는 자로서 군주가 덕성을 갖추는 것이 중요하다고 보았다. 백성을 위하
왕권의 정상적 작동을 위한 조건 ②
는 관료의 자질 향상 및 책무의 중요성을 강조한 한편, 관료
관료 조직의 정비 방안 ①
의 비행을 감독하는 감사 기능의 강화를 주장하기도 했다. 이
관료 조직의 정비 방안 ②
러한 정도전의 주장은 백성을 보살핌의 대상으로 바라본 민본
정도전은 통치권은 백성을 보살피기 위한 것이며, 백성은 보살핌의 대상이라고 봄
사상의 관점에 입각한 것이라 할 수 있다.

다 조선 중기의 학자 이이 역시 군주의 바람직한 덕성을 강조한 한편, 군주와 백성의 관계를 부모와 자식의 관계에 빗대어
이이 역시 정도전과 마찬가지로 백성을 보살핌의 대상으로 봄
백성을 보살펴야 하는 대상이라 논했다. 이이는 특히 애민은 부모가 자녀를 가르치듯 군주가 백성들을 도덕적으로 교화함
이이가 생각한 애민의 실현 조건 – 백성들의 도덕적 교화
으로써 실현되며, 교화를 ⓒ순조롭게 이루기 위해서는 우선 백성들을 경제적으로 안정시켜야 한다는 점을 강조했다. 또한
교화의 우선 조건 – 백성들의 경제적 안정
백성은 군주에 대한 신망을 지닐 수도 버릴 수도 있는 존재이
백성들은 군주에 순응할 수도, 순응하지 않을 수도 있음
므로, 군주는 백성을 두려워하는 외민(畏民) 의 태도를 지녀
군주가 백성의 신망을 유지하기 위해서는 백성을 두려워하는 태도를 지녀야 함
야 함을 역설했다. 백성을 보살피고 교화해야 할 대상으로 여긴 점은 정도전의 관점과 상통하는 지점이다. 다만 군주가
정도전과 이이의 민본 사상의 공통점
백성에 대한 두려움을 가지고 백성의 신망을 유지하기 위해
정도전과 이이의 민본 사상의 차이점
노력해야 한다는 것을 강조한 점에서 차이가 있다.

라 조선 후기의 학자 정약용은 환자나 극빈자, 노인과 어린이 등 사회적 약자에 속하는 백성을 적극적으로 보호하는 것이
정약용이 주장한 애민의 내용
애민의 내용이라고 주장했다. 이는 백성을 보살핌의 대상으로 바라보는 시각을 구체화한 것이라 할 수 있다. 한편 정약용은 백성을 통치 체제 유지에 기여해야 하는 존재라 보고, 백성
정약용이 생각한 백성의 존재 의의
이 각자의 경제적 형편에 ⓓ부합하는 역할을 수행해야 한다
정약용이 생각한 통치 체제 유지를 위한 백성의 역할 – 기존 관점과의 차이점
고 주장하여 백성에 대한 기존의 관점과 차이를 드러냈다. 그는 가난한 백성인 '소민'은 교화를 따름으로써, 부유한 백성인
'소민'이 통치 질서 안정에 기여하는 방법
'대민'은 생산 수단을 제공하고 납세의 부담을 맡음으로써 통
'대민'이 통치 질서 안정에 기여하는 방법
치 질서의 안정에 기여해야 한다고 논했다. 이는 조선 후기 농업 기술과 상·공업의 발달로 인해 재산을 축적한 백성들이 등장한 현실을 고려한 것으로, 백성이 국가를 유지하는 근간이라고 보는 관점에 ⓔ기반한 주장이었다.

마 조선 시대 학자들의 이와 같은 주장은 군주를 비롯한 통치
조선 시대 민본 사상의 의의 – 백성을 위한 정책 마련
계층이 백성을 존중하는 정책을 펼치는 바탕이 되었다. 「백성을 대상으로 한 교육 제도, 관료의 횡포를 견제하는 감찰 제도, 민생 안정을 위한 조세 및 복지 제도, 백성의 민원을 수렴하는 소원 제도 등은 백성을 위한 정책이 구현된 사례라 할
「 」: 백성을 위한 정책이 구현된 사례들
수 있다.

01 ③　　　　　　　　관련 학습 : Ⅱ-01-③ 설명 방식과 내용 전개 방식

풀이 방향　각 문단의 중심 내용을 바탕으로 글의 흐름에 따라 무엇을 어떻게 설명하고 있는지 파악해야 한다.

이게 정답　조선 시대의 민본 사상과 관련하여, 조선 개국 당시 정도전의 주장, 조선 중기의 학자 이이의 주장, 그리고 조선 후기의 학자 정약용의 주장을 소개하면서 백성에 대한 이들의 관점을 비교하고 있다. **다**에서는 이이와 정도전의 공통점과 차이점을, **라**에서는 정약용과 위 두 사람의 차이점을 설명하고 있다.

왜 답이 아니지?　① **나**에서 관료 조직을 위계적으로 정비해야 한다고는 하였으나, 관료 조직의 위계를 분석하고 있지는 않다.
② **라**에서 '대민'이 납세의 부담을 맡아야 한다고는 하였으나, 조세 제도의 문제점을 언급하고 있지는 않다.
④ 조선 시대 군주들의 통치관을 비판적으로 서술하고 있지는 않다.
⑤ **라**에서 조선 후기 상공업의 발달로 재산을 축적한 백성이 등장했다고는 하였으나, 상업 발달 과정을 통시적으로 설명하고 있지는 않다.

02 ⑤　　　　　　　　관련 학습 : Ⅰ-01-③ 중심 문장과 뒷받침 문장 구분하기

풀이 방향　특정 용어의 개념과 특징을 추론하기 위해서는 앞뒤 문맥을 바탕으로 관련된 세부 내용들을 잘 살펴보아야 한다.

이게 정답　'외민(畏民)'은 백성에 대한 두려움을 뜻하는데, **다**에서 '백성은 군주에 대한 신망을 지닐 수도 버릴 수도 있는 존재'라고 하였다. 즉, 군주가 백성을 두려워하는 '외민'은 백성이 군주에 대한 신망을 버릴 수도 있다는 관점에서 비롯되는 개념이다.

왜 답이 아니지?　① 백성이 아니라 군주가 지녀야 할 태도라고 하였다.
② **나**에 관료의 비행을 감독하는 감사 기능을 강화해야 한다는 내용이 있기는 하지만, 이는 군주가 백성의 신망을 얻고 유지하기 위해 노력해야 한다는 개념인 '외민'과는 관련이 없다.
③ **가**와 **다**에서 군주와 백성의 관계를 부모와 자식에 빗댄 것은 백성을 도덕적으로 교화해야 한다는 점을 말하기 위한 것일 뿐, '외민'의 개념과는 거리가 멀다.
④ **다**에서 백성을 교화하기 위해서는 백성들이 경제적으로 안정되어야 한다고 하였으나, '외민'은 백성이 아니라 군주가 지녀야 하는 태도이다.

03 ③　　　　　　　　관련 학습 : Ⅰ-01-④ 주제 파악하기

풀이 방향　지문에 제시된 유학자들의 세 가지 입장을 유사한 다른 사례에 적용하는 문제로, **나~라**의 내용을 〈보기〉의 진술과 비교해 보아야 한다.

이게 정답　**라**에서 가난한 백성인 '소민'은 교화를 따르는 것으로, 부유한 백성인 '대민'은 납세의 의무를 지는 것으로 통치 질서에 기여해야 한다고 하였다. 이는 둘 사이에 납세의 부담에 차이가 있어야 한다는 뜻이다. 그런데 ㄷ에서는 지역에 따라 면포의 값에 차이가 있을 경우 수령이 주도하여 가격이 상대적으로 저렴한 곳에서 구입하여 납부하게 하면 백성의 혜택이 늘어날 것이라고 하였다. 이는 지역 간 납세의 부담을 균등하게 하기 위한 방법이므로 적절하지 않다.

왜 답이 아니지?　① ㄱ에서 신하에게 내리는 벼슬과 녹봉은 '신하들을 위해서가 아니라 백성들을 위한 것'이라는 내용은, **나**에서 군주나 관료가 백성을 위해서 일하는 봉사자일 때 그가 받는 지위나 녹

봉이 정당화된다는 말과 관련된다.
② ㄴ에서는 대궐 안의 물품을 줄여 쓰고, 진상과 공물들도 삼분의 일 줄여서 백성들이 혜택을 받도록 할 것을 주장하고 있는데, 이는 군주는 백성을 보살펴야 한다는 시각을 바탕으로 한다.
④ ㄱ에서는 '관리'가 '백성'에게 근본을 둘 것을, ㄷ에서는 '청렴한 아전'을 골라 백성에게 혜택이 돌아가도록 할 것을 이야기하고 있는데, 이는 둘 다 민본 사상의 관점에서 바람직한 관료의 모습을 보여 주는 것이다.
⑤ ㄴ은 세금을 줄여서 백성에게 혜택이 돌아가게 하고, ㄷ은 균등한 납세를 통해 백성의 부담을 덜어 주는 것이므로 둘 다 백성의 경제적 안정을 중시하는 방안에 해당한다.

04 ②　　　　　　　　관련 학습 : Ⅱ-02-③ 글의 관점 비교하기

풀이 방향　두 글의 관점을 비교해서 분석할 수 있어야 한다. 대상에 대한 입장이 긍정적인지 부정적인지, 수용적인지 비판적인지를 핵심적인 표현을 중심으로 판단한다.

이게 정답　**마**에서는 조선 시대의 민본 사상이 백성을 존중하는 정책의 바탕이 되었고, 이에 따라 백성을 대상으로 한 교육 제도가 구현되었음을 밝히고 있다. 하지만 [자료]에서는 조선 시대의 백성에 대한 교육이 단순히 도덕적 교화에 머물렀으며, 제한된 교육으로 인해 백성이 관료가 되기가 어려워 기존 통치 계층의 우위를 확보하는 데 기여했을 뿐이라고 보고 있다. 두 글 모두 '조선 시대의 백성에 대한 교육'을 다루고 있으나, 그것이 본질적으로 무엇을 위한 것이었는지에 대해서는 관점에 차이가 있다.

왜 답이 아니지?　① **마**와 [자료] 모두 백성이 교육의 기회를 얻고자 노력했는지에 대해서는 언급하고 있지 않다.
③ **마**와 [자료] 모두 조선 시대의 교육 방식이 현대적으로 계승되었는지에 대해서는 언급하고 있지 않다.
④ [자료]에서는 신분 질서의 유지가 통치 계층의 우위를 확보하는 데 기여했음을 언급하고 있지만, **마**에서는 신분 질서의 의미에 대해 언급하고 있지 않다.
⑤ **마**와 [자료] 모두 백성의 정치 참여 방법에 대해서는 언급하고 있지 않다.

05 ③

이게 정답　ⓒ '순조롭다'는 '일 따위가 아무 탈이나 말썽 없이 예정대로 잘되어 가는 상태에 있다.'라는 뜻이므로, '끊임없이'와 바꾸어 쓰기에 적절하지 않다. '무리 없이', '원만하게', '어렵지 않게' 등으로 바꾸어 쓰는 것이 적절하다.

왜 답이 아니지?　① ⓐ '순응하다'는 '환경이나 변화에 적응하여 익숙하여지거나 체계, 명령 따위에 적응하여 따르다.'라는 뜻이므로, '따라야', '적응해야' 등으로 바꾸어 쓸 수 있다.
② ⓑ '정비하다'는 '흐트러진 체계를 정리하여 제대로 갖추다.'라는 뜻이므로, '갖추는', '가다듬는', '정리하는' 등으로 바꾸어 쓸 수 있다.
④ ⓓ '부합하다'는 '사물이나 현상이 서로 꼭 들어맞다.'라는 뜻이므로, '걸맞은', '어울리는' 등으로 바꾸어 쓸 수 있다.
⑤ ⓔ '기반하다'는 '(어떤 대상이 다른 대상에) 바탕이나 토대를 두다.'라는 뜻이므로, '바탕을 둔'으로 바꾸어 쓸 수 있다.

01 세금은 누구나 똑같이 내야 할까?

01 ② **02** ③ **03** ②　　　　　　　　　본문 134쪽

| 지문 분석하기 |

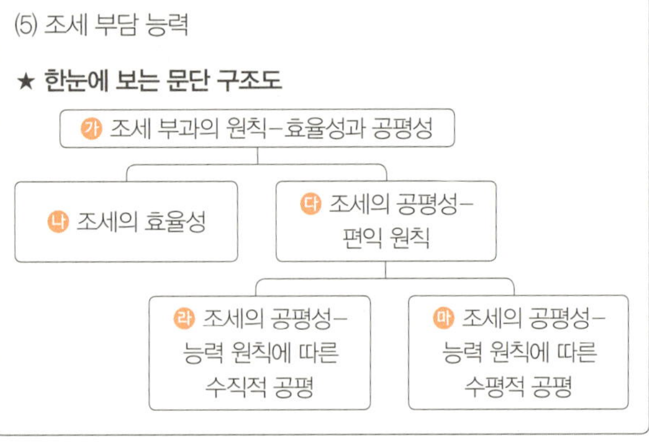

★ Self 문단 체크
(1) 효율성, 공평성 (2) 순손실 (3) 공공재, 편익 (4) 소득, 재분배
(5) 조세 부담 능력

★ 한눈에 보는 문단 구조도
- **가** 조세 부과의 원칙–효율성과 공평성
  - **나** 조세의 효율성
  - **다** 조세의 공평성– 편익 원칙
    - **라** 조세의 공평성– 능력 원칙에 따른 수직적 공평
    - **마** 조세의 공평성– 능력 원칙에 따른 수평적 공평

| 지문 다시 보기 |

가 조세는 국가의 재정을 마련하기 위해 경제 주체인 기업과 국민들로부터 거두어들이는 돈이다. 그런데 국가가 조세를 강제로 부과하다 보니 경제 주체의 의욕을 떨어뜨려 경제적 순손실을 초래하거나 조세를 부과하는 방식이 공평하지 못해 불만을 야기하는 문제가 나타난다. 따라서 조세를 부과할 때는 조세의 효율성과 공평성을 고려해야 한다.

나 우선 ㉠조세의 효율성에 대해서 알아보자. 상품에 소비세를 부과하면 상품의 가격 상승으로 소비자가 상품을 적게 구매하기 때문에 상품을 통해 얻는 소비자의 편익이 줄어들게 되고, 생산자가 상품을 팔아서 얻는 이윤도 줄어들게 된다. 소비자와 생산자가 얻는 편익이 줄어드는 것을 경제적 순손실이라고 하는데 조세로 인하여 경제적 순손실이 생기면 경기가 둔화될 수 있다. 이처럼 조세를 부과하게 되면 경제적 순손실이 불가피하게 발생하게 되므로, 이를 최소화하도록 조세를 부과해야 조세의 효율성을 높일 수 있다.

다 ㉡조세의 공평성은 조세 부과의 형평성을 실현하는 것으로, 조세의 공평성이 확보되면 조세 부과의 형평성이 높아져서 조세 저항을 줄일 수 있다. 공평성을 확보하기 위한 기준으로는 편익 원칙과 능력 원칙이 있다. 편익 원칙은 조세를 통해 제공되는 도로나 가로등과 같은 공공재를 소비함으로써 얻는

편익이 클수록 더 많은 세금을 부담해야 한다는 원칙이다. 이는 공공재를 사용하는 만큼 세금을 내는 것이므로 납세자의 저항이 크지 않지만, 현실적으로 공공재의 사용량을 측정하기가 쉽지 않다는 문제가 있고 조세 부담자와 편익 수혜자가 달라지는 문제도 발생할 수 있다.

라 능력 원칙은 개인의 소득이나 재산 등을 고려한 세금 부담 능력에 따라 세금을 내야 한다는 원칙으로 조세를 통해 소득을 재분배하는 효과가 있다. 능력 원칙은 수직적 공평과 수평적 공평으로 나뉜다. 수직적 공평은 소득이 높거나 재산이 많을수록 세금을 많이 부담해야 한다는 원칙이다. 이를 실현하기 위해 「특정 세금을 내야 하는 모든 납세자에게 같은 세율을 적용하는 비례나 소득 수준이 올라감에 따라 점점 높은 세율을 적용하는 누진세를 시행하기도 한다.」

마 수평적 공평은 소득이나 재산이 같을 경우 세금도 같게 부담해야 한다는 원칙이다. 그런데 수치상의 소득이나 재산이 동일하더라도 실질적인 조세 부담 능력이 달라, 내야 하는 세금에 차이가 생길 수 있다. 예를 들어 소득이 동일하더라도 부양가족의 수가 다르면 실질적인 조세 부담 능력에 차이가 생긴다. 이와 같은 문제를 해결하여 공평성을 높이기 위해 정부에서는 공제 제도를 통해 조세 부담 능력이 적은 사람의 세금을 감면해 주기도 한다.

---

01 ②　　　　관련 학습 : Ⅱ-01-① 설명 방식 ①–정의, 예시, 분류와 분석, 인용
　　　　　　　　　　　　Ⅱ-01-③ 설명 방식과 내용 전개 방식

풀이 방향 설명 방식과 내용 전개 방식에 관한 문제이다. 특정 문단의 설명 방식이 아니라 글 전체에서 특징적으로 나타나는 내용 전개 방식에 초점을 맞춰 지문을 살펴봐야 한다.

이게 정답 이 글에서는 조세 부과 시에 고려해야 할 요소로 '효율성'과 '공평성'을 제시한 후 공평성을 '편익 원칙'과 '능력 원칙'으로 구분하고, 다시 '능력 원칙'을 실현하는 방법을 '수직적 공평'과 '수평적 공평'으로 구분하여 설명하고 있다. 따라서 조세 부과 시 고려해야 할 요건을 기준에 따라 분류(구분)한 뒤 그 특성을 설명하고 있음을 알 수 있다.

왜 답이 아니지? ① 비교와 대조에 의한 내용 전개 방식으로, 이 글에서 상반된 두 입장을 절충하고 있지는 않다.
③ 대상을 유사한 대상에 빗대어 소개하고 있지는 않다.
④ 통념이란 사람들이 어떤 대상에 대해 흔히 가지고 있는 생각을 의미하는데, 이 글에서 통념을 반박하거나 대상의 속성을 새롭게 조명하고 있지는 않다.
⑤ 서사와 과정에 의한 내용 전개 방식으로, 이 글에서 시간의 흐름에 따라 대상이 발달하는 과정을 서술하고 있지는 않다.

02 ③

풀이 방향 두 대상의 핵심적인 특성을 파악하는 문제이므로, 먼저 관련된 내용을 다루는 문단의 중심 내용을 파악해야 한다.

이게 정답 라에서 조세의 공평성을 위한 능력 원칙은 '조세를 통해 소득을 재분배하는 효과가 있다.'라고 하였다. 즉 소득 재분배 효과는 ㉡'조세의 공평성'을 확보했을 때 얻을 수 있는 것이지, ㉠'조세의 효율성'을 통해 얻을 수 있는 것이 아니다. 그러므로 ㉠이 ㉡과 달리 소득 재분배를 목적으로 한다고 볼 수는 없다.

왜 답이 아니지? ① 나에서 조세로 인하여 경제적 순손실이 생기면 경기가 둔화될 수 있기 때문에 이를 최소화하도록 조세를 부과해야 조세의 효율성을 높일 수 있다고 하였다.

②, ④ 다에서 조세의 공평성이 확보되면 조세 부과의 형평성이 높아져서 조세 지항을 줄일 수 있다고 하였다.

⑤ 가에서 조세를 부과할 때에는 조세의 효율성과 공평성을 고려해야 한다고 하였다.

03 ②

풀이 방향 지문의 내용을 바탕으로 〈보기〉에서 추론한 내용이 타당한지 판단하는 문제이다. 앞서 'II-02-② 논증의 타당성 판단하기'에서 학습한 것과 같이 어떤 결론이나 판단이 타당하기 위해서는 그것을 뒷받침하는 근거가 정확하고 적절해야 한다. 따라서 선택지의 결론을 뒷받침하는 근거를 지문에서 찾아 그 적절성을 확인하는 것이 필요하다.

이게 정답 ㄴ. 마에서는 수평적 공평의 원칙에 대해 '수치상의 소득이나 재산이 동일하더라도 실질적인 조세 부담 능력이 달라, ~ 공제 제도를 통해 조세 부담 능력이 적은 사람의 세금을 감면해 주기도 한다.'라고 하였다. 〈보기〉에서 B는 부양가족 2인에 대한 공제를 100만 원 받았는데, A는 공제액이 0원이다. 이것은 소득이 같더라도 가족을 부양하는 데 비용이 들어갈 수밖에 없어 그만큼 실질적인 조세 부담 능력에 차이가 생기므로 이를 고려한 것이다. 따라서 수지가 ㄴ과 같이 답한 것은 적절하다.

ㄹ. 라에서는 수직적 공평을 실현하기 위해 '소득 수준이 올라감에 따라 점점 높은 세율을 적용하는 누진세를 시행하기도 한다.'라고 하였다. 〈보기〉에서 B와 C에게는 모두 부양가족 2인이 있지만, B에 비해 C의 소득이 많으므로 누진세를 적용하여 더 높은 세율을 부과한 것이다. 이는 능력 원칙의 수직적 공평을 실현하기 위한 것으로 볼 수 있으므로, 유미가 ㄹ과 같이 답한 것은 적절하다.

왜 답이 아니지? ㄱ. 부양가족이 있는 B에게 공제 혜택을 부여한 것은 실질적인 조세 부담 능력에 차이가 생기기 때문에 이를 어느 정도 해결해 주기 위한 것이다. 이는 조세의 공평성이 약화되는 것이 아니라 확보되는 것이므로 성근의 답은 적절하지 않다.

ㄷ. 편익 원칙은 공공재 사용의 편익이 클수록 더 많은 세금을 부담해야 한다는 원칙인데, 소득에 대한 세율이나 세금의 공제와 관련된 것은 수직적 공평, 수평적 공평이 적용되는 능력 원칙이지 편익 원칙이 아니다. 따라서 현욱의 답은 적절하지 않다.

---

02 제품을 사고 나서 광고를 보는 까닭은?

01 ⑤　　**02** ⑤　　**03** ⑤　　**04** ②　　　　본문 136쪽

| 지문 분석하기 |

★ Self 문단 체크

(1) 접근–접근 (2) 불편함, 인지 부조화 (3) 광고 (4) 극대화

★ 한눈에 보는 문단 구조도

> 가 소비자들이 구매 과정에서 겪는 갈등

> 나 구매 후 느끼는 심리적 불편함과 인지 부조화 이론

> 다 인지 부조화를 해소하기 위한 방법　　　라 기업 입장에서 본 구매 후 광고의 효과

| 지문 다시 보기 |

가 소비자들은 어떤 제품이나 서비스를 선택할 때 쉽사리 결정을 내리지 못한다. 이를테면 기능은 만족스럽지만 가격이 비싸거나, 반대로 가격은 만족스러운데 기능은 그렇지 않다거나 하는 경우를 들 수 있다. 이처럼 소비자들은 구매 과정에서 흔히 갈등을 겪게 되는데, 그중 가장 대표적인 것이 '접근–접근 갈등'이다. 이는 둘 이상의 바람직한 대안 중에서 하나만을 골라야 하는 경우에 어느 것을 선택해야 할지 결정하지 못해 발생하는 갈등이다. ㉠이때 판매자는 대안들을 함께 묶어 제공함으로써 소비자가 겪는 '접근–접근 갈등'을 해소할 수 있다.

나 그런데 다른 대안들을 함께 묶어 제공받지 못한 상태에서 하나의 대안만을 선택해야 했던 경우, 소비자들은 선택하지 않은 대안에 대한 아쉬움 때문에 심리적으로 불편함을 느끼게 된다. 소비자들은 이러한 심리적 불편함을 없애려 하는데, 이는 인지 부조화 이론으로 설명할 수 있다. 이 이론에 따르면 사람들은 자신의 생각과 태도가 자신이 한 행동과 서로 일치하기를 바라는데, 그렇지 않으면 심리적 긴장 상태가 발생하게 된다는 것이다. 이런 경우 사람들은 긴장 상태를 해소하기 위해 생각과 행동을 일치시키려 한다. 그렇다면 제품을 구입한 행동과 제품 구입 후에 자신의 선택이 최선이 아닐지도 모른다는 생각 사이의 부조화는 어떻게 극복될 수 있을까?

다 인지 부조화 상태를 겪고 있는 소비자는 이를 해소하기 위해 선택하지 않은 제품의 단점을 찾아내거나 그 제품의 장점을 무시하기도 한다. 하지만 일반적으로는 자신의 구매 행동을 지지하는 부가 정보들을 찾아냄으로써 현명한 선택을 했다는 것을 스스로에게 확신시킨다. 특히 자동차나 아파트처럼 고가의 재화를 구매했을 경우에는 구매 직후의 인지 부조화가 심화되므로 이를 해소하려는 노력도 더 크게 나타난다. 이때

광고가 중요한 역할을 한다. 소비자들은 광고를 통해 자신이 선택한 제품의 장점을 재확인하거나 새로운 선택 이유를 찾아 내려고 하는 것이다. ⓛ 제품을 구매한 고객들을 대상으로 한 광고는 전달할 수 있는 정보가 제한적인 매체보다는 많은 정보를 담을 수 있는 매체를 활용하는 것이 효과적이다.

라 소비자들이 구매 후에 광고를 탐색하는 것은 인지 부조화를 감소시키고자 하는 노력인데, 기업 입장에서는 또 다른 효과들을 가져오기도 한다. 구매 후 광고는 제품을 구매한 소비자들에게 자신의 구매 행동이 옳았다는 확신이나 만족을 심어 주기 때문에 회사의 이미지를 높이고 브랜드 충성심을 구축하는 데 크게 기여한다. 따라서 구매 후 광고는 재구매를 유도하거나 긍정적 입소문을 확산시켜 광고의 효과를 극대화할 수 있다. 따라서 기업은 제품을 판매한 이후에도 소비자와 제품의 우호적인 관계가 유지될 수 있도록 지속적으로 광고를 노출할 필요가 있다.

01 ⑤
관련 학습 : I-01-③ 중심 문장과 뒷받침 문장 구분하기

풀이 방향 각 문단의 중심 문장과 뒷받침 문장을 통해 선택지의 내용이 지문의 진술과 일치하는지 확인한다.

이게 정답 나에서 '소비자들은 선택하지 않은 대안에 대한 아쉬움 때문에 심리적으로 불편함을 느끼게 된다.'라고 하였다. 즉, 소비자는 자신의 구매 행위가 최선이었다는 확신이 없을 경우 자신의 행동과 자신의 생각이 일치하지 않는 심리적 긴장 상태, 즉 인지 부조화를 겪게 된다는 것을 알 수 있다.

왜 답이 아니지? ① 다에서 '소비자들은 광고를 통해 자신이 선택한 제품의 장점을 재확인하거나 새로운 선택 이유를 찾아내려' 한다고 하였다. 따라서 소비자는 제품을 구매한 후에도 구매한 제품의 광고에 계속 주목한다는 것을 알 수 있다.
② 라에서 '구매 후 광고는 제품을 구매한 소비자들에게 자신의 구매 행동이 옳았다는 확신이나 만족을 심어 주기 때문에 회사의 이미지를 높이고 브랜드 충성심을 구축하는 데 크게 기여한다.'고 했으므로 구매 후 광고가 소비자의 브랜드 충성심 형성에 기여함을 알 수 있다.
③ 자신이 구매한 제품에 만족하는 소비자는 그렇지 않은 소비자와 달리 인지 부조화를 겪지 않게 되므로 구매 후에 광고를 탐색하려는 노력도 적극적이지 않을 것이다. 구매한 제품에 만족하는 소비자들이 제품의 단점을 광고를 통해 확인하고 싶어 할 것이라는 내용은 지문을 통해 확인할 수 없다.
④ 제품 구매와 관련한 인지 부조화는 '제품을 구입한 행동과, 제품 구입 후에 자신의 선택이 최선이 아닐지도 모른다는 생각 사이의 부조화'를 의미한다. 어떤 제품을 구매할지 결정을 내리지 못하는 것은 구매 행위가 일어나기 이전이므로 이를 인지 부조화의 관점으로 설명하는 것은 적절하지 않다.

02 ⑤
관련 학습 : II-01-① 설명 방식 ①-정의, 예시, 분류와 분석, 인용

풀이 방향 지문에서 설명한 개념에 해당하는 사례가 적절한지를

판단하기 위해서는 해당 개념의 특징이나 조건 등을 정확하게 파악해야 한다. 둘 이상의 바람직한 대안 중에서 하나만을 골라야 할 때 발생하는 갈등을 해결할 수 있는 방안이 무엇인지 생각해 본다.

이게 정답 ⑤ 앞에 제시된 '접근-접근 갈등'은 둘 이상의 바람직한 대안 중에서 하나만을 선택해야 하는 상황에서 발생하는 갈등이다. ⑤에서 말하는 '대안들을 함께 묶어 제공'한다는 것은 하나만 선택하지 않아도 되게끔 갈등을 일으키는 둘 이상의 대안을 한꺼번에 제공한다는 뜻이다. 소비자가 짜장면과 짬뽕을 두고 망설이는 것은 '접근-접근 갈등'의 상황이므로, 두 음식을 모두 맛볼 수 있는 짬짜면이 메뉴로 제시되면 이러한 갈등을 해소할 수 있다.

왜 답이 아니지? ①, ④ 두 개를 한 개 값으로 주거나 반값에 파는 것은 둘 이상의 대안을 두고 갈등하는 상황과는 거리가 멀다.
② 냄비를 사기 위해 프라이팬을 포기해야 하는 경우가 아니므로 역시 대안을 두고 갈등하는 상황이 아니다.
③ 바지와 티셔츠를 인접하게 배치함으로써 바지와 티셔츠의 동시 구매를 유도하는 상황이므로 역시 대안을 두고 갈등하는 상황이 아니다.

03 ⑤
관련 학습 : II-01-② 설명 방식 ②-비교와 대조, 서사, 과정, 인과
II-03-① 예측 및 추론하기

풀이 방향 지문의 흐름과 인과의 설명 방식을 고려하여 제시된 결론의 이유를 추론한다.

이게 정답 소비자는 구매 후 발생하는 인지 부조화를 해소하기 위해 자신이 선택한 제품의 장점을 재확인하거나 새로운 선택 이유를 찾아내려고 한다. 여기서 '재확인할 수 있는 장점'은 구매 전 광고와 구매 후 광고에 별 차이가 없어도 무방하지만, '새로운 선택 이유'를 제공하기 위해서는 구매 전 광고보다 구매 후 광고에 더 많은 정보를 담아야 한다. 즉, 구매 후 광고에 '많은 정보를 담을 수 있는 매체'를 활용하는 것이 효과적인 이유는, 제품을 구매한 행동을 지지하는 정보가 최대한 많이 제공되어야 소비자들이 인지 부조화를 해소하는 데 효과적이기 때문임을 알 수 있다.

왜 답이 아니지? ① 이미 제품을 구매한 소비자를 대상으로 한 광고이므로, 광고 비용이나 제품 가격은 광고 매체의 종류를 선택하는 것과는 관련이 없다.
② 다에서 구매 제품의 가격대가 높을수록 인지 부조화를 극복하려는 노력이 크게 나타난다고는 하였지만, 이를 해소하기 위해 광고보다 다른 사람의 평가를 중시한다는 내용은 지문에서 확인할 수 없다.
③ 광고의 노출 횟수가 많을수록 소비자와 제품이 우호적 관계를 형성할 수는 있겠지만, 이것이 구매 후 광고에서 정보를 많이 담을 수 있는 매체를 사용해야 하는 이유는 아니다.
④ 소비자는 제품 구매 후 자신이 선택한 제품에 관한 지지 정보를 광고를 통해 찾으려고 하는 것이지, 경쟁 회사 제품의 광고에 더 주목하는 것은 아니다.

04 ②
관련 학습 : II-02-② 논증의 타당성 판단하기

풀이 방향 지문의 내용을 바탕으로 〈보기〉에 제시된 발언의 타당성을 판단하는 문제이다. 구매 후 광고의 대상은 누구인지, 어떤 전략이 필요한지 등을 생각하여 발언 내용이 적절한지 판단한다.

이게 정답 P 자동차를 구매한 후 디자인 때문에 심리적 갈등을 겪고 있는 소비자들은 인지 부조화를 극복하기 위해 P 자동차의 장

점을 광고를 통해 확인하려고 할 것이다. 그런데 이런 소비자들이 새로운 자동차의 출시가 임박했다는 광고를 접할 경우, 자신이 철 지난 디자인을 선택한 것일지도 모른다는 생각에 아쉬움이 더욱 커질 것이다. 즉, 이러한 광고는 심리적 갈등의 해소에 도움이 되는 것이 아니라, 오히려 인지 부조화에 따른 심리적 불편함을 더 심화시킬 수 있다.

왜 답이 아니지? ① 가격과 성능이 비슷한 경쟁 제품이 많다는 것은 바람직한 대안이 많다는 것이므로 P 자동차는 '접근 – 접근 갈등'을 유발하는 제품에 해당한다.

③ P 자동차를 고른 제1의 선택 요인이 연비였다면, 소비자의 구매 행위를 지지할 수 있는 부가적인 정보로 승차감 등의 다른 장점을 광고에 내세워 소비자들의 인지 부조화를 최소화할 수 있다.

④ 자동차 구매 후 심리적 불편함을 겪고 있는 소비자에게 재구매 시 할인 혜택 제공과 같은 부가 정보를 안내하는 것은 새로운 선택 이유를 제공하는 것으로, 이는 소비자들이 느끼는 심리적 불편함을 줄여 줄 수 있다.

⑤ 구매 후 광고를 통해 P 자동차 구매 고객이 자신의 선택에 확신을 갖게 되면 제품에 대한 긍정적 입소문을 확산시킬 수 있다.

---

03 비쌀수록 잘 팔려요, 베블런 효과

01 ③　　**02** ②　　**03** ①　　　　　　　본문 138쪽

| 지문 분석하기 |

★ **Self 문단 체크**

(1) 자기 과시 (2) 베블런 효과 (3) 밴드왜건 효과 (4) 줄어들고, 스놉 효과 (5) 소비, 계층

★ **한눈에 보는 문단 구조도**

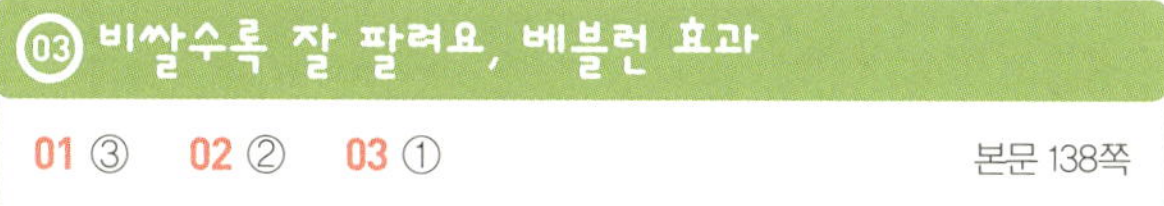

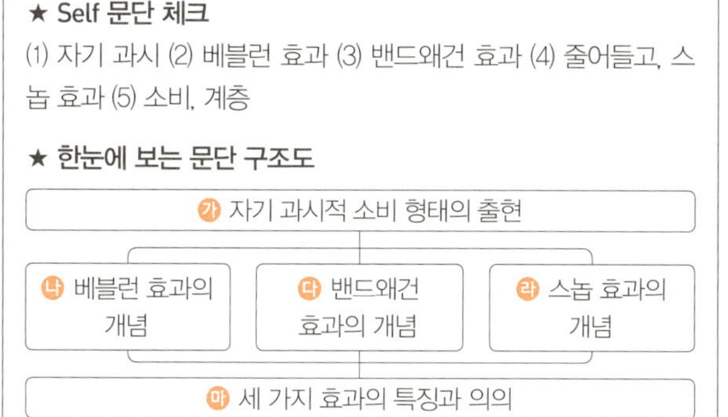

| 지문 다시 보기 |

가 18세기 산업 혁명으로 시작된 생산 혁명은 19세기 백화점
　18세기 생산 혁명 → 19세기 소비 혁명
이 일으킨 유통 혁명을 통해 소비 혁명으로 이어졌다. 대량 소비 시대가 되자 사람들의 소비 형태도 바뀌었다. 무엇을 소유
　다른 사람을 판단하는 기준
했는지 여부에 따라 사람을 판단하면서 사람들은 주위를 의식하며 자기를 나타내기 위한 상품을 고르게 되었다. 소비를 결
　상품 선택의 기준
정하는 요인이 '필요'가 아니라 '자기 과시'로 옮겨 간 것이다.
　소비 혁명으로 인한 변화 – 소비 결정 요인 : 필요 → 자기 과시
나 이와 같은 현상에 주목한 베블런은 자신의 책『유한계급 이론』을 통해 개별 소비자의 소비 형태는 독립적으로 이루어지
　베블런 이론의 주요 내용
지 않고 다른 소비자의 영향을 받는다고 주장했다. 그는 '나는 보통 사람들과 신분이 다르다'는 점을 과시하는 부유층이나

이를 모방하려는 계층이 과시적 소비를 한다고 말했다. 과시
과시적 소비를 하는 주요 계층
적 소비가 일어나면 저렴한 상품 대신 고가의 상품에 대한 수요가 증가해 가격이 오르는데도 수요가 줄어들지 않고 오히려 증가하는 현상이 일어난다. 이렇게 과시적 소비로 인해 가격이 올라도 수요가 늘어나는 현상을 '베블런 효과'라고 한다.
　베블런 효과의 개념
그리고 이러한 과시적 소비의 대상이 되는 상품을 '베블런 재
　베블런 재의 개념
(財)'라고 한다.

다 라이벤스타인은 이와 같은 현상을 보다 깊이 있게 다루어 '밴드왜건 효과'와 '스놉 효과'를 발표하였다. 과시적 소비는 일부 상류층과 신흥 부유층을 중심으로 일어나는 것이 보통이지만 주위 사람들이 이를 흉내 내면서 사회 전체로 퍼져 나가는
　밴드왜건 효과의 개념
현상을 '밴드왜건 효과'라고 이름 붙인 것이다. 밴드왜건은 행진할 때 대열의 선두에서 행렬을 이끄는 악대차를 의미하는데 악단이 지나가면 사람들이 영문도 모르고 무작정 뒤따르면서 군중들이 더욱더 불어나는 것에 비유한 것으로 밴드왜건 효과는 '모방 효과'라고도 부른다.
　밴드왜건 효과의 다른 이름
라 그런데 모방 효과가 널리 퍼져 더 이상 과시적 소비가 차별
　밴드왜건 효과의 영향력 상실 → 스놉 효과가 발생하는 원인
효용을 상실하게 될 때 일부 사람들은 평범한 사람들이 접근할 수 있는 상품 대신 더욱 진귀한 물건을 찾는다. 이로 인해 기존 상품의 수요가 줄어들게 되는데 이를 '스놉 효과'라고 한다. 즉 모방 효과와는 반대로 특정 제품에 대한 소비가 증가하
　스놉 효과의 개념
게 되면 그 제품의 수요가 줄어들고 새로운 상품의 수요로 옮겨 가는 현상이다. 보통 가격이 비싸서 쉽게 구매하기 어려운
　스놉 효과가 일어나기 쉬운 상품들
고가의 명품 등이 이에 해당되는데, 명품이라 알려진 제품이 대대적인 판촉 행사를 한 후 단골 고객이 줄어드는 현상으로 설명할 수 있다. 이는 '남보다 돋보여야 한다'는 속물근성에
　스놉 효과를 불러일으키는 심리적 원인과 스놉 효과의 다른 이름
기반을 두고 있어 '속물 효과'라고도 부른다.

마 이와 같이 베블런은 재화의 가격이 하락하면 소비량이 증
　베블런 이론의 특징
가한다는 기존의 경제 이론과는 다른 관점에서 현실의 소비 형태를 설명했고, 라이벤스타인은 현대인들이 주위 사람들의
　라이벤스타인 이론의 특징
소비 형태에 따라 자신의 소비 형태를 결정하는 두 가지 모습을 이론으로 나타내었다. 그들의 연구는 소비 형태로 계층을 판단하는 현대 자본주의 사회의 모습을 설명할 수 있다는 점
　베블런과 라이벤스타인 이론의 의의
에서 의의가 있다.

01 ③　　　　　　　관련 학습 : Ⅱ-01-③ 설명 방식과 내용 전개 방식

풀이 방향 각 문단의 소주제를 중심으로 글의 흐름에 따라 설명 방식과 내용 전개 방식을 파악한다.

이게 정답 이 글은 가 에서 대량 소비 시대의 특징을 소개한 후, 나 ~ 라 에서 베블런 효과, 밴드왜건 효과, 스놉 효과가 무엇이고 어떤 특징이 있는지를 설명하고 있다. 이후 마 에서 이 이론들이 소비 형태로 계층을 판단하는 현대 자본주의 사회의 모습을 설명할 수

있다는 점에서 의의가 있음을 밝히고 있다.

 ① 이 글에서 다양한 사례를 분류하여 나열하고 있지는 않다.

② 베블런 효과, 밴드왜건 효과, 스놉 효과의 세 가지 이론을 각각 다루고 있을 뿐, 한 가지 개념을 다양한 관점에서 다루고 있지는 않다.

④ 시간의 흐름에 따른 서사적 설명 방식은 나타나 있지 않다. 또 세 가지 이론을 병렬적으로 설명하고 있는 것이지 하나의 이론이 어떻게 변화했는지를 제시하는 것은 아니다.

⑤ 베블런이나 라이벤스타인의 이론은 상반되는 학설이 아니며, 글쓴이는 두 학자의 이론에 대해 어느 한쪽을 우위에 두고 있지 않다. 따라서 상반되는 학설을 제시하여 상대적 우위를 가리는 내용은 이 글에 나타나 있지 않다.

02 ②
관련 학습 : II-02-① 논증 방식-연역법, 귀납법, 유추법

 지문의 내용을 전제로 〈보기〉의 그래프가 의미하는 것을 연역적으로 추론해야 한다. 그래프의 각 구간에서 가격 상승에 따라 소비량이 어떻게 변화하는지를 살펴보고, 그 구간의 변화를 지문에 제시된 이론 중 어떤 이론으로 설명할 수 있는지 확인해 본다.

 〈보기〉의 A–B 구간에서는 가격이 상승하자 소비량이 줄어들고 있다. 이는 마의 '재화의 가격이 하락하면 소비량이 증가한다'는 기존의 경제 이론을 보여 주는 현상이다. 즉, 일반적인 재화의 소비 형태를 보여 주는 것이므로, 과시적 소비가 일어난다고 볼 수는 없다.

 ① 마에서 기존의 경제 이론에 따르면 재화의 가격이 하락하면 소비량이 증가한다고 하였다. 〈보기〉의 A–B 구간에서는 가격 상승에 따라 소비량이 줄어들고 있으므로 기존의 경제 이론으로 설명할 수 있다.

③ 나에서는 과시적 소비로 인해 가격이 올라도 오히려 수요가 늘어나는 상품을 베블런 재라 한다고 하였다. 〈보기〉의 B–C 구간에서는 가격이 상승하는데도 수요가 줄어들지 않고 오히려 증가하고 있으므로 이 상품이 과시적 소비의 대상이 되는 베블런 재임을 알 수 있다.

④ 〈보기〉의 B–C 구간에서는 가격 상승에 따라 소비량이 증가하는 베블런 효과가 나타나는데, 가와 나의 내용을 통해, 이러한 소비 형태는 대량 소비 시대가 되면서 과시적 소비로 인해 나타난 것임을 확인할 수 있다.

⑤ 〈보기〉의 B–D 구간에서는 가격이 오르는데도 수요가 증가하다가 C 지점부터 다시 수요가 줄어들고 있다. 따라서 B–C 구간은 주위 사람들이 과시적 소비를 흉내 내면서 사회 전체로 퍼져 나가는 현상인 밴드왜건 효과가 나타났다고 할 수 있다. 또 C–D 구간은 라에서 설명하고 있는 스놉 효과, 즉 특정 제품에 대한 소비가 증가하게 되면 그 제품의 수요가 줄어들고 새로운 상품의 수요로 옮겨 가는 현상이 나타났다고 할 수 있다.

03 ①
관련 학습 : II-02-② 논증의 타당성 판단하기

 지문에 제시된 개념을 실제 사례에 적용하여 이끌어 낸 결론이 타당한지 파악한다. 특히 개념이나 이론의 특징을 정확히 이해하고 적절하게 적용했는지 살펴봐야 한다.

 ㉮ '어느 재벌가의 며느리'가 수백만 원대에 이르는 가방을 들고 다닌 것은 과시적 소비라는 점에서 베블런 효과를 불러일으켰다고 볼 수 있으나, 이에 따라 재벌가 며느리의 가방 구매 욕구가 상승할 것으로 보기는 어렵다. 오히려 가격 할인으로 다른 사람들도 같은 가방을 갖게 되면 재벌가 며느리에게는 과시적 소비의 차별 효용이 떨어질 것이다. 따라서 '스놉 효과'에 따라 다른 가방에 대한 구매로 옮겨 갈 가능성이 높다.

 ② ㉯에서 가방의 판매 가격을 할인한 것은, 가격이 낮아지면 수요가 증가한다는 일반적인 판매 전략에 의한 것이라고 할 수 있다.

③ ㉰에서 가방 업체가 정가 판매를 고수해 온 것은 가격이 높아야 판매가 잘 될 것이라는 전략에 따른 것이다. 즉, 속물 효과에 의한 차별 효용을 유지하면서 단골 고객을 계속 묶어 두고자 하는 판매 전략에 의한 것임을 알 수 있다.

④ ㉱에서 매장 직원이 '인기 상품'이라는 이유로 소비자들에게 구매를 유도하는 것은, 사람들이 과시적 소비를 모방하는 모방 효과를 통해 수요를 늘리고자 하는 판매 전략에 의한 것이라고 할 수 있다.

⑤ 평소라면 사지 못했을 명품 가방이 할인된 금액으로 판매되고 있으므로, ㉲ '일부 서민들' 중에는 과시적 구매 욕구가 상승하는 사람들이 있을 것이다.

| 지문 분석하기 |

★ Self 문단 체크
(1) 교환가치 (2) 기호가치, 소비 (3) 기호 체계 (4) 욕구 (5) 대중매체
(6) 소비사회

★ 한눈에 보는 문단 구조도

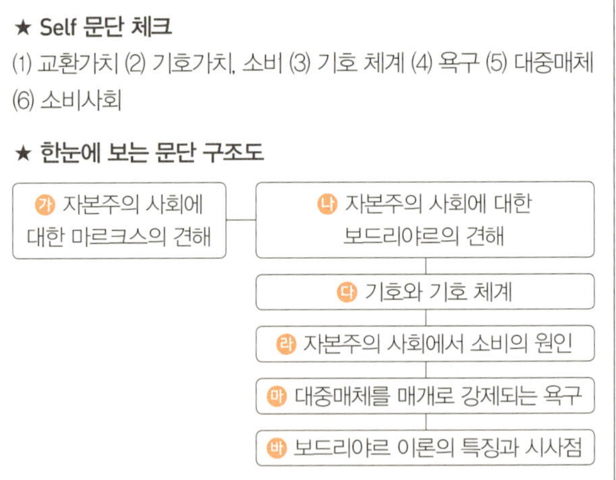

| 지문 다시 보기 |

가 ㉠마르크스는 사물의 경제적 가치를 사용가치와 교환가치

로 구분하면서 자본주의 사회에서는 경제적 가치가 교환가치

에 의해 결정된다고 보았다. 사용가치는 사물의 기능적 가치

를, 교환가치는 시장 거래를 통해 부여된 가치를 의미하는데

사물 자체의 유용성은 고정적이므로 시장에서의 수요와 공급

에 의해서만 경제적 가치가 결정된다고 보았기 때문이다. 또

한 그는 사물의 거래 가격은 결국 사물의 생산 비용에 의해 결

정된다는 점에서 소비를 생산에 종속된 현상으로 보고 소비의 자율성을 인정하지 않았다.

❶ 마르크스의 이러한 주장과 달리 ㉡ 보드리야르는 교환가치가 아닌 사용가치가 경제적 가치를 결정하며, 자본주의 사회는 소비 우위의 사회라고 주장했다. 이때 보드리야르가 제시한 사용가치는 사물 자체의 유용성에 대한 가치가 아니라 욕망의 대상으로서 기호(sign)가 지니는 기능적 가치, 즉 기호가치를 의미한다.

❷ 기호는 어떤 대상을 지시하는 상징으로서 문자나 음성같이 감각으로 지각되는 기표와 의미 내용인 기의로 구성되는데, 기표와 기의의 관계는 자의적이다. 가령 '남성'이란 문자는 필연적으로 어떤 대상을 지시하는 것이 아니며 '여성'이란 기호와의 관계 속에서 의미 내용이 결정된다. 다시 말해, 어떤 기호의 의미 내용을 결정하는 것은 기표와 기의의 관계가 아니라 기호들 간의 관계, 즉 기호 체계이다.

❸ 보드리야르는 자본주의 사회에서 대량 생산 기술이 급속하게 발전하면서 소비자가 기호가치 때문에 사물을 소비한다고 보았다. 대량 생산 기술의 발전으로 수요를 충족하고 남을 만큼의 공급이 이루어져 사물 자체의 유용성은 더 이상 소비를 결정하는 요인으로 작용할 수 없기 때문이다. 예를 들어 소비자는 특정 계층 또는 집단의 일원이라는 상징을 얻기 위해 명품 가방을 소비한다. 이때 사물은 소비자가 속하고 싶은 집단과 다른 집단 간의 차이를 부각하는 기호로서 기능한다. 따라서 보드리야르에 따르면 자본주의 사회에서 소비의 원인은 사물이 상징하는 특정 사회적 지위에 대한 욕구이다.

❹ 보드리야르는 현대인이 자연 발생적인 욕구에 따라 자유롭게 소비하는 것처럼 보이지만 사실은 강제된 욕구에 따르는 것에 불과하다고 보았다. 이는 기호가 다른 기호와의 관계 속에서 그 의미 내용이 결정되는 것과 관계된다. 특정 사물의 상징은 기호 체계, 즉 사회적 상징체계 속에서 유동적이며, 따라서 ㉢ 상징체계 변화에 따라 욕구도 유동적이다. 이때 대중매체는 사물의 기의에 영향을 미침으로써 욕구를 강제할 수 있다. 현실이 대중매체를 통해 전달될 때 현실은 현실 그 자체가 아니라 다른 기호와 조합될 수 있는 기호로서 추상화되기 때문이다. 가령 텔레비전 속 유명 연예인이 소비하는 사물은 유명 연예인이라는 기호에 의해 새로운 의미 내용이 부여된다. 요컨대 특정 사물에 대한 현대인의 욕망은 대중매체를 매개로 하여 자기도 모르는 사이에 강제된다.

❺ 보드리야르는 기술 문명이 초래한 사물의 풍요 속에서 현대인의 일상생활이 사물의 기호가치와 이에 대한 소비에 의해

규정된다고 보고 자본주의 사회를 소비사회로 명명하였다. 그의 이론은 소비가 인간에 미치는 영향을 비판적으로 성찰해야 한다는 점을 시사한다.

01 ⑤
관련 학습 : Ⅰ-01-③ 중심 문장과 뒷받침 문장 구분하기

풀이 방향 지문의 내용을 바탕으로 선택지의 세부적인 진술이 적절한지 판단해야 한다. ㉠ '마르크스'와 ㉡ '보드리야르'의 핵심 주장과 그 주장을 뒷받침하는 근거를 중심으로 살펴본다.

이게 정답 ❶에서 ㉡ '보드리야르'는 경제적 가치를 결정하는 것은 교환가치가 아니라 사용가치이며, 이때의 사용가치는 기호가치를 의미한다고 하였다. 또한 ❸에서 소비자들은 기호가치 때문에 사물을 소비하며, ❹에서는 기호 체계가 곧 사회적 상징체계라고 하였다. 그러므로 경제적 가치는 사회적 상징체계에 의해 결정되고, 소비의 원인은 기호가치임을 알 수 있다.

왜 답이 아니지? ① ❶에서 ㉠ '마르크스'가 소비를 생산에 종속된 현상으로 본 것은 맞다. 하지만 마르크스는 사용가치와 교환가치를 명확히 구분하였으며 경제적 가치는 교환가치에 의해 결정된다고 보았다.

② ❶에서 ㉠ '마르크스'가 사물 자체의 유용성이 고정적이라고 본 것은 맞다. 하지만 마르크스는 소비를 생산에 종속된 현상으로 보고 소비의 자율성을 인정하지 않았으므로, 소비자의 욕구를 중요하게 생각하지 않았음을 알 수 있다.

③ ❶에서 보드리야르는 사용가치는 사물 자체의 유용성에 대한 가치가 아니라 욕망의 대상으로서의 기호가치이고, 이것이 경제적 가치를 결정한다고 보았다.

④ ❸에서 보드리야르가 대중매체를 매개로 개인에게 욕구가 강제된다고 본 것은 맞다. 하지만 보드리야르는 특정 계층 또는 집단의 일원이라는 상징을 얻기 위해 사물을 소비한다고 하였으므로, 소비를 통해 집단 간의 사회적 차이가 더욱 분명하게 드러난다고 할 수 있다.

02 ①
관련 학습 : Ⅱ-03-① 예측 및 추론하기

풀이 방향 제시된 개념을 바탕으로 선택지의 진술 내용이 타당한지 판단해야 한다.

이게 정답 ❷에서 기호는 감각으로 지각되는 기표와 의미 내용인 기의로 구성되어 있다고 하였다. 그러므로 사물이 기호로서 기능한다면, 감각적으로 지각되는 기표로서의 구체성과 의미 내용에 해당하는 기의로서의 추상성을 갖는다고 할 수 있다.

왜 답이 아니지? ② ❷에 따르면 기표와 기의의 관계가 자의적이므로, 사물과 그것이 상징하는 특정한 사회적 지위의 관계 역시 자의적이라고 볼 수 있다.

③ ❷에 따르면 어떤 기호의 의미는 기호들 간의 관계에 의해 결정되므로, 사물 역시 사물 간의 관계를 통해 의미가 결정된다고 볼 수 있다.

④ ❷에 따르면 기호는 어떤 대상을 지시하는 상징에 해당하므로, 소비를 통해 사물을 손에 넣는 것은 특정 계층 또는 집단의 일원이라는 상징을 얻는 행위와 같다고 볼 수 있다.

⑤ ❶에 따르면 기호가치란 기호가 지니는 기능적 가치이므로, 감각으로 지각되는 사물의 기표와는 관계가 없고 사물의 기표에 의해 결정된다고 할 수도 없다.

풀이 방향 지문에서 상징체계의 변화와 욕구의 유동성을 연결하는 단서를 찾아서 생략된 내용을 파악해야 한다.

이게 정답 라에서 소비자들은 기호가치 때문에 사물을 소비하며, 마에서는 기호 체계가 곧 사회적 상징체계라고 하였다. 또한 사물의 기호가치는 고정되어 있는 것이 아니라 다른 사물과의 관계 속에서 유동적으로 변한다고 하였다. 즉, 사물의 기호가치가 변화하면 그 사물에 대한 욕구도 변화할 수 있는 것이다.

왜 답이 아니지? ① 사물 자체의 유용성은 상징체계 변화와 관계없이 고정되어 있으며 변화하지 않는다.

② 보드리야르는 사물에 대한 개인의 욕구가 대중매체를 통해 강제된 것이라고 보았으므로, 사물에 대한 욕구가 사람마다 제각기 다른 양상을 보인다고 보기는 어렵다.

④ 보드리야르는 사물에 대한 개인의 욕구가 대중매체를 통해 강제된 것이라고 보았으므로, 사물을 소비하는 행위가 개인의 자연 발생적 욕구를 따른 것이라고 보기는 어렵다.

⑤ 사물이 지시하는 의미 내용과 사물에 대한 욕구는 상징체계 안에서 규정되는 기호가치에 의해 결정되고 지배되기 때문에 서로 독립적이라고 보기는 어렵다.

04 ③

풀이 방향 먼저 지문에 제시된 보드리야르의 관점을 정확히 이해한 후, 〈보기〉가 보드리야르의 관점을 반영하고 있는지 아니면 그와 상충하는지를 판단해야 한다.

이게 정답 보드리야르는 자본주의 사회에서의 소비는 대중매체에 의해 강제된 욕구를 따르는 것에 불과하다고 보았다. 그러므로 〈보기〉에서 찢어진 청바지를 입는 것 역시, 개인만의 고유한 특성을 드러내는 수단이 아니라 사회에서 강제된 욕구에 따르는 소비라고 볼 것이다.

왜 답이 아니지? ① 라에서 보드리야르는 특정 사물을 소비하는 것은 자신이 속하고 싶은 집단과 다른 집단 간의 차이를 부각하기 위한 것이라고 하였다. 따라서 〈보기〉의 개성 역시 개인이 소속되길 바라는 집단의 차별화된 속성으로 볼 것이다.

② 나에서 보드리야르는 사물의 사용가치는 욕망의 대상으로서의 기호가치라고 하였다. 따라서 〈보기〉에서 사물을 통한 개성의 추구 역시 그 사물의 기호가치에 대한 욕구에서 비롯되었다고 볼 것이다.

④ 라에서 보드리야르는 자본주의 사회에서 소비의 원인은 사물이 상징하는 특정 사회적 지위에 대한 욕구라고 하였다. 〈보기〉의 광고 문구는 '차이'를 강조하고 있으므로, 상품 소비를 통해 사회적 차이를 드러내고 싶다는 욕구를 강제하는 것으로 볼 것이다.

⑤ 마에서 보드리야르는 유명 연예인이 소비하는 사물은 유명 연예인이라는 기호에 의해 새로운 의미 내용이 부여되며, 이는 현실이 기호로서 추상화되는 것을 보여 주는 예시라고 하였다. 따라서 〈보기〉에서 유명 연예인을 따라 타투나 피어싱에 돈을 지불하는 것을 대중매체를 매개로 하여 추상화된 기호를 소비하는 것으로 볼 것이다.

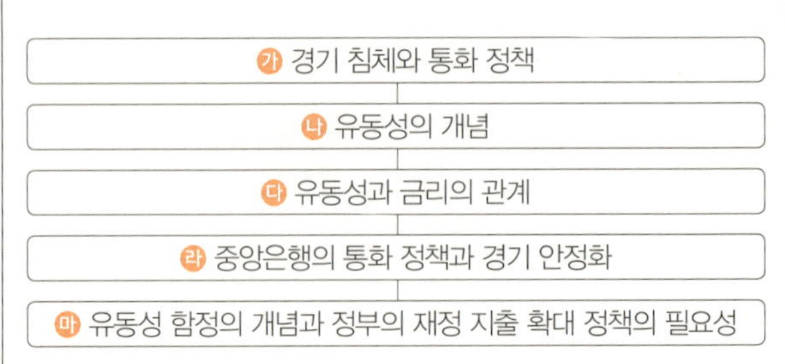

| 지문 분석하기 |

★ Self 문단 체크
(1) 유동성 (2) 통화량 (3) 금리 (4) 기준 금리, 인하, 인상 (5) 유동성 함정

★ 한눈에 보는 문단 구조도

가 경기 침체와 통화 정책
나 유동성의 개념
다 유동성과 금리의 관계
라 중앙은행의 통화 정책과 경기 안정화
마 유동성 함정의 개념과 정부의 재정 지출 확대 정책의 필요성

| 지문 다시 보기 |

가 경기가 침체되어 가계의 소비가 줄어들면 시중의 제품이 팔리지 않아 기업은 생산 규모를 축소하게 된다. 그 결과 실업률이 증가하고 가계의 수입이 감소하면서 소비는 더욱 위축된다. 이와 같은 악순환으로 경기 침체가 심화되면 국가는 이에 서 벗어나기 위해 유동성을 늘리는 통화 정책을 시행한다.
경기 침체→가계 소비 감소→기업의 생산 규모 축소→실업률 증가→가계 수입 감소→소비 위축
경기 침체 극복을 위한 국가 정책

나 유동성이란 자산 또는 채권을 손실 없이 현금화할 수 있는 정도로, 현금과 같은 화폐는 유동성이 높은 자산인 반면 토지나 건물과 같은 부동산은 유동성이 낮은 자산이다. 이처럼 유동성은 자산의 성격을 나타내는 용어이지만, 흔히 시중에 유통되는 화폐의 양, 즉 통화량을 나타내는 말로도 사용된다. 가령 시중에 통화량이 지나치게 많을 때 '유동성이 넘쳐 난다'고 표현하고, 반대로 통화량이 줄어들 때 '유동성이 감소한다'고 표현한다. 유동성이 넘쳐 날 경우 시중에 화폐가 흔해지는 상황이므로 화폐의 가치는 떨어지게 된다.
유동성의 개념 ①
유동성이 높은 자산
유동성이 낮은 자산
유동성의 개념 ②
유동성 증가 → 화폐 가치 하락

다 유동성은 금리와 밀접한 관련이 있기 때문에 국가는 정책적으로 금리를 올리고 내림으로써 유동성을 조절할 수 있다. 이때 금리는 예금이나 빌려준 돈에 붙는 이자율로, 이는 기준 금리와 시중 금리 등으로 구분된다. 기준 금리는 국가가 정책적인 차원에서 결정하는 금리로, 한 나라의 금융 및 통화 정책의 주체인 중앙은행에 의해 결정된다. 반면 시중 금리는 기준 금리의 영향을 받아 중앙은행 이외의 시중 은행이 세우는 표준적인 금리로, 가계나 기업의 금융 거래에 영향을 미친다. 가령 시중 금리가 내려가면 예금을 통한 이자 수익과 대출에 따른 이자 부담이 줄어 가계나 기업에서는 예금을 인출하거나 대출을 받으려는 경향성이 늘어난다. 그 결과 시중의
금리의 개념과 종류
기준 금리의 개념과 결정 주체
시중 금리의 개념과 결정 주체

유동성이 증가하게 된다. 반대로 시중 금리가 올라가면 이자 수익과 대출 이자 부담이 모두 늘어나기 때문에 유동성이 감소하게 된다.

라 이와 같은 금리와 유동성의 관계를 고려하여, 중앙은행은 기준 금리를 조절하는 통화 정책을 통해 경기를 안정시키려고 한다. (기준 금리 조절을 통한 경기 안정 방안) 만일 경기가 침체되면 중앙은행은 기준 금리를 인하하는 정책을 도입하여 시중 금리를 낮추도록 유도한다. 그 결과 유동성이 증가하여 가계의 소비가 늘고 주식이나 부동산에 대한 투자가 확대된다. 또한 기업의 생산과 고용이 늘고 다양한 분야에 대한 투자가 확대되어 물가가 상승하고 경기가 전반적으로 활성화된다. (: 경기 침체 시 기준 금리 인하 정책 도입과 그로 인한 효과) 반대로 경기가 과열되어 자산 가격이나 물가가 지나치게 오르면 중앙은행은 기준 금리를 인상하는 정책을 통해 유동성을 감소시킨다. 그 결과 기준 금리를 인하할 때와 반대의 현상이 나타나 자산 가격이 하락하고 물가가 안정되어 과열된 경기가 진정된다. (: 경기 과열 시 기준 금리 인상 정책 도입과 그로 인한 효과)

마 그러나 중앙은행이 경기 활성화를 위해 통화 정책을 시행했음에도 불구하고 애초에 의도한 결과가 나타나지 않기도 한다. 즉, 기준 금리를 인하하여 시중에 유동성을 충분히 공급하더라도, 증가한 유동성이 기대만큼 소비나 투자로 이어지지 않으면 경기가 활성화되지 않는다. 특히 심각한 경기 침체로 인해 경기 회복에 대한 전망이 불투명할 경우, 경제 주체들은 쉽게 소비를 늘리지 못하거나 투자를 결정하지 못해 돈을 손에 쥐고만 있게 된다. 이 경우 충분한 유동성이 경기 회복으로 이어지지 못해 경기 침체가 지속되는데, 마치 유동성이 함정에 빠진 것 같다고 하여 케인스는 이를 유동성 함정이라 불렀다. (유동성 함정의 개념 - 통화 정책의 한계) 그는 이러한 유동성 함정을 통해 통화 정책의 한계를 설명하면서, 정부가 재정 지출을 확대하여 소비와 투자를 유도하는 정책을 시행하는 것이 중요하다고 역설하였다. (재정 지출을 통한 경기 활성화 정책의 필요성)

01 ⑤　　　　　　　　　　　　관련 학습 : Ⅰ-01-④ 주제 파악하기

풀이 방향 각 문단의 중심 내용을 파악하고, 이를 바탕으로 전체적인 글의 흐름을 이해해야 한다. 지엽적인 내용보다는 지문의 전체적인 주제와 관련된 내용을 위주로 생각하는 것이 좋다.

이게 정답 **마**에 케인스가 유동성 함정이라는 통화 정책의 한계를 설명하면서 정부가 재정 지출을 확대해야 한다고 주장하였다는 내용이 나타나 있지만, 유동성에 대한 케인스 주장의 한계는 다루고 있지 않다.

왜 답이 아니지? ① **다**와 **라**에서 중앙은행은 한 나라의 금융 및 통화 정책의 주체로 기준 금리를 결정하며, 경기 안정을 위한 통화 정책을 편다고 하였다.

② **나**에서 현금과 같은 화폐는 유동성이 높은 자산이라고 하였다.

③ **다**에서 기준 금리는 국가가 정책적 차원에서 결정하는 금리이고, 시중 금리는 기준 금리의 영향을 받아 시중 은행이 세우는 표

준적인 금리라고 하였다.

④ **가**에서 경기가 침체되어 가계의 소비가 줄면 기업이 생산 규모를 줄이게 되고, 그 결과 실업률이 증가하고 가계의 수입이 감소하면서 소비가 더욱 위축된다고 하였다.

02 ①　　　　　　　　　관련 학습 : Ⅰ-01-③ 중심 문장과 뒷받침 문장 구분하기

풀이 방향 지문에서 관련 내용이 언급된 부분을 자세히 살펴보며 〈보기〉에 제시된 통화 정책의 순서와 결과를 정확히 파악해야 한다.

이게 정답 **라**에서 중앙은행이 기준 금리를 인하하면 유동성이 증가한다고 하였으며, **나**에서는 유동성이 넘쳐 날 경우 화폐의 가치가 떨어진다고 하였다. 따라서 '기준 금리 인하 → 유동성 증가 → 화폐 가치 하락'의 관계가 적절함을 알 수 있다.

왜 답이 아니지? ② 중앙은행이 기준 금리를 내리면 유동성이 증가하는 것은 맞지만, 이때 화폐의 가치는 하락하게 된다.

③ 중앙은행이 기준 금리를 내리면 유동성은 증가한다.

④, ⑤ 기준 금리를 올리면 유동성이 감소하고 이때 화폐 가치는 상승하게 된다.

03 ①　　　　　　　　　관련 학습 : Ⅰ-01-③ 중심 문장과 뒷받침 문장 구분하기

풀이 방향 '유동성 함정'이 무엇인지, 지문에서 해당 개념이 어떻게 설명되고 있는지 파악해야 한다.

이게 정답 **마**에서 경기 활성화를 위해 기준 금리를 인하하여 유동성을 충분히 공급하더라도 증가한 유동성이 기대만큼 소비나 투자로 이어지지 않으면 경기가 활성화되지 않는다고 하였다. 즉, 시중에 유동성이 충분하더라도 경기 회복에 대한 전망이 불투명하여 경기 침체가 지속되는 것이 유동성 함정임을 알 수 있다.

왜 답이 아니지? ② 유동성 함정은 충분한 유동성이 경기 활성화로 이어지지 않는 것을 의미하므로, 시중 금리 상승으로 유동성이 감소하는 상황과는 관계가 없다.

③ 유동성 함정이 발생했을 때 시중에 유동성이 충분한 것은 맞지만, 이러한 현상이 기업의 생산과 가계의 소비가 줄어들었기 때문에 발생하는 것은 아니다.

④ 유동성 함정이란 시중에 충분한 유동성을 공급하더라도 침체된 경기를 회복하지 못하는 것을 의미하므로, 경기 과열로 인한 상황과는 관계가 없다.

⑤ **마**에서 유동성 함정은 시중에 유동성이 충분하더라도 경기 회복에 대한 전망이 부정적일 때 발생한다고 하였다.

04 ②　　　　　　　　　　　　관련 학습 : Ⅱ-03-① 예측 및 추론하기

풀이 방향 〈보기〉에서 제시한 빅스텝의 개념이 무엇인지 이해하고, 이를 지문의 내용과 관련지어 생각할 수 있어야 한다. 이때 선택지에 언급된 경제 주체들의 반응이 적절한지도 판단한다.

이게 정답 **라**와 **마**의 내용을 먼저 살펴보자. 경기가 과열되어 중앙은행이 기준 금리를 인상하면 유동성이 감소되어 가계의 소비가 줄고 투자가 축소되며 자산 가격이 하락하여 물가가 안정된다. 한편 〈보기〉는 지나친 물가 상승과 자산 가격 폭등으로 인해, 금융 당국이 빅스텝, 즉 한 번에 0.5% 포인트의 큰 폭으로 기준 금리를 인상하였다는 내용의 기사이다. 기준 금리가 크게 오르면 그 영향을 받아 시중 금리 역시 상승하여 소비나 투자가 줄고 물가나 자산 가격이 하락할 것이다. 그러므로 소비자가 소비 심리가 회복되어

물가가 오를 것으로 보아 자동차 구매 시기를 앞당겨야겠다고 반응하는 것은 적절하지 않다.

왜 답이 아니지? ① **라**에서 기준 금리가 내리면 주식이나 부동산 투자가 확대된다고 하였으며, 기준 금리가 오르면 반대 현상이 일어난다고 하였다. 따라서 투자자가 부동산 가격이 하락할 수 있다고 보아 당분간 부동산 투자를 미루겠다고 반응하는 것은 적절하다.
③ **다**에서 중앙은행이 기준 금리를 인상하면 시중 금리가 상승하고 이에 따라 가계나 기업의 이자 부담이 증가한다고 하였다. 따라서 기업인이 대출 이자에 부담을 느끼고 공장 확장 계획을 보류하겠다고 반응하는 것은 적절하다.
④ **라**에서 기준 금리를 인상하면 기업의 생산과 고용이 축소된다고 하였다. 따라서 공장장이 부품 수요가 줄어들 것으로 보아 재고가 늘어날 것에 대비하겠다고 반응하는 것은 적절하다.
⑤ **다**에서 기준 금리가 상승하면 이자 수익이 늘어난다고 하였다. 따라서 은행원이 저축을 하려는 사람이 많아질 것으로 예상하여 다양한 상품을 개발하겠다고 반응하는 것은 적절하다.

06 무역은 왜 할까?

01 ① **02** ③ **03** ②　　　　　　　　본문 144쪽

| 지문 분석하기 |

★ Self 문단 체크
(1) 이익, 재화 (2) 비교 우위 (3) 비교 우위, 재화량, 조합 (4) 생산 요소 부존량 (5) 변화, 비교 우위 산업

★ 한눈에 보는 문단 구조도

> **가** 무역으로 이익이 발생하는 이유와 대상 상품의 결정 방법에 대한 의문

> **나** 비교 우위의 개념과 계산 방법

> **라** 비교 우위 산업이 존재하는 이유

> **다** 무역을 통해 이익을 얻을 수 있는 이유

> **마** 생산요소 부존량의 변화에 따른 비교 우위 산업의 변화

| 지문 다시 보기 |

가 두 나라가 자발적으로 무역을 하기 위해서는 두 나라 모두 이익을 얻을 수 있어야 한다. 만일 무역 당사국이 이익을 전혀 얻지 못하거나 손실을 본다면, 이 나라는 무역을 하지 않을 것이기 때문이다. 그러면 무역을 통해 이익이 발생할 수 있는 이유는 무엇일까? 또 무역에서 수출입 재화는 각각 어떻게 결정될까?

나 A국과 B국에서 자동차와 신발을 생산하는 상황을 가정해 보자. 아래 〈그림〉과 같이 A국은 이용 가능한 생산요소를 모두 투입하여 최대 자동차 10대 혹은 신발 1,000켤레를 만들 수 있다. 한편, B국에서는 동일한 조건하에 자동차 3대 또는 신발 600켤레를 생산할 수 있다. 이때 국가 간 비교 우위 산업의 차

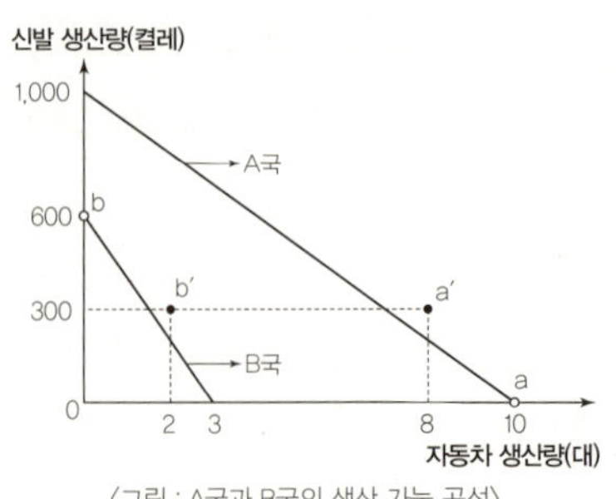

〈그림 : A국과 B국의 생산 가능 곡선〉

이때 기회비용이란 그 재화 생산으로 인해 포기해야 하는 다른 재화의 가치를 말한다. 위의 상황에서 A국이 자동차를 1대 더 생산하기 위해서는 신발 생산을 100켤레 줄여야 한다. 즉, A국 입장에서 자동차 1대 생산의 기회비용은 신발 100켤레와 같다. 한편, B국은 자동차 1대 생산의 기회비용이 신발 200켤레가 된다. 이 경우 A국의 자동차 생산의 기회비용이 B국의 그것보다 작으므로, A국이 자동차 생산에 있어 비교 우위를 갖고 있다. 반면, ㉠B국은 신발 생산에 있어 비교 우위를 갖게 된다.

다 따라서 A국이 자동차를 특화해 B국에 수출하고, B국은 신발을 특화해 A국에 수출하면 무역을 하지 않을 때에 비해 양국 모두 이익을 얻을 수 있다. 위 〈그림〉에서 A국이 자동차만 10대 생산(a)하고 B국이 신발만 600켤레를 생산(b)해서 양국이 무역을 한다고 하자. 이때 A국이 자동차 2대를 수출하고 그 대신 B국으로부터 신발 300켤레를 수입한다면, A국은 자동차 8대와 신발 300켤레의 조합(a′)을, B국은 자동차 2대와 신발 300켤레의 조합(b′)을 소비할 수 있다. 즉 무역을 통해 양국은 무역 이전에는 생산할 수 없었던 재화량의 조합을 생산하는 것과 같은 효과를 갖게 되어 무역을 통한 이익을 얻을 수 있다.

라 이처럼 각국의 비교 우위 산업이 존재하는 이유에 대해 20세기 초의 경제학자 헥셔는 국가 간 생산요소 부존량의 상대적 차이가 비교 우위를 낳는다고 보았다. 그에 따르면, 각국은 타국에 비해 상대적으로 풍부한 생산요소를 집약적으로 사용하는 재화의 생산에 비교 우위를 갖는다. 즉 재화마다 각 생산요소들이 투입되는 비율이 다르기 마련인데, 어떤 재화 생산에 특정 생산요소가 집약적으로 사용된다면 그 생산요소를 다른 나라들에 비해 풍부하게 보유하고 있는 국가가 해당 재화의 생산에 비교 우위를 갖게 된다는 것이다. 예를 들어, 어떤 국가가 자동차·선박 등 자본 집약재의 수출국이고 신발·의류 등 노동 집약재의 수입국이라면, 그 국가는 타국에 비해 자본은 상대적으로 풍부하고 노동은 그렇지 않다고 판단할 수 있다.

마 각국의 비교 우위 산업은 국가 간 생산요소 부존량의 상대

적 차이가 변화함에 따라 바뀔 수도 있다. 우리나라도 과거
경공업 위주의 노동 집약적 산업에서 자본 집약적인 중화학

공업, 최근의 지식 집약적인 IT 산업까지 주요 산업 및 수출품

이 변화해 왔다. 이는 경제 성장에 따라 각 생산요소들의 부

존 비율이 변화함으로써 우리나라의 비교 우위 산업이 변화
해 왔기 때문이다.

01 ①

관련 학습 : II-01-① 설명 방식 ①-정의, 예시, 분류와 분석, 인용
II-01-③ 설명 방식과 내용 전개 방식

풀이 방향 각 문단에 사용된 설명 방식과 지문 전체의 내용 전개
방식에 관한 문제이다.

이게 정답 단계적인 순서에 따른 설명 방식은 과정에 해당하는데,
'과정'은 주로 어떤 일을 하거나 무엇인가를 만드는 절차를 밝힐 때
사용한다. 이 글에서 과정의 방식은 사용하고 있지 않으며, 어떤
이론의 한계를 지적하고 있지도 않다.

왜 답이 아니지? ② 라에서 경제학자 헥셔의 견해를 간접 인용하여
각국의 비교 우위 산업이 존재하는 이유를 설명하고 있다.

③ 가의 마지막 부분에서 무역을 통해 이익이 발생할 수 있는 이
유와 수출입 재화의 결정 방식에 대해 질문을 던지고 있는데, 이와
같은 방법을 사용하면 독자의 관심과 흥미를 불러일으킬 수 있다.

④ 나에서 '비교 우위', '기회비용' 등의 개념을 정의함으로써 독자
들의 이해를 돕고 있다.

⑤ 나와 다에서는 A, B 두 나라의 자동차와 신발 생산을 예로 들
어 무역을 통해 이익이 생기는 현상을 설명하고 있다.

02 ③

관련 학습 : I-01-③ 중심 문장과 뒷받침 문장 구분하기
I-01-④ 주제 파악하기

풀이 방향 발문에 제시된 '답할 수 없는 질문'이란 지문에 언급되지
않은 내용을 말한다. 그리고 선택지의 질문은 각 문단의 중심 내용
이나 소주제에 관한 내용이므로, 이에 주의하여 중심 내용을 살펴
본다.

이게 정답 라에서 '재화마다 각 생산요소들이 투입되는 비율이 다
르기 마련'이라고 하였지만, 그 비율이 어떻게 결정되는지에 관해
서는 이 글에서 언급하고 있지 않다.

왜 답이 아니지? ① 마의 '각국의 비교 우위 산업은 국가 간 생산요
소 부존량의 상대적 차이가 변화함에 따라 바뀔 수도 있다.'라는 내
용을 통해 확인할 수 있다.

② 다에서 각국은 비교 우위 산업을 특화하여 무역을 함으로써 이
익을 얻는다고 하였다. 따라서 무역은 그 나라의 비교 우위 산업
을 특화하도록 하는 등 각 재화 생산량에 변화를 일으킬 수 있음
을 알 수 있다.

④ 다에서 'A국이 자동차를 특화해 B국에 수출하고, B국은 신발
을 특화해 A국에 수출하면' 무역으로 이익을 얻을 수 있다고 하였
다. 그러므로 비교 우위에 있는 재화가 수출품이 되고, 그렇지 않
은 재화는 수입품이 된다는 것을 알 수 있다.

⑤ 라에서 '국가 간 생산요소 부존량의 상대적 차이가 비교 우위를
낳는다'고 하였는데, 지문 전체에 따르면 이러한 비교 우위로 인
해 무역에서의 이익이 나타난다고 할 수 있다. 따라서 국가 간 생

산요소 부존량의 상대적 차이가 결국은 무역에서의 이익을 발생
시킨다고 볼 수 있다.

03 ②

관련 학습 : II-01-② 설명 방식 ②-비교와 대조, 서사, 과정, 인과
II-02-① 논증 방식-연역법, 귀납법, 유추법

풀이 방향 설명 과정 중 생략되어 있는 ㉠의 이유를 논리적 흐름과
설명 방식의 특성을 고려하여 추론하는 문제이다.

이게 정답 A국은 자동차 생산에 비교 우위가 있고, B국은 신발 생
산에 비교 우위가 있으며, 이 두 내용은 '반면'이라는 접속어로 연
결되어 있다. 즉 B국이 신발에 비교 우위가 있는 것은 A국이 자동
차 생산에 비교 우위가 있는 것과 같은 이유 때문임을 알 수 있다.
A국이 자동차 생산에 있어 비교 우위를 갖는다는 결론을 이끌어
낸 논증 과정은 다음과 같다.

대전제	기회비용이 작은 쪽이 비교 우위를 갖는다.
소전제	A국의 자동차 생산의 기회비용이 B국의 그것에 비해 작다.
결론	따라서 자동차 생산에 있어 A국이 비교 우위를 갖는다.

이를 참고하여, '신발 생산에 있어 B국이 비교 우위를 갖는다.'라는
㉠의 결론에 도달하려면 'B국의 신발 생산의 기회비용이 A국의 그
것에 비해 작다.'라는 전제가 있어야 함을 알 수 있다.

왜 답이 아니지? ① 한 국가 내에서 한 재화에 대한 다른 재화의 기
회비용을 비교하는 것은 무역에서 비교 우위를 갖는 것과 관련이
없다.

③ 비교 우위를 결정하기 위해서는 같은 재화에 대한 각국의 기회
비용을 비교해야 한다.

④, ⑤ 비교 우위란 어떤 재화의 기회비용이 다른 나라보다 작은
경우를 의미하는 것이므로 특정한 한 재화의 전체 생산량과는 관
련이 없다.

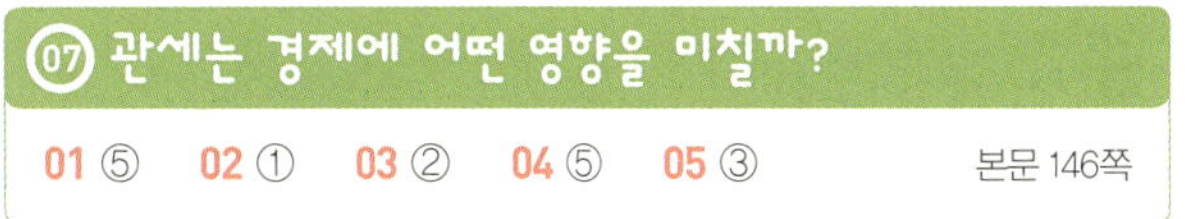

01 ⑤ **02** ① **03** ② **04** ⑤ **05** ③   본문 146쪽

| 지문 분석하기 |

★ Self 문단 체크

(1) 관세 (2) 균형 가격 (3) 줄어들고, 늘어나고 (4) 크기 (5) 줄어든
다 (6) 침체 (7) 감소

★ 한눈에 보는 문단 구조도

가 관세의 개념과 영향

나 수요와 공급의 원리 　　다 가격 변화에 따른 생산자
및 소비자 잉여의 변화

라 자유 무역의 영향 – 사회적 잉여 증가

마 관세 부과의 영향 – 사회적 잉여 감소

바 관세 정책 장기하이 위험성

사 과도한 관세 부과의 부정적 영향

가 최근 수입품에 높은 관세를 부과하여 국제 무역 분쟁이 발생하면서 관세에 대한 관심이 높아지고 있다. 관세란 수입되는 재화에 부과되는 조세로, 정부는 조세 수입을 늘리거나 국내 산업을 보호하기 위한 목적으로 관세를 부과한다. 그런데 관세를 부과하면 국내 경기 및 국제 교역에 영향을 미치게 된다.

나 관세가 국내 경기에 미치는 영향을 살펴보기 위해서는 시장에서의 수요와 공급의 원리를 알아야 한다. 〈그림〉

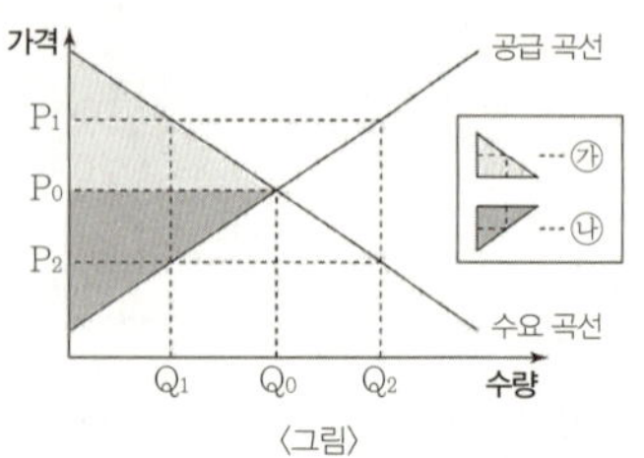

은 가격에 따른 수요량과 공급량의 변화를 나타내는 그래프이다. 여기서 수요 곡선은 재화의 가격에 따른 수요량의 변화를 나타내는데, 그래프에서 가격은 재화 1단위 추가 소비를 위한 소비자의 지불 용의 가격을 나타내기도 한다. 공급 곡선은 재화의 가격에 따른 공급량의 변화를 나타내는데, 그래프에서 가격은 재화 1단위 추가 생산을 위한 생산자의 판매 용의 가격을 나타내기도 한다. 수요와 공급의 원리에 따르면 재화의 균형 가격은 수요 곡선과 공급 곡선이 만나는 P_0에서 형성된다. 재화의 가격이 P_1로 올라가면 수요량은 Q_1로 줄어들고 공급량은 Q_2로 증가하지만, 재화의 가격이 P_2로 내려가면 수요량은 Q_2로 증가하고 공급량은 Q_1로 줄어든다.

다 이처럼 재화의 가격 변화로 수요량과 공급량이 달라지면 소비자 잉여와 생산자 잉여에도 변화가 생기게 된다. 여기서 잉여란 제품을 소비하거나 판매함으로써 얻는 이득으로, 소비자 잉여는 소비자가 어떤 재화를 구입할 때 지불할 용의가 있는 가격과 실제 지불한 가격의 차이이고, 생산자 잉여는 생산자가 어떤 재화를 판매할 때 실제 판매한 가격과 판매할 용의가 있는 가격의 차이이다. 〈그림〉에서 수요 곡선과 실제 재화의 가격의 차이에 해당하는 ㉮는 소비자 잉여를, 실제 재화의 가격과 공급 곡선의 차이에 해당하는 ㉯는 생산자 잉여를 나타낸다. 만일 재화의 가격이 P_0에서 P_1로 올라가면 소비자 잉여는 줄어들고 생산자 잉여는 늘어나는 반면, 재화의 가격이 P_2로 내려가면 소비자 잉여는 늘어나고 생산자 잉여는 줄어들게 된다.

라 이를 바탕으로 관세가 국내 경기에 미치는 영향을 살펴보자. 밀가루 수입 전에 형성된 K국의 밀가루 가격이 500원/kg이고, 국제 시장에서 형성된 밀가루의 가격이 300원/kg이라고 가정해 보자. K국이 자유 무역을 통해 관세 없이 밀가루를 수입하면 국산 밀가루 가격은 수입 가격 수준인 300원/kg까

지 내려가게 된다. 그 결과 국산 밀가루 공급량은 줄어들지만 오히려 수요량은 늘어나기 때문에, 국내 수요량에서 국내 공급량을 뺀 나머지 부분만큼 밀가루를 수입하게 된다. 밀가루 수입으로 국산 밀가루 가격이 하락하면 결과적으로 생산자 잉여가 감소하지만 소비자 잉여는 증가하게 된다. 증가한 소비자 잉여가 감소한 생산자 잉여보다 크기 때문에 소비자 잉여와 생산자 잉여의 총합인 사회적 잉여는 밀가루를 수입하기 전에 비해 커지게 된다.

마 그런데 K국이 수입 밀가루에 100원/kg의 관세를 부과할 경우, 수입 밀가루의 국내 판매 가격은 400원/kg으로 올라가게 된다. 그렇게 되면 국산 밀가루 생산자는 관세 부과 전보다 100원/kg 오른 가격에 밀가루를 판매할 수 있으므로 국산 밀가루의 공급량이 늘어 관세를 부과하기 전보다 생산자 잉여가 증가하게 된다. 반대로 소비자 입장에서는 가격이 올라가면 그만큼 수요량이 줄어들게 되므로 소비자 잉여는 감소하게 된다. 하지만 증가한 생산자 잉여가 감소한 소비자 잉여보다 작기 때문에 소비자 잉여와 생산자 잉여의 총합인 사회적 잉여는 수입 밀가루에 관세를 부과하기 전에 비해 작아지게 된다.

바 그런데 관세 정책이 장기화될 경우, 국내 경기가 침체에 빠질 수 있다. 예컨대 K국 정부가 국내 밀가루 산업을 보호하기 위하여 수입 밀가루에 높은 관세를 부과할 경우, 단기적으로는 국내 밀가루 생산자의 이익을 늘려 자국의 밀가루 산업을 보호할 수 있다. 하지만 높은 관세로 국내 밀가루 가격이 상승하면 밀가루를 원료로 하는 제품들의 가격이 줄줄이 상승하게 되어, 국내 소비자들은 밀가루를 이용하여 만든 제품들의 소비를 줄이게 된다. 이러한 과정이 장기화된다면 K국의 경기는 결국 침체에 빠질 수도 있다. 실제로 1930년대 국내 산업을 보호할 목적으로 시행된 각국의 관세 정책으로 인해 오히려 경제 대공황이 심화된 사례가 이를 잘 보여 주고 있다.

사 이렇게 볼 때 국내 산업을 보호할 목적으로 부과된 ㉠관세는 사회적 잉여를 감소시키고, 해당 제품에 대한 국내 소비를 줄어들게 한다. 그리고 그와 관련된 다른 산업에까지 악영향을 미칠 수 있다. 또한 과도한 관세는 국제 교역을 감소시켜 국제 무역 시장을 침체시킬 뿐만 아니라, 국제 무역 분쟁을 야기할 소지도 있다. 이러한 이유로 대다수의 경제학자들은 과도한 관세에 대한 우려를 드러내고 있다.

01 ⑤ 관련 학습 : Ⅱ-01-③ 설명 방식과 내용 전개 방식

풀이 방향 글 전체의 내용 전개 방식을 파악하는 문제이다. 각 문단에서 무엇을 설명하고 있는지, 문단 사이의 관계는 어떠한지 살펴봐야 한다.

이게 정답 지문에서는 관세의 개념과, 수요와 공급의 원리를 바탕으로 생산자 잉여와 소비자 잉여의 변화에 대해 설명한 후, 밀가루를 수입하는 경우를 예로 들어 관세가 국내 경기 및 국제 무역 시장에 미치는 영향을 설명하고 있다.

왜 답이 아니지? ① 관세와 관련된 상반된 두 입장을 제시하지는 않았다.

② **사**에서 관세가 국제 무역 분쟁의 원인이 될 수도 있다고는 하였으나, 이에 대한 해결책을 구체화하지는 않았다.

③ 관세의 영향을 설명하기 위해 수요와 공급의 원리를 설명하고는 있지만, 그 이론에 대한 한계는 제시하지 않았다.

④ 관세와 관련된 특정한 학설의 배경과 성과를 분석하지는 않았다.

02 ①
관련 학습 : Ⅰ-02-② 중심 문단과 뒷받침 문단 구분하기

풀이 방향 지문의 내용을 바탕으로 선택지의 내용이 지문과 일치하는지 판단해야 한다.

이게 정답 **나**에 따르면, 수요 곡선에서 가격은 재화 1단위 추가 소비를 위한 소비자의 지불 용의 가격을 나타내며, 공급 곡선에서 가격은 재화 1단위 추가 생산을 위한 생산자의 판매 용의 가격을 나타낸다. 그런데 수요 곡선과 공급 곡선이 만나는 지점에서 재화의 균형 가격이 형성되므로, 소비자의 지불 용의 가격이 균형 가격보다 항상 높은 것은 아니다. 〈그림〉에서 가격이 P_0보다 낮을 때 수요 곡선을 보면 소비자의 지불 용의 가격이 균형 가격보다 낮음을 알 수 있다.

왜 답이 아니지? ② **나**에서 수요 곡선과 공급 곡선이 만나는 지점에서 균형 가격이 형성된다고 하였으므로, 균형 가격에서는 재화의 수요량과 공급량이 동일하다.

③ **바**에서 밀가루 가격이 상승하면 밀가루를 원료로 하는 제품들의 가격이 상승하게 된다고 하였으므로, 원료의 가격은 이에 기반한 제품의 가격에 영향을 미친다고 볼 수 있다.

④ **사**에서 과도한 관세는 국제 무역 분쟁을 야기할 소지도 있다고 하였다.

⑤ **사**에서 대다수의 경제학자들은 과도한 관세에 대한 우려를 드러내고 있다고 하였으므로, 과도한 관세에 대해 부정적 입장임을 알 수 있다.

03 ②
관련 학습 : Ⅱ-03-① 예측 및 추론하기

풀이 방향 특정한 결론에 이르게 된 이유나 원인을 추론하기 위해서는 지문에서 근거가 될 만한 구절을 찾아보아야 한다. ⊙은 관세가 사회적 잉여를 감소시킨다는 것이므로, 사회적 잉여가 어떻게 결정되는지 파악해야 한다.

이게 정답 **라**에서 소비자 잉여와 생산자 잉여의 총합이 사회적 잉여라고 하였으며, **마**에서는 관세가 부과될 경우 생산자 잉여가 증가하고 소비자 잉여가 감소함에 따라 사회적 잉여는 관세 부과 전에 비해 작아진다고 하였다. 따라서 ⊙ '관세가 사회적 잉여를 감소시키는' 이유는 소비자 잉여 감소분이 생산자 잉여 증가분보다 크기 때문임을 알 수 있다.

왜 답이 아니지? ① 소비자 잉여 감소분과 생산자 잉여 증가분이 같다면 사회적 잉여에 변동이 없을 것이다.

③ 관세가 부과되면 소비자 잉여가 감소한다.

④ 관세가 부과되면 생산자 잉여가 증가한다.

⑤ 관세가 부과되면 소비자 잉여가 감소하고 생산자 잉여가 증가한다.

04 ⑤
관련 학습 : Ⅱ-02-② 논증의 타당성 판단하기

풀이 방향 지문의 내용을 바탕으로 유사한 사례에 적용하기 위해서는 지문에서 설명한 핵심 개념을 정확히 이해해야 한다. **라**와 **마**의 내용을 읽을 때, 〈보기〉의 그래프를 참조하여 이해하는 것도 좋다.

이게 정답 **라**의 '국내 수요량에서 국내 공급량을 뺀 나머지 부분만큼 밀가루를 수입하게 된다.'를 참고할 때, 관세를 부과하기 전에 수입되는 바나나의 수량은 국내 수요량인 250톤에서 국내 공급량인 50톤을 뺀 200톤이 된다. 그리고 관세를 부과한 후 수입되는 바나나의 수량은 국내 수요량 200톤에서 국내 공급량 100톤을 뺀 100톤이 된다. 따라서 관세 부과 후 수입되는 바나나의 수량은 이전보다 100톤이 줄어드는 효과가 발생한다.

왜 답이 아니지? ① **나**에서 균형 가격은 수요 곡선과 공급 곡선이 만나는 지점에서 형성된다고 하였으므로, 〈보기〉에서 바나나를 수입하기 전 바나나의 국내 균형 가격은 톤당 1,000만 원이다.

② **라**에서 국내 수요량에서 국내 공급량을 뺀 나머지 부분만큼 밀가루를 수입하게 된다고 하였으므로, 〈보기〉에서 관세를 부과하기 전 수입되는 바나나의 수량은 P국의 수요량 250톤에서 P국의 국내 공급량 50톤을 뺀 200톤이다.

③ 〈보기〉에서 관세를 부과하기 전 바나나 가격은 톤당 500만 원이고, 관세를 부과한 후에는 톤당 700만 원이므로 P국에서 부과한 관세는 톤당 200만 원이다.

④ 관세를 부과하기 전의 국내 공급량은 50톤이고 관세를 부과한 후의 국내 공급량은 100톤이다. 따라서 관세 부과 후 국내 생산자는 바나나의 공급량을 50톤에서 100톤으로 늘리게 된다.

05 ③
관련 학습 : Ⅱ-02-② 논증의 타당성 판단하기

풀이 방향 두 가지 제도의 특징에 대한 이해를 바탕으로 둘 사이의 공통점과 차이점을 파악해야 한다.

이게 정답 〈보기〉의 수입 할당제(B)는 '수입량을 제한', '국내 가격의 자연적 상승', '국내 생산자 보호'라는 특징을 가지고 있다. **가**에서 관세(A) 역시 국내 산업을 보호하기 위한 목적으로 부과한다고 하였으므로, A와 B 모두 정책 시행 시 국내 생산자가 혜택을 보는 정책에 해당함을 알 수 있다.

왜 답이 아니지? ① **마**에서 수입품에 관세(A)를 부과할 경우 수입품의 가격이 상승하게 된다고 하였다.

② 〈보기〉에서 수입 할당제(B)는 일정 기간 특정 재화를 수입할 수 있는 양, 즉 수량을 제한하는 정책이라고 하였다.

④ 〈보기〉에서 수입 할당제(B)는 세금을 부과하는 방식이 아니므로, 수입품에 대한 정부의 조세 수입은 없을 것이다. 반면 **가**에서 관세(A)는 정부의 조세 수입을 늘리기 위한 목적도 있다고 하였다.

⑤ 관세(A)와 수입 할당제(B) 모두 국내 산업(국내 생산자)을 보호하기 위한 정책이다. **사**에서 관세는 국제 교역을 감소시킬 수 있다고 하였고, 〈보기〉에서 수입 할당제는 수입을 규제하는 정책이라고 하였으므로 A와 B 모두 국제 무역 규모의 감소를 유발할 수 있다.

| 지문 분석하기 |

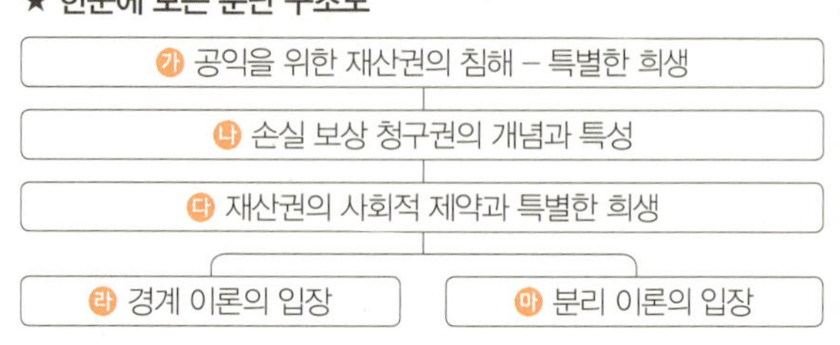

★ Self 문단 체크

(1) 손실 보상 청구권 (2) 법률 (3) 사회적 제약 (4) 경계 이론 (5) 분리 이론

★ 한눈에 보는 문단 구조도

> ㉮ 공익을 위한 재산권의 침해 – 특별한 희생

> ㉯ 손실 보상 청구권의 개념과 특성

> ㉰ 재산권의 사회적 제약과 특별한 희생

> ㉱ 경계 이론의 입장   ㉲ 분리 이론의 입장

| 지문 다시 보기 |

㉮ 공익을 위한 적법한 행정 작용으로 개인의 재산권에 특별한 희생이 발생한 경우, 개인은 자신이 입은 재산상 손실을 보상하도록 요구할 수 있는 권리인 '손실 보상 청구권'을 갖는다. 여기서 '특별한 희생'이란 보호할 필요가 있는 재산권에 대한 침해를 이르는 말로, 이로 인한 손실은 국가가 보상해야 한다. 가령 감염병예방법에 따르면, 행정 기관이 감염병 예방을 위해 의료기관의 병상이나 연수원, 숙박 시설 등을 동원한 경우 이로 인한 손실을 개인에게 보상하여야 하는데, 이때의 재산권 침해가 특별한 희생에 해당하는 것이다.

㉯ 손실 보상 청구권은 ⓐ공적 부담의 평등을 위해 인정되는 헌법상 권리이다. 행정 작용으로 누군가에게 특별한 희생이 발생하면, 그로 인한 부담을 공공이 분담하는 것이 평등 원칙에 부합하기 때문이다. 또한 헌법 제23조 제3항은 "공공필요에 의한 재산권의 수용·사용 또는 제한 및 그에 대한 보상은 법률로써 하되, 정당한 보상을 지급하여야 한다."라고 하여, '공공필요에 의한 재산권의 수용·사용 또는 제한', 즉 공용 침해와 이에 대한 보상이 법률에 규정되어야 함을 명시하고 있다. 공용 침해 중 수용이란 개인의 재산권을 국가로 이전하는 것, 사용이란 행정 기관이 개인의 재산권을 일시적으로 사용하는 것, 제한이란 개인의 재산권 사용 또는 그로 인한 수익을 한정하는 것을 의미한다. 한편 제23조 제3항은 내용상 분리될 수 없는 사항은 함께 규정되어야 한다는 의미의 '불가분 조항'이다. 따라서 ⓑ공용 침해 규정과 보상 규정은 하나의 법률에서 규정되어야 한다.

㉰ 그러나 헌법은 제23조 제1항에서 "모든 국민의 재산권은 보장된다. 그 내용과 한계는 법률로 정한다."라고 규정하여,

재산권은 법률에 의해 구체화된다고 밝히고 있다. 또한 제2항에서 "재산권의 행사는 공공복리에 적합하도록 하여야 한다."라고 하여, 개인의 재산권 행사가 공익에 적합하여야 한다는 재산권의 사회적 제약을 규정하고 있다. 특히 토지처럼 공공성이 강한 사유 재산은 재산권 행사에 더욱 강한 사회적 제약을 받을 수 있다. 만약 재산권 침해가 ⓒ사회적 제약의 범위 내에 있다면 이로 인한 손실은 보상의 대상이 되지 않는다. 즉 재산권 침해가 특별한 희생에 해당할 때만 보상이 가능한 것이다.

㉱ 재산권의 사회적 제약과 특별한 희생의 구별에 대해 ㉠경계 이론과 ㉡분리 이론은 서로 다른 입장을 취한다. 경계 이론에 따르면 ⓓ양자는 별개가 아니라 단지 침해의 정도에 있어서만 차이가 있을 뿐이다. 재산권 침해는 그 정도가 사회적 제약의 범위를 넘어서면 특별한 희생으로 바뀐다는 것이다. 따라서 경계 이론은 사회적 제약을 벗어나는 재산권 침해는 보상 규정이 없더라도 보상이 이루어져야 한다고 본다. 보상을 규정하지 않은 채 공용 침해를 규정하고 있는 법률은, 불가분 조항인 헌법 제23조 제3항에 위반되어 위헌이고, 위헌임이 밝혀진 법률에 근거한 공용 침해 행위는 위법한 행정 작용이 된다는 것이다. 경계 이론은 적법한 공용 침해 행위의 경우에 보상이 인정된다면, 위법한 공용 침해 행위의 경우에도 헌법 제23조 제3항을 근거로 보상을 인정해야 한다는 입장이다.

㉲ 이에 반해 분리 이론은 재산권의 사회적 제약에 대한 헌법 제23조 제2항의 규정과 특별한 희생에 대한 제3항의 규정은 ⓔ입법자의 의사에 따라 완전히 분리된다고 주장한다. 따라서 재산권 침해를 규정한 법률에 보상 규정이 없는 경우 입법자가 이러한 재산권 침해를 특별한 희생이 아닌 사회적 제약으로 규정한 것으로 본다. 재산권 침해가 사회적 제약 또는 특별한 희생 중 무엇에 해당하는지 결정하는 것은 법률을 제정하는 입법자의 권한이라는 것이다. 만약 해당 법률에 규정된 재산권 침해가 헌법 제23조 제2항에서 규정한 재산권의 공익 적합성을 넘어서서 개인의 재산권을 과도하게 침해한다면, 이러한 법률은 헌법 제23조 제2항을 위반하여 위헌이고, 위헌임이 밝혀진 법률에 근거한 행정 작용은 위법하게 된다. 분리 이론은 이러한 경우 ㉢손실을 보상하는 것이 아니라, 위법한 행정 작용 자체를 제거해야 한다고 본다. 재산권을 존속시키는 것이 재산권을 침해하면서 그 손실을 보상하는 것보다 우선한다고 보기 때문이다.

01 ① 관련 학습 : Ⅰ-01-③ 중심 문장과 뒷받침 문장 구분하기

풀이 방향 지문의 내용을 바탕으로 선택지의 내용이 지문과 일치하는지 확인한다.

이게 정답 **다**에서 헌법 제23조 제1항에 따라 모든 국민의 재산권이 보장되며, 재산권의 내용은 법률에 의해 구체화된다고 하였다.

왜 답이 아니지? ② **나**에서 사용이란 행정 기관이 개인의 재산권을 일시적으로 사용하는 것이고, 제한이란 개인의 재산권 사용 또는 그로 인한 수익을 한정하는 것이라고 하였다. 그러므로 사용의 경우에도 제한과 같이 재산권이 국가로 이전되지 않는다. 개인의 재산권이 국가로 이전되는 것은 공용 침해 중 수용의 특징에 해당한다.

③ **다**에서 재산권 침해가 특별한 희생에 해당될 때에만 보상이 가능하다고 하였으므로, 재산권을 침해하는 모든 행정 작용에 대해 개인이 손실을 보상하도록 요구할 권리를 갖는 것은 아니다.

④ **나**에서 공용 침해 규정과 보상 규정이 하나의 법률에서 규정되어야 한다고 한 것은 헌법 제23조 제3항과 관련된, 특별한 희생이 발생한 경우에 대한 것이다. 따라서 법률에 따른 재산권 침해가 특별한 희생에 해당하지 않는다면 공용 침해와 손실 보상이 내용상 분리될 수 없다는 원칙에 어긋나지 않는다.

⑤ **나**에서 '사용'은 행정 기관이 개인의 재산권을 일시적으로 사용하는 것이라고 하였다. 따라서 행정 기관이 사설 연수원을 일정 기간 동원하는 것은 '수용'이 아니라 '사용'에 해당한다. '수용'은 개인의 재산권을 국가로 이전하는 것이다.

02 ③ 관련 학습 : Ⅱ-01-② 설명 방식 ②-비교와 대조, 서사, 과정, 인과

풀이 방향 대조적인 두 가지 이론의 입장을 구체적으로 이해하는 문제이다. 둘 사이의 공통점과 차이점을 중심으로 선택지의 내용을 확인해야 한다.

이게 정답 ㉠ '경계 이론'에서는 재산권 침해가 사회적 제약의 범위를 넘어서면, 즉 특별한 희생에 해당하면 보상 규정이 없어도 보상이 이루어져야 한다고 본다. 따라서 재산권 침해 정도가 특별한 희생에까지 이르지 않는 행정 작용에 대해서는 손실을 보장하지 않아도 된다고 볼 것이다. ㉡ '분리 이론'에서는 법률에 보상 규정이 없는 경우 특별한 희생이 아니라 사회적 제약에 해당한다고 보므로, 이에 대해서는 보상하지 않을 수 있다고 볼 것이다.

왜 답이 아니지? ① ㉠ '경계 이론'에서는 사회적 제약을 벗어나는 재산권 침해는 보상 규정이 없어도 보상이 이루어져야 한다고 본다.

② ㉡ '분리 이론'에서는 재산권의 사회적 제약에 대한 헌법 제23조 제2항의 규정과 특별한 희생에 대한 제3항의 규정은 완전히 분리된다고 주장한다.

④ **가**에서 손실 보상 청구권은 개인의 재산권에 특별한 희생이 발생한 경우 갖게 된다고 하였다. 이에 대해 ㉠ '경계 이론'에서는 재산권 침해의 정도를, ㉡ '분리 이론'에서는 입법자의 의사를 기준으로 성립 여부를 판단한다.

⑤ ㉠ '경계 이론'은 사회적 제약을 벗어난 재산권 침해와 관련해 보상을 규정하지 않은 채 공용 침해를 규정하고 있는 법률은 제23조 제3항에 위반되어 위헌이라고 하였다. ㉡ '분리 이론'은 법률에 보상 규정이 없는 경우 사회적 제약에 해당하지만, 개인의 재산권을 과도하게 침해한 경우 제23조 제2항을 위반하여 위헌이라고 하였다. 따라서 ㉠, ㉡ 모두 위헌으로 본다.

03 ⑤ 관련 학습 : Ⅱ-02-① 논증 방식-연역법, 귀납법, 유추법

풀이 방향 특정한 결론에 이르게 된 전제나 근거를 파악하기 위해서는 논증 과정에서 생략된 내용이 무엇일지 추론해 보아야 한다. 분리 이론의 입장에서 구체적으로 생각해 보는 것이 좋다.

이게 정답 ㉢은 분리 이론의 입장에서, 개인의 재산권 손실에 대해 국가가 이를 보상하는 것이 아니라, 위법한 행정 작용 자체를 제거해야 한다(법 자체를 폐지해야 한다)는 주장이다. 그리고 그 이유로 재산권을 존속시키는 것이, 재산권을 침해하면서 그 손실을 보상하는 것보다 우선한다는 것을 들고 있다. 여기에는 입법자가 법률로 규정하지 않는 한, 재산권은 보상으로 보장되는 권리가 아니라 그대로 보존되어야 하는 권리라는 시각이 전제되어 있다.

왜 답이 아니지? ① 분리 이론에서는 보상 규정이 없는 경우의 재산권 침해는 사회적 제약에 해당하며, 재산권 침해가 과도할 경우 위헌이라고 본다.

② 분리 이론에서는 헌법 제23조 제3항에 따라 공용 침해 규정과 손실 보상 규정이 하나의 법률에서 규정되어야 한다고 본다.

③ 분리 이론에서는 개인의 재산권을 과도하게 침해하는 법률은 헌법 제23조 제2항을 위반하여 위헌이라고 본다. 따라서 재산권의 사회적 제약이 제한 없이 규정될 수 있는 것은 아니다.

④ 분리 이론에서는 행정 작용으로 인한 재산권 침해가 공익을 위한 특별한 희생에 해당한다면 법률에 따라 이로 인한 손실을 보상해야 한다고 본다.

04 ⑤ 관련 학습 : Ⅱ-02-② 논증의 타당성 판단하기

풀이 방향 지문의 내용을 구체적인 사례에 적용해 보기 위해서는 지문의 핵심 개념을 정확히 이해해야 한다. 특히 이 문제에서는 헌법 재판소의 판단에 경계 이론과 분리 이론 중 어느 쪽의 관점이 적용되었는지가 중요하다.

이게 정답 〈보기〉에서 헌법 재판소가 분리 이론의 입장을 취하고 있다는 점을 생각해 보자. 헌법 재판소가 손실을 보상하는 규정을 포함하고 있지 않은 A 법률에 대해 원칙적으로 '합헌'이라고 판단한 것은, 개발 제한 구역을 지정함으로써 재산권이 침해되는 것을 특별한 희생이 아니라 '사회적 제약'으로 본 것이라고 할 수 있다. 즉, 헌법 재판소는 개발 제한 구역 지정으로 인한 재산권 침해가 사회적 제약에 해당한다고 판단한 것이며, 개발 제한 구역 지정으로 개인에게 가혹한 부담을 초래한 경우는 공익 적합성을 넘어서는 과도한 재산권 침해에 해당한다고 보았다.

왜 답이 아니지? ① 헌법 재판소는 재산권의 사회적 제약에 해당하는 개발 제한 구역 지정 행위가, 재산권 행사와 공공복리에 대한 규정인 헌법 제23조 제2항에 위반되는지를 판단하였을 것이다.

② 헌법 재판소는 개발 제한 구역 지정 행위가, 특별한 희생에 대한 규정인 헌법 제23조 제3항과는 관련이 없다고 판단하였을 것이다.

③ 〈보기〉에서 헌법 재판소는 토지 재산권의 공공성을 고려하여 A 법률이 헌법에 위반되는지 여부를 판단하였다. 따라서 토지의 공공성이 판단의 근거가 되었을 것이다.

④ 〈보기〉에서 헌법 재판소는 개발 제한 구역 지정 행위가 개인에게 가혹한 부담을 발생시킨다면 헌법에 위반된다고 판단하였다. 이는 재산권 침해가 개인에게 가혹한 부담이 발생하지 않는 범위 내에서만 가능하다고 본 것이다.

05 ④

풀이 방향 단어 자체의 사전적 의미와 더불어 문맥상의 의미를 파악해야 한다.

이게 정답 ⓓ '양자'는 앞에 언급된 '재산권의 사회적 제약'과 '특별한 희생'을 의미한다. 따라서 ⓓ는 '재산권의 사회적 제약과 특별한 희생이 전혀 다른 것이 아니라' 정도로 바꾸어 쓸 수 있다.

왜 답이 아니지? ① ⓐ에서 '공적 부담'은 행정 작용으로 인한 특별한 희생을 공공이 분담하는 것을 의미한다.

② 내에서 ⓑ의 '공용 침해'가 '공공필요에 의한 재산권의 수용·사용 또는 제한'이라고 하였다.

③ 개인의 재산권 행사는 공익에 적합하여야 한다는 것이 재산권의 '사회적 제약'인데, 이와 관련된 재산권의 ⓒ '사회적 제약의 범위'에 대한 규정이 헌법 제23조 제2항의 내용이다.

⑤ 분리 이론에서는 재산권의 사회적 제약에 대한 헌법 제23조 제2항과, 특별한 희생에 대한 헌법 제23조 제3항이 완전히 분리된다고 본다. 이는 재산권의 침해 정도에 따라 구분되는 것이 아니라, ⓔ에서처럼 서로 다른 의도, 즉 입법자의 의사가 반영된 것이라는 의미이다.

01 세균 잡아먹는 바이러스, 박테리오파지

01 ③　　**02** ⑤　　**03** ④　　　　　　　　본문 152쪽

| 지문 분석하기 |

> ★ **Self 문단 체크**
> (1) 바이러스, 숙주 세포 (2) 박테리오파지 (3) 머리 (4) 세균
> (5) 독성 파지
>
> ★ **한눈에 보는 문단 구조도**
> | ㉮ 바이러스의 개념과 구조 |
> | ㉯ 박테리오파지의 발견과 명칭의 의미 |
> | ㉰ 박테리오파지의 구조 |
> | ㉱ 박테리오파지의 복제 과정 |
> | ㉲ 복제 방식에 따른 박테리오파지의 종류 |

| 지문 다시 보기 |

㉮ 바이러스란 스스로는 증식할 수 없고 숙주 세포에 기생해
　바이러스의 정의
야만 증식할 수 있는 감염성 병원체를 일컫는다. 바이러스는
자신의 존속을 위한 최소한의 물질만을 가지고 있기 때문에 거
의 모든 생명 활동에서 숙주 세포를 이용한다. 바이러스를 구
성하는 기본 물질은 유전 정보를 담은 유전 물질과 이를 둘러
바이러스의 구조 : 유전 물질＋단백질 껍질
싼 단백질 껍질이다.

㉯ 1915년 영국의 세균학자 트워트는 포도상 구균을 연구하던
중, 세균 덩어리가 녹는 것처럼 투명하게 변하는 현상을 관찰
미지의 존재(박테리오파지)를 보여 주는 사례 ①
했다. 뒤이어 1917년 프랑스에서 활동하던 데렐은 이질을 연
구하던 중 환자의 분변에 이질균을 녹이는 물질이 포함되어 있
미지의 존재(박테리오파지)를 보여 주는 사례 ②
다는 것을 발견하고, 이 미지의 존재를 박테리오파지라고 불
렀다. 박테리오파지는 바이러스의 일종으로 '세균을 잡아먹는
'박테리오파지'의 뜻 – 사례 ①, ②를 통해 발견됨
존재'라는 뜻이다.

㉰「박테리오파지는 머리와 꼬리, 꼬리
「」: 박테리오파지의 구조와 각 부분별 기능을 분석함
섬유로 구성되어 있다. 머리는 다면체
로 되어 있고, 그 밑에는 길쭉한 꼬리가,
꼬리 밑에는 갈고리 모양의 꼬리 섬유
가 붙어 있다. 머리에는 박테리오파지
의 핵심이라 할 수 있는 유전 물질이 있
박테리오파지도 바이러스이기 때문에 유전 물질과 단백질 껍질로 구성됨
는데, 이 유진 물질은 난백질 껍질로 보호되어 있다. 꼬리는
머릿속의 유전 물질이 세균으로 이동하는 통로 역할을 하며,
꼬리의 기능
꼬리 섬유는 세균에 단단히 달라붙는 기능을 한다.」
　　　　　　꼬리 섬유의 기능

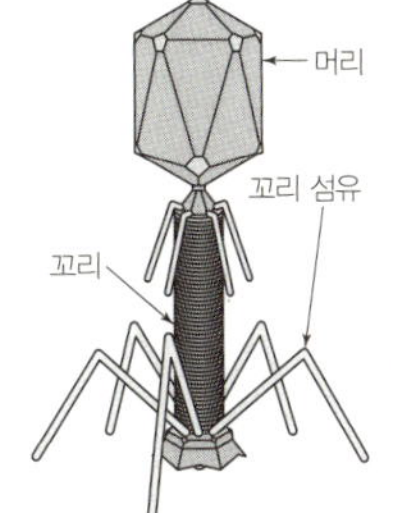

㉱ 박테리오파지는 증식을 위해 세균을 이용한다. 박테리오
'박테리오파지'라는 이름이 붙은 것과 관련됨 – 세균을 숙주 세포로 이용
파지가 세균을 만나면 우선 꼬리 섬유가 세균의 세포막 표면
박테리오파지가 증식(복제)하는 과정 ①
에 존재하는 특정한 단백질, 다당류 등을 인식하여 복제를 위
해 이용할 수 있는 세균인지의 여부를 확인한다. 그리고 이용
이 가능한 세균일 경우 갈고리 모양의 꼬리 섬유로 세균의 표
박테리오파지가 증식(복제)하는 과정 ②
면에 단단히 달라붙는다. 세균 표면에 자리를 잡은 박테리오
파지는 머리에 들어 있는 유전 물질만을 세균 내부로 침투시
박테리오파지가 증식(복제)하는 과정 ③
킨다. 세균 내부로 침투한 박테리오파지의 유전 물질은 세균
내부의 DNA를 분해한다. 그리고 세균의 내부 물질과 여러 효
박테리오파지가 증식(복제)하는 과정 ④　　　박테리오파지가 증식(복제)하는 과정 ⑤
소 등을 이용하여 새로운 박테리오파지를 형성할 유전 물질과
단백질을 만들어 낸다. 이렇게 만들어진 유전 물질과 단백질
박테리오파지가 증식(복제)하는 과정 ⑥
이 조립되면 새로운 박테리오파지가 복제되는 것이다.

㉲ 박테리오파지에는 '독성 파지'와 '용원성 파지'가 있다. '독
박테리오파지의 종류
성 파지'는 충분한 양의 박테리오파지가 복제되면 복제를 중
독성 파지의 특징 – 충분히 증식하면 숙주 세포를 파괴함
단하고 세균의 세포벽을 파괴하는 효소를 만든다. 그리고 그
효소로 세균의 세포벽을 터뜨리고 외부로 쏟아져 나온다. 이
와 달리 '용원성 파지'는 세균을 이용하는 것은 독성 파지와 같
지만 세균을 파괴하지는 않는다. 대신 세균 속에서 계속 기생
용원성 파지의 특징 – 세균 분열 시 함께 분열함
하여 세균이 분열함에 따라 같이 늘어난다.

---

01 ③　　　　관련 학습 : Ⅱ–01–① 설명 방식 ①–정의, 예시, 분류와 분석, 인용
　　　　　　　　　　　　Ⅱ–01–② 설명 방식 ②–비교와 대조, 서사, 과정, 인과

풀이 방향 각 문단에서 중심 내용을 어떤 방식으로 설명하고 있는
지 묻는 문항이다. 과학 분야 지문에서는 주로 정의, 분류, 분석,
과정 등의 설명 방식이 사용됨을 고려하여 접근하는 것이 좋다.
이 지문에서는 각 문단의 중심 소재를 ㉮ 정의, ㉯ 정의, ㉰ 분석,
㉱ 과정, ㉲ 분류와 대조의 방식으로 설명하고 있다.

이게 정답 ㉯에 영국의 세균학자 트워트와 프랑스의 데렐이 각각
'박테리오파지'와 관련된 현상을 관찰했다는 내용이 제시되어 있
으나, 박테리오파지에 대한 두 학자의 견해를 소개하고 있지는 않
다. 프랑스의 데렐이 '박테리오파지'라는 이름을 붙였다는 내용만
나타나 있다.

왜 답이 아니지? ① ㉰에서 박테리오파지가 머리, 꼬리, 꼬리 섬유
로 구성되어 있음을 밝힌 후, 각 부분이 어떤 역할과 기능을 하는
지 설명하고 있다.

② ㉱에서 박테리오파지가 세균을 이용하여 복제하는 과정을 단
계적인 순서에 따라 제시하고 있다. 이 과정은 꼬리 섬유가 복제
에 적합한 대상인지를 확인하는 단계, 꼬리 섬유가 세균 표면에 달
라붙는 단계, 유전 물질을 세균 내부로 침투시키는 단계, 유전 물
질과 단백질을 만들어 내는 단계, 유전 물질과 단백질이 조립되는
단계로 이루어진다.

④ **마**에서 박테리오파지를 '독성 파지'와 '용원성 파지'로 나눈 후, 독성 파지의 특징과 용원성 파지의 특징을 대조하여 설명하고 있다. '이와 달리 '용원성 파지'는 세균을 이용하는 것은 독성 파지와 같지만 세균을 파괴하지는 않는다.'에서 '대조'의 설명 방식의 특징이 두드러지게 나타나 있다.

⑤ **가**에서 '바이러스'가 무엇인지 그 개념을 정의함으로써 숙주 세포에 기생해야만 증식이 가능한 바이러스의 본질적 속성을 명확히 하고 있다. 그리고 이러한 속성을 바탕으로 바이러스의 종류인 박테리오파지에 대해 설명하고 있다.

02 ⑤

관련 학습 : I-01-③ 중심 문장과 뒷받침 문장 구분하기
I-01-④ 주제 파악하기

풀이 방향 각 문단의 중심 내용을 바탕으로 선택지의 내용이 지문의 진술과 일치하는지 확인하는 문제이다. 각 문단의 중심 문장을 바탕으로 하여, 선택지의 내용과 관련된 문단을 찾고 일치 여부를 판단하도록 한다.

이게 정답 **라**에서 박테리오파지의 복제와 증식 과정에 관해 설명하고 있다. 두 번째 문장에 제시된 '세포막 표면에 존재하는 특정한 단백질'은, 박테리오파지가 세균을 만났을 때 자신의 복제를 위해 이용할 수 있는 세균인지를 확인하기 위해 꼬리 섬유가 인식하는 대상이다. 즉, 박테리오파지는 꼬리 섬유를 통해 세균의 세포막 표면에 있는 단백질, 다당류 등을 인식하여 세포의 이용 가능 여부를 확인하는 것이지, 박테리오파지가 이를 복제하여 증식하는 것은 아님을 알 수 있다.

왜 답이 아니지? ① 박테리오파지의 정의에 관한 내용으로, **나**에서 박테리오파지는 '바이러스의 일종'이며, **가**에서 바이러스는 '숙주 세포에 기생하여 증식'한다고 하였다. 따라서 두 내용을 합치면 박테리오파지는 '숙주 세포에 기생하여 증식하는 바이러스의 일종'으로 정의할 수 있다.

②, ④ 박테리오파지의 구조에 관한 내용으로, **다**에서 박테리오파지의 머리에 있는 '유전 물질은 단백질 껍질로 보호되어' 있으며, '꼬리 섬유는 세균에 단단히 달라붙는 기능을 한다.'고 하였다.

③ 박테리오파지라는 명칭의 유래에 관한 내용으로, **나**에서 이질을 연구하던 데렐에 의해 '세균을 잡아먹는 존재'라는 뜻의 박테리오파지라는 이름이 붙었음을 알 수 있다.

03 ④

관련 학습 : II-02-② 논증의 타당성 판단하기

풀이 방향 지문의 내용을 바탕으로 〈보기〉의 시각 자료를 보면서, 박테리오파지의 복제 과정에서 단계별로 어떤 현상이 일어나는지 파악해야 한다. 지문의 내용과 〈보기〉의 각 과정이 어느 단계에 해당하는지를 파악하고, 선택지의 결론이 타당한지 판단해 본다.

이게 정답 〈보기〉는 박테리오파지의 복제 과정을 보여 주고 있는데, **라**에서 이 내용을 과정의 방식으로 설명하고 있다. **라**에 제시된 〈보기〉의 각 단계별 진행 과정은 다음과 같다.

  [A] : 이용할 수 있는 세균인지 확인한 후 표면에 달라붙는다.

  [B] : 머리에 들어 있는 유전 물질만 세균 내부로 침투시킨다.

  [C] : 세균 내부의 DNA를 분해한 후 새로운 박테리오파지를 형성할 유전 물질과 단백질을 만들어 낸다.

  [D] : 새로운 박테리오파지를 복제한다.

  [E] : 세균의 세포벽을 터뜨리고 외부로 쏟아져 나온다.

[D] 과정은 세균이 분열하는 과정에서 박테리오파지가 복제되는 것이 아니라 세균 내부에서 새로운 박테리오파지가 복제되는 것을 보여 주고 있다. 선택지 설명과 같이 세균 분열 시에 박테리오파지가 복제되는 것은 〈보기〉의 독성 파지가 아니라 용원성 파지의 특성이다.

왜 답이 아니지? ⑤ [E] 과정은 **마**에서 설명한 박테리오파지의 종류와 관련이 있는데, 〈보기〉의 그림에서 복제된 박테리오파지가 세포 밖으로 나오는 모습을 통해 이 그림은 '용원성 파지'가 아니라 '독성 파지'임을 알 수 있다.

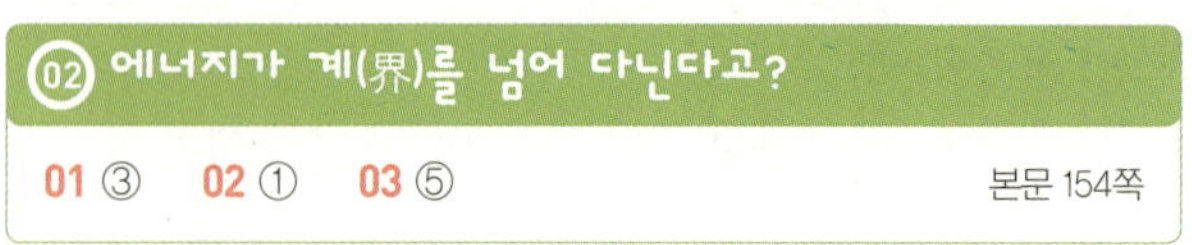

| 지문 분석하기 |

★ Self 문단 체크

(1) 계, 주위, 경계 (2) 증가, 감소 (3) 상태 (4) 같다 (5) 경로, 경로

★ 한눈에 보는 문단 구조도

> **가** 계, 주위, 경계의 개념과 계의 종류
>
> **나** 계와 주위의 에너지 교환에 따른 흡열 및 발열 과정
>
> **다** 피스톤과 실린더를 이용한 기체의 부피와 온도 실험   **라** 같은 상태에 있는 계의 내부 에너지
>
> **마** 계가 만들어지는 과정과 경로

| 지문 다시 보기 |

가 과학에서 관심을 갖는 대상을 (계(system))라고 하고, 계를 _{계의 개념} 제외한 우주의 나머지 부분은 (주위(surroundings)), 계와 주위 사이는 (경계(boundary))라고 한다. 「계는 주위와 에너지나 물질의 교환이 모두 일어나지 않는 '고립계', 주위와 물질 교환 없이 에너지 교환만 일어나는 '닫힌계', 주위와 물질 및 에너지 교환이 모두 일어나는 '열린계'로 나눌 수 있다.」
「 」: 에너지와 물질 교환 여부에 따른 계의 분류 – 고립계, 닫힌계, 열린계

나 열역학 제1법칙에 따르면 우주의 에너지 총량은 일정하므로, 계와 주위의 에너지 합 또한 일정하다. 계와 주위 사이에 에너지 교환이 있다면, 계의 에너지가 감소할 때 주위의 에너지는 증가하며, 계의 에너지가 증가할 때 주위의 에너지는 감소하게 된다. 계와 주위 사이에 에너지 교환이 일어날 때, 계의 에너지가 증가하면 +로, 계의 에너지가 감소하면 −로 표시한다. 한편, 계가 열을 흡수하는 과정은 흡열 과정, 계가 열을 방출하는 과정은 발열 과정이라고 하는데, 열은 에너지의 대표적인 형태이므로, 흡열 과정에 관련된 열은 $+Q$로, 발열 과정에 관련된 열은 $-Q$로 나타낼 수 있다.

[다] 계의 에너지는 온도, 압력, 부피 등의 열역학적 변수들에 의해 결정되므로, 열역학적 변수들이 같은 계들은 같은 '상태'에 있다고 할 수 있다. 〈그림〉과 같이 피스톤이 연결된 실린더가 있고, 실린더에는 보일-샤를의 법칙을 만족하는 기체가 들어 있다고 가정해 보자. 먼저, '피스톤을 고정하지 않은 채 실린더 속 기체의 압력이 P_1로 일정하도록 유지한 상태에서 실린더를 가열하여 실린더 속 기체의 온도가 T_1에서 T_2가 되도록 하면, 온도가 높아짐에 따라 실린더 속 기체의 부피는 증가하게 된다.' 한편, '피스톤을 고정하여 실린더 속 기체의 부피를 일정하게 하고 실린더를 가열하면, 실린더 속 기체의 온도가 T_1에서 T_2가 되는 동안 실린더 속 기체의 압력은 P_1에서 P_2로 증가하는데, '온도가 T_2인 상태를 유지하면서 고정시켰던 피스톤을 풀면 실린더 속 기체의 압력이 P_1이 될 때까지 실린더 속 기체의 부피는 증가하게 된다.'

[라] 전자의 경우를 A, 후자의 경우를 B라고 하면, A는 T_1, P_1인 초기 상태에서 T_2, P_1인 최종 상태가 되었고, B는 T_1, P_1인 초기 상태에서 T_2, P_2인 상태를 거쳐 T_2, P_1인 최종 상태가 되었다고 할 수 있다. 그리고 두 계라 할 수 있는 A와 B가 같은 상태에 있으면, A와 B의 실린더 속 기체의 내부 에너지는 서로 같다고 할 수 있다.

[마] 이때 A의 초기 상태와 B의 초기 상태, A의 최종 상태와 B의 최종 상태는 각각 같지만, 초기 상태에서 최종 상태에 이르는 경로는 다르다. 따라서 두 계가 같은 상태에 있다고 해서 두 계가 만들어진 과정이 같다고 할 수는 없다. 또한 어떤 계의 변화가 일어나는 경로는 초기 상태에서 최종 상태로 진행하면서 거치는 일련의 상태들로 이루어져 있으며, 이 두 상태를 연결하는 경로는 무한히 많다.

01 ③   관련 학습 : I-01-③ 중심 문장과 뒷받침 문장 구분하기 / I-01-④ 주제 파악하기

풀이 방향 각 선택지의 내용이 본문의 진술과 일치하는지 비교해 보아야 한다. 각 문단의 중심 내용(소주제)을 찾는 과정을 통해 확인할 수 있다.

이게 정답 계의 종류를 설명하고 있는 **가**를 참고하면, 주위와 물질 교환 없이 에너지 교환만 일어나는 계는 열린계가 아니라 닫힌계임을 알 수 있다.

왜 답이 아니지? ① **다**에서 '열역학적 변수들이 같은 계들은 같은 '상태'에 있다'라고 하였다.
② **나**의 첫 문장에서 '열역학 제1법칙에 따르면 우주의 에너지 총량은 일정'함을 알 수 있다.
④ **마**에서 어떤 계가 초기 상태에서 최종 상태로 진행되는 변화의

경로는 무한히 많음을 확인할 수 있다.
⑤ **나**에서 '계와 주위 사이에 에너지 교환이 있다면, ~ 계의 에너지가 증가할 때 주위의 에너지는 감소'한다고 하였다.

02 ①   관련 학습 : II-03-① 예측 및 추론하기

풀이 방향 지문에서 설명한 내용을 다른 경우에 적용하여 적절한 결론을 이끌어 낼 수 있어야 한다. 선택지에서 제시하고 있는 결론과 관련된 내용이 언급된 부분을 지문에서 확인하여 논리적 관계를 잘 따져 보아야 한다.

이게 정답 **가**에서 제시한 개념을 〈보기〉의 사례에 적용해 보면, 〈보기〉에서 비커 속 물은 '계', 비커가 담겨 있는 수조 속의 물은 '주위', 둘 사이를 나누고 있는 비커의 벽은 '경계'에 해당한다. 따라서 묽은 황산 용액이 만들어지면서 비커 밖으로 열이 방출되는 것은 **나**에서 설명한 '계가 열을 방출하는 과정', 즉 '발열 과정'에 해당한다. 또 이 과정과 관련된 열은 **나**의 마지막 문장에서 설명한 바와 같이 '$-Q$'로 표시할 수 있다.

왜 답이 아니지? ② **가**의 정의를 참고할 때, 〈보기〉의 비커 속 진한 황산을 넣은 물은 물질의 교환은 일어나지 않고, 에너지 교환만 일어나므로 닫힌계로 볼 수 있다. 고립계는 에너지나 물질의 교환이 모두 일어나지 않는 계이다.
③ **나**에서 계와 주위 사이에 에너지 교환이 있다면 열역학 제1법칙에 따라 한쪽은 에너지가 감소하고 다른 쪽은 증가함을 알 수 있다. 이를 〈보기〉에 적용해 보면, 비커 속 물에서 방출된 열이 수조 속 물에 전달되었다고 하였으므로 비커 속 물의 에너지는 감소하고 수조 속 물의 에너지는 증가했다고 할 수 있다.
④ 묽은 황산 용액의 온도가 올라갔다는 것은 발열 과정에 해당하며, 황산이 이온으로 되면서 열이 방출되었다고 하였다. 그러므로 **나**를 참고할 때 묽은 황산 용액은 수조 속 물로 에너지를 방출했음을 알 수 있다.
⑤ 〈보기〉에서 비커 속 물이 '계', 수조 속 물이 '주위'에 해당하며, 비커 속의 물과 수조 속의 물을 나누고 있는 비커의 벽이 둘을 가르는 '경계'에 해당한다.

03 ⑤   관련 학습 : II-02-② 논증의 타당성 판단하기

풀이 방향 〈보기〉의 그래프를 이해한 내용이나 결론이 적절한지를 지문의 내용을 바탕으로 판단해야 한다. 특히 그래프가 의미하는 것을 정확히 파악해야 선택지의 진술이 타당한지를 판단할 수 있다.

이게 정답 **다~라**에서 설명하고 있는 A와 B의 변화 과정을 그래프의 온도(T)와 압력(P)의 순서쌍으로 표시해 보면 다음과 같다.

A : $(T_1, P_1) \rightarrow (T_2, P_1)$ 부피 증가

B : $(T_1, P_1) \rightarrow (T_2, P_2)$ 부피 고정 $\rightarrow (T_2, P_1)$ 부피 증가

즉, A는 ⓐ → ⓒ, B는 ⓐ → ⓑ → ⓒ의 경로를 따랐다고 할 수 있다. 그런데 **라**에서 'A와 B가 같은 상태에 있으면, A와 B의 실린더 속 기체의 내부 에너지는 서로 같다'라고 하였으므로 A, B가 모두 ⓒ 상태에 있으면 A, B 기체의 내부 에너지가 같음을 알 수 있다.

왜 답이 아니지? ① A의 경우 ⓐ 상태에서 ⓒ 상태가 되는 경로에서, 압력이 P_1로 일정하고 온도가 T_1에서 T_2로 높아지므로 기체의 부피는 증가함을 알 수 있다.

② B의 경우 ⓐ 상태에서 ⓑ 상태가 되는 경로에서, 온도는 T_1에서 T_2로, 압력은 P_1에서 P_2로 점차 높아짐을 알 수 있다.

③ B의 경우 ⓑ 상태에서 ⓒ 상태가 되는 경로에서, 온도는 T_2로 일정하고 압력이 P_2에서 P_1로 낮아지므로 기체의 부피가 증가함을 알 수 있다.

④ A와 B가 모두 ⓐ 상태일 경우, 같은 상태인 T_2, P_1에 해당한다. 그러므로 두 실린더 속 기체의 내부 에너지는 같음을 알 수 있다.

03 초고층 건물에 숨겨진 건축 기술의 비밀

01 ④　　**02** ③　　**03** ③　　　　　　　　　본문 156쪽

| 지문 분석하기 |

★ Self 문단 체크

(1) 수평 하중 (2) 보기둥 (3) 수평 (4) 코어 (5) 아웃리거-벨트 트러스 (6) TLCD(동조 액체 기둥형 댐퍼)

★ 한눈에 보는 문단 구조도

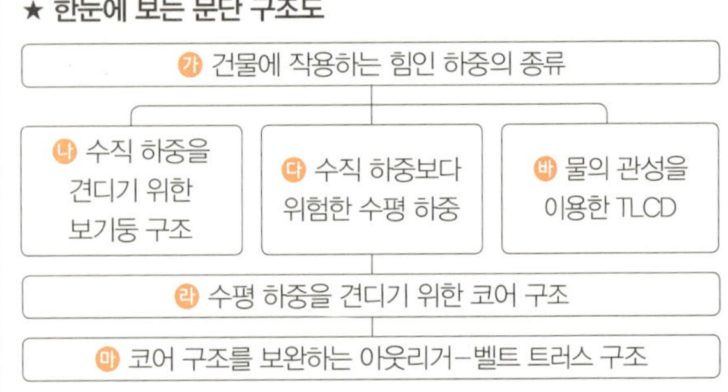

| 지문 다시 보기 |

가 초고층 건물은 높이가 200미터 이상이거나 50층 이상인
〔초고층 건물의 정의〕
건물을 말한다. 이런 초고층 건물을 지을 때는 건물에 작용하
〔초고층 건물 건축 시 고려해야 할 요소〕
는 힘을 고려해야 한다. 건물에 작용하는 힘에는 수직 하중과 수평 하중이 있다. 수직 하중은 건물 자체의 무게로 인해 땅 표
〔수직 하중의 원인 - 건물 자체의 무게〕
면에 수직 방향으로 작용하는 힘이고, 수평 하중은 바람이나 지진 등에 의해 건물에 가로 방향으로 작용하는 힘이다.
〔수평 하중의 원인 - 바람이나 지진 등〕

나 수직 하중을 견디기 위해서 고안된 가장 단순한 구조는 ㉠보기둥 구조이다. 보기둥 구조는 「기둥과 기둥 사이를 가로
〔보의 개념〕
지르는 수평 구조물인 보를 설치하고 그 위에 바닥판을 놓은 구조이다.」 보기둥 구조에서는 설치된 보의 두께만큼 건물
「」: 보기둥 구조의 형태
의 한 층당 높이가 높아지지만, 바닥판에 작용하는 하중이 기
〔보기둥 구조에서 건물이 수직 하중을 견디는 원리〕
둥에 집중되지 않고 보에 의해 분산되기 때문에 수직 하중을 잘 견딜 수 있다.

다 위에서 아래 방향으로만 작용하는 수직 하중과 달리 수평
〔수직 하중과 수평 하중의 차이점〕
하중은 사방에서 작용하는 힘이기 때문에 초고층 건물의 안전에 미치는 영향이 수직 하중보다 훨씬 크다. 수평 하중은 초고층 건물의 안전을 위협하는 주요 요인인데, 바람은 건물에 작
〔초고층 건물이 수평 하중을 견딜 수 있도록 설계, 건축되어야 하는 이유〕

용하는 수평 하중의 90% 이상을 차지한다. 건물이 많은 도심에서는 넓은 공간에서 좁은 공간으로 바람이 불어오면서 풍속이 빨라지는 현상이 발생해 건물에 작용하는 수평 하중을 크게 만든다. 그리고 바람에 의해 공명 현상이 발생하면 건물이 매우 크게 흔들리게 되어 건물의 안전을 위협하게 된다.

라 건물이 수평 하중을 견디기 위해서는 기본적으로 뼈대에 해당하는 보와 기둥을 아주 단단하게 붙여야 하지만, 초고층 건물의 경우 이것만으로는 수평 하중을 견디기 힘들다. 그래
〔보통의 건물들과 달리 높이가 높기 때문에 더 큰 수평 하중을 견뎌야 함〕
서 등장한 것이 ㉡코어 구조이다. 코어는 빈 파이프 모양의 철골 콘크리트 구조물을 건물 중앙에 세운 것으로, 코어에 건물
〔코어의 개념과 코어 구조의 형태〕
의 보와 기둥들을 강하게 접합한다. 이렇게 하면 외부에서 작용하는 수평 하중에도 불구하고 코어로 인해 건물이 크게 흔들리지 않게 된다. 그런데 초고층 건물은 그 높이가 높아질수
〔건물 높이와 수평 하중은 비례함〕
록 수평 하중이 커지고 그에 따라 코어의 크기도 커져야 한다.
〔코어의 크기와 코어가 견디는 수평 하중의 크기도 비례함〕
코어 구조는 가운데 빈 공간이 있어 공간 활용의 효율성이 떨
〔코어 구조의 문제점〕
어지기 때문에 현대의 초고층 건물은 ㉮코어에 승강기나 화장
〔해결책 - 공간 활용의 효율성을 높이기 위한 방법을 마련함〕
실, 계단, 수도, 파이프 같은 시설을 설치하는 경우가 많다.

마 그런데 초고층 건물의 높이가 점점 높아지면 코어 구조만으로는 수평 하중을 완벽하게 견뎌 낼 수 없다. 그래서 ㉢아웃리거-벨트 트러스 구조를 사용하여 코어 구조를 보완한다. 아웃리거-벨트 트러스 구조에서 벨트 트러스는 철골을

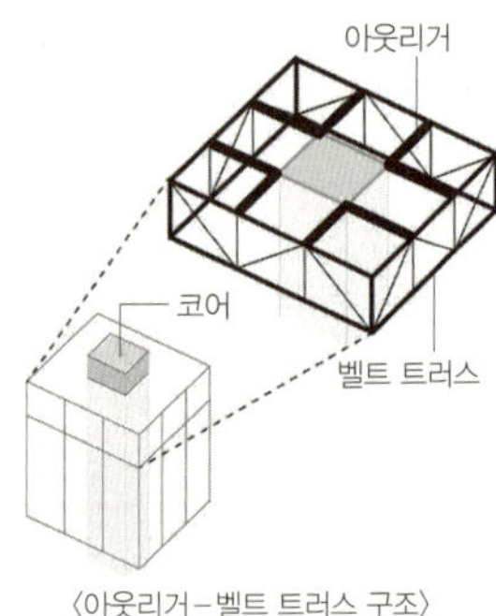

사용하여 건물의 외부 기둥들을 삼각형 구조의 트러스로 짜서
〔벨트 트러스의 개념〕
벨트처럼 둘러싼 것으로 수평 하중을 지탱하는 역할을 한다. 삼각형 구조의 트러스로 외부 기둥들을 연결하면 외부에서
〔벨트 트러스의 기능〕
작용하는 힘이 철골 접합부를 통해 전체적으로 분산되기 때문에 코어에 무리한 힘이 가해지는 것을 예방할 수 있다. 그리고 아웃리거는 콘크리트를 사용하여 건물 외벽에 설치된 벨트
〔아웃리거의 개념〕
트러스를 내부의 코어와 견고하게 연결한 것으로, 아웃리거와 벨트 트러스는 필요에 따라 건물 중간중간에 여러 개가 설치될 수 있다. 그런데 아웃리거는 건물 내부를 가로지를 수밖에
〔아웃리거의 문제점〕
없어서 효율적인 공간 구성에 방해가 된다. 이런 단점을 극복하기 위해 ㉯아웃리거를 기계 설비층에 설치하거나 층과 층
〔해결책 - 효율적인 공간 구성을 위한 방법을 마련함〕
사이, 즉 위층 바닥과 아래층 천장 사이에 설치하기도 한다.

바 초고층 건물은 특수한 설비를 이용하여 바람으로 인한 건물의 흔들림을 줄이기도 하는데 대표적인 것이 TLCD, 즉 동조 액체 기둥형 댐퍼이다. TLCD는 U자형 관 안에 수백 톤의

물이 채워진 것으로 초고층 건물의 상층부 중앙에 설치한다.

바람이 불어 건물이 한쪽으로 기울어져도 물은 관성의 법칙에
따라 원래의 자리에 있으려 하기 때문에 건물이 기울어진 반
대쪽에 있는 관의 물 높이가 높아진다. 그렇게 되면 그 관의 아
래로 작용하는 중력도 커지고, 이로 인해 건물을 기울어지게
하는 힘을 약화시켜 흔들림이 줄어들게 된다. 물이 무거울 수
록 그리고 관 전체의 가로 폭이 넓어질수록 수평 방향의 흔들
림을 줄여 주는 효과가 크다. 하지만 그에 따라 수직 하중이
증가하므로 TLCD는 수평 하중과 수직 하중을 함께 고려하여
설계해야 한다.

01 ④

관련 학습 : Ⅱ-01-① 설명 방식 ①-정의, 예시, 분류와 분석, 인용
Ⅱ-01-② 설명 방식 ②-비교와 대조, 서사, 과정, 인과

풀이 방향 중심 소재에 관한 진술 내용이 맞는지 확인하는 문제이
다. 지문에서 중심 소재를 어떤 방식으로 설명하고 있는지를 참고
하여 중심 소재의 개념이나 작동 원리, 특징들을 파악해야 한다.
이 글에서는 정의, 인과 등의 설명 방법을 활용하여 대상의 개념이
나 작동 원리를 밝히고 있다.

이게 정답 마에서 '벨트 트러스는 철골을 사용하여 건물의 외부 기
둥들을 삼각형 구조의 트러스로 짜서 벨트처럼 둘러싼 것으로 수
평 하중을 지탱하는 역할을 한다.'라고 하였다. 또 '아웃리거는 콘
크리트를 사용하여 건물 외벽에 설치된 벨트 트러스를 내부의 코
어와 견고하게 연결한 것'이라고 정의하고 있다. 따라서 ⓒ '아웃
리거-벨트 트러스 구조'에서는 아웃리거가 트러스와 코어의 결합
력을 높여 수평 하중을 견디게 한다고 할 수 있다.

왜 답이 아니지? ①, ② 나에서 '보기둥 구조는 기둥과 기둥 사이를
가로지르는 수평 구조물인 보를 설치하고 그 위에 바닥판을 놓은
구조'로, '보에 의해 (하중이 기둥에 집중되지 않고) 분산되기 때문
에' 수직 하중을 잘 견딘다고 설명하고 있다.
③ 라에서 '초고층 건물은 그 높이가 높아질수록 수평 하중이 커
지고 그에 따라 코어의 크기도 커져야 한다.'라고 설명하고 있다.
⑤ 마에서 '초고층 건물의 높이가 점점 높아지면 코어 구조만으로
는 수평 하중을 완벽하게 견뎌 낼 수 없기 때문에 '아웃리거-벨
트 트러스 구조'를 사용하여 코어 구조를 보완한다.'라고 하였다.
따라서 ⓛ '코어 구조'와 ⓒ '아웃리거-벨트 트러스 구조'를 함께
사용하면 건물에 작용하는 수평 하중을 견디는 힘이 더 커짐을 알
수 있다.

02 ③

관련 학습 : Ⅱ-03-① 예측 및 추론하기

풀이 방향 글의 흐름을 참고하여 글에 직접 언급되지 않은 공통된
이유를 추론하는 문제이다. 서로 다른 결론에 공통적으로 적용할
수 있는 타당한 이유와 근거를 찾기 위해서는 앞뒤 내용의 논리적
관계를 잘 따져 보아야 한다.

이게 정답 라의 ㉮ 앞에 '코어 구조는 가운데 빈 공간이 있어 공간
활용의 효율성이 떨어지기 때문에'라는 내용이 있으며, 마의 ㉯ 앞
에는 '아웃리거는 건물 내부를 가로지를 수밖에 없어서 효율적인
공간 구성에 방해가 된다.'라는 내용이 있다. 이를 종합해 보면
㉮와 ㉯의 이유로 적절한 것은 '공간 활용의 효율성' 혹은 '효율적

인 공간 구성'을 위해서임을 알 수 있다.

왜 답이 아니지? ①, ② 지문의 내용과는 관련이 없다.
④ 건물에 작용하는 외부의 힘(하중)을 줄이기 위해 코어 구조나
아웃리거-벨트 트러스 구조를 사용하는 것인데, ㉮와 ㉯는 그와
같은 구조로 인해 발생하는 또 다른 문제에 대한 해결책에 해당
한다.
⑤ 건물 내부 공간의 용도 변경은 코어 구조나 아웃리거-벨트 트
러스 구조와 관련이 없다.

03 ③

관련 학습 : Ⅱ-02-② 논증의 타당성 판단하기

풀이 방향 지문의 내용을 바탕으로 추론한 내용이 타당한지 판단
하는 문제이다. 어떤 결론이나 판단이 타당하기 위해서는 그것을
뒷받침하는 근거가 정확하고 적절해야 한다. 선택지의 결론을 뒷
받침하는 근거를 지문에서 찾아 그 적절성을 판단해 본다.

이게 정답 바에서 '물이 무거울수록 그리고 관 전체의 가로 폭이
넓어질수록 수평 방향의 흔들림을 줄여 주는 효과가 크다.'고 하였
다. 그러므로 ⓐ 'U자 형 관'에 채워진 ⓑ '물'이 무거울수록, 그리
고 ⓐ 'U자 형 관'의 가로 폭이 넓어질수록 ⓒ '건물'이 수평 하중을
견디는 효과가 커짐을 알 수 있다.

왜 답이 아니지? ①, ② '바람이 불어 건물이 한쪽으로 기울어져도
물은 관성의 법칙에 따라 원래의 자리에 있으려 하기 때문에 건물
이 기울어진 반대쪽에 있는 관의 물 높이가 높아진다.'라고 하였으
므로, ⓐ 'U자 형 관'이 한쪽으로 기울어도 ⓑ '물'은 원래 자리에 있
으려 할 것이다. 또 그렇기 때문에 ⓐ 'U자 형 관'이 왼쪽으로 기울
면 반대쪽에 있는 ⓑ '물'의 높이가 높아질 것임을 알 수 있다.
④, ⑤ 바의 '물이 무거울수록 그리고 관 전체의 가로 폭이 넓어질
수록 수평 방향의 흔들림을 줄여 주는 효과가 크다. 하지만 그에
따라 수직 하중이 증가한다는 부분에서 확인할 수 있다.

04 야외에서도 선명한 화면 만들기

| 01 ① | 02 ② | 03 ③ | 04 ③ | 본문 158쪽 |

| 지문 분석하기 |

★ **Self 문단 체크**
(1) 야외 시인성 (2) 명암비 (3) 높여야 (4) 낮추는 (5) 선형 편광
(6) 편광판, 위상지연필름

★ **한눈에 보는 문단 구조도**

㉮ 스마트폰의 야외 시인성에 대한 의문 제기

㉯ 명암비의 개념과 특징

㉰ 명암비의 종류와 명암비를 높이는 방법

㉱ 명실 명암비를 높이기 위해 OLED에서 검은색 휘도를 낮추는 이유

㉲ 편광판의 원리와 역할   ㉳ 외부광의 반사를 차단하는 과정

㉴ 야외 시인성 (향상) 기술의 한계

가 맑고 화창한 날 밖에서 스마트폰 화면이 잘 보이지 않았던 경험이 한 번쯤은 있을 것이다. 이는 화면에 반사된 햇빛이 화면에서 나오는 빛과 많이 혼재될수록 야외 시인성이 저하되기 때문이다. 야외 시인성이란, 빛이 밝은 야외에서 대상을 명확하게 인식할 수 있는 성질을 의미한다. 그렇다면 스마트폰에는 야외 시인성 개선을 위해 어떠한 기술이 적용되어 있을까?

야외 시인성의 개념
질문의 방식으로 중심 화제를 제시함 – 스마트폰에서 야외 시인성 개선을 위해 적용하는 기술

나 ㉠스마트폰 화면의 명암비가 높으면 우리는 화면에 표현된 이미지를 선명하다고 인식한다. 명암비는 가장 밝은 색과 가장 어두운 색을 화면이 얼마나 잘 표현하는지를 나타내는 수치로, 흰색을 표현할 때의 휘도를 검은색을 표현할 때의 휘도로 나눈 값이다. 여기서 휘도는 화면에서 나오는 빛이 사람의 눈에 얼마나 들어오는지를 나타내는 양이다. 가령, 흰색을 표현할 때의 휘도가 2,000cd/m²이고 검은색을 표현할 때의 휘도가 2cd/m²인 스마트폰의 명암비는 1,000이다.

명암비의 개념
명암비를 구하는 방법
휘도의 개념

다 명암비는 휘도를 측정하는 환경에 따라 암실 명암비와 명실 명암비로 구분된다. 암실 명암비는 햇빛과 같은 외부광 없이 오로지 화면에서 나오는 빛만을 인식할 수 있는 조건에서의 명암비를, 명실 명암비는 외부광이 존재하는 조건에서의 명암비를 의미한다. 스마트폰의 야외 시인성을 높이기 위해서는 명실 명암비를 높여야 한다. 이를 위해 화면에서 흰색을 표현할 때의 휘도를 높이는 방법과 검은색을 표현할 때의 휘도를 낮추는 방법을 사용할 수 있다.

명암비를 구분하는 기준
명암비의 종류 ①
암실 명암비의 개념
명암비의 종류 ②　명실 명암비의 개념
야외 시인성은 빛이 밝은 야외에서 나타나는 특성이기 때문
명실 명암비를 높이는 방법 – ① 명암비의 분자를 키움 ② 명암비의 분모를 줄임 → 야외 시인성 개선

라 그런데 스마트폰에 흔히 사용되는 OLED는 흰색을 표현할 때의 휘도를 높이는 데 한계가 있다. OLED는 화면의 내부에 있는 기판에서 빛을 내는 소자로, 빨간색, 초록색, 파란색 빛을 조합하여 다양한 색을 구현한다. 이렇게 OLED가 색을 표현할 때, 출력되는 빛의 세기를 높이면 해당 색의 휘도가 높아진다. 그러나 강한 세기의 빛을 출력할수록 OLED의 수명이 단축되는 문제가 있다. 이러한 이유로 OLED 스마트폰에는 편광판과 위상지연필름을 활용하여, 외부광의 반사로 높아진, 검은색을 표현할 때의 휘도를 낮추는 기술이 적용되고 있다.

명실 명암비를 높이는 방법 ①의 한계
세 가지의 색을 조합하여 사용
빛의 세기를 높여 휘도를 높일 때의 문제점 – OLED 수명 단축
방법 ②에 사용되는 소재들
외부광의 반사가 검은색 휘도를 높임
명실 명암비를 높이는 방법 ①의 한계 때문에 방법 ②를 사용함

마 〈그림〉은 OLED 스마트폰에 적용된 편광판의 원리를 나타낸 것이다. 일반적으로 빛은 진행하는 방향에 수직인 모든 방향으로 진동하며 나아간다. 빛이 편광판을 통과하면 그중 편광판의 투과축과 평행한 방향으로 진동하며 나아가는 선형 편광만 남고, 투과축의 수직 방향으로 진동하는 빛은

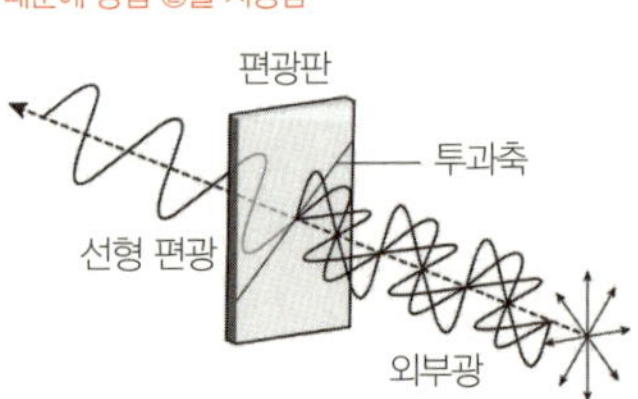

편광판의 역할 – 선형 편광만 남겨 통과하는 빛의 세기를 줄임

차단된다. 이러한 과정에서 편광판을 통과한 빛의 세기는 감소하게 된다.

바 이러한 원리를 이용해 OLED 스마트폰에서 야외 시인성을 높이는 기술을 설명하면 다음과 같다. 먼저 스마트폰 화면 안으로 들어오는 외부광은 편광판을 거치면서 일부가 차단되고 투과축과 평행한 방향으로 진동하는 선형 편광만 남게 된다. 그런 다음 이 선형 편광은 위상지연필름을 지나면서 회전하며 나아가는 빛인 원형 편광으로 편광의 형태가 바뀐다. 이 원형 편광은 스마트폰 화면의 내부 기판에 반사된 뒤, 다시 위상지연필름을 통과하며 선형 편광으로 바뀐다. 그런데 이 선형 편광의 진동 방향은 외부광이 처음 편광판을 통과했을 때 남은 선형 편광의 진동 방향과 수직을 이루게 되어 편광판에 가로막히게 된다. 그 결과 기판에 반사된 외부광은 화면 밖으로 빠져나가지 못하게 된다.

외부광의 반사가 차단되는 과정 ①
외부광의 반사가 차단되는 과정 ②
외부광의 반사가 차단되는 과정 ③
외부광의 반사가 차단되는 과정 ④
외부광의 반사가 차단되는 과정 ⑤ – 내부 기판에 반사되어 나오는 빛이 편광판을 통과하지 못함

사 이와 같은 기술은 OLED 스마트폰의 야외 시인성을 높이는 데에는 매우 효과적이지만, 편광판을 사용할 수밖에 없기 때문에 스마트폰 화면이 일정 수준의 명암비를 유지하기 위해서는 ㉡OLED가 내는 빛의 세기를 높게 유지해야 한다는 단점이 존재한다. 그리고 외부광이 화면의 외부 표면에 반사되어 나타나는 야외 시인성의 저하도 방지하지 못한다. 최근에는 이러한 문제점들을 개선하기 위한 연구가 다양한 분야에서 이루어지고 있다.

바의 기술이 지닌 한계 ①
바의 기술이 지닌 한계 ②

---

01 ①　　　　　　　　　관련 학습 : Ⅰ-01-④ 주제 파악하기

풀이 방향 각 문단의 중심 내용과 전체 주제를 파악하고, 이를 바탕으로 선택지의 내용을 지문의 핵심 내용과 비교하여 일치하는 것을 찾아야 한다.

이게 정답 마에서 일반적으로 빛은 진행 방향에 수직인 모든 방향으로 진동하며 나아간다고 하였으므로, 햇빛 역시 진행하는 방향에 수직인 모든 방향으로 진동함을 알 수 있다.

왜 답이 아니지? ② 라에서 OLED는 빨간색, 초록색, 파란색의 세 가지 빛을 조합하여 다양한 색을 만든다고 하였다.

③ 나에서 휘도는 화면에서 나오는 빛이 사람의 눈에 얼마나 들어오는지를 나타내는 양이라고 하였다. 따라서 사람의 눈에 들어오는 빛의 양이 많으면 휘도가 높아진다고 할 수 있다.

④ 가에서 야외 시인성은 빛이 밝은 야외에서 대상을 명확하게 인식할 수 있는 성질이라고 하였다.

⑤ 사에서 OLED 스마트폰의 야외 시인성을 높이는 기술로도 화면의 외부 표면에 반사되어 나타나는 야외 시인성 저하 문제는 방지하지 못한다고 하였다.

02 ②　　　　　　　　관련 학습 : Ⅰ-01-③ 중심 문장과 뒷받침 문장 구분하기

풀이 방향 ㉠에 대한 설명이 구체적으로 제시된 문단을 찾아 ㉠의 개념과 특징을 이해한 후 선택지의 설명이 정확한지 확인한다.

이게 정답 다에서 암실 명암비는 외부광 없이 화면에서 나오는 빛

만을 인식할 수 있는 조건에서의 명암비라고 하였고, ❹에서 명암
비는 흰색을 표현할 때의 휘도를 검은색을 표현할 때의 휘도로 나
눈 값이라고 하였다. 결국 암실 명암비는 외부광이 없는 조건에서
흰색을 표현할 때의 휘도를 검은색을 표현할 때의 휘도로 나눈 값
이다. 따라서 흰색을 표현할 때의 휘도가 낮아질수록 암실 명암비
도 낮아질 것이다.

 ① ❺에서 스마트폰의 야외 시인성을 높이기 위해
서는 명실 명암비를 높여야 한다고 하였다.
③ ❺에서 명암비는 휘도를 측정하는 환경에 따라 암실 명암비와
명실 명암비로 구분된다고 하였다.
④ ❹에서 명암비는 흰색을 표현할 때의 휘도를 검은색을 표현할
때의 휘도로 나눈 값이라고 하였다.
⑤ ❷에서 화면에 반사된 햇빛이 화면에서 나오는 빛과 많이 혼재
될수록 야외 시인성이 저하된다고 하였고, ❺에서는 스마트폰의
야외 시인성을 높이기 위해서는 명실 명암비를 높여야 한다고 하
였다. 여기서 야외 시인성이 낮다는 것은 명실 명암비가 낮다는 것
을 의미한다. 따라서 화면에 반사된 외부광이 눈에 많이 들어올수
록 명실 명암비가 낮아진다고 할 수 있다.

03 ③

관련 학습 : Ⅱ-01-② 설명 방식 ②-비교와 대조, 서사, 과정, 인과
Ⅱ-03-① 예상 및 추론하기

 지문의 내용을 바탕으로 표현은 다르지만 관련성 있는
이유나 원인을 찾아본다.

 ⓛ 'OLED가 내는 빛의 세기를 높게 유지해야 한다'의
앞뒤 맥락을 따져 볼 때, 이는 스마트폰 화면이 일정 수준의 명암
비를 유지하기 위해서임을 알 수 있다. 즉, 일정 수준으로 화면에
표현된 이미지가 선명해야 하는 것이다. 그런데 ❺에서 확인할 수
있듯이, 편광판은 편광판 투과축의 수직 방향으로 진동하는 빛을
차단시킨다. 따라서 OLED가 내는 빛의 세기를 높게 유지해야 하
는 이유는, ❺에서 기판에 반사된 외부광이 편광판에 막혀서 화면
밖으로 빠져나가지 못하는 것처럼, OLED가 내는 빛 역시 일부가
편광판에 차단되기 때문임을 알 수 있다.

 ① ❹에서 OLED가 색을 표현할 때, 출력되는 빛
의 세기를 높이면 해당 색의 휘도가 높아진다고 하였다. 따라서 빛
의 휘도를 조절할 수 없다는 것은 적절하지 않다.
② ❹에서 강한 세기의 빛을 출력할수록 OLED의 수명이 단축된
다고 하였으므로 적절하지 않다.
④ 빛의 세기를 높게 유지해야 하는 것과 명암비 계산을 하는 것은
관련이 없으므로 적절하지 않다.
⑤ OLED가 출력하는 빛의 세기를 높이면 수명이 단축된다는 한
계가 있음은 확인할 수 있다. 그러나 'OLED가 내는 빛의 세기를
높이는 데 한계가 있기 때문에' 'OLED가 내는 빛의 세기를 높게 유
지해야 한다'는 것은 논리적으로 적절하지 않다.

04 ③

관련 학습 : Ⅱ-01-② 설명 방식 ②-비교와 대조, 서사, 과정, 인과

 〈보기〉의 그림을 참고하면서 ❺에 제시된 야외 시인성
을 높이는 기술의 과정을 정리해 본다. 〈보기〉의 그림과 지문에 설
명된 과정의 흐름을 바르게 이해하는 것이 중요하다.

 〈보기〉에서 b를 거친 빛은 원형 편광이고, a를 거쳐
b로 나아가는 빛은 선형 편광이므로 서로 다른 형태의 편광이다.
또 ❺의 설명을 참고할 때, 기판은 편광의 형태를 바꾸지 않으므
로, b를 거친 빛이 '기판에 의해' a를 거쳐 b로 나아가는 빛과 같은

형태의 편광으로 바뀐다는 것도 적절하지 않다.

 ① ❺에서 외부광은 편광판을 거치면서 투과축과
평행한 방향으로 진동하는 선형 편광만 남게 된다고 하였으므로,
외부광이 a를 거치면서 투과축과 평행한 방향으로 진동하는 빛만
남게 된다는 것은 적절하다.
② ❺와 ❺에 따르면 진행 방향에 수직 방향으로 진동하는 빛 중
에서 편광판의 투과축과 평행한 것을 선형 편광이라고 하였으므
로, a를 거쳐 b로 나아가는 선형 편광 역시 진행 방향에 수직인 방
향으로 진동한다고 할 수 있다.
④, ⑤ ❺에 따르면 내부 기판에 반사된 뒤 위상지연필름인 b'를
통과한 선형 편광의 진동 방향은, 외부광이 처음 편광판을 통과하
였을 때 남은 선형 편광의 진동 방향과 수직을 이루기 때문에 화
면 밖으로 빠져나가지 못한다고 하였다. 그러므로 b'를 거친 선형
편광의 진동 방향은 처음 a를 거쳐 b로 나아가는 선형 편광의 진
동 방향과 수직을 이루기 때문에 화면 밖으로 빠져나가지 못한다
고 할 수 있다.

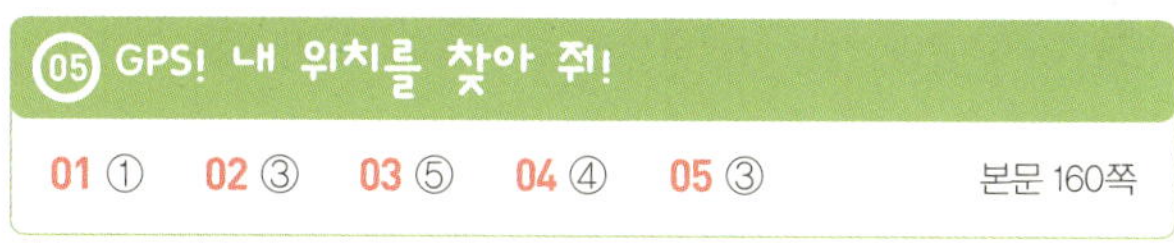

| 01 ① | 02 ③ | 03 ⑤ | 04 ④ | 05 ③ | 본문 160쪽 |

| 지문 분석하기 |

★ **Self 문단 체크**
(1) 위치 (2) 시각, 거리 (3) 시간 (4) 삼변 측량법 (5) 수신기
(6) 지구 표면

★ **한눈에 보는 문단 구조도**

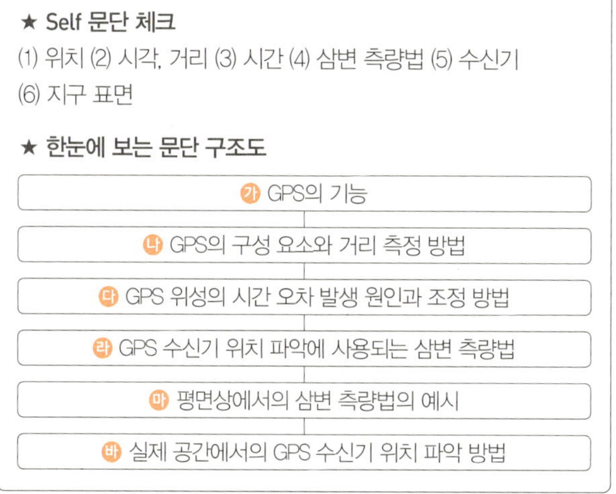

| 지문 다시 보기 |

❷ 우리는 내비게이션을 통해 목적지까지의 경로를 ⓐ탐색
하거나 스마트폰을 이용해 자신이 현재 있는 위치를 확인할
수 있다. 이는 GPS(Global Positioning System)로 인해 가능
한 것이다. 그렇다면 GPS는 어떻게 현재 위치를 파악하는 것
일까?

❹ GPS는 크게 GPS 위성과 GPS 수신기 등으로 구성된다. 현
재 지구를 도는 약 30개의 GPS 위성은 일정한 속력으로 정해
진 궤도를 돌면서, 자신의 위치 정보 및 시각 정보를 담은 신호
를 지구로 송신한다. 이 신호를 받은 수신기는 위성에서 신호
를 보낸 시각과 자신이 신호를 받은 시각의 차이를 근거로, 위
성 신호가 수신기까지 이동하는 데 걸린 시간을 계산하여 위

성과 수신기 사이의 거리를 구한다. 위성이 보낸 신호는 빛의 속력으로 이동하므로, 신호가 이동하는 데 걸린 시간(t)에 빛의 속력(c)을 곱하면 위성과 수신기 사이의 거리(r)를 구할 수 있다. 이를 식으로 ⓑ 표시하면 'r=t×c'이다.

　다 그런데 GPS가 현재 위치를 정확하게 파악하기 위해서는 상대성 이론을 고려해야 한다. 상대성 이론에 따르면 대상이

빠르게 움직일수록 시간은 느리게 흐르고, 대상에 미치는 중

력이 약해질수록 시간은 빠르게 흐른다. 실제로 위성은 지구의 자전 속력보다 빠르게 지구 주변을 돌고 있기 때문에 지표면에 비해 시간이 느리게 흘러, 위성의 시간은 하루에 약 7.2μs

씩 느려지게 된다. 또한 위성은 약 20,000km 이상의 상공에 있기 때문에 중력이 지표면보다 약하게 작용해 지표면에 비해 시간이 하루에 약 45.8μs씩 빨라지게 된다. 그 결과 ㉠ GPS 위

성에 있는 원자시계의 시간은 지표면의 시간에 비해 매일 약

38.6μs씩 빨라진다. 이러한 차이는 하루에 약 11km의 오차를 발생시킨다. 이를 방지하기 위해 GPS는 위성에 ⓒ 탑재된 원자시계의 시간을 지표면의 시간과 일치하도록 조정하여 위성

과 수신기 사이의 거리를 정확하게 구하게 된다.

　라 이렇게 계산된 거리는 수신기가 자신의 위치를 파악하는

데 사용되는데, 이를 이해하기 위해서는 삼변 측량법을 알아야 한다. 삼변 측량법은 세 기준점 A, B, C의 위치와, 각 기준

점에서 대상 P까지의 거리를 이용하여 P의 위치를 측정하는 방법이다.

　마 가령, 〈그림〉과 같이 평면
상의 A(0, 0)에서 거리가 5만
큼 떨어진 지점에, B(4, 0)에
서 거리가 3만큼 떨어진 지점
에, C(0, 3)에서 거리가 4만큼
떨어진 지점에 P(x, y)가 있다
고 하자. 평면상의 한 점에서

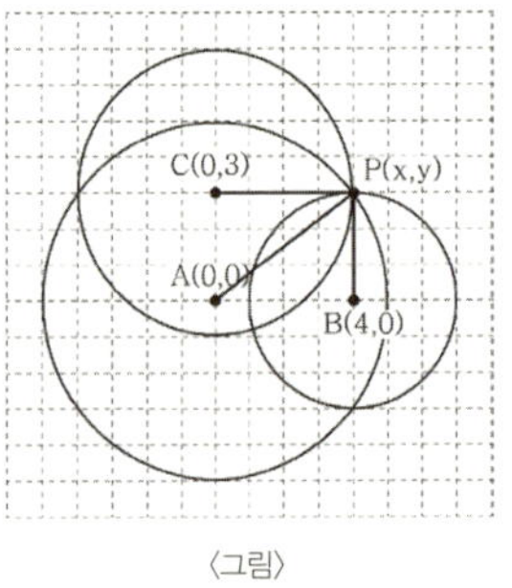

같은 거리에 있는 점을 모두 ⓓ 연결하면 원이 된다. 그러므로 A를 중심으로 반지름이 5인 원, B를 중심으로 반지름이 3인 원, C를 중심으로 반지름이 4인 원을 그리면 세 원이 교차

하는 지점이 하나 생기는데, 이 지점이 바로 P(4, 3)의 위치가 된다. 이때 세 개의 점 A, B, C를 GPS 위성으로 본다면 이들의 좌표 값은 위성의 위치 정보이고, P의 좌표 값은 GPS 수신기의 위치 정보에 해당한다고 할 수 있다.

　바 그러나 실제 공간은 2차원 평면이 아닌 3차원 입체이기 때문에 GPS 위성으로부터 ⓔ 동일한 거리에 있는 점들은 원이 아니라 구(球)의 형태로 나타난다. 그 결과 세 개의 GPS 위성

을 중심으로 하는 세 개의 구가 겹치는 지점은 일반적으로 두

군데가 된다. 하지만 이 중 한 지점은 지구 표면 가까이에 위치하게 되고, 나머지 한 지점은 우주 공간에 위치하게 된다. GPS 수신기는 이 두 교점 중 지구 표면 가까이에 있는 지점을 자신의 현재 위치로 파악하게 된다.

01 ①　　　　　　　　　　　　　관련 학습 : Ⅰ-02-① 문단의 기능 파악하기

풀이 방향 글 전체의 내용 전개 방식을 파악하기 위해서는 중심 소재를 찾은 후 각 문단에서 어떤 내용을 담고 있는지 중심 소재를 중심으로 정리해 보는 것이 좋다.

이게 정답 지문에서는 GPS가 GPS 위성과 GPS 수신기로 구성된다는 사실을 바탕으로, GPS 수신기의 위치를 파악할 때 적용되는 원리인 삼변 측량법과 상대성 이론의 원리를 설명하고 있다. 즉, GPS에 적용된 원리를 구체적으로 설명하고 있음을 알 수 있다.

왜 답이 아니지? ② GPS의 발전 과정에 대해서는 설명하지 않았다.
③ GPS를 다른 대상과 비교하고 있지 않으며, 장단점도 설명하고 있지 않다.
④ GPS의 종류를 설명하지는 않았다.
⑤ 가 에서 GPS의 유용성이나 활용 분야를 알 수 있지만, 앞으로의 전망은 제시하지 않았다.

02 ③　　　　　　　　　　관련 학습 : Ⅰ-01-③ 중심 문장과 뒷받침 문장 구분하기

풀이 방향 지문에 제시된 사실적 정보를 바탕으로 선택지의 세부 내용이 지문과 일치하는지 파악해야 한다.

이게 정답 나 에서 GPS 수신기는 GPS 위성이 보낸 신호를 바탕으로 위성과 수신기 사이의 거리를 계산한다고 하였다. 즉, GPS 수신기는 위성에 신호를 보내지 않으며, 위성으로부터 신호를 받는 역할을 한다.

왜 답이 아니지? ① 나 에서 GPS 위성은 일정한 속력으로 정해진 궤도를 돈다고 하였고, 다 에서 위성은 약 20,000km 이상의 상공에 있다고 하였다.
② 가 에서 내비게이션을 사용하거나 스마트폰을 이용해 자신의 위치를 확인할 수 있는 것은 GPS로 인해 가능한 것이라고 하였다.
④ 나 에서 위성 신호가 수신기까지 이동하는 데 걸린 시간(t)에 빛의 속력(c)을 곱하면 위성과 수신기 사이의 거리(r)를 구할 수 있다고 하였다. 그러므로 위성과 수신기 사이의 거리(r)를 빛의 속력(c)으로 나누면 위성 신호가 수신기에 도달하는 데 걸린 시간(t)을 알 수 있을 것이다.
⑤ 라 에서 삼변 측량법은 세 기준점의 위치와, 각 기준점에서 대상까지의 거리를 이용하여 대상의 위치를 측정하는 방법이라고 하였다.

03 ⑤　　　　　　　　　　　　　관련 학습 : Ⅱ-03-① 예측 및 추론하기

풀이 방향 지문에 제시된 정보를 바탕으로 ㉠과 같은 결과가 도출된 이유를 찾아야 한다. 위성에 있는 원자시계의 시간이 빨라지는 현상에 관한 설명을 집중적으로 살펴본다.

이게 정답 다 에서 위성의 시간은 지표면보다 빠른 속력 때문에 하루에 약 7.2μs씩 느려지고, 동시에 지표면보다 약한 중력 때문에 하루에 약 45.8μs씩 빨라진다고 하였다. 이와 같은 시간 오차를 더하면 (−7.2μs)+45.8μs=38.6μs가 되므로 그만큼 시간이 빨라진

다고 볼 수 있다. 즉, 빠른 속력의 영향보다 낮은 중력의 영향이 더 커서 결과적으로 시간이 빨라지는 것이다.

왜 답이 아니지? ① 위성은 약 20,000km 이상의 상공에 있기 때문에 지구의 중력이 지표면보다 약하게 작용한다.

② 위성은 지구의 자전 속력보다 빠르게 지구 주변을 돌고 있기 때문에 지표면에 비해 시간이 느리게 흐른다.

③ GPS 위성이 지구를 도는 방향이나 지구가 자전을 하는 방향이 시간에 영향을 미치는지에 대해서는 언급하고 있지 않다.

④ **나**에서 GPS 수신기가 위성에서 보낸 신호를 받을 때 생기는 시각의 차이를 이용해서 거리를 구함을 알 수 있으나, 이는 위성에 있는 시계가 매일 빨라지는 것과는 관련이 없다.

04 ④

관련 학습 : Ⅱ-02-2 논증의 타당성 판단하기

풀이 방향 지문의 내용을 구체적인 사례에 적용하는 문제로, 〈보기〉와 관련된 내용을 지문에서 찾아 세부 내용을 확인하며 선택지를 판단해야 한다.

이게 정답 〈보기〉의 그림은 **라**와 **마**에서 설명한 삼변 측량법으로 **바**에서 설명한, 지표면에서 수신기 위치를 찾는 원리를 보여 준다. P_1과 P_x 사이의 거리가 r_1이고, P_2와 P_x 사이의 거리가 r_2인데 r_1이 r_2보다 작다고 하였으므로, P_1이 보낸 신호가 도달하는 데 걸리는 시간이 더 짧을 것이다. 빛의 속도는 일정하므로, 거리가 짧으면 신호가 더 빨리 P_x의 수신기에 도달하기 때문이다.

왜 답이 아니지? ① **나**에서 위성이 보내는 신호에는 위성의 위치 정보 및 시각 정보가 담겨 있다고 하였다.

② **나**에서 'r=t×c'라고 하였으므로 걸리는 시간(t)은 거리(r)를 빛의 속력(c)으로 나눈 값이다. 이때 빛의 속력은 고정되어 있으므로 거리(r)가 달라지지 않는다면 시간(t)도 달라지지 않을 것이다.

③ **나**에서 'r=t×c'라고 하였고 빛의 속력(c)은 고정되어 있으므로, 신호가 도달하는 데 걸리는 시간(t)이 짧게 계산되면 거리(r)도 작게 계산될 것이다.

⑤ **바**에서 실제 공간은 3차원 입체이기 때문에 세 개의 구가 겹치는 지점은 일반적으로 두 군데가 되고, 이 중에서 지표면에 가까운 지점을 현재 위치로 파악하게 된다고 하였으므로, 〈보기〉에서는 P_x가 현재 위치가 될 것이다.

05 ③

풀이 방향 문맥을 고려하여 바꾸어 쓸 수 있는 말을 찾을 때에는 앞뒤의 문장 성분 등을 살펴보는 것이 좋다.

이게 정답 ⓒ '탑재되다'는 '배, 비행기, 차 따위에 물건이 실리다.' 또는 '기구, 장비 따위에 어떤 기능이나 장치가 넣어지다.'라는 뜻으로, 주어가 물건/기능/장치인 경우에 사용한다. 그런데 '태우다'는 '탈것이나 짐승의 등 따위에 몸을 얹게 하다.'라는 뜻으로, '형이 동생을 차에 태웠다.'와 같이 주어와 목적어가 사람인 경우에 주로 사용한다. 따라서 '태운'은 '위성에 실린/넣어진 위성시계'라는 문맥과는 어울리지 않는다.

왜 답이 아니지? ① ⓐ '탐색하다'는 '사라지거나 드러나지 않은 사물이나 현상 따위를 자세히 살펴 찾다.'라는 뜻이므로, '찾거나'로 바꾸어 쓸 수 있다.

② ⓑ '표시하다'는 '표를 하여 외부에 드러내 보이다.'라는 뜻이므로, '나타내면'으로 바꾸어 쓸 수 있다.

④ ⓓ '연결하다'는 '사물과 사물을 서로 잇거나 현상과 현상이 관계를 맺게 하다.'라는 뜻이므로, '이으면'으로 바꾸어 쓸 수 있다.

⑤ ⓔ '동일하다'는 '어떤 것과 비교하여 똑같다.'라는 뜻이므로, '똑같은'이나 '같은'으로 바꾸어 쓸 수 있다.

| 지문 분석하기 |

★ Self 문단 체크
(1) 핵자, 핵분열, 핵융합 (2) 에너지 (3) 결합 에너지 (4) 핵분열
(5) 감속재, 제어봉 (6) 수소, 에너지 (7) 지구 (8) 플라스마

★ 한눈에 보는 문단 구조도

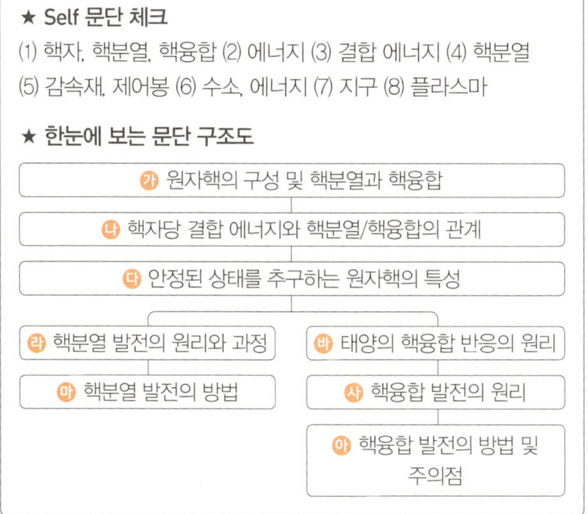

| 지문 다시 보기 |

가 원자핵은 양성자나 중성자와 같은 핵자들의 결합으로 이루어져 있다. 원자핵을 구성하는 양성자와 중성자의 개수를 모두 더한 것을 질량수라고 하는데, 질량수가 큰 하나의 원자핵이 질량수가 작은 두 개의 원자핵으로 쪼개지는 것을 핵분열이라고 하고 질량수가 작은 두 개의 원자핵이 결합하여 질량수가 큰 하나의 원자핵이 되는 것을 핵융합이라고 한다.

나 핵분열이나 핵융합은 핵자당 결합 에너지로 설명할 수 있다. 원자핵의 질량은 그 원자핵을 구성하는 개별 핵자들의 질량을 모두 더한 것보다 작다. 이처럼 핵자들이 결합하여 원자핵이 되면서 질량이 줄어든 것을 질량 결손이라고 한다. '질량-에너지 등가 원리'에 따르면 질량과 에너지는 상호 간의 전환이 가능하고, 이때 에너지는 질량에 광속의 제곱을 곱한 값과 같다. 한편 핵자들의 결합에서 줄어든 질량은 에너지로 전환되는데, 이 에너지는 원자핵의 결합 에너지와 그 크기가 같다. 원자핵의 결합 에너지란 원자핵을 개별 핵자들로 분리할 때 가해야 하는 에너지이다. 원자핵의 결합 에너지를 질량수로 나눈 것을 핵자당 결합 에너지라고 하고 그 값은 원자핵의 종류에 따라 다르다.

다 원자핵을 구성하는 핵자들은 핵자당 결합 에너지가 클수록 더 강력하게 결합되어 있고 이는 원자핵이 더 안정된 상태라는 것을 의미한다. 모든 원자핵은 안정된 상태가 되려는 성질이 있으므로, 핵자당 결합 에너지가 작은 원자핵들은 핵분열이나 핵융합을 거쳐 핵자당 결합 에너지가 큰 상태가 된다. 핵분열이나 핵융합도 반응 전후로 질량 결손이 일어나고, 줄어든 질량은 에너지로 전환된다.

원자핵의 공통적인 특성

핵자당 결합 에너지가 큰 상태(=안정된 상태)가 되려는 원자핵의 성질을 이용해 에너지를 얻음

라 핵분열과 핵융합에서 발생하는 에너지를 발전에 이용할 수 있다. ㉠ 우라늄-235(^{235}U) 원자핵을 사용하는 핵분열 발전의 경우, 우라늄 원자핵에 중성자를 흡수시키면 질량수가 작고 핵자당 결합 에너지가 큰 원자핵들로 분열된다. 이때 2~3개의 중성자가 방출되는데 이 중성자는 다른 우라늄 원자핵에 흡수되어 연쇄 반응을 일으킨다. 이 과정에서 질량 결손으로 인해 전환되는 에너지를 발전에 이용하는 것이다.

핵분열 발전의 과정 ①

핵분열 발전의 과정 ②

핵분열 발전의 과정 ③

마 핵분열 발전에서는 중성자의 속도를 느리게 해야 한다. 중성자가 너무 빠르게 움직이면 원자핵에 흡수될 확률이 낮기 때문이다. 특히 핵분열 과정에서 방출된 중성자는 속도가 매우 빠르기 때문에 이를 느리게 해야 연쇄 반응을 일으킬 수 있다. 그래서 물이나 흑연을 감속재로 사용하여 중성자의 속도를 느리게 만든다. 한편 연쇄 반응이 급격하게 일어나면 과도한 에너지가 발생하여 폭발이 일어날 수 있기 때문에 제어봉을 사용한다. 제어봉은 중성자를 흡수하는 장치로, 핵분열에 관여하는 중성자 수를 조절하여 급격한 연쇄 반응을 방지한다.

감속재가 필요한 이유 ① – 중성자의 속도를 늦추어 중성자가 원자핵에 흡수될 확률을 높임

감속재가 필요한 이유 ② – 방출된 중성자의 속도를 늦추어 연쇄 반응을 일으킴

제어봉을 사용하는 이유 – 중성자의 수를 줄여 과도한 에너지 발생을 막음

제어봉의 기능

바 핵융합 발전을 위한 시도도 계속되고 있다. 태양이 에너지를 생성하는 방법이 바로 핵융합이다. ⓐ 수소(^{1}H) 원자핵을 원료로 하는 태양의 핵융합은 주로 태양의 중심부에서 일어난다. 먼저 수소 원자핵 2개가 융합하여 중수소(^{2}H) 원자핵이 되고, 중수소 원자핵은 수소 원자핵과 융합하여 헬륨-3(^{3}He) 원자핵이 된다. 그리고 2개의 헬륨-3 원자핵이 융합하여 헬륨-4(^{4}He) 원자핵이 된다. 이러한 과정에서 줄어든 질량이 에너지로 전환되는 것이다.

태양의 핵융합 과정 ①

태양의 핵융합 과정 ②

태양의 핵융합 과정 ③

사 지구는 태양과 물리적 조건이 달라서 태양의 핵융합을 똑같이 재현할 수 없다. 가장 많이 시도하는 방식은 ⓑ D-T 핵융합이다. 이 방식에서는 중수소 원자핵과 삼중 수소(^{3}H) 원자핵이 융합하여 헬륨-4 원자핵이 된다. 중수소 원자핵과 삼중 수소 원자핵을 핵융합 발전의 원료로 사용하는 이유는 다른 원자핵들의 핵융합보다 반응 확률이 높고 질량 결손으로 전환되는 에너지도 크기 때문이다.

지구에서의 핵융합 과정

아 하지만 지구에서 핵융합을 일으키는 것은 간단하지 않다. 양(+)의 전하를 띤 원자핵은 음(-)의 전하를 띤 전자와 전기적 인력에 의해 단단히 결합되어 있어서 일반적인 상태에서 원자핵이 융합하는 것은 불가능하다. 따라서 핵융합 반응을 일으키

지구에서의 핵융합이 어려운 이유 ① – 플라스마 상태를 만들어야 하는 원인에 해당함

기 위해서는 물질을 원자핵과 전자가 분리된 상태인 플라스마 상태로 만들어야 한다. 또한 원자핵은 양의 전하를 띠고 있어서 서로 가까이 다가갈수록 척력이 강하게 작용한다. 척력을 이겨 내고 원자핵이 융합하게 하기 위해서는 플라스마의 온도를 높여 원자핵이 고속으로 움직일 수 있도록 해야 한다. 따라서 핵융합 발전을 위한 핵융합로에서는 ㉡ 플라스마를 1억℃ 이상으로 가열해서 핵융합의 확률을 높인다. 융합로에서 플라스마의 온도를 높인 이후에는 고온 상태를 일정 시간 이상 유지하는 것도 중요하다. 플라스마는 융합로의 벽에 접촉하면 온도가 내려가기 때문에 자기장을 활용해서 플라스마가 벽에 닿지 않게 하여 고온 상태를 유지할 수 있도록 한다. 안정적인 핵융합 발전을 위해서는 고온의 플라스마를 높은 밀도로 최소 300초 이상 유지해야 한다.

플라스마 상태의 개념 : 양(+)의 전하를 띤 원자핵끼리 융합시키기 위한 조건

지구에서의 핵융합이 어려운 이유 ② – 플라스마의 온도를 높여야 하는 원인에 해당함

핵융합 발전을 위한 조건 – 플라스마 + 고온 + 높은 밀도 + 상태의 유지

---

01 ⑤   관련 학습 : I-01-③ 중심 문장과 뒷받침 문장 구분하기

풀이 방향 선택지의 내용이 지문의 **가~아** 중 어떤 부분과 관련이 있는지 파악하고, 그 내용이 일치하는지 확인해야 한다. 만약 일치하지 않는 내용이 있다면, 그 이유를 지문에서 찾아 설명할 수 있어야 한다.

이게 정답 **나**에서 핵자들의 결합에서 줄어든 질량은 에너지로 전환되는데, 이 에너지는 원자핵의 결합 에너지와 그 크기가 같다고 하였다. 이때 원자핵의 결합 에너지란 원자핵을 개별 핵자들로 분리할 때 가해야 하는 에너지라고 하였으므로, 결국 핵자들이 결합하여 원자핵이 될 때 줄어든 질량이 전환된 에너지와, 그 원자핵을 다시 핵자들로 분리할 때 필요한 에너지의 크기는 같음을 알 수 있다.

왜 답이 아니지? ① **가**에서 양성자와 중성자의 질량이 아니라 각각의 개수를 모두 더한 것을 질량수라고 하였다.

② **아**에서 원자핵과 전자는 척력이 아니라 전기적 인력에 의해 단단히 결합되어 있다고 하였다.

③ **나**에서 핵자당 결합 에너지는 원자핵의 결합 에너지를 질량수로 나눈 것이라고 하였다. 따라서 원자핵의 결합 에너지는 핵자당 결합 에너지에 질량수를 곱한 값이라고 할 수 있다.

④ **나**에서 질량-에너지 등가 원리에 따르면 에너지는 질량에 광속의 제곱을 곱한 값과 같다고 하였다. 따라서 질량은 에너지를 광속의 제곱으로 나눈 값이라고 할 수 있다.

02 ①   관련 학습 : I-01-④ 주제 파악하기

풀이 방향 우라늄 원자핵을 사용하는 핵분열 발전에 대한 이해를 묻는 문제로, **라**와 **마**를 중심으로 핵분열 발전에 관한 내용을 살펴보고 판단해야 한다.

이게 정답 **라**에서 ㉠ '우라늄-235(^{235}U) 원자핵을 사용하는 핵분열 발전'의 경우 우라늄-235 원자핵에 중성자를 흡수시켜 핵분열을 일으킨다고 하였다. 원자핵에 전자를 흡수시키는 것이 아니다. '전자'는 **아**에서 핵융합 발전에 대해 설명하면서 언급된 것으로, 핵분열 발전과는 관련이 없다.

왜 답이 아니지? ② **마**에서 물이나 흑연을 감속재로 사용하여 중성자의 속도를 느리게 만든다고 하였다.

③ 마에서 연쇄 반응이 급격하게 일어나면 과도한 에너지가 발생하여 폭발이 일어날 수 있기 때문에 이를 방지하기 위해 중성자를 흡수하는 제어봉을 사용한다고 하였다.
④ 라에서 우라늄-235 원자핵에 중성자를 흡수시키면 질량수가 작고 핵자당 결합 에너지가 큰 원자핵들로 분열된다고 하였다.
⑤ 마에서 우라늄-235 원자핵이 분열되면서 방출되는 중성자의 속도를 느리게 해야 연쇄 반응을 일으킬 수 있다고 하였다.

03 ①
관련 학습 : II-02-② 논증의 타당성 판단하기

풀이 방향 지문에 제시된 핵분열과 핵융합에 대한 정보를 〈보기〉의 설명과 그래프에 적용하는 문제로, 선택지의 서술이 지문과 〈보기〉의 내용에 근거한 적절한 추론인지 확인해야 한다.

이게 정답 〈보기〉에서 철 원자핵보다 질량수가 작은 원자핵은 핵융합을 통해 핵자당 결합 에너지가 높은 원자핵이 된다고 하였다. 헬륨-4 원자핵은 질량수가 4로, 철보다 작으므로 핵융합을 통해 핵자당 결합 에너지가 높은 원자핵으로 변한다고 볼 수 있다. 다에서 핵자당 결합 에너지가 클수록 원자핵이 더 안정된 상태라고 하였으므로, 헬륨-4 원자핵은 핵융합을 통해 더 안정된 상태의 원자핵으로 변함을 알 수 있다.

왜 답이 아니지? ② 〈보기〉에서 중수소 원자핵은 삼중 수소 원자핵과 양성자의 수는 1로 같지만 핵자당 결합 에너지가 작다. 다에서 핵자당 결합 에너지가 클수록 더 안정적이라고 하였으므로, 중수소 원자핵은 삼중 수소 원자핵보다 덜 안정적일 것이다.
③ 나에서 핵자당 결합 에너지는 원자핵의 결합 에너지를 질량수로 나눈 값이라고 하였으므로, 원자핵의 결합 에너지는 핵자당 결합 에너지에 질량수를 곱한 값일 것이다. 따라서 〈보기〉의 철 원자핵의 결합 에너지는 철 원자핵의 핵자당 결합 에너지에 철 원자핵의 질량수 56을 곱한 값과 같다.
④ 〈보기〉에서 철의 원자핵이 모든 원자핵 중에서 핵자당 결합 에너지가 가장 크고 가장 안정된 상태라고 하였고, 제시된 표를 볼 때 철 원자핵의 핵자당 결합 에너지가 9MeV에는 미치지 못함을 알 수 있다. 따라서 우라늄-235 원자핵이 핵분열해서 생긴 원자핵들의 핵자당 결합 에너지도 9MeV 이상이 될 수는 없을 것이다.
⑤ 다에서 핵자당 결합 에너지가 클수록 더 강력하게 결합되어 있다고 하였고, 〈보기〉에서 철의 원자핵이 핵자당 결합 에너지가 가장 크다고 하였다. 따라서 철의 원자핵을 구성하고 있는 핵자들이 우라늄-235 원자핵을 구성하는 핵자들보다 더 강력하게 결합되어 있을 것이다.

04 ⑤
관련 학습 : II-01-② 설명 방식 ②-비교와 대조, 서사, 과정, 인과

풀이 방향 공통점과 차이점을 가진 두 대상의 특성을 세부적으로 묻는 문제로, 태양에서 일어나는 핵융합과 지구에서 에너지를 얻기 위해 만들어 내는 핵융합 발전의 차이점에 주목해야 한다.

이게 정답 사에서 지구는 태양과 물리적 조건이 달라서 태양의 핵융합을 똑같이 재현할 수 없다고 하였다. 따라서 ⓑ 'D-T 핵융합'을 일으키는 물리적 조건과 ⓐ '수소(^{1}H) 원자핵을 원료로 하는 태양의 핵융합'이 일어나는 물리적 조건은 동일하지 않음을 알 수 있다.

왜 답이 아니지? ① 바에서 ⓐ는 수소 원자핵을 원료로 하며 중수소, 헬륨-3을 거쳐 헬륨-4 원자핵이 되면서 줄어든 질량이 에너지로 전환된다고 하였다. 그러므로 ⓐ의 과정에서 헬륨-4의 원자핵의 개수는 늘어날 것이다.

② 사에서 ⓑ는 중수소 원자핵과 삼중 수소 원자핵이 융합하여 헬륨-4 원자핵이 되는 반응을 이용한다고 하였다.
③ 사에 따르면 ⓑ에서는 중수소 원자핵과 삼중 수소 원자핵이 융합하여 헬륨-4 원자핵이 된다. 이와 달리 바에 따르면 ⓐ는 헬륨-3 원자핵이 융합하여 헬륨-4 원자핵이 된다.
④ ⓐ와 ⓑ 모두 핵융합이며, 다에서 핵융합도 반응 전후로 질량 결손이 일어나고 줄어든 질량은 에너지로 전환된다고 하였다. 또 바의 마지막 문장과 사의 마지막 문장을 통해 ⓐ와 ⓑ 모두 줄어든 질량이 에너지로 전환됨을 알 수 있다.

05 ③
관련 학습 : II-03-① 예측 및 추론하기

풀이 방향 ㉡의 앞뒤 맥락을 잘 살펴보고, ㉡과 같이 해야 하는 이유나 원인을 파악해야 한다.

이게 정답 ㉡의 바로 앞 문장 '척력을 이겨 내고 원자핵이 융합하게 하기 위해서는 플라스마의 온도를 높여 원자핵이 고속으로 움직일 수 있도록 해야 한다.'를 통해, 원자핵의 척력을 이겨 내고 원자핵이 서로 융합할 수 있게 하기 위해 플라스마를 고온으로 가열함을 알 수 있다.

왜 답이 아니지? ① 플라스마가 융합로의 벽에 접촉하지 않게 하기 위해서는 자기장을 활용한다고 하였다.
② 자기장을 발생시켜 플라스마의 온도를 유지하는 것은 ㉡ '플라스마를 1억℃ 이상으로 가열'한 후에 필요한 일이다.
④ 원자핵이 융합하게 하기 위해서는 플라스마의 온도를 높여서 원자핵이 고속으로 움직일 수 있도록 해야 한다고 하였다. 즉, 고속으로 움직여야 하는 것은 전자가 아니라 원자핵이다.
⑤ '전기적 인력'은 양의 전하를 띤 원자핵과 음의 전하를 띤 전자 사이에 작용하는 것으로, 원자핵들 사이에 전기적 인력을 발생시킨다는 내용은 적절하지 않다.

07 데이터 오류를 잡아라!

| 01 ① | 02 ② | 03 ⑤ | 04 ④ | 05 ④ | 본문 166쪽 |

| 지문 분석하기 |

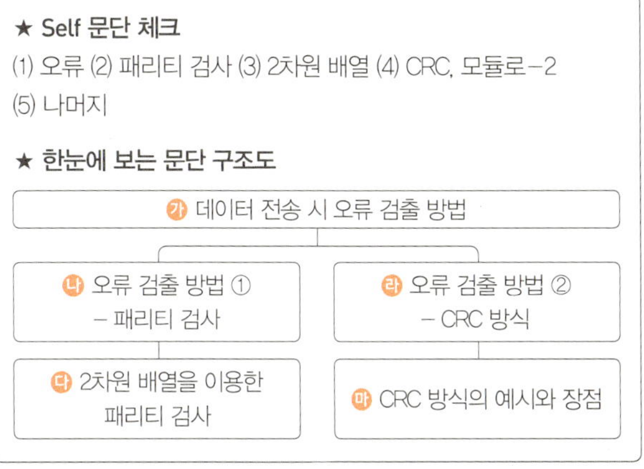

★ Self 문단 체크
(1) 오류 (2) 패리티 검사 (3) 2차원 배열 (4) CRC, 모듈로-2
(5) 나머지

★ 한눈에 보는 문단 구조도

가 데이터 전송 시 오류 검출 방법

나 오류 검출 방법 ①
– 패리티 검사

라 오류 검출 방법 ②
– CRC 방식

다 2차원 배열을 이용한 패리티 검사

마 CRC 방식의 예시와 장점

| 지문 다시 보기 |

가 컴퓨터 네트워크에서 데이터가 전송될 때 수신된 데이터에 오류가 있는 경우가 있다. 오류를 검출하기 위해 송신기는

오류 검출 부호를 포함한 데이터를 전송하고 수신기는 수신한

데이터를 검사하여 오류가 있으면 재전송을 요청한다.

❶ 수신한 데이터에 오류가 있는지 검출하는 가장 간단한 방
식은 ㉠패리티 검사이다. 이 방식은 전송할 데이터에 패리티
비트라는 오류 검출 부호를 추가하는 방법으로, 패리티 비트

를 추가하여 데이터의 1의 개수를 짝수나 홀수로 만든다. 1의

개수를 짝수로 만드는 방식을 짝수 패리티, 홀수로 만드는 방
식을 홀수 패리티라고 하고 송·수신기는 모두 같은 방식을
사용해야 한다. 예를 들어 짝수 패리티를 사용한다면 송신기

는 항상 데이터의 1의 개수를 짝수로 만들어서 전송하지만 만
일 수신한 데이터의 1의 개수가 홀수가 되면 수신기는 오류가

발생했다고 판단하는 것이다. 하지만 패리티 검사는 ㉮ 수신
한 데이터에서 짝수 개의 비트에 오류가 동시에 있으면 이를

검출하기 어렵다. 또한 오류의 발생 여부를 검출할 수 있을 뿐
데이터 내 오류의 위치는 알아낼 수 없다.

❷ 전송할 데이터를 2차원 배열로 구성해서 패리티 비트를 생

성하면 오류의 발생 여부뿐만 아니라 오류의 위치도 알아낼
수 있다. 예를 들어 송신기가 1100011 1111111을 전송한다고 하
자. 송신기는 이를 1100011 1111111과 같이 2차원 배열로 구성하고 가로

방향인 모든 행과 세로 방향인 모든 열에 패리티 비트를 생성
한 후 이를 포함한 데이터를 전송한다. 수신기는 수신한 데이
터의 각각의 행과 열의 1의 개수를 세어 오류를 검사한다. 만
약 어떤 비트에 오류가 발생하면 그 비트가 포함된 행과 열에
서 모두 오류가 검출된다. 따라서 오류가 발생한 위치를 알 수
있다. 다만 동일한 행 또는 열에서 짝수 개의 오류가 발생하면

오류가 발생한 정확한 위치를 알 수 없다.
❸ ㉡CRC 방식은 미리 선택된 생성 부호를 사용해서 오류

검출 부호를 생성하는 방식이다. 전송할 데이터를 생성 부호
로 나누어서 오류 검출 부호를 생성하는 데 모듈로-2 연산을

활용한다. 모듈로-2 연산은 자릿수가 제한된 상태에서 나머
지를 구하는 연산으로 해당 자릿수의 비트 값이 같으면 0, 다
르면 1이 된다.

❹ 〈그림〉과 같이
생성 부호가 1011이
고 전송할 데이터
가 110101인 경우를
보자. 전송할 데이
터는 오류 검출 부
호를 추가해야 하
기 때문에 그만큼

```
                   111101
          1011 ) 110101000
생성 부호 ─→       1011      └── 전송할 데이터
                   1100
                   1011
                   1111
                   1011
                   1000
                   1011
                   0110
                   0000
                   1100
                   1011
                    111  ── 오류 검출 부호
```

〈그림〉

의 비트가 더 필요하다. 송신기는 전송할 데이터의 오른쪽 끝
에 생성 부호의 비트 수보다 하나 작은 비트 수만큼 0을 추가

한 후 이를 생성 부호로 나누고 그 나머지가 오류 검출 부호가

된다. 송신기는 오류 검출 부호를 포함한 데이터 ㉢110101111
만을 전송하고 수신기는 수신한 데이터를 송신기와 동일한 생

성 부호로 나눈다. 수신한 데이터는 전송할 데이터에 나머지
를 추가했으므로 오류가 없다면 생성 부호로 나누었을 때 나
머지가 0이 된다. 이때 나머지가 0이 아니면 수신한 데이터

에 오류가 있다고 판단한다. CRC 방식은 복잡하지만 여러 개

의 오류가 동시에 생겨도 이를 검출할 수 있어서 오류 검출
확률이 높다.

01 ①　관련 학습 : Ⅰ-01-③ 중심 문장과 뒷받침 문장 구분하기

풀이 방향 각 문단의 중심 내용을 정리하고 이를 참고하면서 선택
지의 내용이 적절한지 파악해야 한다. 이때 문단의 중심 내용을 파
악하고 있으면 선택지 판단의 시간을 아낄 수 있다.

이게 정답 ❸에서 CRC 방식에서 사용하는 생성 부호는 미리 선택
되어 있다고 하였다. CRC 방식에서 모듈로-2 연산을 사용해서 만
드는 것은 생성 부호가 아니라 오류 검출 부호이다.

왜 답이 아니지? ② ❶에서 패리티 검사 방식에는 짝수 패리티와 홀
수 패리티가 있는데, 송·수신기는 모두 같은 방식을 사용해야 한
다고 하였다.

③ ❹에서 CRC 방식에서 송신기는 전송할 데이터의 오른쪽 끝에
생성 부호의 비트 수보다 하나 작은 비트 수만큼 0을 추가한다고
하였으므로, 생성 부호의 비트 수가 오류 검출 부호의 비트 수보다
하나 더 많다. 제시된 사례에서도 생성 부호(1011)의 비트 수는 4,
오류 검출 부호(111)의 비트 수는 3임을 알 수 있다.

④ ❶에서 짝수 패리티의 경우 송신기는 패리티 비트를 포함하
여 1의 개수를 항상 짝수로 만들어서 전송하지만, 수신기가 수신
한 데이터의 1의 개수가 홀수가 되면 수신기는 오류가 발생했다고
판단한다고 하였다.

⑤ ❹에서 CRC 방식은 여러 개의 오류가 동시에 생겨도 이를 검
출할 수 있어서 오류 검출 확률이 높다고 하였다.

02 ②　관련 학습 : Ⅱ-01-② 설명 방식 ②－비교와 대조, 서사, 과정, 인과

풀이 방향 지문에서 두 가지 대상에 대해 설명한 내용을 정확히 이
해해야 한다. 각 방식의 특징과 장단점을 파악하고 이를 바탕으로
적절하지 않은 내용을 찾아본다.

이게 정답 ❶에서 데이터 오류를 검출하기 위해 송신기는 오류 검
출 부호를 포함한 데이터를 송신하고 수신기는 수신한 데이터를
검사한다고 하였다. 즉, ㉠'패리티 검사'와 ㉡'CRC 방식' 모두 오
류 검사를 하는 것은 송신기가 아니라 수신기임을 알 수 있다.

왜 답이 아니지? ① ❶에서 ㉠'패리티 검사'는 패리티 비트를 추가
하여 데이터의 1의 개수를 짝수나 홀수로 만든다고 하였다. 반면
㉡'CRC 방식'은 모듈로-2 연산을 통해 오류 검출 부호를 생성
한다.

③ ❶에서 ㉠'패리티 검사'는 수신기가 수신한 데이터의 1의 개수
를 바탕으로 오류가 발생하였는지 판단한다고 하였다. 또 ❹에서

ⓒ 'CRC 방식'은 수신기가 수신한 데이터를 송신기와 동일한 생성
부호로 나누어 오류를 판단한다고 하였다.

④ ❹에서 ㉠'패리티 검사'는 오류 검출 부호인 패리티 비트를, ❺에
서 ㉡'CRC 방식'은 생성 부호로 나눈 나머지를 오류 검출 부호로
만들어 전송할 데이터에 추가한다고 하였다.

⑤ ❹에 따르면 ㉠'패리티 검사'는 전송할 데이터가 같아도 홀수
패리티인지 짝수 패리티인지에 따라 패리티 비트가 달라짐을 알
수 있다. ❹에 따르면 ㉡'CRC 방식'은 전송할 데이터가 같아도 생
성 부호에 따라 오류 검출 부호가 달라짐을 알 수 있다.

03 ⑤
관련 학습 : Ⅱ-03-① 예측 및 추론하기

풀이 방향 ❹를 통해 패리티 검사의 방법과 특징을 파악하여 왜 ㉮
와 같은 한계가 발생할 수밖에 없는지 추론해야 한다.

이게 정답 패리티 검사는 1의 개수를 짝수 또는 홀수로 만들어 오
류를 검출하는 방식으로, 송신기가 1의 개수를 홀수로 만들어 전
송했다면 수신기에서도 1의 개수가 홀수인지 확인하여 오류 여부
를 판단한다. 그런데 ㉮에서와 같이 짝수 개의 비트에 동시에 오류
가 발생하면, 정상일 때와 오류가 있을 때 1의 개수의 홀짝 여부가
같을 것이다. 예를 들어, 홀수 패리티에서 홀수 개의 비트에 오류
가 발생하면 수신한 데이터에서 1의 개수가 짝수가 되어 오류임을
알 수 있지만, 짝수 개의 비트에 오류가 동시에 발생하면 수신 데
이터에서 1의 개수는 정상인 경우와 동일하게 홀수 개가 되어 데이
터가 정상인지 오류인지 구별할 수 없게 된다.

왜 답이 아니지? ① 송신기가 패리티 비트를 생성하는 것은 전송 전
의 과정이며, 이 과정이 애초에 불가능하면 아예 오류를 검출할 수
없게 된다.

②, ③ 데이터에 짝수 개의 오류가 있더라도 전송되는 데이터에
포함된 1의 개수는 짝수 패리티에서는 짝수이고, 홀수 패리티에
서는 홀수가 될 것이다. 즉, 1의 개수가 항상 홀수나 짝수로 나타
나는 것은 아니다.

④ 패리티 검사는 1의 개수를 홀수나 짝수로 만드는 방식이므로,
짝수 개의 비트가 정상이든 오류가 발생했든 전송되는 패리티 비
트의 크기는 동일하다.

04 ④
관련 학습 : Ⅱ-02-② 논증의 타당성 판단하기

풀이 방향 지문의 설명이 〈보기〉에 제시된 2차원 배열 패리티 검
사에 정확히 적용되었는지 판단한다. ❹와 ❺를 바탕으로 할 때,
홀수 패리티를 활용하였다면 〈보기〉의 데이터는 모든 행과 열에
서 패리티 비트를 포함한 1의 개수가 홀수여야 한다. 그리고 오류
가 있는 비트가 포함된 행과 열 모두에서 오류가 검출되어야 한다.

이게 정답 ⓑ가 0으로 바뀌어서 수신되었다면, 2행에서는 1의 개
수가 5가 되어 홀수이지만 7열에서는 1의 개수가 2가 되어 짝수이
므로, 오류가 검출되었을 것이다.

왜 답이 아니지? ① 1행에서 1의 개수는 3개, 즉 홀수이므로 오류가
없다고 판단했을 것이다.

② 6열에서 1의 개수는 1개, 즉 홀수이므로 오류가 없다고 판단했
을 것이다.

③ ⓐ가 포함된 2행과 3열에서 1의 개수는 6개, 2개로 둘 다 짝수
이므로 각각 오류기 있으며, 이때 2행과 3열의 교차 지점인 ⓐ를
오류로 판단했을 것이다.

⑤ 짝수 패리티를 활용하였다면 모든 열에서 1의 개수가 짝수가
되어야 한다. 그런데 〈보기〉에서 패리티 비트의 오류는 없다고 하
였으므로, ⓒ는 0과 1이 반대가 되어 1010110으로 생성되었을 것이
다.

05 ④
관련 학습 : Ⅱ-03-① 예측 및 추론하기

풀이 방향 〈보기〉에 대한 선택지의 이해가 지문을 바탕으로 적절
하게 추론한 결과인지 확인해 본다. 〈보기〉는 CRC 방식에서 수신
기가 데이터 ㉢'110101111'의 오류를 검사한 연산이므로 수신기의
역할을 설명한 부분에 주목해야 한다.

이게 정답 ❺에 따르면 수신기가 연산한 결과 나머지가 0이기 때
문에 오류가 없다고 판단하였을 것이다. 즉, CRC 방식에서 오류
가 없다고 판단하는 이유는 수신기가 연산한 몫과 송신기가 전송
한 데이터와 동일해서가 아니라 나머지가 0이기 때문이다.

왜 답이 아니지? ① ❺에 따르면 수신기는 수신한 데이터를 송신기
와 동일한 생성 부호로 나눈다고 하였으므로, 수신기는 생성 부호
'1011'를 사용하여 모듈로-2 연산을 하였을 것이다.

② ❺에 따르면 송신기는 데이터를 전송하기 전 오류 검출 부호를
원래 데이터 뒤에 붙여서 전송한다고 하였으므로, 수신된 데이터
'110101111'에서 전송할 데이터였던 '110101' 뒤에 붙은 '111'은 오류
검출 부호임을 알 수 있다.

③ ❺에 따르면 수신기는 수신한 데이터를 송신기와 동일한 생성
부호로 나눈다고 하였으므로, 수신한 데이터에 추가로 다른 비트
를 붙일 이유가 없다.

⑤ ❺에 따르면 수신기가 연산한 결과 나머지가 0이 아니면 오류
가 있다고 판단한다. 그런 경우 ㉮에서 설명한 것처럼 수신기가 데
이터 재전송을 요청하였을 것이다.

| 지문 분석하기 |

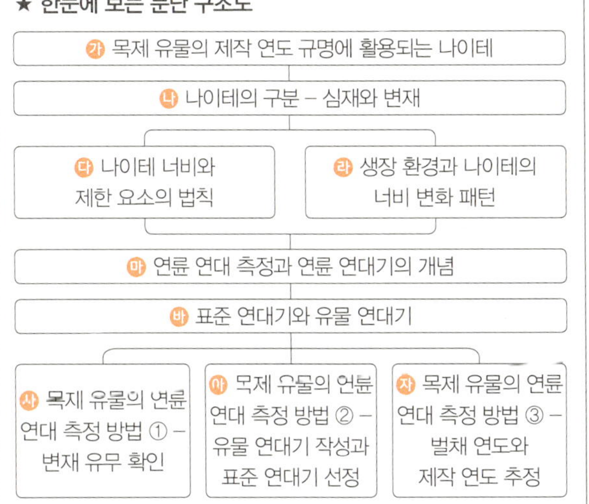

가 사계절이 뚜렷한 곳에서 자라는 나무는 매해 하나씩 나이
테를 만들기 때문에 나이테를 세면 나무의 나이를 알 수 있다.
『그렇다면 나이테는 단순히 나무의 나이를 알기 위해서만 활용
되는 것일까? 그렇지 않다. 나이테는 현재 남아 있는 다양한
목제 유물들이 언제 만들어졌는지 그 제작 연도를 규명하는
데도 활용되고 있다.』

나 나무의 나이테는 위치에 따라 크게 심재, 변재로 구분된다.
심재는 나무의 성장 초기에 형성된 안쪽 부분으로 생장이 거
의 멈추면서 진액이 내부에 갇혀 색깔이 어둡게 변한 부분이
다. 변재는 심재의 끝부터 껍질인 수피 전까지의 바깥 부분으
로 물과 영양분을 공급하는 생장 세포가 활성화되어 있어 밝
은 색상을 띠는 부분이다. 나무의 나이는 이 심재와 변재의 나
이테 수를 합한 것이 된다.

다 그런데 나무의 나이테 너비를 살펴보면 매해 그 너비가 동
일하지 않다. 그 이유는 제한 요소의 법칙에 의해서 나무의
생장량이 결정되기 때문이다. 나무가 생장하기 위해서는 물,
빛, 온도, 이산화 탄소 등의 다양한 환경 요소가 필요한데 환
경 요소들은 해마다 다르기 때문에 나이테의 너비도 변하게
된다. 그렇다고 모든 환경 요소가 나이테의 너비 변화에 영향
을 주는 것은 아니다. 여러 환경 요소 중에서 가장 부족한 요
소가 나이테의 너비 변화에 가장 큰 영향을 주게 되는데 이것
이 바로 제한 요소의 법칙이다.

라 나무가 가장 부족한 요소에 모든 생물학적 활동을 맞추는
것은 안전하게 생장하기 위한 전략이다. 『만일 나무의 생장이
가장 풍족한 요소를 기준으로 이뤄진다면 생장에 필요한 생물
학적 활동을 제한하는 요소가 많아져 고사할 위험이 높아지
게 될 것이기 때문이다.』 제한 요소의 법칙은 모든 나무의 생장
에 예외 없이 적용되며, 그 결과로 동일한 수종이 유사한 생장
환경에서 자라면 나이테의 너비 변화 패턴이 유사하다. 하지
만 수종이 같더라도 지역이 다르면 생장 환경이 다르기 때문
에 나이테의 너비 변화 패턴은 달라지게 된다.

마 나이테를 활용하여 목제 유물에 사용된 나무의 벌채 연
도나 환경 조건을 추정하는 것을 연륜 연대 측정이라 하는데
이를 위해서는 나이테의 너비 변화 패턴을 그래프로 나타낸
㉠연륜 연대기가 있어야 한다. 수천 년 살 수 있는 나무는 많
지 않으나 아래 〈그림〉과 같은 방법으로 수천 년에 달하는 연
륜 연대기 작성은 가능하다.

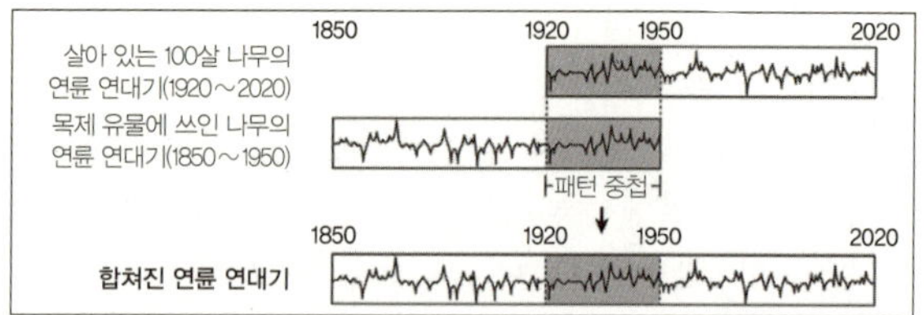

바 살아 있는 나무에서 나이테 너비를 측정하면 정확한 연도
가 부여된 연륜 연대기를 작성할 수 있다. 다음으로 오래지 않
은 과거에 제작된 목제 유물의 나이테로 연륜 연대기를 작성
하여 이미 작성된 연륜 연대기와 비교하면 패턴이 겹치는 기
간을 확인할 수 있다. 그 기간은 지금 살아 있는 나무와 과거
유물에 사용된 나무가 함께 생장하던 기간이 된다. 이러한 방
법으로 보다 과거의 목제 유물로 작성된 연륜 연대기와 패턴
비교를 반복하면 수백, 수천 년에 달하는 나무의 연륜 연대기
작성이 가능해진다. 이렇게 작성된 장기간의 연륜 연대기를
표준 연대기라 하는데 우리나라는 현재 소나무, 참나무, 느티
나무의 표준 연대기를 보유하고 있다. 연륜 연대 측정은 이 표
준 연대기와 목제 유물의 나이테로 작성한 유물 연대기의 패
턴을 비교함으로써 진행되고 그 방법은 다음과 같다.

사 먼저 목제 유물의 나이테에 변재가 있는지 확인해야
한다. 나무를 가공할 때는 벌레가 먹거나 쉽게 썩는 변재
의 일부 또는 전체가 잘려 나가기도 하는데 만일 유물의
나이테에 변재가 없는 경우에는 벌채 연도를 추정할 수
없게 된다.

아 변재의 존재 여부를 확인한 후에는 목제 유물의 각 부
분에서 나이테를 채취해 패턴이 중첩되는 부분을 비교하
여 유물 연대기를 만든 다음, 비교 대상으로 사용할 표준
연대기를 정해야 한다. 이때 유물 연대기와 표준 연대기
의 상관도를 나타내는 t값과 일치도를 나타내는 G값을
고려해야 하는데 100년 이상의 기간을 상호 비교할 때
t값은 3.5 이상, G값은 65% 이상의 값을 가져야 통계적
으로 유의성이 있는 것으로 간주된다.

자 표준 연대기를 정한 후에는 유물 연대기와 표준 연대
기의 패턴을 비교하여 중첩되는 부분의 시작 나이테의 연
도부터 마지막 나이테의 연도를 확정하여 절대 연도를 부
여한다. 유물의 나이테가 변재를 완전하게 갖고 있을 경
우에는 마지막 나이테의 절대 연도가 벌채 연도가 된다.
『하지만 변재의 바깥쪽 나이테 일부가 잘려 나갔다면 마
지막 나이테의 절대 연도에 잘려 나간 변재 나이테 수를
더한 값이 벌채 연도가 되는데 이때는 수령별 평균 변재
나이테 수를 참고한다. 비슷한 수령의 나무가 갖는 평균
변재 나이테 수에서 유물에 남아 있는 변재 나이테 수를

[A]

빼, 나무를 가공할 때 잘라 낸 변재 나이테 수를 구한다. 그리고 이를 마지막 나이테의 절대 연도에 더해 벌채 연도를 확정한다. 그 다음, 벌채한 후 가공할 때까지 나무
「」: 연륜 연대 측정 과정 ⑤-2   연륜 연대 측정 과정 ⑥
를 건조하는 일반적인 기간인 1~2년을 더해 목제 유물의 제작 연도를 추정한다.

01 ④

풀이 방향 각 문단별로 특징적인 설명 방식과 내용 전개 방식을 파악해 본다.

이게 정답 어려운 개념을 친숙한 대상에 빗대어 비유적으로 설명하는 부분은 찾을 수 없다.

왜 답이 아니지? ① **가**에서 '그렇다면 나이테는 단순히 나무의 나이를 알기 위해서만 활용되는 것일까? 그렇지 않다. 나이테는 현재 남아 있는 ~ 제작 연도를 규명하는 데도 활용되고 있다.'에서 자문자답의 방식으로 앞으로 설명할 내용이 나이테를 통해 목제 유물이 제작된 연도를 알아내는 것임을 제시하고 있다.

② **다**에서 나이테의 너비가 해마다 다르다는 특성에 대해 '제한 요소의 법칙'이라는 개념을 통해 설명하고 있다.

③ **나**에서 나무의 나이테를 위치에 따라 심재와 변재로 나누어 설명하고 있다.

⑤ **라**에서 나무의 생장이 가장 부족한 요소가 아니라 가장 풍족한 요소를 기준으로 이뤄지는 반대의 상황을 가정하여 제한 요소의 법칙이 적용되는 현상에 대한 이해를 돕고 있다.

02 ⑤

풀이 방향 지문의 주요 내용을 파악한 후 선택지를 분석하면서, 지문에서 관련 내용을 찾아 두 내용이 일치하는지 확인한다.

이게 정답 **사**에서 유물의 나이테에 변재가 없는 경우 벌채 연도를 추정할 수 없게 된다고 하였으며, **자**에서는 확정된 벌채 연도를 바탕으로 목제 유물의 제작 연도를 추정한다고 하였다. 따라서 심재 나이테만 남아 있는 경우 연륜 연대 측정이 불가능함을 알 수 있다.

왜 답이 아니지? ① **나**에 따르면 심재는 나무의 성장 초기에 형성된 안쪽 부분이므로 나무의 껍질인 수피 부분에서 멀리 떨어져 있다.

② **나**에서 생장이 가장 멈추면서 진액이 갇혀 어둡게 변한 부분은 심재라고 하였다. 또, 변재는 생장 세포가 활성화되어 있어 밝은 색상을 띤다고 하였다. 즉, 변재가 밝은 색상을 띠는 것은 맞지만 그 이유가 진액 때문은 아니다.

③ **나**에서 나무의 나이, 즉 수령은 심재와 변재의 나이테 수를 합한 것이라고 하였다.

④ **다**에서 나이테의 너비 변화에 가장 큰 영향을 주는 것은 가장 부족한 환경 요소라고 하였다.

03 ③

풀이 방향 지문에서 ㉠ '연륜 연대기'에 대한 설명을 찾아 꼼꼼히 읽고, 주요 내용을 각 선택지와 비교해 본다.

이게 정답 **라**에 따르면 나이테의 너비가 일정하다는 것은 생장 조건이 비슷했다는 뜻이지, 이것이 패턴 분석의 대상이 될 수 없다는 뜻은 아니다. 나이테의 너비가 일정한 것 역시 패턴에 해당한다.

왜 답이 아니지? ① **라**에서 수종이 같더라도 지역이 다르면 생장 환경이 다르기 때문에 나이테의 너비 변화 패턴이 달라지게 된다고 하였다.

② **마**와 **바**에서 나이테의 패턴 비교를 반복함으로써 장기간의 연륜 연대기 작성이 가능하고 이렇게 만든 것을 표준 연대기라 한다고 하였다.

④ **라**에 따르면 제한 요소의 법칙에 따라 나무가 생장한 결과를 보여 주는 것이 나이테의 너비 변화 패턴임을 알 수 있다.

⑤ **바**에서 우리나라는 현재 소나무, 참나무, 느티나무의 표준 연대기를 보유하고 있다고 하였다.

04 ③

풀이 방향 지문을 통해 얻은 정보를 〈보기〉에 제시된 구체적 사례와 관련지어 이해해야 한다. 선택지의 해석이 지문의 내용과 〈보기〉의 자료를 바탕으로 적절하게 추론한 것인지 판단한다.

이게 정답 **자**에서 변재의 바깥쪽 나이테 일부가 잘려 나간 경우 비슷한 수령의 나무가 갖는 평균 변재 나이테 수에서 유물에 남아 있는 변재 나이테 수를 빼서 가공할 때 잘라 낸 변재 나이테 수를 구한다고 하였다. 〈보기〉에서 수령 100년 된 a산 소나무의 평균 변재 나이테 수 60에서 유물에 남아 있는 변재 나이테 수 57을 뺀 '3년'이 잘라 낸 변재 나이테 수가 된다. 따라서 1803년을 벌채 연도로 추정할 수 있다.

왜 답이 아니지? ① **아**에서 100년 이상의 기간을 상호 비교할 때 t값은 3.5 이상, G값은 65% 이상이어야 한다고 하였으므로, 표준 연대기는 t값 3.7, G값 69%인 a산 소나무의 연대기가 사용되었을 것이다.

② 〈보기〉의 자료에 따르면 유물 연대기와 표준 연대기가 중첩되는 기간은 1700년부터 1800년임을 알 수 있다.

④ 〈보기〉에 제시된 유물 연대기를 고려하면 유물에 사용된 나무의 수령은 100년 안팎으로 보이고, 비슷한 수령의 a산 소나무의 평균 변재 나이테 수는 60개이다. 따라서 수령 100년 된 a산 소나무의 평균 변재 나이테 수 60에서 유물에 남아 있는 변재 나이테 수 57을 뺀 '3개'가 잘라 낸 변재 나이테 수가 된다.

⑤ **자**에서 벌채 연도를 확정한 다음 벌채한 후 가공할 때까지 나무를 건조하는 일반적인 기간인 1~2년을 더해 목제 유물의 제작 연도를 추정한다고 하였다. 그러므로, 〈보기〉의 서랍장의 제작 연도는 1803년에 1~2년을 더한 1804년에서 1805년 사이일 것이다.

ⓞ① 빛의 화가 모네, 그리고 사물의 본질을 그려 낸 세잔

01 ④ **02** ⑤ **03** ①   본문 172쪽

| 지문 분석하기 |

★ Self 문단 체크
(1) 재현 (2) 빛, 인상 (3) 사실적 (4) 본질 (5) 각도 (6) 입체파

★ 한눈에 보는 문단 구조도

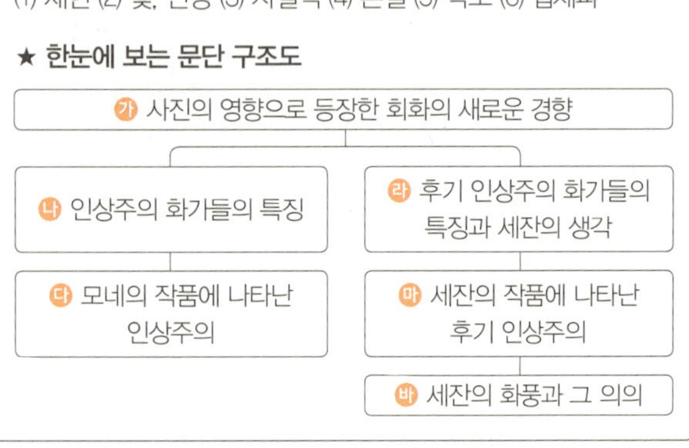

| 지문 다시 보기 |

가 사진이 등장하면서 회화는 대상을 사실적으로 재현(再現)하는 역할을 사진에 넘겨주게 되었고, 그에 따라 화가들은 회화의 의미에 대해 고민하게 되었다. 19세기 말 등장한 인상주의와 후기 인상주의는 전통적인 회화에서 중시되었던 사실주의적 회화 기법을 거부하고 회화의 새로운 경향을 추구하였다.

나 인상주의 화가들은 색이 빛에 의해 시시각각 변화하기 때문에 대상의 고유한 색은 존재하지 않는다고 생각하였다. 인상주의 화가 모네는 대상을 사실적으로 재현하는 회화적 전통에서 벗어나기 위해 빛에 따라 달라지는 사물의 색채와 그에 따른 순간적 인상을 표현하고자 하였다.

다 모네는 대상의 세부적인 모습보다는 전체적인 느낌과 분위기, 빛의 효과에 주목했다. 그 결과 빛에 의한 대상의 순간적 인상을 포착하여 대상을 빠른 속도로 그려 내었다. 그에 따라 그림에 거친 붓 자국과 물감을 덩어리로 찍어 바른 듯한 흔적이 남아 있는 경우가 많았다. 이로 인해 대상의 윤곽이 뚜렷하지 않아 색채 효과가 형태 묘사를 압도하는 듯한 느낌을 준다. 이와 같은 기법은 그가 사실적 묘사에 더 이상 치중하지 않았음을 보여 주는 것이었다. 그러나 모네 역시 대상을 '눈에 보이는 대로' 표현하려 했다는 점에서 이전 회화에서 추구했던 사실적 표현에서 완전히 벗어나지는 못했다는 평가를 받았다.

라 후기 인상주의 화가들은 재현 위주의 사실적 회화에서 근본적으로 벗어나는 새로운 방식을 추구하였다. 후기 인상주의 화가 세잔은 "회화에는 눈과 두뇌가 필요하다. 이 둘은 서로 도와야 하는데, 모네가 가진 것은 눈뿐이다."라고 말하면서 사물의 눈에 보이지 않는 형태까지 찾아 표현하고자 하였다. 이러한 시도는 회화란 지각되는 세계를 재현하는 것이 아니라 대상의 본질을 구현해야 한다는 생각에서 비롯되었다.

마 세잔은 하나의 눈이 아니라 두 개의 눈으로 보는 세계가 진실이라고 믿었고, 두 눈으로 보는 세계를 평면에 그리려고 했다. 그는 대상을 전통적 원근법에 억지로 맞추지 않고 이중 시점을 적용하여 대상을 다른 각도에서 바라보려 하였고, 이를 한 폭의 그림 안에 표현하였다. 또한 질서 있는 화면 구성을 위해 대상의 선택과 배치가 자유로운 정물화를 선호하였다.

바 세잔은 사물의 본질을 표현하기 위해서는 '보이는 것'을 그리는 것이 아니라 '아는 것'을 그려야 한다고 주장하였다. 그 결과 자연을 관찰하고 분석하여 사물은 본질적으로 구, 원통, 원뿔의 단순한 형태로 이루어졌다는 결론에 도달하였다. 이를 회화에서 구현하기 위해 그는 이중 시점에서 더 나아가 형태를 단순화하여 대상의 본질을 표현하려 하였고, 윤곽선을 강조하여 대상의 존재감을 부각하려 하였다. 회화의 정체성에 대한 고민에서 비롯된 ㉠그의 이러한 화풍은 입체파 화가들에게 직접적인 영향을 미치게 되었다.

---

01 ④   관련 학습 : Ⅰ-01-③ 중심 문장과 뒷받침 문장 구분하기
Ⅰ-01-④ 주제 파악하기

풀이 방향 사실적 이해에 해당하는 문제로, 각 문단의 중심 내용을 파악하는 과정에서 얻게 되는 세부 정보를 바탕으로 해결할 수 있다. 선택지의 내용을 파악하고 이를 각 문단의 중심 문장과 비교하여 관련 문단을 찾은 후, 뒷받침 문장들에 제시된 정보들과 선택지의 세부 정보가 일치하는지 따져 본다.

이게 정답 나와 다에 따르면 모네는 인상주의 화가이다. 그런데 나에서 '인상주의 화가들은 색이 빛에 의해 시시각각 변화하기 때문에 대상의 고유한 색은 존재하지 않는다고 생각하였다.'라고 하였으므로 모네가 대상의 고유한 색 표현을 위해 전통적인 원근법을 거부하였다는 것은 지문의 내용과 일치하지 않는다. 또 마에 따르면 전통적인 원근법을 거부한 것은 모네가 아니라 세잔임을 알 수 있다.

왜 답이 아니지? ① 가에서 사진이 등장하면서 화가들이 회화의 의미에 대해 고민하게 되었음을 알 수 있다.
② 가의 '전통적인 회화에서 중시되었던 사실주의적 회화 기법'에서 확인할 수 있다.

③ **다**에서 모네의 그림은 '대상의 윤곽이 뚜렷하지 않아 색채 효과가 형태 묘사를 압도하는 듯한 느낌을 준다.'라고 하였다.
⑤ **바**에서 세잔은 '사물은 본질적으로 구, 원통, 원뿔의 단순한 형태로 이루어졌다는 결론에 도달'하였음을 알 수 있다.

02 ⑤
관련 학습 : II−02−① 논증 방식−연역법, 귀납법, 유추법

풀이 방향 지문의 내용을 전제로 하여 선택지의 결론이 적절한지를 판단하는 문제이다. 연역법의 논증 과정을 잘 이해하고 이에 따라 결론의 타당성을 판단할 수 있어야 한다. 〈보기〉의 선생님이 모네와 세잔의 작품 경향을 바탕으로 [가]와 [나]를 감상해 보자고 하였으므로, 모네와 세잔의 작품 경향이 대전제가 되고, [가]와 [나]에 나타난 그림의 개별적인 특징이 소전제, 그런 개별적 특징을 작가의 작품 경향에서 확인할 수 있다는 것이 결론에 해당한다.

이게 정답 〈보기〉의 [가]는 모네의 작품으로, 사물을 단순화해서 표현하고 있지는 않다. 또한 **다**에서는 모네의 작품 경향이 '이전 회화에서 추구했던 사실적 표현에서 완전히 벗어나지는 못했다'고 하였으므로, ⑤는 전제와 결론이 모두 지문의 내용과 관련이 없다.

왜 답이 아니지? 연역법에 따른 논증 과정을 살펴보면 다음과 같다.

①

대전제	**다** : 모네의 그림에서 대상의 윤곽이 뚜렷하지 않은 것은 빛에 의한 대상의 순간적 인상을 포착했기 때문이다.
소전제	모네의 그림 [가]에서는 포도의 형태가 뚜렷하지 않다.
결론	따라서 [가]에서 포도의 형태를 뚜렷하지 않게 그린 것은 빛에 의한 순간적 인상을 표현하였기 때문이다.

②

대전제	**마** : 세잔은 '질서 있는 화면 구성을 위해 대상의 선택과 배치가 자유로운 정물화를 선호하였다.'
소전제	세잔의 그림 [나]는 정물화이다.
결론	따라서 [나]에서 정물을 그린 것은 질서 있는 화면 구성을 위해 의도적으로 대상을 선택하고 배치하고자 하였기 때문이다.

③

대전제	**바** : 세잔은 '윤곽선을 강조하여 대상의 존재감을 부각하려 하였다.'
소전제	[가]와 달리 [나]에 있는 정물들은 윤곽선이 뚜렷하다.
결론	따라서 [나]에서 세잔은 정물들의 윤곽선을 뚜렷하게 그림으로써 대상의 존재감을 부각하고자 하였다.

④

대전제	**다** : 모네가 '대상을 빠른 속도로 그려 낸 것'은 '빛에 의한 대상의 순간적 인상을 포착'하기 위함이었다.
소전제	[나]와 달리 [가]에서는 식탁보의 붓 자국이 거칠다.
결론	따라서 [가]에서 빠른 속도로 그려 낸 식탁보의 거친 붓 자국은 대상의 순간적 인상을 포착한 결과이다.

03 ①
관련 학습 : II−02−② 논증의 타당성 판단하기

풀이 방향 우선 ㉠에 포함된 지시어가 가리키는 내용을 파악하고, 이를 〈보기〉에 제시된 근거와 비교하여 선택지를 판단해야 한다.

이게 정답 **마**와 **바**의 내용을 통해 ㉠에서 가리키는 '그(세잔)의 이러한 화풍'을 정리하면 다음과 같다.

  (1) 지각되는 세계를 재현하는 것이 아니라 대상의 본질을 구현해야 함.
  (2) 두 개의 눈으로 보는 세계가 진실이며, 이를 평면에 그리고자 이중 시점을 적용하여 대상을 다른 각도에서 바라보려 함.

  (3) 다른 각도에서 본 대상을 한 폭의 그림 안에 표현함.
  (4) 사물의 형태를 단순화하여 대상의 본질을 표현함.
  (5) 윤곽선을 강조하여 대상의 존재감을 부각하려 함.

〈보기〉에서 입체파 화가들이 '사물의 본질을 표현하고자 대상을 입체적 공간으로 나누어 단순화'한 것은 세잔의 화풍 (1), (4)와, '여러 각도에서 바라보는 관점'을 취한 것은 세잔의 화풍 (2)와, '사물을 해체하였다가 화폭 위에 재구성하는 방식'은 세잔의 화풍 (3)과 관련이 있다.

이러한 내용을 바탕으로 세잔의 화풍이 입체파 화가들에게 직접적인 영향을 미쳤다고 평가할 수 있는데, ①은 '그(세잔)의 이러한 화풍' 중 (1)~(4)를 요약한 것으로, 세잔이 〈보기〉의 입체파 화가들에게 미친 영향을 타당하게 진술하고 있다.

왜 답이 아니지? ② 세잔과 입체파 화가들은 대상을 단순화하여 표현하였다.
③ 세잔이 이중 시점을 취한 것은 사물의 본질을 나타내고자 했기 때문이다.
④ 시시각각 달라지는 대상의 인상을 그려 낸 것은 인상주의 화가였던 모네이다.
⑤ 세잔과 입체파 화가들은 사물의 본질을 표현하기 위해 이중 시점을 취하거나 사물을 입체적으로 해체했다가 화폭 위에 재구성하는 방식을 취하였다. 있는 그대로 대상을 표현하는 것은 사실주의적 회화 기법에 해당한다.

02 속도와 운동에 주목한 미래주의 회화

01 ④   **02** ②   **03** ②   **04** ⑤   본문 174쪽

| 지문 분석하기 |

★ Self 문단 체크
(1) 미래주의 (2) 움직임, 분할주의 (3) 겹침, 역선, 상호 침투
(4) 키네틱 아트

★ 한눈에 보는 문단 구조도

> **가** 미래주의의 개념과 등장 배경

> **나** 미래주의 화가들의 역동적 대상의 표현 방법

> **다** 미래주의 화가들의 분할주의 기법과 그 효과

> **라** 미래주의 회화의 미술사적 의의와 평가

| 지문 다시 보기 |

가 미래주의는 20세기 초 이탈리아 시인 마리네티의 '미래주의 선언'을 시작으로, 화가 발라, 조각가 보치오니, 건축가 상텔리아, 음악가 루솔로 등이 참여한 전위 예술 운동이다. 당시
미래주의에 참여한 예술가들
산업화에 뒤처진 이탈리아는 산업화에 대한 열망과 민족적 자존감을 ⓐ 고양시킬 수 있는 새로운 예술을 필요로 하였다. 이
미래주의의 등장 배경
에 산업화의 특성인 속도와 운동에 주목하고 이를 예술적으로 표현하려는 미래주의가 등장하게 되었다.
미래주의의 개념과 특징

나 특히 미래주의 화가들은 질주하는 자동차, 사람들로 북적이는 기차역, 광란의 댄스홀, 노동자들이 일하는 공장 등 활기찬 움직임을 보여 주는 모습을 주요 소재로 삼아 산업 사회의 역동적인 모습을 표현하였다. 그들은 대상의 움직임의 ⓑ추이를 화폭에 담아냄으로써 대상을 생동감 있게 형상화하려 하였다. 이를 위해 미래주의 화가들은, 시간의 흐름에 따른 대상의 움직임을 하나의 화면에 표현하는 분할주의 기법을 사용하였다. '질주하고 있는 말의 다리는 4개가 아니라 20개다.'라는 미래주의 선언의 내용은, 분할주의 기법을 통해 대상의 역동성을 ⓒ지향하고자 했던 미래주의 화가들의 생각을 잘 드러내고 있다.

다 분할주의 기법은 19세기 사진작가 머레이의 연속 사진 촬영 기법에 영향을 받은 것으로, 이미지의 겹침, 역선(力線), 상호 침투를 통해 대상의 연속적인 움직임을 효과적으로 표현하였다. 먼저 이미지의 겹침은 화면에 하나의 대상을 여러 개의 이미지로 중첩시켜서 표현하는 방법이다. 마치 연속 사진처럼 화가는 움직이는 대상의 잔상을 바탕으로 시간의 흐름에 따른 대상의 움직임을 겹쳐서 나타내었다. 다음으로 힘의 선을 나타내는 역선은, 대상의 움직임의 궤적을 여러 개의 선으로 구현하는 방법이다. 미래주의 화가들은 사물이 각기 특징적인 움직임을 갖고 있다고 보고, 이를 역선을 통해 표현함으로써 사물에 대한 화가의 느낌을 드러내었다. 마지막으로 상호 침투는 대상과 대상이 겹쳐서 보이게 하는 방법이다. 역선을 사용하여 대상의 모습을 나타내면 대상이 다른 대상이나 배경과 구분이 모호해지는 상호 침투가 발생해 대상이 사실적인 형태보다는 ⓓ왜곡된 형태로 표현된다. 이러한 방식으로 미래주의 화가들은 움직이는 대상의 속도와 운동을 효과적으로 나타낼 수 있었다.

라 기존의 전통적인 서양 회화가 대상의 고정적인 모습에 ⓔ주목하여 비례, 통일, 조화 등을 아름다움의 요소로 보았다면, 미래주의 회화는 움직이는 대상의 속도와 운동이라는 미적 가치에 주목하여 새로운 미의식을 제시했다는 점에서 의의를 찾을 수 있다. 이러한 미래주의 회화는 이후 모빌과 같이 나무나 금속으로 만들어 입체적 조형물의 운동을 보여 주는 키네틱 아트가 등장하는 데 ㉠영감을 제공한 것으로 평가되고 있다.

01 ④

관련 학습 : Ⅰ-01-④ 주제 파악하기

풀이 방향 문단별로 중심 내용을 정리한 후 선택지의 내용이 지문과 일치하는지 확인한다.

이게 정답 미래주의 회화가 발전해 온 과정에 대해서는 언급하고 있지 않다.

왜 답이 아니지? ① **가**에서 시인 마리네티, 화가 발라, 조각가 보치오니, 건축가 상텔리아, 음악가 루솔로 등이 미래주의에 참여했다고 하였다.

② **가**에서 20세기 초 산업화에 뒤처진 이탈리아에서 산업화에 대한 열망과 민족적 자존감을 고양시킬 수 있는 예술의 필요성이 대두되면서 미래주의가 등장하게 되었다고 하였다.

③ **나**와 **다**에서 미래주의 화가들이 이미지의 겹침, 역선, 상호 침투와 같은 분할주의 기법을 사용하였다고 하였다.

⑤ **라**에서 미래주의 회화는 움직이는 대상의 속도와 운동이라는 미적 가치에 주목하여 새로운 미의식을 제시했다고 하였다.

02 ②

관련 학습 : Ⅱ-03-① 예측 및 추론하기

풀이 방향 '영감'이라는 단어의 뜻을 이해한 후, 지문의 앞뒤 맥락을 살펴 그것이 지문에서 어떠한 의미로 쓰였는지 파악한다.

이게 정답 **라**를 통해, 움직이는 대상의 속도와 운동에 미적 가치를 부여한 미래주의 회화가, 이후 입체적 조형물의 운동을 보여 주는 키네틱 아트가 등장하는 데 영향을 미쳤음을 알 수 있다. 따라서 ㉠'영감'의 구체적인 내용은, 기존의 방식과 달리 미적 가치를 3차원에서 실제로 움직이는 대상을 통해 구현하려는 생각이었을 것으로 볼 수 있다.

왜 답이 아니지? ① 움직이는 대상이 주는 아름다움을 최초로 작품화하려는 생각이 키네틱 아트인지는 확인하기 어렵다.

③ 사진 촬영 기법을 회화에 접목시키는 것은 키네틱 아트와는 관련이 없다. 또한 비례와 조화는 기존의 전통적인 서양 회화가 추구했던 미의식이다.

④ 미래주의는 산업화를 긍정적으로 인식하여 산업 사회의 역동적인 모습을 나타내고자 하였다.

⑤ 미래주의 회화가 구체적인 대상에서 추상적인 대상으로 예술의 범위를 확대했다는 내용은 찾아볼 수 없으며, 대상의 움직임이나 역동적인 모습을 추상적인 대상으로 보기도 힘들다.

03 ②

관련 학습 : Ⅱ-02-② 논증의 타당성 판단하기

풀이 방향 지문의 내용을 구체적 사례에 적용하는 문제로, 〈보기〉에 제시된 작품과 관련된 정보 및 반응이 지문의 내용과 일치하는지 확인해야 한다.

이게 정답 **다**에서 미래주의 화가들은 역선을 통해 사물의 특징적인 움직임을 표현함으로써 이에 대한 자신의 느낌을 드러낸다고 하였다. 또한 역선을 사용하면 다른 대상이나 배경과 구분이 모호해지는 상호 침투가 발생해 대상이 사실적인 형태보다는 왜곡된 형태로 표현된다고 하였다. 〈보기〉의 작품에서 쇠사슬의 모습이 역선으로 구현되어 있기는 하지만, 대상을 사실적인 형태로 나타낸 것은 아니다.

왜 답이 아니지? ① **다**에서 분할주의 기법은 대상의 연속적인 움직임을 효과적으로 표현하는 방법이라고 하였다. 〈보기〉의 작품은 움직이는 강아지의 모습을 속도감 있게 그렸다는 점에서 미래주의 회화의 경향을 엿볼 수 있다.

③ **다**에서 역선을 사용하면 다른 대상이나 배경과 구분이 모호해지는 상호 침투가 발생한다고 하였다. 〈보기〉의 작품에서 강아지의 움직이는 발과 바닥의 경계가 모호하게 보인다는 점에서 대상과 배경의 상호 침투 효과를 확인할 수 있다.

④ **다**에서 이미지의 겹침은 움직이는 대상의 잔상을 바탕으로 시
간의 흐름에 따른 대상의 움직임을 보여 준다고 하였다. 〈보기〉의
작품에서 강아지의 발을 중첩시켜 표현한 것은 시간의 흐름에 따
른 강아지의 움직임을 나타낸 것이라고 할 수 있다.

⑤ **나**에서 '질주하고 있는 말의 다리는 4개가 아니라 20개'라는 미
래주의 선언은, 분할주의 기법을 통해 대상의 역동성을 지향하고
자 했던 미래주의 화가들의 생각을 드러낸다고 하였다. 〈보기〉의
작품에서 사람의 다리를 두 개가 아닌 여러 개로 그린 것도 걷는
이의 역동성을 강조한 것으로 볼 수 있다.

04 ⑤

풀이 방향 단어의 사전적 의미를 정확히 이해하고, 각 선택지와 비
교하여 의미가 적절한지 판단해야 한다.

이게 정답 ⓔ '주목'은 '관심을 가지고 주의 깊게 살핌. 또는 그 시
선.'이라는 뜻이다. '자신의 의견이나 주의를 굳게 내세움.'이라는
뜻을 가진 단어는 '주장'이다.

왜 답이 아니지? ①~④ ⓐ~ⓓ의 사전적 의미로 적절하다.

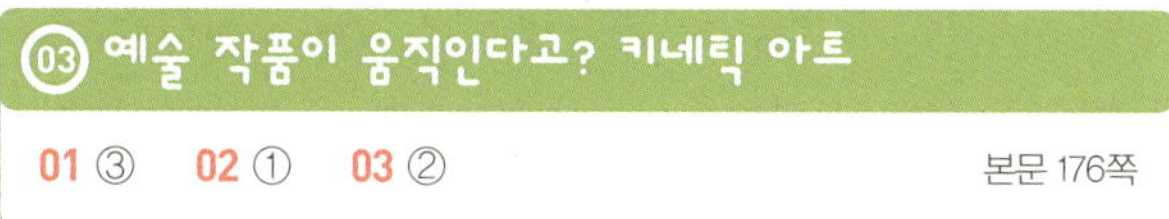

03 예술 작품이 움직인다고? 키네틱 아트

01 ③   **02** ①   **03** ②   본문 176쪽

| 지문 분석하기 |

★ Self 문단 체크
(1) 움직임 (2) 기계, 힘 (3) 비물질화, 조형 (4) 시각, 능동적
(5) 상호 작용

★ 한눈에 보는 문단 구조도

> **가** 키네틱 아트의 뜻과 출현 배경

> **나** 키네틱 아트의
> 표현 방식 – 움직임

> **다** 키네틱 아트의 조형 요소
> – 우연성과 비물질화

> **라** 키네틱 아트의 조형 요소가
> 작품 감상에 미치는 영향

> **마** 키네틱 아트의 예술사적 의의

| 지문 다시 보기 |

가 미술에서 '키네틱 아트'는 움직임을 의미하는 그리스어 키
네티코스에서 유래한 말로 움직임을 중시하거나 그것을 주
요 요소로 하는 예술 작품을 뜻한다. 키네틱 아트는 산업 혁명
에서 비롯된 대량 생산과 기술의 발달로 인해 급격하게 기계
문명 사회로 변화하던 시기를 배경으로 출현하였다. '키네틱'
이라는 단어가 조형 예술에 최초로 사용된 것은 1920년대의
일이다.

나 키네틱 아트 작가들은 기계의 움직임을 예술적 요소로 수
용하여 작품 전체나 일부를 움직이게 함으로써 창작 의도를 표

현하고자 했다. 이러한 움직임은 바람이나 빛과 같은 외부적
인 자연의 힘이나 동력 장치와 같은 내부적인 힘에 의해 구현
되었다. 또한 대상을 사실적으로 재현하는 것이 아니라 추상
적 구조물처럼 보이도록 창작하였다.

다 키네틱 아트는 '우연성'과 '비물질화'를 중요한 조형 요소
로 제시하였다. '우연성'은 작품의 예측 불가능한 움직임을 통
해 나타나는데 여기에는 감상자의 움직임이나 위치 등에 의한
작품의 형태 변화도 포함된다. '비물질화'는 작품이 고정되지
않고 계속 움직이는 상태를 의미한다. 정지된 물체는 고정되
어 있기 때문에 물질화되어 있는 반면, '비물질화'는 물체가 계
속 움직여 물체의 형태가 고정되지 않는 특성과 관련된다. 「예
를 들어 뒤샹의 ⊙「자전거 바퀴」는 감상자가 손으로 바퀴를 회
전하도록 한 작품이다. 이 작품에는 감상자가 바퀴를 돌리는
속도에 따라 바퀴살이 다양한 모습으로 보이는 '우연성'과 바
퀴살이 고정되지 않고 움직이는 '비물질화'가 나타난다.」

라 키네틱 아트의 이러한 조형 요소들은 감상자들의 시각을
자극하여 작품에 주의를 집중시키는 효과를 준다. 작품이 보
여 주는 다양하고 예측 불가능한 움직임으로 감상자들이 풍부
한 이미지를 상상할 수 있도록 한 것이다. 이를 통해 기존 미
술에서 작품 감상에 대해 수동적이었던 감상자들로 하여금 보
다 능동적인 태도를 갖도록 하였다.

마 「키네틱 아트는 작품의 움직임에 의미를 부여하고 작품과
감상자의 상호 작용을 중시함으로써 다양한 실험적 예술의 길
을 열어 주었다. 1960년대에 들어서 키네틱 아트는 새로운 첨
단 매체를 활용하여 변화무쌍한 움직임을 보여 주는 비디오
아트, 레이저 아트, 홀로그래피 아트 등과 같은 예술이 출현하
게 되는 계기를 제공하였다.」

---

01 ③   관련 학습 : I-01-④ 주제 파악하기

풀이 방향 문단의 중심 소재와 중심 내용을 정리하고 지문에서 다
루지 않은 대상이 무엇인지 생각해 본다.

이게 정답 키네틱 아트의 어원(①), 등장 배경(②)은 **가**에서, 조형
요소(④)는 **다**에서, 예술사적 의의(⑤)에 대해서는 **마**에서 언급하
고 있으나, 실제 키네틱 아트 작품을 어떻게 제작하는지에 관한 내
용은 지문에 나타나 있지 않다.

02 ①   관련 학습 : II-02-② 논증의 타당성 판단하기

풀이 방향 지문의 내용을 적용하여 〈보기〉의 작품을 바르게 이해
하였는지 평가해야 한다. 각 선택지의 판단 전제가 무엇인지 지문
에서 찾아보고, 이러한 전제를 〈보기〉의 작품에 바르게 적용하였
는지 파악해 본다.

이게 정답 〈보기〉의 작품은 키네틱 아트의 대표 작가가 창작한 것
으로, 생명체의 형상을 그대로 재현한 것이 아니라 공학 기술을 활
용하여 만든 인공 생명체이다. **나**의 마지막 문단에서 키네틱 아트

작가들이 '대상을 사실적으로 재현하는 것이 아니라 추상적 구조물처럼 보이도록 창작하였음을 알 수 있다.

 ② 〈보기〉의 작품은 바람이 불면 깃털이 반응하면서 다양한 모습으로 움직이면서 돌아다니도록 만들었다고 하였다. 이는 **다**의 '작품이 고정되지 않고 계속 움직이는 상태', 즉 키네틱 아트의 비물질화를 잘 보여 준다고 할 수 있다.

③ **라**에 따르면 키네틱 아트의 우연성과 비물질화는 감상자들의 시각을 자극하여 작품에 주의를 집중시키는 효과를 준다. 따라서 〈보기〉의 작품이 해변에서 다양하게 움직이는 모습(우연성과 비물질화를 갖춤)은 감상자들의 시각을 자극하는 효과를 줄 수 있을 것이다.

④ 〈보기〉의 작품이 공학 기술과 예술을 접목했다는 것은 **나**의 '기계의 움직임을 예술적 요소로 수용'한 키네틱 아트의 특성을 보여 준다고 할 수 있다.

⑤ 〈보기〉의 작품이 바람이 불면 움직이도록 한 것은 **나**의 '바람이나 빛과 같은 외부적인 자연의 힘'을 이용한 것이라고 할 수 있다.

03 ②

관련 학습 : Ⅱ-02-① 논증 방식-연역법, 귀납법, 유추법

 연역법에 따른 추론 과정에서 전제에 해당하는 것을 찾아야 한다. 전제는 어떠한 결론을 내리기 위한 조건이나 이유에 해당한다는 점을 참고한다.

 ㉠ '자전거 바퀴'는 감상자가 바퀴를 돌리는 속도에 따라 바퀴살이 다양한 모습으로 보이는 '우연성'과 바퀴살이 고정되지 않고 움직이는 '비물질화'가 나타나는 작품이다.

〈보기〉의 「4분 33초」는 청중들의 기침 소리, 불평 소리, 각종 소음 등 공연장에서 뜻하지 않게 발생한 모든 소리를 그 자체로 훌륭한 연주로 보고 있다.

따라서 두 작품에서 예술 작품을 만드는 요소는, ㉠ '자전거 바퀴'의 경우 감상자가 바퀴를 돌리는 행동과 바퀴살의 다양한 모습이고, 「4분 33초」의 경우 청중이 내는 소리와 뜻하지 않은 모든 소리이다. 이와 같이 두 작품 모두 '감상자의 행동'에 따른 '우연한 결과'라는 공통된 요소를 가지고 있다. 즉 이 두 작품은 '감상자의 참여'와 '우연적 요소'가 예술 작품을 구성할 수 있다는 전제하에 창작된 작품임을 알 수 있다.

 ① ㉠이나 「4분 33초」에서 기계 문명에 대한 예찬은 드러나지 않는다.

③ ㉠이나 「4분 33초」에 특별히 첨단 매체라고 볼 만한 요소는 활용되지 않았다.

④ 「4분 33초」는 정해진 시간 동안 감상을 하게 되지만 ㉠은 감상에 시간 제한을 두고 있지는 않다.

⑤ 두 작품 모두 창작 의도가 직접 드러나 있다고 보기는 어렵다.

| 지문 분석하기 |

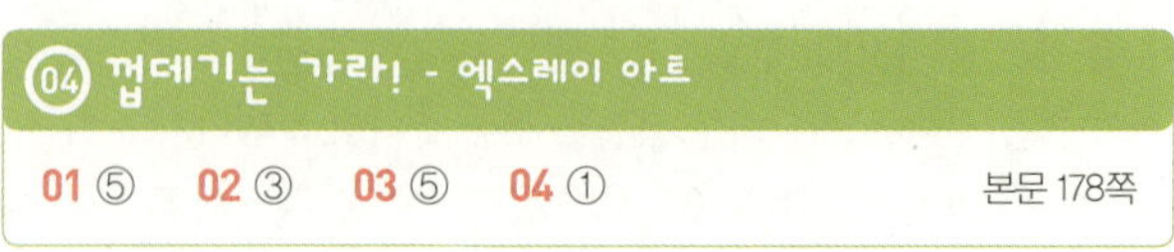

★ Self 문단 체크
(1) 엑스레이 (2) 내부 (3) 오브제 (4) 그래픽 (5) 현대 예술

★ 한눈에 보는 문단 구조도

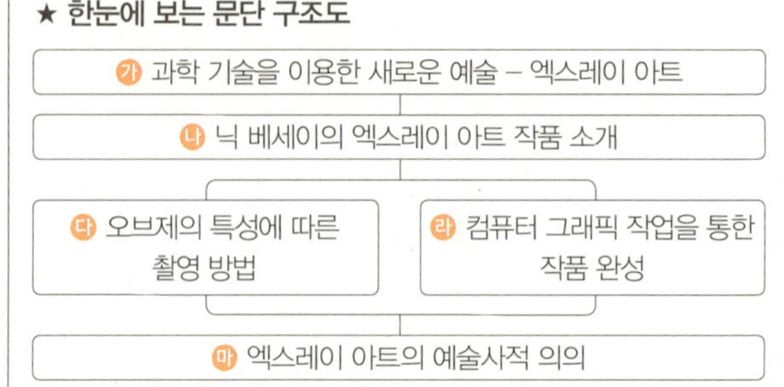

| 지문 다시 보기 |

가 최근 예술 분야에서는 과학 기술을 이용하여 새로운 장르를 ⓐ개척하려는 시도가 이루어지고 있다. 이러한 배경을 바탕으로 등장한 예술의 하나가 바로 '㉠엑스레이 아트(X-ray Art)'이다. 엑스레이 아트는 엑스레이 사진을 활용하여 만든 예술 작품을 의미한다.
엑스레이 아트의 개념

나 엑스레이 아트의 거장인 닉 베세이는 엑스레이를 활용하여 오브제 내부에 ⓑ주목한 작품을 만들었다. 그는 「튤립」이라는 작품을 통해 꽃봉오리에 감추어진 암술과 수술을 드러냄으로써, 꽃의 보이지 않는 내부의 아름다움을 탐색하였다. 또한 「셀피」라는 작품을 통해 현대 사회의 외모 지상주의를 비판하기도 했다. 이 작품은 자기 얼굴을 찍는 사람의 모습을 엑스레이로 촬영한 것으로, 엑스레이로 인체를 촬영할 경우 외양이 드러나지 않는 점을 이용하여 창작 의도를 나타낸 것이다.

다 엑스레이 아트의 창작 의도를 ⓒ구현하기 위해서는 오브제의 특성을 고려해야 한다. 이는 오브제의 재질과 두께에 따라 엑스레이의 투과율이 달라지기 때문이다. 이러한 이유로 엑스레이 아트에서는 엑스레이가 투과되지 않는 물질이 포함된 오브제를 배제하기도 하고, 역으로 이를 활용하기도 한다. 촬영을 할 때에는 오브제의 두께에 따라 엑스레이의 강도와 오브제에 엑스레이가 투과되는 시간을 조절해야 의도하는 명도의 사진을 얻을 수 있다. 또한 오브제와 근접한 거리에서 촬영해야 하는 엑스레이의 특성상, 가로 35cm, 세로 43cm인 엑스레이 필름의 크기보다 오브제가 클 경우 오브제를 여러 부분으로 나누어서 촬영한다. 한편 작품 창작 의도를 구현하는 데 오브제의 모든 구성 요소가 필요하지 않다면 오브제의 일

부 구성 요소만 선택하여 창작 의도를 드러낼 수도 있다. 그리고 오브제가 겹쳐 있을 경우, 창작 의도와 다른 사진이 나올 수 있으므로 이를 고려하여 오브제를 적절하게 ⓓ배치하고 촬영 각도를 결정한다.

라 이렇게 촬영한 엑스레이 사진은 컴퓨터 그래픽 작업을 거치는데, 창작 의도를 드러내기 위해 여러 장의 사진을 합성하기도 한다. 특히 항공기 동체와 같이 크기가 큰 대상을 오브제로 삼아 여러 날에 걸쳐 촬영할 경우, 촬영할 당시의 기온, 습도 등의 영향으로 각각의 사진들마다 명도가 다르게 나타날 수 있다. 그러므로 그래픽 작업을 통해 사진들의 명도를 보정한 뒤, 이 사진들을 퍼즐처럼 맞추어 하나의 사진으로 합성하여 작품을 완성한다.

마 엑스레이는 대상의 골격이나 구조를 노출하는 기술이라는 점에서 차가운 느낌을 주기도 한다. 하지만 이를 활용한 엑스레이 아트는 발상의 전환을 통해 감상자들에게 기존의 예술 작품과는 다른 미적 감수성을 불러일으킨다는 점에서 현대 예술의 외연을 넓히는 데 ⓔ기여하였다는 평가를 받고 있다.

01 ⑤

관련 학습 : I-01-④ 주제 파악하기

풀이 방향 문단별로 중심 소재와 중심 내용을 정리하고 지문에서 다루지 않은 대상이 무엇인지 생각해 본다.

이게 정답 **가**에서 엑스레이 아트가 등장한 것에 대해 언급하고 **마**에서 엑스레이 아트의 의의에 대해 언급하고 있을 뿐, 엑스레이 아트의 발전 양상에 대해서는 언급하고 있지 않다.

왜 답이 아니지? ① **가**에서 엑스레이 아트가 엑스레이 사진을 활용하여 만든 예술 작품이라고 하여 엑스레이 아트의 개념을 밝히고 있다.

② **나**에서 닉 베세이의 「튤립」과 「셀피」라는 작품의 사례를 들고 있다.

③ **다**에서 엑스레이가 투과되는 시간을 조절하거나 오브제를 여러 부분으로 나누어서 촬영하는 것과 같은 엑스레이 아트의 창작 방법을 제시하고 있다.

④ **가**에서 과학 기술을 이용하여 새로운 장르를 개척하려는 시도가 이루어지고 있다며 엑스레이 아트의 등장 배경을 언급하고 있다.

02 ③

관련 학습 : II-02-② 논증의 타당성 판단하기

풀이 방향 지문의 내용을 정확히 이해하고, 〈보기〉에 제시된 작품과 관련된 정보를 잘 정리한 후 반응이 지문의 내용과 일치하는지 확인해야 한다.

이게 정답 〈보기〉에서는 버스의 측면이 보이도록 촬영함으로써 버스에 타고 있는 사람들의 여러 가지 자세와 인체 골격의 다양한 모습을 드러내고 있다고 하였다. 엑스레이가 투과되지 않는 효과를 이용하는 것은 오브제의 재질과 두께와 관련이 있는 것이지 촬영 각도에 따라 달라지는 것이 아니므로, 작품에 대한 반응으로 적절하지 않다.

왜 답이 아니지? ① 엑스레이 아트는 물체를 투과하는 엑스레이를 이용한 예술 작품이다. 〈보기〉의 작품에서는 이러한 엑스레이의 특성을 이용해 일상적 시선으로는 볼 수 없는 인체 골격의 모습을 보여 주고 있다.

② **다**에서 오브제의 모든 구성 요소가 필요하지 않다면 일부 구성 요소만 선택해서 사용할 수도 있다고 하였다. 〈보기〉의 작품에서 버스의 바퀴나 차체 등 일부 구성 요소들만 선택된 것 역시 불필요한 부분을 배제하려는 작가의 의도가 반영된 것으로 볼 수 있다.

④, ⑤ 〈보기〉의 작품에서는 엑스레이 필름보다 큰 실제 크기의 버스와 사람을 오브제로 선정하였기 때문에 여러 장의 사진으로 촬영할 수밖에 없다. 이렇게 여러 장의 사진으로 촬영한 사진이 한 번에 촬영한 사진처럼 보이는 것은 **라**에서 설명하였듯이 컴퓨터 그래픽 작업을 통해 각 사진의 명도를 보정하고 이 사진들을 퍼즐처럼 맞추어 합성하였기 때문이다.

03 ⑤

관련 학습 : I-01-③ 중심 문장과 뒷받침 문장 구분하기

풀이 방향 지문에서 엑스레이 아트의 의의가 무엇인지 파악하고, 각 선택지와 비교해 본다. 특히 **마**를 중심으로 엑스레이 아트가 어떤 가치가 있는지를 파악해야 한다.

이게 정답 엑스레이 아트는 대상의 골격이나 구조를 노출하는 기술인 엑스레이 사진을 활용하여, 드러나지 않는 오브제 내부에 주목할 수 있게 만들어 준다. 또한 **마**에서는 엑스레이 아트가 기존의 예술 작품과는 다른 미적 감수성을 불러일으킴으로써 현대 예술의 외연을 넓히는 데 기여했다고 하였다. 이를 통해 볼 때, 엑스레이 아트는 겉으로 드러나지 않는 오브제 내부를 의도적으로 보여 주어 예술의 영역을 확장한 예술이라고 평가할 수 있다.

왜 답이 아니지? ① 눈에 보이지 않는 내부의 아름다움을 보여 주었다는 점에서 오브제의 실체를 감추는 예술이라고 보기는 어렵다.

② 꽃, 사람, 항공기 등을 촬영한 후 컴퓨터로 보정한다고 하였으므로, 실존하지 않는 대상을 그래픽으로 만든다고 볼 수는 없다.

③ 인체나 사물의 외양을 있는 그대로 드러내는 것이 아니라, 대상의 골격이나 구조를 노출하는 예술 작품이라고 하였다.

④ 오브제의 크기와 관련하여, **다**에서 오브제가 너무 클 경우 한 번에 촬영하기가 어렵다고 하였으나, 눈에 보이지 않을 만큼 작은 오브제를 보이도록 가시화하는 것은 아니다.

04 ①

풀이 방향 단어의 사전적 의미를 정확히 이해하고, 각 선택지와 비교하여 의미가 적절한지 판단해야 한다.

이게 정답 ⓐ'개척'은 '새로운 영역, 운명, 진로 따위를 처음으로 열어 나감.'이라는 뜻이다. '새로운 물건을 만들거나 새로운 생각을 내어놓음.'이라는 뜻을 가진 단어는 '개발'이다.

왜 답이 아니지? ②~⑤ ⓑ~ⓔ의 사전적 의미로 적절하다.

01 ③　**02** ①　**03** ④　**04** ②　　　　본문 180쪽

| 지문 분석하기 |

★ Self 문단 체크
(1) 큐비즘 (2) 본질, 근원적 (3) 다중 시점 (4) 분석적 (5) 종합적
(6) 추상 회화

★ 한눈에 보는 문단 구조도

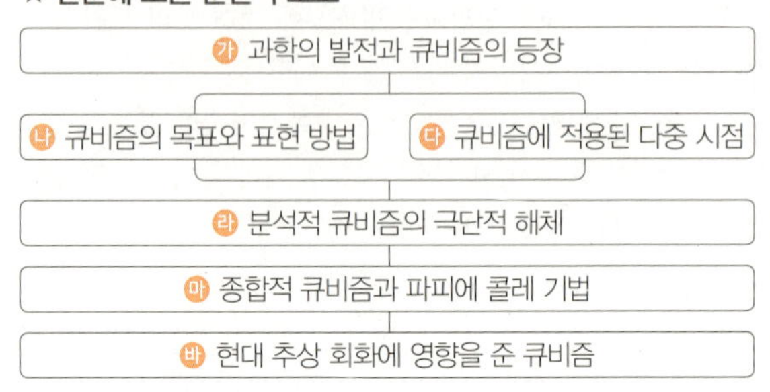

| 지문 다시 보기 |

가 20세기 초 유럽에서 일어난 과학 문명의 발전은 현실을 이루는 법칙을 하나씩 부정하였다. 절대적이라고 믿어 왔던 시공간마저 상대적인 것으로 밝혀지면서, 사람들은 기존에 당연시되어 온 인식에 의문을 품었다. 이는 서양의 회화에도 영향을 미쳐 큐비즘이라는 새로운 미술 양식을 탄생시켰다.

과학 문명의 발전으로 인해 큐비즘이라는 새로운 미술 양식이 탄생함

나 큐비즘은 대상의 사실적 재현에 집중했던 전통 회화와 달리, 대상의 본질을 구현하기 위해 그 근원적 형태를 그려 내는 것을 목표로 삼았다. 이를 위해 대상의 본질과 관련 없는 세부적 묘사를 배제하고 구와 원기둥 등의 기하학적 형태로 대상을 단순화하여 질감과 부피감을 부각하였다. 색채 또한 본질 구현에 있어 부차적인 것으로 판단하여 몇 가지 색으로 제한하였다.

다 또한 큐비즘은 하나의 시점으로는 대상의 한쪽 형태밖에 표현할 수 없다고 생각하여, 하나의 시점에서 대상을 보고 표현하는 원근법을 거부하였다. 그리고 대상의 전체 형태를 표현하기 위해 다중 시점을 적용하였는데, 이는 여러 시점에서 관찰한 대상을 한 화면에 그려 내고자 한 기법이다. 예를 들어, 한 인물을 그릴 때 얼굴의 정면과 측면을 동시에 표현함으로써 대상의 전체 형태를 관람자들에게 보여 주는 것이다. 이렇게 큐비즘은 사실적 재현에서 벗어나 대상의 근원적 형태를 표현하려 하였으며, 관람자들에게 새로운 미적 인식을 환기하였다.

라 대상의 형태를 더 다양한 시점으로 보여 주려는 시도는 다중 시점의 극단화로 치달았는데, 이 시기의 큐비즘을 ⓐ분석적 큐비즘이라고 일컫는다. 분석적 큐비즘은 대상을 여러 시

점으로 해체하여 작은 격자 형태로 쪼개어 표현했고, 색채 또한 대상의 고유색이 아닌 무채색으로 한정하였다. 해체 정도가 심해짐에 따라 대상은 부피감이 사라질 정도로 완전히 분해되었다. 이로 인해 관람자는 대상이 무엇인지조차 알아볼 수 없게 되었고, 제목이나 삽입된 문자를 통해서만 대상이 무엇인지 추측할 수 있게 되었다.

마 ㉠대상이 극단적으로 해체되어 형태를 파악하지 못하게 된 문제를 해결하기 위해, 큐비즘은 화면 안으로 실제 대상 혹은 대상의 특성을 잘 드러내는 화면 밖의 재료들을 끌어들였다. 이것을 ⓑ종합적 큐비즘이라고 일컫는다. 종합적 큐비즘의 특징을 보여 주는 대표적 기법으로는 '파피에 콜레'가 있다. 이는 화면에 신문이나 벽지 등의 실제 종이를 오려 붙여 대상의 특성을 표현하는 기법이다. 예를 들어, 나무 탁자의 질감을 표현하기 위해 화면에 나뭇결무늬의 종이를 직접 붙였다. 화면에 붙인 종이의 색으로 인해 색채도 다시 살아났다.

바 큐비즘은 대상의 근원적 형태를 화면에 구현하기 위해 대상을 표현하는 새로운 방법을 모색하였다. 큐비즘이 대상의 형태를 실제에서 해방한 것은 회화 예술에 무한한 표현의 가능성을 가져다주었다. 이는 표현 대상을 보이는 세계에 한정하지 않는 현대 추상 회화의 탄생에 직접적인 영향을 미쳤다.

---

01 ③　　　　　　　관련 학습 : I-01-④ 주제 파악하기

풀이 방향 문단별로 중심 내용을 정리한 후 선택지의 내용이 지문과 일치하는지 확인한다.

이게 정답 큐비즘에 대해 다른 화가들이 논쟁한 내용은 다루고 있지 않다.

왜 답이 아니지? ① 나와 라, 마에서 큐비즘이 구와 원기둥 등의 기하학적 형태, 다중 시점, 파피에 콜레 등의 표현 기법을 사용했다고 하였다.

② 가에서 20세기 초 유럽의 과학 문명 발전과 이에 따른 인식의 변화가 큐비즘 탄생에 영향을 미쳤다고 하였다.

④ 나에서는 큐비즘 출현 당시의 작품 경향을, 라와 마에서는 분석적 큐비즘과 종합적 큐비즘의 단계를 거치며 변화된 작품 경향을 설명하고 있다.

⑤ 바에서 큐비즘이 현대 추상 회화의 탄생에 직접적인 영향을 미쳤다고 하였다.

---

02 ①　　　　　　　관련 학습 : II-03-① 예측 및 추론하기

풀이 방향 지문의 내용을 바탕으로 선택지의 진술 내용이 타당한지 판단해야 한다.

이게 정답 다에서 다중 시점이 대상의 근원적 형태를 표현하기 위한 시도였다는 것을 확인할 수 있다. 또한 라에서 이러한 시도가 극단화로 치달아 대상은 완전히 분해되고 관람자는 대상이 무엇인지조차 알아볼 수 없게 되었다고 하였다. 즉, ㉠과 같이 대상이 극단적으로 해체되어 형태를 파악하지 못하게 된 문제는, 대상의

본질을 화면에 구현하기 위해 다중 시점에 집착한 결과라고 추론할 수 있다.

왜 답이 아니지? ② 큐비즘은 대상의 본질을 구현하기 위해 기존 인식에 의문을 품고 대상을 다양한 시점으로 그려 내고자 하였다. ③ 큐비즘은 화면의 공간을 사실적으로 표현하기보다는, 대상의 사실적 재현에서 벗어나 대상을 여러 시점에서 관찰하여 한 화면에서 표현하려 하였다. ④ 큐비즘은 기하학적 형태에서 탈피하기 위해 대상의 정면과 측면을 동시에 표현한 것이 아니라, 대상의 근원적 형태를 그려 내기 위해 기하학적 형태로 대상을 단순화하였다. ⑤ 큐비즘은 대상을 있는 그대로 재현한 것이 아니라, 대상의 본질을 표현하기 위해 다중 시점과 기하학적 형태를 사용하였다. 대상의 사실적 재현에 집중한 것은 전통 회화의 경향이다.

03 ④
관련 학습 : Ⅰ-01-③ 중심 문장과 뒷받침 문장 구분하기

풀이 방향 두 대상이 언급된 문단을 찾아 각각의 특징에 대해 살펴본 후 선택지의 설명과 비교해야 한다.

이게 정답 라와 마를 중심으로 살펴보면, ⓑ '종합적 큐비즘'은 '파피에 콜레' 기법을 사용하여 신문지, 벽지 등 화면 밖의 실제 재료를 화면에 붙여 표현한다. 반면 ⓐ '분석적 큐비즘'은 이러한 기법을 사용하지 않고 다중 시점으로 대상을 해체하여 표현한다.

왜 답이 아니지? ① ⓐ '분석적 큐비즘'은 대상의 고유색이 아닌 무채색을 주로 사용하였다. ② ⓐ '분석적 큐비즘'은 삽입된 문자만이 아니라 제목을 통해서도 대상을 드러내며, ⓑ '종합적 큐비즘'도 신문 등 삽입된 문자를 사용할 수 있다. ③ ⓐ '분석적 큐비즘'은 작은 격자 형태로 대상을 해체하여 표현하였다.

⑤ ⓐ '분석적 큐비즘'은 부피감이 사라질 정도로 대상을 완전히 분해하였다.

04 ②
관련 학습 : Ⅱ-02-② 논증의 타당성 판단하기

풀이 방향 지문의 내용을 구체적인 사례에 적용하는 문항으로, 지문의 내용을 정확히 이해하고 〈보기〉에 제시된 작품에 대한 반응이나 정보가 지문의 내용과 일치하는지 확인해야 한다.

이게 정답 나에 따르면 큐비즘의 목표는 대상의 근원적 형태를 표현하려는 것이지, 관람자가 대상을 추측하지 못하도록 하려는 것이 아니다. 〈보기〉의 작품에서 풍경의 모습이 실제와 다른 것은 큐비즘이 다중 시점과 기하학적 형태를 사용해 대상을 새롭게 인식하도록 하는 데 중점을 두고 있기 때문이다.

왜 답이 아니지? ① 나에 따르면 큐비즘은 대상을 기하학적 형태로 단순화하여 그 본질을 드러내고자 한다. 〈보기〉의 작품에서 집이 입방체로 단순화된 것은 이러한 큐비즘의 특성이 드러난 것이라고 볼 수 있다. ③ 다에 따르면 큐비즘은 원근법을 거부하고 여러 시점을 동시에 표현한다. 〈보기〉의 작품에서 그림자의 방향이 다양하게 표현된 것도 여러 시점에서 본 대상의 모습을 한 화면에 담은 것으로 볼 수 있다. ④ 나에 따르면 큐비즘은 대상의 본질과 관련 없는 세부적 묘사를 배제한다. 〈보기〉의 작품에서 집에 문이 없는 것 역시 대상의 본질과 관련이 없는 세부적 묘사를 배제한 것으로 볼 수 있다. ⑤ 나에 따르면 큐비즘에서는 색채를 본질 구현에 부차적인 요소로 판단하고 제한된 색을 사용한다. 〈보기〉의 작품에서 색이 제한된 것은 이와 같은 큐비즘의 특성이 반영된 것으로 볼 수 있다.

01 순자의 착한 세상, 홉스의 평화로운 사회

01 ② **02** ② **03** ⑤ **04** ③ **05** ⑤ **06** ③   본문 182쪽

| 지문 분석하기 |

★ **Self 문단 체크 – (가)**
(2) 성 (3) 심, 위 (4) 예 (5) 군주 (6) 성향, 후천적

★ **한눈에 보는 문단 구조도**

가 중국 전국 시대의 혼란과 사상의 융성
나 성에서 비롯되는 악
다 성을 통제하는 심과 후천적 노력인 위
라 사회적 규범인 예
마 군주의 역할과 책임
바 순자 사상의 의의

★ **Self 문단 체크 – (나)**
(1) 인간 (2) 절대적 (3) 사회 계약 (4) 자연권, 양도 (6) 개인들

★ **한눈에 보는 문단 구조도**

가 17세기 유럽의 사회적 혼란
나 자연권과 만인에 대한 만인의 투쟁
다 자연법과 사회 계약의 필요성
라 자연권의 포기와 권리 양도
마 통치자의 권력과 책임
바 홉스의 사회 계약론의 의의

| 지문 다시 보기 |

(가)

가 기원전 3세기경 중국의 전국 시대 말기는 침략과 정벌의
순자 사상의 등장 시기와 당시 상황
전쟁이 빈번하게 벌어지는 혼란의 시대였다. 이와 동시에 국
가의 혼란을 해결하기 위한 길을 ⓐ모색한 여러 사상들이 융
성한 시대이기도 했다.

나 이 시대에 활동했던 순자는 사회의 혼란과 무질서를 악
(惡)이라고 규정하고 악은 온전히 인간의 성(性)에게서 비롯된
순자 사상의 '성' – 이기심과 악의 근원
것으로 파악한다. 성이란 인간이 태어나면서부터 지니고 있는
'성'의 개념과 특성
동물적인 경향성을 일컫는 말로 욕망과 감정의 형태로 드러난
'성'이 나타나는 형태
다. 이 중에서 이익을 좋아하고 그것을 얻으려고 하는 인간의
성이 악을 초래한다고 보았다. 사회적 자원과 재화는 한정적
인데 사람들이 모두 이기적인 욕망을 그대로 좋게 되면 그들

사이에 다툼과 쟁탈이 일어나게 된다는 것이다.

다 하지만 그는 인간이 성뿐만이 아니라 심(心)도 타고났기에
'성'을 통제하는 역할
인간다워질 수 있고, 성에서 비롯한 사회 문제의 해결도 가능
하다고 보았다. 심은 인간의 인지 능력을 뜻하는데, 인간의 감
'심'의 개념과 기능
각 기관이 가져온 정보를 종합해서 인식하고 판단한다. 즉, 심
은 성이 합리적인지 판단하여 성을 통제한다. 이러한 심의 작
용을 통해 인간은 배우며 실천할 수 있는데, 이와 같은 인간
의 의식적이고 후천적인 노력 또는 그것의 산물을 위(僞)라고
성을 통제하려는 의식적, 후천적 노력 → 위
한다.

라 순자는 성을 변화시키는 위의 역할을 강조했는데, 특히 위
의 핵심으로서 예(禮)를 언급하고 그것을 실천할 것을 주문한
다. 예란 위를 ⓑ축적하여 완전한 인격체가 된 성인(聖人)이
일찍이 사회의 혼란을 우려해 만든 일체의 사회적 규범을 말
예의 개념
한다. 이는 개인의 도덕규범이자 나라를 다스리는 규범으로,
예의 역할 – 도덕규범이자 통치 규범
개인의 모든 행위의 기준이자 사회의 위계질서를 나누는 기준
이 된다. 예의 가장 중요한 기능은 ㉠신분적 차이를 구분해서
예의 기능 – 신분에 따른 사회적 역할을 정함
직분을 정하는 것인데 이는 인간의 욕망 추구를 긍정하되 그
적절한 기준과 한계를 설정함을 의미한다. 사회 구성원이 자
신의 위치에 맞게끔 욕망을 추구하게 함으로써 다툼과 쟁탈
한정된 자원과 재화를 다툼과 쟁탈 없이 분배하도록 해 줌
이 없는 안정된 사회를 만들 수 있다고 생각했기 때문이다.

마 이때 순자는 군주를 예의 근본으로 규정하고 그의 역할을
순자가 생각한 예의 근본
중시한다. 군주는 계승되어 온 예의 공통된 원칙을 지키고, 당
군주의 역할
대의 요구에 맞춰 예를 제정해야 한다. 구체적으로 군주는 백
성들의 직분을 정해 주고 그들을 가르쳐 예의 길로 인도하는
군주의 구체적인 역할 ①   *군주의 구체적인 역할 ②*
역할을 수행한다. 이를 통해 백성들의 성은 교화되고 질서와
군주의 역할과 선한 사회 구현
조화를 이룬 선(善)한 사회에 다다를 수 있다.

바 순자는 당대의 사상가들과 달리 사회 문제의 원인을 외적
순자 사상의 의의 – 인간 중심적
상황에서 찾지 않고 인간의 타고난 성향에서 찾음으로써 인간
사회를 바라보는 새로운 관점을 제시하였다. 그러한 점에서
순자는 인간의 후천적 노력을 바탕으로 한 인간과 사회의 변
화 가능성을 ⓒ신뢰한 사상가라 할 수 있다.

(나)

가 홉스가 살던 17세기는 종교 전쟁과 내전을 겪으며 혼란스
홉스 사상의 등장 시기와 당시 상황
러웠다. 이에 왕의 권력은 신으로부터 부여받은 것이라는 왕
왕권신수설의 내용
권신수설에 많은 사람들은 의문을 품게 되었다. 이러한 상황
종교 전쟁과 내전으로 인한 결과

에서 홉스는 사회적 혼란을 해결하고자 신이 아닌 인간에 대한 탐구를 시작한다.

나 홉스는 국가 성립 과정을 설명하기 위해 국가가 성립하기 이전의 집단적 삶인 자연 상태를 가정한다. 그는 인간을 자기 보존을 추구하는 존재로 규정한다. 또한 인간은 자연 상태에서 누구나 절대적인 자유를 행사할 수 있는 권리를 지니는데, 이를 자연권이라고 말한다. 자연 상태에서 인간은 자기 보존을 위해 자신의 이익만을 추구하면서 끊임없이 싸우게 되는데 그는 전쟁과도 같은 이 상황을 '만인에 대한 만인의 투쟁'이라 ⓓ 명명한다. 하지만 이 상황에서 인간이 느끼는 죽음에 대한 공포는 평화와 안전을 바라게 하는 감정을 유발하기도 한다.

다 이때 인간의 이성은 평화로운 상태로 나아가기 위한 최선의 법칙을 발견하는데 홉스는 이를 자연법이라 일컫는다. 자연법의 가장 근본적인 원칙은 평화를 추구하고 따르라는 것이다. 그리고 이를 위해 인간의 이성은 자연 상태에서 가졌던 권리의 상당 부분을 포기하고 그것을 양도하는 ㉡ 사회 계약이 필요함을 깨닫는다.

라 개인이 자기 보존을 위해 자발적으로 동의한 사회 계약은 두 단계에 걸쳐 이루어진다. 첫 번째 단계에서 개인과 개인은 상호 적대적인 행위를 중지하고자 자연권의 대부분을 포기하는 계약을 맺는다. 그런데 이 계약은 누군가가 이를 위반할 경우에 그것을 제재할 수단이 없다는 한계가 있어 쉽게 파기될 수 있다. 이 계약의 불안정성을 해소하고 실효성을 보장하기 위해서는 계약 위반을 제재할 강제력과 그것을 집행할 수 있는 힘의 소유자를 세우는 일이 필요하다. 이에 개인은 계약 위반을 제재할 공동의 힘을 지닌 통치자와 두 번째 단계의 계약을 맺고 자신들의 권리를 그에게 양도한다.

마 이러한 계약의 과정을 거치며 '리바이어던'이라 불리는 국가가 탄생한다. 리바이어던은 본래 성서에 등장하는 무적의 힘을 가진 바다 괴물의 이름으로, 홉스는 이를 통해 계약으로 탄생한 국가의 강력한 공적 권력을 강조한 것이다. 통치자는 국가 권력의 실질적인 행사 주체로서 국가에 대한 복종을 요구하는 대신에 개인을 위험으로부터 보호하는 책무를 갖는다. 그는 강력한 처벌에 대한 규정을 만들고 개인들이 이에 따르게 함으로써 그들의 안전을 보장한다. 통치자가 개인들로부터 위임받은 권리를 정당하게 행사하여 개인들 간의 투쟁을 해소함으로써 비로소 평화로운 사회가 ⓔ 구현된다.

바 홉스의 사회 계약론은 인간의 본성에 대한 통찰을 바탕으로 국가가 성립하게 되는 과정을 제시하고 있다. 특히 국가가 지닌 힘의 원천을 신이 아닌 자유로운 개인들에게서 찾고 있다는 점에서 근대 주권 국가의 토대를 마련했다고 할 수 있다.

---

01 ②

관련 학습 : Ⅱ-01-③ 설명 방식과 내용 전개 방식

풀이 방향 서로 다른 두 지문의 서술상의 공통점을 묻는 문제의 경우 각 지문이 어떤 설명 방식과 내용 전개 방식을 활용하고 있는지 분석하고 공통점을 파악해야 한다.

이게 정답 (가)에서는 전국 시대의 사회적 혼란을 해결하기 위해 예와 군주의 역할을 강조했던 순자의 견해와 그 의의를 제시하고 있다. (나)에서도 17세기 사회적 혼란을 해결하기 위해 사회 계약론을 주장했던 홉스의 견해와 그 의의를 제시하고 있다.

왜 답이 아니지? ① (가)와 (나) 모두 인간 중심적인 시각에서 사회 현상을 분석하고 있다. (가)의 순자는 사회 문제의 원인을 외적 상황이 아니라 인간의 타고난 성향에서 찾으려 하였으며, (나)의 홉스 역시 신이 아닌 인간 스스로 맺은 계약을 통해 사회 문제를 해결할 수 있다고 보았다.
③ (가)는 타고난 인간의 본성을 바탕으로 예와 군주의 개념을 밝히고 있다. (나)는 나 에서 왕권신수설의 개념을 밝히고는 있으나 사람들이 이에 대해 의문을 품게 되었다고 하였고, 전체적으로 사회적 계약을 바탕으로 성립된 홉스의 권력 개념을 설명하고 있다.
④ (가)와 (나)에서 국가 간의 전쟁이나 내전에 대해 언급하고 있기는 하지만, 이것이 야기한 사상의 탄압 양상을 설명하고 있지는 않다. 오히려 (가)와 (나)에서는 사회적 혼란과 그것을 해결하기 위한 사상적 접근을 주요 내용으로 다루고 있다.
⑤ (가)에서는 순자가 생각한 예와 군주의 역할을, (나)에서는 홉스의 사회 계약론에 따른 통치자와 국가 형성을 다루고 있지만, (가)와 (나) 모두 시대적 상황 변화에 따라 지도자의 위상이 달라지는 모습에 대한 내용은 없다.

02 ②

관련 학습 : Ⅰ-01-③ 중심 문장과 뒷받침 문장 구분하기

풀이 방향 지문에 등장한 핵심 개념을 비교하는 문제의 경우 지문에서 해당 개념이 어떻게 정의되고 사용되는지를 비교해야 한다. 각 개념이 지문에서 다루고 있는 문제를 해결하는 데에 어떤 역할을 하는지 분석해 본다.

이게 정답 (나)의 라 와 마 에서 통치자는 신이 아니라 개인들로부터 사회 계약을 통해 권리를 양도받으며, 강력한 공적 권력을 정당하게 행사함으로써 평화로운 사회를 만드는 역할을 한다고 하였다.

왜 답이 아니지? ① (가)의 라 와 마 에서 순자는 군주가 예를 바탕으로 백성들의 성을 변화시켜, 즉 내면을 변화시켜 질서와 조화를 이룬 선한 사회를 만든다고 하였다.
③ (가)의 라 와 마 에 따르면 군주는 백성들의 직분을 정해 주어 백성들을 사회적 위치에 맞게 행동하도록 인도하며, (나)의 마 에 따르면 통치자는 개인들로부터 위임받은 권리를 행사하여 개인들 간의 투쟁을 해소, 즉 개인들의 상호 적대적인 행위의 중지를 요구한다고 하였다.
④ (가)-마 에서 군주는 예를 바탕으로 교화를 통해 사회 질서를 도모하며, (나)-마 에서 통치자는 강력한 공적 권력을 바탕으로 처벌을 통해 사회 질서를 유지한다고 하였다.
⑤ (가)의 군주는 예의 길로 백성을 인도하고, (나)의 통치자는 위험으로부터 개인들을 보호한다는 점에서 모두 나라를 다스리는 지도자로서 사회적 역할을 이행해야 할 책무를 가짐을 알 수 있다. (가)-마 와 (나)-마 에서 군주와 통치자의 책무를 설명하고 있다.

풀이 방향　지문의 내용을 바탕으로 이유나 목적을 추론하는 문제의 경우 밑줄 친 부분과 관련된 앞뒤 맥락과 정보를 바탕으로 어떤 일이 왜 일어났는지, 그 일의 원인은 무엇인지 등을 분석해야 한다.

이게 정답　(가)-나에서 순자는 사회적 자원과 재화는 한정적인데 사람들이 이기적 욕망을 그대로 따르게 되면 다툼과 투쟁이 벌어진다고 하였다. 그렇기 때문에 (가)-라에서와 같이 사회 구성원이 자신의 위치에 맞게끔 욕망을 추구하도록 적절히 조절함으로써, 다툼과 쟁탈이 없는 사회를 만들 수 있다고 생각했다. 따라서 ⊙과 같이 순자가 신분적 차이를 구분하고 직분을 정하려 한 것은, 한정적인 사회적 자원과 재화를 공정하게 분배함으로써 사회의 안정성을 도모하려 했기 때문임을 알 수 있다.

왜 답이 아니지?　① (가)-나와 다에 따르면 인간의 이기적 욕망이 성(性)이고, 이 성을 통제하는 인지 능력이 심(心)이다. 따라서 순자가 신분에 따른 역할을 강조한 것은 성의 부작용을 막기 위한 것으로 보는 것이 더 적절하다.

② (가)-라에 따르면 신분적 차이를 구분하여 직분을 정하는 것은 사회적 안정성을 확보하기 위한 것이다. 새로운 도덕적 기준을 세우는 것과는 거리가 멀다.

③ (가)-다에 따르면 심은 인간의 타고난 인지 능력으로, 심을 체득하게 하는 것이 교화의 한 측면일 수는 있지만, ⊙ '신분적 차이를 구분해서 직분을 정하는 것'과는 관련이 없다.

④ (가)-라에 따르면 예는 개인의 도덕규범이면서 나라의 통치 규범이다. 그러므로 개인의 도덕규범과 나라의 통치 규범을 구분하는 것은 신분적 차이를 구분하여 직분을 정하는 것과는 관련이 없다. 도리어 개인이 지켜야 할 도덕규범을 가르치는 것이 국가가 할 일이자 통치 방향일 수 있다.

04 ③　　　　　　　　　　　

풀이 방향　지문에 사용된 용어를 잘 이해하였는지 묻는 경우, 사용된 용어의 개념을 명확히 이해하고 이 용어가 지문에서 어떻게 설명되고 있는지 파악해야 한다.

이게 정답　(나)-라에서 첫 번째 계약은 누군가가 이를 위반할 경우에 그것을 제재할 수단이 없다는 한계가 있어 쉽게 파기될 수 있다고 하였다. 공동의 힘은 두 번째 단계의 사회 계약에서 성립하게 된다.

왜 답이 아니지?　① (나)-다에서 홉스는 자연 상태에서의 '만인에 대한 만인의 투쟁' 상황을 해결하기 위해 사회 계약을 맺는다고 하였다.

② (나)-다에서 평화를 추구하고 따르기 위해 인간의 이성은 자연권의 상당 부분을 포기하고 그것을 양도하는 사회 계약이 필요함을 깨닫는다고 하였다. 따라서 사회 계약은 자발적인 동의하에 이루어지며, 개인이 자기 보존을 위해 권리의 상당 부분을 스스로 포기하는 것이라고 할 수 있다.

④ (나)-다와 라에서 첫 번째 단계의 계약은 위반할 경우 제재 수단이 없기 때문에, 두 번째 단계의 계약에서 제재 수단과 공동의 힘을 설정한다고 하였다.

⑤ (나)-라에서 두 번째 단계의 계약은 위반을 제재할 공동의 힘을 지닌 통치자와 맺고 자신들의 권리를 그에게 양도한다고 하였다. 즉 첫 번째 단계에서 개인은 자연권의 대부분을 포기하고, 두

번째 단계에서 계약 위반을 제재하기 위해 자신들의 권리를 공동의 힘을 지닌 통치자에게 양도한다.

05 ⑤

풀이 방향　지문에 제시된 관점이나 개념을 다른 구체적인 상황에 적용하는 문제의 경우, 지문에서 설명한 주요 개념, 이론, 주장 등을 명확히 이해한 후 상황과의 연결점을 찾아야 한다.

이게 정답　문제 상황에 대한 합리적 판단 능력을 (가)의 순자는 심(心)이라고 하였고, (나)의 홉스는 이성이라고 보았다. (가)에서 순자의 심(心)은 타고난 인지 능력에 해당하며 감각 기관의 정보를 인식하고 판단하여 성을 통제한다. 따라서 공포를 느끼면 심이 유발된다고 보는 것은 적절하지 않다. 또한 (나)-나에서 홉스는 죽음에 대한 공포가 평화를 바라는 마음을 유발하기도 한다고 하였으나, 이것 역시 공포심이 이성을 갖게 하는 것과는 관련이 없다.

왜 답이 아니지?　① (가)에서 순자는 이기적인 욕망 추구에 따른 사회적 혼란을 해결하기 위해 의식적이고 후천적인 노력에 해당하는 '위'를 강조하였다. 따라서 순자는 '위'가 실행되었다면 〈보기〉에서 사회적 자원인 '목초지'에 대한 관리가 적절하게 이루어져 목초지의 황폐화를 막을 수 있었을 것이라고 생각할 것이다.

② (나)에서 홉스는 자연 상태에서 인간이 자기 보존을 위해 이기적으로 행동한다고 보았다. 따라서 〈보기〉에서 목동들이 자신의 이익을 극대화하기 위해 행동한 결과 목초지가 황폐화된 상황을 '자연 상태'라고 생각할 것이다.

③ 〈보기〉의 '공유지의 비극'에 대해 (가)의 순자는 '군주'와 같은 완전한 인격체가 예에 해당하는 사회적 규범을 만들어 백성들(목동들)로 하여금 이를 따르도록 해야 한다고 볼 것이다. 또한 〈보기〉의 '공유지의 비극'에 대해 (나)의 홉스는 '통치자'가 다스리는 강력한 국가의 개입으로 개인들의 자유권을 제재함으로써 개인들 간의 투쟁을 해소해야 한다고 볼 것이다.

④ 〈보기〉의 '공유지의 비극'은 한정적인 사회적 자원과 재화(목초지)를 놓고 사람들이 싸우고 있다는 점에서, (가)에서 순자가 말한 이기적인 욕망이 성을 따르는 악한 상황에 해당한다. 마찬가지로 〈보기〉의 '공유지의 비극'은 모든 사람들(목동)이 절대적인 자유를 행사하면서 자신의 이익을 극대화하고 있다는 점에서, (나)에서 홉스가 말한 자연권이 행사되는 자연 상태라고 할 수 있다.

06 ③

이게 정답　ⓒ '신뢰'는 '굳게 믿고 의지함.'이라는 뜻이다. '자기의 주장을 굽혀 남의 의견을 좇음.'이라는 뜻을 가진 단어는 '양보'이다.

왜 답이 아니지?　①, ②, ④, ⑤ ⓐ, ⓑ, ⓓ, ⓔ의 사전적 의미로 적절하다.

| 지문 분석하기 |

★ Self 문단 체크 – (가)

(1) 무의식 (2) 원초아, 자아, 초자아 (3) 자아, 방어 기제 (4) 무의식

★ 한눈에 보는 문단 구조도

> 가 무의식의 세계를 발견한 프로이트
>
> 나 '원초아, 자아, 초자아'의 개념과 특징
>
> 다 자아의 역할과 방어 기제
>
> 라 정신분석이론의 시사점과 의의

★ Self 문단 체크 – (나)

(1) 잠재적, 창조적 (2) 개인 무의식, 집단 무의식 (3) 의식화, 개별화

★ 한눈에 보는 문단 구조도

> 가 무의식에 대한 융의 분석심리학 접근
>
> 나 정신세계의 구조에 대한 융의 생각
>
> 다 자아 성찰을 통한 자기 발견

| 지문 다시 보기 |

(가)

가 19세기에 분트는 인간의 정신세계가 의식으로 이루어져 있다고 보고, 실험을 통해 인간의 정신 현상과 행동을 설명하는 실험심리학을 주창하였다. 이때 의식이란 깨어 있는 상태에서 자신이나 세계를 인식하는 모든 정신 작용을 의미한다. 그러나 프로이트는 정신 질환을 겪는 환자들을 치료하면서 인간에게 의식과는 다른 무의식 세계가 있다는 것을 발견하였다. 이에 그는 인간을 무의식의 지배를 받는 비합리적 존재로 간주하고, 정신분석이론을 통해 인간의 정신세계를 ⓐ규명하려 하였다.

나 프로이트에 의하면 인간의 정신세계 중 의식이 차지하는 영역은 빙산의 일각일 뿐, 무의식이 정신세계의 대부분을 차지한다. 그는 무의식의 심연

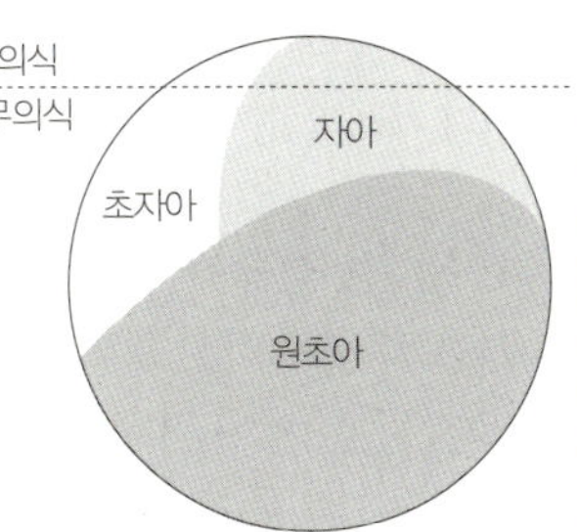

에는 원초아가, 무의식에서 의식에 걸쳐 자아와 초자아가 존재한다고 보았다. 원초아는 성적 에너지를 바탕으로 본능적인 욕구를 충족하려는 선천적 정신 요소이다. 반면 자아는 외적 상황으로 인해 충족되지 못하고 지연되거나 좌절된 원초아의 욕구를 사회적으로 용인될 수 있는 방법으로 충족하려

는 정신 요소이다. 마지막으로 초자아는 도덕률에 따라 원초아의 욕구를 억제하고 양심에 따라 행동하도록 하는 정신 요소로, 어린 시절 부모의 종교나 가치관 등을 내재화하는 과정에서 후천적으로 발달한다.

다 이러한 원초아, 자아, 초자아는 역동적으로 상호작용하면서 개인의 성격을 형성한다. 가령, 원초아가 강할 때는 본능적인 욕구에 집착하는 충동적인 성격이, 초자아가 강할 때는 엄격하게 도덕을 지키려는 원칙주의적 성격이 나타난다. 자아는 원초아와 초자아의 요구 사이에서 이를 조정하는 역할을 하기 때문에, 정신적 균형을 이루기 위해서는 자아의 발달이 중요하다. 만일 자아가 제 역할을 하지 못하면 정신 요소의 균형이 깨져 불안감이 생기는데, 자아는 이를 해소하기 위해 무의식적으로 방어 기제를 사용하게 된다. 대표적인 방어 기제로는 억압이나 승화 등이 있다. 억압은 자아가 수용하기 힘든 욕구를 무의식 속으로 억누르는 것을, 승화는 그러한 욕구를 예술과 같이 가치 있는 활동으로 ⓑ전환하는 것을 의미한다. 개인마다 습관적으로 사용하는 방어 기제가 다르기 때문에 어떤 방어 기제를 사용하느냐 또한 개인의 성격 형성에 영향을 미친다.

라 프로이트는 어린 시절에 해소되지 않은 원초아의 욕구나 정신 요소 간의 갈등은 성인이 된 후에도 지속적으로 영향을 주기 때문에, 이 시기에 부모와의 상호작용 경험이 성격 형성에 큰 영향을 준다고 설명하였다. 특히 그는 성인의 정신 질환을 어린 시절의 심리적 갈등이 재현된 것으로 보고, 이를 치유하기 위해서는 무의식에 내재되어 있는 과거의 상처를 의식의 세계로 끌어내는 과정이 필요하다고 주장하였다. 이러한 프로이트의 이론은 기존의 이론에서 ⓒ간과한 무의식에 대한 탐구를 통해 인간 이해에 대한 지평을 넓혔다는 평을 받고 있다.

(나)

가 융은 프로이트의 정신분석이론에 반기를 들고, 분석심리학을 주창하였다. 무의식을 단지 의식에서 수용할 수 없는 원초적 욕구나 해결되지 못한 갈등의 창고로만 본 프로이트와 달리, 융은 무의식을 인간이 잠재적 가능성을 실현할 때 필요한 창조적인 에너지의 샘으로 보았다는 점에서, 그의 분석심리학은 프로이트의 이론과 구별된다.

나 융은 정신세계의 가장 바깥쪽에는 의식이, 그 안쪽에는 개인 무의식이, 그리고 맨 안쪽에는 집단 무

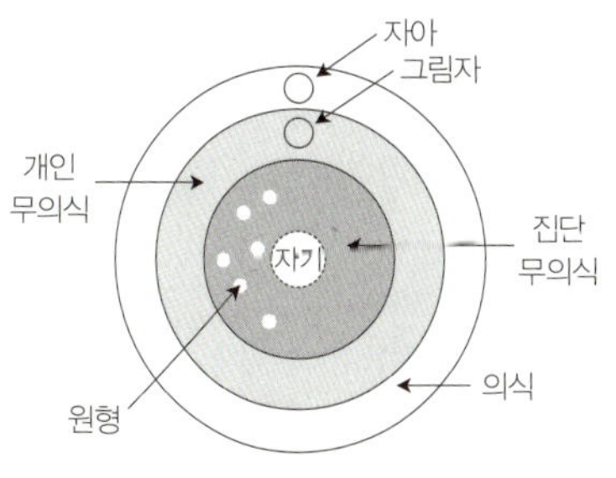

의식이 순서대로 자리 잡고 있다고 보았다. 의식은 생각이나 감정, 기억과 같이 인간이 직접 인식할 수 있는 영역으로, 여기에는 '자아'가 존재한다.
의식의 개념과 특성
자아는 의식을 지배하는 동시에 무의식과 교류하며 이를 조정하는 역할을 한다.
자아의 역할
개인 무의식은 의식에 의해 ⓓ배제된 생각이나 감정, 기억 등이 존재하는 영역이다.
개인 무의식의 개념과 특성
이곳에 존재하는 '그림자'는 자아에 의해 억압된 '또 하나의 나'라고 할 수 있다. 마지막으로 집단 무의식은 태어날 때부터 누구나 가지고 있는 원초적이며 보편적인 무의식이다.
집단 무의식의 개념과 특성
거기에는 진화를 통해 축적되어 온 인류의 경험이 '원형'의 형태로 존재한다.
집단 무의식에 존재하는 원형
가령 어두운 상황에서 누구나 공포심을 느끼는 것이 원형에 해당한다.

다 융에 따르면 집단 무의식의 가장 안쪽에는 자기가 존재한다. 이는 정신세계에 내재하는 개인의 근원적인 모습이라고 할 수 있다.
자기의 개념
융은 자아가 성찰을 통해 무의식의 심연에 존재하는 자기를 발견하면, 인간은 비로소 타인과 구별되는 고유한 존재가 된다고 보고 이를 개별화라고 불렀다.
개별화에 이르는 방법 / 개별화의 의미
이는 의식에 존재하는 자아가 무의식과 끊임없이 상호작용하며 무의식의 영역을 의식으로 통합하는 과정, 즉 ㉠무의식을 의식화하는 과정을 통해 이루어진다.
개별화의 과정
이 과정에서 자아는 자신의 또 다른 모습인 그림자와 ⓔ대면하게 되고, 집단 무의식에 존재하는 여러 원형들을 발견하게 된다. 결국 자아가 무의식의 심연에 존재하는 자기를 찾아가는 과정은 정신세계를 구성하는 자아와 그림자, 그리고 여러 원형들이 대립에서 벗어나 하나의 정신으로 통합되면서 정신적 균형을 이루는 과정이라 할 수 있다.
개별화의 과정 ① – 정신적 균형을 이루는 과정
이러한 과정에서 개인은 내면의 성숙을 이루며 자신의 정체성을 찾게 된다.
개별화의 과정 ② – 내면의 성숙을 이루는 과정이자 자신의 정체성을 찾는 과정

01 ②

관련 학습 : II-01-③ 설명 방식과 내용 전개 방식

풀이 방향 두 지문의 설명 방식이나 내용 전개 방식 등을 비교하거나, 문제에 대한 접근 방식이나 해결 방식 등을 분석하여 공통점을 도출해야 한다.

이게 정답 (가)는 인간의 정신세계가 의식으로 이루어져 있다고 설명한 분트의 실험심리학과 달리 무의식의 세계를 발견하고 설명한 프로이트의 정신분석이론을 소개하고 있다. (나)에서는 무의식을 갈등의 창고로만 본 프로이트와 달리 무의식을 창조적인 에너지의 샘으로 본 융의 분석심리학을 소개하고 있다. 즉, (가)와 (나) 모두 기존과 다른 관점에서 대상을 설명한 이론을 소개하고 있다.

왜 답이 아니지? ① (가)와 (나) 모두 인간의 무의식에 관한 각각의 이론과 주장을 다루고 있을 뿐, 이에 대한 상반된 평가를 제시하고 있지는 않다.
③ (가)와 (나) 모두 인간의 무의식과 관련된 이론을 다루고 있을 뿐, 이 이론이 등장하게 된 역사적 사건을 소개하고 있지는 않다.
④ (가)와 (나) 모두 정신 질환을 분류하거나 그 특징을 설명하고 있지는 않다.
⑤ (가)와 (나) 모두 인간의 정신세계를 설명하고 있을 뿐, 그것이 다른 학문 영역에 미친 영향을 분석하고 있지는 않다.

02 ⑤

관련 학습 : I-01-③ 중심 문장과 뒷받침 문장 구분하기

풀이 방향 지문의 세부적인 내용을 묻는 문제의 경우 선택지에 제시된 설명이 지문의 어느 문단과 관련되는지, 구체적인 정보나 예시가 해당 문단의 내용과 일치하는지 확인해야 한다.

이게 정답 (가)-다에 따르면 정신 요소의 균형이 깨져 불안감이 생길 경우, 자아는 이를 해소하기 위해 무의식적으로 방어 기제를 사용하게 된다. 따라서 프로이트가 의식적으로 사용하는 방어 기제와 무의식적으로 사용하는 방어 기제를 구분하였다는 설명은 적절하지 않다.

왜 답이 아니지? ① (가)-가에서 분트는 인간의 정신세계가 의식으로만 구성되어 있다고 보았다고 하였다.
② (가)-가에서 프로이트는 인간을 무의식의 지배를 받는 비합리적 존재로 간주했다고 하였다.
③ (가)-다에서 프로이트는 원초아가 강할 때 본능적인 욕구에 집착하는 충동적인 성격이 나타난다고 하였다.
④ (가)-다에서 프로이트는 원초아, 자아, 초자아가 역동적으로 상호작용하면서 개인의 성격을 형성한다고 하였다.

03 ④

관련 학습 : II-02-③ 글의 관점 비교하기

풀이 방향 특정 개념이나 정보를 다른 구체적인 맥락에 어떻게 적용할 수 있는지를 묻는 경우 지문에서 설명한 주요 개념, 이론, 주장 등을 명확히 이해한 다음 제시된 자료와의 연결점을 찾아야 한다.

이게 정답 (가)-라에서 프로이트는 성인의 정신 질환을 유년기의 심리적 갈등이 재현된 것으로 본다고 하였다. 그러므로 〈보기〉에 드러난 헤세의 우울증을 유년기의 불안감이 재현된 것으로 볼 것이다. (나)-다에서 융은 자아와 그림자를 통합하는 과정을 거쳐 자아의 개별화가 이루어진다고 보지만, 이를 우울증과 연관 짓는다는 내용은 제시되어 있지 않다. 또 융은 자아와 그림자의 통합을 긍정적인 것으로 보았으므로, 우울증을 자아와 그림자가 통합된 결과로 보지 않을 것이다.

왜 답이 아니지? ① (가)-나에서 프로이트는 초자아가 어린 시절 부모의 종교나 가치관 등을 내재화하는 과정에서 후천적으로 발달한다고 보았다. 그러므로 프로이트는 〈보기〉에서 엄격한 집안 분위기가 헤세의 초자아 발달에 영향을 주었다고 생각할 것이다.
② (가)-다에서 프로이트는 자아가 원초아와 초자아의 갈등을 조정하지 못하면 불안감이 생긴다고 보았다. 그러므로 프로이트는 〈보기〉에 드러난 헤세의 불안감을 타고난 자유분방한 기질에서 비롯한 원초아의 요구와 엄한 교육으로 억제된 초자아의 요구 사이에서 자아가 이를 조정하지 못해 생긴 것으로 볼 것이다.
③ (가)-다에서 프로이트는 예술과 같은 창작 활동을, 원초아의 욕구를 사회적으로 용인되는 방법으로 전환시키는 '승화'로 보았으므로, 〈보기〉에서의 헤세의 왕성한 창작 활동 역시 승화로 볼 것이다. 또한 (나)-가에서 융은 무의식을 창조적인 에너지의 샘으로 보았으므로, 〈보기〉에서의 헤세의 왕성한 창작 활동 역시 무의식의 창조적 에너지가 발현된 것으로 볼 것이다.
⑤ (나)-다에서 융은 자아가 성찰을 통해 무의식의 자기를 발견하

고 통합하는 개별화 과정에서 정신적 균형과 내면의 성숙을 이룬
다고 하였다. 그러므로 융은 〈보기〉의 헤세가 심리적 안정감을 느
낀 것은 성찰하는 글쓰기 활동을 통해 자기를 발견하는 과정에 있
었기 때문이라고 볼 것이다.

04 ⑤
관련 학습 : II-02-② 논증의 타당성 판단하기

풀이 방향 두 주장이 제시하는 관점을 분석하여 공통적으로 반영
하고 있는 이론이나 개념과 같은 연관성을 찾아보아야 한다.

이게 정답 (가)-더에 의하면, 자아는 원초아와 초자아의 요구 사
이에서 이를 조정하는 역할을 하기 때문에, 정신적 균형을 이루기
위해서는 자아의 발달이 중요하다. 또한 (나)-더에 의하면 정신
세계를 구성하는 각 요소들이 통합되어 정신적 균형을 이루기 위
해서는 의식에 존재하는 자아가 끊임없이 무의식과 상호작용하며
무의식을 의식화하는 과정이 필요하다. 따라서 (가)의 '정신분석이
론'과 (나)의 '분석심리학' 모두 정신적 균형을 이루기 위해서는 자
아의 역할이 중요하다는 데 동의할 것이다.

왜 답이 아니지? ① (가)의 '정신분석학'에서는 자아가 의식과 무의
식의 세계에 걸쳐 존재한다고 보지만, (나)의 '분석심리학'에서는
자아가 의식의 영역에 존재한다고 본다.

② (가)의 '정신분석학'에서는 무의식이 '원초아, 자아, 초자아'로 구
성되어 있으며 원초아가 성적 에너지를 포함한다고 본다. 즉, 전체
무의식이 성적 에너지로만 이루어져 있다고 본 것은 아니다. 또한
(나)의 '분석심리학'에서는 무의식을 개인 무의식과 집단 무의식으
로 나누며, 집단 무의식에는 원형이 포함되어 있다. 성적 에너지만
을 포함한다고 판단할 만한 내용은 언급하고 있지 않다.

③ (나)의 '분석심리학'에서는 집단 무의식이 원형의 형태로 존재한
다고 설명하고 있지만, (가)의 '정신분석이론'에서는 이와 관련된
내용을 언급하고 있지 않다.

④ (나)의 '분석심리학'에서 개인 무의식에 존재하는 '그림자'를 자
아에 의해 억압된 '또 하나의 나'라고 설명하고 있지만 이를 열등한
자아라고 볼 수는 없다. 또한 (가)의 '정신분석이론'에서 열등한 자
아가 존재한다는 내용은 언급하고 있지 않다.

05 ②
관련 학습 : I-01-④ 주제 파악하기

풀이 방향 지문에 나타난 구절의 의미를 묻는 경우, 구절이 위치한
문장과 문단의 전후 내용을 검토하여 그 의미를 파악할 수 있는 단
서를 찾아야 한다.

이게 정답 (나)-더에서 자아가 성찰을 통해 무의식의 심연에 존재
하는 자기를 발견하는 것을 개별화 과정이라고 하였으며, 개별화
는 의식에 존재하는 자아가 무의식을 의식화하는 과정을 통해 이
루어진다고 하였다. 따라서 ⊙ '무의식을 의식화하는 과정'은 근원
적인 자신의 모습을 찾아가는 개별화 과정이라고 바꾸어 말할 수
있다.

왜 답이 아니지? ① ⊙ '무의식을 의식화하는 과정'은 의식의 확장을
통해 타인과 구별되는 고유한 존재가 되어 가는 과정이므로, 타인
과의 경계를 허무는 과정은 아니다.

③ ⊙ '무의식을 의식화하는 과정'은 무의식을 의식의 영역으로 통
합하면서, 정신세계를 이루는 요소들이 균형을 이루는 과정이므
로, 의식에 의해 발견된 무의식의 욕구가 억눌리는 과정으로 보는
것은 적절하지 않다.

④ 무의식이 의식에서 분화된다는 것은 ⊙ '무의식을 의식화하는
과정'과 완전히 반대되는 내용이다. 정체성의 실현은 무의식과 의
식의 통합을 통해 이루어진다.

⑤ (나)에서 융은 타인과 구별되는 고유한 존재가 되는 개별화 과
정이 경험의 반복을 통해 이루어진다고 하지는 않았다. '과거의 경
험을 반복'하는 것과 성격 형성에 대해서는 (가)나 (나)에서 언급
하고 있지 않다.

06 ②

이게 정답 ⓑ '전환'은 '다른 방향이나 상태로 바뀌거나 바꿈.'이라
는 뜻이다. '주기적으로 자꾸 되풀이하여 돎.'이라는 뜻을 가진 단
어는 '순환'이다.

왜 답이 아니지? ①, ③, ④, ⑤ ⓐ, ⓒ, ⓓ, ⓔ의 사전적 의미로 적절
하다.

가 심리학자인 카너먼은 인간이 논리적 사고 과정을 통해 합
리적으로 문제를 해결하기보다는 직감에 의해 문제를 해결하
는 경향이 강하다고 주장하였다. 예컨대 "영어 단어 중 R로 시
작하는 단어와 R이 세 번째에 있는 단어 중 어느 것이 더 많은
가?"라는 질문에, 실제로는 후자의 단어가 더 많지만 전자의
단어가 더 쉽게 떠오르기 때문에 대부분의 사람들은 R로 시작
하는 단어가 더 많다고 대답한다. 그는 이를 ⊙ 해당 사례를 자
주 접하거나 쉽게 떠올릴 수 있으면, 발생 빈도수가 높다고 판
단하는 인간의 심리적 특성에 기인한다고 보았다. 그는 실제

정답과 해설 **75**

인간의 행동에 나타나는 다양한 양상을 연구하여 인간은 합리적 선택을 한다는 전통 경제학의 전제에 반기를 들고, 심리학
본문에서 전통 경제학에 맞선 카너먼의 이론을 소개할 것임을 보여 줌
적 연구 성과를 경제학에 접목시킨 새로운 이론을 제안했다.

나 전통 경제학에서는 인간을 합리적 선택을 하는 존재로 가정하고, 시장에서의 재화와 용역의 생산, 분배, 소비 활동을 연구한다. 전통 경제학의 대표적 이론인 기대 효용 이론에 따르면, 인간은 대안이 여러 개일 때 각 대안의 효용을 계산하여
전통 경제학의 기대 효용 이론 – 인간은 합리적으로 최대 이득을 선택함
자신에게 최대 이득을 주는 대안을 선택한다. 이때 '효용'이란
효용의 뜻
재화를 소비할 때 느끼는 만족감이다. 어떤 대안의 기댓값인 기대 효용은, 대안을 선택했을 때 발생할 수 있는 개별 사건의
기대 효용=(개별 사건의 효용×그 사건의 발생 확률)을 모두 더함
효용에, 각 사건의 발생 확률을 곱해 모두 더한 값이다.

다 예컨대 동전을 던져 앞면이 나오면 20,000원을 얻고 뒷면이 나오면 10,000원을 잃는 게임 A, 앞면이 나오면 10,000원을 얻고 뒷면이 나오면 5,000원을 잃는 게임 B가 있다고 해 보자. 화폐 효용은 그것의 액면가와 같다고 할 때, 동전의 앞면, 뒷면이 나올 확률은 각각 0.5이므로, 게임 A의 기대 효용은 (20,000원×0.5)-(10,000원×0.5)=5,000원, 게임 B의 기대 효용은 (10,000원×0.5)-(5,000원×0.5)=2,500원이다. 기대 효용 이론에 따라 합리적 판단을 한다면 기대 효용이 더 큰 게
전통 경제학의 기대 효용 이론과 달리 실제로는 사람들이 기대 효용이 낮은 쪽을 선택함
임 A를 선택해야 하지만, 실제 선택 상황에서는 대다수의 사람들이 게임 B를 선택한다.

라 카너먼은 이러한 선택의 문제를 설명하기 위해 전망 이론을 제시하였다. ⓐ 전망 이론은 이득보다 손실에 대해 민감하게 반응하는 인간의 심리가 선택 행동에 미치는 영향을 설명
카너먼의 전망 이론 – 이득보다 손실에 민감한 인간의 심리가 행동에 영향을 미침
하는 이론이다. 여기서 '전망'은 이득과 손실에 대해 사람들이 느끼는 심리 상태를 의미한다. 전망은 대안을 선택했을 때 발
전망 이론에서 '전망'의 개념
생할 수 있는 개별 성과의 가치에, 각각의 결정 가중치를 곱
전망 개념을 수치화하는 방법
해 모두 더한 값이다.

마 〈그림〉은 전망 이론에서 이득과 손실에 대한 인간의 반응을 설명하는 그래프다. 여기서 x축은 성과를, y축은 성과에 대해 사람들이 부여하는 가치(v)를 나타낸다. 그리고 두 축이 교차하는 지점은 현재 '나'의 상황을 의미하는 준거점으로, 이를 기준으로 오른쪽은 이득 영역이고, 왼쪽은 손실 영역이다. 이 그래프에서 이득 영역의 $v(a)$와 손실 영역의 $v(-a)$의 절댓
|v(a)|<|v(-a)| → 그래프에서 주목할 부분

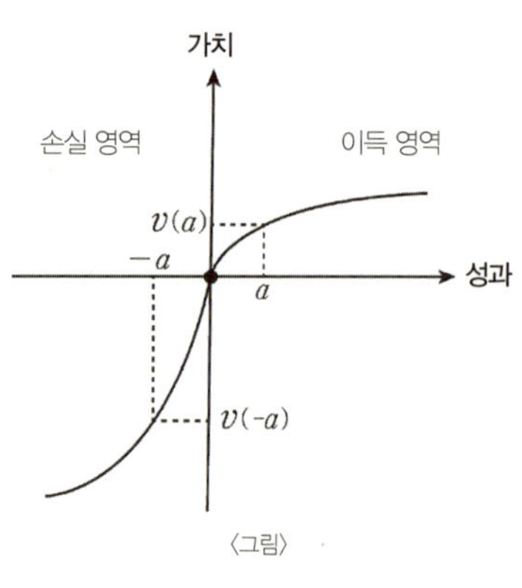

값을 비교하면 후자의 값이 더 크다는 것을 알 수 있는데, 이는 같은 크기의 이득과 손실이 있을 때 이득감보다 손실감이
a만큼의 이득에 대해 부여하는 가치보다 a만큼의 손실에 대해 부여하는 가치가 더 큼
더 크다는 것을 의미한다.

바 이 그래프에 따라 앞서 예를 든 게임 A와 B 중에서 사람들이 후자를 더 많이 선택하는 이유를 분석하면, 20,000원을 얻었을 때의 이득감이 10,000원을 얻었을 때의 이득감보다 크지만, 10,000원을 잃었을 때의 손실감이 5,000원을 잃었을 때의 손실감보다 훨씬 더 크기 때문에, 더 큰 손실감을 피하고자 하는 심리가 반영된 결과로 해석할 수 있다.

사 전망 이론에서는 이러한 심리가 실제 선택 행동에 영향을 미치는 현상을 ⓑ 틀 효과로 설명한다. 이에 따르면 사람들은 여러 대안 중 하나를 선택할 때, 선택 상황이 자신에게 이득을 주는지, 손실을 주는지에 따라 전자를 긍정적 틀로, 후자를 부정적 틀로 인식한다. 그 결과 사람들은 긍정적 틀에서는 확실한 이득을 주는 대안을 선택하고, 부정적 틀에서는 불확실한 손실을 주는 대안을 선택한다. 불확실성을 '위험'이라 할 때, 불확실성을 피해 확실성을 추구하는 것은 '위험 회피 성향'에, 불확실성을 추구하는 것은 '위험 추구 성향'에 해당하므로, 사람들은 긍정적 틀에서는 위험 회피 성향을, 부정적 틀에서
전망 이론에서 '틀 효과'가 나타나는 양상
는 위험 추구 성향을 보인다고 할 수 있다. 다음의 선택 상황에서 이와 같은 틀 효과를 확인할 수 있다.

> [상황 1] 100만 원이 있으며, Ⓐ안과 Ⓑ안 중 택 1
> • Ⓐ안 : 0.5의 확률로 100만 원을 받거나, 아무것도 받지 못한다.
> • Ⓑ안 : 1의 확률로 50만 원을 받는다.
> *긍정적 틀 → 확실한 이득/위험 회피 성향 → '아무것도 받지 못할 위험'을 회피함 → Ⓑ안 선택*
>
> [상황 2] 100만 원이 있으며, Ⓒ안과 Ⓓ안 중 택 1
> • Ⓒ안 : 0.5의 확률로 100만 원을 잃거나, 아무것도 잃지 않는다.
> • Ⓓ안 : 1의 확률로 50만 원을 잃는다.
> *부정적 틀 → 불확실한 손실/위험 추구 성향 → '100만 원을 잃을 수도 있는 위험'을 추구함 → Ⓒ안 선택*

아 '상황 1'은 이득을 주는 상황으로, 사람들은 이를 긍정적 틀로 인식하므로 많은 사람들이 이득이 불확실한 Ⓐ안보다 이득이 확실한 Ⓑ안을 선택한다. 반대로 '상황 2'는 손실을 주는 상황으로, 사람들은 이를 부정적 틀로 인식하므로 많은 사람들이 손실이 확실한 Ⓓ안보다 손실이 불확실한 Ⓒ안을 선택한다.

자 전통 경제학은 인간이 합리적 선택을 한다는 전제로 이상
전통 경제학의 관점
적인 경제 상황을 설명했다면, 카너먼은 이러한 전제를 비판하며 실제 인간의 삶에서 나타나는 선택 행동의 특성을 심리
카너먼의 전망 이론이 지닌 의의 ①
학에 근거해 설명했다. 그 결과 인간의 선택 과정에 영향을 주
카너먼의 전망 이론이 지닌 의의 ②
는 요인들에 주목해 행동 경제학이라는 새로운 분야를 개척하였다.

01 ①

관련 학습 : I-01-④ 주제 파악하기

풀이 방향 전체적인 내용의 흐름을 이해하고 문단별로 주요 내용과 핵심 개념을 정리한 후, 선택지를 지문의 관련 부분과 하나씩 비교하여 내용 일치 여부를 판단한다.

이게 정답 나에 따르면 기대 효용 이론은 인간이 대안의 효용을 계산하여 자신에게 최대 이득을 주는 선택을 한다는 전통 경제학의 대표적 이론이며, 전통 경제학은 이상적인 경제 상황, 인간의 합리적 선택 등을 전제로 한다. 한편 마에서 '현재 '나'의 상황을 의미하는 준거점'을 기준으로 가치를 따지고 있다는 점 등을 근거로 볼 때, 자신의 현재 상황, 즉 실제 인간의 삶에서 나타나는 선택 행동에 주목하는 것은 기대 효용 이론이 아니라 카너먼의 전망 이론의 특징이다.

왜 답이 아니지? ② 나에서 기대 효용 이론에 따르면 인간은 여러 대안 중에서 각 대안의 기대 효용을 계산하여 자신에게 가장 큰 이득을 주는 대안을 선택한다고 하였다.

③ 가에서 카너먼은 인간이 논리적 사고보다는 직감에 의존해 문제를 해결하는 경향이 강하다고 주장하였다.

④ 가에서 카너먼은 심리학적 연구 성과를 경제학에 접목시켜 전통 경제학과 구별되는 새로운 이론을 제안했다고 하였다.

⑤ 자에서 카너먼은 인간이 합리적 선택을 한다는 전통 경제학의 전제를 실제 인간의 행동을 통해 비판하고, 이를 토대로 행동 경제학이라는 새로운 분야를 개척했다고 하였다.

02 ③

관련 학습 : II-01-① 설명 방식 ①-정의, 예시, 분류와 분석, 인용

풀이 방향 제시된 개념에 해당하는 사례를 찾기 위해서는 개념의 핵심이나 특징을 잘 파악해야 한다. 여기서는 자주 접하거나 쉽게 떠올릴 수 있는 것일수록 빈도수가 높다고 판단하는 경우가 많다는 것이다. 참고로 이와 같은 사람들의 행동은 인문 영역에서 다룬 '회상 용이성 휴리스틱'에 해당한다.

이게 정답 매체를 통해 교통사고로 인한 사망률을 더 많이 접한다는 근거를 들어, 교통사고로 인한 사망률이 당뇨로 인한 사망률보다 높다고 판단하였으므로, 이는 해당 사례를 자주 접해서 발생 빈도수가 높다고 판단한 사례로 적절하다.

왜 답이 아니지? ① 신이 존재하는지의 여부는 통계적 빈도와는 관련이 없으므로 관련된 사례로 적절하지 않다.

② 많은 숫자를 더하는 것과 적은 숫자를 더하는 것의 차이는 자주 접하거나 쉽게 떠올릴 수 있는 것과 관련이 없다.

④ 지방의 양에 대한 판단은 단순히 숫자의 크기에 따른 느낌이라는 점에서 관련된 사례로 적절하지 않다.

⑤ 더 많은 빵을 만드는 것이 더 힘들다고 느끼는 것은 자주 접하거나 쉽게 떠올릴 수 있는 것과 관련이 없다.

03 ①

관련 학습 : I-01-③ 중심 문장과 뒷받침 문장 구분하기

풀이 방향 제시된 〈그림(그래프)〉의 x축과 y축이 의미하는 바를 정확히 이해하고, 이득 영역과 손실 영역의 차이를 파악해 본다.

이게 정답 〈그림〉에 따르면 이득 영역에서는 성과가 늘어날수록 가치의 크기가 커지기는 하지만, 커지는 양이 점점 작아진다. 한편, 손실 영역에서는 성과가 줄어들수록 가치의 크기가 줄어들기는 하지만, 줄어드는 양이 점점 작아진다. 따라서 이득 영역에서는 성과가 동일한 크기로 증가할 때마다 가치의 크기가 증가(A)하

는 폭이 작아진다(B)고 할 수 있다.

왜 답이 아니지? ② 가치의 크기가 커지고 성과가 커질 때 가치도 점점 더 많이 커지는 경우이며, 지문의 〈그림〉과는 일치하지 않는다.

③ 가치의 크기가 커지고 성과가 커질 때 가치도 같은 비율로 커지는 경우이며, 지문의 〈그림〉과는 일치하지 않는다.

④ 가치의 크기가 줄어들고 성과가 커질 때 가치가 점점 조금씩 줄어드는 경우이며, 지문의 〈그림〉과는 일치하지 않는다.

⑤ 가치의 크기가 줄어들고 성과가 커질 때 가치가 점점 더 많이 줄어드는 경우이며, 지문의 〈그림〉과는 일치하지 않는다.

04 ②

관련 학습 : I-01-③ 중심 문장과 뒷받침 문장 구분하기

풀이 방향 지문에 제시된 카너먼의 전망 이론을 바탕으로 '상황 1'과 '상황 2'를 정확히 이해하고, 각 선택지가 카너먼의 이론과 어떻게 연결되는지 분석해야 한다. 특히 '상황 1'과 '상황 2'가 긍정적 틀인지 부정적 틀인지를 먼저 파악한다.

이게 정답 사에 따르면 불확실성은 위험을 의미한다. Ⓐ안과 Ⓒ안을 선택하는 사람들은 '불확실한' 이득(손실)을 주는 대안을 선택했으므로, 모두 '위험 추구 성향'으로 볼 수 있다.

왜 답이 아니지? ① 마에 따르면 같은 크기의 이득과 손실이 있을 때 이득감보다 손실감이 더 크다고 하였으므로, Ⓑ안의 50만 원으로 인한 이익감보다 Ⓓ안의 50만 원으로 인한 손실감이 더 크게 느껴질 것이다.

③ Ⓐ안은 불확실한 이득, Ⓒ안은 불확실한 손실이라는 점에서 둘 다 불확실한 대안에 해당한다. Ⓑ안은 확실한 이득, Ⓓ안은 확실한 손실이라는 점에서 둘 다 확실한 대안에 해당한다.

④ '상황 1'은 이득을 주는 상황이므로 '긍정적 틀'에 해당한다. 이 경우 사람들은 불확실한 이득보다 확실한 이득을 주는 대안을 선택한다.

⑤ '상황 2'는 손실을 주는 상황이므로 '부정적 틀'에 해당한다. 이 경우 사람들은 확실한 손실을 꺼리고 불확실한 손실을 주는 대안을 선택한다.

05 ④

관련 학습 : II-02-① 논증 방식-연역법, 귀납법, 유추법

풀이 방향 특정 내용을 바탕으로, 제시된 부분의 이유를 추론하는 문제이다. 이 경우 지문 전반에서 ⓐ '전망 이론'에 대해 설명하고 있으므로, 글의 핵심 내용을 바탕으로 〈보기〉의 상황을 어떻게 설명할 수 있는지 추론해야 한다. 이유를 설명하는 데 필요한 논리적 근거를 찾아본다.

이게 정답 ⓐ '전망 이론'에 따르면 사람들은 이득보다 손실에 더 민감하게 반응한다. 이를 〈보기〉에 적용하면, 소비자들은 제품을 반품할 때 느끼는 손실감을, 구매 금액을 환불받았을 때의 이득감보다 더 크게 느낄 것이다. 이러한 이유 때문에 〈보기〉에서와 같이 실제로 제품을 반품하는 소비자는 소수에 지나지 않는 것이라고 해석할 수 있다.

왜 답이 아니지? ① 시간이 흐름에 따라 제품을 통한 이득감이 줄어드는 것만으로는 제품을 반품하지 않는 행동을 설명하기 어렵다. 시간이 흐르면서 제품을 통한 이득감이 줄어드는 것은 ⓐ '전망 이론'과도 관련이 없다.

② 제품에 대한 불만족이 심리적 현상이라는 것은 이득과 손실에 대한 인식을 설명하는 ⓐ '전망 이론'과 관계가 없다.

③ 제품을 반품했을 때의 이득감이 제품을 그대로 사용했을 때의

이득감보다 더 크다면 제품을 반품하는 것이 더 타당하다. 따라서 이러한 내용은 〈보기〉를 바르게 해석한 것으로 볼 수 없으며, ⓐ '전망 이론'과도 관련이 없다.
⑤ 제품을 반품하는 것이 합리적 선택이라면 〈보기〉의 내용과는 달리 제품을 반품하는 것이 더 타당하다. 따라서 이러한 내용은 〈보기〉를 바르게 해석한 것으로 볼 수 없으며, ⓐ '전망 이론'과도 관련이 없다.

06 ②

[풀이 방향] 지문의 특정 내용을 〈보기〉의 구체적 상황에 적용하는 문제이다. 지문의 ⓑ '틀 효과'와 어떤 관련이 있는지를 중심으로 〈보기〉의 상황을 분석해 본다.

[이게 정답] 〈보기〉의 '상황'은 전염병으로 600명의 주민이 죽을 것으로 예상되는데, 프로그램 ㉮는 400명의 사람이 죽게 되고, 프로그램 ㉯는 아무도 죽지 않거나 600명이 죽게 된다고 하였으므로, 손실을 주는 '부정적 틀'로 볼 수 있다. ㉽에서 부정적 틀에서는 불확실한 손실을 주는 대안, 즉 위험 추구 성향을 보인다고 하였으므로, 이 경우 사람들은 확실한 손실 ㉮보다 불확실한 손실인 ㉯를 선택함으로써 '위험 추구 성향'을 보일 것으로 예상할 수 있다.

[왜 답이 아니지?] ① ㉽, ㉾에 따르면 부정적 틀에서는 확실한 손실을 피하는 선택을 한다.
③, ④, ⑤ 〈보기〉의 '상황'은 긍정적 틀이라고 볼 수 없다.

04 뇌에서 일어나는 놀라운 일 - 언어와 뇌

01 ③ 02 ⑤ 03 ④ 04 ③ 05 ⑤ 06 ②   본문 194쪽

| 지문 분석하기 |

★ Self 문단 체크
(1) 브로카 (2) 베르니케 (3) 개념 중심부 (4) 리시트하임 (5) 베르니케-게쉬윈드 (6) 브로카, 각회 (7) 브로카 (8) 언어 처리

★ 한눈에 보는 문단 구조도

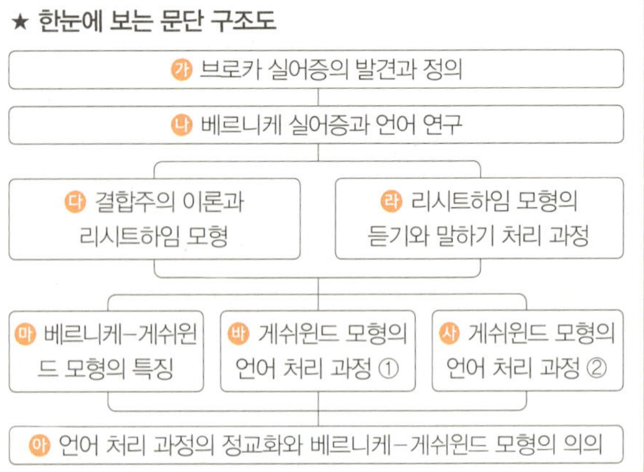

| 지문 다시 보기 |

㉮ 실어증(失語症)이란 후천적인 뇌 손상으로 인해 언어의 표현과 이해에 장애가 발생하는 것이다. [실어증의 개념] 1865년 프랑스의 외과 의사 브로카는 좌뇌의 전두엽과 측두엽 사이가 손상되어 나타나는 실어증을 발견하였다. 그는 이 부위를 브로카 영역이

라 ⓐ 명명하고 이곳이 손상되어 나타나는 증상을 브로카 실어증이라 하였다.

㉯ 이후 1874년 독일의 신경정신과 의사인 베르니케는 좌뇌의 두정엽 아래가 손상되어 나타나는 또 다른 실어증을 발견하였다. 그는 이 부위를 베르니케 영역이라 명명하고 이곳이 손상되어 나타나는 증상을 베르니케 실어증이라 하였다. 이와 같은 실어증 환자들의 뇌 손상 부위와 증상을 연구하는 과정에서 인간의 언어 처리 과정에 대한 관심이 ⓑ 대두되면서 그와 관련된 이론이 발전해 왔다.

㉰ 최근 언어 처리 과정에 대한 이론은 뇌의 여러 영역들이 결합하여 언어를 처리한다는 결합주의 이론이 지배적이다. [결합주의 이론 - 특정 부위만이 언어 처리 과정에 관여하는 게 아니라 여러 영역이 결합하여 작용함] 최초의 결합주의 이론은 베르니케가 주장한 베르니케 모형으로, [결합주의 이론 ①] 그는 베르니케 영역과 브로카 영역 간의 긴밀한 정보 교류에 [베르니케 모형의 특징] 의해서 언어가 처리된다는 이론을 발표하였다. 이후 1885년 리시트하임은 베르니케 모형에 개념 중심부를 추가하여 베르니케 영역, 브로카 영역, 개념 중심부가 결합하여 언어가 처리된다는 [리시트하임 모형의 특징 – 개념 중심부가 추가됨] ㉠ 리시트하임 모형을 제시하였다. [결합주의 이론 ②] 그에 의하면 베르니케 영역은 일종의 머릿속 사전으로, 단어가 소리의 형태로 저장되어 있는 언어 중추이고, [베르니케 영역의 기능] 브로카 영역은 단어를 조합하여 문장이나 발화를 생성하는 언어 중추, [브로카 영역의 기능] 그리고 개념 중심부는 의미를 형성하거나 해석하는 언어 중추이다. [개념 중심부의 기능] 리시트하임 모형은 베르니케 영역, 브로카 영역, 개념 중심부를 꼭짓점으로 하는 삼각형 모양으로, 베르니케 영역에서 개념 중심부로, 개념 중심부에서 브로카 영역으로는 일방향으로 정보가 이동 [베르니케 영역 → 개념 중심부 → 브로카 영역(일방향)] 하지만, 브로카 영역과 베르니케 영역 간에는 쌍방향으로 정보가 이동한다는 특징이 있다. [브로카 영역 ↔ 베르니케 영역(쌍방향)]

㉱ 리시트하임은 자신의 모형을 바탕으로 뇌에서 이루어지는 듣기와 말하기 과정을 다음과 같이 설명하였다. 우선 듣기 과정은 '베르니케 영역 → 개념 중심부'의 순서로 이루어진다. [듣기에서의 언어 처리 과정] 즉, 귀로 들어온 청각 자극이 베르니케 영역으로 송부되면, 베르니케 영역은 자신이 저장하고 있는 단어 중 청각 자극과 일치하는 단어를 찾아 개념 중심부로 송부하고, 개념 중심부는 이를 받아 의미를 해석한다는 것이다. 이에 비해 말하기 과정은 '개념 중심부 → 브로카 영역 → 베르니케 영역 → 브로카 영역'과 같이 ㉡ 브로카 영역을 두 번 거치는 복잡한 순서로 이루어진다. [말하기에서의 언어 처리 과정] 먼저 개념 중심부에서 말하고자 하는 의미를 형성하여 브로카 영역을 거쳐서 베르니케 영역으로 송부하면, 베르니케 영역은 이에 해당하는 단어를 찾아 브로카 영역으로 송부하고, 마지막으로 브로카 영역에서 이를 조합하여 문장이나 발화를 만든다는 것이다. 그런데 실제로 말하기 위해서는 [리시트하임 모형의 한계 ①]

발음 기관을 움직여 소리를 만드는 과정이 필요한데 그의 모형에는 그러한 과정이 드러나 있지 않다. 또한 그는 개념 중심부를 새롭게 추가하였으나 그것의 정확한 위치를 규명하지는 못하였다.
리시트하임 모형의 한계 ②

마 이후 실어증 환자들에 대한 연구가 발전됨에 따라 뇌에서 언어를 담당하는 중추가 추가로 발견되었다. 이를 토대로 1964년 게쉬윈드는 ⓛ 베르니케-게쉬윈드 모형을 새롭게
결합주의 이론 ③

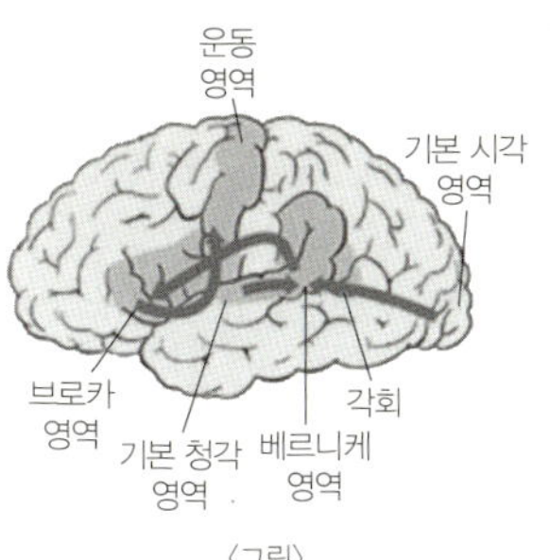

제시하였다. 그는 리시트하임의 모형에서 개념 중심부를 제외하고 새롭게 운동 영역과 각회를 언어 중추로 추가하였다.
리시트하임 모형과 다른 베르니케-게쉬윈드 모형의 특징
〈그림〉은 게쉬윈드가 제시한 언어 처리 모형으로, 청각 자극을 ⓒ 수용하는 기본 청각 영역과 시각 자극을 수용하는 기본
베르니케-게쉬윈드 모형의 구성 요소 ①   ②
시각 영역, 그리고 베르니케 영역, 브로카 영역, 운동 영역, 각
③∼⑥
회라는 네 개의 언어 중추를 중심으로 언어 처리 과정을 설명하고 있다. 게쉬윈드는 기존의 모형에서 개념 중심부를 제외하는 대신, 청각 형태로 단어가 저장되어 있는 베르니케 영역에서 그러한 역할도 함께 한다고 설명하였다. 즉, 베르니케 영역은 듣기와 읽기에서는 수용된 자극에 해당하는 단어를 찾아
베르니케 영역의 기능
의미를 해석하고, 말하기와 쓰기에서는 의미를 형성한 뒤 해당 단어를 찾는 역할을 한다고 보았다.

바 브로카 영역에는 단어를 조합하여 문장이나 발화를 생성
브로카 영역의 기능 ①
하는 역할 외에 말하거나 쓰기에 필요한 운동 프로그램을 만
브로카 영역의 기능 ②
들어 운동 영역으로 송부하는 역할을 추가하였다. 그리고 운동 영역은 브로카 영역에서 받은 운동 프로그램에 근거하여
운동 영역의 기능
말하거나 쓰기에 필요한 신경적 지시를 내리는 기능을 ⓓ 담당한다고 보았다. 마지막으로 각회는 베르니케 영역과 인접해 있으면서 읽기에서는 시각 형태의 정보를 청각 형태로 전환하
각회의 기능
고, 쓰기에서는 청각 형태의 정보를 시각 형태로 전환하여 베르니케 영역으로 송부하는 역할을 한다고 보았다.

사 이 모형에 ⓔ 의거하면 듣기 과정은 '기본 청각 영역 → 베
듣기에서의 언어 처리 과정
르니케 영역'의 순서로 이루어진다. 이와 달리 말하기 과정은 '베르니케 영역 → 브로카 영역 → 운동 영역'의 순서로 이루
말하기에서의 언어 처리 과정
어진다. 읽기나 쓰기 과정도 듣기나 말하기 과정과 유사하지
읽기, 쓰기에서의 언어 처리 과정 – 듣기, 말하기와 달리 각회가 추가됨
만, 베르니케 영역에 저장된 단어가 청각 형태이기 때문에 각회를 거치는 과정이 추가된다. 각회에서 처리된 정보는 베르니케 영역으로 송부되어 읽기의 경우에는 의미를 해석하고, 쓰기의 경우에는 바로 다음 단계인 브로카 영역으로 정보를 송부한다.

아 이처럼 뇌에 대한 연구가 발전됨에 따라 언어 처리 과정에 대한 이론도 정교화되고 있다. 특히 베르니케-게쉬윈드 모형은 이전의 모형과 달리 듣기와 말하기뿐만 아니라 읽기와 쓰
베르니케-게쉬윈드 모형의 의의
기에 대해서도 종합적인 설명을 제시하고 있다는 점에서 오늘날 뇌의 언어 처리 과정을 설명하는 표준형으로 평가받는다.
베르니케-게쉬윈드 모형에 대한 평가

---

01 ③   관련 학습 : Ⅰ-01-④ 주제 파악하기

풀이 방향 지문을 꼼꼼히 읽고 각 문단의 핵심 내용을 파악한 다음, 선택지의 진술이 지문과 일치하는지 확인해야 한다.

이게 정답 **아**에 따르면 오늘날 뇌의 언어 처리 과정을 설명하는 표준형으로 인정받는 것은 베르니케-게쉬윈드 모형이다. **다**에 제시된 베르니케 모형은 오늘날 뇌의 언어 처리 과정의 표준형이 아니라 최초의 결합주의 이론이다.

왜 답이 아니지? ① **가**에서 실어증은 후천적인 뇌 손상으로 언어의 표현과 이해에 장애가 발생하는 것이라고 하였다.

② **나**에서 실어증 환자의 뇌 손상 부위와 증상을 연구하는 과정에서 인간의 언어 처리 과정에 대한 이론이 발전해 왔다고 하였다.

④ **다**와 **마**에 따르면, 베르니케 모형에서는 언어 중추가 브로카와 베르니케 두 개였으며 리시트하임 모형에서는 개념 중심부가 추가되었다. 이후 게쉬윈드는 언어 중추로 운동 영역과 각회를 추가하였다. 따라서 이론이 발전됨에 따라 설정되는 언어 중추의 개수가 많아졌음을 알 수 있다.

⑤ **라**에서 리시트하임은 의미를 형성하거나 해석하는 언어 중추인 개념 중심부의 정확한 위치를 규명하지는 못하였다고 하였다.

02 ⑤   관련 학습 : Ⅰ-02-② 중심 문단과 뒷받침 문단 구분하기

풀이 방향 지문에서 ㉠ '리시트하임 모형'과 ㉡ '베르니케-게쉬윈드 모형'을 설명한 부분을 꼼꼼히 읽으면서, 각 모형의 특징과 두 모형의 차이점을 정리해야 한다.

이게 정답 **다**의 ㉠ '리시트하임 모형'에서 베르니케 영역은 일종의 머릿속 사전으로 단어가 소리의 형태로 저장되어 있는 언어 중추라고 하였다. **마**의 ㉡ '베르니케-게쉬윈드 모형'에서도 베르니케 영역은 청각 형태로 단어가 저장되어 있는 언어 중추라고 하였다. 따라서 두 모형 모두 베르니케 영역에 단어가 소리의 형태로 저장되어 있다고 보았음을 알 수 있다.

왜 답이 아니지? ① **라**에서 ㉠ '리시트하임 모형'은 발음 기관을 움직여 소리를 만드는 과정이 드러나 있지 않다고 하였다.

② **마**에서 ㉡ '베르니케-게쉬윈드 모형'은 청각 자극을 수용하는 기본 청각 영역과 시각 자극을 수용하는 기본 시각 영역을 추가하였음을 알 수 있다. 그러나 이 두 영역은 언어 중추가 아니라 자극 수용 영역에 해당하고, ㉡에서 새로 추가된 언어 중추는 '운동 영역'과 '각회'이다.

③ **아**에서 ㉠ '리시트하임 모형'이 아니라 ㉡ '베르니케-게쉬윈드 모형'이 이전의 모형과 달리 듣기, 말하기, 읽기, 쓰기에 대해서 종합적인 설명을 제시하였음을 알 수 있다.

④ **라**에서 ㉠ '리시트하임 모형'은 청각 자극이 베르니케 영역으로 송부된다고 보았음을 알 수 있다. **마**와 **사**에서 ㉡ '베르니케-게쉬윈드 모형'도 듣기 과정은 기본 청각 영역에서 베르니케 영역의 순서로 이루어진다고 보았음을 알 수 있다.

03 ④　　　관련 학습 : II-02-① 논증 방식-연역법, 귀납법, 유추법
　　　　　　　　　　　　　　II-03-① 예측 및 추론하기

풀이 방향　밑줄 친 부분의 이유를 추론하는 문제이다. ㉮는 리시트하임 모형에 대한 설명이므로, 리시트하임 모형에서 각 영역이 어떤 기능을 담당하는지를 바탕으로 처리 과정의 순서가 ㉮와 같은 이유를 추론해 본다.

이게 정답　㉰의 리시트하임 모형에서, 언어 중추는 단어가 저장되어 있는 베르니케 영역, 문장이나 발화를 생성하는 브로카 영역, 의미를 형성하거나 해석하는 개념 중심부로 구성되며, 세 부분을 꼭짓점으로 하는 삼각형 모양으로 되어 있다. 그리고 정보가 베르니케 → 개념 중심부, 개념 중심부 → 브로카로는 일방향으로 이동하지만, 브로카와 베르니케 사이에서는 쌍방향으로 이동한다. 이와 같은 정보의 흐름을 전제로 말하기 과정을 이해해야 한다. 리시트하임 모형에서 말하기의 과정, 즉 '의미 형성 → 단어 조회 → 발화 생성'의 과정을 위해서는 정보가 '개념 중심부 → 베르니케 → 브로카'로 이어져야 한다. 그런데 개념 중심부에서 베르니케로 바로 이동할 수가 없다. 따라서 개념 중심부와 베르니케 사이에 브로카를 한 번 더 거쳐 중계기 역할을 하도록 한 것이다. 이러한 이유 때문에 ㉺에서 설명한 것처럼 '개념 중심부 → 브로카 → 베르니케 → 브로카'의 복잡한 순서가 된다.

왜 답이 아니지?　① 베르니케에서 개념 중심부로 정보를 송부하는 것은 듣기 과정이다.

② 브로카와 개념 중심부 사이의 정보는 쌍방향이 아니라, 개념 중심부에서 브로카로의 일방향이다. 둘 사이가 쌍방향이더라도 말하기의 정보 이동 과정에서 베르니케를 지나야 한다는 것은 변함이 없다.

③ 개념 중심부에서 브로카로 정보가 직접 송부될 수 있다. 다만, 말하기의 정보 이동 과정에서 베르니케를 지나야 한다는 것은 변함이 없다.

⑤ 베르니케와 브로카 사이에서 정보의 쌍방향 이동이 가능한 것은 사실이지만, 말하기를 위해서는 정보가 개념 중심부에서 베르니케로 이동하는 과정이 필요하다. 즉, 베르니케와 브로카 사이에 정보의 쌍방향 이동이 가능하기 때문에 브로카를 중계기로 쓸 수 있었다고는 해도, 둘 사이에 쌍방향 이동이 가능하기 때문에 복잡한 과정을 거쳐야 한다고 말할 수는 없다.

04 ③　　　　　관련 학습 : I-01-③ 중심 문장과 뒷받침 문장 구분하기

풀이 방향　지문의 내용을 바탕으로 주어진 자료를 해석하는 문제이다. 지문에서 '베르니케-게쉬윈드 모형' 관련 내용 중 쓰기 과정에 대한 설명을 확인하고, 〈보기〉의 언어 처리 과정에 맞추어 구체화해 본다.

이게 정답　㉱, ㉲에서 '베르니케-게쉬윈드 모형'에 따른 각 언어 중추의 역할을, ㉳에서는 이 모형에 따른 언어 처리 과정에 대해 설명하고 있다. ㉳에 따르면, 말하기 과정은 '베르니케 → 브로카 → 운동 영역'의 순서로 이루어진다. 그리고 쓰기 과정에서는 베르니케 영역에 저장된 단어가 청각 형태이기 때문에 말하기 과정과 비교할 때 각회를 거치는 과정이 추가되고, 각회에서 처리된 정보는 베르니케 영역을 거쳐 다음 단계인 브로카 영역으로 송부된다. 정리하면, '베르니케(의미 형성, 단어 조회) → 각회(시각으로 전환) → 베르니케(송부) → 브로카(발화 생성, 운동 프로그램 생성) → 운동 영역(신경 지시)'과 같다. 따라서 〈보기〉의 (다)'베르니

왜 답이 아니지?　① (가)의 베르니케 영역에서는 의미를 형성하고 단어를 조회한다.

② (나)의 각회에서는 청각 정보를 시각 형태로 전환하고 이를 베르니케로 송부한다.

④ (라)의 브로카 영역에서는 문장이나 발화를 만들고, 쓰기를 위한 운동 프로그램을 생성한다.

⑤ (마)의 '운동 영역'에서는 운동 프로그램에 따라 쓰기에 필요한 신경적 지시를 내린다.

05 ⑤　　　　　　　관련 학습 : II-02-② 논증의 타당성 판단하기

풀이 방향　지문의 내용을 구체적인 사례에 적용하는 문제로, 〈보기〉에 제시된 상황과 지문의 내용에 대한 추론이 논리적으로 타당한지 판단해야 한다.

이게 정답　〈보기〉에 제시된 실어증 환자에 대한 관찰 결과를 보면, 단어를 적절히 조합하여 문법에 맞는 문장을 만들지 못하는 것을 확인할 수 있다. 이와 같은 역할을 하는 언어 중추를 리시트하임(A)과 게쉬윈드(B)의 모형에서 찾아보아야 한다. 리시트하임 모형에 따르면 단어를 조합하여 문장이나 발화를 생성하는 언어 중추는 브로카 영역이다. 그리고 베르니케-게쉬윈드 모형에서도 단어를 조합하여 문장이나 발화를 생성하는 역할을 하는 곳은 브로카 영역이다. 따라서 두 사람 모두 〈보기〉의 환자가 브로카 영역이 손상되었다고 진단할 것이다.

왜 답이 아니지?　① 리시트하임(A)과 게쉬윈드(B) 모두 베르니케 영역에 단어가 소리의 형태로 담겨 있다고 보았으므로, 이곳이 손상되었다고 진단하지는 않을 것이다.

② 게쉬윈드(B)는 리시트하임(A)과 같이 환자의 브로카 영역이 손상되었다고 진단할 것이다.

③ 게쉬윈드(B)의 모형에서 베르니케 영역은 의미를 형성하고 해석하는 역할을 하는 곳이므로 이곳이 손상되었다고 진단하지는 않을 것이다.

④ 리시트하임(A) 모형에서 개념 중심부는 의미를 형성하거나 해석하는 곳이므로 이곳이 손상되었다고 진단하지는 않을 것이다.

06 ②

이게 정답　ⓑ '대두되다'는 '머리를 쳐든다는 뜻에서 나온 말로, 어떤 세력이나 현상이 새롭게 나타나게 되다.'라는 뜻이므로, '옮겨지면서'가 아니라 '나타나면서'나 '커지면서' 등으로 바꾸어 쓸 수 있다.

왜 답이 아니지?　① ⓐ '명명하다'는 '사람, 사물, 사건 따위의 대상에 이름을 지어 붙이다.'라는 뜻이므로, '이름 붙이고'로 바꾸어 쓸 수 있다.

③ ⓒ '수용하다'는 '어떠한 것을 받아들이다.'라는 뜻이므로, '받아들이는'으로 바꾸어 쓸 수 있다.

④ ⓓ '담당하다'는 '어떤 일을 맡다.'라는 뜻이므로, '맡는다고'로 바꾸어 쓸 수 있다.

⑤ ⓔ '의거하다'는 '어떤 사실이나 원리 따위에 근거하다.'라는 뜻이므로, '어떤 경우, 사실이나 기준 따위에 의거하다.'라는 뜻의 '따르다'를 써서 '따르면'으로 바꾸어 쓸 수 있다.

www.saltybooks.com

Believe in yourself!

Remember your dream!

공부하느라 힘드시죠?
으라차차^^ 소리 한번 지르세요.
언제나 여러분의 성공을 기원할게요 *^^*

- 공부책 잘 만드는 쏠티북스가 -